读客®文化

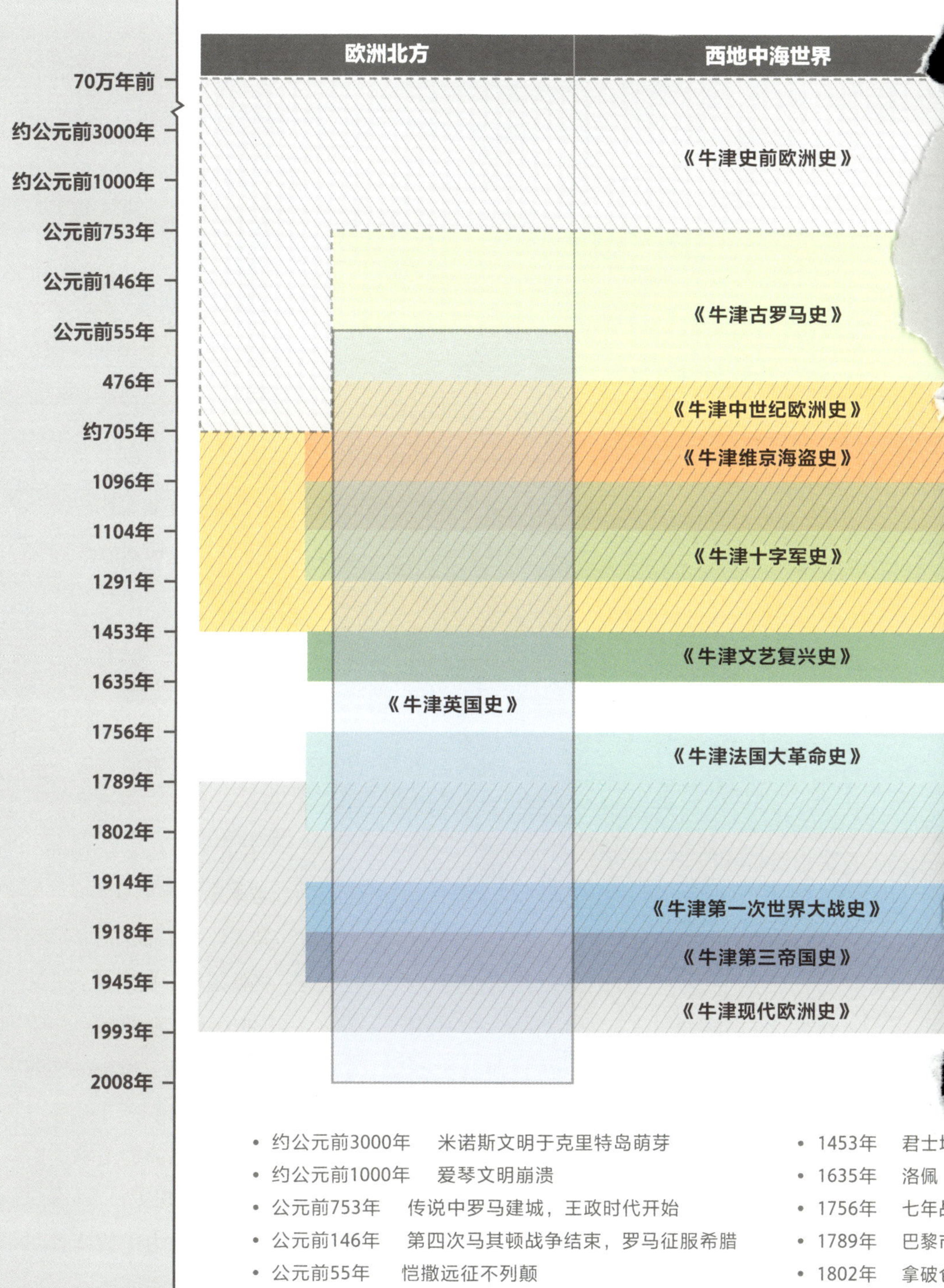

- 约公元前3000年　米诺斯文明于克里特岛萌芽
- 约公元前1000年　爱琴文明崩溃
- 公元前753年　传说中罗马建城，王政时代开始
- 公元前146年　第四次马其顿战争结束，罗马征服希腊
- 公元前55年　恺撒远征不列颠
- 476年　罗慕路斯被废黜，罗马帝国在西部的统治崩溃
- 约705年　里伯建城，斯堪的纳维亚半岛贸易兴起
- 1096年　第一次十字军东征开始
- 1104年　隆德被确立为全北欧的大主教区
- 1291年　马穆鲁克攻陷阿卡，耶路撒冷王国灭亡

- 1453年　君士
- 1635年　洛佩
- 1756年　七年
- 1789年　巴黎
- 1802年　拿破
- 1914年　斐迪
- 1918年　同盟
- 1945年　第三
- 1993年　“马

坦丁堡陷落，拜占庭帝国灭亡
· 德 · 维加去世，西班牙文艺复兴黄金期结束
战争爆发
市民攻陷巴士底狱，法国大革命爆发
仑成为法兰西共和国终身执政
南大公夫妇遇刺，第一次世界大战爆发
国战败，魏玛共和国建立
帝国战败，第二次世界大战结束
约”生效，欧盟正式成立

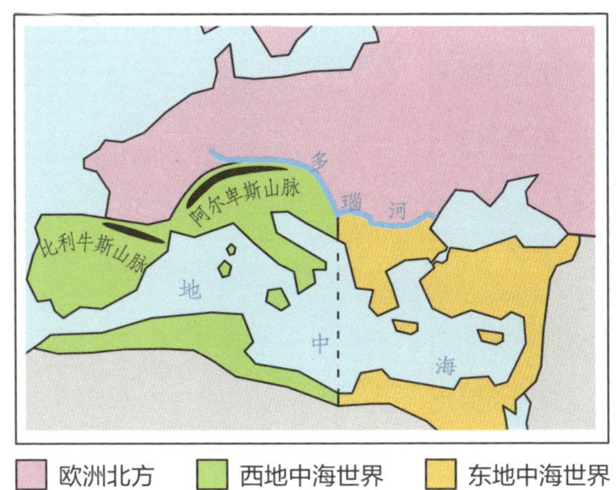

欧洲地域辽阔，民族众多，国家林立。以往的欧洲史，大多将“欧洲”视作不言自明的概念，从而忽略了欧洲自身的多元性，使读者误以为历史的演进是单线程的。

因此，“牛津欧洲史”系列丛书务求打破这一窠臼，将欧洲划分为欧洲北方、西地中海世界、东地中海世界三大历史分区。如上图所示，北非、小亚细亚等历史上与欧洲联系紧密的地区同样囊括其中。

三大分区在历史上有着各自的文化底色，不同的族群穿梭其间，带来战争与交流。罗马人征服了地中海世界，哥特人跨过了多瑙河；维京人在斯堪的纳维亚半岛扬帆起航，奥斯曼人进入君士坦丁堡；法兰西人带着大革命的信念翻越阿尔卑斯山，德意志人点燃的狼烟从欧洲蔓延至全球……当枪炮声停息，多元的欧洲开始思考同一性，“欧洲人的欧洲”成了新的追求，但一体化的理想又能否挣脱分裂的现实？

“牛津欧洲史”系列丛书致力于使读者在时空双维度中领略欧洲历史。如左图所示，本系列以空间为横坐标，以时间为纵坐标，覆盖了70万年前至21世纪的欧洲历史，希望能给您今后的阅读提供些许参考。

← 由此翻开

“牛津欧洲史”系列丛书阅读说明

牛津
欧洲史

牛津法国大革命史

THE OXFORD HISTORY OF THE FRENCH REVOLUTION

[英] 威廉·多伊尔 著
张弛 黄艳红 刘景迪 译

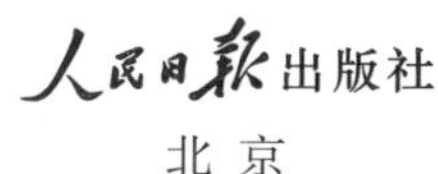

人民日报出版社
北京

图书在版编目（CIP）数据

牛津法国大革命史 / (英) 威廉·多伊尔著；张弛，黄艳红，刘景迪译著. -- 北京：人民日报出版社，2021.3

ISBN 978-7-5115-6566-2

Ⅰ. ①牛… Ⅱ. ①威… ②张… ③黄… ④刘… Ⅲ. ①法国大革命—历史 Ⅳ. ① K565.41

中国版本图书馆 CIP 数据核字 (2020) 第 183642 号

书　　名	牛津法国大革命史 NIUJIN FAGUO DAGEMING SHI
作　　者	[英] 威廉·多伊尔
译　　者	张　弛　　黄艳红　　刘景迪
出 版 人	刘华新
责任编辑	林　薇　　梁雪云
特邀编辑	乔冠铭　　赵芳葳　　沈　骏
封面设计	温海英
出版发行	人民日报出版社
出版社地址	北京金台西路 2 号
邮政编码	100733
发行热线	(010) 65369527 65369512 65369509 65369510
邮购热线	(010) 65369530
编辑热线	(010) 65369526
网　　址	www.peopledailypress.com
经　　销	新华书店
印　　刷	北京盛通印刷股份有限公司
开　　本	710mm x 1000mm 1/16
字　　数	440 千
印　　张	32
印次版次	2021 年 3 月第 1 版　2021 年 3 月第 1 次印刷
书　　号	ISBN 978-7-5115-6566-2
定　　价	112.00 元

如有印刷、装订质量问题，请致电 010-87681002（免费更换，邮寄到付）

前 言

1989年是法国大革命两百周年，世界各地都举办了纪念活动。这些纪念活动的特点是规模大，当时就出版了数以百计的会议论文集和研究论著。法国大革命是轰动性的，是近代政治文化的开端，现在关于这一事件的任何一个方面都可能有或多或少的研究，而这本《牛津法国大革命史》的出版就是这次纪念活动成果的一部分。1989年两百周年的纪念活动以及各类出版计划从很多年前就开始酝酿了。早在1982年，我就签下了这部书的合同。而1980年牛津大学出版社也已经出版了我的《法国大革命的起源》。出版商决定让我承担一部范围更广的研究著作，要在法国大革命两百周年之际出版。起初我有点儿犹豫，因为我的主要兴趣是旧制度研究，而不是大革命。回想起来，从完成第一版开始，我就觉得旧制度的瓦解和大革命不能混为一谈。但要完成一部以1789年为起点的历史著作，其挑战远远超出了我的想象。1989年，本书的第一版如期出版。13年后，在第二版问世之际，我参考了两百周年纪念后10年间的研究论著，而且也增加了一个附录，介绍大革命的历史编纂学。中译本依据的就是第二版。

我从未想过只写法国这场革命的历史。法国大革命对法国之外的许多地方都产生了深远影响，这一点从一开始就十分清楚。在18世纪结束之前，大革命释放的力量早已渗入别的国家，而且也已经跨越了大西洋，影响到加勒比海的奴隶世界，这些也是我研究的一部分。我选择1802年作为大革命的终点，是因为拿破仑至少在几年内解决了三个使得大革命迟迟不能了结的问题：宗教、君主制和战争。当然拿破仑本人也是大革命的产物，他在执政的几年中，更是进一步扩大了大革命的影响，使之深入欧洲的每个角落，甚至是欧洲人控制下的非欧洲地区。只有中国是个例外，直到20世纪，那些起源于大革命的各种意识形态才开始在中国产生广泛的影响。而一旦这样的影响产生了，了解这些意识形态的根源自然就成为一项十分重要的任务。我衷心希望这部著作能在这方面起到一点作用。

威廉·多伊尔

2011年7月于英国巴斯

目　录

| 第一章 |

路易十六时期的法国

法国国王其实不需要加冕礼，他在前国王去世时就领受神恩，登上宝座。加冕仅仅是遵从习俗，走过场而已。所以不少人，甚至部分高官都认为1775年6月11日在兰斯大教堂精心安排的路易十六传统祝圣仪式是在浪费公共财产。就在祝圣仪式的前一个月，巴黎周边的农村因高价面粉和面包引发了骚动，有人考虑将庆典延期。于是，通往兰斯的各个路口都有士兵把守，最后真正抵达香槟之都、目睹这一历史性时刻的人比预想的要少得多。旅店老板抱怨来客寥寥，宴会负责人也为剩下的食物可惜。但在那个阳光普照的早晨，当教堂大门砰然开启时，年轻的国王头顶王冠，手持查理大帝权杖，涂着克洛维[1]圣油，沐浴在荣光之中，在场的人们无不心生敬仰之情。

圣路易之子、法兰西和纳瓦尔最虔诚的基督徒国王——路易十六，在当天宣誓将保持教会的和平，平息混乱，力行公正，铲除异教，永远维护圣灵的崇高地位，对造次者绝不姑息。三天之后，在炎炎夏日中，他按

[1] 克洛维一世（Clovis I，466—511），法兰克王国奠基人、国王。——译者注

照仪式碰触了2400名浑身恶臭的瘰疬病患者，人们素来相信受膏国王神圣的碰触能够治愈这种使人面目全非的疾病。除此之外，国王还抽出时间给74岁高龄的首席大臣写信，后者留在凡尔赛，抵制愚蠢的王后的任人唯亲之举，毕竟宫廷阴谋不会因国王登基而有所收敛。所以，路易十六举行的庆典以及他所履行的仪式，是一种奇怪的混合，既事关重大又微不足道，既意味深长又流于形式，既有诸多讲究又空洞乏味。他行使的权力，许下的承诺，甚至穿着的礼服，都经过了漫长曲折而又充满偶然性的历史的洗礼。在这个从1774年5月10日起被路易十六所统治的王国里，几乎没人知道或者记得这一切的缘由。

在18世纪70年代，不包括美洲和非洲的领土，法国国王所统辖的疆域大约有277 200平方英里，居民超过2700万——直至1789年，人口还增长了100万。从中世纪早期到波旁王朝末年，通过征伐以及各种事件，法兰西王国不断扩张着领土。1678年，路易十四得到了弗朗什孔泰；1766年，路易十五得到了洛林，1768年他又得到了科西嘉。但是，在法国国内，阿维尼翁及其周边各区是属于教皇的，而阿尔萨斯的几个片区名义上是属于德国国王和米卢斯的独立城邦共和国的。没人对国中之国感到奇怪，因为它们都是根据法律、传统和国际共识划定的。无论如何，这些领土只是王国内部多样性的突出表现而已。

法国最初的行政区划是行省制。各行省本是封建采邑，后逐渐被法国国王吞并，面积大小悬殊：大的如朗格多克、多菲内和布列塔尼；小的如比利牛斯山附近的富瓦；还有边境的长条状地区，如佛兰德斯和鲁西永。它们都被设为行省。我们甚至连行省的准确数目都难以确定，因为历史传统总是含混不清的。然而在1776年，39个行省被任命了总督，但其功能很大程度上是一种荣誉象征。而从中央行政角度，王国又被分为36个财政区，每区皆委派一名督办官。财政区的历史不如行省悠久，各地委派督办官也不过是近100年的事情。但这些行政单位在建制上远比行省规范，彼此之间的界限也是分明的。倒是高等法院的辖区，即13个最高法院，与行省比较类似，例如，巴黎的高级法庭就覆盖了王国三分之一的范围，而波城和杜埃高等法院的辖区只比最小的行省大一点。高等法院起源于中世纪采邑统治者建立的最高法院，当国王将别人的土地据为己有之后，他往往会选择保留而不是废除当地原有的制度。例如500多年前，英国国王曾作为诺曼底公爵在鲁昂主持法庭，直到现在当地人还是习惯称鲁昂高等法院为税务法庭[1]。历史最短的南锡高等法院于1775年建立，取代了洛林旧的公爵法庭。大多数高等法院要同时管辖几个行省和财政区。这种现象十分普遍，必然造成司法管辖权上的摩擦碰撞。而教会也有一套自己的区划。全国分为18个大主教区和136个主教区，后者集中分布在南方，地域狭小且历史悠久。不过很多主教喜欢在不属于自己管辖的主教区内圈出“裁判权飞地”[2]，布列塔尼多尔地区的主教至少就有33个这样的“飞地”，在地方乡镇，这种情况更是有过之而无不及。

真正复杂的还在后面：除了针对特定事务颁布的王室法令外，王国领地可以不服从那些本应适用于它们的其他法律和行政指令。南方各省都依据成文的罗马法行事，但在其中一些地区，如比利牛斯，遵循的是地方习俗。在法国北方，传统习惯是第一位的，法律都以习惯法形式存在，迄今我们还能举出至少65条广泛适用的基本习俗和300多条各具地方特色的习俗。这意味着不同行政区之间的婚丧嫁娶、继承、财产占有等法律可能存在巨大差异，而如果一个人在不同地区拥有财产，他的财产契约可能是大不相同的。每个行政区也有自己的度量衡，同一计量单位在不同地方往往有不同的数值。在这种情况下，被欺骗或者害怕遭到欺诈的痛苦充斥在所有交易活动中，这为处于司法体系底层的成百上千家小法院和审判所带来了没完没了的案子。税制的情况也是如此，毫无规范可言。众所周知，法国北部和中央地区要缴纳的税比南部以及王国外

[1] 税务法庭，在中世纪的英国掌管税务以及裁决税务纠纷的法庭。——译者注

[2] 飞地，一种特殊的人文地理现象，指隶属于某一行政区管辖但不与本区毗连的土地。——编者注

围地区重。例如，主要的直接税——军役税，在中央省区按人头征收，而在偏远地区，像朗格多克是按地征收。而著名的盐税则根据地区不同分成6个征收等级，还有6个行政地区是免缴盐税的，包括布列塔尼。不论是在城门还是河流沿岸，数不清的税卡遍布于各省之间，货物税、通行税和关税等可以根据不同的税率，用各种各样的财物缴纳。例如，从弗朗什–孔泰出发，经由索恩河和罗讷河运往地中海的货物，途中要分别向36个税卡交钱，而这36个税卡中既有国家的也有私人的。在一个理性的观察家眼里，这样的复杂局面看起来一直都是反复无常、混乱不堪，这同时也是按部就班和毫无意义的历史遗产。但是这些传统并不像任何旅行家可以轻松证实的那样，仅仅是由地理气候、文化或者经济需要造成的。

法兰西王国起源于起伏而开阔的巴黎盆地，慢慢向四周扩展。巴黎盆地的地理交通非常便利。由塞纳河和卢瓦尔河组成的河道系统利于船舶航行，也易于改造，为人们提供了通向大海的便捷通道。陆上的干道大路纵横绵延，很少因天然屏障碍阻而改道，而巴黎就位于这些四通八达的道路网络的中央。到了18世纪晚期，法国已经建立起欧洲其他任何地方都无法比拟的主干道系统，令外国人啧啧称奇。由于气候温和、土壤肥沃，以及交通便捷，巴黎盆地的农业，尤其是首都北部和佛兰德斯低地附近，是整个王国最繁荣、商业化程度最高的地方。这里不仅有着65万巴黎居民，还是英吉利海峡[1]沿岸全法人口密度最大的地区。从诺曼底首府鲁昂到诺曼底的沿海地区，大量的人力被吸引到这里，从事欣欣向荣的棉纺织业，使巴黎盆地变成了所有英国旅行家口中的法国“曼彻斯特”。这里资源丰富、组织严密，最终成为城市聚集区，也很容易为中央政权所控制。在巴黎盆地，能读会写的居民远超王国其他任何地方，也超过了任何讲法语的地方（以能听出是法语为标准）。但在首都150英里（约合241.40公里）

[1] 法国称“芒什海峡”。——译者注

以外的地方，情况可就不是这样了。

在诺曼底西部和岩石嶙峋的布列塔尼半岛的边界并非开阔的原野，而是高高的山丘和由林木分隔而成的小块土地、零星的农庄和深陷的道路——这就是所谓的“博卡日风光”。再往西边走，那里的农民讲的不是法语，而是布列塔尼语，着装也与众不同，颇具地方特色。在18世纪80年代，英国旅行家阿瑟·杨（Arther Young）对法国景象进行了细致的观察，并因此闻名于世。他对当地的赤贫感到十分惊讶：“布列塔尼、曼恩和安茹就像沙漠一样。”[1]不过布列塔尼人丁兴旺，而且轻赋薄税，甚至自18世纪60年代起就有了便利的主干道。布列塔尼人对自己的独特个性也颇为骄傲。靠着粗蛮的高等法院和在雷恩召开的三级会议，他们比大多数省份拥有更多的自治空间。而且布列塔尼人通过海洋与法国之外的世界建立了联系。在布雷斯特，当地人以拥有法国最重要的大西洋海军港口为傲；洛里昂则是法国在印度洋利益的门户，声誉日隆的南特是法国奴隶贸易的中心，而且和西印度群岛的贸易频繁，仅次于波尔多。在卢瓦尔河南岸，旺代的低山丘陵区有更多的“博卡日地带”，那里分布着不少别具特色的农场与村落，但几乎没有更大的定居点。旺代海岸线的土地低矮湿软，缺少港口，这意味着所有主要交通道路都会绕开该地区。因此，旺代地区相当闭塞，其农业产出仅够温饱，要不时由南特向外出口劣质纺织品以贴补生计。

聚集了欧尼斯、圣通日、吉耶纳和加斯科尼等行省，范围一直拓展到比利牛斯山脚的加龙河盆地，与上述地域的差别可能就更大了。该地区拥有良好的航运和交通系统。除了吉伦特河口湾南边是灌木丛生的荒野外，其他都是土地肥沃、气候温暖湿润的地区，因而农业产品十分丰富。甚至连波尔多附近的砾石滩，都是种植酿造最美琼浆的作物的最佳土壤。加龙河北部地区和比利牛斯山脚则在17世纪后期引进了玉米，从

[1] *Travels in France during the Years 1787, 1788 and 1789*, Cambridge, 1929, pp. 275–276.

而改变了这个国家，也改变了农村的经济面貌。但是，西南部地区的农业商业化程度不及北部平原。从卢瓦尔河向南延伸开的地区，采取的是“小农经济”模式，那里的地主雇佣小自耕农和佃户来耕作土地，并不期望高产值。由于中世纪英国的长期统治，布列塔尼与法国其他地方的身份认同差异巨大。法国最南边的人们讲巴斯克语和贝亚恩语，但西南部大部分地区说带鼻音的加斯科方言，口音明显与法国北部的奥依语类似。毫无疑问，波尔多是该地区的中心，也是欧洲第二繁忙的海港。这里曾在17世纪发生过两次反对国王的叛乱。直至现在，当地人对与之相距五六天路程的巴黎依然充满了不信任感，总认为巴黎过多地干预了当地正急速发展的繁荣商业。从18世纪初开始，波尔多的人口从4.5万增加到11万。

除了巴黎南边一马平川的博斯平原，北部和西部的地理景观复杂多变，大多是山地，但很少有海拔超过600英尺（约合182.88米）的地方。如果我们在南方的巴约纳到北方的色桑之间大致画一条线，在这条线的南边和东边，除罗讷河的谷底、加龙河北部地区以及里昂湾的地中海沿岸地区之外，地势都比较高。靠近地中海的地区——即南部——和北部低地之间被不可逾越的中央高原切断。中央高原是一个偏僻多山的地区，经济十分落后，人们的生活只能靠季节性地迁徙来维持，而人们通常是向低地迁徙，最远甚至到达加泰罗尼亚。中央高原上当然也有土壤肥沃的河谷，在稍高一些的地方，不少农民有自己的小块土地，但他们只能做到自给自足，甚至越来越依赖板栗而不是谷物来养活激增的人口。中央高原的南部属于广大的朗格多克地区，后者得名于它在南部与众不同的法语方言。在普罗旺斯，南方方言几乎成为一门独立的语言：所有南方人说起话来都像是意大利人或者西班牙人，和中央高原以北的居民大不相同。普罗旺斯的气候也十分特别，干燥炎热的夏季和短暂的冬季非常适合种植葡萄、橄榄树和桑树，在任何土质上都是如此，包括当地的坡地。朗格多克居住着25万新教徒，他们大多数聚集在尼姆、蒙托邦和作为中央高原南部界限的塞文山脉及其周边地区。自1685年以来[1]，法国新教徒就没有享受过宗教的优厚待遇。18世纪前10年，狂热信奉《圣经》的农民掀起了血腥的卡米撒派运动，点燃了宗派对抗的火种。路易十六坚决铲除异教之后，这种对抗与怀疑有所减少，但从未消失。随着时间的推移，法国中央政府已不再以最严厉的法律对付持异见者，何况是自治传统悠久、权力有限的省份。朗格多克每年在蒙彼利埃召开的三级会议由主教们主持。但图卢兹高等法院自1762年起就变得臭名远扬，这是因为伏尔泰指责其为新教徒让·卡拉斯的司法谋害者。

普罗旺斯和朗格多克一样，也有自治的传统，但形式有所不同。艾克斯省高等法院的主席由督办官担任，税收则由公众议会管理。这个议会从1639年以后就再未召开过三级会议。艾克斯多荒野石滩，土地贫瘠，南部的土伦却是热闹的海军基地和犯人流放地。西边的马赛则是控制罗讷河口的重要口岸，这个河口是联系法国南北部的主要通道。马赛实际上垄断了法国地中海和勒旺的贸易，也掌控着通往大西洋的重要商路。1720年，法国暴发了一场严重瘟疫，马赛人口骤减，40年后才有所回升。一个英国游客写道："这里的百姓习俗野蛮粗鲁，这一点更像是共和国，而不是君主国。"[2]很多北方人在看到南方人时也会同意这一说法。

毫无疑问，无论是从狭窄的罗讷河顺流而下，在激流中以惊人的速度冲过圣神港口的拱桥桥洞，还是从上游200公里处的里昂出发，以每天24英里（合约38.62公里）的速度缓慢前进在狭窄干道上，北方人都不会走访那个陌生的世界。当然，多菲内省东部阿尔卑斯山上的风景也吸引不了他们，那里全是高海拔的寒冷地带，居民基本以放牧为生。多山谷的多菲内省曾经也是由三级议会自治的。那里可谓"山高皇帝远"，人们还保留着几分对自治的记忆。低地中的居民都习以为常，每到冬天，多菲内山里的男人就会到谷底找活儿干，但食物有限，这就是生存竞争。最能吸引

[1] 1685年路易十四废除了象征宗教宽容的《南特敕令》。——译者注

[2] W. Scott, *Terror and Repression in Revolutionary Marseilles,* London, 1973, p. 10.

他们的就是拥有14.6万名居民的里昂。这座法国的第二大城市位于主干道交会点以及罗讷河、索恩河的交界处，没有一心想挤进高等法院并以此为荣的律师群体。丝绸贸易是当地主要的经济来源，有6万人以此为生，不过18世纪70年代中期，丝绸贸易已逐渐衰落。

尽管到首都的距离和到波尔多差不多，但里昂属于巴黎高等法院管辖之内，而它北面的勃艮第省本身拥有一座位于第戎的高等法院，还有真正的三级会议。17世纪早期的战火摧毁了勃艮第很多地区，而弗朗什-孔泰在并入法国之后就不再是边境省份了，由此迎来了和平时期，勃艮第著名的葡萄园也重获生机。这些地方覆盖了从巴黎到南方的众多交通要道。便捷的交通利于当地的工业建设，于是，18世纪80年代在勒克勒索的煤矿铁矿附近建立了当时欧洲最先进的工业综合设施，生产军火、军械并借鉴英国焦炭熔铸法制造玻璃。不过，法国真正的冶炼中心在勃艮第西北部洛林树木丛生的山上。在那里，金属熔铸还要依靠传统的木炭提供热量，工厂的规模也都很小。至于洛林，则逐渐成为"法国领土"。它从1738年开始由法国控制，而在更长的时间里处于被法国领土包围的状态。它的近邻是弗朗什-孔泰和阿尔萨斯——两个由汝拉山脉和莱茵河连接起来的边陲省份。在从西班牙分离出来、并入法国之后，弗朗什-孔泰在整个18世纪都处于蛰伏状态，专心于自身事务，没有受到任何国际冲突的影响。该省内部的利益焦点是贝桑松高等法院的派系斗争，而其社会结构最显著的特点便是拥有14万农奴——原则上在他们死后，土地都要归还给领主。西班牙的统治给孔图瓦带来了虔诚和正统的名声，与他们北边的阿尔萨斯截然不同。此地有和朗格多克加尔文教徒迥异的20万新教徒和路德会教友，占了当地人口的三分之一。1648年的《威斯特伐利亚和约》将阿尔萨斯并入法国——这个省的新教徒获得了宗教自由。在邻省洛林，还零散地居住着3万犹太人。阿尔萨斯和巴黎盆地之间被陡峭险峻、树木茂盛的孚日山脉隔断，该省紧邻德国，居民也大多讲德语，又地处莱茵河沿岸商业地带，这样的地理位置对其经济生活起到了决定性的作用。当地农民从德国人那里学会了如何种植土豆，正如阿瑟·杨所说的，在肥沃的莱茵河谷，有“你所能见到的法国最富饶多产的土地和最发达的种植业”[1]。

在阿瑟·杨的法国之行中，这样的称赞并不多见。他认为法国农业呈倒退状态，商业化程度很低——这也得到了大多数历史学家的认同：法国农业产量低，技术落后，耕作效率也相当低下。18世纪中叶，曾有一些专家积极倡导采用新方法，政府对他们的观点表示支持，并且试图推动公众对农业展开更广泛的讨论。但对于面朝黄土背朝天的农民而言，这一切对他们的日常耕种并没有产生任何影响。在阿瑟·杨看来，问题的根源在于法国乡村财产的分散性和碎片化。虽然表述有所不同，但法国的所有法律都规定，遗产要进行分割。因此上一代人的遗产都将被下一代人分割继承。而欧洲其他国家为确保大宗不动产得以承袭，都制定了继承法。但在法国，继承制要么不为人知，要么财产被削弱或受到限制，而且无论如何，农民在经济上都无法承受这种继承制度。所以按照国际标准，即便是法国最大的地产也不算太大，只有教会的财产逃过了再分配的命运。不过，全法国有不少于400万的小地产所有者，他们的小块土地加起来也许相当于法国面积的四分之一。剩下的土地也大多不是组合成片的地产，将其分块出租给佃农也许是管理土地的最好办法了。法国几乎四分之三的出租土地都按照分成制契约租给农民，由租户耕种土地并自行准备农具，地主提供种子并得到半数收成，或者按照双方契约规定的比例收取粮食。此类租约中，双方承认小块土地的收成是无法预计的，难以定期缴纳固定地租。事实上，不论是自有的还是租种的，大多数农民的小块土地产出都难以满足一个农民家庭的口粮需求，更不用说可出售的多余粮食。当时致力于改善农业生产的人都哀叹说：所有的法国农民似乎都只关心种出喂饱自己家人的粮食，真是太糟糕了。他们最大的野心，也仅限于让土地满足其果腹的需要。

[1] *Travels,* p. 180.

人们越来越渴求谷物，这本是传统需求，也是由饥荒带来的合理担忧。但这也妨碍了农业生产的多样化，尽管多样化其实有助于减轻农业歉收带来的灾难。事实上，在某些地区已经有了一些变化，人们开始种植高产量作物。西南部农民靠种植玉米生活，并能出售小麦；阿尔萨斯和洛林则大面积种植土豆。这两处新作物的种植都是在灾难性歉收发生之后才得以固定下来的。西南部的歉收发生于17世纪60年代，东部两省的歉收发生在1737—1741年间。但法国北部不适合种植玉米，而土豆在大多数农民看来还是喂牲口用的。无论如何，和谷物比起来，两种新型作物都需要更加肥沃的土壤，而肥料早就供不应求了。这是因为牧场常常被开垦为农田，家畜只能去公地或者休耕地寻找食物。在与人类争夺土地产出的情况下，牧群不论从数量上还是从培育质量上都无法提供足够的肥料。正如阿瑟·杨不断强调的那样，牧群消耗掉的休耕地造成了巨大的资源浪费。在北方，土地习惯上三年一休，在南方则多是两年一休，任何一次休耕都使国家相当一部分可耕种土地毫无产出。只有在佛兰德斯及其周边地区，当地农民才会使用能够恢复地力的草料植物来替换谷物，诸如四叶草、紫苜蓿和驴食草等，这样一来，土地就无须休耕了。所以，这些位于法国最北部的地区能够在长达几个世纪的时间里一直保持粮食产量居全国之首，绝非偶然。

在佛兰德斯出现的这种先进生产方式，最初是为了应对早期欧洲城市化程度较高地区的人们对食物的需求，这些地区形成了一个巨大的且门槛很低的市场，激发了人们的种植热情。巴黎和北方人口稠密的沿海地区也有着类似需求，因此促成了巴黎盆地的开阔地带乃至全法国唯一的大规模农业生产基地。城市市场的巨大需求带来了收入，对地主而言，出租大片土地变得有利可图，也使所谓大佃农愿意接受地主不断抬高的地租。耕种几块大片土地的费用十分高昂，用来耕地的犁、牛马以及雇来种地的半熟练劳力都价格不菲，这也是为什么乡村大多数田间汉都用铁铲和锄头，而“农夫”一词就代表使用某种手段的人。不过，大佃农在乡村社会从来都不受欢迎，因为他们囤积最肥沃的土地，将农耕地变成牧场，圈起原本开放的土地，蔑视摒弃传统的公共权利——比如拾落穗和自由放牧。在地主和农民都对通过提高土地肥力赚取金钱毫无兴趣的农村社会，大佃农是一个干扰因素，除了种子，他们几乎再没有投资过其他的农业产品，阿瑟·杨曾多次对法国大多数农场建筑设施的荒废和工具的残破感到震惊。大多数农民和地主一样，都对为市场进行农业种植没有兴趣，即便有些兴趣，他们的市场也只能是地方性或区域性的。

仅仅是交通运输费一项，就使农业市场受限的状况成为必然——在当时人的概念里，即便运输成本减少，也少不了太多。道路和河流得到修缮，人们还开凿了运河，部分人希望关税更加合理，但在任何人都无法预见的铁路出现之前，人们获得的最终利润仍然十分微薄。大多数人试图减少生产上的负担，正是这种负担侵蚀着利润。比如，通过对税种的重组，就能减少相当于一个农民总产量10%～15%的税收。原本用于维持教区教士生计，却常常被修道院或俗众挪用的什一税，大概占农民产值的8%。而徭役强迫农村劳力去修缮维护道路，使农田每年都有很长一段时间无人耕种。从路易十六时期开始，农民可以以税代役，其中的消耗又被加到了税单上。总而言之，法国存在着时人称为“封建主义”的负担。这在各地差别极大，在巴黎和曼恩税赋只有百分之几，在中央高原为10%，图卢兹附近则是15%，在布列塔尼和勃艮第的一些地区能达到25%。各处确实有一些零星的无主之地，不用承担任何税赋，并且已经存在了相当长时间，但中世纪并入法国的大多数领土都是有主之地，在路易十六时代依然如此，尽管当时所谓领主和土地所有者两种身份已经开始分离。领主对自己也许已不再真正拥有的土地享有极大的“封建”权利。这些权利通常包括象征性的货币地租，但缴纳的货币金额和实物往往会加重，其中狩猎和射击权是一成不变的两种权利。有时还包括庄园垄断，这意味着种地者必须使用领主的磨坊或者酒窖，而且类似权利往往都会由领主的私人法庭强制执行。这么说都还太简单了，很多租约会不加区分地将封建和正常租金混为一谈。布列塔尼的大部分地区，在一种所谓“可回收地产”的体制下，佃户签订一份为期9年的租约，混缴货币租和实物租，同时佃户被视作他所租种土地的建筑及果树的经营业主，领主如果不出钱买断这些土地是不能驱逐佃户的，因此佃户实际享有土地占有权。但这是否意味着佃户是土地所有者？是否是严格意义上的封建制？这些问题在实际操作中都没有太大意义——直到1789年，这一切才突然变得至关重要，命运攸关。[1]

尽管产量低、方法陈旧，而且没有改进的迹象，法国农业还是在18世纪中叶繁荣了一段时间。连年丰收满足了人口增长带来的粮食需要，农产品价格看好，地租和土地价值也随之持续上涨。但从18世纪60年代开始，粮食产量开始变得不稳定，农业收成时好时坏。从1770年到1789年之间，只有三年是丰收年，而歉收的省份很难从外地购进足够的粮食补给。农民用于应对资源不足的酿酒作物在这些年中的产量也受到很大影响，比如1778年严重歉收，第二年却又出现超产。18世纪70年代中期，亚麻和饲料作物也严重不足。养牛人无法喂养自己的牲畜，只能将其杀死，低价出售，几乎所有人都这么做。但这一切并没有拉低一路攀升的地租和地价，地主和富农仍然如鱼得水。而对于作为法国农业主体的小业主、承租人和分成制佃农而言，路易十六统治时期可谓极其艰难、几近绝望。由于农业是王国的主要经济支柱，农业减产使得国家经济的各个方面都备受冲击。

事实上，从事农业和从事工业之间并没有明显的界限，大多数工业都在乡村发展，即便是那些像建筑业理应属于城市的生意。建筑业是重要的新兴产业，正在改变巴黎和其他大城市的面貌，它在很大程度上依赖于每年冬天将自己的薪水带回农村的移民工人。冶金业其实与煤炭矿藏无关，大多数是位于木炭资源丰富的偏远林区的小规模公司。最大的工业——纺织业落户于城市，比如亚眠、阿布维尔、色当或克莱蒙-德-洛代的羊毛业，鲁昂和埃尔伯夫的棉纺业，尼姆和里昂的丝绸业。但只有在里昂，具

[1] 1789年法国大革命爆发，故有此说。——译者注

体的产品制造才集中在市镇内完成，其他纺织业市镇只是一级市场，是派货和财政运营中心，而真正的纺织工作是在距离它们不超过50英里（约合80.48公里）的农家作坊里完成的。鲁昂附近大概有1330万农民从事与棉花产业相关的工作。不过，大部分工业劳动力都是农民，与之相应的，大部分消费者也同样是农民。遇到歉收年份，他们拿不出多余的钱购买衣物或其他消费品，所以，市场需求是随着农业的收成波动的。在路易十六时期，工业与农业一样，都处于不稳定状态，里昂的丝绸业就在一次次危机中起伏不定，羊毛和亚麻制品市场同样如此。只有棉花保持住了在世纪中叶经历过的增长态势，这是因为棉花的主要市场不在法国，而是在海外的南欧和热带殖民地。

但在18世纪70年代，法国没有多少这样的殖民地。英国在18世纪中期就将法国从印度赶走了，好望角东侧属于法国的只有"法兰西岛"（毛里求斯岛）和"波旁岛"（留尼汪岛）了。在加勒比海域，法国成功攫取了马提尼克岛、瓜德罗普和最重要的圣多明各（今海地），这些热带小岛的价值远远超过了它们的面积。在《巴黎条约》中，路易十五甚至愿意放弃整个加拿大来换取瓜德罗普。法国大革命前夜，圣多明各是全世界最富庶的一块土地。黑人奴隶生产出了糖、咖啡和其他热带奢侈品，这成为殖民地财富的来源。仅在圣多明各就有50万黑奴，而从非洲运输候补黑奴又是大西洋复杂贸易的另一个侧面，它依靠各大港口作为中转。正是由于殖民地的生产经营，法国海外贸易量在18世纪增长了5倍，激增的人口、奢华的建筑和波尔多、南特及勒阿夫尔等地熙熙攘攘的码头都是当时繁荣的见证。殖民地经济也与王国其他地域的经济状况不同，除1778—1783年的英法战争对它有一些冲击外，几乎没有衰退的迹象，而且此次战争中英国对这些殖民地造成的损害也不如前几次造成的严重。恢复和平之后，上述殖民地又达到了新的繁荣高峰。然而，这些地区的商业富庶并没有影响到法国内地。殖民地贸易的真正收益在于将珍贵奢侈品转手出口到北欧的港口。但即便人们将贸易所得利润投资到土地上，也多半是为了保值，而非再生产。

因此，可以说存在着两类法国经济，但两者的联系极其微弱。沿海地区和能够在四大河流域中通航的低地地区依靠国际间的贸易建立了联系，并分享了利润，它们似乎注定会不断发展。但路易十六的大多数臣民居住在内陆，交通不便，经济停滞，尽管18世纪中期引进了一些有益且优质的作物，却因为气候恶化以及人口的增长仍无济于事。17世纪动辄饿死成百上千人的饥荒似乎正逐渐淡出人们的记忆，但是随着每一次几乎让所有民众成为乞丐的歉收发生，很多有识之士越来越担心现有政府的抗压能力。贫困是法国最显著的社会问题，没有人能够忽视它。旅行家们都注意到了农村住房残破、农民衣衫褴褛的现象。阿瑟·杨在凯尔西记述："所有农村女孩和妇女都没有鞋袜，而农夫的脚上既没有木鞋也没有长袜。这是足以撼动国家繁荣根基的贫困……这里让我想起了爱尔兰的贫困景象。"[1]到处游荡的流浪汉令独门独院的农户提心吊胆，不少市镇的街道上满是乞丐。即便是在最好的年景里，贫困者——这里指那些没有工作或者没有保障的人——也占到总人口的三分之一，即800万人。而在较差的年景，工作机会减少，还会有200万到300万人沦为贫困者。大多数贫困者都是老弱病残，其家庭也无法供养他们，而随着人口增长，许多壮年劳动力也很难找到工作或维持生计，在18世纪的法国，物价上涨速度是工资上涨速度的3倍，皮卡第制造业的巡查员让-玛丽·罗兰写道："今天的工人需要挣双倍工资才能糊口，他们挣的和50年前一样多，而当时的物价是现在的二分之一。"[2]一个诺曼底教区的神父对此种情况作了描述，他在1774年写道：

> 临时工、普通工人、熟练工人和有工作但不能解决温饱的人，都有可能成为乞丐。年轻人会去工作，当他们工作到能

[1] *Travels,* 10 June 1787, p. 23.

[2] F. Bluche, *La Vie quotidienne au temps de Louis XVI*, Paris, 1980. p. 275.

> 给自己买好衣服、支付婚礼花销的时候，就会结婚、养育第一个孩子，生第二个孩子时就有些困难了，有了第三个孩子后，他们的工资就不足以购买食物以及用于日常花销。每到这个时候，他们会毫不犹豫地换上乞丐的行头，开始在路边讨生活。[1]

乞丐走的路一般是通往城镇的，这会给他们带来更多（或者期望中）的机会。城镇上的施舍者大多出身乡下，早年离开人口稠密的乡村外出闯荡。许多卫生状况差的城镇死亡率极高，儿童尤其容易夭折。城镇的繁荣基本依靠外来劳动力。移民即使在城里找不到工作，也能在修道院或者修女院获得救济品。医院和济贫院会接受捐助，用于接纳、救治那些丧失谋生能力的人。相比赤贫的乡村，城镇里得到私人慈善救助的可能性更大，但越来越多的农村人口进入城镇，就免不了僧多粥少，在路易十六时期，资源短缺的情况愈加凸显。修道院发的救济面包越来越少，这不仅仅是因为需求的增加，还因为他们遭到了批评——一视同仁的慈善举动带来了惰性。医院和济贫院发现它们长期依赖的慈善遗产捐赠也在减少，而且作为教会机构，它们得到进一步捐赠的机会也被1749年限制永久性营业土地的立法切断了。该法令通过限制永久性营业的土地来防止当时人们以捐献慈善为名转移地产。[2]投资政府债券的利息也蒙受了损失，因为18世纪的法国政府有过一次破产并转换了债期（由短期转为长期），医院的资产本已缩水，再加上通货膨胀，它们能购买的补给就更少了。18世纪法国各地关心此事的世俗民众也开始寻求贫困救济的新方法。共济会分会建立了慈善基金，18世纪80年代的几个城市还建立了慈善社团，向富人募款，救济穷人。政府也开始慎重尝试实施全国范围的济贫计划，例如，自18世纪60年代起，在每个财政区建立济贫院；70年代开始建立慈善工坊，这些措施实

[1] O. H. Hufton, *The Poor of Eighteenth Century France 1750–1789*, Oxford, 1974, ii.

[2] Walter W. Powell, Richard Steinberg (ed.), *The Nonprofit Sector: A Research Handbook*, 2nd edition, (New Haven: Yale University Press, 2006), p. 26. ——译者注

施的背景便是公众对贫困问题的日益关注。在学院里，在知识阶层、文人圈子中和报刊上，人们对此展开了激烈讨论，这印证了有教养的人群对一场即将超出他们掌控的危机的担忧。

穷人的行为加深了人们的忧虑。一般说来，他们会接受眼下能找到的东西，但当他们找不到的时候，就毫不羞愧地开始乞讨。乞丐们大都“很专业”，这让那些被他们缠着不放的人开始怀疑他们的乞讨动机，假装吃不起饭的人或者编造倒霉故事的现象确实存在，任何能讨到更多钱的伎俩都值得一试。当他们乞讨不成时，恐吓往往成为更好的手段，而这和犯罪也没什么两样。每个贫民都有可能变成小偷。另一种情况是走私偷运，法国的大地上布满了关口税卡。在乡村有人偷猎，在城市绝望的妇女流落风尘，尽管这实际上会不可避免地带来疾病和进一步的衰败，18世纪60年代巴黎有2.5万妓女。一个从乡下来的姑娘经历大抵是这样的：先做女仆，怀孕，丢掉工作，为了养活孩子沦为妓女。她也许会选择丢掉孩子，而面对一张多出来的吃饭的嘴，不只未婚母亲会这么做。最能体现贫困状况的是弃婴弃儿的增加，18世纪时，这一数字增长了3倍。18世纪80年代全法国大约有4万弃婴，仅巴黎就有8000人，而在像巴约这样仅有1万居民的小城镇，每年也会有50名弃婴，收留这些儿童的医院连人头都数不过来。它们会把孩子抱给奶妈喂养，而奶妈本身也是赤贫者，在这些机构里，孩子往往活不过5岁。经济状况较好的观察者认为这一切证明了下层的道德水准正在急速滑落，于是考虑该如何教育他们不要这么做，而且还会操心教育到何种程度是妥当的。但这件事的核心在于，法国经济无法为全体农村居民提供像样的生活。

农民占法国总人口的80%。路易十六的臣民中只有五分之一的人居住在规模超过2000人的聚居地共同体中，约25万人根本就没有聚居地共同体可言，他们是四处游荡的漂泊者，让居有定所的人们既害怕又鄙夷。而对于那些生活在贫困线之上或者刚刚过线的人来说，流浪汉就是一种警示，他们也可能变成后者。大多数农民家庭的生活就是得过且过，混一天算一天。即便是有地的农民也难以糊口，因此，像很多无地农民一样，他们依靠某天或某季劳动的收入、做点农家手艺过活，或者把多出来的家庭成员送到已知（或者被认为）有工作的地方。1769年奥弗涅教区的一份报告中称："居民们唯一拥有的'行当'就是每年离家外出9个月。"[1]但悖论在于，正是这种状况的家庭构成了农村社会的主体。这不仅仅因为他们占农村居民的绝大部分，还因为他们能在大多数乡村都具备的共同体权利中找到有价值的额外资源。在公地上他们可以牧牛、收集柴草；在开放的土地上，他们会在收获之后捡拾麦穗，他们的牛可以啃食麦茬。在一些地区，尤其是南方，社会共同体保护地方习惯的传统非常强势。如果领主要征收额外租税或者行使尚不确定的权利，共同体甚至会控告领主。从18世纪60年代起，在东部很多地区和西南部一些地区，官方认可并划定了公地的范围和分属，并终止了当地人的集体权利，然而，没有人利用这项立法占到过便宜。那些试图这么做的领主和大地产者被乡村共同体震慑住了，后者明显已经准备好通过法庭就这个问题进行斗争，更不要说骚乱和其他消极抵抗的手段了。村民们也用类似的策略对付什一税征收者，特别是当税款最后不能到达享有圣职的教区神父手中，而落入世俗人或者教会财产的世俗接收人手里的时候。毕竟，教区神父是每个村子的重要人物。在大多数村庄里，他也许是唯一受过教育并拥有权威的居民，与他的宗教权威和守卫教堂（在多数教区，教堂也只是普通建筑）的职责相比，神父更像是一个天然的首领。因此，他是使乡村团结一致的有力黏合剂。从历史上看，他最顽固的对手是那些在乡村团结纽带中份额最少的人——小部分拥有或能够出租足够土地的幸运农民，这些人能实现经济独立。

很多事情都让这些富足农民和他们身边的大量其他居民显得截然不同。仅凭自己的力量，他们就能在饥荒或者瘟疫中存活下来，还能在村里派发工作，因为他们自己就经营着大面积的土地。他们拥有农业工具、小

[1] Hufton, *The Poor*, p. 69.

推车，还喂养着大量牲口。其他人必须从他们那里租借，就像他们在困难时期还要找富农借种子或现钱一样。然而常常出现的情况是，如果倒霉的借债人还不上钱，那么富有的农民就会取消抵押品的赎回权，进而占有更多财富。他们确实常常被村里人提名为地方行政长官、收税员或者教会委员。这并不代表他们很受欢迎，而是因为只有他们有时间和资源来承担这样的责任。他们和其他村民罕见地团结出现在需要一致对外的时候，例如对抗地租开价对其产生威胁的大佃农，或者是享有免税资格的贵族和市民（因为后者一旦在教区中购置了土地，那么村里所有人都要摊派缴更多的税），或者是当领主的种种权利——例如狩猎权、射击权、庄园垄断、实物或货币的封建租税——伤害到贫富村民共同的财产及利润时。村民们基本上是参照教区神父的地位来看待外来富人和庄园领主的：只不过后者被看成是乡村共同体中权力和权威的竞争者。而当日后有机会打击这些竞争者时，村民们毫不犹豫地把握住了机会。

从某种意义上说，上述这些吝啬的独立自耕农才是真正的乡下人：只有他们能够做到与城市毫无瓜葛。乡村社会中的其他人与城市生活的联系比看上去要紧密得多。大多数人无法种植他们需要的全部食物，因此需要到地方城镇市场购买。农舍作坊的网络也是靠城镇组织起来的，而且他们的产品也在城镇销售。几乎所有的农民家庭中都有人在某个遥远的城市工作过一段时间，或者干脆迁到城市中定居。通过这些途径，乡村和城市联结在了一起。城镇和乡村也并非一直泾渭分明，在很多人口密集的集合城市中心就有人放养牲畜和种植作物。法国90%的城镇居民不足1万人，只有9座城市人口超过5万。不管怎样，18世纪是城市快速扩张的时期：巴黎人口增加了10万，波尔多和南特的城市规模扩大了不止两倍，而里昂和马赛则扩大了至少50%。是的，错过了18世纪商业扩张的城镇——例如图卢兹、贝桑松或者其他数不清的小城市，它们整个世纪都在破落的城墙后苟延残喘——会逐渐失去活力。但路易十六时期法国超过三分之一的人口居住在城镇中，他们中包括了国王臣民中最富有、最有教养和最具活力的人。

即便如此，大多数城镇居民依然贫穷，而且没有一技之长。城市的贫困尤为集中而且刺眼，城里的工作总是不够。雷恩一位法官在1772年抱怨道："本已悲惨的城镇居民还要为自己的无能所累，他们无事可做，因为能提供给当地居民做的事情本来就不够。"[1]被包括在这个行列中的人有不计其数的临时工、搬运工、轿夫、码头工人、侍者、擦皮鞋的小孩、杂货商、二手服装贩子，以及在任何城市街道都能碰见的叫卖小贩。他们群居在地窖里或者出租屋的楼上（在巴黎是四五层楼），当处境困难付不起房租时，他们就会使医院和刑事法庭人满为患。无技能移民中运气好的人会成为家仆，也许这在任何规模的城市中都是最大的全职工作群体了。巴黎有4万~5万家仆，在大多数外省城市，他们一般占人口总数的5%~7%。雇主给家仆的待遇是包吃包住，除了发工资，常常还会发服装，其他无技能工人看到家仆们的优越处境也许会眼红不已。但真实情况往往是其他工人看不起家仆——仆人都是依赖于人的，要靠他们的主人过日子，完全没有自己的生活，也不能结婚，因为已婚仆人价格昂贵且不便使唤，他们最大的奢望就是攒够钱赎身，开始家庭生活。大多数家仆都是频繁更换，这说明收入带来的表面的稳定，掩饰着他们生活的艰难和对此的不满。此外，寄人篱下、遵从他人意愿生活的感觉也很糟糕。在每个城市由临时工、乞丐、小混混和妓女组成的流动人口中，肯定有不少人曾因为一段时间的家仆工作而目睹过一个更美好的世界。他们知道自己失去的是什么，毫无疑问，在意识到自己永远进入不了那个世界时，他们对那一切的感受会更加强烈——或许只有做小偷能够"进入"那个世界了。

他们同样几乎没有机会进入技术工匠的圈子。大多数的生意都是严密组织、独家经营，只聘用土生土长的城里人和贸易集中地区的本地人。

---

[1] O. H. Hofton, "Towards an Understanding of the Poor of Eighteenth Century France", in J. F. Bosher (ed.), *French Government and Society 1500–1850: Essays in Memory of Alfred Cobban*, London, 1973, p. 152.

甚至本应是外来移民占优势的行业，也主要从特定省份聘用。比如，建筑业和凿石业工人主要是利穆赞人。技能是需要训练的，大多数工艺和手工行业都尊奉一套能力等级制度。最底层的是学徒，他们要学习行业知识。四五年之后，他们才有资格成为熟练工人，也就是所有行业的中流砥柱。在不少行业中，熟练工人还要外出游历学艺。巴黎的一个上釉工人雅克–路易·梅内特拉留下了一套十分重要的回忆录[1]，从1757年到1764年，在他20多岁的时候，花了大部分时间徒步走过了南法的各个市镇，整个旅程长达1500英里（约合2414.02公里）。为了方便找工作，从一开始，他就加入了法国三个最大工匠工会中的一个，该工会帮助会员在这场“法国之旅”中的每一站找到工作和宿舍。然而，工会没有法律身份，因此各地地方政府都对其颇为不满：它们是罢工和抵抗运动的有力组织者，更不要说互相的残酷争斗了。被政府所承认的技术行业组织是所谓的“行会”，原则上讲，一个工人必须是行会成员才有从业资格。每个城镇都有一个行会金字塔，由师傅团体控制。师傅们规定自己这门手艺的标准，他们自己就能成为该行业中独立的雇主。师傅是从熟练工人中产生的，后者要交一笔入会费，并呈上一件“作品”来证明自己的技艺。但师傅的儿子，像梅内特拉这样的人，拥有得天独厚的优势，他在做了8年的熟练工人之后，无须呈交作品，就能够当上师傅。在行会成为历史之前，很多事情就是由这种不公平造成的；但师傅并不是一张必然通往成功商业之路的护照，在大多数行会里，对师傅的资格似乎并没有特别严格的限制。而在里昂庞大的丝绸工人行会（那里有6万人，简直就是一个大工场），师傅比熟练工人还多。在巴黎，1785—1789年间有接近7000人成为各种行会的师傅。师傅人数的增长意味着大多数工坊规模很小。1789年巴黎每个工坊平均员工数为16人或17人。尽管工时很长——通常都是每天工作16个小时，每周工作6天，但大多数工匠都有自己的工作节奏。按照现代标准来看，这个节奏

[1] Edited by D. Roche, *Journal de ma vie: Jacques-Louis Ménétra compagnon vitrier au 18e siècle*, Paris, 1982.

是非常缓慢闲散的。各地都出现了颁布工作纪律的工作场所。最著名的是纺织印染行业，如克里斯托夫·奥伯坎普夫的工厂，该工厂位于茹伊，拥有近1000名职工；又如加尼耶、当斯和泰瓦尔三人位于博韦，拥有800名雇员的工厂。在巴黎最值得一提的此类工厂则是王家玻璃厂，有500名员工；或者是雷韦永的壁纸厂，有300名工人。两家工厂都在圣安托万区的东部。但这类工厂的规模、组织和不受行会约束的气氛使它们显得有些另类，当然也使它们成了被怀疑的对象。不只有行会才能维护传统质量标准和工人素质，这些工厂也制定了一套控制工人的好办法。逐渐增多的自由行业不是由行会组织的，因此转而在新兴的工厂规章体制中受到密切监管。不过对于这种管理方法的怀疑之声也在与日俱增。

1776年整个行会体制差点被废除，当时巴黎工匠们都上街庆祝这个消息。可就在几个月后，旧体制又基本恢复了。1781年引进的新管理手段后来被称为“工作表”。这是一份所有工人都要携带的工作记录，雇主签署该表之后，工人才能下班。这种新的发展和通货膨胀所造成的实际工资缩水，使路易十六时期的工业领域越发不稳定。以生动描述18世纪80年代巴黎生活而著称的路易–萨巴斯蒂安·梅西耶写道：“几年来，我们能清楚地看到人民的不顺从，特别是工匠们。学徒和年轻工人希望表明自己是独立的，他们对自己的师傅缺乏尊重，并且自行组成团体。”[1]这些观察家非常关心接连不断的罢工和抗议，他们也许低估了师傅们及其手下之间由共同技艺、文化背景、熟悉的行会规章以及小工坊里的氛围等因素培养起来的团结一致。最生动的例子出现在里昂，这个“大工厂”的师傅和熟练工人联合起来，多次与几个垄断了他们产品收购和销售的大商人发生冲突。而每当农业歉收导致物价飞涨时，所有地方的师傅和熟练工人也都会协同合作。在这种时候，从未出现过工匠要求加薪或者师傅主动加薪的情况。双方——包括他们的妻子，她们也常常在此种情况下出来抗议——都希

[1] *Tableau de Paris* (12 vols., Amsterdam, 1783), S. L. Kaplan, “Réflexions sur la police du monde de travail 1700–1815”, *Revue historique*, 329 (1979), 70.

望，不论市场状况如何，政府能够出面平抑物价。

面包或者谷物价格的突然上涨被认为是公共秩序安全最危险的时刻，而城镇的秩序是最容易崩坏的。农民卷入其中的骚乱往往在他们到城镇赶集的时候发生。人人都认为面包的价格应该得到控制，维持普通人能够接受的价格水准。当面包价格超过这条线时，他们就会从道义角度考虑，认为自己有权采取行动把价格降下来。这些行动也许就包括威胁面包师和粮食零售商，甚至绞死那些消极应对的商人。暴民也会闯入商店或仓库，按照他们认为公平合理的价格把货物卖出。“囤积居奇”在粮食匮乏时期被认为是最严重的犯罪。骚乱群众会胁迫当地法官把粮价调整到可接受的程度。大多数法官也会立即同意，而且会在之后的数周内监控粮价。如果巴黎发生这样的情况则会被看作全国的大事——首都都挨饿了，那整个国家就岌岌可危了。在巴黎方圆100英里（约合160.93公里）范围内的所有市场中，粮食供给要优先满足巴黎的需要，而且即使到了两倍于该距离的地方，巴黎的影响依然很大。但最密切的监控也无法预测粮食短缺，虽然在18世纪40—60年代间的丰收年份中，粮食供应是相对可靠的（除了1752年），但1768—1778年这10年却给很多地区带来了麻烦——这段时间的收成非常不稳定，而且由于国家首次尝试放松对谷物贸易的管制，后果就更加严重了。政府在18世纪60年代放开了部分管制，70年代早期又加强了约束，到1775年又再次放开。其结果就是在库存本就不足的情况下，粮食价格和价格预测都陷入了混乱。1768年在勒阿夫尔和南特发生了骚乱和民众自行规定粮价的情况，1770年在兰斯也是如此。在1770年，政府曾试图通过一些挑选出来的大商人调整粮食供应，结果却导致谣言风传——传言说卑鄙的大臣设计了所谓的“饥荒条约”，要让国王的臣民们挨饿。无论如何，政府重新管制并未缓解1773年的粮食短缺，波尔多差一点因此被饥民们洗劫。然而，最糟糕的莫过于1775年的“面粉战争”，就发生在路易十六加冕礼之前。尽管1774年粮食歉收，但杜尔哥相信自由市场能够最有效地防止粮食短缺，因此坚持撤销所有管制。到了第二年春天，巴黎面包价格的上涨超过了50%。4月27日，在巴黎以北25英里（约合40.23公里）瓦兹河畔的博蒙爆发骚乱，闹事民众在一周之内席卷了巴黎周边地区，直逼凡尔赛王宫大门以及首都的面包市场。国家不得不调动军队，逮捕上百人，公开处死两人，才恢复了秩序，而那时法国东北部大部分地区早已经历了长达两周的混乱。到了1778年，轮到了几个南方城市——格勒诺布尔、图卢兹和波尔多（再一次遭洗劫）——经历粮食歉收之后的民众开始暴动，同样的情况也发生在1784年和1785年的诺曼底。面粉战争平息12年之后，杜尔哥的下届官员不希望重蹈覆辙，于是积极干预谷物市场，保持粮价平稳，只有在1787年的大丰收之后才稍有缓和。然而，他们未能在正确的时机放松调控。

受过良好教育的旁观者总会将面包骚乱归咎于穷人——乞丐、流浪汉和小混混，这类人使城市街道每天的情景令人恐惧生厌。旁观者们认为，一无所有的人能从混乱中得到一切，这就是他们如此疯狂的原因。面包占大多数普通人食物总量的四分之三，在正常时期，一个最贫穷的雇工要把其收入的三分之一甚至二分之一花在面包上。如果面包涨价，那么他整个生计都将受到威胁，因为剩下用于支付其他食物、衣服、供暖和租金的钱变少了，这使他有可能变得一贫如洗。有些人把激起类似于1775年混乱的人们称为“乌合之众”或“人渣”，并对此深信不疑，他们中大多数人从来不知道如此精打细算的生活到底是怎么过的。大量没有生活在赤贫状态的法国人随时都面临着跌下贫困线的危险，他们也随时准备用暴力来避免这种厄运。当他们这么做的时候，城市里有生活保障的少数精英们就要被吓坏了，平常他们是城市生活的主导者，而且从来不用担心一块4磅重的面包的价格。

这种精英人群在大多数城镇中只占人口很小的比例——从未超过五分之一，通常远低于五分之一。他们中总有一些成功的工匠师傅，而境况宽裕的标志就是不用亲自参加劳动。法国主导阶层的显著特征是：一双柔弱的手，得体的衣着，有侍从或仆人，能识文断字，并拥有法国普通男女做梦都想不到的稳定收入和财产。他们的人数不超过200万，而除了几十万的贵族和教士之外，其余都是所谓的中等阶层——资产阶级。路易十六时期的资产阶级人数比路易十四末年的两倍还要多。与此同时，法国的总人口只增长了四分之一，所以资产阶级在社会中所占比例的增加比他们的人数增长得更快。这些人占据了大量的国民财富。大多数工业和几乎所有的商业资本都集中在资产阶级手中，总计占到法国全部私有财产的五分之一。大概有四分之一的土地归他们所有，他们还持有大量政府公债（尽管具体比例不明）。这份资产中有很大一部分被用于买官。自16世纪以来，买官被证明是法国极为成功的一个产业。18世纪80年代，由于资产阶级参与到买官的竞争中，把很多官职价格推到了有史以来的最高点。资产阶级的投资还不断涌向很多正在改变城镇面貌的新式华丽建筑，以及不断拓展的奢侈品行业。里昂的丝绸、西印度群岛的糖和咖啡以及诸如版画、壁纸之类装饰品的热销，都源于资产阶级的喜好和品位。资产阶级的资本在巴黎和其他外省城市如波尔多建起了富丽堂皇的剧院，资产阶级自己又会掏钱买票，保证剧院上座率。他们投资教育和文化的热情则带来了学校和大学学院的大量增加以及图书市场的繁荣，也促进了新兴产业的发展，比如报纸、公共图书馆、阅览室和不计其数的俱乐部和文化社团的建立。这一切都极为有力地证明着：随着穷人越来越穷、数量越来越多，富人也越来越多，并且越来越富。梅西耶在1783年写道："富人和其他人的差距每天都在扩大，而当穷人看到（前者的）生活以惊人的速度变得日益奢靡，贫困就越发令人无法容忍。敌意变得更深了，整个国家被分成了两大阶层：贪婪麻木的人和极其不满的人。"[1]

资产阶级的致富根基是18世纪迅速发展的商业和工业。所有资产阶级都是靠商业发家，随着时间的积累，他们的财富也与日俱增。伟大的成功吸引了所有人的目光。阿瑟·杨在波尔多时写道："这里商人的生活极

[1] Y. Durand, *Les Fermiers Généraux au XVIIIe siècle*, Paris, 1971, p. 190.

为奢华。他们的住宅造价不菲。他们对客人的招待极为慷慨，很多菜是用金银质餐具盛装的。豪赌则是很糟糕的事，甚至有绯闻风传商人包养剧院的歌舞女郎，当然这也不会给他们带来什么好名声。”[1]雅克·萨瓦里在1675年出版过一本广受欢迎、多次再版的小册子，其中描绘了节制、朴素、精打细算的传统“好商人”形象，阿瑟·杨见到的资产阶级已经完全脱离了那个世界。但毫无疑问，大多数生意人没有过上这样的日子。资产阶级和其他社会群体一样，富有的少数比节制的大多数更引人注目。但从根本上说，区别仅仅是程度不同而已。在任何层面上，商业资产阶级的行为大致是一样的。他们中几乎没有人愿意把钱留在当初发家的行业，贸易和制造业虽然利润可观，但毕竟不稳定。因此，资产阶级一旦有了钱，第一反应就是买地。所有的殖民地货物托运商和大城市银行家都会把他们的千万家产用来购置选定地区的庄园、乡间别墅和广阔的领主采邑，成功的小城镇商人则会购置街边房屋或者城外花园。土地总是保险的，虽然利润不高，但很稳定。总之，土地更为人所看重。一切最优秀的人，以及那些长久以来治理这个国家的人，都是地主。因此，任何想要在社会中成为大人物的人，都不能没有土地，而那些有着坚定志向的人知道他们早晚要从生意场全身而退。

很少有资产阶级家庭在富过了一代人之后还留在生意场上的，除非他们是新教徒或者犹太人——这两者被法律捆住了手脚，只能挣钱。经商利润如果不用于购置财产，就会用于为下一代人提供优越的教育环境。通过教育，下一代才有可能从事高尚职业，人们才会忘记他们是商人起家。这是长期以来确立的模式，尽管18世纪末人们越来越倾向于肯定商人的作用，并对他们一旦有钱就放弃自己行业的做法感到惋惜，但现实中商人的做法还是没有改变的迹象。

1780年，里昂的一个诉讼当事人这样描述他的对手：

[1] *Travels*, 26 Aug, 1787, p. 60.

> 我不能保持沉默，忘掉这件事……我自己就是一个广受爱戴和尊重的商人的子嗣，热斯先生侮辱了商业，他把那些从事这个行当的人称作“社会糟粕”，这就是他如何称呼这个举国上下都同样尊重的职业的。但请记住，热斯先生和我一样，也是商人的儿子，他否认了自己的血统，我却以之为荣。[1]

这位作者是地方法庭的一位法官。显然，他以父亲的职业为荣的原因在于，父辈挣的钱足够给儿子买到这个官职。而繁荣的买官市场最能证明长期以来资产阶级对摆脱商业这一“恶名”的渴望。买官制起源于16世纪，一开始是作为国王借钱的手段，到了17世纪，官职买卖成了法国社会生活的基本制度，如果官员可以缴纳这个官职所需的年税，就可以把职位传给自己的孩子或者卖给第三方。这让官职听起来像是和土地一样的投资品，而为了应对日益增长的需求，王室开放了绝大部分官职的买卖。整个司法体系，上至高等法院的最高主席，下至最偏远的乡村法庭的法警，都是可以买来的。其他成千上万的、各种品级的官员也是如此。在路易十六时期大概有7万个可以买卖的官职，价值共计9亿里弗[2]，而且随着大多数官职的涨价，整个市场的价值继续上扬。只有传统上不卖给资产阶级的官职——比如高等法院中的部分职位，或者那些可能会长期赔本的官职才没有涨价。其余官职价格都一路飙升，这是因为资产阶级无比渴望过上受人尊敬、有职业尊严感的生活，离喧嚣的生意场越远越好。

其实担任公职挣不到钱，但人们并不在乎。事实上，在巴黎或其他外省中心担任公证人一类的职务能够挣到很多钱。一个有天分的——或者很多人认为仅仅是好运的——麻烦制造者能在法庭上脱颖而出，获得成功。这也是有史以来首次有作家发现自己能靠笔杆子吃饭。但所有这些成功故事都是特例。大多数资产阶级的命运——同时也是他们的目标——是在审

[1] M. Garden, *Lyon et les Lyonnais au XVIIIe siècle,* Paris, 1970, pp. 534–535.

[2] livre，法国大革命前第一种货币单位。——译者注

慎、与世无争但舒适的境况下茫然度日，找个门当户对的老婆，官职有人继承或者儿孙满堂。比如，注定要成为其时代最著名的外省资产阶级的马克西米利安·罗伯斯庇尔，他的家族在阿图瓦从事法律行业已有五代，在1788年之前，他似乎除此之外无路可选。在毫无生气的外省城市阿拉斯，罗伯斯庇尔靠打官司过着平静的生活，在特别审判法庭当小法官补贴收入——这种法庭在全国各地不计其数；他有充裕的闲暇进行广泛阅读、写诗和参加文学比赛，还成为当地学院的成员。在其他城镇，有数不清的人和他过着同样的生活——平凡且单调。很多人加入了共济会分会，借着后者的“远大理想”和神秘且原则上秘密的仪式来给自己的生活增添色彩。而其他人，在充斥着中等阶层自负感的小世界中，纠结于各种琐事，比如感到被蔑视、争夺蝇头小利或者牢骚满腹、进行微不足道却又尖刻无比的争论等。在被当地律师讨论小组除名之后，罗伯斯庇尔就写过一本刻薄的小册子控诉他们。在格勒诺布尔，另一个小镇律师安托万-皮耶尔·巴纳夫在10岁的时候和他母亲进入一个为省区总督的贵族朋友预留的剧院包厢里，被赶了出来，结果巴纳夫在当地以此闻名，并且他本人对此颇为受用。这让资产阶级（同时也是新教徒）的巴纳夫步入了社会和宗教人士的行列，这明显是他们相当珍视的一种特质。巴纳夫后来表示，这件事使他的人生有了一项使命：“把一个人从天生被蔑视的境遇中拉出来，将其提升到应有的社会等级。”不过，他母亲进入那间著名包厢的决心（他的父亲当时坐在剧院正厅后排）是一个生动的事例，显示出了使资产阶级备受煎熬的执念——他们对贵族既爱又恨的复杂心态。

在所有资产阶级中，最为人们所欣赏的就是“过得像贵族一样”的人。这意味着他们不用亲自从事任何职业，而靠投资收益或者地租生活。“过得像贵族一样”的资产阶级非常稀少，任何能够承担贵族生活开销的人，也绝对能够承担成为真正贵族的花费。“成为贵族”是所有资产阶级梦寐以求的，也是对其社会成就的终极认可。如果一个人有这个财力，那么成为贵族也不难。最热门的官职中有超过4000个是授予持官者贵族头衔的，通过这条途径和其他各种次要的方法，18世纪一共有大约1万人（如果算上他们的家庭成员就是4.5万人）脱离了资产阶级身份成为贵族，速度大概是每天两人。大多数附带贵族头衔的官职确实要求两代人相继担任该职，这样才能算完全以继承的方式获得了贵族头衔。但857个国王秘书职务没有任何实际义务可言，能完全而且立刻获得贵族身份。这些职位被称为“花钱买来的肥皂”，但金融家、商人和工业家们对它们趋之若鹜。在18世纪80年代，他们把这类官职的价格炒到了无以复加的地步。对于拥有职业的资产阶级来说，没有什么比看到白手起家的生意人一跃进入社会最高阶层更让人生气的了。他们本以为任何商人都低自己一等，现在却变得毫无意义：暴发户们预备用来购买贵族头衔官职的钱让所有职业人士望尘莫及——即便如此也是值得的。职业人士能做的只有请愿（就像地方民事和刑事法庭），请求将他们自己的职位也变成带有贵族头衔的，或者通过盗用贵族身份脱身。伪造家谱在当时是一个小有规模的行业。1789年之前，我们能见到的德·丹东、德·罗伯斯庇尔、德·马拉、布里索摇身一变成了德·瓦维耶[1]，还有罗兰·德·拉普拉特耶尔[2]。对其等级的贸然闯入者，贵族们却不以为意，但这种态度绝非自我安慰。当高等法院投票通过只接受有多代贵族血统的成员（18世纪60—80年代有几个高等法院这么做过）、1781年著名的《塞居尔法令》规定军官必须从至少有四代贵族的家族中招募时，资产阶级舆论一片哗然。金融界购买贵族头衔的能力曾搅乱了职业人士心中的礼义廉耻，但现在这些政策针对的正是这个金融界。从表面上看，这些政策似乎排除了所有资产阶级担任炙手可热公职的可能。实际上，如果不先当上贵族，极少有资产阶级能身居如此高位。但是公开把这种情况规范化，在这个资产阶级和贵族的教育水平、价值观和外貌都逐渐趋同的时代，无疑是具有挑衅意味的。

[1] 布里索的真实全名为Jacques Pierre Brissot，de Warville是他给自己取的假名。——译者注

[2] 这些人都是后来的革命领袖，在大革命之前却都将自己的名字贵族化。——译者注

什么东西让人们如此渴望成为贵族？当然是贵族身份所带来的魅力和卓尔不群的社会认同。然而资产阶级对特权并不陌生，当时社会中大多数人都能通过自己所处的行业、团体、城镇甚至省份获得一些特别的权利或免除某些义务。对于这个没有统一法律体系和制度的国家，特权就是其最大的特征。但贵族比大多数人享有更多特权，他们在社会中形成了独立的等级或秩序，国王的其他臣民，从最不幸的乞丐到阿瑟·杨笔下用金银餐具吃饭的殖民地大货商，都是平民。贵族在公共场合处处优先，能够佩剑，能够炫耀独有的盾徽。对贵族的审判要在特别法庭进行，而如果贵族犯下了严重罪行，可以得到特殊的死刑——斩首。他们不用服徭役，不用为驻扎军队腾地方，也不用参加义务兵役。最重要的是他们享有巨大的财税优势，免于承担盐税带来的重负——这是遭人憎恨的敲诈性盐业垄断。在转让封建财产的时候也不用缴纳财产变更税，而且贵族享有主要的直接税——军役税的免税权。实际上，很多资产阶级人士也不用缴军役税，因为城市市民也有免税权。在三级会议省区，军役税按土地而不按人头征收，当地贵族发现他们要缴军役税，而他们的邻居并非贵族，但由于拥有采邑，却不用缴纳该税。[1]当然，贵族不能免缴新近开征的直接税，例如人头税（1695年）和廿一税（1749年）。但在大多数人看来，军役税的免税权依然是贵族身份的典型标志，这明显是骑士时代的遗风。在当时人们的概念里，有责任为保卫国家而冒生命危险的人不需要为之纳税。但这种武士同盟也使贵族从事零售贸易变成一件丢脸的事情，这样做要冒着丢掉贵族身份的风险，也可能会降为要缴军役税的等级。很少有人敢于无视这项法律或其背后深深的偏见，这会危及他们作为贵族的优越处境。无论如何他们还要为子嗣打算，贵族身份是家族事务，是一项只有传诸后世才真正有效的殊荣。况且，贵族被认为应该投身比挣钱更重要的事情。按照惯例，他们是社会的管理者——这是有追求的资产阶级强烈地想成为贵族的

[1] 在三级会议省区，军役税的征收只与土地有关，平民土地需要缴税，而贵族土地不用缴税。因此拥有平民土地的贵族要缴税，而拥有贵族封地的平民不用缴税。——译者注

另一个原因。

不论当时还是今天，没人知道贵族的确切人数，可靠的估计是在12万~35万之间，但这一小部分人拥有法国四分之一到三分之一的土地，其中绝大部分都是依赖其封建权利所占有的。他们拥有所有最有价值的可卖官职、大量的公债，而近四分之一的教会税款则会落进贵族神父、僧侣的腰包。大多数重工业也被贵族控制，要么是通过投资，要么是由于他们直接拥有可以开展采矿业和冶金业的土地，这种产业以土地为依托，因此不会被看成是商业。甚至对于贸易的禁止也是有漏洞可钻的。大规模贸易已经对贵族和国王公卿们开放很多年了，因为他们中很多人本来就是大商人或者私人金融家，他们不会因为购买了带有贵族头衔的官职而被要求放弃生意。正因为成功的资产阶级可以通过这种方法轻易成为贵族，他们带来的资产也一直在为整个贵族阶层的财富添砖加瓦，更不要说带着丰盛嫁妆的女性资产阶级继承人了，很多身无分文的绅士正巴望着靠她们“镀金”呢。于是，资产阶级不断增长的财富也带动了贵族富裕，帮助贵族保持住了领先地位。“贵族”就像是一个俱乐部，所有富人都觉得自己有资格——也确实有义务——加入。这绝不是说所有的贵族都有钱，但所有的有钱人最后都会成为贵族。

随着贵族财富而来的是影响力和权力。作为“王国第一绅士”的国王会在一群贵族廷臣中度过一生，原则上，只有名门望族才有机会见他一面。他所有的大臣也都是贵族——当1776年路易十六任命雅克·内克为国库总监的时候引起了轰动，因为内克是瑞士人，一个新教平民。行政部门的所有高级官员——大使、总督、国务委员以及督办官——都是贵族，陆军和海军的高级军官以及大多数低级军官也都是贵族。大部分确保中央政府有钱花的金融家和包税人都买到了贵族身份，而且因为每个高级法庭的每个职位都是附带贵族头衔的，所以整个司法系统的上层都是贵族。在教会里，贵族占据了所有主教职位、最好的修道院院长和教士职位，而且在路易十六时期，让他们担任这些职位成为一项制度。其动机也正是1781年

《塞居尔法令》的隐含目的之一：把一部分公职留给那个没有其他资产的群体——贫困贵族。

事实上，路易十六时期法国的真正管理者并非贵族，而是财阀集团，大多数贵族在其中没有一席之地。大半贵族过得和普通资产阶级差不多，很多甚至还不及资产阶级。托拜厄斯·斯摩莱特[1]在1763年如此描述布洛涅的贵族阶层：

> 虚荣、傲慢、贫穷而且懒惰……他们任由自己的别墅衰败，花园和农田荒芜，寄居在上城区的阴冷小屋里……没有灯光、新鲜空气或者厕所。他们在里面忍饥挨饿，这样才能有足够的钱买好衣服，每天好好打扮一次……他们没受过什么教育，没有阅读品位，不理家政，没有任何实际的职业，只会打理自己的头发，修饰自己的仪态。他们讨厌步行，如果不是为了满足被观赏的虚荣心，也绝不会出国……他们装作非常在乎自己的等级，绝不会和商人有任何来往，他们觉得商人是平民。[2]

在宫廷，在巴黎，钱能疏通一切。公爵和达官贵人们非常乐意将他们亭亭玉立的女儿嫁给大金融家。内克的权力通行证就是他作为银行家的巨大财富。很多外省首府也存在着品级和金钱的融合，尤其是港口城市。然而，这些繁华的消费中心之外的贵族们，往往是一群血统高贵，却寒酸破败、没有多少资产财力的绅士。这才是大多数农民，也是大多数法国人会碰见的贵族。他们常常发现贵族傲慢自大，急于索取封建捐税和行使领主特权，极为依恋自己的祖先和贵族的特权。1825年，塞居尔伯爵在回望革命前的岁月时曾这样说道："相比在宫廷有关系的上层贵族或人员，人们更有理由对乡村贵族感到不满，他们贫穷而且愚昧。这并不奇怪，因为

[1] 托拜厄斯·斯摩莱特（Tobias Smollett，1721—1771），英国小说家。——译者注

[2] *Travels through France and Italy*, London, 1763.

他们除了头衔一无所有，他们总想用头衔来和一些中等阶层一较高低，而后者在学识和财富上都让他们备感尴尬、颜面扫地。”[1]这种贵族最敌视的莫过于贸易了。在布列塔尼，处境窘迫的绅士在通过经商挣回财产时，可以“搁置贵族身份”。但即便这么做了的人——比如夏多布里昂[2]的父亲，他最后成功赎回了祖先的城堡，却也花光了所有积蓄。但他乐于重新过上窘迫却貌似位居上流的理想生活。缺钱意味着这些人不可能担任法院职位——他们付不起这些职位的钱。至于用来支付高级法庭法官可有可无的职业教育的经费，他们也只能望洋兴叹。他们倾向于把高级法庭官职看成是“穿袍贵族”[3]的新来源，并对之冷嘲热讽，求得心理慰藉，尽管这种看法往往是没有道理的。另外，他们把自己看成是唯一货真价实的贵族——“佩剑贵族”。他们从祖先的血统中继承了自己的使命——战斗。他们有义务在军队中——当然是作为军官——侍奉国王，而国王相应地也有义务给予他们机会。但问题是，军队的所有职位也是可以拿钱买的，财阀们再一次把这些职位的价格抬上了天。在18世纪中期，人们对贫穷贵族问题展开过一次激烈的公共辩论。夸耶神父在1756年出版的《商人贵族》中称，解决之道在于鼓励这批贵族从商。但路易十四的私生孙子圣富瓦伯爵在其回应著作《军人贵族或法国爱国者》中谴责了金钱的魔力，并主张由贵族垄断军队职位，并以战绩作为唯一升迁标准。这既能给予贫穷贵族可靠的谋生手段，也能塑造更加专业的军官群体。到了1776年，这一系列辩论达到顶点，当时建成了由12所军校组成的体系，其中就包括拿破仑·波拿巴就读的布里耶纳军校。拿破仑来自刚刚并入法国的科西嘉岛，出身于一个贫穷贵族家庭，他在军校中学会了作战技艺的基本原理。《塞居尔法令》也有相同的意图——将来自资产阶级、把军装带来的光鲜荣誉

[1] Edited by E. Cruikshanks, *Memoirs of Louis-Philippe Comte de Ségur*, London, 1960, p. 41.

[2] 夏多布里昂（Chateaubriand，1768—1848），法国18—19世纪著名作家、政治家，代表作有《墓畔回忆录》等。——译者注

[3] 不是世袭贵族，往往出身于资产阶级，用钱买到贵族头衔。——译者注

和社会尊重看得比军事效率更重的富有纨绔子弟清理出军队。其缺陷在于对宫廷中的纨绔子弟没有影响：这些人的血统高贵无比，也同样有钱，但他们对军队的奉献承诺也仅仅流于形式。不论哪条路，天生的富二代或者贵族二代总是占先，而有天分或能力的人只能排在他们后面，这种情况不仅仅发生在军队里。在很多人看来，很显然，整个社会都是这么运作的。一个自学成才的文人尚福，通过贵族关系在1781年进入了法兰西学院，他思索这样一个问题："什么生物与他周遭的环境最格格不入？有没有可能是这样一个人呢？——他既无金钱亦非贵族，只有靠苦干和功绩，身边却到处都是拥有金钱或者贵族身份，或者是兼具两种优势的人。"[1]公众的不满主要针对军队，这也绝非巧合。18世纪中期法国军队的战绩实在太丢人了。他们在海上被英国击败，在战场上被普鲁士痛击，再没有其他国家机构像军队这般无能了。路易十四时代的法国军队为全欧洲所敬仰，而现在它的名声一落千丈，国家想努力恢复其声望，军事学校和《塞居尔法令》一类的改革正是这些努力的一部分。如今，代替路易十四军队昔日地位的是腓特烈大帝的军队，而后者恰恰为法国许多改革提供了榜样。历任陆军大臣都不仅想要建立普鲁士风格的军官团体，还要引进普鲁士的军事战术和作战演习、军队服装甚至军队纪律。这种政策处处发生龃龉，人们往往会争论，法国士兵如果犯了普鲁士式的军事错误——比如用剑面攻击——是否能在不丢颜面的情况下被惩罚？路易十六军队的构成当然和腓特烈大帝的军队不同：大多数士兵是法国臣民，还有志愿兵。军队中确实有23个外籍军团，其中包括令人敬畏的负责王室安全的瑞士卫队，但他们的人数还不及整个军队人数的七分之一，而且征兵制只用于招募民兵部队——这是一支只在战时调动的预备军。有很多人被招揽到一起，用于挑选每个地区所需的应征士兵；但免于参军的资格范围很广，只有最穷的农民逃不过征召。尽管现在民兵部队被收编的风险不大，但它在乡村地区仍

[1] Edited by C. Roy, *Maximes et pensées: Caractères et anecdotes*, Paris, 1963, p. 76.

然很不受欢迎。即便是最穷困潦倒的农民，也对军队生活没有太大兴趣。大量正规军队是在高度城市化、重兵把守的北部和东北边境地区征召的。大多数新兵要服满8年兵役，每年大概有3000名逃兵，这一数字低于当时的国际标准。军队占总人口的比重并不高，18万军人意味着每156个臣民中有一个军人（在普鲁士，这个数字是29比1），而且军队的地域集中意味着它对中部、南部和西部所有省份的生活都不会造成冲击。约有60年时间，法国军队未曾在自己的领土上打过仗，18世纪时他们也从未接到平息国内动乱的命令。因此，虽然军费开支越来越大，军队却越来越与世隔绝，对多年非军事化的地区或人群没有太大影响。然而，军队内部也分成了不同的王国。大多数军官有大把假期，他们很少见到自己的部下，对后者也毫不关心。军事理论家鼓吹的普鲁士模式提倡军人无意志的机械行动，更是无法让军官和士兵走得更近。限制军队官职任命的措施也是一样，他们急于把富裕平民赶出军官阶层，同时也排除或压制了有才能的“好运军官”，尽管后者在其他的或者较低的军阶上积累了长期而宝贵的经验。

海军不可能有这种隔阂，船上的全体官兵要连续数月吃住在一起，每位军官都要对航海和船员职责了如指掌。在整个法国海军史上，军方一直努力将军官招募限制在贵族范围内。布雷斯特、罗什福尔和土伦的海军学校用于训练海军的所有军官，它们原则上只向贵族开放。但贵族们觉得扬帆远航太艰辛，不如待在陆军，尽管这些学校培养的“红衫”军官主导着整个海军，然而一旦到了战争时期，他们的人数将远远不及从沿海地区广泛招募来的“蓝衫”军。海军中没有买官制，即便是海军最高级别的官职，也很少有廷臣问津，因此每一级军阶中的社会竞争都要少得多。大海上靠的是能力和经验，为了确保即使下甲板船员也拥有这样的素质，从柯尔贝尔[1]的时代开始，法国就在实施一种海军招募体制：在沿海地区

[1] 让–巴普蒂斯特·柯尔贝尔（Jean-Baptiste Colber，1619—1683），路易十四时代著名的法国政治家、国务活动家，长期担任财政大臣和海军国务大臣。——译者注

和航运流域，每一个低于60岁且有航行经验的人都被要求注册到一个“编队”或海军预备役名录之下，在国家需要的时候有义务出动。就像民兵招募在农民中不受欢迎一样，这种海军招募在水手、渔民和驳船船员中也不招人待见，但相比英国海军的强制征兵制，这种方法能培养更好的战舰船员——他们在美国独立战争时打败了英军，报仇雪恨。这场战争似乎为大规模扩张海军的计划和装备翻新进行了有力辩护，而上一次的扩张和翻新结束于1763年。到1780年，法国军队中共有86艘驱逐舰和79艘战列舰在役，从1776年到1783年，海军每年的军费涨了4倍。这样的努力对美国取得独立是至关重要的，甚至在战争结束之后，路易十六仍决心要让法国继续保持作为欧洲主要海上力量的地位。而他唯一一次见到海洋，是在1786年去瑟堡视察一个兴建中的大型海军港口，这也是他在1791年之前唯一一次离开巴黎周边行政区，走访王国的其他地方。那里有3000名工人，阿瑟·杨1788年8月看到他们时就已经留下了很深的印象，他很想知道，要完成一项如此浩大的工程，这个国家怎么才能做到不破产。事实上，这项工程又花了65年才得以完工。而就在阿瑟·杨抵达瑟堡的前11天，巨大的国防开支已经使这个国家入不敷出了。

贵族紧抓着军事力量不放，其理由是他们的等级天然决定他们要战斗，而且他们也以此来捍卫免税权。这等于回到了典型的中世纪社会分工：有人劳作，有人战斗，有人祈祷。自然，那些祈祷的人——教士们也会诉诸类似的理由，同样是强调某种自身的实用性，为其享有的广泛特权奠定基础。按照法律，教士的等级高于贵族，是王国第一等级，因为他们是王国共同体精神幸福和道德标准的守卫者。教士约有13万人，但超过半数的教士只从事普通的神职工作（其中三分之二是女性），还有不少修道院外的教士属于大教堂和圣堂参事会联合会的成员，是没有医治灵魂职能的大教堂教士。因此，教区神父是少数，全国平均下来每位神父要负责400~500名居民。但是教士的分布和这个国家其他事物的分布一样，是不平衡的。在乡村，本堂神父是教区居民们唯一能见到的神职人员；而在城镇景观中充满了修女院、神学院、学校和医院，全部由教士运作，更不要说大教堂、教堂联合会和不计其数的教区教堂，可谓连甍接栋、钟声相闻。在很多小城镇，教堂是主要的劳动力雇佣方。在沙特尔的1.2万居民中，直接受雇于教堂参事会的就有500~600人，还有更多的人依靠它谋生，而教堂本身也是靠着周边地区的1.7万英亩（约合6879.66公顷）土地和124位封建领主来养活的。在1万人口的巴约，据估计，当地所有神职机构每年会为该镇经济贡献多达40万里弗。全法国有超过十分之一的土地在教会手中，尽管它们大部分在北方而非南方。而根据什一税，教区教士理论上能够收取每个人收入的十分之一用于维持自己的生计。实际操作中什一税的征收很不规范，而且即便是对那些没能逃过该税的人也从未征满十分之一。除了1561年后并入法国的省份——其教会被“视为外国的”，所有教会收入都被免除了平常的税收。[1]和贵族不一样，政府想要摧毁教会的免税特权，但屡屡告败。最后的一次纷争发生在1749—1751年之间，国家准备开征廿一税。教会因组织有序而最终获得胜利。和第二、第三等级不同，他们每五年召开一次代议性的法国教士大会，休会期间，该等级所有集体事务都由一个常设的大会常务理事会管理，主管常务理事会的是两名被精心挑选出来的大会干事，他们往往是想出人头地、野心勃勃的年轻教士。然而，他们从事的大多是财政事务——免税并不意味着教会对王室岁入毫无贡献。教会每十年要向政府兑现一个所谓“自由捐献”，这笔钱会在教会内部对教士进行征收。同时，教会利用自身极高的信誉，替国家发放巨额债券，这意味着它还要筹措比“自由捐献”更多的钱来还利息。教会每年要向国家或帮助国家支付的费用加起来总共达到1600万里弗。然而鉴于他们每年岁入约为2.5亿里弗，他们的收入比例远远低于平均信徒的需求。

在第一等级内部，对教士的征税力度也不是完全平等分配的。教区

[1] 此处应指1561年的《普瓦西契约》，涵盖了当时全法国所有教会，这些教会不用缴税；而在1561年之后并入法国的地区，其教会被称为“外国教会”，需要缴税。——译者注

教士依赖什一税和各种工作费，如果他们有幸得到一小块教会附属地，将会缴出收入的一半，此外，他们对于主教辖区内的征税额度分配没有发言权。大教堂教士和规模较大的教士会、修道院占有教会大部分地产，他们的代表垄断了所有有权力、有影响的位置。而这些团体中最富有的群体，反过来又一定会被贵族控制，因为对于贵族而言，前者能成为他们众多子女主要的、舒适的且待遇优厚的庇护所，否则这些子女会变成家族财产的沉重负担。自从1516年弗朗索瓦一世和教皇里奥十世签订政教协议[1]以来，国王有权任命大修道院中所有主教和院长。到了18世纪，国王听取一位主教的建议，把这一重大职务委任权以圣职名录的方式分配到了下面。然而，太多宫廷家族渴望让自己的亲戚、朋友和扈从过上教士那样的好日子，所有手中握有委任权的人都发现很难抵制前者的巨大压力。随着18世纪地租的提高，对教会职位的需求量更大了。高层大主教的收入都是六位数，很少有收入在2万里弗以下的高级教士，一个较大修道院有推荐权利的院长比主教收入还高。相应地，这些炙手可热的圣职将由大贵族的次子们担任。截至1789年，所有主教级别的教士（只有一个例外）都是贵族出身，四分之一的主教职位被13个家族把持着。这个体制内的很多圣职都被任命给了非常年轻的人，他们经过短暂的学习，闪电般地接受任命，在这个早已不那么神圣的等级体制内迅速蹿升。塔列朗[2]就是一个注定要做教士而非军人的人，幼年的他因为一次事故导致一条腿发育不全。他在21岁时被任命为副主祭，几周后成为兰斯大教堂教士，几个月内当上了修道院院长——不过他在4年之后才成为神父，再下一年他成了两名大会干事中的一个，1788年他34岁的时候，已经是欧坦的主教了。后来的历史将证明，路易十六时期的主教中，没人比塔列朗更加愤世嫉俗，更加冷酷无情，因为每每遇到考验时，大多数教士还是会怀着某种热情坚守圣职。不

[1] 指《博洛尼亚政教协议》。——译者注

[2] 塔列朗（Charles Maurice de Talleyrand-Périgord，1754—1838），18—19世纪法国著名政治家、外交家、主教。——译者注

过他们的升迁都是同样神速，毕竟也没有其他途径可走。如果说这样的体制孕育了对神圣事业并不热心的神父，那么它也使法国天主教会的主教们成为强悍的政客和权力掮客。1787年5月图卢兹大主教洛梅尼・德・布里耶纳当上首席大臣，实现了教士们公开追求多年的抱负。18世纪早期的弗勒里、贝尼斯和泰雷[1]等例证表明，路易十四永不将高级世俗官职授予教士的原则早已人亡政息了。

布里耶纳是作为教会改革者而出名的。他在1766年当上了修士委员会的主席。教士大会成立该委员会的目的是进行投资，关闭或者合并（如果有必要的话）无人居住的修士院和修女院。教会成立委员会，摆出改革姿态，可谓18世纪最大的宗教变革——1764年法国驱逐耶稣会士的后续。驱逐耶稣会士是由一系列令人难以置信的偶然事故从很多方面导致的结果，世俗权力除去了在法国宗教和教育生活中最活跃、最有影响力的宗教团体，这段历史极为生动地展现了一个拒绝改革的教会将变得多么脆弱。教会在察觉到危险之后，就开始四处寻找容易下手改革的地方。修士群体被暴露了出来，因为他们一直犹豫着不吸纳新人，还被愈发功利的公共舆论谴责为财富囤积者，而教会则被认为是懒汉的避难所。于是，在1768—1780年间，458个修道院被解散，其共计62.2029万里弗的资产被分发给了医院、贫民院和神学院；但更大更富有的修道院依然毫发未伤，教区教士的问题、教会中被轻视的穷困苦工的问题，也都没有得到解决。很少有教区教士真的出身贫寒，毕竟从事教士职业是需要一定教育经费的，以大多数人的标准来看，享有俸禄的教区神父也绝非极度贫穷。然而，很多教士对教会财富分配不均、在教会管理中没有发言权且毫无升迁前途可言等情况牢骚满腹。农产品价格的上涨让享受什一税的教士人数越来越多，但在很多城镇什一税已经成为历史，就连在乡村，也有三分之一的有俸教士无权获得该教区的什一税。这些税款有时被转交给了平民教徒，而更多的时

[1] 此三人为路易十五时代担任政府高官的神职人员。——译者注

候是被转移到了修道院和其他教士团体的腰包里，后者只按照固定比例把收益中的一部分付给教区神父——这种经费被称为“恰当提成”。实际上这就是教区神父们的薪水，但18世纪持续的通货膨胀必然使这份提成的价值不断缩水。王室于1768年和1786年两度下令强制涨薪，但这两次都被教士抱怨涨幅不够。那些占有什一税的教会团体不仅不支付薪水涨幅，甚至放弃了给教士们付钱。于是现在轮到神父去触碰什一税的霉头了，他们发现自己收上来的钱还不如“恰当提成”多。18世纪70年代，在许多主教辖区，教区神父的不满爆发了，他们组织起反叛集会，控诉“恰当提成”的不足，谴责向教士征税的不公平性，还有大教堂教士和修士对教区行政部门的垄断，以及主教们的“专制”——教会现行模式的靠山正是主教的权威。在1780年教士大会中，主教们重弹老调：禁止未经批准的教士集会。1782年，一纸王室法令支持了主教们的立场，这显然使所谓的“神父反叛”偃旗息鼓了。但它并未尝试铲除引发反叛的根源，因为当时的教会正遭到世俗人士前所未有的抨击。

教会最遭人诟病之处是其政治权力。它垄断了公众崇拜，国王的所有臣民在法律上都是天主教徒。同样，从法律上讲，新教徒不享有宽容（阿尔萨斯地区除外），也没有民事权利。就在1762年，一名牧师被处死了，政府新近释放新教囚犯只在1775年发生过一次。教会还控制了几乎整个教育系统，提供了大部分的济贫和医疗救济。它拥有覆盖面很广的审查制度，其布道坛常常被世俗政府借来发布重要公告和警报。这一切都强化了教会所宣称的自己拥有的上帝所赐的道德权威。在法国，法律和政令的日常执行非常不到位，在这样的国家中，教会使臣民保持温驯服从的功能就显得无比重要了。

在王国的大多数地区，除军队之外，推行法律最重要的力量要算骑警队了，这是一支马背上的警察部队，人数多达3000人。按照传统，不论大小，所有的城镇都雇佣看守人，但即便在最大的城市里，看守人总数也不超过三位数。只有巴黎的警力比较充足，各种部门加起来有2000多名警官，另外还有法国卫兵和瑞士卫兵。事实上，法国的法官比警察多得多，经过前几个世纪的买官制，法官人数大大增加。司法系统的最底层是成千上万的小司法辖区，不少是私人性质的，但都配备了一套完整的班子：审判人员，包括书记员、代诉人、法庭警察和执法人员。仅昂热这座2.6万人口的城市就有53个不同的法院和审判庭，不过，它们都不是司法系统中的高级机构。稍大一些的贝桑松有高等法院，其在职人员约为500人，其中大概有十二分之一的人员从事与法律直接相关的工作，其他更多人则间接依赖法律工作。这座司法迷宫带来的延误和巨额花销臭名昭著。1763年，巴黎高等法院的最高检察长（他应该了解情况）记述道："有人每两三年就要打一场官司，耗费大量金钱只为了找到那位能受理他案件的法官，我们难道不是天天看到这样的人吗？"[1]但只要法国制定不出一套规范的法律体系，只要政府无法买断所有持官者的官职，问题就无法解决。这样的改革和理性化行动在1771—1774年以及1788年确实断断续续地发生过，是政府和高等法院政治斗争的副产品，但这类改革与催生改革的短暂局势一样，转瞬即逝。

高等法院位于司法系统的金字塔顶端，是各自管辖区域的最高终审法院。它们同时享有广泛的行政权力，这使它们常常和总督、督办官发生冲突。最重要的是它在立法过程中扮演着关键角色。所有法律都要经过高等法院的注册，才具有合法效力，高等法院有权向国王呈上谏诤书，指出新立法中的缺陷。在国王给出答复之前，高等法院延缓注册，于是具有了搁置或阻碍政府政策的能力。自从路易十四死后，高等法院将这种技巧发展成了主要的抗议手段。原则上，谏诤书是国王与法官之间秘密的交流，但这个时期，高等法院为引导公共舆论而将谏诤书出版发售已是司空见惯之事。在得到国王回复之后，高等法院通常会更新自己的谏诤书。到了18世纪后期，高等法院的反抗手段扩展到了法官罢工和偶尔的大量辞职。然而，

[1] M. Marion, *Dictionnaire des institutions de la France aux XVIIe et XVIIIe siècles*, Paris, 1923, p. 314.

每个人都知道，国王有最终决定权，他会亲自到庭（在外省，国王会委派代表），通过一个被称为“御临法庭”的会议命令高等法院注册引起争议的法令。君主代表着正义，法官的权威也来源于委派，因此，只要国王一出面，法官自然失声。高等法院通常会抗议君权的出场，但如果君主这么做了，他们也绝不会继续抵制。高等法院保存了颜面，而且不是通过公然反叛的方式——任何高等法院法官都没打过这种算盘。除了财政与宗教事务之外，大多数存在争论的问题也不需要通过“御临法庭”这一极端方式才能得到解决。即使如此，在18世纪60年代，很大程度上由高等法院引起的驱逐耶稣会士事件也是他们插手宗教事务的极限了。但在军费开支不断上升、政府不断征税和举债来满足军需的时代，财政问题上的对抗却只能愈演愈烈。18世纪上半期，司法辖区覆盖了全法国三分之一的地区，直到那时为止，最重要的高级法庭——巴黎高等法院在财政问题上还处于孤军作战的状态。但自1749年廿一税开征以来，外省法院也开始显示自己的权威，一方面是针对财政问题，另一方面是反对（在高等法院看来）中央政府的各省代理人扩充自己权能的努力。这种争斗在18世纪60年代尤其激烈，政府和贝桑松、图卢兹、波尔多、波城和雷恩的高等法院都发生过冲突，更不要说和其他高院周期性的小摩擦了。高等法庭越来越被怀疑密谋败坏政府声誉，篡夺王室权力。1766年，路易十五觉察到必须用强硬措辞重申他绝对的、不受限制的权威，在这次被当事人回忆为“鞭笞会议”的事件中，国王亲临巴黎高等法院，宣布道：

> 国家的最高权力仅国王一人所有……法院的权威也只能来源于国王，他们以国王之名才能充分行使的权威，也永远归属于国王……只有国王享有立法权，不依赖于任何人，不允许任何分割……整个公共秩序都以国王为基础，国家与国王的权力与利益同为一体，也只能由国王掌握。

冲突仍旧不断，事实证明，因18世纪中叶战争带来的税负难以在和平时期得以填补。当新的司法大臣莫普激怒了巴黎高等法院，导致后者拒绝任何合作时，双方的冲突达到了新的高潮。莫普随即流放了法官，选择一些更听话的合作者取而代之。他还抓住机会取消了高等法院的买官制，在整个高等法院的司法管辖范围之内都建立起一套新的下属法院架构。提出抗议的外省高等法院也被改制了。出人意料的是，这次改革中大多数在职法官都选择了合作，但惨遭流放和革职的法官却掀起了一场巨大的抗议风潮，宣称这是推翻王国宪政的行径。在这次改革按压下法院意见之前，雪片般的谏诤书朝国王飞来，尽管政府有精心安排过的宣传计划，但大部分舆论还是对改革的价值疑心重重。当3年之后路易十五去世时，这项体制还未能在法国巩固下来，因此，如何处置高等法院就成了路易十六继位之后面临的第一个重大政治议题。几个月后，他决定召回法官，重建旧的机构，莫普被解职，其所有改革措施被取消。新国王身边最有影响力的大臣们劝谏说，如果他不召回可靠而备受信赖的公共自由守卫者，公共舆论就不会相信他的良苦用心。因此，在路易十六行加冕礼的同时，旧的司法体制得以重建，买官制得以恢复，巴黎高等法院再次开始写谏诤书，阻碍新法律的注册。但若有人认为一切又回到原样，那就错了。高等法院看到，自己并非不可侵犯，公众也看到，自己面对一个决绝的政府是多么无足轻重。通过1775年和1776年的谏诤书，巴黎高等法院非常满意地证明了自己仍旧强大，在接下来近10年的时间里，它保持着相对的沉默。而一些外省高等法院内部，与莫普合作的法官和不合作的法官之间暗自相互指责，于是陷入了多年的分裂。莫普是法国最后一位司法大臣，拒绝签署辞职书，他最终于1792年去世。高等法院的政治势力曾一度为莫普所削弱，却很难完全恢复，即使它已经得到重建。

莫普造成的破坏不止于此，其改革也使王室沾上了不可磨灭的污点。尽管路易十五曾在1766年以极为严厉的语言强调过自己的权威，但他仍然会宽容高级法庭的一些挑衅行为。这表示法国王权遵循法律，并能够接受臣民合法表达自己的不满。大批群众支持高等法院，而国王对它偶尔的让步也等于向国民证实了他并非暴君。不断成熟的王权本已对高等法院永无休止的阻碍感到厌倦了，对莫普的支持更将双方微妙的信任一扫而光。法院的起源和权力与法国王权本身一样古老，而莫普对法院的攻击使它的形象成了专制主义、目无法纪、只遵从王权意志的政府代理人，面对这个专断无常的政府，任何人或任何财产都是不安全的。如果路易十六不将莫普解职，而继续推行他的改革，那么“暴君”的帽子将会提前17年落到他的头上。但即便是重建旧的高等法院也无法抹去高等法院曾被压制的回忆。法国人现在知道了，如果国王愿意，他能够实行的权力有多么大，大家对此颇为不安。1771年之前的机构和人员是回来了，但是承载这些机构人员运转的政治信任（甚至是天真）的气氛却难以修复。

高等法院的法官大概有1200人，加上其他主管特殊金融财政审判的高级法院法官约1000人，他们共同组成了所谓的“穿袍贵族”。所有高级法庭官职都附有贵族头衔，但是到目前为止，很少有法官的贵族头衔是从官职那里获得的。他们大多数有好几代的贵族血统，而现在很多高等法院已决定只接收这样的贵族成员。他们主管着各自省份的全部地方事务，这也是他们会如此频繁地与督办官、总督发生冲突的原因。在巴黎，他们主导着全国性事务。高等法院和大城市高级法庭不仅仅比外省法院享有更大的权力和司法管辖区，大多数督办官、国务专员和大臣都是巴黎穿袍贵族出身。野心勃勃的年轻法官在干了几年之后，就会去购买官职，争取成为80名国王司法助理中的一员。在这之后，他们就能顺理成章地把目光投向34个督办官职位，这些职位一直是为他们这一级别的官员准备的。大多数督办官最后当不了内阁大臣，但他们却可以是督办官。这一切意味着，在首都，政界和法律界是紧密相连的，他们之间普遍的子女联姻则让这种关系更进一层。政治斗争中的任何人都在两派各有亲属，而双方的对抗并不总像表面上那样激烈。由于斗争双方关系密切，他们知道需要给对手留点面子。莫普自己不久前就担任巴黎高等法院院长，可他把过去同事中最敢说话的人流放了，而且流放到似乎是刻意选择的险恶之地，于是，这个舒适惬意的圈子震惊了。毫无疑问，莫普招来了私怨，而当他把被称为“侵略者”的外来人安排进他的新司法体制时，他背负的恶名也被进一步强化了。狭小的法律和行政精英圈子控制着王国大多数权力机关，他们并不欢迎新鲜血液，即便是在外省，“穿袍贵族”的谱系也只会偶尔断线。只有另外两个团体在王国统治问题上有同等发言权，而其中一个团体唯有成员在世时才能保有体面。

这个团体就是金融家群体，当时也简称其为“财源”，总人数在200人到300人左右。金融家群体掌管着政府的岁入和支出，保证政府有钱可花，提供短期贷款，并通过与私人银行和贸易界接洽，发放更长期的债券。大多数的间接税都是由总包税局征收的，这是一个富有的财团，通过每6年一签的合同获得垄断包税资格。直接税的收入也是由金融家组成的持官者收取并转出的。他们以管理公共资金为生，这项工作的高额收益让他们成了国王最富有的臣民。这群人中多数是从卑微的商人做起，但他们都没忘记给自己买一个贵族头衔，他们的女儿是全法国价码最高的女继承人。他们过着极尽奢华同时也令人怀疑的生活——人们怀疑他们的耀眼财富是从公共经费中攫取的，所以金融家备受嫉恨。老贵族把他们看成暴发户——尽管他们也很想“挽上”后者女儿的嫁妆。自由职业者也这样认为，同时又嫉妒金融家的成功。纳税人把金融家看成是公共吸血鬼，他们怀念那些令人记忆犹新的事：每当一个新国王上台之后，总会有金融家因挪用公款而被送上法庭。但在1774年，这绝不可能发生——他们的影响力太大了。财政大臣们花了十多年时间相继废除了金融家把持的官职，然而到了1781年，这些努力被放弃了。4年之后，总包税局在巴黎四周建起了一道10英尺（约合33.53米）高的城墙，用于防止人们逃避通行税。他们授意建造的城门或关卡堪称现代设计的杰作。但对于巴黎普通百姓而言，它们象征着财政欺压和挥霍国王岁入。

不过，要说挥霍纳税者金钱的惊人例证，还要往西走12英里（约合

19.31公里），到凡尔赛去看看。那里坐落着王宫，还有组成法国国家的第三股关键势力——廷臣。5万人居住在凡尔赛，使那里成为法国第二大城镇。有1万人在国王的家——凡尔赛宫里生活或干活，整座城镇的生活都依赖于此。宫廷每年花费3500万里弗，相当于国王岁入的5%，大部分经费都落入数百位廷臣的腰包。任何人只要穿着得体都可以进入凡尔赛宫。阿瑟·杨惊叹道："在这里，你能得到一视同仁的对待，没有人会怀疑你，自由极了！"[1]但只有被引荐到国王面前并伴随其左右的，才是货真价实的廷臣。而一个人要成为"宫廷贵人"，必须提供能将其贵族血统追溯到1400年之前的可靠证明，或者得到特殊照顾才可以。只有不到1000个家庭有此殊荣，大多数人即使拿出证明也得不到太大好处，因为凡尔赛的生活昂贵到了极点。只有最富有的人才能承担服装、扈从、娱乐和凡尔赛、巴黎两地的住宅维护等费用——毕竟至少要有房子才能在当地引领时尚生活。能够拿得出这笔钱的人都是法国无可争议的社会精英，是贵族阶层中的精华——包括公爵、重臣、其他享有高贵头衔的人、王室周围的高级官员、大臣、将军、大主教或王室亲信乃至其同僚等。而即便是这样的人，如果得不到更多的年金、闲职或其他有利可图的国王政令或恩赐的殊荣，也会觉得难以为继。这正是这整套体系的总设计师——路易十四的目的，他要把法国的大人物集中起来，使他们围绕在自己身边，这样才能够监控他们。凡是来到凡尔赛的大人物都获得了丰厚的奖赏，同时也被驯服，变得依赖于国王。路易十四唯一拒绝给他们的是只有政府高官才能享有的实权。但到了路易十六时期，廷臣们夺得了实权。自18世纪50年代起，公爵、伯爵和穿袍的职业人士一样，担任执政大臣职务。每天与国王、大臣以及王室亲信们相处的人，即便没有正式官职，怎么可能没有影响力呢？受到王室青睐的人有获得利益、地位、年金、官职和各种额外好处的权利，宫廷生活本质上就是不断追求这一切的过程。玛丽·安托瓦内

[1] *Travels*, 23 Oct, 1787, p. 89.

特的寝宫首席女仆回忆说，路易十五的死讯是这样传给他的继承人的，当时“路易十五的寝宫外屋传来和打雷一样的喧嚣，这是廷臣离开去世先王的前厅，跑向路易十六这位新国王致意的声音”[1]。自从路易十五以来，数不清的日记和回忆录作者以极为翔实的细节描绘了各种宫廷阴谋，这样生动的回忆在他们的书中随处可见，其中大多数回忆极为琐碎，但与之相关的名望、财富和权力却是无比真实的。法国的统治中心在凡尔赛，如果一个人能在宫廷获得成功，他将得到无限的奖赏。

有人以廷臣积累的公共资金多少来衡量其获得的奖赏。在廷臣影响力达到顶峰的18世纪70年代，王后的密友波利尼亚克公爵夫人每年的年金和薪资总计43.8万里弗。1774年，杜巴丽夫人在她的国王情人去世之后，从宫廷退休，这位美貌绝伦、曾经的女帽制造商，退休之后卖掉了自己在凡尔赛的三处房产，搬到几英里外一幢配备了奢侈家具的乡间别墅，生活在珠光宝气之中。在好色的路易十五统治下，王室情妇确实拥有成就或毁掉大臣的能力。路易十五眼前的大红人舒瓦瑟尔公爵就是靠不断向蓬帕杜夫人谄媚进贡才登上权力巅峰的；掌管海军的国务卿莫勒帕伯爵则因为四处传她的坏话而失宠，遭到流放，直到1774年，对情妇不感兴趣的新国王即位，才将其赦免，并任命其为首席大臣和顾问，莫勒帕的流放生涯至此才宣告结束。在1781年去世之前，莫勒帕曾插手所有任期四年的国务卿（外交、陆军、海军和王室内务）的任命与解职，另外还包括财政总监和掌玺大臣（司法系统中的最高职位）的官职，以及其他所有重要职务，如督办官和巴黎警察中尉等。莫勒帕作为法国首席大臣，在王家理事会中享有最崇高的地位，对一切政策制定起着主导作用，年轻的国王也对其知识和经验崇敬有加——即便这些知识和经验属于更前一代人，而前一代政府所面临的问题远不如现在尖锐。

除了莫勒帕，路易十六还能求助于谁呢？他的父母很早就离他而去，

[1] Mme Campan, *Mémoires sur la vie de Marie-Antoinette, reine de France et de Navarre*, ch. 4.

而他的祖父路易十五也没告诉他作为君主的任何责任，传授给他任何秘诀。他继承王位时年仅20岁。他的奥地利公主妻子1770年嫁给他时只有15岁，还只是一个满脑子只知道享乐的小女孩，对他不愿履行丈夫义务感到恼火。路易十六受过良好的教育，能阅读几国文字，而且十分虔诚。他有很强的责任感，决心要治理好国家，这也是他召回莫勒帕的原因，因为他的导师对后者评价颇高。但是他矮胖的外形和蹒跚的步伐使他显得很不起眼（一个英国贵族在1780年嘲笑说“国王看起来像是一个阉人歌手”[1]），天花出人意料地夺走路易十五的生命，这使他的继承人感到——像他自己说的——就像天塌下来砸到他头上一样。他登上了王位，号啕大哭，他太年轻了。114年前马扎然去世时，路易十四轻松掌握了权柄，并拿出明确的行动纲领。路易十六完全无法与之相比，他有的仅仅是良好的意愿。

英国大使观察后说：“国王陛下想要摆脱所有的阴谋利用。但这样的期待只能落空，这是年轻、缺乏经验的头脑中的幻想。他所登上的王位，远不能使他凌驾于所有阴谋之上，相反将其置于阴谋中心。若是拥有伟大、卓越的天分作为优势，也许能够粉碎这些阴谋集团，但我们没有理由相信他有这样的优势。我认为，他会成为他们的猎物，发现自己每天越陷越深。”[2]

[1] Diary of Lord Herbert, 7 May 1780, in *The Pembroke Papers*, ed. Ld. Herbert, London, 1942, p. 473.

[2] S. K. Padover, *The Life and Death of Louis XVI,* NY, 1963 edn., pp. 50–51.

｜第二章｜

启蒙舆论

路易十六在凡尔赛宫的起居作息早在一个世纪之前就制定好了。凡尔赛宫是路易十四最壮观的遗产，其影响超出了法国。在18世纪早期，其他王室也心怀崇拜，在欧洲各处仿建规模庞大的宫殿和装饰奢华的花园。从东边圣彼得堡外的皇村到西边马德里附近的阿兰胡埃斯，从北边瑞典王室的夏宫到那不勒斯以南的卡塞塔，统治者们在城镇外大兴土木，展示自己的权力，炫耀奢华安逸。在太阳王的余晖中，外国人对法国文化威望的敬意并不仅仅表现在建筑上。18世纪中叶以来，法式建筑、法式家具和法式时装主导着欧洲大陆的品位。随后流行起来的英国事物，也是根据法国的典范设计制造的。更为重要的是，所有有教养的欧洲人都会说法语。除了英国和西班牙，所有宫廷都偏爱法语。玛丽亚·特雷西亚女王的一位密友回忆起特雷西亚时期舍恩布伦的宫廷生活时这样说道："法语是当时的日常用语，维也纳上流社会中的高层精英们会说：'我像狄德罗、德国人一样说法语，包括我家的奶妈也说法语。'"[1]无论是腓特烈二世的柏林还

[1] L. Réau, *L' Europe française au siècle des lumières*, Paris, 1938, p. 47.

是叶卡捷琳娜二世的圣彼得堡，王室都在无止境地效仿巴黎文化。在这样的环境中，其他语言用得很少，他们的廷臣甚至完全忘记了自己的母语。即便在稍低的阶层中，人们也觉得如果不通晓法语，就不算有教养。但18世纪70年代出现了相反的浪潮，德国的赫尔德和意大利的阿尔菲耶里等作家怒斥自己同胞屈从于异邦文化。然而响应他们的人寥寥无几。同时，受过良好教育的人们发现，他们能够判断法国正在发生什么，因为他们大量引入法国文学，具备了前所未有的条件来追踪、观察法国的事件。

自1754年起，欧洲各王室乐于订阅移居海外的德国人格林男爵在巴黎出版的《文学通信》，而他们的臣民则花更少的钱，买更多报刊来保持消息灵通。谨慎的人只订阅报道公共事件的老牌报纸《法国信使报》，稍有教养的会看《学者报》，但这两类期刊都是偏官方的，要接受政府的严格审查。自18世纪中叶以来，出现了越来越多的独立报刊，有的是专业的，有的不是。其中大多数存在时间很短，而且如果没有一两个人的不懈努力，这样的报刊很少能生存下来。无论如何，在1715—1785年的70年里，这类独立报刊的数量增加了大约3倍（从22到79种），而政府凭一己之力很难监控所有报刊的内容。比如冉森派的《教会新闻》自1728年开始就对当时教会的管理和前景持批评态度，是当局最想监控的报纸，但是当局总找不到这份报纸的印刷厂。公开将自己定位于特定读者的报刊则更加脆弱，比如广受欢迎、立场保守的《费雷龙文学年鉴》（1754年创刊）以及由兰盖于1777年创办的、总出惊人之语的《政治，民事和文学年鉴》。兰盖因为办报风格极端，于1780—1782年被囚禁在巴士底狱。即便如此，其监狱外的代理人还是继续出版他的双周评论。他在出狱时写就的系列回忆录最初也是在《年鉴》上发表的（后来被独立出版），这些文章以极为恐怖的笔触描绘了被专制意志投入阴暗要塞的人们生不如死的日子。不过出狱之后，兰盖变得慎重起来，在法国司法管辖区域之外的奥属尼德兰出版刊物。事实上，此类期刊中最激进大胆的法语言论都是在境外发表的。

其中时间最久、声望最高的是《莱登报》，由胡格诺难民[1]于1677年在荷兰创办，至今还在新教徒的指导下发行。它为读者提供关于法国国内政治和危急事件详细、及时和广泛的报道，具有温和而坚定的反官方立场。另一份同样受到欢迎但名气稍小的刊物是双周刊《阿维尼翁信报》。它于1733年出版，出版地为法国南部的教皇飞地。相比之下《莱茵省信报》稍显保守，但消息更加灵通，它在普鲁士克利夫斯出版。而思想激进的《百科全书报》则在南比利时的独立小公国布永出版。

这些期刊往往在全欧洲发行。在新闻爆炸的18世纪70年代，人们对这些报刊的需求大增，因为当时在斯堪的纳维亚、普鲁士、波兰都发生了大规模的政治骚乱，更别提法国了，另外还有最重大的事件——美国独立战争。《莱登报》在18世纪50年代的印量只有几百份，但到1785年，印量已达4200份。报刊的一多半是在法国境外售出的，但法语报刊最大的单个市场仍是法国国内，同时在国内还有不少地方的报纸也崭露头角。巴黎从18世纪早期就有刊登每周新闻和广告的小报，里昂则是从1748年开始有的。截至18世纪80年代，任何自诩为省区首府的地方都有了这样的小报。《巴黎报》从1777年开始成为日报。10年之后，各类报纸的年销售总量固定在了7万份左右，拥有大约50万读者。

与报纸同步发展的还有书籍出版，迄今为止，我们只有一些零散的证据来重现当时的情况。尽管书籍出版随着审查制度的变化而有些波动，但在18世纪70年代之前一直稳步发展。这之后其数量剧增，一直加速发展，直到革命前夕。严格说来，一个名为书籍贸易总监的官员会领导大量审查员检查书报，而同样所有的书籍报刊只有在通过他们的审查——或者获得了准许印刷的“特批”之后——才能出版。要获得出版资格，这些书籍就不能包含任何与宗教、政府和道德相抵触的内容。从18世纪20年代到1789年，书报审查员的人数从41人变成了178人，这说明他们的工作量增

[1] 16—17世纪法国新教徒形成的一个派别，他们反对国王专制。——译者注

大了，但现实中真正被禁的书少之又少。很多书籍无法获得完全合法的出版特批，却都得到了“默认”出版，而更加含混难以定性的书籍则“根据单纯的宽容”原则获许出版。它们至少能得到一个保证，那样政策就不会针对它们。不过，如果一本书没有得到特批，那么它将有可能被索邦神学院或者高等法院起诉。而当高级法庭判定一本书具有颠覆性内容并责令将其公开撕毁、焚烧时，政府往往会置身事外。（似乎）除了法官之外，所有人都意识到，如果一本书遭到查禁，这其实是最好的免费广告。但就像报刊一样，法国国内较大一部分书籍也是在国外出版的——比如荷兰、阿维尼翁、日内瓦或者纳沙泰尔。纳沙泰尔是一块普鲁士飞地，它出口给法国的主要商品就是书籍。大部分书籍都没有获得进口批准，贩运要走迂回小道，目的是避开路卡检查。而在18世纪70年代早期，获得批准的进口图书也变得很少，因为政府惩罚性地增加了进口税。1783年，政府下令所有进口图书都要经过位于巴黎的书商行会审查之后才能运往国内其他地方，于是整个图书贸易陷于混乱之中。此举的目的在于消除色情读物、煽动性作品和盗版书籍，结果却造成所有书籍的运输成本过高，即便是在已经成形的繁荣市场也是如此。

越来越多的期刊、报纸和书籍到底被哪些人买走了？路易十六的臣民中有三分之一能够读写，而且像年历或传统童话故事之类的廉价大众图书有着相对固定的市场，这些书由流动小贩兜售，并因其封面得名“蓝色丛书”。但对于更加精致的报刊书籍，仅成本一项就对其销售造成了极大限制。订阅《莱登报》每年要支付36里弗，《文学年鉴》和《百科全书报》是24里弗，《阿维尼翁信报》需要18里弗。即便是技艺超群的工匠每周也挣不到30里弗，大多数人只能挣到15里弗，甚至更少，这意味着他们连偶尔买本书都很困难，境况稍佳的人会发现紧跟文学和时事所需的花费也很惊人。不过18世纪中叶出现了捐赠图书馆和阅览室，其会员费相当于订阅单本期刊的费用，这使之前阅读昂贵的情况得到缓解。据记载，此类设施于1759年在南特首次出现，30年后在同一座城市又增加了5家，藏书共计3000卷。在那段时间，各省都出现了类似的设施，1770年在巴约建成的图书馆就是例子，致力于“寻找文学和政治新闻领域最近引人注目的事情”[1]；有时还设有专门用于交流的单间。而在18世纪，另一种公共团体也得到蓬勃发展——交流谈话是其主要功能——这种团体就是文学社团。这种社团也有图书馆和订阅报刊。不过，成员们还是会定期展开公开讨论，其间常常会穿插音乐会。在讨论中，成员们朗诵自己的作品或者辩论热门话题，有时也会组织公共讲座或文学比赛。这类社团向所有人开放，但收取的会费远高于普通阅览室。它们通常会给自己取一个听起来相当高雅的名称，比如菲拉雷蒂斯社、哲学与美文社、讲谈社、缪斯社、爱国社等。第戎一家报纸在1787年记载：“法国每个城镇都有这样的社团，它们为社会各阶层中上流人士提供了多么惬意的消遣啊。”[2]在所有社会团体中最上流的还是学院，其成员只能通过选举产生，名额有限，他们拥有王室特许证作为官方认证。学院在很大程度上也是18世纪的产物。在1700年，除了大城市的学院——如法兰西学院、法兰西科学院、法兰西铭文与美文学院——之外，只有几所外省学院。到了1789年，学院数量增加到35所。这些学院大多都有自己的学院用地和图书馆，而且往往是从较简陋的文学社团发展而来，但最终学院的排外主义也恰恰成全了急速增长的文学社团。在整个18世纪，有6000名法国人成为学院成员，其中贵族超乎寻常地占到了37%或更多。不过院士们显赫的文化地位是毋庸置疑的，他们为数不多的公开讨论会极大地吸引了公众关注，与他们交往和通信的外国人会获得极高的名望。他们主办的征文竞赛吸引了远在千里之外、怀有文学抱负的青年，后者往往希望通过竞赛飞黄腾达。最著名的例子要数让-雅克·卢梭了，他于1750年在第戎学院赢得了竞赛。

因此，能够接触到图书的不仅仅是购买书籍报刊的个人，自己买书的人群和依赖于图书馆的人群之间并没有太大的社会差异。法国的读书阶

[1] D. Mornet, *Les Origines intellectuelles de la Révolution française 1715–1787,* Paris, 1933, p. 311.
[2] Ibid., p. 307.

层完全是由贵族、教士和职业资产阶级构成，他们大多居住在城里，而且多是非商业城市。商人和工厂主远不像法官、律师、行政官员和军官那样对思想观念感兴趣。巴勒迪克的一名书商在1780年写信给纳沙泰尔的出版商，对方正准备出版著名的《百科全书》的新增订版。他在信中写道："我认为你在这儿卖不出几套书，我们向这里的每个人都展示了这套书，但迄今为止一套也没卖出去。他们对生意比对读书更感兴趣，他们的教育存在很大缺陷……比起完善心智，商人们更喜欢教自己的孩子5加4等于9，9减2等于7。"[1]为了加入不断扩大的文雅精英的行列，人们不仅要把闲钱花在读书上，而且还得为此前必要的教育付账。

路易十六登基时，法国的教育系统一片混乱，这和欧洲大多数天主教国家一样。因为他们驱逐了耶稣会士，而16世纪晚期之后，天主教精英的高等教育正是依靠这些耶稣会士。1773年，教皇解散了耶稣教会，其会士在1764年就被法国驱逐出境，他们的113所大学（当时法国共计有400所大学）也随之湮没无闻。这些大学有的消失了，有的转入其他修士等级之手，还有的由世俗神父[2]接管，受市政当局监控。在这种复杂的情况下，原本规范的学校课程被打乱。尽管公众曾讨论过"谁来补缺"的问题，但是政府从没有在全国范围内采取过实际行动。1789年，在8~18岁年龄段的男孩中，每52个孩子里会有1个进入大学。与父辈祖辈相比，他们得到的教育更为多样化。还有很多孩子是寄宿生，和家人长期没有联系。尽管如此，扎实的拉丁语经典基础仍被认为是接受卓越教育的前提。每天4小时的古代罗马语言和文化课占据了多数大学的6年课程。尽管在1760年之后，出现了一些地理课和法国历史课，但剩下的时间都被用于向学生灌输天主教正统思想。那些在基本人文学科之外学有余力的人——大多数期望

[1] R. Darnton, *The Business of Enlightenment: A Publishing History of the Encyclopédie 1775–1800*, Cambridge, Mass., 1979, pp. 295–296.

[2] 世俗神父是入世教士的一种，他们生活在修道院之外，住在俗界，与修道院教士不同。——译者注

并确实会走职业道路的人——会修读传统上被称作“哲学”的两年课程，他们在这里会接触到自然科学。表面上，传统仍占据着主导地位，正式场合中亚里士多德的权威不容置疑，但私下里，自17世纪90年代以来，16世纪科学革命的知识以及产生这些知识的思想和研究方法都在大学中广为传播。在以理性、实验的方法探索自然现象的过程中，不论是古典罗马还是天主教信仰，都无足轻重，而且掩盖真相也是不可能的。无论如何，大学都在传授着新的法则，18世纪60年代，牛顿物理学已经通过各种方式成为多数大学的标准课程。人们衡量自然价值的标准发生了改变，开始向自然事物能否表现得有用或者能否达成有用的结果方向发展。尽管学生在早期教育中被灌输了顺从和正统，但对于学过这些新兴课程的人来说，他们完全可以用同样的标准来衡量人类事务。

这就是启蒙运动的宗旨，这一代人的读写能力远远超过了前人，而启蒙作家则为他们描绘了一幅思想路线图。启蒙运动是一场批判运动，启蒙的鼓吹者相信一切都处在理性进步的过程中，任何东西，只要无法证明它能被人类利用或增进人类的幸福，就是没有价值的。这些人将自己称为启蒙哲人，这表示他们把自己当成独立的思考者，致力于为他人带来实质性的改善。他们中的大多数人相信，用诗意、简洁和流行的文学作品向有教养的大众进行宣传，可以做到这一点。正如他们的对手所指出的：他们和超凡脱俗的传统哲学家刚好相反。人们普遍认同启蒙哲人的最佳范例就是伏尔泰。伏尔泰生于17世纪末，接受的是耶稣会士的教育，30岁时凭借其诙谐风趣的反教会文章崭露头角。伏尔泰本来可以作为一名多产的诗人和剧作家终其一生，但1726年在英国的游历改变了他的人生。在那里，他看到了宗教多元与宽容带来的益处，发现了洛克的心理学、牛顿的物理学和培根的理论经验主义。他完全为之折服，于是，在8年之后写下了《哲学通信》，把自己的发现传播给了对英国几乎一无所知的法国同胞们。这本书被高等法院查禁并公开烧毁，但销量依旧火爆，供不应求。洛克和牛顿也成为法国有教养阶层中家喻户晓的名字。伏尔泰还撰写历史著作，是名副其实的皇家史学家，他于1746年入选法兰西学院，然而他和当局之间的摩擦就像他对教会的嘲讽一样从未间断。伏尔泰最终于1759年在费尔内定居，那里离瑞士边境很近，相对安全。在费尔内，他俨然是一方主人，接待从欧洲各地赶来的名流，处理大量来信，针对宗教毫不宽容的丑行与司法审判的残忍冤案发起严厉的批判运动。1778年，在离开28年之后，他顺利返回巴黎。待在首都的4个月中，他受到了作家极少能享受到的、众星捧月般的追捧，繁忙紧张的应酬也使他筋疲力尽。伏尔泰的成功鼓舞了18世纪后半期大批野心勃勃的三流作家，后来的革命者则把这个一直致力于抨击不宽容与不公正的批评家与活动家视为最重要的精神先驱。

革命者对孟德斯鸠的心态更为矛盾。孟德斯鸠是波尔多高等法院的法官，一位住在有着护城河的城堡里的封建领主，同时也是一个为自己贵族身份而深感亏欠的人。不过，孟德斯鸠在思想史上的地位远高于伏尔泰。他比伏尔泰年长4岁，于1755年去世，留下的著作没有伏尔泰多。同样是在路易十四死后摄政时期[1]的自由环境中，孟德斯鸠声名鹊起，他的成名作是颇具讽刺意味的《波斯人信札》。该著作让人心潮澎湃，浮想联翩。在入选法兰西学院一年之后（即1729年），他走访了英国，这改变了他的思想。但在旅行结束之后，他长期保持沉默，直到1748年，才（在日内瓦）发表了内容广泛、庞杂散乱的反思性文集《论法的精神》。这本书被证明是18世纪最具内涵、最具挑战性的政治思想著作。孟德斯鸠用分析而非叙述的方式，论证了不同政体皆是自然和历史的产物，因此人们不能随心所欲地进行改变。这一观点让所有现存政权颇为宽慰。但是他同时有力地谴责了专制主义，谴责不遵循法律只遵循个人意志的独裁政府，并且暗示即便是真正的君主制，也时刻面临着滑入专制的诱惑与危险。国家需要中间阶层，他们有在王权与臣民之间起到缓冲作用、遏制专制的倾向，孟德斯鸠认为贵族阶层和高等法院应该充当这样的缓冲器。果不其然，这些

[1] 路易十五登基时只有5岁，奥尔良公爵腓力二世在1715—1723年任摄政王。——译者注

群体在后来与王权的对抗中急切地举起了支持孟德斯鸠的大旗。反对专制主义成了反抗任何权力时都能使用的战斗口号，不论权力是不是真的被滥用了。尽管孟德斯鸠反复宣扬，并不存在普世政体，但在解释英国的情况时，他还是提出了一个最适合发展和维护自由的理想政体。他声称：只有在温和中庸的政府统治下，政治自由才能繁荣昌盛，而保持政府温和的手段就是行政、立法和司法三权的分立和平衡，即“为了使权力不被滥用，我们要以权力监督权力”[1]。在很多方面，孟德斯鸠完全误解了英国的运作机制，但他自认为从中发现的原则后来照耀了大西洋两岸，影响远远超出革命时期的法国。

在孟德斯鸠去世时，启蒙运动的浪潮开始慢慢合流。教会或教士的迫害与骚扰赋予这个不断扩大的理论作家群体一种共同的使命感，这种使命感的最佳体现就是1751年由狄德罗（也许是史上第一位全职作家）和数学家达朗贝尔发起的伟大计划。他们准备模仿成功的英文现代知识概览——《钱伯斯百科全书》，集中多位作者，用法文来编纂类似书籍。不过在一开始，《百科全书》仅被定位为一本普通的参考书，其目标是提升、总结知识，并鼓励人们用批判性的眼光看待一切事物。达朗贝尔在第三卷的前言中写道，《百科全书》的文章“常常会带有哲学反思，因为现在的公众品位之高超乎以往。只有赋予其哲学精神，才能使这套百科全书脱颖而出。只有这样，我们才能获得求之若渴的认同”。当时皇家理事会已经下令，暂时搁置《百科全书》的出版，而随着后面的卷册相继问世（很快就使初定的两卷本显得过于短小），该书被不断抨击为怀疑主义、无神论和煽动性言论的集大成者。1759年，当整套书出到第7卷时，当局收回了它的出版特批，整个计划几乎前功尽弃。转机出现在一个名为马尔泽尔布的人身上。他是一位自由派法官，于1750—1763年担任书籍贸易总监，是他默许了《百科全书》的出版。在剩下的书卷完成之后，整套书的规模

[1] *De l' esprit des lois* (Geneva, 1748), bk, xi, ch, vi.

达到了17卷之多，并于1765年出版。《百科全书》完成后不久，新的增订版又紧接着问世了，并采取更易携带的版式印制，取代了早期沉重且昂贵的开本。至1789年，这套知识纲目的多个版本一共卖出了2.5万册，其中一半在法国售出。尽管它确实是一本品质极高的参考书，但它的卖点并不在于此，而在于名声太大——此书蔑视政治权威，通篇对教会和宗教出言不逊。而《百科全书》成为畅销书也带动批评变得更加公开和广泛。编写者原本运用了一些花招和模棱两可之处，试图掩饰自己的大胆思想，如今看来都过于小心翼翼了。狄德罗早在第一版完成之前就对这项事业心生厌倦，并在晚年从宗教和哲学激进主义转向了政治和经济层面的激进主义，虽然长期养成的习惯使他隐藏了自己的心路历程。直到1784年去世时，他最为人所知的身份仍是一个感性的剧作家和艺术批评家。无论如何，在宣扬独立思考和漠视权威的价值方面，《百科全书》是他所设计编写的所有书籍中最为重要的一部著作。“百科全书主义”成为拒绝不经批判就接受事物的态度的代名词。

然而，即使百科全书主义也有自己的正统思想。它敌视一切有组织的宗教和不宽容行为，因为这是蒙昧主义和迷信的残余。它认为启蒙哲人们正在参加一场注定胜利的人类进步之战。这个世界正在改变，而“哲学”是最有力的推动力量，这种改变只会让世界变得更美好。艺术和科学的有形进步（《百科全书》以“理性辞典”自居）正不可阻挡地推动着人类的完善。即便像1755年里斯本地震这样的自然灾难动摇了他们对于仁慈自然的信念，这些自认为获得启蒙的人仍坚信人类社会的进步，而其中最引人注目的例子就是卢梭。他是一个自学成才的日内瓦人，18世纪40年代在巴黎以抄写乐谱为生，但向往文学圈子。卢梭与狄德罗交好，并参与过《百科全书》的早期编写工作。不过，真正让卢梭成名的是他对正统启蒙思想的质疑以及他在18世纪50年代与所有启蒙领军人物的争论。第一次把卢梭带入公众视野的是他提交给第戎学院征文竞赛的文章。在这篇文章中他论证说，科学与艺术的进步不但没有完善人类，反而使人类败坏。在回忆自己第一次觉察到这个问题的情形时，他写道："人性本善，只是因为社会的存在才变坏了。"[1]这样的信念贯穿于他的所有作品，他用直率、煽情的笔法对此加以强调，这种笔法也打动了整个欧洲的阅读公众。他的小说《朱莉》（或《新爱洛伊丝》，1761）和《爱弥儿：论教育》（1762）都是畅销书，书中传达着这样的希望：对于现行社会的不公与诱惑，人们仍旧保持着完好的纯洁和美德。任何读者看到这里都感动得潸然泪下。不过，这样的胜利只属于个人，卢梭并未拿出改造整个社会并将全人类恢复到最初的美好状态的方案。即便是他最经久不衰的著作《社会契约论》，也绝不是社会变革的指南，而只是一个高度理论化的探讨——人如何在不丧失自由的情况下，合法地建立起政治权威。卢梭还强调，这只适用于小型城邦。然而，《社会契约论》的作者是一位控诉当下社会腐化堕落的作家，书中鼓吹"公意"的主权总是最好的，而且永远不会错。令人震撼的名言警句俯拾即是，例如文章开篇所言的"人生而自由，却无处不在枷锁之中"。这样的一本书很难不激起人们进行现实变革的念头。尽管他苦口婆心地强调"公意"并不一定就是多数人的意志，但这个概念还是很快被庸俗化地解读为后一种意思。1778年卢梭去世，10年之后，法国现存的政府和社会崩溃了，而卢梭被迎接新时代的人们当成预见未来的先知来纪念。这个先知还留下了一本路线图，教人们如何构造一个更加公平正义的新国家。

《爱弥儿》和《社会契约论》在问世之初都遭到查禁，卢梭也离开了法国，在外游荡8年后才重回法国定居。但对于发出卢梭逮捕令的巴黎高等法院而言，这两部作品中的政治内容并没有冒犯它，冒犯它的是《社会契约论》中的"公民宗教"言论和《爱弥儿》中感人至深的"萨瓦牧师的信仰告白"。"公民宗教"宣称基督教是社会内乱的历史根源，并控诉了神职人员；而"萨瓦牧师的信仰告白"则说，真正能带来福音的信仰是

[1] M. Cranston, *Jean Jacques: The Early Life and Work of Jean-Jacques Rousseau, 1712–1754*, London, 1983, p. 228.

对自然界仁慈的上帝的信仰，而不是折服于某个把持基督教教条的特定团体。卢梭的气质是感性和充满宗教情结的，但对于很多虔诚的教徒而言，他对神的亵渎不亚于嬉笑怒骂的伏尔泰。教会此时的主要任务就是阻止不断升温的非宗教化浪潮。报纸上满篇都是驳斥渎神的哲学思想的文章，而世俗政府则竭力要压制不满。可是教会内部并不团结，它的分化招致了更多的嘲讽。1713年针对冉森派颁布的那份《克雷芒通谕》[1]引发了近半个世纪的激烈争执，直到18世纪60年代后期才逐渐平息。自从16世纪的特伦多大公会议[2]之后，教会必须接受很多信条和观点，而冉森派教士拒绝接受。他们是天主教会中的清教徒，反对松散的神学体系，抗议教皇和主教过大的权力，最关键的是，他们不满耶稣会士在教会与国家中的影响。尽管启蒙哲人们害怕冉森派会主导教会，急急忙忙地宣称耶稣会士的失败是启蒙运动的胜利，但耶稣会士垮台的幕后策划者正是高等法院中的冉森派。在对该通谕的争执中，持不同意见的教士遭到迫害，失败的反对者被排除在圣礼之外，并且还会偶尔出现歇斯底里症和做礼拜时乱喊乱动的情况（这种人被圣·梅达尔称为“宗教痉挛症患者”），这些事情使争执中的任何一方都颜面尽失。因此，并不只是无神论者的嘲弄传播了法国宗教生活需要变革的观念，即便在正统宗教群体内部，人们对宗教的感觉也在发生改变，不那么夸张高调的渎神行为可能更有市场。在他们立下遗嘱的时候，见证人的纪念弥撒变得简短了，并用简洁的言辞来表达其临死的信仰。在世的时候，他们不再点燃那么多的虔敬蜡烛，对宗教团体或者修道院的苦修兴味索然。霍勒斯·沃波尔曾经非常珍视尚存于法国的、浪漫而虔诚的宗教装饰——在英国，这些已于宗教改革中失去。到了1771年，他却对巴黎修女院的氛围变化感到失望：

[1] 教皇克雷芒十一世在1713年颁布《天主独子》通谕谴责冉森教徒著作《道德思索》，法国国王和主教都接受了这一通谕。——译者注

[2] 这是一个反宗教改革的会议，重申了天主教的绝对权威。——译者注

> 我走进教堂或者修女院，却不像以前那样心满意足，这种情况还是第一次发生。人们的很多憧憬已荡然无存，缺乏本应显而易见的宗教热情，孤独隐居是因为遭到了世人轻视，而非出自沉思的需要，这都使此地看起来像一个废弃的剧院，注定要被拆毁。僧侣们不断说起他们在这里时日无多，曾经的神圣隐修之地，现在只剩下灰尘和黑暗了。[1]

当时，较小的修道院要么被关闭，要么被完全兼并。由于耶稣会士的失败，关于《克雷芒通谕》的争执也平息下来。另外，天主教因为备受无信仰者的诟病，对法国新教徒变得更加宽容。自从1685年《南特赦令》被废除之后，新教徒就失去了合法地位，他们的洗礼、婚嫁和丧葬都不具有法律效力，新教牧师如果主持宗教仪式就会被判重罪。但是在18世纪60年代，对牧师的极端迫害停止了，朗格多克新教徒的传统公开宗教仪式也再未受到干扰。教区神父仍会怒斥宗教异端，但很多主教却偏爱诸如“宗教偏执所导致的野蛮行径”一类的题目，虽然政府仍会派遣军队驱散新教徒的仪式，但军队总被故意派往错误的方向。1762年发生的一个事件似乎生动地展现了不宽容的恐怖情况。事情是这样的：图卢兹的新教徒让·卡拉斯为了阻止自己的儿子改宗天主教而将其谋杀，管辖朗格多克的高等法院[2]以此判了他死刑，这后来被证实为该地区最后一次处决牧师。伏尔泰对这一新闻十分惊骇，认为这是一起由蒙昧偏执引发的司法谋杀案。他发起了一场声势浩大的新闻运动为让·卡拉斯平反，并于1765年取得了御前咨议会的支持，最终获得了胜利。1775年，在经过一段更长时间的斗争后，他又为西尔旺一家成功平反，后者因被指控谋杀叛教女儿在朗格多克被判刑，不过，他们逃到了瑞士，从而免于一死。这些案件激起了

[1] J. Lough, *France on the Eve of Revolution: British Travellers' Observations 1763–1788*, London, 1987, pp. 160–161.

[2] 朗格多克没有高等法院，管辖该地区的应为图卢兹高等法院。——译者注

有教养的世俗人的道义感，等到18世纪80年代，已经很少有人公开支持对新教徒处以死刑了。更突出的例子是内克——路易十六在1777—1781年间任命了一位新教徒大臣。由此不难看出，政府对新教徒的限制形同虚设，迟早都会被废除。

让伏尔泰生气的不仅仅是图卢兹法官的偏执，还有他们所用法律的残忍和不公。卡拉斯死于车轮之刑，行刑程序非常可怕，犯人的四肢被铁棍砸碎，支离破碎的尸体被放在马车车轮上示众。还有更加骇人听闻的刑罚。一个名为达米安的仆人在1757年用小刀行刺路易十五，被捕后受尽折磨，被要求供出同伙。烧红的烙铁撕开了他的皮肉，4匹马试图将其撕裂。[1]弑君是极度重罪，法国历史上也有类似的可怕事件，达米安的量刑是经过认真研究先例之后确定的。在日常公开行刑中，这算得上是极其罕见的场面了，当时成千上万的群众挤在巴黎市政厅外的格雷夫广场上围观。伏尔泰曾插手过的另一个案件是拉巴儿案，犯人幼稚地犯下许多亵渎神明和圣物的小过错，结果惨遭折磨并被绑在火刑柱上烧死。伏尔泰本人的一本《哲学辞典》也被扔进了火堆。这位哲人抗议道，惩罚这种行为的法律是恐怖的、非理性的以及极其荒谬的。法国在1765年译介了贝加利亚[2]的《论犯罪与刑罚》，该书呼吁建立更加克制的、人道的并免除折磨的刑事司法系统，伏尔泰对此书的译介大为赞赏。18世纪70年代早期，政府宣布了对法律条款的总体改革与修订计划，伏尔泰对此带头表示热烈欢迎。但是，在伏尔泰一生及其死后10年的时间里，除了1780年废除严刑逼供之外，没有发生其他任何改变。不过，在18世纪80年代中期，富有才干的、年轻一代的辩论家们出版了成千上万份的法律简报，正是他们曝光了一系列司法误判事件，向公众宣传不要屈从于监察制度，重新引发了人们

[1] 这道刑罚费了很长时间，因为役马不习惯硬拽，所以一直没有成功将人撕裂，后来换成6匹马并施以鞭打才完成行刑。——译者注

[2] 贝加利亚（Cesare Beccaria，1738—1794），出生于意大利米兰的贵族，被誉为古典犯罪学创始人、废除死刑之父、现代刑法学之父。——译者注

对法律的残酷性、前后不一以及无力保护无辜者等缺点的关注。伏尔泰为卡拉斯平反的运动启发了他们，为了恢复蒙冤者的名誉，他们成功地动员了公众舆论。公众舆论的观点虽不新颖，但在18世纪中叶，这个概念的含义发生了变化。以前的“舆论（意见）”是指某种和“知识”或“真理”不同的东西，仅仅是人们偶尔相信的事情；而现在，它日益成为一种根据消息作出的评判，公众舆论则常被描述为某种“法庭”，有资格作出最终裁决，并且往往是正确的。卢梭在1776年写道：“我们的时代区别于其他时代最显著的特点就是：在过去的20年中，出现了系统而持久地引导公众舆论的精神。而在此之前，伴随着人们的激情，这些舆论毫无目的地四处飘荡，不受任何管束，这些激情之间永不停歇的相互作用使公众游移不定，没有固定的方向。”[1]哲人试图提供这种方向，而在卡拉斯案之后，伏尔泰相信这是可能的，他写道：“舆论主宰世界，而最终哲学家将主宰舆论。”[2]事实上，哲人还算不上第一梯队。18世纪中叶宗教争执的双方都试图争取公众支持——冉森派凭借他们秘密发行的《教会新闻》，耶稣会士则靠他们的《特雷武日报》——双方都发行了大量小册子。在更早的时候，高等法院在摄政时期就公开印刷发行谏诤书，此乃蓄意安排，把有教养的读者裹挟进与政府的政治分歧中。到了18世纪50年代，在王室与高级法庭对宗教和财政问题的争执最为紧张之时，印发谏诤书已成为高等法院的惯用手段。1758—1764年间，传统审查机关作出了阻止人们公开讨论国事的最后努力，不允许讨论宗教、行政或财政问题。遏制《百科全书》、卢梭的著作以及其他理论书籍，也是当时审查制度的一部分。同样还有1764年的王室法令，它禁止公开出售任何与国家行政或财政事务相关的书籍。但审查阵线很难坚守，而政府大臣们也感到，与其把公众蒙在鼓里，不如让他们了解实情。他们转而想要获知人们对他们的意见。王室法

[1] M. Ozouf in K. M. Baker (ed.), *The French Revolution and the Creation of Modern Political Culture, i: The Political Culture of the Old Regime*, Oxford, 1987, p. 422.

[2] T. Besterman, *Voltaire*, London, 1969, p. 427.

令的前言越写越长。政府不仅销毁高等法院的谏诤书，还反驳其内容。当莫普[1]改革高等法院时，他雇了一批写手来歌颂和捍卫自己的政策。但就像一个焦虑而颇具洞察力的观察家所发现的那样："每一步都让事情更糟糕。有人写，有人回应……每个人都想要分析国家的构造，人们会失去冷静。以前无人敢想的问题现在都被摆上了台面……人们正在获取的知识将带来革命，这只是时间问题。"[2]

没有什么事情比"七年战争"更能刺激公众论争了。在这场战争中，法国没有明确的目标，又与几个世纪以来的宿敌奥地利结成联盟，在海陆两面都一败涂地，且消耗了巨大的财力。税收和债券的数量都在增长，政府多收了钱却不见效果。在这种情况下，法国国内出现了对全国社会和机构的全面质询，并在某种程度上得到了政府的支持。1763年，人们史无前例地要求高等法院提出推行经济和财政改革的主张，但最后的结果却无裨益，反而不明智地助长了高等法院的自负心态。后者也黯然神伤，因为政府大臣们无视其建议，转而向另一种未经过实践的理论寻求帮助，发明这套理论的人给自己取了一个让人感到新奇又陌生的称号：经济学家。

这群人的奠基者是宫廷医师魁奈[3]，1756年版的《百科全书》中曾多次出现他的名字。此人在后来的《经济表》一书中阐述了如下观点（与卢梭的观点惊人地相似）：存在着一个自然而仁慈的经济秩序，它被人为的武断干预搅乱了。实现经济富裕的唯一途径就是去除所有人为负担，特别是在农业领域，因为农业是唯一真正具有生产力的领域。18世纪60年代，这些思想在大批作者那里得到发展，其中包括米拉波、勒梅西耶·德拉里维埃和杜邦·德内穆尔。德内穆尔的著作《重农主义》为"经济学家"们

[1] 莫普（Maupoeu，1714—1792），法国当时的掌玺大臣、大法官，在1770—1774年间进行了一场司法改革，被称为"莫普改革"。——译者注

[2] Mme d'Epinay to Galiani, in *L' Abbé E.Galiani: Correspondance*, ed. L. Perey and G. Maugras Volume 2, Paris, 1890, i. 375.

[3] 魁奈（Francois Quesnay，1694—1774），法国国王路易十四的宫廷医师，重农学派创始人。——译者注

创造了另一个称谓。与此矛盾的是，在重农主义者的理论中，他们所宣传的贸易自由恰恰需要政府扮演强有力的干预角色，因为只有政府才有力量扫除附加在自然经济秩序上的一切人工障碍。勒梅西耶甚至鼓吹某种专制主义，他认为这是合法的，因为他设想的专制主义只有一个目的，就是推行万世大法——自然法则。政府大臣可不愿意被视为专制的人，不过他们还是被重农学派所吸引，因为后者保证了财富。一个自然、自由并消除了一切人为限制的市场，将会使生产者变得更为富有，于是他们就能缴纳更多税款。就像魁奈在《百科全书》中所写的：农民穷，则国家穷。

自由生产所面对的限制数不胜数：各种习俗和集体手段、封建捐税、间接税、国内通行费、关税、生产垄断（如行会）、地方特权等不胜枚举，因此必须有专制君主才能扫除这一切。在众多限制中，有一项相对容易处理，即谷物贸易。长期以来，谷物贸易都在政府的密切调控之下，政府对谷物贸易、粮价管控、出口限制以及省区间贸易等各项事务设置了一整套复杂的调控机构。此时，对它进行理性化改造的时机似乎已经成熟。由于确保面包供应被视为保障公共秩序的基础，因此谷物贸易一直受到严格的控制。然而，重农主义者认为，自由能够创造更多财富并使人们对饥荒的长期恐惧一去不返。于是，在1763年5月，政府宣布国内谷物市场自由化，一年之后，又宣布在谷物价格低于特定价格线时，可以自由出口。这一系列乐观政策的背后，是长达一代人的粮食丰收。但在18世纪60年代末，丰收的日子结束了，粮食歉收非常严重，甚至到了不管采取怎样的行政措施都无法保证充裕的程度。人们认为新的自由即便没有造成短缺，也刺激了这些年来的粮食短缺。当时爆发了一场激烈的公共争论，支持传统调控的一方指责改革者们听信空想理论家的建议，放弃了王室多年来维持臣民生命的义务，使他们忍饥挨饿。有观点认为，从长远来看，缺乏调控所造成的高价格会刺激生产，最后粮食价格还是会随之下降。对于这种论调，直面粮食骚乱的法官们敦促持有此类论调者现实一些，1773年，在目睹了把城市推向混乱边缘的骚乱之后，波尔多高等法院院长致信本省总督："这些人有理由抱怨，他们现在买不起面包，常挂在嘴边的话简单说来就是：宁愿被绞死，也不愿被饿死……为什么要让面包价格居高不下？在我看来——我必须承认——在一个税负如此之高的国家，国王必须肩负起如下责任：保障臣民们唯一剩下的东西——生命。"[1]面对种种问题，大臣们动摇了，但18世纪70年代早期施行的关税优惠政策未能重建市场信心。人们控诉他们和牟取暴利的个体垄断商签订了"饥荒条约"，把谷物贸易交给后者，有意让人民忍饥挨饿。

事实上，在1770年左右，人们对于法国总体统治模式的信心正急剧丧失。尽管洛林和科西嘉先后并入法国（1766年和1768年），弥补了"七年战争"的一些损失，但在战争之后，法国与奥地利继续保持的同盟关系极不受欢迎。1770年，路易十五的孙子——也就是他的继承人和玛丽·安托瓦内特公主的婚姻加强了两国联盟。不幸的是当时在巴黎举行的婚礼出了岔子，发生了踩踏事件，导致136人死亡，这看起来像是一个预兆，凡尔赛照常进行的庆典则留给首都人民悲痛的记忆。当时路易十五的淫荡好色可谓人尽皆知，尽管法国臣民对国王与新的宫廷情妇杜巴丽夫人的风月之事（同样好色的亨利四世就保持着受人爱戴的贤君形象）并无太多怨言，但在人们心里，杜巴丽夫人和巴黎大街上的妓女别无二致。她的位置使她和政治难免会有瓜葛，她与莫普和泰雷的升迁，以及受人欢迎的舒瓦瑟尔公爵的失败都有关系，这些事让她备受世人唾骂。泰雷除了被人们质疑发起"饥荒条约"之外，还宣布政府的部分破产，这激怒了所有政府股份持有人。后来，他又修改税额评估条款，提高征税效率，很快为自己"赢得"了"勒索者"的骂名。与此同时，莫普对高等法院的攻击也引发了全国范围的抗议浪潮。伏尔泰相信强大而仁慈的王权才是改革的最佳人选，并认为愚昧的法官是卡拉斯案和拉巴儿案的凶手，因此他为惩治法官欢呼雀跃。除他之外，大多数启蒙哲人都加入了抗议阵营。狄德罗在莫普

[1] W. Doyle, *The Parlement of Bordeaux and the End of the Old Regime 1771–1790*, London, 1974, p. 205.

进行改革期间写道："我们处在危机边缘，其结果要么是奴役，要么是自由，若是奴役，则会和摩洛哥或君士坦丁堡一样。如果所有高等法院都被解散了……那么对于能阻止王权滑向专制的正确信念，我们只能说再见了。"[1]他和其他人一样，都相信孟德斯鸠的理论。如果没有中间力量遏制王权，那它就是专制，是最糟糕的政体，国民也没有权利和安全保障。高等法院不论有什么缺点，都是法国人面对权威的一道保护屏障。然而，在我们今天看来这都是幻觉。在抗议莫普行为的过程中，不论是在被打击的法庭印发的谏诤书还是在个人的小册子上，都出现了一个新的主题：三级会议。这是一个古老的国民代表会议，自1614年起再也没有召开过，所有人对它的构成和权能都只有非常模糊的概念，但每个人都相信三级会议的权威比高等法院更大。随着莫普改革措施的巩固，最初针对他的抗议偃旗息鼓，三级会议的呼声也逐渐消失。但这个念头已经出现了，并在接下来15年的政治讨论中被不断重新提起。

经历了这些创伤后，人们都认为路易十六的登基是一个重新开始的好机会。路易十五的棺材在夜间被快速运走之后，人们对这位没有任何污点的年轻国王寄予了无限厚望。然而，他的"纯洁"很快变成了公众笑柄。自1770年结婚后，他虽然没有刻意回避夫妻生活，却无法使王后怀孕。他的第一个孩子——一个女孩，直到1778年才出生，在接受了医疗照顾后才得以存活。与此同时，各种小册子里的下流谣言已经满天飞了，大部分都直指王后对夫妻生活的沮丧，虽然这种沮丧纯属推测。不过她的奢侈、轻佻和对政务的草率干预都很容易使她成为靶子，更何况她那变幻无常的哥哥约瑟夫二世在国际事务中犯了重大错误，法国随时面临被卷入战争的危险。当1785年人们听到王后要买一条极为昂贵的钻石项链的流言时，没有人感到吃惊。掉以轻心的红衣主教罗昂想要讨好王后，把项链弄到了手，但最后发现自己也成了一场精心策划的骗局的受害者。整件事与王后没有

[1] J. Lough, *An Introduction to Eighteenth Century France*, London, 1960, p. 192.

一点关系，但在1786年的公审中，罗昂在高等法院面前为自己洗脱了罪名。这场审判对王后的行为肯定是一种潜在的伤害，她认为罗昂被无罪释放是对她本人的侮辱，即便这场骗局的犯案人员已经受到惩罚。红衣主教被释放后，大批人群为之庆祝，显然是对王后遭到羞辱感到高兴。而王室很快将无罪的罗昂发配到外省流放，这种恣意妄为招来了谴责。此时国王已经有了两个儿子（分别于1781年和1785年出生），也许国王本人的公众声望比10年前更高，但丑闻使整个宫廷声名狼藉，就像路易十五晚年一样糟糕，特别是在后来——当人们在1787年第一次知道宫廷到底花了纳税人多少钱的时候。

重建高等法院未能挽回被莫普破坏的政治信任。众多法官在一片欢呼声中官复原职，但莫普时期被流放的"归来"法官和与莫普合作的"留任"法官之间很快发生了争执，几名归来法官在争执中名誉扫地。巴黎高等法院在1775年和1776年象征性地反对了重农主义大臣杜尔哥的改革之后，再也没有坚持对抗权威的立场。一位心生厌恶的外省法官在1783年评论道："曾经，法官们怀着为民谋福利之心……在威严的审判席上对大臣们的破坏性政策提出严正抗议……现在他们在骄奢淫逸的生活中失去了斗志，只顾追名逐利，对国王的意愿都盲目遵从。"[1]于是，人们继续寻找能使法国有效防范专制侵害的机构，这里的"专制"既指中央大臣，也指在地方代替国王行使权力的督办官。督办官绝不仅仅是听从上级差遣的代理人，他们被赋予了极为广泛的权能，而拥有独立行动能力的主体职能总是很宽泛的。到了18世纪后期，督办官对外省生活的影响扩散到更多方面，动机是他们有改善其治下（像他们自己说的那样）所有人生活的义务，不论被治者喜欢与否。不少督办官是重农主义的公开信徒，比如成为中央大臣之前的杜尔哥。这些人都认为要在力所能及之处进行理性化改革，把最新知识投入实际的公共应用。然而他们的一系列行为，比如强行

---

[1] *Correspondance de Félix Faulcon*, ed. G. Debien (2 vols, Foitiers, 1939), i, 180.

要求街道整齐排列、推行天花疫苗、把不卫生的墓地从城镇中心迁走、禁止出售疫牛、制订强迫穷人参加劳动的方案等，都加深了人们的偏见，更何况他们天生就是不受欢迎的税务官，此时的境况就更加糟糕了。他们的行为也引发了自身与其他地方权威的冲突，比如高等法院和省三级会议。其实高等法院和省三级会议反对的不是那些启蒙议程，而是他们的权威和纠缠不休。一名督办官在1787年9月指控贝桑松高等法院“完全不受任何监管……它荒唐的行为被荒唐地指挥执行，除了最盲目的专制主义，它不用接受任何管制……它和下属人员的绝对权力完全免于任何义务……它们制造最致命的麻烦却可以不受到任何惩罚”[1]。

人们越来越觉得，解决这类问题的方法是某种形式的省级代议机构。有些省已经有了这样的代议机构，当然是以三级会议的形式存在。三级会议省区和其他地方一样，也有督办官，但代议机构可以和督办官讨价还价，并分享后者的一些权力。18世纪80年代中叶，布列塔尼的历史充满了二者的对抗。尽管三级会议在明显挑战高等法院的权威，但自从18世纪50年代起，许多深思熟虑的高院法官还是开始支持在各自地区建立三级会议，或者恢复废弃已久的会议。18世纪70年代，不少高级法庭，如巴黎独立税务法庭和格勒诺布尔、波尔多高等法院时不时地提出召开三级会议。重农主义者也非常提倡组建由大地产主构成的议会，尽管他们越来越怀疑能否将三级会议作为议会模板，毕竟它成分太复杂，并受缚于传统。杜尔哥和他的顾问杜邦·德内穆尔在任职期间，一直梦想建构一套从村庄（或市镇）到省区整齐划一的地主代表大会层级体系。不过，在1787年之前，他们唯一迈出的实质性步伐就是内克在1778年提出建立所谓“省区行政院”。这个地主团体的提名在初审法院中进行，其中（和朗格多克的三级会议一样）贵族和教士各占四分之一，第三等级占一半。后者并不是传统省区中的所谓议员，而是督办官在该财政区的副官。贝里和吉耶纳北部最

[1] B. S. Stone, *The French Parlement and the Crisis of the Old Regime*, Chapel Hill, 1986, pp. 147–148.

先实行该政策，而当内克1781年辞职时，当局正准备在布洛涅周围建立第三个行政院，但第三个从未建成。另外两个行政院，包括休会期间的委员会，在革命之前一直运转良好。虽然它们备受争议，不过从如何使国家管理方式具有更多代议成分的角度看，这确实是一个可行的范例。

内克的所有政策都饱受争议。事实上，他的整个人生和全部观点都是对现行政策的直接挑战。他是一位白手起家的瑞士新教银行家，夫人常常举办沙龙，于是在18世纪60年代和70年代早期，内克成了巴黎知识界的名流。在沙龙里，他往往沉默寡言，一脸深沉，而内克夫人则精心地为丈夫营造了一种具备超凡理财能力和过人智慧的精英形象。1775年春，正值“面粉战争”高潮时，内克出版了一本书，支持对谷物贸易进行调控，让杜尔哥及其自由贸易政策的支持者大为恼火。这本书为内克带来了极高的声望，“内克狂迷”由此开始，几经起伏，一直持续到1790年。因此尽管内克是外国人，而且是异教徒，却能总揽政府财政的总监大权。掌权者们没有选择一个更正统的候选人，也表明他们对自己的能力已经丧失信心。除了以独特的方式管理财政之外，内克还着手重组中央审计程序与税收结构，授意对官职买卖进行全国范围的调查，以限制过度买官。同时，他建立了省议会，部分抵消高等法院的影响。最重要的是，他一直努力让公共舆论站在自己这边。对于这股兴起于18世纪中期的新兴力量的政治重要性，内克看得比其他任何人都清楚。他也发现了公共舆论的限度：1781年，当他试图利用自己的声望在高层政策制定中赢得更多发言权时，遭到了国王的回绝。内克辞职以示抗议，但丝毫没有威胁到路易十六，因为后者曾经有过前车之鉴。所以在改革之路上，内克只能走得更远。在接下来的几年中，他没有重拾银行业，而是为自己的所作所为写了一本辩护书——《财政管理》，以极为丰富的细节揭示了中央政府的运作方式。该书在1785年以三卷本的形式出版，畅销国内外。这其实是作者自己的一份声明：他应该被视为国家大臣的天然人选，如果国王还希望让自己的政府获得公众信任，那么他迟早要召回内克。

然而这些只是内克的拥趸们的看法，在职大臣觉得他们完全有权掌控公众信任。毕竟，国王推行的最重要的政策取得了不小的胜利。1783年英国承认北美殖民地独立时，法国的“七年战争”之耻终得昭雪。法国的陆海援助起到了关键作用。在海外斗争如火如荼之时，维持欧洲大陆的和平同样极为不易，难怪这一系列成就的总设计师韦尔热讷会对内克哗众取宠的把戏嗤之以鼻。而继莫普之后，韦尔热讷成为国家首相。但撇开战争开销不谈，干涉美国独立战争的行为本身又在法国引发了新一轮不满。

保守派从一开始就警告国王：支持共和主义反叛者抗击另一位君主是不明智的。但早在美国宣布独立之前，法国国内的公众注意力就已被当时的争端所吸引。1772年由雷纳尔神父署名出版（事实上是一本合著作品，作者中还包括狄德罗）的《两个印度的哲学史》使读者们对美国独立做好了心理准备。书中对欧洲海外扩张的批判引起了轰动，同时还预测了殖民聚居点将会独立。在预言成真之后的18世纪末，这本书的再版达到50次之多。在与英国政府的争执中，美国人一开始就提出自由和代议制的说法，这使笼罩在专制主义之下的法国立刻产生了惊人的共鸣。当约翰·亚当斯1778年造访波尔多时，当地高等法院院长以如下宣言欢迎他：“它[1]不能不同情世界上每一位自由的挚友……它同情自由事业中的受难者，因为它自己就在这项事业中受难多年。它曾在路易十五时期被废除，因为它撰写谏诤书，控诉专断的行为和致命的朝廷法令。”[2]英国于1783年宣布停战，8000名援美战士凯旋，这使法国第一次对美国产生了直接了解。雷纳尔在1780年又出版了一本关于美国独立战争的著作，尽管他本人从未去过美国。作家们为了满足大众热情，写了大量关于新世界生活的书，他们同样都没去过美国。很快，译著成为这场斗争中的关键文献，例如潘恩的小册子《常识》、美国《独立宣言》和几个新州的宪法。在1777—1783年间，新共和国大使富兰克林的高超宣传手段完全征服了巴黎上层社会。他作为

[1] 指高等法院。——译者注

[2] *The Adams Papers: Series I,* ed. L. H. Butterfield (4 vols, Cambridge, Mass, 1961), iv, 35.

避雷针的发明人已经名扬天下，而其通俗的哲学思想与简朴的风格更使宫廷和知识分子沙龙为之倾倒。他似乎是卢梭式简朴美德的活生生的例证，来自森林般的世外桃源，远离欧洲令人厌倦的俗世。尽管富兰克林在大都会的流光溢彩中如鱼得水，并公开宣称自己认为这一切无须改变，但他还是引发了对贵族原则的第一次进攻。叛逆的贵族米拉波伯爵出版《思考辛辛纳图斯的等级》（*Considerationa on the order of Cincinnatus*）[1]一书，谴责了独立战争中法国军官为纪念自己参战而设立的一种世袭骑士等级制。让米拉波注意到这一问题的正是富兰克林，当时像虚荣的拉法耶特一样的回国军官正在整个巴黎炫耀他们在新社会获得的勋章。因此，美国发生的事情批判性地反衬了法国的社会和政治问题，人们对美国所代表的新共和国与政体充满了浓厚兴趣，即使在独立战争结束之后仍未消退，而随着退役士兵们陆续回国，人们有了更好的消息来源。

至于美国的新闻来源是否真实并不重要，重要的是美国意味着这样一个简单的事实：人们看到，一个全新的开始是有可能的。现存的政权可以被推翻，在此基础上，人们可以向着更理性、更自由的方向建立新社会。人类法律和社会组织的改善、再生都不再是乌托邦的想象。善于从每次风潮中渔利的临时记者雅克-皮埃尔·布里索最会审时度势，当他读到时下美国最流行的读物——克雷弗克的《一个美国农民的来信》时，他写道：

> 在欧洲人麻木的灵魂中，这些信也许能重新激起或唤醒对美德与简朴生活的向往……充满活力的灵魂能得到更多的启示。欧洲人会发现一个他们梦寐以求、渴望实现的国家和政府，那是一片以他们自己的语言与他们对话的土地。还有让他

[1] 据历史传说，辛辛纳图斯在公元前458年被推举为独裁官，率军援救被埃魁人围困的罗马军队，击败敌军之后即解甲归田。——译者注

们为之嗟叹但终归并不存在于现实中的幸福。[1]

事实上，用1789年的革命领导人让-约瑟夫·穆尼耶的话说，美国正好迎合了人们“对变革的蠢蠢欲动与热烈渴望”[2]。在人们追求各种奇观的潮流中，不论是富兰克林的避雷针以及1783年和1784年法国多个城市中出现的人工驾驶热气球飞行，还是催眠术的流行和通过叩击可能隐藏着的自然力量——“动物磁力”达到神奇的治疗效果，这种渴望都表露无遗。现存的宗教也许会失去其神秘的吸引力，但科学正在创造其他奇迹。这种更新奇、更真实的智慧的追寻者们相信，他们最有可能在共济会的“御艺”中找到此类智慧。在1732—1793年之间，法国先后建立了800~900个共济会分会，其中三分之二都是在1760年后建立的。在1773—1779年间，共济会总计招收了2万名新成员。到18世纪80年代，任何略微重要的城镇都至少有一个分会。尽管罗马教皇将其指责为某种起源于英格兰新教的自然神崇拜，法国社会的精英还是对此津津乐道。伏尔泰就在最后一次走访巴黎时被拉入了共济会，并且与富兰克林在“九姐妹分会”的会友集会上象征性地进行了拥抱。进入共济会要经过层层筛选。女性不得入会（尽管在18世纪80年代出现了几个大胆的全部成员为女性的分会），男人入会则是因为在那里能碰到与自己志同道合的人。共济会设置了无数的筛选梯级，只有能人好手才能通过。在各分会内部，人们称兄道弟，互为平等之人，根据才能而非名衔选择领导。就像当时各地蓬勃发展的文学社团一样，大多数共济会会员也是受过良好教育的平民。事实上，两个团体往往由同一群人组成，在共济会中，他们之间的文化平等得到了全面认可。共济会集会主要由各项仪式组成，然后就是吃吃喝喝。很多会友希望能让这个组织发挥更实际的作用，他们组织了慈善募捐，“九姐妹分会”则投身

[1] D. Echeverria, *Mirage in the West: A History of the French Image of American Society to 1815*, Princeton, 1957, pp. 152–153.

[2] *Adolphe, ou Principes élémentaires de politique*, London, 1795, p. 91.

于18世纪80年代中期为冤案平反的司法运动中。多数组织会避开政治，不过在1787年，一个自称“光照派”的群体想利用共济会组织颠覆巴伐利亚政府，其密谋被曝光后引起了轰动，自身诉求秘而不宣的共济会运动也引起了普遍怀疑。当时人们容易上当的另一个标志就是他们相信阴谋论，而同样的思维方式也倾向于追求用简单、普世的公式解决一切问题，不论这个问题本身多么复杂。在即将到来的风暴中，这种心智的限度将暴露无遗。

| 第三章 |

危机与崩溃（1776—1788）

自“七年战争”[1]的灾难以来，法国人一直渴望目睹英国的傲气受挫，希望看到这个“现代迦太基”强权的瓦解。在路易十六即位的时候，事情的进展似乎很顺利，因为大不列颠与其北美13个殖民地的矛盾日益加深。法国观察家们则兴致勃勃地观望着这一切，到1776年春天，外交大臣韦尔热讷确信“英格兰蒙羞的时刻来临了，此乃天意”[2]。他劝说国王，此时介入英国和美国的冲突对法国有极大的好处。4月份，秘密补给开始运往美国，法国海军也开始行动。法英关系从此恶化，并在1778年2月法美签订同盟条约时跌入最低谷，随后则是长达5年的全面战争。当战争结束时，不列颠帝国的实力确实被削弱了，法国终于报仇雪耻，国际声望也得以恢复，但这一系列举措也将国家推到了财政亏空的边缘。

---

[1] 七年战争发生在1756—1763年，这场战争由欧洲列强之间的对抗所驱动。英国、法国和西班牙在贸易与殖民地上相互竞争。同时，普鲁士——这个日益崛起的强国与奥地利正在神圣罗马帝国的体系内争夺霸权。——编者注

[2] Orville T. Murphy, *Charles Gravier, Comte de Vergennes*, Albany, 1982, p. 235.

这并非不可预见，杜尔哥早就意识到前几次战争造成的财政负担。他在1774年任财政总监的时候就警告过国王，厉行节俭对于恢复财政健康至关重要，否则“第一声枪响将把国家打入破产的深渊”[1]。1776年，在离职的前一个月，杜尔哥指责韦尔热纳关于介入美国事务的建议，他认为：战争的开销将使财政改革的希望彻底破灭，却不见得能真正削弱大不列颠。时间证明杜尔哥的两个判断都是正确的。但在1776年，杜尔哥手下的大臣们对他的政策和判断都失去了信心，况且在接下来的6个月中，人们找到了一个自信能解开乱麻的继承者。1776年10月，内克被任命为国库总管。他并非在默默无闻中被提拔起来的，而是非常用心地将自己塑造为一个有影响、有能力、能在杜尔哥的严苛政策之外提出新思路的人。人们对他的就职寄予了厚望。内克下定决心不增税，他相信通过节俭和调整预算结构，制止私人金融家牟取暴利，国家日常收支就能实现平衡。井井有条的财政秩序能够唤起人们的信心，而民众的信心又使国王能够举债以保证非日常的开销——其中最不同寻常的就是战争经费。

内克几乎完全靠借债筹措了法国介入美国战争需要的钱。他在职期间没有增加任何新的直接税，债务利息被算作日常开支的一部分，他声称通过节俭和“改善措施”能够支付这笔钱。自1777年上任到1781年5月离职，依靠这套体制，内克通过举债筹到了5.2亿里弗。绝大多数国债很快就被认购一空，巴黎高等法院只在第一次发行债券的注册问题上设置过障碍。借贷的成功要部分归功于较短的还款周期和高额利率，然而内克相信真正的原因是大众对他理财能力的信心。1781年2月，由于敌对大臣和心怀不满的私人金融家的政治诽谤，内克备受困扰，他企图采取一种前所未有的行动来捍卫人们对他的信心。在获得国王批准之后，他出版了《上疏》，这是有史以来第一份公开的法国王室财政状况资产负债表。报告显示，在三年的战争和不增税的情况下，国家的正常收入比

[1] D. Dakin, *Turgot and the Ancient Régime in France*, London, 1939, p. 131.

正常开支多出1000万里弗左右。《上疏》十分热销，公众对内克心悦诚服。没有人询问非正常开支是多少，而战争的花销正是算在非正常开支里的。在接下来的7年中，每当大臣抱怨财政困难，人们就会说，在内克时期一切都在控制之中。这种信任使内克在1788年得以重返原职，但在1781年，《上疏》却导致了他的下台。靠着《上疏》带来的民望，内克试图迫使国王批准他进入枢密会议，他之前因其宗教信仰而一直被排除在外。国王听从了莫勒帕和韦尔热讷的建议，拒绝了他的要求，于是内克辞职离任。

《上疏》将内克的个人信用和国家信用等同起来，他的辞职使国家信誉受到巨大打击。其继任者儒里・德・弗勒里[1]觉得有必要增税，当然，这惹来了高等法院的反对，不过这些反对都被轻松克服了。不管怎样，新的收入使国王能拿出进一步举债所需的利息。因此，从1781年5月到1782年底，政府又筹到了近2.52亿里弗。美国独立战争总共花去了法国近10.66亿里弗，而且这笔开支并没有随着1783年和平的到来[2]而结束，1782年开征的第三轮廿一税[3]在战争结束3年之后就会停收，而1783年11月上任的新财政总监卡隆发现他也不得不继续借债。

在阔别13年后，1778年卡隆回到故乡佛兰德斯省任总督。他官运亨通，平步青云，但落了个油滑世故、野心勃勃、趋炎附势的名声。卡隆和宫廷显贵的关系很好，并且博得了彼时的重臣韦尔热讷的信任。凡尔赛对卡隆就职持欢迎态度。与杜尔哥和内克不同的是，卡隆完全没有要在宫廷推行节俭的意思。确实，他相信为了“有价值的奢侈”而挥金如土能够增加信用度。这似乎比较有效，从1783年到1787年，卡隆借到了6.53亿里弗。但到了1785年，逐渐有人质疑这样的政策是否能够长久。同年，内克

[1] 儒里・德・弗勒里（Joly de Fleury，1718—1802），莫赫巴任命的财政总监，1781年5月就任，1783年3月离任。——译者注

[2] 1783年英国正式承认美国独立。——译者注

[3] 1749年法国政府确立的税收项目，征收地产收入的5%税金。国家曾在1749年和1756年征收过两次廿一税，于1782年开征第三次廿一税。——译者注

出版了《财政管理》一书，他在书中既为自己过去的做法正名，又含蓄地指责了卡隆的做法。而自从1777年以来就从未犹豫过注册国债的巴黎高等法院，却在1785年强烈反对注册新债，以致其成员被集体召至凡尔赛。国王明确地告诉他们，他对自己的财政总监有百分之百的信心。即便如此，此次的国债虽然条件优厚，但认购仍然非常缓慢，而且1786年的春天整个巴黎一直在谣传卡隆将被免职。尽管王后及其亲信大力支持卡隆的政敌，但有韦尔热讷为他撑腰，卡隆还是安全的。“现在看来，这个王国的财政不会向节俭发展。”1786年8月24日，目光敏锐的英国事务专员心怀嫌恶地写道：

> 继续购买大量奢侈品，在各种的王家场所大兴土木。靠着他的“慷慨大方”和谄媚功夫，卡隆在他最关键的时刻得以屹立不倒。但和他前任各届中最腐败堕落的人一样，完全没有意识到要减轻人民的负担和降低国家需要偿还的利息。[1]

这位专员并不知道，就在4天前，卡隆向路易十六递交了卡佩王朝有史以来最激进、最全面的改革方案。卡隆声称，在递交之前他已经花了整整两年的时间研究《财政改进计划》。毫无疑问，路易十六用了好几个月才弄明白并认可该方案。一开始，卡隆必须说服国王改革是非常必要的。1786年，这位财政总监解释道：该年将会有1.12亿的财政赤字，接近预期岁入的四分之一，可是在年底第三次廿一税就到期了，于是，在接下来的10年中，政府每年都将承受巨大的债务负担，该负担来自美国独立战争以来法国发行的短期债券，而来年收入的一大半都已经被预支了，这笔钱又是以预期的税收收益为担保、以短期借贷的形式从金融家们那里筹措来的。这样的做法本身司空见惯，但数额之巨大却前所未有。

[1] O. Browning, *Despatches from Paris 1784–1790*, Volume 2, London, 1909–1910, i. p. 134.

（卡隆总结道）进一步举税是不可能的，总是借债也不是办法，仅限于经济层面的改革也是不够的。事已至此，通常的手段已经不足以达成我们的目标。唯一有效的措施是纠正整个国家体制内的一切弊端，这是我们唯一的选择，也是使财政秩序重回正轨的唯一方法。[1]

这次改革有三个部分：首先，是一系列的国家财政和行政改革计划，目的是“确立更一致的秩序”。它们主要围绕废除现存的三个廿一税及其各种附加税而展开，另外还针对特权阶层和特权团体享有的免税权、复利以及专门供给品。“领土税”取代了这套复杂结构。它是一种针对所有土地所有者征收的永久实物税，在收获季节上缴，无人可免。此项新税将由省代表集会中的纳税人与地方总督合作征收和管理。卡隆估计新税带来的收入会比廿一税多3500万里弗，而且通过一系列其他改革措施的推动，诸如新开征印花税以及更有效地管理王室领地等，新税制将会带来更多岁入。

如果纳税者生意兴旺，政府甚至还会有更大的收益。卡隆希望通过改革计划的第二部分着眼于经济刺激。卡隆听取杜尔哥前任助理杜邦·德内穆尔的建议，采纳了因杜尔哥1776年下台而搁浅的几项重农主义政策。他提倡取消对谷物贸易的控制和国内关税壁垒，在未能将徭役折算成税金的地方推行“以税代役”。1786年9月，韦尔热讷和英国达成了一项自由贸易协定，该协定将有利于法国农业的发展。但这些措施和财政改革都不能起到立竿见影的效果，只能通过继续借债来争取时间，避免眼前的危机。卡隆方案的第三部分旨在树立发行新国债的信誉。卡隆还建议，在将改革计划送往高等法院注册之前，首先应该获得举国上下的一致认可，这样能提前打退批评者，并告诉债权人，他的这套使国家财政重回正轨的做法已

[1] W. Doyle, *Origins of the French Revolution*, 2nd ed, Oxford, 1988, p. 51.

经获得了全体国民的支持。显然，寻求这种支持的平台应该是自1771年政治危机以来大家一直都在讨论的三级会议。卡隆考虑过三级会议，但他觉得其太难以预料，也太不受控制，因此放弃了这一选择。来自高等法院的抗议已经够糟糕了，而那些自视为民选代表的人所制造的阻力可能有过之而无不及。此外，之前还有另一种代议体制——显贵会议，与会者全都由国王提名，因此可以精挑细选。他们必须都是"有身份地位、值得公众信任的人，他们的认可将会极大地影响舆论"[1]。仅被选为代表这一无上的荣耀就足以使他们俯首帖耳，更何况有王国精英对该计划的公开支持，卡隆确信实施计划的贷款肯定能到位。

路易十六最终在1786年12月29日认可了改革计划。而显贵会议将于1787年1月29日在凡尔赛召开，旨在讨论国王就"减轻人民负担，恢复财政秩序以及关于各种奢侈消费的改革"等问题的看法。政府并未泄露更多的细节，于是人们议论纷纷。显贵会议一直拖到1787年2月22日才正式召开，因为卡隆和韦尔热讷先后患病，而且唯一毫无保留支持改革的韦尔热讷在2月13日去世了。在1月29日到2月22日这段延滞期，144名提名人有足够的时间互相接触了解，而64个外省代表则能够探知首都的政治氛围。代表中的非贵族不到10人，另外有18位教士、7位亲王，每人被指派去主持一个小组会议。36位公爵以及其他贵族和领主中的大部分人是将军、省区长官或有执政经验的人，他们之中还有自封的美国战争英雄、野心勃勃的名流拉法耶特。此外还有12位高级行政官员、38位高等法院法官、12位税区代表以及25位大城市市长。当这群显贵共聚一堂听到财政总监的提议时，显然不会像卡隆预料的那样唯命是从。卡隆对于管理政治会议毫无经验，完全错误地估计了自己的力量，也不知如何驾驭它。

在他备受争议的政治生涯中，卡隆树敌无数，而这些人都列席了显贵会议。高等法院早在18世纪60年代就对他怀恨在心，因为他和当时针对

[1] W. Doyle, *Origins of the French Revolution*, 2nd ed., Oxford, 1988, p. 97.

高等法院中央集权的改革关系密切。和外省高等法院法官一样，巴黎高等法院的第一任法官也是卡隆的仇人。自1783年以来，卡隆就将带头的高级教士们强行离间拆解，以此威胁教士向王室交更多的钱。但在挑选教士代表团时，他却满足于听从图卢兹主教洛梅尼·德·布里耶纳的建议。布里耶纳掌控教士议会和朗格多克的三级会议多年，办事老到，而且善于隐藏自己的执政野心，这也是众所周知的。在卡隆的同僚中，只有韦尔热讷对他的计划了然于胸，而其他人觉得并无义务支持卡隆。有的人想利用显贵会议扳倒卡隆，剩下的人则是内克的拥趸。尽管这位来自瑞士的"奇迹先生"本人不在显贵会议中，但自从会议开始，他就成了议论焦点。在会议上，他有很多崇拜者，当卡隆在开场演讲中提到当前国家正经历一场严重赤字的时候，人们首先想到的就是《上疏》。如果内克能在三年战争之后仍能做到盈余而且不加税，那为什么在三年的和平之后会有赤字和廿一税呢？卡隆的挥霍无度和大举放债成为众矢之的。人们完全有理由作出以下推论：且不说他尚未拿出数据证明危机的存在，如果当前有危机，那么理当由他负责。

假使提议不是由卡隆提出的，那么它在显贵会议上将会更受欢迎。正如塔列朗所言：这份计划"毕竟是众多聪明人研究了多年的结果"[1]。其实计划的大部分内容都得以顺利通过，批评主要集中在"领土税"、外省议会和强迫教士偿还团体债务的提案上。当时的显贵们毫不含糊地宣称自己支持最基本的纳税平等以及按纳税额度、比例来确定代表的原则，但是基于其地主身份，他们质疑将一种永久的、可变的税金完全加诸他们身上是否公平，征收实物税是否可行。此外，显贵会议的所有成员都属于本国的第一和第二等级，他们认为应当确保贵族和教士在外省议会中占有相当比例，而且如果要做到具有代表性的话，这类组织的决议不应屈从于督察的否决权。最后，主教们将偿还教士债务看作大臣们攻击教会行为的

[1] W. Doyle, *Origins of the French Revolution*, 2nd ed, Oxford, 1988, p. 98.

延伸。教士们很清楚，假如他们支援政府的债务被还清了，那么他们长期以来的自我征税权将得不到保证。他们表示，如果没有教士大会的允许，他们无法批准这些改革。与此类似，法官们也表示不能预先决定高级法庭的意见。实际上，绝大多数显贵也不知道自己在为谁说话。拉法耶特后来给华盛顿写信说，“我们并非这个国家的代表”，“我们声明，尽管无权阻止任何事，但如果我们认为某事不合时宜，我们有权建议不做此事，除非我们知道政府开支所产生的成效以及财政计划，否则新税对于我们就是不可想象的”[1]。这确实是显贵会议召开第一周时的代表性观点。卡隆在开始时主张，既然国王已看过账目，那么大家就应该相信国王。显贵们则针锋相对地说这和征求他们的意见是两码事。最后，在3月2日，卡隆极不情愿地公开了他的估算，并同时明确指责1781年的《上疏》是虚假和具有误导性的。内克一派因此勃然大怒，而其他心怀疑虑的人则要求看到更多详细的账目以便下定决心。3月3日第一次有人公开声称显贵会议无权批准新税。如艾克斯高等法院的检察长勒布朗·德·卡斯蒂隆所言，这项权利只属于三级会议。

这一切都是秘密进行的。公众非常渴望获知显贵会议的消息，一时间流言四起，好在大量还算可靠的消息泄露了出来。小册子被四处发散，其中大部分对卡隆怀有敌意。当时众人皆知的笔杆子——放纵的米拉波伯爵指责卡隆专制蛮横、奢侈挥霍、渎职无能，甚至还涉嫌倒卖股票的罪行。这种气氛刺激着显贵们进一步要求公布详细账目，并对卡隆的计划吹毛求疵。因此，当3月12日卡隆在一次全体会议上宣布国王很高兴看到显贵会议取得了一致时，显贵们对他的怨愤就更深了。面对激烈的抗议，卡隆还是发表了讲话，这预示着其策略的第一次重大改变。既然在私下里未能恫吓显贵，那就利用公众关注的压力来迫使他们就范。3月18日，卡隆出版了一本小册子，提议将显贵会议的议程完全公开。3月31日，基于前段

[1] L. Gottschalk, *The Letters of Lafayette to Washington 1777–1799*, Philadelphia, 1976, p. 322.

时间的铺陈，他发表了整个改革提案的原稿，并且还附上了一个简介（即《通告》）。《通告》是单独印刷的，在教区教士手中自由传阅，并敦促他们在布道坛上诵读，其目的显然是引导公众质疑那些批评卡隆者的动机。文中暗示，显贵们的所谓疑虑，全都是借口：

> 我们要付更多的钱！这是毫无疑问的，但谁是“我们”？只是那些付得不够的人。他们要按照公正的比例缴纳税款，没有人会负担过多。
>
> 特权会被牺牲！是的，这是公正的需要，是当下境况的需要。难道将负担加诸无特权者的身上会更好吗？
>
> 将会出现强烈的抗议！这在我们的预料之中。如果不牺牲少数个人的利益，怎么实现大众的利益呢？世上哪次改革不会招来怨言呢？[1]

但是这次针对批评卡隆者的大胆举措彻底失败了。显贵们向国王发出更加愤慨的抗议，而公众则对卡隆的呼吁无动于衷。大家将此举视为一个毫无信誉可言的政治投机家的最后一搏，事实上也确实如此。即使是国王本人也开始感到气馁了，会议议程毫无进展，他的总监看起来也没有办法让他人信服自己的诚意和好意。廷臣、政敌和野心勃勃的人都想落井下石。路易十六为了改革坚持到了最后。4月8日早上，他将侍奉其时间最长的司法部门首长米罗梅尼尔革职，因为后者明显没有支持卡隆。但就在当天晚些时候，财政总监本人也被罢免了。国王已经表明，只有新人才能全力推进改革，而大家对卡隆下台的庆贺也预示着政治气氛会有所改善。

然而，找到接班人并非易事。米罗梅尼尔的后继者是显贵会议成员——拉穆瓦尼翁，他一直是巴黎高等法院较有能力的法官，也是司法改

[1] *Avertissement,* in Calonne, *De l' état de la France, présent et à venir*, London, 1790, p. 439.

革的倡导者之一。这次任命受到普遍欢迎，但国家面对的问题是财政困难，一时间无法找到愿意担负前任免职总监的改革计划的人才。内克仍然是公众的首选，可是国王并不喜欢他。就在卡隆被罢免当周的周末，国王轻蔑地指示，内克的《上疏》遭到卡隆的抨击，王室不应替他说话。内克因其厚颜无耻而被逐出巴黎。另一个显而易见的候选人是布里耶纳，他从一开始就想利用显贵会议作为自己升迁的垫脚石。国王也不喜欢他，但在将财政交给一个官僚气十足的庸才[1]打理了3周之后，他还是妥协了。国王获知王室股票正一路下跌，如果再不采取应对措施，信用度必会一落千丈，于是在5月1日任命布里耶纳为王室财政总管，信用度便立刻回升了。面对这场一错再错的改革试验，除了显贵中最有能力、最聪明也最灵活的布里耶纳，似乎没有其他人能够力挽狂澜。

布里耶纳自己也相当有信心。他认为领土税可以用现金缴纳，预先固定税额，在一定年限内征收，如果能保证教士和贵族在各省议会中占有席位，显贵们必然会心满意足。5月9日，他向会议的头面人物提交了修正方案。但在上个月官员更迭的时候，显贵会议除了检查账目什么也没干。随着过目的账目越来越多，他们也越来越困惑。他们没有批准卡隆计划的修正方案，首先要求毫无条件地公开国家财政状况。他们中越来越多的人开始相信，要做到账目公开，最好的办法就是建立由审计员构成的常设委员会。布里耶纳并不反对这项提议，但国王认为这侵犯了他的权力，否决了此项建议。他的决定终结了显贵会议一切有建设性的行动。显贵们现在表示：他们不具备同意或者批准新税的权能。5月21日拉法耶特在会议上说："在我看来，为了赋予国王各种必要的手段，以及确保其结果的良善，现在是我们恳请他召开一场真正的国民会议的时候了。"[2]"什么，先生？"国王的兄弟阿图瓦伯爵喊道，"你难道是说三级会议？""是的，阁下，"这位年轻的荣誉追求者回答道，"甚至比那更好。"

[1] 此人是卡隆的合作者富尔科（Fourqueux）。——译者注

[2] J. Egret, *La Pré-Révolution française 1787–1788*, Paris, 1962, p. 59.

这一呼吁变成了普遍的呼声。布里耶纳立刻意识到显贵会议不可能再有进展了，必须在它造成不可挽回的损失之前将其了结，于是，5月25日显贵会议被解散。在一场毫无争议的闭幕演讲中，布里耶纳宣布他将全力推行修正后的领土税、省级会议和卡隆原方案中的各种举措。由于已经高调宣布自己不代表任何人，显贵会议也不得不随之解散。蒙托邦的市长解释道："至少，没人能说我们投票赞成过任何税制。"[1]无论如何，显贵会议都是一个转折点，它标志着一场只能靠革命解决的政治危机的开始。召开本次会议旨在解决一系列迄今尚未弄清的财政问题，而3个月的议程极为清晰地向全法国乃至全世界表明了问题的严重程度。其结果就是使公众怀疑绝对王权管理国家事务的能力，并鼓励人们反对王权的政策提案。布里耶纳把这一切看得很明白：

> 如果到显贵会议解散时还没有达成收支平衡（4月16日他需要向国王汇报），那么在解散之后，就只能重回征税的老路，届时我们会遭遇巨大的阻力。召开本次会议是因为人们普遍认为，会上达成的意见能克服各种障碍，但若达不成意见，其效果和直接的反对无异。[2]

反对的声音已经存在，并且通过呼唤三级会议达到了顶点。在本来的策略中，卡隆认为三级会议是一项危险的举措，未将其考虑在内，但对于日后反对政府政策的人而言，呼吁三级会议却构成了他们的基本政治态度，且广受群众欢迎。显贵会议史无前例的政治场面将公共舆论推向了1771年以来的又一个高潮，而这一次的高潮再没退去。由于判断失误，卡隆向显贵施压的《通告》最终为公众舆论的发酵推波助澜。在公众眼中，他的离职使其信誉扫地，又反过来为显贵会议做了绝佳的辩护。高等法院

[1] J. Egret, *La Pré-Révolution française 1787–1788*, Paris, 1962, p. 60.

[2] *Journal de l' Assemblée des Notables de 1787*, ed. P. Chevallier, Paris, 1960, p. 79.

很清楚，公众正期待他们态度坚决地对即将在高等法院注册卡隆计划的修正版表示反对。

布里耶纳内阁（他在8月份被任命为首相，该头衔自1726年以来从未被启用）也觉得改革迫在眉睫。毕竟，最初迫使卡隆制订改革方案的难题——第三次廿一税即将终止，巨额债款即将到期——仍然存在。5月上旬枢机主教的就任又使王室恢复了一点信誉，借到了一笔新债，但这也只是权宜之计。另外，国际环境在当年春天急转直下。荷兰共和国已经在内战边缘风雨飘摇了4年之久，因为国内自称“爱国者”的人意图剥夺奥兰治总督威廉五世的政治地位。韦尔热讷时期法国的政策一直是支持爱国者的，英国和普鲁士则正在煽动威廉五世展开猛烈的反扑。进一步支持爱国者可能意味着军事干预，也就意味着庞大的开销，因此，想办法解决预算危机的任务愈加迫在眉睫了。

6月底，政府内阁将改革计划送往高等法院注册，其中一些政策得以通过，例如谷物的自由贸易、以税代役，甚至建立省议会的法令都在巴黎高等法院轻松通过了。只有自1779年以来一直倡导吉耶纳省三级会议的波尔多高等法院在省议会权能不清的问题上持保留意见，它拒绝注册该法令，除非议会的具体权能得以厘清。但公众的目光聚焦在巴黎高等法院上，因为它具有贵族法院的地位，有不少于21位前任显贵会议成员在其中列席发言。大家都知道真正的斗争集中在税收问题上，这是政府计划的核心所在。首先是7月2日的印花税增加，高等法院对此的基本态度非常明确，它拒绝注册，除非政府先拿出账目说明增税的必要性。国王回应道，有足够多的前任显贵是知道具体情况的，高等法院无论如何都无权干预王室财政。他下令立刻注册。但与此相悖的是，高等法院决定提出进一步的抗议，声称无权批准永久税，这项权力只属于三级会议。政府没有在这个议题上纠缠，进而要求注册领土税。在经历了长时间的讨论之后，高等法院依然拒绝注册，虽然并非全体否决，但大多数人都采取否决的态度。7月30日，三级会议呼声再起，法官们的立场深得民心。每逢高等法院开会，就会有大量人群聚集，上流社会的沙龙几乎一致要求法官们坚守立场。巴黎的政治俱乐部和讨论小组如雨后春笋般涌现，他们在一起阅读报刊，有时甚至会引发小册子和大字报的风潮，这些团体以每天一个的速度迅速出现。8月6日，政府决定启用御临法庭，强行注册税令。注册仪式在凡尔赛举行，避开了首都巴黎的忤逆气氛。在仪式上，政府宣布了全面缩减开支的计划，希望能够缓解强行注册带来的冲击。而全场出奇地安静，以至于路易十六的鼾声都清晰可闻。然而在第二天回到巴黎后，当高等法院在盘算如何应对时，大量人群涌入了司法厅，其声势之大，令人难忘。高等法院宣称强行注册是无效的，也是不合法的，三天之后，法官们投票决定着手处置卡隆，因为后者对公共资金管理不善。8月13日，法官们再次谴责强行注册的法令，博得了民众的阵阵欢呼。大臣们开始警觉，即便是那些怀疑过如此之快就动用御临法庭是否明智的人，也觉得国王必须马上重新掌握主动权，使沸腾的首都冷静下来，因此，他们接下来全都支持采取针对高等法院的一贯手段。8月15日，高等法院法官被放逐到特鲁瓦。

尽管高等法院的领导者们富有挑战精神，但从没有人想过和国王命令相抗衡。历史表明，类似的放逐从来都不是永久的，而且大多数是以王室方面的妥协甚至屈从告终。年长且相对犹豫的法官遵从了王室意愿，期望能给政治气氛降温。然而开始时巴黎还是出现了抗议骚乱，这主要是由因司法活动移交外省而丢掉饭碗的法官助理带头发起的。国王的兄弟到巴黎其他高级法庭强制注册税令，引来了阵阵嘘声和推搡，人们还和亲王的贴身护卫发生了冲突。在接下来的日子里，人们公开蔑视巴黎的治安管理人员，并扬言要游行示威，进军凡尔赛。一位英国观察家写道："对国王、王后以及图卢兹主教[1]的谩骂简直令人难以置信。"[2]但政府依旧干劲十

[1] 即布里耶纳。——译者注

[2] H. Swinburne, *The Courts of Europe at the Close of the Last Century*, Volume 2, London, 1895, ii. p. 22.

足，关闭了所有俱乐部，严禁书商经销未经授权批准的出版物。部队清理了司法厅，在街道上昼夜巡逻。同时，处置卡隆之事也被压了下来（尽管他已逃往了英国），波尔多高等法院也被放逐到远离其原址的小城利布尔讷。截至9月的第一周，尽管巴黎高等法院不允许下属法庭注册或发布税令，外省高等法院对整个王室政策的反对之声也不绝于耳，政府似乎还是重新控制了一切。然而政府未能控制荷兰共和国的局势。6月底，由于奥兰治的霍亨索伦公爵夫人和爱国者之间的对峙，普鲁士下了最后通牒。9月13日，在英国的纵容之下，普鲁士军队跨过了荷兰边境，10月初他们就攻占了整个共和国。大家都认为法国会支援爱国者。阿瑟·杨9月16日写道："在和每一个友人的政治谈话中，我们都更多地谈论荷兰事务，而非法国。"[1]但到了9月28日，当时的法国外交大臣蒙穆兰承认法国不可能干涉荷兰事务，财政危机意味着整个夏天法国都没能为之做好准备。这和韦尔热讷时期法国说一不二的局面形成了鲜明对照，又一次打击了政府威望。对国内问题的持续争论只是向人们揭示了解决问题暗淡的前景。

拉穆瓦尼翁志在深入改革法国的法律体制，他准备像当年的莫普一样，大举镇压高等法院的抵抗，试图一劳永逸地解决问题。而布里耶纳想要和特鲁瓦的流放者们谈判，他感到很多法官受到了首都激进政治氛围的裹挟，其实他们自己也知道这种气氛是不理智的。另外，在9月中旬布里耶纳拿出了一个新方案。自从王室的头号批评者——显贵会议将公开账目和厉行节俭作为批准新税的前提条件以来，他就一直在酝酿这套方案。现在，布里耶纳试图在一个五年计划中做到显贵会议的这两点要求，该计划预计在1792年恢复财政秩序。他表示既不征收印花税，也不收领土税，只要延长现存的两个廿一税，并能更加公平地征收，那么这项计划就能成功。所以他现在的做法是终止放逐高等法院，撤回两项新税的注册，延长旧税期限。大部分法官都被说服了，于是，9月20日放逐被取消，高等法

[1] *Travels*, p. 75.

院即刻进入了正常的秋季休庭期。在11月重新召集之时，高等法院会收到一份新的国债法令，用于保证政府顺利度过五年的财政紧缩期。

公众对此既怀疑，又厌恶。尽管高等法院在注册廿一税延期的同时再次声明，只有三级会议能够批准新税，但这次注册在事实上背弃了该原则。曾经团结起来支持被放逐同僚的外省高等法院也觉得受到了背叛，特别是波尔多高等法院的法官们，他们仍在放逐之中。巴黎的法官助理在焚烧卡隆塑像的地方燃放烟花，生起篝火，庆祝了三天三夜。但是各种小册子并没有这些阿谀奉承，其对政府的敌意丝毫不减。

阿瑟·杨10月13日在巴黎写道：

> 似乎每个人都觉得大主教无法解除国家当前负担。有人觉得他不想这么做，另一些人则认为他没有能力；有人觉得他只顾一己私利，而另一些人则认为财政秩序过于紊乱，任何体制都无力回天，现在就缺一个王国的全国议会，但如果下一届政府不进行一场革命，这样的议会是不可能召开的。[1]

不管怎样，布里耶纳的乐观心态似乎很难动摇，即便是三级会议的想法也没办法给他敲响警钟。确实，他在五年计划中消解了这个问题。他设想，到了1792年，该计划的成功会极大地提升政府实力，届时召开三级会议只会是为了庆祝财政复苏。尽管计划尚未付诸实践，但现在就承诺这一点，能促使高等法院大开绿灯，保证借债发挥作用。

尽管如此，大主教布里耶纳仍想尽量保证万无一失。在将国债交给高等法院注册之前，他仔细地确证了高等法院中的大部分人对其会持欢迎态度，为了赋予高等法院注册更高的权威，他决定要让国王亲临现场，组织一场史无前例的御前会议。这不同于一般的御临法庭，因为在场者可以

[1] *Travels*, p. 80.

自由发表意见。在这种场合下达成的一致意见会具备显贵会议般的意义。这场会议于11月19日召开，有大量的贵族出席。会议以一条酝酿已久的法令开始，该法令给予了法国新教徒公民权利，目的在于创造和谐的氛围。因为奥兰治地区的报复行为，荷兰新教难民大量流入法国北部，为这条法令创造了极佳的宣传时机。但这次集会的真正目的是确保政府在1788—1792年之间筹集不少于4.2亿里弗的资金，借款将逐年递减，从第一年的1.2亿里弗到第五年的0.6亿里弗。这些资金将用于偿还将在五年内到期的短期国债，减少财政预支。同样会在未来五年施行的还有厉行节俭计划，包括王室家族消费、军队和财政官吏的理性化改革。布里耶纳表示他是在恢复曾被卡隆抛弃的泰雷、杜尔哥和内克的政策，抹杀私人金融家在预算管理中扮演的角色，将整个操作集中到单一的、官僚化的王室财政体系之中。高等法院的成员们花了8小时15分钟来阐述他们的意见，即使是公认的法官中较年轻的激进派领袖杜瓦尔·德普雷梅尼也支持举债。尽管他要求在1789年召开三级会议，而其他人更倾向于在1788年召开。有人反对举债，但似乎绝大多数人持赞成态度。可是这一共识还是没能成为现实。在会议的最后，国王重申将于1792年召开三级会议，并以御临法庭的方式宣布通过了国债注册。全场所有人大吃一惊，老一辈王室家族成员的领袖、继承了悠久的反抗传统的奥尔良公爵突然起身抗议，认为此乃非法之举。就在这个国家最和睦的一刻，国王被打了个措手不及，“我不在乎……”他结结巴巴地说，“这要看你了……是的……这是合法的，因为这是我的意愿。”

在一个如此担忧专制主义的威胁与罪恶的国家里，这个回答糟糕透顶。人们认为，就是在这个朝令夕改的政府才会出现诸如卡隆渎职的恶果，只有三级会议才是解决之道。因此，国王的话把政府本已在握的胜券变成了一场灾难。国债通过了注册，但是当国王（在沉默人群的注视中）离开后，高等法院继续辩论了3个半小时，奥尔良公爵也参与其中，他正式和本次注册划清了界限。翌日，一道密札颁下，奥尔良公爵和另外两个反对派代表——弗雷度和萨巴蒂埃都被流放到了乡下。在接下来的日子里，贵族不能到高等法院履职。宫廷和高等法院之间已经公然交火。国王宣布19日在他离开之后的会议议程无效。法官们要求取消放逐，却被搁置一边。与此相应的，法官们以搪塞注册新教法令作为回应。之前御前会议没有讨论该法令，一直等到1788年1月29日，该法令才得以通过。而此时高等法院已经想出了对付专制主义的新策略。1788年1月4日，他们宣布所有的密札均为非法，有悖于公意和自然法。国王亲自抨击了这些注册员，但3月13日他的抨击本身又遭到了抗议。外省高等法院也加入了声援行列，仍流放于利布尔讷的波尔多高等法院也强烈控诉密札，并拒绝处理任何事务或注册任何法令。其他高等法院则推迟注册延长廿一税的法令，有些干脆拒绝注册，有些法院发出了诤谏书，而所有法院都要求召开三级会议。此外，虽然除了波尔多，所有高等法院都已通过了省议会的注册，但不少法院都追随加斯科尼法院，表达了对省三级会议的偏好，因为它的选民覆盖面更广、权力更大。去年夏天之后，省议会的运作情况加深了人们的疑虑，因为议会议员多是提名产生，而没有进行选举。其中大多数人都同意延长廿一税，而拒绝妥协的人都须进行严格的资产评估，以示惩戒。这些都说明了波尔多高等法院的疑惧，而其他高等法院虽然是半信半疑，也认为这不无道理。毫无疑问，在每个抗议者心目中，只有三级会议才能使地区有能力和政府讨价还价。

11月19日，注册的借债获得了成功，更助长了这种观念。第一波债券很快被抢购一空，主要是因为还款周期相当短。此次政府有了偿还债务的信心，便开始一门心思处理高等法院问题。有谣言称，自1月份起，政府就在酝酿一场比1771年还要彻底的全面改革。到了4月，谣言已经传播到最偏远的省区，所有人都信以为真。因此，整个4月，巴黎高等法院都在毫不含糊地强调自身的宪政地位以及它为之饱受折磨的正义事业是不容置疑的。4月13日，高等法院递上了谏诤书，指出去年11月的御前会议操作不当，29日又开始禁止纳税人为廿一税呈交新的资产评估表，30日投票决定对国王就13日谏诤作出的回应再次抗议。国王当时的回应是一套老论调，他指责法院的刚愎自用使王国陷于一种法官贵族制。高等法院则反驳道，他们对三级会议的长期呼吁足以反驳国王的指责："不，陛下，法国并没有贵族制，但也没有专制主义，有的只是宪政。"然后他们开始列举宪政担保的各种权利：

> 王位继承人是由法律任命的，国民有其权利，贵族亦然。不可革去法官职务。各省有其风俗以及与政府的协议。每个臣民皆有其天然判断力，每个公民皆有其财产，如果他贫困潦倒，至少还享有自由。在此，我们斗胆发问：这些权利中的哪一条，这些法律中的哪一款，能够和大臣们以国王陛下名义下达的旨意抗衡？[1]

这些抗议于5月4日被呈交，前一天在德普雷梅尼的倡议下，高等法院公布了一项严正声明，提出了它眼中的王国根本法，这包括："通过定期召开且有定制的三级会议，国民得以拥有自由批准财政津贴的权利"、高等法院享有注册新法律的权利、所有法国臣民拥有免于因莫须有罪名而被非法逮捕的权利。由此，法院成员勠力同心，对抗所有试图对其不利的措施。即便是在1771年，如此激进的语调也是闻所未闻。5月4日国王下令逮捕声明的发起人古瓦拉·德·蒙萨贝和德普雷梅尼。此二人在高等法院找到庇护，后者投票决定法院将一直开庭到危机解除。5月5—6日夜间，法院拒绝将两人交给前来执行逮捕任务的军官，双方僵持了11个小时。法官们喊道："逮捕我们所有人吧！"直到第二天早晨，当武装部队包围司法厅的时候，古瓦拉和德普雷梅尼才出来自首。不安的人们再次拥堵在高等法院的门口，在众目睽睽之下，他们被押往南边的国家监狱。由此可见，

[1] Edited by J. Flammermont, *Les Remontrances du parlement de Paris au XVIIIe siècle*, Volume 3, Paris, 1888–1908, iii, pp. 738–739.

凡尔赛蓄谋对付高等法院已久，这不是没有道理的。5月8日，法官们被召集到凡尔赛，出席御临法庭。

这次宣布的司法改革成为法国王朝试图保持“绝对性”的最后一次尝试。高等法院一直利用注册权和谏诤权阻碍政策实施，改革意在一劳永逸地解除其权力，这些权力现在被移交给了全权法庭，该法庭由一群选拔出来的名人组成，有点像显贵会议。高等法院被降级为单纯的上诉法庭。与此同时，47个低级法庭被升为“大法庭”，高等法院的司法权也随之被削弱。权能的削弱必然导致法官人员的冗余，因此大量职务遭到废止。然而，就像前年11月19日一样，在极具争议的政策之前，会有一项意在赢得民心的政策打头阵。这次是一系列的改革，旨在消除滥用和误用刑法问题。自1785年以来，由于几起特别的司法误判，此类问题异常突出。此外，政府还承诺了进一步的改革。而在这之前的几天，经过高调宣传，政府发布了新的《上疏》，旨在告知公众财政改革一切顺利。布里耶纳和拉穆瓦尼翁很清楚，他们的政策若要成功，必须赢得民意。

一时间，他们似乎十分成功。巴黎似乎被改革搞蒙了，就像英国大使在汇报中提到的：巴黎保持着“彻底的安静”[1]。在国王兄弟的管辖下，巴黎高等法院以及首都其他高级法庭即刻休庭，等待进一步通知。在外省，5月8日总督们也靠着军事委员会执行了相同的法律，其中包括很多自去年以来没有通过注册的法律，军队的在场则保证了秩序。但几天过后，再次出现了小声的抗议，到了6月初，它已经变成了全国上下震耳欲聋的咆哮。

在巴黎，低级法庭迫于压力不得不注册新法律。律师界则投票表示，拒绝与新的司法架构合作。数月前由拉穆瓦尼翁成立并建议进行刑法改革的委员会此时也集体辞职了。外省所有的高等法院都无视休庭命令，继续集会，作出挑战中央的决议。波尔多高等法院的放逐于5月8日结束，当

[1] *Despatches from Paris*, ii, p. 44.

地组织起盛大的群众游行和烟火表演，人们张灯结彩，迎接从利布尔讷归来的法官。其他高等法院重新开始呼唤三级会议，在图卢兹、贝桑松、第戎、梅斯、鲁昂等地，必须靠大举颁发密札将高等法院法官流放出城，当地才能消停下来。6月7日，多菲内省的军事长官到格勒诺布尔试图执行同样的命令，造成了4死40伤的民众暴动，军队遭到来自屋顶的投击，因此这一天被称为“抛瓦日”。6月29日，愤怒的波城群众推开了高等法院的大门，让法官们重新归位。在雷恩，当局不敌由法官助理、学生和议长们组成的民众，对城内街道失去控制，时间长达两个月之久。7月9日，这些民众将总督赶出了城。这位总督抱怨自己蒙受奇耻大辱，全是地方指挥官的失误。他向布里耶纳抗议道：“我从未抱怨过我们军力不足。我们最需要的是有魄力的命令。”[1]然而，不单是布列塔尼司令官，其他的指挥官也不愿意下令朝民众开枪。谣言蔓延全国，军官们开始公开对政府表示敌意。毕竟，布里耶纳的改革和节俭政策没有惠及军方，不少王牌部队要么被撤销，要么被遣散，军旅之途由此中断。最后，没有军官违抗任何有决断性的命令。但在很多地方，平民贵族组织起未经批准的议会，通过决议支持高等法院，呼吁召开省级和全国三级会议。骚动的布列塔尼贵族们派出了一个代表团前往凡尔赛，宣布国王的大臣们是罪犯。代表们在半路上就被逮捕了，关进了巴士底狱。这次的贵族反叛使路易十六龙颜大怒，但参加反叛的不仅仅是贵族，布里耶纳自己所属的教士等级也加入了反对行列。教士代表们在5月上旬召开会议，商讨自显贵会议以来悬而未决的教会问题，最后他们决定提供所谓“无条件馈赠”，向国王呈上请愿书，要求即刻召开三级会议，并且以后也须定期召开。吵闹的局面尚未平息，司法方面的改革却又陷入停滞，因为大多数低级法庭拒绝承认新制度。多年来被高等法院呼来唤去的少数低级法庭即将升为大法庭，认为可以伺机报仇雪恨，于是暂时保持顺从。但大多数法庭即使受到这一方针的吸

[1] A. F. Bertrand de Molleville, *Private Memoirs Relative to the Last Years of Lewis the Sixteenth, Late King of France*, Vol. 3, London, 1797, i. 108.

引，也觉得冒犯上司可能得不偿失，因为高等法院完全有可能像1774年那样凯旋。

布里耶纳和拉穆瓦尼翁觉得只要有足够的魄力，就能挺过这场风雨，在1771年的莫普时代这招极为有效。这位大臣已被放逐了14年，人们对他还记忆犹新，历史似乎正在重演，像幽灵一般萦绕着当前的危机，挥之不去。莫普在1771年的诀窍之一便是分化反对阵营，这似乎也是布里耶纳的下一步棋。7月5日他宣称国王欢迎人们讨论未来三级会议的组成形式，其表面目的是要以最优方式来确立国家的政治团体，暗地里却是为了转移人们对司法改革的注意力，分化出新的意见派别，在王国中的不同利益集团和等级之间播撒不和的种子，甚至催生出使会议更易于控制的新主意。他最终向公众保证，尽管最近权能部门有些调整，三级会议还是会如期举行。各省的市镇官员开始梳理会议先例，但在5—9月之间，有534种小册子集中在外省出版，这些充满敌意的小册子依旧大量发行，丝毫不受影响。直到布里耶纳和拉穆瓦尼翁下台，公众的目光才真正转向了三级会议的改革问题。

二人下台的原因，正是18个月以来前赴后继的每任大臣用尽手段想要避免的事情——破产。尽管在5月的政变中专制主义猛然出击，让人们回想起当年莫普改革带来的部分破产，市场也随之发生波动，但由于1787年11月筹到了贷款，政府的经济基础还算稳固。1788年公布的预算中有一个瑕疵：政府尚有2.4亿的债务需要从来年收入中预支，以弥补当年的收支平衡。多月的改革以及政策的不稳定导致了财政混乱和债台高筑，布里耶纳在他胸有成竹的《上疏》中并没有提及这些问题。如果5、6月那种抗议政府的风潮持续下去，那么政府的处境只会更加艰难，预期的税收也可能无法兑现，而7月13日发生的事情使税收达到预期值的可能化为乌有。一场巨大的冰雹使巴黎盆地的收成锐减。这场天灾以及全国各地普遍的恶劣天气，意味着农民们难以缴齐1789年的税金。因此，即便是在那些通常会借钱给政府的金融家眼里，以税收担保的预借款也毫无吸引力。而且，既然布里耶纳明确想要恢复泰雷、杜尔哥和内克的政策，并逐步取消私人金融家的传统角色，那么他们自然认为自己没有必要帮助他了。不幸的打击在8月初发生了，布里耶纳被告知国库已空，而且预借款也再难筹措。为了恢复国家信誉，他决定孤注一掷。8月8日，他宣布召开特别会议，将三级会议的时间定在1789年5月1日，然而，这一次市场毫无反应。与此相应的，8月16日国库停止了支付，债主被迫接受附带利息的政府债券，这是一种变相的强制贷款。一直令人忧心忡忡的破产终于发生了，政府公债直线下滑，整个市场顿时陷入恐慌，在最重要的银行发生了挤兑现象。布里耶纳黔驴技穷了，现在只有一个人享有足够的信誉、声望和看似无瑕的公众记录，能使国家恢复稳定，他就是内克。布里耶纳作为首辅大臣的最后一招，就是说服犹豫不定的国王召回这位人民偶像。王室花了一周时间，死乞白赖地讨价还价，终于，内克在8月24日同意为国王服务，第二天，布里耶纳宣布辞职。

布里耶纳的政策是拯救旧制度的最后努力，他失败了，全部计划和他本人一起消失了。拉穆瓦尼翁也是一样。内克从一开始就很明确，在三级会议召开之前，他只将自己看成一个临时看守者。因此，王朝的破产不仅仅是财政上的，还是政治和思想意识上的，它的崩溃是全方位的，留下了一个巨大的权力真空。

| 第四章 |

三级会议（1788.9—1789.7）

1788年7月13日，强劲的风暴肆虐法国北部，在这惨淡的年景中，一场冰雹又不期而至，不少人和牲畜被砸死。上千平方英里的粮食在收获前夜遭到破坏，即便没有受灾的地区，也因持续的春旱、农田干涸而收获寥寥。更异乎寻常的是，王国中几乎所有地区都是如此。夏季灾难之后，1789年1月，等待人们的是有史以来最寒冷、最漫长的冬季。从前一年11月到来年4月，整个法国北部被冰雪覆盖，就连南部的普罗旺斯和朗格多克的葡萄园及橄榄树林也未能幸免。自路易十六登基以来，经济极不景气，谷物、饲料和葡萄产量的大幅度波动多次造成社会混乱，况且好的收成也不一定能使社会重回稳定状态。1785年的粮食丰收使第二年的谷物便宜而充裕，然而因为卡隆改革计划中的一条是取消谷物贸易控制——这也是其改革计划中少数没有遭到受教育阶层反对的项目之一——所有的余粮都在1787年被消耗殆尽。内克在1788年8月官复原职，立即重新实施控制，但损失已无法挽回。谷物价格已经开始上扬，整个冬天都涨势不减。在1789年7月14日的巴黎，粮价攀升到路易十四上台以来的顶点。

大部分法国人靠工资吃饭，对他们来说，谷物、面粉和面包的价格陡升无异于一场灾难。在正常时期，一个普通城市工匠的面包支出大概占其收入的三分之一到二分之一，无地的农业劳动力花在面包上的钱可能更多。粮价一直涨到了1789年春天，情况最好的人都要支出三分之二的收入买面包，而最差的则要拿出十分之九。在这种情况下，人们拿不出更多的钱花在其他食物、取暖和照明上。所以，即便对于那些没有因为河流结冰、封路和磨坊工坊停业而完全失业的人来说，1788年的严冬也是非常难熬的。巴黎的多塞公爵在1789年1月8日写道："在这个严酷的季节，穷人们所遭受的不幸简直难以用语言形容。"[1]人们没有闲钱来购置消费品，这大大降低了对工业品的需求。有些地区的产量降幅达50%，而在很多纺织业城镇如鲁昂、里昂和尼姆则出现了产品大量积压的情况。在里昂，估计有2万~3万名丝绸工人失业。与此同时，本来纺织对于生活艰难的农村人来说是一项增加收入的副业，而现在产品卖不出去，这项副业也没人干了。传统方法成本较高，人们抱怨新技术抢了前者的市场。鲁昂的多轴纺织机完全落伍，用它生产的作坊全被淘汰了。最重要的是，人们还埋怨卡隆的另一项遗产，即1786年与英国签订的贸易协定，法国市场从此向英国制造商敞开了大门。这项协定付诸实施是在1787年中期，虽然英国进口产品更加物美价廉，但它们还来不及造成1788年和1789年的所有损失。可英国进口产品明显加重了业已严重的工业萧条，并和自由谷物贸易一道，成为劳动人民批评政府的又一条理由。从1788年冬到1789年春，几乎没有人哀悼一个旧政治秩序的逝去，因为它辜负了太多人，或者说让太多人大失所望。每个人都认为只要变革，情况一定会更好。当时剧烈而且日趋严重的经济危机使气氛愈加紧张，变革就是在这种气氛中发生的。

巴黎民众举行了数周活动庆贺内克的复职。人们点起篝火，把前任的塑像扔进火里。在新桥上，兴奋的群众拦住路过的马车，让车里人出来给著名的"贤君"亨利四世的雕像鞠躬。而诸如卫兵、哨卡和官员宅邸这样

[1] *Despatches from Paris*, ii. 140.

的权威象征也遭到了袭击，军队几次被召集肃清街道。在9月第四周高等法院流放归来时，一系列骚乱达到高潮。内克清楚，没有什么比全盘废除前内阁大臣们的计划更能迎合民意，而要这么做，最关键的一点就是完全恢复高等法院原有的权力。在更多的示威和杀戮中，巴黎高等法院于9月24日重新开庭，第一条法令就是禁止所有进一步恶化的骚乱。与此同时，它将开庭并对政府当局的行为进行司法质询。法官们意识到，随着面包价格一涨再涨，公众的喧嚣很容易超出任何人的控制。不过，10月间外省高等法院的回归没有引起像巴黎一样的大骚动。庆贺受难“元老”们官复原职的篝火、烟花在愉快的气氛中熄灭，游行也随之结束。高等法院恢复之后要注册的第一项法令就是召开三级会议，内克为了进一步树立民众信心，把该项议程提前到了1789年1月。

所有高等法院都毫不犹豫地进行了注册，毕竟这是他们呼吁了一年多的事情。但巴黎法官们仍对政府的真正用意疑虑重重。他们记得，布里耶纳曾于7月在确保国王地位的前提下，邀请所有人提出关于组织三级会议的意见，但现在摆在他们面前的法令对会议组织形式或选举方式只字未提。很多人怀疑，政府的目的是要建立一个像省议会一样温驯的架空机构。高等法院宣称，按照他们的注册规程，所有希望专制的愿望都应被扼杀在摇篮中，三级会议的组织形式应该和最近一次先例一致，应该“按照1614年所遵循的形式召开”。

1614年那届并未取得多少成果的三级会议分别在三个人数相当的会议厅中举行，三个厅分别代表教士、贵族和第三等级。他们分别投票，并按等级计票。人们呼吁了18个月的三级会议，却似乎没有人意识到这一点，或者觉得这值得研究。几天之后，大多数人才知道三级会议的情况。而一旦人们知道了，如果确实按照1614年的形式，那么它的意味显而易见。无论是人数比例还是占国民财富比例，教士和贵族代表都大大超过其应有份额。他们联手一定能够胜过第三等级。

在1778年或1787年建立的外省议会中，没有一个是按照1614年的组织形式召开的。在这些会议中，第三等级的人数翻番，并且按照人头计票。即便是古老而活跃的朗格多克三级会议也将第三等级代表人数翻番。而人们头脑中最鲜活的例证是夏季以来的多菲内三级会议。在几个省区，反对拉穆瓦尼翁政策的贵族们想要恢复失落已久的省三级会议。事实证明，面对专制主义，三级会议是比高等法院更有效的盾牌。“抛瓦日”之后，多菲内的106名贵族联名向国王递交请愿书，要求恢复省区代议机构，他们发现自己得到了格勒诺布尔市三个等级的支持。在这场城镇运动的非贵族领导人——穆尼耶法官和年轻的新教律师巴纳夫的推动下，人们同意召开一个全省代表大会。他们于7月21日在维吉尔的一个贵族公寓聚集，要求召开全国三级会议，让高等法院重新开放以及恢复省内的三级会议。维吉尔会议中，第三等级代表人数远远超过了另外两个等级人数总和。与会者都同意，在恢复后的三级会议中，第三等级代表的人数规模应该是其他两个等级的两倍，所有代表都应该由选举产生，并按照人头计票。8月2日，急于得到支持的布里耶纳同意恢复多菲内省的三级会议。可想而知，没有三级会议的省份也会提出希望得到相似的待遇。但布里耶纳在下台之前只有时间推进多菲内一省的进程，他宣布让该省三个等级召开会议，为重建后的三级会议起草一个章程。此次会议于9月5日在洛曼召开，与会者在月末拿出了一份计划，内容就是将维吉尔会议的全部原则变成现实。这显然就是全国三级会议的模板，而它旁边则是不合时宜的1614年模式。到了10月初，巴黎的小册子已经在竭尽全力指出这一点。

内克没有阻挠它们，他在就职不久之后就释放了所有在押的记者，这些记者在布里耶纳时期因为撰写反对国家大臣的短文而被收监。内克还表示，自己不会对报刊出版业施加以前的控制。他坚定地相信，公共争论范围越广泛，他在最后决定三级会议形式时就越不受拘束。但他没有料到高等法院会横加干涉，并且他极不愿意高等法院在这个问题上占据主动。这就是为什么内克会在10月5日宣布重新召开显贵会议，让显贵们在相关问题上给国王提建议。但结果适得其反，公众热情变得更加狂躁，所有接受过教育的人都在关注同一个问题：什么样的方式能最好地代表国民？而自从高等法院极力支持1614年模式之后，这个问题就成了辩论的焦点。从一开始，非贵族群体就明显不能接受：适用于多菲内省的东西为什么会不适用于整个国家？高等法院真正的居心何在？它是不是想要确保前两个等级的不平等特权，同时让人数最多、最具活力的国民群体在政治上永远臣服呢？卡隆在1787年3月费了九牛二虎之力也煽动不起来的敌视“特权等级”的情绪此时开始萌发，而11月6日显贵会议召开之时，很多显贵都保持着高度警惕。高等法院的法官们在前不久还是国民英雄，现在却备受敌视和怀疑，而且所有为1614年模式说话的人都遭到同样看待。现在，似乎出现了一种全国性的共识，那就是支持第三等级代表人数翻番，按人头计票。

并不是所有的贵族都反对这一主张。事实上，在显贵会议召开期间，一个主要由贵族组成的群体就已经在努力促成这种共识。内克撤销的另一项布里耶纳禁令是对俱乐部的禁令。从9月到10月，巴黎俱乐部如雨后春笋般涌现，而在11月早期，一个极为高贵的俱乐部开始在阿德里安·迪波尔的官邸集会，主人迪波尔法官是高等法院激进派的领头人物之一。这就是后来的“三十人委员会”，但其实际成员人数接近60人。他们都是巴黎法律界、文学界和社会生活中的精英，其中包括5位大贵族、24位法官，还有诸如拉法耶特、数学家孔多塞和巴黎法庭著名律师塔尔热一类的名人。塔列朗也位列其中，他刚被任命为欧坦主教，还有米拉波，他将这个委员会称作“绅士的阴谋”。十分之九的俱乐部成员都是贵族，但他们的目的不是维护贵族利益，而恰恰是反对1614年模式和各种各样的特权。米拉波在8月份写道：“向特权者和特权开战，这就是我的座右铭。特权在对付国王的时候很有用，但对于国家是可鄙的，除非摆脱了特权，否则我们的意志将永远得不到任何公共精神的支持。”[1]于是委员会开始有意利

[1] Egret, *La Pré-Révolution*, p. 334.

用社会焦虑和资产阶级的愤懑，竭尽全力激起公共精神，富有的成员们出钱让人代为印刷小册子，在首都和外省分发。中等阶层的人们看了之后开始相信所谓1614年模式其实是特权等级压制他们的阴谋。最典型的是来自沙特尔的沙龙常客西耶斯修士的《论特权》一书，他在书中谴责特权是寄生物，造成社会分裂，给人们带来不劳而获的幻象，其暗指特权被贵族和教士所垄断，实际上这本书造成了不小的误导。与此同时，三十人委员会还在省区周边散发请愿书范本，以便市镇以此为基础向内克提出申请，要求加倍第三等级代表人数和按人头计票，到了11月，一个全国性的请愿运动已经初具规模。全国各城镇政府都感受到了来自资产阶级的巨大压力，因为后者常在当地的文学俱乐部和议事圈子里讨论问题以及协调行动，他们号召组织城镇会议向国王施压，呼吁第三等级的平等代表权。截至12月末，各地递交上了800多份请愿书。事实证明这类活动都是“自加速”运动，很快就会超出各类社团的控制能力，例如曾经耗费众多精力集中催化这些活动的迪波尔的社团。一个匿名的巴黎通信记者在11月24日发往波兰的信中写道：“人们只谈论一个话题，那就是第三等级的要求；只写一种东西，那就是关于三级会议组织形式的小册子。”[1]

11月6日，第二届显贵会议就在这种背景下召开了。预计会期本来不长，但在公众群情高涨之中，会议一直到12月12日才结束。相比1787年的显贵会议，本次会议新添了几个成员，但他们并不能改变该会议总体上的贵族特质。内克对其提出了54个有关三级会议形式的问题，但迄今为止公众只对两个问题感兴趣。在国王两位长兄普罗旺斯公爵和奥尔良公爵的领导下，一批迫切希望获得公众支持的会议成员作出了积极的努力，劝说显贵会议拒绝1614年模式。但大多数与会者似乎被9月以来的民众激情吓坏了，他们担心如果废除了1614年模式，教士和贵族就会陷入困境。只有33名显贵投票支持增加第三等级代表的人数，另有111票反对。确实，公开反

[1] Correspondance secrète sur Louis XVI, Marie Antoinette, la cour et la ville de 1777 à 1792, ed. A. de Lescure Volume 2, Paris, 1866, p. 305.

对按人头计票的只有50人，但没人投票表示支持。大多数人觉得三级会议召开之后会自行解决这个问题。第二届显贵会议中的每句话几乎都立刻被传到了外界，而早在散会之前该会议就被谴责为特权等级的喉舌，即便显贵们一致重申1787年关于财税平等的承诺，也无人为之感动。显贵们的会议会期如此之久，唯一的成果就是使来年1月份的三级会议无法召开。在人们怀疑三级会议是否真能召开的气氛中，三级会议被推迟到了4月或5月。

在不太可能被说通的巴黎高等法院里，1614年模式的反对者们反而取得了更大的成功。迪波尔和德普雷梅尼在12月5日精心策划了一场游说活动，而法院在经历了一个夏天的流放后重回原位，也急于挽回自己的名望。最后在多数法官的劝说下，法院决定对自己在1788年9月25日发表的灾难性宣言[1]作一些限定性的说明。它现在宣布，高等法院所说的1614年模式是指：选举区应该按照旧的司法管辖区——大法庭辖区（法国北方称为bailliages，南方称为sénéchaussées）来划分。但这项声明背后的“勉强”多数是显而易见的，而且人们注意到，高等法院也并未接受第三等级的要求。更有甚者，在显贵会议散会之后，7位亲王中的5位联名上书国王，请求他既不要批准人数加倍也不要批准按人头计票。即便之前高等法院宣言的推手们产生了一些弥合性效果，现在这种效果也都烟消云散了。亲王们认为，有了财税平等，第三等级就应该很满足了。如果面对公众强烈呼吁的压力，就满足他们其他的愿望，那就无异于打开了人们攻击财产、财富和特权的洪闸。这将使国王忠实可靠的贵族阶层完全崩溃。不过，国王还没忘记去年夏天的“贵族反叛”之痛，在他看来，自己的这群贵族完全靠不住。他无视亲王们的请愿书（这封请愿书印刷出版之后，又引起了新的一轮对贵族顽固立场的强烈抗议），毫不掩饰地告诉高等法院，自己对高等法院关于公共事务的看法不感兴趣，这是他和国民集体之

[1] 高等法院在1788年9月25日宣布按照1614年模式召开三级会议。——译者注

间的事情。这在很多人眼中是一个提示，即国王的仁慈天性会使他站在第三等级这边。

到12月中旬，内克意识到此时必须作出关键性的决定了。与巴黎喧嚣的公众辩论以及满天飞的小册子不同，外省对于省三级会议的问题愈发糊涂。在这个问题上，内克明显没有前后一致的政策。大多数人希望在没有三级会议的地方迅速建立起像多菲内省那样的三级会议，而且大家普遍推测，全国三级会议的代表将由省区三级会议选出，因此省三级会议的形式就是极为重要的。但绝大多数贵族并没有准备放弃按等级计票，即便他们接受第三等级代表人数加倍，而已有三级会议的地区则没有放弃原有形式和程序的念头。布列塔尼的每个贵族都有资格参加三级会议，而如果他们总是成百上千地参加，那当地的第三等级代表人数怎么可能得到有效的加倍呢？所有现实的改革政策都意味着剥夺贵族们长期以来的政治权利。事实上，对于三级会议中自己代表不足的问题，除了贵族以外的其他布列塔尼人已经抱怨很多年了。他们看到，如果其他省都采纳了维吉尔原则，那么很明显，他们的处境将更加窘迫。所以，在当局宣布将于1月召开布列塔尼三级会议时，人们在雷恩召开了市镇会议，要求废除省区中的一切税务特权，并扩大第三等级代表的范围。繁荣的商业城市南特走得更远，它在11月4日发出呼声，限制贵族和教士的人数，并要求前两个等级提前接受这些改变，否则就要面对第三等级代表的罢会。与此同时，政府已经批准了其他省份召开三级会议。多菲内遵循了9月洛曼会议制定的章程，因为只有在这个省没有严重的争执。其他地方有代表特权的人则表现出维持特权的决心，即便要和自己等级的人闹翻也在所不惜。在普罗旺斯、阿图瓦和弗朗什孔泰，按照传统只有特定类型的贵族能够参加三级会议，因此他们坚决阻止其他贵族参加，即使是为了选举全国三级会议代表也不行。与此同时，他们也鄙视第三等级增加代表人数和公开选举代表的要求。所以大失所望的群体不可避免地向政府投去了雪片般的请愿书。

就是在这种情况下，内克作出了关于全国三级会议的第一个重大决定。圣诞节的前一周内克都和国王待在一起，12月27日他发表了一篇题为《御前咨议会的决议》的文件，终于对9月以来公众辩论的核心问题作出了回答。全国三级会议中第三等级代表人数将会加倍，因此，显贵会议的建议被拒绝了，而秋天以来形成的公众压力取得了胜利。显贵会议还认为，某个等级的代表既不能被选入其他两个等级，也不能由其他两个等级选出，这一点也被内克略过了。一些第三等级的支持者对此表示担忧，过分顺从的平民会投票给高层贵族或教士候选人，使后者得以胜出。内克只在一件事上照着显贵会议的说法做了。他没有承认按人头计票，只是表达了如下期望：在三级会议召开之后，代表们会达成共识，协商投票决定，这个问题必须由他们自由决定。通过这种方法，内克试图既不疏远前两个等级，又和第三等级保持良好关系。这样，对于他来说至关重要的名望就不会受损，但代价是留下了一个悬而未决的根本问题。在来年春天，所有选举人投票的时候都很清楚，那些被他们选上的代表在考虑任何事情之前，都必须首先面对这个问题。

《御前咨议会的决议》给选举之战的第一阶段画上了句号。在这段时间内，法国的政治气氛发生了急剧转型，其速度之快、规模之大让所有人为之震惊。自从1788年9月以来，公共舆论已经彻底分成了两个阵营。在布里耶纳和拉穆瓦尼翁下台以及把内克捧为公众至高偶像的过程中，反对专制主义的政治共识一度高涨，此时仍然存在。可是社会问题将宪政问题推到了幕后，在社会问题的层面，人们的共识瓦解了。一直以来，资产阶级是公共生活的旁观者，而现在他们突然意识到自己能在其中扮演固定的角色，通过努力还能起到主导性的作用。但在这个过程中，资产阶级心中暗藏的对所谓“特权等级”的不满与敌对情绪完全宣泄出来，并被煽动起来。并非所有参与这场运动的人都是第三等级，比如迪波尔社团中的大多数成员。但在他们自己的等级中，这样的人肯定是少数，而且在短时间内有这么多人表现出反贵族和反教士的情绪，也使他们不会进一步推进自己的立场。恰恰相反，警觉的贵族和教士们竭力捍卫惯例和特权，而这些惯例、特权正是受过教育的平民最反感的东西。面对特权等级的顽固态度，资产阶级的愤懑有增无减。在西耶斯1789年1月出版的小册子《第三等级是什么？》中，资产阶级的心理得到了最精彩的表达，书中论证：在一个组织结构合理的国家中，任何特权群体都没有一席之地。第三等级，迄今为止什么也不是，但实际上它应该是一切。西耶斯宣称，国家就是生活在一部普通法之下的人们的联合体，而按其定义，“特权”处于普通法之外。所谓的贵族阶层是一种无所助益的社会等级、压迫人民的篡权者，完全应该让贵族作为第三等级代表参加选举。西耶斯彻底拒绝相信贵族放弃财税特权所表达出的善意，并指出了一系列他们尚未放弃的特权。他还建议，第三等级的代表一旦当选，就应该省去一切麻烦，直接将自己确立为代表全体国民的议会，不用理会另外两个等级。确实，在当时将第三等级的事业形容为“国民的”是司空见惯的，而自从1771年危机以来，表示反对专制政府的“爱国主义”一词，也开始被越来越多地用作第三等级目标的标签。

自冬天以来，出现了成百上千本控诉特权等级的言辞激烈的小册子，《第三等级是什么？》只是其中最具说服力的一本。某些省区的事态发展似乎正在证实这些小册子最糟糕的预测。当《御前咨议会的决议》传到布列塔尼时，当地的第三等级代表正好赶来参加三级会议，他们迅速决定，除非另外两个等级接受三级会议改革方案，否则就不参加会议讨论任何问题。然而，以前所未有的人数参加此次重要会议的贵族阶层也拒绝任何让步与妥协。1月3日，一道王室命令传来，宣布暂时休会一个月，以平息局面。无比愤怒的贵族恨得咬牙切齿，在布列塔尼省各个主要城市发出充满火药味的谴责，并继续进行之前三级会议的商议。由贵族主导的雷恩高等法院颁布命令，禁止不合法的市镇集会，但遭到无视。而它最坚定的传统支持者——城市中的法律学生也抛弃了它，转而加入呼吁改革三级会议的活动之中。针对这场运动的领导者——富有的资产阶级，一些贵族作出不明智的尝试，为了煽起群众对前者的仇恨，他们让自己的轿夫、仆人和其他依附者组织示威游行，反对改革。1月26日，一大群人在市中心集会，要求维持布列塔尼的宪政，降低面包价格。他们遭到了一群爱国学生的攻击，双方争斗了数天。在战斗白热化时，贵族们被围困于会议厅中，不得不提起手中的剑，杀出一条血路，其中几人被杀。这场骚乱到2月初基本平息，但三级会议成果寥寥，调和布列塔尼贵族与资产阶级的希望荡然无存。全国人民都看到了，贵族已经准备好用武力捍卫自己的特权，绝不会束手就擒。

在这几个月中，第三等级的领袖已经出现。不过这是1788年11月以后的事情。最初，知名人物只有格勒诺布尔爱国者——穆尼耶和巴纳夫，而呼吁第三等级人数加倍和按人头计票的活动必须由迪波尔社团中的城市贵族发起的。这样的活动一旦发动，就超出了社团的控制，平民们开始为自己说话。他们撰写小册子，沃尔尼的期刊《人民哨兵》就有力地表达和强调了布列塔尼资产阶级的不满。在南方，多年以来因为被剥夺了民事能力，新教牧师拉博·德·圣-艾蒂安早已用笔作战。同时罗伯斯庇尔也首次涉足政治，发出了他的呼声——《告阿图瓦省人民书》，呼吁废除阿图瓦三级会议被特权控制的腐朽结构。他们组织城镇会议，向地方、省区和中央政府呈交请愿书。在布列塔尼、南特和其他城市的爱国者们组织志愿者队伍到雷恩与“残酷之剑”斗争。在各地组织运动的都是律师。贝桑松一位心怀怨恨的贵族在信中吐露了心声：“只要绞死10个律师，弗朗什孔泰就会平静下来。”[1]自第一届显贵会议以来，政府企图震慑高等法院一直是宪政危机的核心议题，没有一名律师会对此无动于衷。在三级会议的呼声被采纳之后，对于这些律师来说，三级会议的构成给了他们表述政见的良机。另外，第三等级中唯一有公共生活经验的群体就是低级法官和律师，也只有他们才能自信地大声表达第三等级的想法。这类人希望自己的才能得到认可，并能在新的政治秩序中发挥作用。对于这些低级法官和律师来说，那些固守政治特权的贵族无异于他们在自己的律师生涯中遇到的

[1] M. Gresset, *Gens de justice à Besançon (1674–1789)*, Volume 2, Paris, 1978, ii, p. 756.

贵族法官。这伙人骄傲自负，把持开庭审案，但这完全凭借出身和财富，他们本身没有任何能力和学养。翻看18世纪后期的司法界记录，我们会发现里面充满了法官与律师之间、低级法庭和高级法庭之间的争执与倾轧。以前，对于争执所留下的怨恨，当事人只能接受，因为这被认为是该职业不可避免的磨难，而现在，怨恨都浮出了水面。在1789年春天的选举中，这样的敌对情绪得到了释放的机会。

1789年代表的选举制度极为复杂。1月24日颁布的选举条例规定，最基本的选区应该是传统的大法官辖区。不过，为了确保各选区人数大致相当，一些稍小的（或次级）大法官辖区被并到一起。还有其他例外，8个主要城市，包括里昂、鲁昂和巴黎，被赋予了独立代表权。一些稍小的区本来没有独立代表权，但在经过请愿之后也被赋予了此权利。而最主要的特例就是对一些三级会议省区的处理。和人们之前的期待刚好相反，1月24日的条例规定，省三级会议不会被用于选举国民代表，这有效地平息了改革或恢复省三级会议带来的骚动。不过政府为了慎重起见，还是给予了最近成立的多菲内三级会议选举国民代表的权利，而严格意义上的另一个王国纳瓦尔中的三级会议，也享受同样待遇。[1]如果上次召开三级会议的尝试不是以激烈争斗告终，布列塔尼也本应如此。在那之后，政府决定布列塔尼的第三等级在大法官辖区内选举代表，贵族和教士则在代表全省一、二等级的特别会议中选举代表。

算上各种例外地区，总共有234个选区，每个选区的每个等级都有自己的选举会。任何享有完全可世袭头衔的贵族都有资格参加贵族大会，每个享有圣俸、身居圣职的教士也是如此。不过修道院和圣堂参事会只被允许派出自己选出的大会代表。第三等级的人数众多，使间接代表成了唯一的选择。按照规定，每个年满25岁的男性纳税人都有资格参加初选会。初

[1] 纳瓦尔的国王亨利三世于1589年继承了法国王位，成为法王亨利四世，纳瓦尔和法兰西就是这样结合在一起的，但纳瓦尔严格来说仍是一个独立王国，它在1790年才变成法国的一个省。——译者注

选会以每100个家庭选两人的比例选出代表，参加选举会，后者再选出最终的第三等级代表。每个选区要为全国三级会议输送两名教士代表、两名贵族代表和四名第三等级代表，而选举会的主要作用就是选出代表。但按照传统，选举会还有义务起草陈情书或“诉苦清单”，用以指引代表议事。在第三等级中，每一个村庄、每一个城市行业协会和社团法人都有资格递交一份陈情书，并在当地选举会汇总为该等级的一份总陈情书。在这个过程中，国王贫穷臣民的很多要求被不可避免地删去了。在很多区，陈情书的最终版本显然是根据爱国积极分子精心组合与设计的模板写就的。但不管怎样，对于这个在20世纪前欧洲独一无二的民族而言，它的观念与关注，还是在陈情书中表现出来。而在这个紧要关头，对于每一个和当下严重问题命运相连的人来说，他们也得到了一个表达自己的不满和期望的机会，而且他们也觉得自己得到了默许，这些问题必将被纠正，因此所有人都全力以赴，开动脑筋。1788年的群众参与公共事务的情形前所未有，但仍仅限于几个主要城市，而起草陈情书吸引了全国人民。1789年选举是欧洲有史以来最民主的景象，能与其比肩的情况要到19世纪晚期才出现。

当时法国政府也没有采取任何措施来影响其结果。米拉波在1月出版了《柏林宫廷秘史》，有流言称，大臣们想利用这本书引起的外交尴尬阻止声名狼藉的作者赢得竞选。如果大臣们真是这么想的，那么他们显然没成功。无论如何，内克认为政府对选举的任何干预都弊大于利，将使本应建立于信任基础上的会议产生嫌隙。但他立下的规矩本身对结果产生了重要的影响，它们导致第一等级的选举会被教区神父把持，排斥其他教会团体的成员，而后者恰恰是迄今为止垄断着教会管理的人。所有的新贵族都无缘第二等级选举会，因为他们的贵族身份还未变成完全世袭的。另一方面，尽管大量血统纯正的、寒酸的小贵族缺乏政治经验，但他们的人数远远超过了先前的主导者，比如廷臣和高级法庭法官。而在第三等级采取的间接选举体制中，农民、手工艺人和其他没有闲暇时间的人都被排除在国民代表的选举舞台之外，也就把当选的可能性留给了另外两个等级。

全国三级会议将于4月27日在凡尔赛召开，政府也命令选举在此之前结束。最后，三级会议在5月5日召开，而最晚的选举直到7月下旬才结束。巴黎的选举就是在5月结束的，稍晚结束的选举都是因为内部问题的干扰。不过，大多数选举都在3、4月间成功举行，而这段时间的背景是这样的：小册子的宣传攻势仍在继续，严冬尚未退去，去年夏季的粮食歉收不可避免地抬高了面包价格，人们的不满正缓慢上升，伴随而来的工业危机使失业人口数量剧增。全国各地都出现了市集骚乱以及群众规定粮价的情况，一些被怀疑囤积谷物和面粉的粮仓、大商店、修道院和乡村别墅也遭到了洗劫。普罗旺斯出现了拒缴什一税和其他税款的情况，马赛的有产者也对当地政府的维稳不力极为忧虑，于是3月23日三个等级的选举人联手夺过城市管理权，建立了由富有居民组成的“爱国守卫者”组织。这个主意在未来产生了全国性的重大影响，不过在当时，很多人还是对推翻合法政府感到震惊。

不管怎样，日常法律与秩序力量似乎还是能够防止民众彻底失控的，尽管时局已到了剑拔弩张的地步。4月下旬巴黎出现的骚乱便是当时局面的一个生动例证。4月21日，巴黎的60个区召开第一轮大会，选出首都第三等级选举会的成员。选举之后，人们兴奋之情不减，促成了这次骚乱。在4月23日，当圣玛格丽特区初选会正在讨论本区陈情书的时候，墙纸制造商雷韦永指出，面包价格应该降到日工资15苏的工薪阶层能支付的水平。雷韦永素以对失业者的慈悲之心闻名，但在当时高度紧张的气氛中，他的话反而被误传为呼吁下调工资。而在另一个初选会中一位硝酸钾制造商昂里奥类似的呼吁也产生了同样的效果。在接下来的几天中，降薪的谣言传遍了巴黎最东边的圣安托万产业区，27日昂里奥的宅邸被愤怒的群众洗劫一空。当局增加了驻军，但第二天他们就被数千暴民淹没了，后者洗劫了昂里奥的房子和工厂，并砸毁了所有东西。一支人数众多的法兰西近卫军分遣队来到现场并开枪示警，在近两个小时的骚乱之后群众散开了，这次事件造成25人死亡和几乎同样多的伤员。谣言将伤亡人数扩大到了成百上千人，还包括更阴暗的阴谋论。这就是三级会议代表们抵达凡尔赛时所面对的情形。闹事者为国王、内克和第三等级欢呼，但在洗劫富有市民的财产时也喊出了“打倒有钱人”的口号，政府没能及时阻止这些人，行动部署过于迟缓。对于代表们来说，首都巴黎肯定比他们的家乡省区更让人头疼。

数月激烈争论引发了人们的无限希望与期待，那么这些被寄予厚望的代表到底是些什么人呢？这场选举产生出了怎样的代表？第一等级的代表情况显示，现有教会统治集团失败了。303名教士代表中有四分之三都是普通的教区神父，只有46个主教。事情显而易见，迄今为止控制着教会的贵族教士、大教堂教士和修士没有得到他们下属的信任。教士陈情书印证了这种情况，其要求包括提高津贴，废除什一税转交制度，放宽教区行政职务的任职资格，由选举产生的宗教大会管理大教士团、主教辖区和教会。这个结果让第三等级的宣传者们大为兴奋，因为他们觉得这意味着三级会议中的教士们将会同情“爱国事业”。而第三等级并没有注意到，教士等级在某些问题上还是很一致的，比如必须恢复并切实加强教会对教育事业的控制，继续对“所谓的哲学”中不敬神的思想进行审查，限制新教徒所享有的宗教宽容。而作为承认财税平等的回报，教会希望新体制能确立并加强天主教在法国的权威。相比教士内部关于教区神父地位的分歧，教士们对于上述问题的共识要重要得多，但在选举的兴奋氛围中，大多数观察者都没能看到这种深层的团结，只是随着事态的慢慢发展，这种团结的重要性才显现出来，这是之前人们未能预见的。

贵族阵营也是一样，选举结果排斥了该等级长期以来的领导群体。廷臣自认为能被自动选上。（多塞伯爵在2月19日报告说：“大多数离开首都的年轻贵族都野心勃勃地想成为伟大的全国议会的议员。”[1]）一旦他们

[1] *Despatches from Paris*, ii, p. 161, 19 Feb. 1789.

置身于久违的外省，处在地方的三级会议中，就会发现当地乡绅对其高傲态度极为反感，总对他们提出尖刻的反对。他们通常在极为困难的情况下获胜，尽管他们最后的表现要比主教们好，保住了大概三分之一的代表席位，其中包括奥尔良公爵、三十人委员会的几名成员如拉法耶特。在另一方面，这场选举对于高级法庭的穿袍贵族而言是一场彻头彻尾的灾难。这个骄傲、能言善辩并且自信满满的寡头集团只有23人成为代表，尽管像迪波尔、弗雷度和德普雷梅尼这样1788年斗争的英雄也当选了。不过，粗野的乡绅中被选上的人也很少，虽然他们在选举会上颇为突出。322名贵族代表中最大的团体由世系久远的外省家族子孙组成，他们居住在城市，并不贫穷，不过要说起政治经验，他们唯一可以算数的，也只限于参军的经历。和教区神父一样，他们发现自己获得了独一无二的机会，得以宣泄几代人的不满和沮丧，很多贵族选举会的争执极为激烈。一些选举会闹分裂，同一个选举会产生了分庭抗礼的代表名单，撰写不同的陈情书。例如布列塔尼的代表不能在该省三级会议进行选举，当地贵族对此极为愤慨，联合投票抵制选举，最终结果就是全国三级会议中没有一个布列塔尼的贵族。

从贵族的陈情书能够看出，他们的内部意见杂乱无章，唯一的共识是放弃所有的财税特权。确实，只有8%的贵族陈情书呼吁三级会议按人头计票，但坚持要按等级计票的陈情书也才勉强超过40%，剩下的则做好了妥协的准备。接近40%的陈情书认为，应该按照贡献和才能，而不是财富，授予贵族头衔。但在其他的问题上他们都没有共识。在三级会议召开之后，贵族代表会分成两派，一派是少数的“自由贵族”，人数在90人左右，他们准备寻求和第三等级达成协议的方法，剩下的则是顽固的多数。自由派贵族大多更年轻、更都市化，见多识广，也更有学问。但和他们的对手（指多数贵族）一样，自由派也是从贵族阶层中直接产生的。因此，面对1789年的政治考验，法国的第二等级其实颇为踌躇。他们准备好了进行变革，也渴望多方面的变革，但对于自去年秋天扩散开来的敌意，贵族们还是感到很紧张。而且，贵族内部的矛盾不满与拉帮结派远比教士复杂，这导致了分裂，他们没有像第一等级那样可以依靠的共识与团结。尽管他们的财富、权力和地位总和极为可观，但相比其对手第三等级想象中的形象，法国贵族实际上是虚弱的、缺乏组织和自信的。这种劣势在去往凡尔赛的代表们身上显露无遗。

与此相反，第三等级则明显更加和睦团结。没有农民或工匠能够进入第二级选举，而真正会去投票的少数（即便在巴黎，在大概5万选民中，只有四分之一的人行使了自己的权利）也都是接受过教育的，有闲暇时间，并且偏爱自己同类的人。参加二级选举的人都要自付差旅费，更不用说最终被选到三级会议的人了。最重要的是，在竞选中占据主导地位的，不可避免地是进行过公共演说、主持过会议和起草过文件的人。其中，首先是律师和持官者，他们在1788年9月以来的公众运动中尤其引人注目。当选代表中有三分之二的人有这样或那样的法律职业资格，四分之一的人是律师或公证人，其中就包括巴纳夫和罗伯斯庇尔。45%的代表（294人）持有可买卖的官职，其中就有很多人是大法官辖区法院的高级法官，选举条例还赋予了他们组织选举会的权利。与之形成反差的是，只有99名代表从事贸易或工业。内克允许选举人选择自己等级以外的人作为代表，这一决定的获益者也只有9人，尽管其中包括教士西耶斯和贵族米拉波。虽然第三等级代表团中有这两人，还有在前两年的斗争中在公众面前崭露头角的名人，比如多菲内爱国者的领袖穆尼耶、巴黎律师界的骄傲塔尔热和像天文学家巴伊这样的著名科学家，但是大部分代表在自己家乡之外还是不为人所知，也没有经历过风浪。除了相似的社会、教育背景之外，他们都对按人头计票和民事、财税平等表示支持，这是最能使他们团结起来的东西。如果有人怀疑他们对以上原则的支持，那么等到三级会议召开后不久，这种怀疑一定会烟消云散。

5月5日，在盛大的庆典仪式中，全国三级会议终于开幕了。三个等级在前一天下午进行了庄严宣誓，现在他们走进了凡尔赛宫最大的大厅，按照先例，穿上了各自等级的服饰：教士穿着他们的祭袍；贵族则身着丝绸、佩剑、由金线缝制的马甲，头戴嵌有白色羽毛的帽子；第三等级穿着肃穆的黑色衣服。熙熙攘攘、充满期待的人群前来围观这场典礼，也许任何开场演讲都无法表达人们心中的希望。没有人料到会感到无聊，这正是掌玺大臣和内克发言的效果。掌玺大臣的声音太小，根本听不见；内克本来有3小时的演讲，讲了半小时嗓子就哑了，剩下的由别人代念。尽管大家时不时爆发出热烈的掌声，但演讲中并没有明确涉及那些牵动人心的话题。内克说三级会议不应为了财政问题而召开，但他在演讲中一直强调的就是财政和预算。他承诺，王室和内阁大臣们将全力支持行政和司法的全面改革，不过他也提示，作为以防万一的手段，国王保留否决他不喜欢的政策的权力。在计票问题上他态度含糊。一方面他建议大家就这一最重要的事务进行全体投票；另一方面他也宣称按等级计票也许更合适，而且无论如何，这件事情不能由任何政府权威决定，而应由教士和贵族自由地达成协议，放弃按等级计票。而在这之前，他们还要分开审查各自等级代表的资格。在三级会议召开的前一周，人们盛传宫廷中存在一个由阿图瓦伯爵和王后领头的党派，他们准备赶内克下台，这传言绝非没有根据。而更聪明的内克的支持者们猜测，在起草发言稿的时候，内克受到了束缚。但不论哪一方，大多数人都对内克的含糊其词感到失望。极端者离开大厅之后决定，必须首先彻底解决代表资格审查的问题，否则一切免谈。

斗争从第二天早上开始。当时的情况是：大部分代表相互并不熟悉，大家稀里糊涂，犹豫不决，又意识到自己参与的事务十分重要，感到有些畏怯，于是那些清楚自己目标的代表掌管了议程。布列塔尼和多菲内的第三等级代表在前几个月中积累了远比其他人更丰富的省区政治经验，他们认为分开审查代表资格一定会导致分开计票，必须反对这项决定。在经过了漫长而混乱的辩论之后，第三等级（他们以“平民”自居，这反映了第三等级的观念）决定不接受代表审查，也不单独处理任何问题。与此同时，贵族也没有丝毫犹豫。5月7日他们以188票对46票决定继续分开审查代表资格。到11日审查结束，第二等级宣示自己等级的会议已经“成立”。教士也投票表决是否进行分别审查，不过辩论时间很长，双方票数则为133比114，而在审查结束之后，教士们没有进一步宣示自己自成一体。作为传播福音的神职人员，大多数教士是严肃真诚的，他们希望能够找到和睦的妥协之道。5月7日，第三等级派出代表团，希望可以就共同审查的问题进行三方会谈，教士们对此表示欢迎，并呼吁贵族也这么做。一周之后贵族同意了，但当三个等级的代表碰面之后，他们发现第三等级代表带来的指示只有一条，那就是让他们接受按人头计票，其他一概不谈。而贵族也还以颜色，他们争论道，翻遍先例也找不到共同审查资格这一条，并于26日退出了谈判。此时巴黎第三等级代表抵达了凡尔赛，人数增加了，于是他们再次向教士呼吁，邀请后者“以上帝和国家利益的名义，到大议事厅中加入他们，以一致的行动带来团结与和睦”。对于教士来说，这无疑是对他们进一步的道德冲击，正当他们为此苦恼时，国王在5月29日亲自干预，他谴责了第三等级的消极态度，并敦促恢复协商，谈判确实恢复了，但并没有取得更积极的成果。与此同时，王储在6月4日去世，国王陷入了长达数日阴郁的哀悼期，政府内阁基本瘫痪。到6月的第二周，第三等级已经等得不耐烦了。和之前的策略相反，他们自己组织起来并制定章程，6月3日他们将巴伊推选为主席。现在第三等级开始把“单独行动”挂在嘴边，单方面将“平民”们宣布为代表全国国民的议会，并在此基础之上继续资格审查，不再理会另外两个等级的意见。6月10日，西耶斯的正式提议将这个想法推到了顶点，他建议立即向另外两个等级发出一起审查代表资格的最后邀请，如若不成，“平民”们将执意继续。这个提议以493票对41票通过。邀请在第二天发出，但到12日仍未得到另外两个等级回应，第三等级开始自己点名审查代表。

真正的革命斗争此时启动了。如果去年12月国王批准了按人头计票，或者贵族和教士在三级会议一开始就同意一起审查资格，那么一切还会井然有序，法律的链条还能完好无损。第三等级在“切断缆绳”（西耶斯的说法）之前等待的时间之长，表明了来自法律界的代表们极不愿意蔑视合法性。在不征求另外两个等级意见的情况下，宣布自己是国民代表的唯一合法团体，无异于霸占了法律权威。他们也意识到，没有回头路了。这个决定是公开作出的，因为和教士、贵族不同，第三等级从一开始就允许观察员在场，而且随着局面僵持不下，每天都有越来越多的人从巴黎跑到凡尔赛，旁观其议事。这些看客中没人支持贵族或教士，因为“平民”们每次表示强硬态度的演讲都得到广泛的掌声。少数代表还坚守着达成共识的渺茫希望，每当他们呼吁谨慎和克制，都会引来嘲讽和嘘声。

人们也相信，凡尔赛任性的群众确实代表着更加广泛的公众舆论，这种舆论是被长达数月的狂热宣传和现在每天报道三级会议的作为——更确切地说是“无所作为”——的报纸掀起的。这个领域的领头羊是米拉波的《写给选举人的信》，它由最著名的代表撰写，按时、准确（尽管难免有偏见）地报道三级会议中每天发生的事。在三级会议刚开始的时候，没人相信米拉波。但他很快表现出无人能及的雄辩能力，并且有才能做到精准无比，在其他代表刚刚想到的时候，米拉波就能准确表达出他们想说的话。很快他就以爱国事业的名义，为自己的报刊聚集了成千上万的订阅者，特别是在巴黎，长时间的选战也使当地的政治高烧不退。尽管政治焦点在凡尔赛，但政治舆论的温室却在首都时尚的西端地区，在拱廊下，在咖啡馆里，在罗亚尔宫的人行道上。罗亚尔宫的主人奥尔良在1780年向公众开放此处，这里成为一个休闲花园，1789年，花园却成了流言、辩论和散发小册子的中心。

阿瑟·杨在6月9日写道：“我到罗亚尔宫去看最近有什么新的出版物，并将所有出版物编目。每个小时都有新东西出来。今天出版了13本，昨天16本，上周29本……从门到柜台都摆满了书……这些书刊中的95%是歌颂自由的，大多猛烈抨击教士和贵族……但罗亚尔宫的咖啡屋的景象更加让人惊异，不仅屋里坐满了人，还有翘首以盼的人群挤在门口和窗户旁，聚精会神地聆听某个演说家的讲话，演说家一般站在桌椅上滔滔不绝地向听众们发表演讲。人们倾听其发言时的期望之高，以及每当他们提议对现有政府采取更普遍的抵抗和暴力时，掌声之雷动，令人难以想象。”[1]

也许有些事情仍可以想见，比如6月13日，当普瓦图的代表点名时，三位教区神父递交了自己的资格书，凡尔赛的兴奋程度可想而知。这个举动受到了极为热烈的欢迎。教士等级内部的纽带长期以来岌岌可危，现在终于断裂了，在接下来的几天中，又有16名教士脱离了自己的等级。但在点名结束之后，问题产生了：现在代表们到底在代表谁？很明显他们代表的不仅仅是第三等级。西耶斯顺着《第三等级是什么？》一书的逻辑，认为他们已经是一个现成的代表全国国民的议会，很多直言不讳的代表也同意他的说法。但其他人害怕，现在与贵族以及大多数教士达成和解的前景尚未明了，而西耶斯等人的建议会摧毁现有的希望，6月15日西耶斯试图与保留意见进行调和，提议把他们自己称为“法国国民已知的并通过审查的代表议会”。接下来是两天的辩论，其间还提出了更加冗长的大会称呼，而议会旁听席上的公众已经表现得不耐烦了。这一切都对西耶斯有利，到6月17日，他觉得是时候提出自己一直期望的建议了。此时，绝大多数人都意识到没有更合理的选择了，遂以491票对89票通过了“国民议会”的名称。就在这个众人已经陶醉不已的时刻，一些头脑冷静的激进代表想得更远。布列塔尼的代表领袖塔尔热和列沙普利耶提议，宣布所有现存税种非法，但在设计出新体制之前暂不废止。如果国民议会中止，那么它对现行税种可以暂存的批准也随之失效。其中的含义再明白不过了，却得到了一致通过。国民议会正式以主权者自居，并呼吁所有的纳税人藐视任何试图解散它的政府。现在面对挑战的不仅仅是另外两个等级，王室权威也被扯了进来。就像第二天英国大使（一位公爵）向其外交大臣所汇报的：“一旦国王仍像以前那样，准许第三等级继续，那么他离被后者支配

[1] *Travels*, p. 134.

的日子就不远了。”[1]

但国王仍沉浸在丧子的极度悲伤之中，还不太理解正在发生的事情。他说国民议会，不过是个词汇。大臣们都看出来这远比词汇厉害，但对于接下来怎么办，他们存在分歧。在国王和内克都不知情的情况下，陆军大臣开始在巴黎周边增派驻军，王后和阿图瓦伯爵欣然同意，他们已经连续多周呼吁采取更强硬的举措。而内克一方面不同意第三等级以主权者自居，另一方面也认为必须把他们安抚下来。他建议国王召开御前会议，重申自己的权威，同时提出能让大家欢迎的妥协方案。国王同意了该计划，但趁内克不在的时候，王后及其党羽把他为会议准备的发言稿改得面目全非。而且在三个等级6月20日（周六）来到各自议事厅时，他们并未事先接到召开御前会议的正式通知，于是他们发现会议厅大门紧锁，并由卫兵把守。就在前一天，教士们勉强以多数通过了加入国民议会的决定，兴奋的代表们正准备在第二天给予他们热烈接待。紧锁的门和卫兵使他们目瞪口呆，而墙上召开御前会议的告示使代表们怀疑议会即将被解散。即便是那些反对6月17日决议的人，也被这次“专制行径”[2]激怒了。在他们看来，现在无视王室禁令，将会议进行到底，成了坚持原则的表现。大家征用了附近的一个室内网球场，愤怒的人群挤在各个门口，代表们庄严宣誓，“在王国宪法和公众新生得到创立和巩固之前”，决不解散。在周一，御前会议被推迟了一天，国民议会决定再次召开会议。这次他们终于得以欢迎大多数教士加入，并且向三位来自多菲内的贵族致敬。第一、二等级的团结和决心显然正急速崩塌。

御前会议也没能挽回这一切，内克整个周末都在煞费苦心地向公众担保，政府不会解散议会，他草拟的御前会议计划被修改，内克觉得自己有可能会受到牵连，于是有意高调地置身会议之外。当时，御前会议已经

[1] *Despatches from Paris*, ii, P. 217.

[2] J. A. Creuzé-Latouche, *Journal des États Généraux et du début de l' Assemblée Nationale* (1789), Paris, 1946, p. 130.

开始被人们称为“老古董”，而当国王以废除6月17日决定作为会议开场白的时候，贵族们露出了笑容，三个等级中的所有爱国者都做好了最坏的打算。事实上，国王提出的计划颇有建设性，当时和后来的观察者们都认为，如果这项计划能在5月被提出的话，会受到普遍欢迎。国王一共作出了35点声明，他承诺在未经三级会议同意的情况下，不再增税或举债，废除或修改几项不受欢迎的税种，取消随意囚禁、道路修筑劳役和农奴制，并宣布在各省建立三级会议。但他也宣布封建权利是不可侵犯的私人财产，而且仅仅敦促——而非命令——贵族和教士放弃财税特权。而在说这一席话之前，国王首先宣布三个等级都是神圣的。他也确实劝告前两个等级在一些共同相关的问题上加入第三等级一起讨论。对于受自己选举人委托觉得必须分开议事的贵族，国王希望他们不要如此敏感，因为所有的约束性选举人委托都被宣布为无效。不过在所有和教士、贵族的特殊利益与特权相关的问题上，这两个等级被赋予了一票否决权，而鼓舞了第三等级的市民观察团也被排除在未来所有会议之外。当天，军队就围在会议厅外，人数之多前所未有，国王以公然的威胁作为会议结语。他宣布，未经他的同意，三级会议一切作为均为无效。如果他们拒绝合作，他将独自照料“我的人民的幸福”，将自己视为人民唯一真正的代表。接着他命令代表散会，并于第二天恢复分厅议事。

接下来发生的事情成为一个转折点。就在贵族和教士们顺从地撤离会场时，第三等级和前几天加入其中的教士们岿然不动。在典礼官重复了国王的命令之后，米拉波称除了刺刀，没有什么东西能强迫他们离开。大家都表示赞同，国民议会也重申了网球场宣誓，并反复强调了自6月17日以来议会的作为，宣称代表们不可侵犯。与此同时，国王刚刚从御前会议腾出手处理内克请辞的问题，得知第三等级不愿离开之后，因为无暇顾及，国王表示他们可以待在那儿。就像1787年11月19日的御前会议一样，国王一句话就把整套计划抛弃了。当天晚上内克被说服，收回了辞呈，但他缺席御前会议的消息传到了巴黎，这被视作他即将被解职的信号，罗亚尔宫沸腾了。

阿瑟·杨第二天记述道："巴黎的骚动简直难以形容，有一万人一整天都待在罗亚尔宫……让我惊讶的是，国王的提议遭到了一致鄙弃……这里的人们气愤无比，他们似乎拒绝任何妥协的念头，坚持要求三个等级的结合……对于内克主动请辞的说法，他们也满腹狐疑，他们似乎更关心这种事情，而非很多更加本质的问题。" [1]

激动的群众也挤满了凡尔赛的街道，他们冲进了王宫，没有遇到任何军队拦截。而内克在现身之后，得到了群众山呼海啸般的欢呼，他也放出豪言壮语，说绝不会舍弃人民。但另一方面，公开反对"爱国事业"的人遭到了围攻、推搡，其寓所的窗户也被砸坏。军队保护巴黎大主教逃过了绞刑，还吹嘘说他们保护主教没有开"不爱国的"枪。6月24日，巴黎两个连的法兰西近卫军——就是他们在两个月之前射杀了雷韦永风波中的闹事者——拒绝履行维持公共秩序的职责。尽管爱国，一位焦虑的巴黎人还是在25日写道："谁能阻止混乱？警察既没这能力，而且也不能依赖他们。" [2]

不过这些事件却给国民议会带来了胜利。对于他们的挑战，国王回应不力。而群众运动带来的支持也非常管用，除了少数继续独立议事的教士之外，对于绝大多数教士，这些事件都构成了足够有力的理由，6月24日他们中大多数人都加入了国民议会。而自从6月17日开始，奥尔良公爵和其他少数贵族就在劝说其等级同意与第三等级一起审查资格，24日他们进行了最后一次徒劳的努力。第二天共有28名贵族出现在了所谓的"国民议会厅"中，另外还有四五十人即将追随他们的脚步。显然，国王不能再指望前两个等级服从他了，而摇摆不定的法兰西近卫军也在暗示军队可能会失守。在这样的情况下，国王最终屈服了。6月27日他致信教士和贵族等级的主席，命令他们加入国民议会。一些人感觉遭到了背叛，并试图

[1] *Travels*, p. 154.

[2] Nicolas Ruault, *Gazette d' un Parisien sous la Révolution*, Paris, 1976, p. 142.

抗议，但即便如此，他们也很快意识到自己别无选择。在这个消息公开之后，巴黎和凡尔赛都举行了盛大的群众庆祝活动和烟火表演。当国王和王后噙着眼泪出现在王宫露台上时，他们得到了群众山呼海啸般的欢呼。阿瑟·杨写道："所有事情似乎已经了结，革命结束了。"[1]

不论是哪派议员，肯定都希望事情就此告终，现在大家把处理各项事务和制定宪法提上了日程。所有人包括第三等级代表，都被前两周群众骚动所展现出的规模和力量吓到了。富有责任感的代表们期待一个更加严肃、镇静的时期的到来，使事态回归正常，重现社会和睦。但随着7月临近，这样的时期并未到来。6月30日，4000名群众袭击了塞纳河左岸的一座监狱，10名反叛近卫军正在那里等待被送往更加严密的关押地点。群众释放了这些士兵，带着他们胜利回归罗亚尔宫，并为其举办了大型公众庆典。这样的事件表明群众骚动远未结束。尽管6月27日是一片欢声笑语，但人们对宫廷居心叵测的怀疑仍广为流传，并且挥之不去。更可怕的是，这种怀疑得到了验证。6月26日，四个军团从边境被召回到巴黎地区，同时国王给予经验丰富的老兵布罗伊元帅最高指挥权。7月1日，在不到一周的时间内，更多的军队被调回巴黎，人数大概增长了5倍，达到2万人之多。没人会忽视军事调动，或者无视外籍军团的加入，尽管他们被认为比法国本土军队更可靠。7月8日米拉波在国民议会提议向国王请愿，要求撤回这些士兵，得到了代表们的一致赞同。国王则冷冷地回答，军队的存在是为了保障公共秩序。但军队的真实目的似乎很明显，正像大家怀疑的那样，即威胁巴黎，扭转王室自6月中旬以来作出的让步。在宫廷中，王后和阿图瓦伯爵仍然一门心思要扳倒内克。在他们看来，6月23日劝说后者留下不过是一时之需，内克仍被排除在所有重大决策之外，同时他们在寻找更听话的代替者。到7月11日，他们觉得找到了合适人选。当天下午，内克收到了一封王室的信函，信中将他解职，并命令他立刻离开法国。尽

[1] *Travels*, p. 159.

管倍感震惊，内克还是立刻照办了。第二天，另外三位大臣被解职。布罗伊成了陆军大臣，卡隆的老对手布勒特伊和另一位尽人皆知的独裁主义者当上了御前会议的领导。新的国王内阁想做什么尚不可知，因为，内克被解职的消息一经公开，他们也顾不上做其他的事情了。

这次官员换血的时机挑得真是太糟糕了。每个人都被两周以来的军队活动搞得心惊胆战。而7月12日是周日，没有人上班。而最关键的是，自去年夏天就可以预见到的食物短缺和高价正走向高峰。现在正是危险的夏季中期，原有的粮食库存耗尽，新一轮粮食的收割时间未到。当然，内克是坚持谷物控制和面包价格补贴的。整个春天，他都在努力进行一场注定失败的战斗，即保持巴黎的低廉粮价，但这样做吸干了其他市场的供应，5月的一个突出特点就是在佛兰德斯、阿图瓦、皮卡第和诺曼底都出现了粮食骚乱。这些消息大大刺激了有良心的、自责的教士们，使其在6月离开自己等级加入第三等级，希望能够采取一些应对措施。然而就是在各等级融合的时候，骚乱发生的地点逐渐向首都逼近，7月上旬人们听闻里昂抗议高粮价的骚乱极为严重，最后当地人摧毁了该市周边所有的税卡。7月4—7日，国民议会就谷物贸易问题进行了辩论，但未能达成一致结论，因为很多代表相信该贸易应该自由化，但考虑到群众的情绪，不愿说出自己的想法。同时，巴黎的面包价格正逐渐升到20年以来的最高点。

内克被解职的消息在7月12日下午传到罗亚尔宫。每个人都意识到，对人民力量的决定性考验开始了。人们立刻涌向剧院，强迫剧院关门以示悲哀。当天晚些时候，在杜伊勒里花园聚集的群众遭到了德意志骑兵的袭击，后者接到命令清理这个花园。人们一直害怕的军事行动似乎已经开始，不过在几次小冲突（甚至都不能确定发生过）之后，军队在傍晚时分撤离了，而整座城市则开始疯狂地武装自己。一旦武装起来，民众毫不犹豫地采取了行动。当天晚上，人们效仿里昂的先例，也攻击了城市周边的收费关卡，烧毁了几个税卡，火光照亮了夜空。第二天早上，他们将注意力转向被认为藏有武器的地方，首要的是圣拉扎尔修道院。人们在那里发现囤积着大量谷物，这证实了大家最糟糕的怀疑。人们做了不少渎神和反教士主义的事情，在这样不妙的情景中，修道院被洗劫一空。有产者们极为惊慌。自从代表们5月离开巴黎之后，当地的选举人就一直保持非正式的集会，在接下来的周六，由于军队已不可靠，他们决定组织民兵部队维持秩序。他们开始迅速执行该决定，当晚就派出13支巡逻队。他们之中的一人写道："不过，我们的出场颇为尴尬。我们压不住人们的怒气，如果做得太过分，他们会杀了我们。现在不是和他们讲道理的时候。"[1]

14日早晨，轮到了巴黎荣军院。这里是退役老兵的医院，群众找到了大炮和轻型武器。人们拖着这些武器通过了大半个巴黎城，把它们摆在格雷勿方场上，正对着市政厅。距离此处仅数百码的地方，是最令人生畏的军械库、高耸屹立的国家监狱——巴士底狱。这显然是下一个搜寻目标，但要攻击这样一个要塞似乎不太可能，虽然人们后来才知道这里人手极少，防守极为松懈。一开始选举人试图进行谈判，让群众把武器转交给他们。但是当不耐烦的群众强行进入监狱内庭的时候，守卫部队惊慌失措并开了枪，打死近百人。职业军人介入了。自从6月最后一周的兵变和叛逃以来，法兰西近卫军的纪律就再也没有恢复过，伴随着罗亚尔宫里的酗酒狂欢，每天都有新的部队哗变，但是战斗经验并没有和军事纪律一起消失，法国近卫军士兵出现在了巴士底狱门前，带着群众从荣军院拖来的大炮。在如此之近的射程中，监狱的吊桥和大门很快就会被拿下，监狱的要塞司令很清楚这一点。巴士底狱投降了。

与此同时，国民议会正在凡尔赛召开会议，当首都方面的消息传来时，代表们正无望地向国王提出呼吁，希望他撤回军队。国王一开始驳回了议会要求，理由是现在比任何时候都更需要军队。但之后的7月15日下午，他亲自来到国民议会宣布，自己正在解散驻扎在巴黎外围的部队。喜出望外的代表们为国王欢呼不已，把帽子抛到空中，并全体护送国王回

[1] Ruault, *Gazette*, p. 154.

宫，6月27日涕泪横流的场景似乎又重演了。人们常常说起国王的善良天性和对人民幸福的挂念，但这并非造成国王政策180度转变的原因。从13日到14日，军队确实已经部署完毕，准备开始恢复巴黎的秩序，即使要进行恐怖的屠杀，军队人数也足够多。但法兰西近卫军的事例让人觉得不妥，其他的兵团会和他们一样吗？面对强行军的指令，面对穷人的街区和焦虑不安的平民不断地请愿，让士兵向手无寸铁的爱国者开枪，他们的道德良知一定受到极大的压力。指挥官们越来越不愿意考验部下的军事纪律，而布罗伊对这种情况下的冒险有着丰富经验。他劝告国王，军队已经靠不住了。

路易十六接受劝告标志着王室权威扫地。王权承认，它已无权强制执行自己的意志。于是，最终他只能接受6月中旬以来发生的一切。全国三级会议已经不存在了，它被单一的国民议会所取代，后者不分等级，挟国民之名以主权者自居，并声称有赋予法国一部宪法的任务。在这紧张的局势中，王后、阿图瓦伯爵和他们的心腹用尽手段密谋策划，想要颠覆这些成果，但最终失败了，败在群众运动浪潮下。此浪潮支持第三等级的立场，支持同情第三等级的教士、贵族们的立场。他们还败在一种政治气氛下，这种气氛是如此使人兴奋，即便是宫廷召集来遏制它的势力，也被它感染了。攻占巴士底狱象征这一系列运动达到高潮。在受到巴士底狱事件的挑战时，路易十六选择了退缩，使巴黎人民相信仅凭他们就能拯救国民议会于将倾之时。因此，他们以7月14日取胜的自由卫士自居。就像拉罗什富科-利安库尔公爵对路易十六说的：这不是一场普通的叛乱。也许这句话是后人的杜撰，但不论是否属实，它都是正确的——这是一场革命。

| 第五章 |

1789年原则与改造法国

王室日渐式微，谁都明白国王撤军意味着什么。早在7月17日，阿图瓦伯爵就离开凡尔赛逃往东北部边境，在接下来的数周，不少朝臣也步其后尘。这意味着在那个时候，他们已然认为王室输了。就在当天，国王在少数代表的陪同下前往巴黎市政厅，宣布军队正在撤离，内克已经官复原职，巴伊就任巴黎市长（这是个新头衔），拉法耶特成为新民兵组织（现被称为国民卫队）的指挥官。据说当天有15万武装市民聚集在巴黎街道上，他们都戴着蓝红相间的帽章，这是象征巴黎市和奥尔良公爵的颜色。当月拉法耶特把象征波旁王朝的白色也加了上去，红、白、蓝三色的“爱国色”从此诞生。国王接受了这个帽章，并佩戴着去了市政厅，首次得到人民的欢呼。与此同时，有一个包工头开始让工人拆除巴士底狱。

但这一周的兴奋与紧张并未就此消散。面包价格仍居高不下，各种供给难以保证，饥荒即将到来的流言四处散播。7月14日，群众砍下了巴士底狱要塞司令的头，杀死了延误武器输送的巴黎市长弗莱塞勒，这让决心捍卫爱国主义事业的暴力行为蠢蠢欲动，前两者的脑袋被插在长矛上游街示众。22日人们抓住了准备外逃的巴黎督办官贝尔捷·德萨维尼，他和他的岳父富隆刚刚上任就被群众砍了头，按照布勒特伊的说法，很不幸只当了“一百个小时的官”，原因是涉嫌在前几周切断巴黎补给。一些兴奋过头的公众人物试图给杀戮一个说法，巴纳夫抛出了他一生中的名言，他问道：这些人的血能有多纯洁呢？但在有教养的旁观者看来，这种野蛮暴力令人心惊肉跳。拉法耶特觉得新成立的国民卫队本应该制止这些杀戮，自己想要引咎辞职，但是迫于各方压力留了下来。尽管民兵组织非常脆弱，但它是爱国者们唯一信任的武装力量。在刚刚起步的阶段，他们必须依靠它，它也必须组织有序。从各省传来的不利消息只能让他们更加坚定自己的选择。

阿瑟·杨在6月28日离开了巴黎，他确信革命结束了。7月15日他在南锡听说外省市镇不会轻举妄动，除非他们弄清楚巴黎到底做了什么。但很多其他地方政府由于处理面包紧缺不力已经受到了冲击。南方很多城镇模仿凡尔赛建立起了国民卫队，在6月的最后几天，正当凡尔赛的宪政斗争悬而未决的时候，很多市政府没能及时采取措施应付来自群众暴力和专制主义报复两方面的威胁，因而压力倍增，而这种压力来自选举人和某些自封的显贵。内克被撤职的消息更是火上浇油，在7月的第三周，王国中的大多数主要城镇都建立起了革命委员会，它要么取代了旧权威，要么与旧权威并驾齐驱，并密切监控后者。它们大多是在暴动中夺权的，斯特拉斯堡的市政大厅和鲁昂谷物仓库被洗劫一空，纺织工人掠走了珍妮纺纱机。雷恩的士兵拒绝守卫城市，反而加入了群众队伍，将长官驱逐出城。要求面包降价的呼声不绝于耳，有些地方的人们甚至要取消所有赋税。这些自封的市镇革命委员会把保持革命热情高涨作为第一要务，各地争相建立了国民军。而接下来它们便忙于保障谷物供给，并给国民议会发贺词，庆祝它们幸运地逃过一劫。在这些运动中最突出的莫过于在春季选举中就已经举足轻重的律师阶层了。所有的有产者都因为害怕出现无政府情况而聚到一起，在商业和工业中心，商人们纷纷加入政治活动，而在这之前他们多是模棱两可的旁观者。教士和贵族也时常提供协助，但人们觉得这两者和已被取代的市政机关关系密切，而且之前教士和贵族代表强硬的态度也让选民心生疑窦。在第戎，教士和贵族就遭到了预防性的软禁。在这几周中，特权阶层不仅被清除出地方权力机构，而且在乡村遭到了更加严重的打击。

自从春天以来，粮食短缺越发严重，很多乡村地区的不安和骚动与日俱增。起草陈情书所带来的无限希望和随后进行的选举至关重要，它们阻止了焦躁与饥饿的农民大规模地劫掠谷仓以及对征收什一税和地租人员的对抗。农民明显希望能够大幅度减轻负担。但流言四起，人们纷纷传言凡尔赛已陷入僵局，群体性事件的数量有所上升。在巴黎和其他城市即将发生骚乱的谣言更加剧了农村的焦躁不安。国王向民众妥协的消息就像是取消了所有限制，他默认了特权阶层的失败，传达给所有臣民一个信号，即大家可以对公众敌人任意发落。持续的政治危机使阴谋论四处散播：有人想以饥荒整治人民，阻碍爱国行动；修道院和贵族的谷仓被前几季的什一税和地租撑得满满当当的，险恶用心昭然若揭；同样可疑的还有城市商人，他们不走一贯的商路，到农村市场四处采购，把面包卖给饥饿的市民。此外，由于这次萧条，道路上挤满了找工作的人。农民原本就害怕四处游荡的流浪汉的劫掠，现在极易相信贵族雇佣盗匪到处抢劫。1788年7月的风暴刚过去一年，庄稼马上就要成熟收获了，农民更加紧张。这一切造成了所谓的“大恐慌”，7月的最后一周，一场群体性恐慌席卷大多省份，只有最外围的省区得以幸免。农民们聚在一起，武装起来，准备和贵族残忍的佣兵作战。而从远处看，这些武装人员本身就很像盗匪，于是恐慌就传播开了。

在很多地方，村民们害怕为时过晚，不等劫匪到来就试图先发制人，攻击贵族。他们觉得自己不过是在执行国民议会必然会下达的命令，就像一位乡村牧师所说：“当居民得知一切都将改变的时候，他们认为自己可以在新的法律颁布之前拒绝支付什一税和其他地租。”[1]他们袭击粮仓，洗劫了之前上缴的粮食。在某些地区，例如诺曼底西部、勃艮第、埃诺、阿尔萨斯、弗朗什孔泰和多菲内，领主庄园和城堡遭到了进攻。但即便如此，毁坏和抢劫活动也并非全部，只有在领主与之对抗时才会发生。进攻者瞄准的是封建制的象征物，例如鸽舍、领主窑炉、榨酒间和风向标。他们对存放着契据证书的房间兴趣尤甚，地籍册和其他封建义务的文件记录都保存在此。这些房屋都被洗劫一空，文书被一烧而尽，焚毁法律文书的篝火远远地冒着黑烟，让恐慌感有增无减。如果领主正好在家，他们通常会被逼迫宣誓放弃特权。如果他们拒绝放弃，或者人们找不到封建文书，那么整幢建筑就可能被付之一炬。7月19日，在沃苏勒附近，一群人侵入了弗朗什孔泰某位特别令人讨厌的领主在昆西的庄园，他们被一次摧毁了整幢建筑的大爆炸送上了西天。没人将此归咎于侵入者，人们觉得任何领主一旦抓住机会都会采取这样的报复行动。消息很快传遍了法国东部，人们不断添油加醋，引发了新的一波抢劫城堡和富裕修道院的浪潮，一直持续到8月。

城镇居民感到十分惊恐，因为城市里也同时发生了暴动，暴动波及农村，但城市很快就平息下来，国民卫队似乎把事态控制住了。在一些地区卫队甚至觉得后方无虞，可以派兵到周边乡村维持秩序了。尽管自身既无训练也无经验，但他们还是不相信正规部队，因而比较偏远的农村几乎完全失控。由于不断收到来自全国各地的骚动、抢劫和纵火报告，巴黎和凡尔赛当局认为情况更加糟糕。8月3日，国民议会的新闻委员会发言人称：“从各省发来的通报看，最卑劣的匪徒正席卷人们的各种财产，城堡被焚毁，修道院被推倒，农场被抢劫一空。领主收取的赋税荡然无存，真是无法无天，所谓的公正仅仅是法庭废墟上的一缕青烟。”[2]他要求公民们保持冷静，继续缴纳税款、什一税和其他地租，直到国民议会颁布新的法律

[1] G. Lefebvre, *The Great Fear of 1789*, Eng. Trans. London, 1973, p. 102.

[2] J. P. Hirsh, *La Nuit du 4 août*, Paris, 1978, pp. 128–129.

秩序为止。但更加激进的代表认为，如果政府无法提供看得见摸得着的物质激励，这样的呼吁百无一用。来自布列塔尼的代表因为定期聚会共商对策而被称为“布列塔尼俱乐部”，他们觉得应该采取更彻底的方法，即一种他们称为“魔法”的方法来平息民众骚动。他们认为封建制应该被一举废除。一切注定会发生，国民议会的另一个委员会正在分析的陈情书明白无误地显示了这种要求。当时，具有自由派思想的富裕大臣艾吉永公爵在三十人委员会中很活跃，委员会成员便劝说他提出废除封建制，作为原始提案的修正案。他们预估在8月4日周二晚上的参会议员较少，与此同时布列塔尼俱乐部的激进派列沙普利耶将主持会议，便把公爵发言安排在了当天晚上。历史证明，这次会议成了整个法国革命史中最彻底、最激进的一次。

本次会议的开端和议程都乱作一团。就在艾吉永公爵发言之前，另一位贵族诺瓦耶子爵看出了端倪，抢先提出废除封建制的建议。艾吉永公爵只能表示支持，但接连两个内容相似的提案导致接下来的发言提出了越来越彻底的要求。前两者呼吁取消地租、农奴制和劳役，但其他人觉得封建制不止这些，他们很快开始控诉贵族的狩猎权利、私人法庭和路桥税。提案本意是安抚农村，但迅速淹没在控诉谴责和弃权声明中，每次控诉和声明都引发阵阵欢呼。整晚议程的最大特点就是无限的利他主义，正如一位情绪激动的贵族所言：“沐浴在爱国主义的时刻。”[1]但在激昂之余，议员们也没忘记宿怨。乡村贵族提出，如果廷臣剥夺了他们的庄园权利，那么廷臣自己的年金和闲职也应该取消。据说一个教士首先谴责了狩猎特权，导致一位公爵愤然反击要求取消什一税。教区会费和神职兼任也经历了同样命运，到破晓时分，教区教士的大部分收入都被剥夺了。在短短的几个小时内，会议演化成一场对各种特权的大控诉。市镇和省区代表宣布放弃近500年间传袭下来的权利和免税权，法官们也放弃职务特权，宣称

[1] H. Carrè, *Marquis de Ferrières: Correspondance inédite 1789, 1790, 1791*, Paris, 1932, p. 114.

要提供免费的正义，当买官问题（这是他们职位的基础）被提上废除议程的时候，他们毫无异议。人们达成了共识，所有的公职都应该完全开放，实行有能力者居之的选拔制度，法国人从此享有完全的权利和地租平等。凌晨两点多的时候，议程大致结束了。这时一方面是代表们建议在全国大唱感恩赞歌，打造纪念章以记述他们自己废除所有封建权利；另一方面，路易十六则赞扬他们是“法国自由的重建者”。

拉博·德·圣–艾蒂安后来回忆，当时不在场的人简直难以想象会场的情况，即便在场者的回忆也是互相冲突的。人们只记得一些不足挂齿的瞬间，而将当晚所有的决议形成书面法令花了大概一周的时间，进一步解决各种技术细节问题又花了6个月。当决议以冷冰冰的法律语言呈现出来时，一切远不如在那个夏日夜晚的烛光中那样豪迈慷慨了。8月11日法令有一个响亮的开头，即国民议会废除封建制。而它实际上规定，封建租金可以通过赎买解除，但在支付赔偿金之前，还是要继续征收的。它们毕竟是财产，就像买来的官职一样，只是可以赎买。不过尽管教士表示抗议，但什一税确实被废除了。一些代表颇有预见性地提出了所有的教会财产都应该收归国有。但真实情况是，赎买的办法不起作用，到8月11日全法国的农民都停缴了封建地租和什一税（更别提政府税款了），他们把8月11日法令当作护身符。他们不准备重新缴税了，即使税金再少也不缴。真正废除封建制的，与其说是国民议会，不如说是农民，他们拒绝配合以一种渐进的方式终结封建制。所以这项法令最重要的影响是安抚了农村，当然部分原因是农民也需要回地里收割粮食。8月结束之时，最糟糕的乡村骚乱终于平息下来了。

但8月4日之夜废除的不仅仅是封建制，还有特权，即长期以来的社会和制度基础也被抛弃了。从省、地方到市，它根植于各层政府之中，在近三个世纪中，买官制构成了法国社会流动的主要通道，但现在它也遭到了批判。乡村教士赖以为生的体制面临同样的命运，尽管当时教会的不动产（属于较次要的封建特权）尚未动摇。自1789年以来，法国人还没有经历过这样的洗礼。很多代表确实尊重选举人的要求，未支持废除地方和外省特权的措施。在这一过程中，还出现过声势浩大的增加教区教士收入的呼声，而不是一并取消其收入。但现在凡尔赛的代表们所做的事情远远超出了选民的要求。如果贵族和教士代表严格遵守了选举人的委托，那么三个等级的合流根本不会发生。而国民议会的第一次正式决议中就有一项投票，废除了所有限制性的委托指令。这使代表们放开了手脚，不需要请示汇报就能根据自己的判断颁布废除封建制的法令，这也使他们能够自由地以一条全新的思路重塑国家。

1789年5月聚集在凡尔赛的所有代表都认为他们的任务是赋予法国一部宪法。早在7月7日他们就投票决定称自己为“国民制宪议会”，三个等级都对此毫无异议，而陈情书也表明人们对于宪法内容有一定共识。大多数代表认为应该效仿美国的一些州，在宪法之前先颁布一个权利宣言（尽管一些代表反对冒这样的风险）。在7月9—28日之间，代表们纷纷递交了各自拟写的草稿。8月4日下午，就在那场著名的通宵会议之前，议会同意当务之急是发表宣言。8月26日，在人们花了一周时间讨论教士不愿承认的思想和信仰自由的问题后，《人权和公民权宣言》（即《人权宣言》）得以投票通过。议会保留了自己在宪法公布之后对《人权宣言》进行增补或修改的权利，但实际上等到两年后宪法出台之时，没有人胆敢改动《人权宣言》。《人权宣言》已经成为大革命的奠基性文件，同样也是大革命奉为圭臬的文件。

《人权宣言》的核心在于法治，在17条条文中有9条明确提到了法治。第6条将法律定义为公共意志的表现，认为它是由所有公民直接或者间接制定的，这毫无疑问是对旧秩序下国王立法权威的否定。第3条则规定无论如何主权本质上是属于国民的，任何团体或者任何个人（包括国王）都不得行使国民没有明确授予的权利。法律面前人人平等，正如第1条所言：在权利方面，人生来而且永远是自由平等的。任何政治联合的目的都在于保护人的自然权利，包括自由、财产、安全和反抗暴政的权利（第2条）。该条款的潜台词就是，迄今为止，在法国这些权利都被忽视了。这也正是《人权宣言》有必要废止任意拘捕和监禁（第7条）、有罪推定以及谴责渎职官员（第15条）和确保财产安全（第17条）的原因。第16条明确提出："凡是权利无保障、分权未确立的社会，就没有宪法。"法律面前的平等意味着特权的终结。所以"赋税应在全体公民之间按其能力作平等的分摊"（第13条），而公职应该"根据个人能力，而不是除了德行和才能之外的任何其他标准"向全体公民开放（第6条）。《人权宣言》只是在思想自由方面语焉不详，尽管思想意见的自由交流被明确规定为"人类最宝贵的权利之一"（第11条）。但《人权宣言》同时强调，法律会规定某些情况是对这种自由的滥用。尽管任何人都不得因其思想意见，甚至宗教意见（这意味着革命者断然拒绝了教士在公共崇拜领域维持天主教垄断地位的意见）受到干涉，但意见发表仍要以不扰乱公共秩序为底线（第10条）。《人权宣言》中将义务与权利并举的情况并不多，这是它的一个特点。其实起草者曾试图列举出各项义务，但这样做毫无疑问会削弱《人权宣言》的力度。而正是因为《人权宣言》的纪念价值如此之高，作为宪法的前言，它的寿命超过了宪法本身。作为这场革命的首次伟大的宣言，后世所有受到法国大革命激发的人都将之奉为圭臬，视其为1789年的根本原则。

草拟宣言的人只有一点要求，这一点他们在开始就已经意识到了，为了赋予《人权宣言》最大限度的正当性，他们还需要另一样东西，即国王的同意，8月11日法令也是一样。如果王权不能公开且自主地站到旧制度的对立面，那么议会的所有工作都可能是竹篮打水一场空。然而没有否决权的国王能算得上自主的国王吗？这个问题让代表们一下子陷入了制宪的乱麻之中。

主导制宪委员会的代表是英国监督与制衡式宪政的拥趸，他们相信国王也应该和英国王室一样拥有否决权。他们同时也认为选举出来的国民议会中的民主因素应该受到另一个议会，即终身制的第二议会或者参议院的制衡。在穆尼耶和马卢埃——一群富有而善辩并得到米拉波有力支持的城市贵族（例如拉利-托伦达尔和克莱蒙-托内尔）的领导下，王政派在9月的前两周一直敦促议会接受他们的方案。但是7月爱国英雄穆尼耶、米拉波和臭名昭彰的保守派马卢埃的组合让很多人感到既吃惊又疑惑。当富有的前任宫廷大臣鼓吹某种疑似为上层俱乐部的贵族议会时，他很难取信于外省贵族代表。而普通的第三等级代表则认为，把经过几个月艰苦斗争才换来的统一立法院又分开毫无意义。9月10日，两院制以89票对490票被彻底否决了，王政派主掌的制宪委员会也宣告解散。对于国王否决权讨论的激烈程度有过之而无不及。国王似乎要拖延签署8月法令，这让人觉得赋予他绝对否决权太过危险。但另一方面，只有西耶斯和啰唆的罗伯斯庇尔（他当时影响力尚小）等少数代表认为，一旦国民议会作出了决议，国王就不能否决。大多数人，包括爱国者们的领袖巴纳夫、迪波尔和贵族拉梅特兄弟在内，都心仪所谓的暂时否决权或者“搁置性的”否决权。而当内克表示国王也倾向这种否决权的时候，他们发现这暗示着如果暂时否决权能够获得通过，那么国王就会签署8月法令。9月15日，暂时否决权以673票对352票的压倒性优势获得通过。

这是议会第一次有负众望，不论是在巴黎还是外省眼中，任何形式的否决权都让人疑窦丛生。否决权问题刚被提出，罗亚尔宫一片哗然。就在8月30日，一个常在那里活动的“进步”贵族圣-于吕古侯爵就准备组织人马到凡尔赛游行。游行者声称，国王和议会应该迁往巴黎接受全面监督。尽管游行者仅有数百人，并受到了国民卫队的阻止，但没有人或者机构能够阻止小册子和期刊反对否决权，自7月以来，后者俨然成为首都政治生活的标签。议会就否决权问题闪烁其词，招来一片骂声，其间一家全新的报纸于9月12日诞生了。它一开始被命名为《巴黎政论》，后来改名为《人民之友》。通过这份报纸，到处招摇撞骗却多年不得志的弄潮儿让-保罗·马拉终于有了用武之地。在阴谋论和怀疑论甚嚣尘上时，马拉如鱼得水，他呼吁议会清除不可靠的议员。7月的经验告诉人们，他们绝不能在众目睽睽下执行停止行动。这不仅仅是马拉一人的看法，根据当时一位心存疑虑的书商记述，巴黎的言论中充满了“私刑”和“路灯柱”等语汇，任何被称作“贵族”的人都受到其威胁，而任何不招人喜欢的人都会被称作“贵族”。我们可以想象，当时特定的社会圈子有多么恐惧，他们拥有财富、头衔或者能力，曾经让大众惧怕或者嫉妒。对于“路灯柱”的恐惧确实吓住了一些想给革命捣乱的人，但是很多老实人被误认作新社会的敌人，他们也被吓坏了。[1]巴黎持续的经济困难更为大众的偏执心理火上浇油，继7月下旬和8月的降价之后，面包价格持续走高，供应也很不稳定。这本应该是粮食丰收之际，一年来人们对粮食的担忧本应一扫而光，但正常平静的天气不仅使粮食成熟了，也使河流进入了旱季，水力磨坊无法转动。巴黎周边的市场频频传来谷物骚乱的消息，到9月中旬，吵吵嚷嚷的妇女们又开始在市内拦截谷物车，并向市政府请愿严格控制粮食价格和供应。国民卫队要守住面包房，拉法耶特和他的部下面对不断发生的事故只能疲于奔命。

除了军事威胁，7月上旬的情况几乎又迅速地重演了一遍。由于国王一直听传言称自己将会被强行带往巴黎，他在9月14日就把以训练有素著称的佛兰德斯军团从东北前线召回了凡尔赛。军团于一周后抵达，受到了热烈欢迎。军团带来的安全感使国王有了底气，他打破了8月法令的僵局。9月18日，在一封由内克起草的长信中，国王表示自己准备接受8月11日法令的部分条款，其他的概不接受。代表们觉得遭到了背叛，他们请求国王不作修订，即刻颁布法令。国王表示他可以“发表”法令，但不会“颁布”法令，又在10月4日对《人权宣言》提出了保留意见。而当时巴黎满城都是关于10月1日国王护卫队如何款待佛兰德斯军团的传言，据说军官们多次举杯致意，但没有一次是向国民的，在一片反动口号中，军官们还践踏了三色帽章。在面包如此短缺的时候，他们居然还大快朵颐，被

[1] Ruault, *Gazette*, 170 (16 Sept. 1789).

认为是极不爱国的表现，到10月4日全巴黎人都认为凡尔赛的反动酒宴意味着新一轮让首都挨饿的行动。第二天早上，巴黎市的几个街区被教堂传来的钟声叫醒，而自7月份以来，这钟声就被认为是武装信号。大量的妇女集聚在市集，向市政厅行进，在蜂拥向市政大楼以示决心之后，临近中午时她们又拖着大炮、举着武器向凡尔赛进发，一路上队伍不断壮大。7000多人在傍晚抵达了凡尔赛，冲入国民议会，要求政府提供面包，惩治那些亵渎了三色帽徽的人。手无寸铁的代表们别无他法，只能一边表示欢迎，一边平息众怒。在看到一个代表团前去面见国王之后，他们才如释重负。大多数议员发现，也许民众干涉是让国王无条件批准法令的唯一办法，而当成群结队的妇女到来时，国王也确实这么做了。现在的问题是，如何在目标达成之后遣散示威者，重建秩序。维持秩序的力量，即拉法耶特和两万国民卫队，顶着一场倾盆大雨于当日后半夜抵达凡尔赛。拉法耶特本不愿意前来，因为他离开意味着巴黎的警卫就空了，可能会连累他背上和示威者沆瀣一气的罪名。但他的部下坚持要来，而且市政厅外的群众叫嚷着如果他和巴伊再有拖延就把他们绞死。当他真正到了凡尔赛之后，他只能尽量确保民众在秩序允许范围之内提出诉求。同时，他以巴黎的名义请求国王和他一起回去，举家搬往杜伊勒利卫队宫。当晚国王未置可否，但第二天早上一群巴黎人摸进了王宫，遭到国王贴身侍卫枪击。于是愤怒不已的民众涌入王宫，杀死了两名护卫，差一点就冲进了王后的寝宫。幸好几队来不及请示的国民卫队反应及时，控制住了他们，拉法耶特把王室人员集合到王宫阳台上亲自保护。这对于下面撕扯扭打的激动人群来说是有力的威慑，但不绝于耳的“到巴黎去”的喊声表明，只有一件事能够真正让他们平静下来。10月6日上午，国王宣布，他将去巴黎。

当天下午，国王和王后用了9个小时回到首都，一支6万人的队伍浩浩荡荡地跟随在他们左右。为了表示友好，国王从王宫仓库运来了满车的面粉，而民众们则边走边唱赞歌“面包师，面包师的老婆和面包师的儿子”，这是指法国太子，他正坐在父王的马车中一起驶向巴黎。事实上，国王对于由天灾和行政机构动荡引起的面包短缺无能为力，即使有了便宜以及稳定的粮食供应，市集骚乱的结束也要等到11月才能实现。但对于革命而言，“10月事件”才是决定性的。路易十六再也未能回到凡尔赛。从此以后，他和家人被迫留在巴黎，就像一位英国观察家所言：“与其说是国王，不如说是囚犯。”[1]几天之后，国民议会也随之迁往巴黎，11月他们在刚翻修的骑术大厅安定下来，与杜伊勒利宫仅一墙之隔。这意味着新生的法国中央政权将接受巴黎的支配，而在接下来的五年中，巴黎人民以革命的守护者自居，一次又一次地直接干预国家政治。

在1789年的时候没人能看那么远。人们认为，如果不通过这种方式，8月法令将很难得到王室的批准。只有少数王政派觉得大势已去，其中包括穆尼耶（他在10月事件时担任国民议会主席），他现在已经回到了家乡多菲内，告诫人们大城市的群体暴政极其危险。当然，10月事件还催生了一批流亡贵族和军官，这批人从一开始就对革命感到心惊胆战，迁离凡尔赛以及国王批准议会法令更让他们认为事态已经无可挽回，他们的看法或许是对的。国王对法国改革的所有公开反对到此为止，21个月之后他也将尝试出逃。不过在1789年10月到国王出逃这段时间内，议会将彻底改造这个国家。

制宪议会着手制定1791年宪法，其本质是削弱行政权力。专制的魔盒绝不能在法国打开，所以法国国王（这是一个新头衔，意思是国王并不拥有法国）的所有权力几乎都在立法机构的监督之下。他不能提出法案，只能动用暂时否决权来阻止他不喜欢的立法，阻止时间最长不能超过两届立法院，也就是3年。王室年俸由立法院投票决定，尽管国王可以任命政府内阁，但内阁成员都有可能接受立法院的弹劾。而且国王选择内阁也不是完全自由的，因为内阁成员既不能从立法院产生，也不能入选立法院。这完全符合孟德斯鸠的权力分配原则，《人权宣言》也是将其作为一部宪法

[1] *Despatches from Paris*, ii. 268. Fitzgerald to Duke of Leeds, 15 Oct. 1789.

的基本标准。但是如果不是因为在议会迁往巴黎之后的早期辩论中米拉波一次不合时宜的干扰，这项原则不一定会在1791年宪法中被如此鲜明地强调。11月6日，米拉波提议效仿英国，国王应该从议会选拔内阁部长。但他在前段时间对王政派的支持就已经引起了人们的怀疑，而且人们风传，米拉波自己就想进入政府内阁。因此结果恰恰相反，没人相信他的话，而且此次辩论的最后结果是任何代表都要在卸任3年之后才有资格担任部长官职或者进入政府。

制宪议会的继承者——未来的立法议会，将包括745个议席，任期两年。他们通过间接选举产生，而远非全民普选。在7月和10月的前几周里，代表们显然不愿意在一个宪政政府中给群众过多发言权，虽然后者帮了他们的大忙，但同时也是难以控制的力量。因此在1789年10月29日的法令中他们引入了著名的“积极公民”概念。只有积极公民有权投票，而积极公民是指年逾25岁、纳税额相当于三天非熟练技工工资的男性（当时几乎没人想到女性）。据估计，这项法令在1790年的情况下能够赋予430万法国人投票权。但是积极公民在选举过程中所做的仅仅是以1%的比例在他们中间选出下一级选举的选举人，而下一级选举人需要缴纳相当于10天工资的税款。这一轮选举将产生4.5万有效选民，尽管也许近一半的积极公民从财产上看都是合格的二级选民。接下来，选民们在各地议会自行推选议员，议员的财产标准为缴纳1银马克的税金，相当于54天的工资，实际上大概有十分之一的积极公民都能达到这个要求。尽管新体制能够让60%左右的法国男性在政治生活中发出自己的声音，但它的选举资格规定比三级会议更加狭窄，而且似乎与《人权宣言》的国民平等原则背道而驰。这种体制从一开始就引起了极大争论，特别是银马克的条款引来大众报刊口诛笔伐。卡米耶·德慕兰在他创立的一份将最广为传播的激进报纸——《法兰西和布拉班特革命报》创刊不久后的某期中控诉道：“首都内只有一种声音，不久在各省就会出现一致抵制银马克规定的声音，它把法国变成了贵族政府……所谓的积极公民到底是指谁？真正的积极公民应该是攻克巴士底狱的人。”[1]但是积极公民不仅仅和议会选举有关。在这套新体制中，除了王室内阁，所有的政府官员都由选举产生，其中包括地方行政长官、审判官、大法官，甚至教区神父。权力的赋予即便不是来自最底层，也是来自下层，担任公职人员的合格公民只能通过其他公民选举产生。这一切都摧毁了旧的司法体制，当然人们已经取消了买官制和审判费，在原则上为它判了死刑。早在8月5日就有人提出废除高等法院，8月17日宪法委员会将之作为正式建议提了出来。旧的高级法庭的政治特权违反了三权分立的原则，而且爱国者们坚持怀疑，高等法院会成为阻碍革命的贵族们栖息的巢穴。11月高等法庭永久休庭，10个月之后被彻底废除。更下一级的整个司法系统也随之消失，取而代之的是由地方治安审判长、辖区民事和地区刑事法庭组成的系统，单一的上诉法庭对法庭业务进行评估，但它并不针对案件具体内容。新法庭不具备任何行政职能，而尽管代表们最终重新修订了民事和刑事法律，并开始建立陪审团审判制度，他们却没有设置任何形式的警察力量来执行法庭裁决。公共秩序是地方行政的责任，不归司法权威管辖，而他们能支配的唯一强制力量就是国民卫队。

整齐划一和分权是制宪议会改革行政体制的关键词。所有原来的省、行政区、公国和市镇极为丰富的多样性被一扫而光。全国被划分成人口、面积和富裕程度都大致相当的83个省，省下面又有区和公社，全部都由选举产生的议会和官员管理，没有任何人是由中央任命的，因为过去作为专制主义工具的督办官还让人记忆犹新。新体制中的中央政府完全依靠千千万万低薪地方官员（级别最低的官员是没有薪水的）的热情和努力维持，而实际上每个地方官员的能力不同，对于这场席卷全法国的改革的执行办法也有不同的理解，或者是有不同程度的政治谅解度，革命委员会大多数人是毫无经验的。在最早的选举中，确实有大量旧制度下的官员和律

[1] L. G. Wickham Legg, *Select Documents Illustrative of the History of the French Revolution: The Constituent Assembly*. Volume 2, Oxford, 1905, i, pp. 173–174.

师重回职位，但面对革命立法交给他们前所未有的责任，即便是他们的经验也很难提供参考。随着时间流逝他们逐渐从地区和公社官职上消失了，取而代之的是商人、小贩和工匠，在地方层面当个积极公民就足够了。1790年5—7月间的首届地方政府选举不仅标志着和旧秩序一刀两断，实际上还标志着1789年7月市政革命阶段所形成的秩序的终结。因为1789年改革旨在创立的体制并不比旧制度简单多少，但是现在每个公社选举一名市长、一名检察官和一个议会。居民人数超过2.5万人的公社，也就是事实上的大城市，会根据选举需要被划分成很多区。因此里昂和马赛各有32个区，波尔多有28个区，图卢兹有15个区，巴黎则有48个区。首都被重新分区，代表们非常庆幸原有的60个选区被取消了，因为它们当时成为民众激进主义的发源地。例如在新桥区南边的科德利埃区，在其野心勃勃、机会主义的主席乔治·雅克·丹东的领导下就非常突出。德慕兰的报纸就是在那里印刷的，其他的还有他的老对手卢斯塔洛的《巴黎革命报》等。1790年春季，他们共同发起了声势浩大的运动，要求维持巴黎原有区划不变，但没有成功。但立法者们也低估了丹东建立的政治机器的精巧和组织化程度。它很快就像原来一样控制了新的城区，而且它通过其作为向其他区展示了如何延续自己对国家和巴黎事务的影响力。

国民议会下定决心要使市镇革命时期形成的民兵组织规范化，而在第一次市镇选举时它终于付诸行动。1789年8月，议会将所有民兵编入国民卫队，接受地方当局指挥，却认可地方有权创建民兵组织。只有在巴黎，因为有像拉法耶特这样的职业军人坐镇指挥，而且军队一开始就吸收了很多原来的法国官兵，军队才能做到组织纪律严明，并在夏末完成了武装和机构建制。而且即便是巴黎的国民卫队，也不会完全服从指挥，这一点拉法耶特在10月4日就发现了，当时自己的部下强制要求前往凡尔赛。但是，卫队是爱国者们觉得唯一能够依靠的力量。国家军队的长官都是对国王无比忠诚的贵族，就算旧的军衔纪律已经开始崩溃，军官外逃的情况也日益增多，甚至心怀畏惧的佛兰德斯军团都选择加入了拉法耶特的军队，大多数的代表（包括其中最保守的人）还是认为用国家原有军队来维持公共秩序的想法太危险了。相反，他们在10月事件之后颁布的《惩治骚乱的戒严令》（10月21日）中清楚地表明了他们依靠国民卫队的意向。该法令准许地方当局宣布戒严，戒严信号为悬挂红旗。地方拥有了召集国民卫队，并赋予其向不解散群众开枪的权力。显而易见，这支武装力量必须是完全可靠的，而在接下来的几个月中，一些不确定因素开始浮出水面。出现了统一的国民卫队制服，卫队成员必须购买，但是较贫穷的人买不起，而且只有积极公民才能参加国民卫队，参军者必须向国民、法律和宪法反复宣誓效忠。尽管卫队军官不能兼任市政官职，但他们也被鼓励去和邻近地区的国民卫队交流，以便建立一致的军队精神和统一服装。从1790年春季开始，国民卫队的区域集团军（或者称之为“联合军队”）开始形成，7月14日人们庆祝攻占巴士底狱一周年，在巴黎西部郊外的马尔斯校场举办盛大的“联盟节”。各地国民卫队也来到现场会聚一堂，就在将军和国王的注视下，他们再次宣誓，并欢庆一年以来的成就。国王在大约3.5万名与会者面前主持了宣誓仪式。当天下着雨，但浇不灭人们的热情，这次节日也许标志着法国大革命中的国民们会取得的和正在取得的共识顶点。搭建舞台的人们通过一首新的流行歌曲表达着他们的乐观精神——《就这么办！》意思是一切终将实现，这首歌在接下来的几个月中唱遍了法国。

然而同样是在1790年7月，有很多征兆表明并不是一切都会实现。相对于爱国贵族如拉法耶特、米拉波、迪波尔、拉梅特兄弟以及担任联盟节民众庆祝主持人的欧坦主教塔列朗，更多的人对时局感到悲观。相对于教士和非贵族代表，大多数的贵族代表步了穆尼耶的后尘，选择放弃自己在议会中的席位，流亡海外者也连绵不绝。一个驻守在阿尔萨斯的士兵在1790年5月记录道，每天都有迁往瑞士的贵族马车经过。在新时期能够留任官职的贵族少之又少，被选上的贵族就更稀少了，他们几乎是被新制度一脚踢开了。贵族身份也被无偿取消了，包括所有的附属物，头衔、等级、绶带、盾徽等（1790年6月19日），他们成了社会异类。大多数人对他们疑心重重，典型例证就是人们很快在《就这么办！》中加上了一句“让我们把贵族们都吊在路灯上”。而对于很多贵族而言，最糟糕的莫过于乡村的持续混乱，如8月11日法令所言，在赎买之前，地主们可以行使自己的权利收取地租，但很多骚乱就是冲着地主来的。不断有人闯入领主林地和猎场，拒交地租的情况时有发生，而在去年7—8月得以幸免的领主象征物也不断受到攻击。那年秋天的一大风景就是教堂墓地中燃烧领主家具的熊熊篝火。西部中央高原的农民们在领主土地内种满了自由树。他们之所以把这些树称为自由树，源于一种古老的传统，他们给树木挂上领主制的象征物，并声称如果这些树能够屹立一年零一天，那么领主的权利就将消失。但进一步发展，植树节往往会演变成民众代表勒令领主放弃其剩余权利。1790年1月，在布列塔尼北部又爆发了新一轮的焚烧城堡现象，22座城堡被焚毁，有着同样遭遇的还有很多其他城堡中保存的所有权证书。1789年末一位绝望的贵族妇人写道：“在奥弗涅，我们被农民们吓得六神无主。有一个村庄的所有人都非要见到所有权证书才肯交租，其他村庄则按兵不动。如果我们拿不出所有权证书，他们不会交租；如果我们拿出来了，他们就会把证书烧掉。”[1]几个月后，在更往西的地方——皮卡第和昆西，地方当局签署命令铲除新种的自由树，造成了严重的暴力事件。成百的农民聚集在一起阻挡伐树，而他们一旦聚在一起就会跑去攻击领主宅邸。很多城区躲过了这样的骚乱，但这些事件通过新闻报道传到国民议会，令很多地主感到恐惧。尽管国民卫队或者偶尔出现的正规军会赶去维持秩序，但等他们赶到也为时已晚。而且骚乱群众中常常混杂有穿着国民卫队服装的农民。确实，在7—8月间他们绝不是任何人都抢，是有针对性的，但这并不意味着他们的行为合法，而且国民议会中的律师和地主们可没工夫详细区分各种性质不同的“目无法纪”。议员们在1790年春天对封建租金的赎买价格进行了细致规定之后，下定决心不能向乡村农民的

[1] S. Herbert, *The Fall of Feudalism in France*, London, 1921, pp. 121–122.

直接行动屈服。但一再出现的窘境是：在关键时刻，政府没有执行力，而地方群众一边反抗领主要求，一边毁掉给予领主要求合法性的封建契约，这一切一直持续到1791年。

当立法者们在修改宪法维持国家机器运转的时候，对他们而言，更加可怕的是，群众的反抗对象不仅仅限于封建义务。革命的第一年就出现了大面积的逃税现象。收费站和报税局在7、8月关门大吉，一直没能重建，而教士和税务员也不愿面对可能会被激怒的群众，即便上司一直敦促他们去收税。人们就是不想再缴税了，这个规矩一旦被破坏就很难再建立起来。试图征税的官员要么受到人身威胁，要么家里被抢，特别是在大家都知道你住哪儿的小地方。在皮卡第，类似的行为造成当地间接税的税收下降80%，人们在1790年春季组织起抗议间接税的自觉请愿活动，领导者是一名因为封建制废除而丢了饭碗的地产商——弗朗索瓦–诺埃尔·巴贝夫（不久之后他把自己的名字改成了格拉胡斯）。他随后被逮捕了，这不是他第一次也不是最后一次入狱。但讽刺之处在于，现在正在改造法国的代表们也和他一样，觉得间接税糟糕透顶。他们能清楚地看到，陈情书一致反对间接税。他们也和重农学派一样，认为只有对岁入净利润征直接税，才不会对经济造成伤害。因此，在1790—1791年间，所有的间接税、商品流通税、入市税、盐业和烟草专营权以及数不清的地方贸易和消费税都被废除了，随之被取消的还有管辖这些税款的各种盘根错节的财政监管部门，以及个体商人管理税款的包税局。传统的直接税也被废除了，例如军役税、人头税和廿一税。取而代之的是议会制定的三种新的直接税：土地税、动产税和商业盈利税。没有任何特权或者特殊免税的情况。公民按其能力纳税，而且既然这种税制和1789年的平等精神是一致的，那么公民就应该非常乐于纳税。于是，议会也没有设置任何强制收税的机关。代表们没能意识到任何官僚都会本能地想到的事情，即恢复直接税的阻力要比间接税大得多，尤其是在正常的纳税过程被多年的抗议和行政骚乱搅乱的时候，而抗议和骚乱可以一直追溯到1787—1788年间高等法院拒绝注册财政改革的时候。

之前通过政策想要解决的财政危机并没有消失。代表们没有忘记国民议会产生的最初原因，即庞大的国家债务。米拉波说，这堆债务是“国民的钱”，是必须偿还的。国民代表们可不想一上来就宣布法国破产了，即便内克在三级会议一开始就敦促大家立刻解决财政问题，他们还是选择了忽视。但就算是内克也没有能力无限拖延财政危机，实际上到1789年秋，内克也自身难保。他个人声望的顶点是7月29日从第二次放逐胜利回归巴黎，当时他在欢欣鼓舞的议会面前流下了热泪。但第二天他极力帮助释放7月14日被囚禁的军队长官贝桑瓦尔，这让本来准备迎接他回归的民众倒了胃口。9月，在国王消极回避8月法令的问题上，内克似乎也采取了默认态度，这引起了广泛不满。即便是他的财政能力也开始受到怀疑，他于8月提出的两项举债计划在议会的一片骂声中被否决了。9月晚些时候，他提出了一种史无前例的“爱国税”，该税将收取每个公民收入的四分之一，可以用现金或者贵重物品支付，议会很不情愿地接受了这个想法，但是没有设置任何用于报税的审核机构。内克个人拿出了10万里弗的启动资金，但这项税金运转了三年，收益远远达不到预期金额。当时改善财政状况刻不容缓，在1789年10月，光是短期借债就需要还7.07亿里弗，而随着议会不断地废除各种各样的政府官职和财产，它必须配套发放赔偿金，这意味着到第二年的夏天，它要还近20亿里弗的债。在这种情况下，议会转向了内克做梦也不会采取的方法，他们决定将教会地产收归国有。

这种做法的预兆早在8月11日法令中就出现了，法令中明明白白地将教会财产归于国家名下。在整个9月关于财政问题的辩论中，利用教会土地来缓解国家财政负担的提议不绝于耳。终于，塔列朗在10月10日以主教的身份正式提议，所有的教会财产都应该国有化。他认为，三分之二的财产应该付给教士，以补偿8月4日被取消的什一税，其余的可以用来重建国家财政。米拉波则认为教会的所有财产都应交由国家全权处理，这应被视作教会作为国家资源的一个基本义务。10月的大部分时间都在这种冗长的辩论中度过。世俗方的论证是，教堂只是扮演经理人的角色，代表法国的所有信众管理土地，而且既然教士已经不构成一个等级，他们当然不应该再拥有财产。愤怒的教士和一些非神职人员回敬道，教士拥有土地是古已有之的，是经得起验证的，只有个体组织而非等级能构成有产者，一次如此大规模的财产征收明显违背了《人权宣言》保障财产权利的条款。那么在刚刚拿到如此大量土地的时候，就一下子将其卖出，会有什么后果呢？对此人们也有不同的看法。有人认为市场会瞬间饱和，反而不利于生产；其他人则预计，购买土地者会成为革命永远的天然拥趸。双方阵营都有巴黎报纸积极加入，但极少有人在讨论中被说服。大多数代表在春季抵达凡尔赛的时候都相信，教会需要全面改革，在他们眼里，教士的任何反对意见都是出自一己私利。只要有教士代表站出来说句话，旁听席上带有强烈反教士情绪的公众就会大喊："戴僧侣帽子的人都下去！"这表明群众和其他代表一样对教士疑心重重。而且，没人提出支付国家债务的切实可行的方法。于是在11月3日，米拉波当初的意见基本为大家所接受。议会以568票对346票通过了将教士财产"收由国家支配"的决议。

但是，对于国家如何使用这块新到手的"蛋糕"，尚需斟酌。事情似乎从一开始就要被搁置，因为在这个国家的这么多人里面，这一切偏偏只能由新教徒内克来启动，而他是反对此次征收的。内克提议，清算短期贷款的第一步应该是由国家银行发行一定数量的纸币。这里所说的国家银行，是指将金融行业协会在1776年建立的贴现银行国有化之后的产物，后者自建立起一直是政府信用的来源之一。但法国以前也发行过纸币，有着惨痛的教训。1720年苏格兰冒险家约翰·劳曾经以国家海外贸易收益为担保，建立法国国家银行，以钞票偿还国王债务。一开始情况还好，但后来整个方案出现问题，数以千计的家庭财产贬值成一文不值的废纸。后人对这次灾难心有余悸，很多议员都准备旧事重提以警告大家。另外，人们也不太喜欢掌管贴现银行的"资本家"们，何况后者在国有化后还会继续把持银行，在很多人眼里，他们从一开始就是国家财政问题的罪魁祸首。金融界也产生了分化，天主教金融家本来是通过买官制来操控公共资本的，现在买官制被废除了，他们也丢掉了老营生，他们不愿意看到一群新教和瑞士银行家来取而代之。当米拉波在反对内克的时候，他充当了上述所有怀疑、恐惧和嫉妒心理的代言人，他提出，国家发行的纸币应该是以全国人民看得见摸得着的东西为担保的债券，那就是国家的土地。难道由国民议会担保的国家信用，会比不过某个银行？在辩论过程中，人们为这种债券起了个名字：指券。当天，米拉波的主意最终胜出。在12月19日和21日，议会颁布一系列法令建立了所谓的“特种金库”，用于储存爱国税和价值4亿里弗国有土地的收入。凭借这些措施，国家能够发行与基金总价相等、单张面值为1000里弗、付息为5%的指券。国家向债权人支付指券，指券可以用于换取国有土地。

所以指券在一开始并不是严格意义上的纸币。但几个月后，它确实变成了纸币。在发行之初，指券发行量是根据内克算出的1790年赤字最小估计值确定的，共计8000万里弗。但到了3月，税收的减少导致内克不得不把这一估计提升至2.94亿里弗。这次误算是可以理解的，但是它毁掉了内克最后的声誉。内克警告，不能仅仅依靠发行纸币来解决不断增加的债务，但议会已经把他的话当成了耳边风。4月17日议会投票决定将指券确立为法定货币，发行面额有200里弗和300里弗两种，只付息3%，以鼓励人们用指券换土地。但财政赤字仍然一路飙升，在4—9月间，法国先后发行了不少于6次的指券来填补赤字。9月29日议会正式决定，将发行量再涨三倍，也就是12亿里弗，目的是对被剥夺了官职的人进行赔偿，这笔赔偿金预计将会非常巨大。从此，是否支持指券变成了对于是否认可革命的考验，至于不断追加发行指券会造成怎样的后果，已经不重要了。第一个没能经受住这场爱国主义考验的人正是内克，自从1789年10月起他就被马拉一类的激进记者追逼烦扰，被米拉波等议员摒弃蔑视，还被议会强迫执行他本毫无信心的政策。1790年9月3日，内克选择了辞职。在第二次回往瑞士的路上，他因被怀疑流亡出逃而被逮捕，就像某些失意的贵族一样。这位1789年春天的国家英雄以及他所支持的方法与政策，现在和旧制度一样，都被取代了，而要说谁在击溃旧制度的过程中厥功至伟，恰恰非内克莫属。

在1789年春天，所有人都期盼从三级会议中重生的法国能够焕然一新。即便反观革命前的陈情书，仍几乎没人能够预见这场变化的深刻程度。代表们声称自己是根据陈情书来着手改革的。至少，他们赋予了法国君主立宪制、地方分权的代议机构、民事和财税平等以及对个人权利的保障，从上述意义上讲，他们基本上是按照大多数陈情书的意思办的。然而，尽管陈情书都措辞精准，经过反复斟酌，在很大程度上表达了民意，但即便是在这些文献中，也从未提起过要废除省制、市镇、贵族制或贵族头衔，而对于封建制、买官制、高等法院和教会财产，也只有一些含混不清的要求。没人提过权利宣言，更没人想过国民卫队和纸币。换句话说，制宪议会制定或者签署的大多数改革措施，都是革命进程自身的产物。这些措施是对各种史无前例的事件和具体情况的回应，而不是为了满足法国国民已经表达过的要求。但是，这些影响深远的革命措施在第一年刚刚出台的时候收到了良好的效果。它们的执行过程可能是混乱无序的，但人们确实怀着良好的愿望甚至热情来执行这些政策，就算它们威胁或者损害了很多人的既得利益。前朝大臣也许会流亡国外，心灰意冷的代表会放弃席位，高级教士会抱怨政治劫掠，领主蒙受了损失，被剥夺了官位的人得不到赔偿。但以上各类人也构成了革命中鲜明的派别。不论是贵族、教士还是官员，他们对议会立法活动的参与程度都大大超越了他们在议会中的人数比例。而且普遍说来，法国上千万的民众都对封建制和间接税的终结表示了欢迎，同时成百上千的资产者迫不及待地抓住了新政体下的机会，参与到了公共事务的实践中。法国大革命前12个月的工作之所以能够完成，是因为全法国形成了广泛共识，在巴黎之外的每个公社也举办过联盟节，这是对革命共识的庆祝。但等到攻占巴士底狱第二周年来到的时候，共识开始迅速地瓦解。

| 第六章 |

革命共识的破裂（1790—1791）

一旦法国开始改革，教会很难毫发无损，这一点所有人都很清楚。在1789年春季的陈情书中，三个等级一致要求宗教生活的组织和运作要有所改善，步入理性化的轨道。教士作为法国的第一等级，本想在这个过程中充当领导角色。一开始他们确实走在前面。在1789年6月，是教士代表首先打破了“特权等级”的身份，从而开启了三级会议向国民议会转变的过程。他们这么做是以上帝之名回应第三等级的诉求，而且饥饿的民众正饱受煎熬得不到救济，他们希望解除发放救济的障碍。没有证据显示，作为国家的一个单独等级，他们会放弃教士的地位，也没什么可以证明，对于任何可能伤害到教会或者宗教的行为，他们准备放弃否决权。但就在短短几周的时间中，他们丧失的东西远远超过了原有的优势。在8月4日之夜的宣誓中，也许没有哪个团体比教士遭受的损失更惨重了。巴黎的神父不仅失去了什一税、教区会费，而且也不能再通过兼职将可怜的俸禄积少成多。当时教士提出过赔偿金的问题，但是被拒绝了。主教们和各色教会组织，包括慈善和教育机构，都失去了他们原来可能得到的封建税费，这笔钱往往数目可观。后来议会投票通过了赔偿金，但是最终并没有支付。教皇也失去了第一年俸禄，这本来是所有信徒都应交给罗马教廷用于维持其运作的年献金，这次断绝让人们回想起16世纪所有的新教国家和罗马断交的情景。在就如何将这些改变写进法典进行辩论的过程中，对教会的进一步威胁出现了，这次针对的是教会土地，而且米拉波宣称所有的教士都应当满足于充当国家的有薪仆人。8月的后几周对教会打击更大。《人权宣言》的起草者拒绝将天主教作为法国国教，拒绝限制言论和意见的自由表达，并宣布公职和公民权利为每个人所享有，这意味着对新教徒、犹太人和天主教徒要一视同仁。议会中教士发言人总会遭到来自旁观席的嘲笑，所以10月份议会再次提起将教会不动产充作国有的时候，人们并不惊讶。教士们竭尽全力进行了斗争，不仅仅是为了保护自己剩下的东西，更因为他们意识到，教会剩余的资源必然会引来议会的进一步行动。为了安抚人心，爱国者们表示，国家将会取代教会的慈善和教育职能，承诺每位教区神父的收入不低于1200里弗。三分之一的教士仍拿着“合理提成金”，对于他们来说，这意味着收入大涨，他们当然会很高兴。但对于大量教士而言，1200里弗比原来少，而且什么时候开始发钱也未可知。议会规定在这之前可以继续征收什一税，但是随着封建税费的解除，大多数地方的农民也不再缴什一税了，而强制征收则非常危险。换句话说，到1789年末，这场本来受到众多神父友好而热情对待的革命，带给教士们的却是巧取豪夺和空头支票。

这一进程在1790年仍在继续。2月13日，修道院修士的处境也发生了变化。除了致力于教育和慈善事业的修道院之外，所有的男女修道院都被解散了，而且禁止新的僧侣宣誓入会。诚然，前段时间的立法已经取消了这些机构的财产和收入，但是议会的用意更加深远。很多代表，包括很多教区神父，都认为这些修道士是百无一用的寄生虫，是社会的负担，国家教会无法为这些人的存在正名。在欧洲有大规模解散修道院的先例，最著名的就是约瑟夫大帝二世在哈布斯堡家族领土上进行的理性化改革。自18世纪60年代以来，法国本身也关闭过修道院。但在经过了前6个月对教会的重重打击之后，这项新政策看上去更像是令人担忧的改革计划的一部分。4月12日，一名忧心忡忡的天主教僧侣多·热尔勒提出了一项令人吃惊的议案，宣布天主教为国教，并规定由天主教主导公众信仰。实际情况是，他原来一直以来都是跟随爱国派投票的。有300名代表对他表示支持，但这个议案最终还是被否决了，否决它的正是在前几周选了新教牧师拉博·德·圣-艾蒂安做主席的国民议会。

确实有人怀疑这整场革命是新教徒的阴谋。在议会中，已知的新教徒只有15人，包括巴纳夫和拉博这样的激进领袖。他们强烈要求，在各方面给予那些在1787年之前完全没有公民权利的团体平等待遇。拉博和其他5名议员代表尼姆地区，在尼姆的选战中，新教资产者打败了自负的天主教势力，在第三等级中占据了大部分席位，这些新教徒在纺织品贸易领域经过了20多年的发展，财富剧增。在7月尼姆建立国民卫队的过程中，新教徒同样占据了主导地位。对于天主教徒而言，他们的权力正以令人吃惊的速度转移到了新教徒手中，而在此之前对方的力量仅限于经济领域。蒙托邦的国民卫队也主要由新教徒构成，同样引起了当地天主教徒的忧虑。天主教的对策是在1790年春的市政选举中凝聚起自己的绝对力量，以保证地方权力还在自己手中。他们成功了，但这使新教徒下定决心要保住国民卫队的控制权，不征召天主教新兵。因此，整个春季两个城市都笼罩在宗派冲突的阴影之下，终于在5月10日，蒙托邦爆发了可怕的骚乱。当时，由一群虔诚的妇女领头的群众极力阻止官员征收本已充公的寺院财物。他们很快就把矛头指向了国民卫队，国民卫队被打败了，还有5人被杀。惊慌失措的新教徒逃出了城，一直等到没有宗派纠葛的波尔多国民卫队全副武装赶来之后，当地才恢复了秩序。一个月之后，比这次骚乱更加血腥的一幕在尼姆发生了。6月13日，天主教和新教都在为第一次省选举拉票，在日益紧张的气氛中新教国民卫队向竞争对手开了枪。在人们的记忆中这似乎只是一场“斗殴”，但“斗殴”二字完全不能概括双方四天巷战的激烈程度。在听闻城里发生火并的传言之后，周边乡村两个教派的农民也分别前来增援，双方的战斗毫不留情。但由于新教徒一边有更多的火器，这次“斗殴”最终变成了对天主教徒的屠杀，大概有300名天主教徒死亡，新教徒死亡20名。在这场斗争结束之后，当地新教徒有史以来第一次完全控制了整个城市。可想而知他们在省选举中也大获全胜。因此加尔省由他们代表革命政府执行政策，包括教会政策。而对于当地虔诚的天主教徒来说，革命意味着他们长期以来的可怕敌人的胜利，世界颠倒了。

随着法国时局的发展，天主教日渐衰落，哪怕是教会的最高层——教皇也很快被卷了进来。第一年俸禄的取消仅仅是一个开场。到1789年末，居住在罗马教廷飞地阿维尼翁和孔塔-弗内森的15万教众要求脱离已经维持了长达441年的罗马教廷统治，并入法国。在阿维尼翁，合并论者经过长期的争取赢得了市议会，他们开始跟随法国正在进行的改革修订当地的法律。庇护五世拒绝承认这些改变，同时在3月29日的罗马红衣主教秘密会议上，发言谴责《人权宣言》以及到此时法国实施的所有宗教政策。阿维尼翁的反合并论者受到己方统治者强硬态度的鼓舞，展开了夺权的努力，这一系列的努力在6月10日的骚乱中达到顶点。他们被国民卫队镇压下来，很多教皇拥趸被杀。阿维尼翁的亲法国派很快将阿维尼翁并入了法国，当月晚些时候，孔塔的部分地区也这样做了。议会很清楚直接合并会带来的国际争端，因此并没有急着接受这些地区的合并声明，但在辩论此事的过程中很多人强调这是人民意志的决定。然而在孔塔情况并非如此，这片土地紧接着经历了12个月的内战。当时，教皇和革命之间的裂痕已经无法修补，但双方关系的彻底破裂并不是因为阿维尼翁或者孔塔，决定性的事件是《教士公民组织法》。

自从1789年8月以来，议会中就有一个教士委员会致力于制订一套全面的改革计划，恢复教会的活力，使其和革命原则相容，并为教会的未来提供有保障的财政和组织基础。原委员会中的15人中只有5人是教士，而当国民议会中其他人的想法完全显现出来之后，他们便开始消极拖延了。于是议会又给委员会增加了15个非神职人员，其中有几个自由作家，启蒙时期写过反教士文章；但大多数人是真诚的天主教徒，其主要目的是克服教会的弊端，使教会更加精简、更加健康。他们中有人表示，其目的“仅仅是让教会回归早期的原则”[1]。但这实际上意味着改变几世纪以来的做法，而且这是按照一个和法国现实情况完全不同的教会理念来比照当下情况。委员会还表示，他们制订改革计划时并不准备听取教会首脑的意见，或者任何外国王朝的意见。没人否定教皇在灵性或者教义上至高无上的地位，但是法国国民要如何在自己领土上开展宗教生活与教皇无关，能知会教皇一声就很不错了。在5月29日议会展开对《教士公民组织法》的辩论时，国王被要求中止1516年法国和罗马教廷签订的博洛尼亚政教协议，该协议一直规范着罗马和法国教会的关系。没人提出取代性的协议。国民议会已经大刀阔斧地重塑了法国的世俗生活，将教会的经济基础釜底抽薪，也没碰到什么抗议，它觉得没有必要和任何人协商政策。在一开始，主教们曾建议，要通过一个教士的全国委员会来求得法国教会对《教士公民组织法》的同意。但他们被搁置在一边，因为不能让作为社会或者国家的独立等级的教士再度复苏。很多教区神父也同意这个观点，在1789年之前教士大会完全是等级制的喉舌。但这是过去的危险，而现在不通过建立全国委员会来实施改革的危险在于，如果教皇站出来反对他们，再没有任何的教会权威能够挑战教皇的决定。

但是教皇有可能反对吗？比起哈布斯堡领地最近几年发生的事，《教士公民组织法》并不算太激进，而前者业已为教皇所接受了。当议会辩论正酣的时候，阿维尼翁和孔塔的消息传来，这意味着如果教皇坚决反对，那么法国则可以威胁将把这些领土并入法国，这会胁迫教皇屈服。因此7月12日，在辩论数周之后，教士委员会提出的计划几乎未经修改就通过了。计划中的大部分内容也能让大多数教士满意。尽管比起原来有土地和什一税的日子，不少主教和教区长收入减少了，但它制定的薪资颇为

[1] A. Aulard, *Christianity and the French Revolution*, London, 1927, p. 59.

丰厚。同时，对每一个等级的教士也有严格的住宅规定，这是陈情书中的一致要求。甚至教区行政区划的理性化也被提上了日程，这是很自然的，只有83位主教，每个省一位，10个大主教区。同样，教区的数量也大大减少，任何居民人数少于6000人的市镇只能算一个教区。所有的圣堂参事会都被废除了，任何没有医治俗人灵魂职能的有俸圣职也遭到了同样的命运，例如修道院和修女院，它们就被认为是百无一用的寄生虫。教士的存在是为了救助信徒，除此之外别无理由。按照这样的逻辑，主教必须先在教区中服务超过15年，教区神父必须当过5年的助理神父，这都是很明显的改善。因此，除了由精简有俸圣职所必然造成的教士失业问题，《教士公民组织法》所产生的重组效应对大多数牧师没有太大的影响。真正的问题在于职务的任命方式。所有的教士都由世俗民众选出，就像其他公职人员一样。主教由省议会选出，教区神父由区议会选出。主教要和一个咨议委员会一起行使权力。咨议委员会的设置让人们想起了某些冉森派教徒长期以来呼吁的教区神父会议，冉森派则是受了17世纪巴黎大学的宗教法规学者埃德蒙·理查的启发。“理查派”提倡教会通过选举进行治理，但不是世俗选举，更不要说由一群可能包含新教徒、犹太人和无神论者的积极公民来选举了。因为救治灵魂是一项极为严肃的工作，不能转交给尚未被教会接纳的人。最后，教皇的地位和权力也是一个问题。法令明文规定禁止所有的法国公民和任何外国主教或其代理人接触，然而这绝不是对所谓“信仰的团结，以及人们通过基督教世界可见首脑维持的联系”怀有偏见，在第一版草案中，教皇被称为罗马的主教。但后来被认为实在是大不敬，毕竟尊敬是教皇现在唯一能享有的东西了。一直以来，主教的任命都要得到罗马教宗的首肯，而现在罗马教宗仅仅是得到通知，主教已经被任命了。

教皇暗中的反应要早于议会对《教士公民组织法》的最终通过。7月10日他致信路易十六，劝其不要签署一份会导致法国教会分裂的文件。但当信被寄到路易十六手中的时候，国王已经初步批准了这份文件。他采纳的是主教们的意见，而教皇本以为主教们会采取反对立场。主教们也担心教会分裂，但他们认为恰恰是罗马方面掌握着是否决裂的主动权。极少有教士代表愿意反对新法令，不论他们私底下有什么保留意见。他们都相信教会必须接受这项法律。既然教士的全国委员会没戏了，现在只能等教皇发话。由于他们没有意识到教皇已经表态，因此整个夏季都极力劝说罗马不要谴责新制度，而要寻求共存之道。当8月24日国王正式公布《教士公民组织法》的时候，教士们作出了错误的推测，这一点不难理解，双方已经就废除博洛尼亚政教协议达成了共识，一切即将平息。庇护五世对法国主教的软弱感到震惊，决定采取拖延战术，并和他的红衣主教商议，缓慢地寻求避免教会分裂的方法。表面上他一声不吭，但只要他继续保持沉默，法国教士就很难自信地接受法国现在的新法律。

法国教士不是唯一着急的人。现在全国的教会土地都已经被列入出售目录，修道院和修女院相继被关闭，爱国者们在呼吁大家支持《教士公民组织法》，就像指券一样，这也是对一个人是否支持新制度的考验。事实上，宗教所带来的一系列复杂议题很快分化了人们的意见，这种分化从1789年春天以来还从未发生过。1789年人们一直意见不一，从未协调行动过的保守派报纸第一次联合起来，齐声指责《教士公民组织法》是对天主教信仰的攻击。爱国派的报纸则以当时特有的反教会态度予以回击。而在1790年的政治生活中有一个显著特点，那就是雅各宾俱乐部的数量越来越多，没有什么比这件事带来的刺激更大了。

在国民议会搬到巴黎之后，激进领袖们组织起了一个“革命俱乐部”来讨论和协调改革政策，就像起先在凡尔赛出现的松散的“布列塔尼俱乐部”一样。他们在议会旁的雅各宾修道院议事，并在1790年1月更名为“宪法之友社”。在1789年的激烈变革中，很多外省中心也建立过政治俱乐部。一些俱乐部产生在诸如波尔多和第戎这样的大城市，但更多都涌现在偏远的、难有作为的市镇。起初他们试图相互呼应，1790年春则试图加入巴黎雅各宾的会议社团。雅各宾的声名日隆，又吸引了新的入会者。

2月时他们仅有24人，到了8月变成152人，11月人数已经超过200。这些人悠闲自得，受过良好教育，被国民议会视为积极公民，他们建立组织和社团的爱好远远超过前两代人，而现在这种爱好转移到了政治上。截至1790年7月，巴黎的雅各宾派有大约200名议员成员，还有1000多名其他身份的成员，甚至在国民议会宣布某项国家事务之前，雅各宾俱乐部已经开始讨论了。而外省的俱乐部则把保持对新制度高涨的热情视为自己的职责。他们组织节日和游行示威，敦促低效率的地方政府，传阅爱国报刊，而且不断向其他市镇俱乐部发送消息。很多日后参加革命的大人物都是在俱乐部中获得了早期政治经验。这些俱乐部建立的具体情景或有不同，但它们通常是由某次事件或某个议题引起的。而在这些事件和议题中，宗教是最重要的问题。在贝尔热拉克和蒂勒，建立俱乐部是为了控诉支持多·热尔勒4月13日议案（该议案注定失败）的代表。在尼姆和蒙托邦，宗派斗争之后，新教徒将当地天主教领袖视为反革命，当地俱乐部正是由新教徒组成的。阿维尼翁的合并论者在9月建立了俱乐部，以表示他们并入法国的决心，其建立受到了邻近市镇如艾克斯、马赛、尼姆和塔拉斯孔雅各宾派的热烈欢迎。米迪地区的俱乐部在夏季建立，也是受到了第一次公然的反革命武装游行的刺激。8月，一支国民卫队联军在亚雷的加尔北部的一个偏远山谷集会。一开始，这次集会是绝对爱国的，但在尼姆“斗殴”中被打败的天主教领导人把会议主导权夺了过来。他们宣布自己就是造反者，并起草请愿书，控诉新教徒对省政府的控制。他们控诉道：“利用本来意在保护我们的政令，新教徒们正竭力把他们的法律强加到我们头上。从省到区，再到市政，到处都是他们的眼线。他们占尽升迁、官职和荣誉，法院对我们的恳求视而不见。”[1]尽管这支队伍后来被解散了，却留下了一个筹划委员会，和阿图瓦伯爵的部下共同谋划下一步共同行动。彼时阿图瓦伯爵正在都灵的流亡之中，他正梦

[1] G. Lewis, *The Second Vendée: The Continuity of Counter-Revolution in the Department of the Gard 1789–1815*, Oxford, 1978, p. 28.

想着武力勤王，反转革命。

对于这些团体而言，《教士公民组织法》简直是天赐良机。议会对待教士的犹疑不决的方式反过来加重了后者的不悦。10月30日，议会中的30位主教投票反对该法律，并发表了《说明原则》一文来解释他们为什么这么做。文中丝毫没有号召武力的意思，他们只是表明，在尚未征得委员会或者教皇同意的情况下，自己很难默认这项法律。然而，爱国者们将其举动视为鼓动大家违反《教士公民组织法》，而嚷嚷着支持雅各宾俱乐部的地方政府开始强制执行该法律。在一些采取了镇压行动的主教辖区，主教被赶走了，圣堂参事会也被解散了。在10月和11月上旬，法国选出了第一届省主教。但这一次教士没有逆来顺受，抗议出现了。在色内一个被废除的主教辖区，一位教区神父宣称："我不能再进一步放弃自己和教会的圣契，就像我不能放弃在受洗时许下的承诺一样……不论生死，我都是属于我的信众的……如果上帝要试炼他的儿女，那么18世纪也会和第一个世纪一样出现殉教徒。"[1]议会代表埃斯比耶利被选为菲尼斯泰尔省第一位主教，雷恩的大主教却拒绝批准该项任命。苏瓦松的主教则因为谴责《教士公民组织法》而被省政府革职。然而南特的104名神父也谴责了该法律，要将他们集体革职是不可能的，但他们的薪俸被停发了。显而易见，向新教会秩序的和平转变难以实现，愤怒的地方政府纷纷要求议会采取行动。议会终于在11月27日采取了行动。在经历了两天的激烈争论之后，代表们决定：任何教士，只要不明确接受新制度，就要被立刻解除圣职。为了检验教士的接受情况，议会设置了宣誓环节。所有有俸教士都必须在即日起第一个周日的弥撒之后宣誓："忠于国家、国王和法律，支持宪法赋予议会和国王的权力。"任何拒绝宣誓的教士都按照《教士公民组织法》中既定的程序予以革职替换。

法国大革命中有很多转折点，教士宣誓即便不是最重要的转折，也

[1] P. de la Gorce, *Histoire religieuse de la Révolution français*. Volume 5, Paris, 1902–1923, i. p. 203.

是其中之一，这毫无疑问是制宪议会最致命的错误。革命者首次强迫公民进行选择，强迫他们公开表明自己是否支持新制度。尽管拒绝意味着公民无法在新生的法国中担任公职，但悖论之处在于他们有拒绝的权利，这等于承认了他们有否定革命的权利。革命者本来是为了寻找持不同意见者，但这在某种程度上也使“不同意见”合法化了。代表们觉得这无关痛痒，因为他们预期拒绝宣誓者充其量只有一小撮高级教士及其下属。议会原本预计宣誓在几周内就能搞定，但是在几个月之后，教士宣誓的局面才逐渐明朗，全国近半数的教士不愿屈从。在罗马仍旧一言不发的情况下，国王于12月26日颁布了新的法令。因此，在1791年1—2月间，宣誓问题主导了法国的公共生活。议会中的教士们就是一个典型，他们在这个问题上彻底分成了两派。只有109名教士宣了誓，其中仅有两位主教，一个就是塔列朗。随着宣誓截止日期逐渐临近，1月4日人群包围了议会，叫嚣着绞死拒绝宣誓的教士。而爱国者们——由新教徒巴纳夫做他们的领头人，显得毫无说服力——磨破了嘴皮子，使尽了各种手段，想要说服那些犹豫不决的教士，但没有任何人被说动。有了议会中教士们的榜样，可想而知农村的广大教士会更“顽固”（大家很快就开始这么形容未宣誓的教士）。不过不同地区存在显著差异，在反教士的巴黎，极少有神父敢于冒天下之大不韪拒绝宣誓。

当时一位观察家在1月11日写道：“出于好奇，上周日我在圣日耳曼-朗克叙瓦观看教士宣誓的仪式。教堂里座无虚席。教堂神父和第二助理神父拒绝宣誓，其他的15名神父则在群众经久不息的掌声中欣然宣誓。当天在每个教区都有丑闻传出，例如在圣瑟韦然就传出神父和他的助理逃跑的消息。人们辱骂那些逃跑者，追捧对新法律效忠的神父。你们应该听听人们的议论，甚至在教堂里他们都会说：‘天下哪会像他们说的那样，有两种道德？有人宣誓，有人不宣誓！弥撒有变化吗？没有，完全没有，他们怀念的是钱，是美味佳肴。’……还有很多我不敢说出口的污言秽语。”[1]

巴黎周边的平原地区宣誓率也很高，比如比利牛斯地区。另外，东南部地区也特别高，例如普罗旺斯和多菲内，当地拿不到薪水的“提成金教士”曾在18世纪80年代教士反抗“主教专制”的运动中非常突出。但在很多大的外省城市，拒绝宣誓的人还是很多，和边远地区一样。在佛兰德斯和阿尔萨斯的大多数地区（当地人的思想文化和法国核心地区颇为不同）仍只有不到四分之一的有俸教士选择了宣誓。在朗格多克充满了想要利用革命达成自己目的的新教徒，但宣誓支持新制度的教士少之又少。总而言之，在西部有大量教士拒绝宣誓，只有从鲁昂到拉罗谢勒一线形成了一小块儿孤立地区，这里的宣誓教士超过了四分之一。此处的教士原来依靠什一税和教会土地过得很好，他们需要争取当地农民的信任，这比物质上的考虑更加重要。从各地情况看，俗众的压力是教士作出选择的决定性因素。地方政府和俱乐部花了大力气来推动教士接受法律，而凡是有群众支持的地方，他们都成功了。但在法国西部的田园乡村里，当地政府掌权者因为从革命中获益太多，已经备受诟病，当地神父们会选择站在教区居民一边。事实上，在很多地区，宣誓变成了对截至目前的革命政策的民意调查，教士选择成为顽固分子或者“支持宪法者”，实际上反映了教区民众对于各项事务的看法，其范围远远超过了《教士公民组织法》。最后，54%左右的教区教士进行了宣誓，这也意味着超过三分之一的人认为革命太过激了。

不仅仅是教区神父要宣誓，任何教士，只要想要在新的宪政教会体制中通过选举谋得圣职，都要宣誓。由于主教管辖制被清除，他们在教会金字塔中升迁的机会大大提升了（尽管并未得到7名主教的首肯），这在1789年之前是不可能的。塔列朗则担保教徒传统不会断绝，宪政教会将会向所有有才能的人敞开大门。很多僧侣和修士尽管被迫走出了修道院，

[1] Ruault, *Gazette*, p. 217.

但他们也宣了誓，借此获得从事医治灵魂事业的资格。相比过去可以忽略不计的定期补贴，他们还能得到更加丰厚的薪水。另外，尽管《教士公民组织法》导致教区数量剧减，但教士的拒绝宣誓率却表明有俸圣职其实很多，事实上供大于求。一开始，教会甚至不得不请求未宣誓教士暂时留职，等待合适的继任人选，这使教会颜面扫地。更糟糕的是，3月10日教皇终于打破了沉默，以私人名义致信给签署了《说明原则》的主教们，全面批评《教士公民组织法》。4月13日，他正式要求主教不要宣誓，5月4日这些文件被公布于众，尽管公布的文件没有涉及明确谴责的段落，但在各方眼中，这就是谴责。很多已经宣誓的教士收回了誓言，大概占总人数的10%。在巴黎，人们焚烧了教皇的塑像，充满敌意的群众不允许未宣誓教士及其集会实行自由崇拜，而这恰恰是《人权宣言》赋予人的权利。议会又开始对是否合并阿维尼翁进行辩论。在5月的尾声，罗马教廷大使离开了法国，革命的法国和罗马教会之间彻底决裂了。

从此时起，除被宗派倾轧搞得乌烟瘴气的地区之外，反革命势力开始谋求建立自己的民众基础。在1790年春以前，除了阿图瓦伯爵头脑发热的想象和他在都灵陈腐的流亡宫廷之外，并没有什么真正的反革命势力。在10月事件之后，穆尼耶退居到多菲内，曾试图组织当地三级会议，谴责当时的革命形势，但被同乡断然拒绝。早在1789年9月，米拉波就在玩两面派的把戏。他一边在议会的讲台为激进主义煽风点火，另一边却作为顾问为国王和王后提供秘密建议。自1790年5月起，尽管国王和王后对米拉波的人品颇为不屑，他们还是开始为他按时提供的秘密建议付钱。米拉波想停止革命，而不是扭转革命。他支持强有力的王权，也认为国王应该离开巴黎，却不愿意掺和都灵的阴谋和他们重夺贵族权力的计划。不管怎样，路易十六没有采纳他的任何建议，米拉波在1791年4月郁郁而终了，尽管他的爱国者的声誉丝毫未变。国王也没有过多关注有关阿图瓦伯爵的小道消息。伯爵自1790年起对卡隆大加倚重，他曾对卡隆说："我们必须侍奉国王和王后，无论他们本身是怎样的人。”[1]

当时，伯爵的手下正在和加尔的天主教首领进行接触，他们收到了关于东南部局势不稳的报告，备受鼓舞，当年秋天他们决定在罗讷河谷计划一场反抗运动。但是从此地的安全工作来看，反革命派将战略地点选在这里很不现实，由于书信泄露了整个阴谋，密谋者12月在里昂被捕。1791年2月，有人组织吹响了第二次“雅赖斯集结号”，目的是召集大量的天主教国民卫队向尼姆进军，却也以失败告终。一支主要由新教徒组成的武装队伍抓捕了这群乌合之众，整个过程非常血腥。阿图瓦伯爵对此类活动的支持让萨迪尼亚国王处于极为尴尬的境地，后者开始明确表示都灵不欢迎流亡宫廷。1791年1月，这群颜面无存的流亡者决定离开，6月他们在德国科布伦茨找到了新的总部，这块领地很合适，它属于一个天主教国王，后者是特里尔主教的选举人。

路易十六对里昂阴谋倍感不安，他曾请求自己的兄弟不要实施该计划。这次计划的成功完全依赖于王家军队的协助，而在1790年夏天，军中是否有一支部队可以信赖尚不可知。很多士兵受到等级松散的国民卫队的影响，和他们的贵族军官之间形成了严重的敌对情绪，这导致里尔、埃斯丹、佩皮尼昂和梅斯等地相继发生军队哗变。这一系列兵变的高潮是三支驻扎在南锡的军队于7、8月间发生的哗变，并得到了当地雅各宾俱乐部的积极支持。西部军队的最高指挥官布耶将军决心杀一儆百，一举攻占了南锡。23名反叛士兵被处决，100多人受到了严酷的刑罚。除了议会里有人鼓噪说这是旧制度暴政的再现之外，杀一儆百的做法似乎起了作用。到了冬天，军队的骚动基本停息，国王觉得布耶似乎是一个能倚重的将军。从1789年夏天开始，王后就在幻想她的奥地利兄弟会来搭救他们，但此时已经快要到1790年底了，就连国王也开始敦促他流亡的兄弟赶紧制订救援计划，他开始认真考虑逃跑方案了。

[1] R. Lacour-Gayet. *Calonne: Financier, réformateur, contre-révolutionnaire 1734–1802*, Paris, 1963, p. 290.

不过，国王此时动逃跑的心思多少有些讽刺，因为人心也许正向王室靠拢。而更加讽刺的是，国王的出逃和人心向国王的靠拢都出自同一个原因，即宗教分裂。国王确实正式批准了《教士公民组织法》和教士誓言，但他的心中疑虑重重，而随着大量教士拒绝宣誓，教皇也保持着不祥的沉默，国王的疑虑更深了。路易十六的忏悔神父宣了誓，但从此之后国王再也不和他商议任何事情。国王生命中第二重要的女人（排在王后之后），即他的未婚姑妈也极为鄙视宣誓教士。1791年2月教士们请求获准到罗马面见教皇，在没有外界干扰的情况下，国王自己贸然安排让他们离开法国。成群的妇女成为首都游行群众的主力，可她们没能来得及阻止教士们。在雅各宾派、公共报刊和比以前更加激进的科德利埃俱乐部（他们现在的正式名称为“人民权利之友社”，不是宪法之友。特别指出。）的鼓动下，妇女们聚集在其他王室成员的宅邸外进行恐吓，她们怀疑这是一次分批出逃的计划。1791年的整个春季，拉法耶特和他的国民卫队都在巴黎疲于奔命，忙着驱散反王室和反教士的游行示威。拉法耶特招来了大众报刊的谩骂，还有大众政治社团的记恨，因为科德利埃俱乐部想让这样的社团遍布巴黎；另一方面，拉法耶特也没得到国王及其追随者的感谢，他把自己看作王室的保护者，后者却把他看成“监狱长”。在国王看来，拉法耶特甚至不能确保自己手下的安全，因为他似乎每次都到得太迟了。2月28日，拉法耶特赶赴万塞讷，试图阻止一群暴民拆毁当地要塞，像攻占巴士底狱那样。为防国王无人保护，上百名贵族带着刀和手枪在杜伊勒利宫周围守卫。这看起来很像图谋出逃，拉法耶特急忙赶回去解除了王宫周围的武装，结束了这场名为“匕首日”的骚乱。在4月的复活节周，人们对这些装模作样、充当“宫相”角色的王党的蔑视达到了顶点。就像1790年一样，王室准备到位于巴黎西边圣克劳德的森林高地度过复活节。但就在周日复活节的前一天，国王公开接待了一位未宣誓教士，很快消息传遍了全城。第二天，当王室成员准备出发前往圣克劳德的时候，一大群民众拦住了马车，不允许它行驶。拉法耶特和平时一样再次迟到，他命令国民卫队清开道路。士兵们拒绝执行命令，大约僵持了两小时，国王不得不回到王宫。没有什么证据可以证明这次去圣克劳德的远足是逃跑计划的一部分，但最终被迫放弃此行，使国王确信他已经成为这座无神论都城的阶下囚。关于国王即将出逃的谣言和预测实际上反过来促成了他的想法，从此他开始制订自己周密的出逃计划。

与此同时，大众对未宣誓教士的迫害日益加重。比如，有的学生参加宣誓教士主持的弥撒，遭到了修女的惩罚，结果整个修道院的修女都被拉出来，在集市上被妇女当街鞭笞。未宣誓的教士团体本来租用了废弃的教堂，用于进行私底下的崇拜，由于害怕会受到同样的对待，也不敢开展活动。法纪崩坏的背景下，巴黎的失业率也在逐步上升。由于贵族逃亡或者生意削减，圣堂参事会和修道院的全面关闭，大量仆人和从事奢侈行业的工匠都流散到了大街上。公众慈善工坊倒是吸收了一些失业人员，其中最有名的工坊正在拆除巴士底狱，正是这件事给了人们拆毁万塞讷要塞的灵感。市场上的劳动力如此之多，而工资自从1789年以来就没有涨过。随着指券逐渐进入流通，驱逐了铸币，物价也开始上涨。1791年3月2日，国民议会宣布了一项在1789年8月被搁置的议题，废除行会和团体组织，因为后者是一个建立在特权基础上的社会的残迹，特权社会已经一去不复返了。但是行会也曾经是雇工的联合组织，其消失导致各色工人团体要求提高工资。其中最突出的是木匠和铁匠，他们在6月上旬暗示有一个包括了8万名工人的“大联合会”决意要求雇主涨工资。木匠们强调通过罢工来确保最低工资，很多人民社团也很支持他们。市政当局为了抵制雇工运动，采取了越来越强硬的措施，但最后议会认为自己有责任干预。6月14日，经列沙普利耶提议，议会投票禁止所有的工人组织和任何形式的集体工人活动。地方政府不得接受来自此类团体的代表，也不能为此类团体中的成员提供工作，这条法律将用于管理法国产业工人关系长达73年。

作为该议案的提出者，列沙普利耶非常关键。他在革命早期是激进派的领袖人物，雅各宾俱乐部的创始人之一，而且长期在议会中扮演左派首领的角色。但1791年他开始相信，革命如果想要继续前进，就必然会伤及1789年以来所取得的成果。巩固革命成果的时候到了，要完善宪法，在它被民众激情完全淹没之前，使宪法运转起来，很多激进派领袖到了这个时候都得出了类似的结论。前王政派的一个团体感觉到了风气的变化，在1790年的最后几周他们建立了"王政俱乐部"，想要挑战雅各宾派。很快其成员达到了上百人，它作出了原则性的让步，但其争取民众支持的方式太明显了，即在寒冷的冬季销售大量的补助面包。雅各宾派于是借机敦促市政府将其关闭，因为他们扰乱了市场。巴纳夫领导了这次活动，但到了第二年夏天，和他原来的激进派盟友迪波尔和拉梅特兄弟一样，巴纳夫也开始修正自己的看法。他们意识到，如果国王逃走了，整部宪法的基石就没有了，这将带来无法想象的后果。另外，在制宪议会完成了它的工作之后，剩下的就是权力分配问题，而每个人在夏天都打着类似的算盘。这两年中，代表们扮演着国家领导的角色，对于回到偏僻的外省，他们毫无兴趣。把国王争取过来意味着打开了仕途之门，更何况现在米拉波已经死了。但是巴纳夫、迪波尔和拉梅特的"三巨头"向政权核心的转移很快引起了大众的怀疑，而一直默默无闻的一群左派议员开始博得人们的欢心，米拉波在自己的最后一次演讲中（1791年2月28日）将他们称为"30副嗓门"。对于这群人的目标，英国大使有更加直率的描述，他在4月15日报告说："有一派人，其目的是彻底消灭王权，不论后者已经受到了怎样的限制。"[1]他发现这群人的领袖是罗伯斯庇尔。罗伯斯庇尔现阶段是不是共和主义者尚需存疑。诚然，他4月10日在雅各宾俱乐部否认了这一点，但另一位英国观察家则从中看出了更多。

迈尔斯当时加入了雅各宾俱乐部，并将其情况汇报给伦敦，他这样描述罗伯斯庇尔："他从骨子里就是一个共和主义者，并不是为了讨好大众，而是从自己的观点出发，认为这即便不是人们应该接受的唯一政体，

[1] Edited by O. Browning, *The Despatches of Earl Gower*, Cambridge, 1885, p. 79.

那也是最好的政体。他根据这个原则行事，大众则坚定地支持他的那一套。他是一个刻板的人，固守原则，待人接物简单呆板，衣着朴素，明显不会腐化堕落，轻视钱财……我每晚都在观察他，我盯着他，分析他的每一个表情。他确实是一个值得关注的人物，他正变得越来越举足轻重。但说起来奇怪，整个国民议会都轻视他，觉得他无足轻重，我曾跟一位议员说起我的猜测，我认为他很快就会上位，统治成千上万的人，结果遭到了嘲笑。”[1]

这段话写于3月1日，5周过后，也就是4月7日，罗伯斯庇尔有了第一次实实在在的“成就”。米拉波的仕途曾因遭人怀疑而在1789年11月毁于一旦，如今罗伯斯庇尔旧事重提，提议所有的制宪议会成员在本届议会结束4年之内不得担任公职，该项议案获得了通过。他的下一项议案是在5月16日提出的，内容是所有的制宪议会议员不得进入立法议会，也获得了通过。这两项议案都对革命日后的发展产生了深刻的影响，但在当时看来仅仅是一个策略性的胜利。右派议员之所以支持这两项议案，是为了整治“三巨头”，他们乐于见到左派的分裂。

这次分裂从5月到6月上旬一直在继续。当议会再次讨论阿维尼翁问题的时候，罗伯斯庇尔一干人要求立即合并，但这次他们没有成功，因为大多数人开始权衡进一步和教皇交恶的利弊。大家花了大部分时间讨论殖民地问题，该项议题自从1789年6月8日以来还未曾被真正提上议程，当时是一队来自圣多明各的代表团要求获得承认。1790年3月代表们废除了奴隶制，这是由一个巴纳夫主持的委员会提议的，显然黑人还未享受到人权。但自由的其他人种怎么办？圣多明各大概有4万白人，他们坚持自己对政治权利的要求。1790年10月，一小群当地白人试图通过武装力量来表明自己的诉求，遭到严酷镇压。现在其他人则向议会请愿，巴纳夫警告说满足他们的要求很危险，而罗伯斯庇尔则控诉奴隶制，要求无论肤色种族一律

[1] Edited by C. P. Miles, *The Correspondence of William Augustus Miles on the French Revolution 1789–1817*, Volume 2, London, 1890, i. p. 245.

赋予其政治权利。罗伯斯庇尔的提议再一次通过了。他现在也开始掌控雅各宾俱乐部，他还在6月11日当选刑事法庭的公诉人，这显示了他在巴黎的民望。

估计这一切都无法让王室安心，在议会辩论期间，他们的出逃计划也正在一步步实现。现在，国王对于任何拉拢他的努力都不感兴趣了，他正集中精力草拟一份挑战性的声明，他准备在出逃之后留下这份声明，其中控诉了自1789年10月以来甚至在之前发生的各种事情。出逃是由王后的忠实崇拜者、瑞典冒险家阿克塞尔·冯·费尔森伯爵安排的，王室通过他联系上了布耶将军。他承诺为王室难民提供护卫队，保护他们赶往邻近卢森堡边境的蒙梅迪。护卫队士兵会以为自己是前去侦察国境对面奥地利皇帝集结的军队，无论如何，王室成员的行动都是非常隐蔽的，而且他们带着特别准备的护照。6月20日晚他们溜出了杜伊勒利宫，最近因为国王出逃的传言日盛，王宫四周的护卫增加了一倍，但国王还是躲过了他们的视线。尽管有些延迟，但他们还是全身而退。不过延迟意味着在皇家马车抵达之前，第一支护卫军已经撤退了，因为他们认为行动已经失败。这同时也是候补护卫军补上的信号。与此同时，各种军队调动引起了沿途市镇居民的怀疑，国民卫队出动了，6月21日晚在圣梅内勿勒，国王被认出来了，辨认者是当地的邮政局长德吕埃，他火速赶往下一个城镇瓦楞，这件事情也让他走上了激进政治的生涯。在瓦楞，国王一行被拦截下来，全镇的人都出来了，军队也无计可施。第二天早上，21名从巴黎赶来的信使带来了命令，将这些“逃跑嫌犯”带回首都。

国王出逃瓦楞是革命的第二个重大转折点，就像教士宣誓一样，它迫使每个人不得不作出选择，一旦作出这个选择，后续的选择也就都决定了。不论国王是像他自己说的那样，仅仅是到蒙梅迪在安全距离之内进行谈判，还是像大多数人怀疑的那样（包括国王兄弟普罗旺斯公爵，此人当时确实到了奥属尼德兰，他也如此宣称），准备逃亡出国，并在奥地利军队的帮助下回国，革命迄今为止的一切成就都被根本地改变了。外交家曾认为战争可能会随时随地爆发，国王出逃失败推迟了这种可能性，但提出了另一个问题，即是否要选择一个不同的体制。王权已经背弃了革命，其理由在国王留下的声明中已经讲得很清楚了。他控诉巴黎囚禁自己，革命侵犯了财产以及“帝国的彻底无政府”，谴责革命者违背了陈情书中表达的愿望，新宪法下国王的权力太小以及雅各宾俱乐部四处伸展的权力触角，并含蓄地指责了新的宗教秩序。这样的人怎么能够继续充当国家首脑？巴黎民众和激进领袖们最不幸的怀疑被证实，共和派登场了。巴黎所有的王室象征物都遭到了攻击和羞辱，6月24日科德利埃俱乐部向国民议会呈上了一封请愿书，要求要么罢免国王，要么就发起全民公决来决定国王的命运。3万群众护送递交请愿书的专员。

议会的大部分议员对国王的背叛感到十分惶恐。但反常的是，在危机爆发之时，公共事务似乎能够在没有国王的情况下运作得很好。行政官员被召集起来，军队控制权也得到了确保，辩论也在继续，就像糟糕的事情没发生过一样。一个贵族代表惊诧地说：“你绝对难以想象，此时的法国其实没有国王。”[1]但是，罢免国王充其量只是让法国进入摄政王统治，这种统治太冒险，在法国历史上名声极差。最糟糕的结果则是重新起草几近完成的宪法。如果强调共和，无疑民众将会登台亮相，并且扮演起越来越重要的角色，而自春天以来越来越多的代表觉得需要警惕群众。在出逃消息曝光的一天时间之内，议会想到了摆脱困境的方法。它将无视所有证据，假装国王是被绑架的。议会在6月22日发表的劝人民保持冷静的声明中表达了这个意思。至于国王留下的控诉状，则是居心叵测的谋士强迫不情愿的国王拟写的。反对如此捏造事实的议员被压倒性的票数否决。国王也被架空了，制宪议会从此同时掌握了行政权和立法权。但毫无疑问的是，绝大多数的议员都想保住王权，即使说再多的谎话、编再多的故事也在所不惜。7月15日，议会以颁布政令的形式将所有的罪责都归结到了布

[1] Ferrières, *Correspondance*, pp. 362–363.

耶及其部下身上，他们将被依法提起诉讼。其实议员们心知肚明，当时大多数受到指控的人都已经跑到国外了，安全地待在奥地利境内。

瓦楞事件造成的紧张气氛弥漫全国。大家都猜测奥地利军队会入侵法国，营救在押的王室成员。国民卫队枕戈待旦，地方政府建立常设会议，保持警惕性。很多地方人士再次控诉未宣誓教士及其团体，认为他们和贵族、外国人勾结，在策划大阴谋。雅各宾俱乐部里充满了急切的爱国者，像是快要炸开的锅。春季的宗教骚乱重新激活了雅各宾俱乐部的网络，原因是需要凝聚人气支持教士宣誓，鼓励大家参加神父和主教的竞选。7月，雅各宾俱乐部的分部已达900多个，是年初数量的3倍之多，而国王在他的出走声明中特别指出，俱乐部是很多事情败坏的根源。但瓦楞事件给俱乐部出了个难题，很多俱乐部成员明显觉得国王背叛民众的信任，应当被罢免。至少有60个俱乐部要求审判国王。但只有少数俱乐部公开要求建立共和国，被其他俱乐部直接否定。很快，“母社”的分裂变得明显起来。辩论中很少有人对议会的做法表示满意，但对直截了当的共和主义也是响应者寥寥。即便是罗伯斯庇尔也主张把决定权交给人民。7月15日，一个消息传遍了巴黎，议会丝毫没有责怪国王，俱乐部难以抵御全城的愤怒情绪。当天晚上，一个迄今为止默默无闻的激进俱乐部——社会俱乐部组织起4000名群众前来搅乱了雅各宾俱乐部的会议。在瓦楞事件之前，社会俱乐部被认为是一个讨论乌托邦政治的团体，但在这之后，它和科德利埃俱乐部合作，一起呼吁建立共和国，并于6月24日在其报纸《铁嘴报》中公开发布了自己的要求。现在这群闯入者要求雅各宾派加入他们，共同起草请愿书反对国王复职。在攻占巴士底狱两周年庆典的前一天，马尔斯校场上建起了一个祖国圣坛，而社会俱乐部的成员打算把请愿书散发到圣坛上，以征集大量的签名。双方建立了一个联合委员会，连夜起草请愿书。被选进委员会的有丹东和布里索。布里索通过他的报纸《法国爱国者报》和他在社会俱乐部里的活动，在巴黎为自己赢得了民主主义者的名声。第二天早上刊发在《铁嘴报》的请愿书最终定稿宣称国王已经退位，即使大多数国民作出决定，也不应有人来接替王位。这实际上是一份共和主义宣言，导致了雅各宾俱乐部的分裂。拉法耶特、拉梅特兄弟和俱乐部的很多活跃成员被视为罪恶的王党，他们此时也脱离了雅各宾俱乐部，带走了俱乐部中几乎所有的议员，只有罗伯斯庇尔及其盟友佩蒂翁和其他一两个人没有跟随他们，拉法耶特等人在废旧的斐扬修女院中展开了和雅各宾派对立的俱乐部集会。罗伯斯庇尔害怕他最可靠的平台从此分裂，在经过了激烈的辩论之后他劝说雅各宾的剩余成员收回对请愿书的支持。这已经太晚了。斐扬派得以摆脱他们的激进同僚，对此他们感到非常高兴。不管怎样，现在请愿书在科德利埃派手里，他们下定决心要去征集签名。

于是，大约有5万人于7月17日聚集在马尔斯校场上，截至下午约有6000人签名。但早在这之前，有两个躲在圣坛下的倒霉鬼被人们发现，情绪高涨且疑心重重的群众将两人绞死了。这让巴黎市长巴伊有理由根据1789年10月的法令宣布戒严，拉法耶特和国民卫队挥舞着红旗进入了马尔斯校场，招呼他们的却是铺天盖地的石头和几颗枪子儿。于是他们朝几乎手无寸铁的群众开了枪，就像一位当事军官说的那样，把他们“像小鸡一样”射杀了。[1]人群被驱散，大概有50人被击毙，受伤的人就更多。在“马尔斯校场大屠杀”之后的几周里，大约有200多名被认为是巴黎群众运动积极分子的人被捕，丹东逃到了英国，德慕兰和马拉也藏了起来。看起来共和主义运动被扼杀在摇篮中了。激进报纸停刊，科德利埃和社会俱乐部休会，而且社会俱乐部再也没有复会，甚至雅各宾俱乐部都被削弱了。斐扬派起草了一份自信满满的声明，邀请外省分部将现在的新俱乐部视作唯一合法的“宪法之友社”。制宪会议现在再无群众烦扰，开始着手敲定耗费了他们两年心血的宪法的最终定稿。

在这个过程中，自1791年6月以来一直冲突不断的拉法耶特和三巨头

[1] G. Rudé, *The Crowd in the French Revolution*, Oxford, 1959, pp. 89–91.

开始了合作。巴纳夫作为议会派去瓦楞护送王室家庭回来的专员之一，深深地为王后所倾倒。他带头在最后时刻对宪法进行了修改，使国王更乐于接受宪法。他们取得了一些胜利。《教士公民组织法》被从宪法中删去了，这意味着是否宣誓效忠宪法与是否接受新的教会体制无关，也意味着该法律可以像普通法律一样被修改甚至替换，而不用经过被刻意设置得异常繁杂并长达十年之久的宪法修改程序。与此同时，有议员提议未宣誓教士不得跨入曾任圣职地区方圆30英里之内的范围，这项提案也被否决了，因为挑衅意味太重。议会颇为虚伪地废除了将“银马克”作为代表选举资格的规定，事实上这在当年春季被证明是笼络巴黎群众社团的绝佳办法。但是二级选举会议的投票门槛被大大提高了，这里才是真正选出议会代表的地方，提高选民资格的目的在于确保最重要的权力杠杆被掌握在富有的地主手中。无论如何，在8月27日这些修正案通过的时候，下一届的立法议会选举已经开始了，而所有立法议会议员都还要通过银马克这一关。最后，斐扬派得以通过限制报刊自由的法律。议会（终于）认为报刊的责任是调节控制群众大量的不稳定情绪，不顾罗伯斯庇尔孤零零的反对，8月23日颁布法令，任何“有意煽动人们违抗法律，（或者）藐视政府权力，对抗政府行动”的作者都将遭到起诉，而任何正直或者诚恳用心受到抨击的官员可以就其损失提起诉讼。拉梅特兄弟和马卢埃（后者与前者不同，他一直都相信这些保障政体安全的程序）还梦想赋予国王绝对否决权，让议员有资格担任政府部长，甚至还想设置第二议院，但现在想要重拾1789年王政派的计划已经太晚了。将要让国王接受的这部宪法，自从1789年人们为宪法奠基时起就已经定型了，只是在细节上有些不同。

路易十六会不会接受宪法也完全是个未知数。国内外各种各样的人都在向他提供建议，这些建议又往往彼此矛盾，直到最后一分钟，路易十六还在犹豫。有的时候他似乎决心要落实宪法，7月31日他曾写信给阿图瓦伯爵，请他回到法国，放弃反革命的计划。第二天议会提出了更加严酷的刺激政策，它首次通过了惩治流亡者的法律。他们被要求在一个月内回国，并处以缴纳三倍税金的惩罚，而且官方也开始首次列出了流亡者名单。这项法律议案最先在2月被提出，但是由于米拉波的反对而未能通过。自此，流亡海外的队伍开始急剧壮大，特别是在瓦楞事件之后。对于军官而言，6月11日对国民、法律和国王（新制度中的国王）的新一次宣誓已经让他们心灰意冷，瓦楞的“失败”更使他们怒不可遏。在布耶流亡海外之后的6个月中，有将近6000人步了他的后尘，这超过了整个军队中军官人数的一半。9月14日，作为宪法颁布之日进行的大赦，惩治流亡行为的新法律被废除了，但这并没能止住流亡浪潮。此时，军队纪律在一次次的兵变中已经接近崩溃，有很多原本打算留下的军官也都断然选择了离开。

在贵族圈子里，斐扬派以立宪君主为核心重建国家共识的努力也没得到任何褒奖，大家想尽各种办法阻挠他们。在议会中，贵族们——他们现在被称为黑皮肤的人或前贵族，要么投弃权票，要么故意乖张地支持罗伯斯庇尔和佩蒂翁。尽管右派的目标明显是保守的，但他们中极少有人加入斐扬俱乐部，而且斐扬俱乐部最失败之处在于，它没能拉拢大多数的外省俱乐部。只有72个外省分部脱离了雅各宾，而且72个分部中还有很多在夏末又收回了自己脱离雅各宾的决定。8月上旬戒严令被取消之后，报纸又重新出现了，而巴黎没有一份重要的报纸是向着斐扬派的。没有什么比战争的谣言更能分化革命阵营了，它在整个夏天都沸沸扬扬。左派认为瓦楞事件是一场摧毁革命的国际阴谋的一部分，而王后和流亡者们确实也是这么打算的。当出逃行动失败之后，所有人都认为德国方面将会加紧努力，而摇摇欲坠的法国军队肯定无法抗击。事实上，神圣罗马帝国皇帝利奥波德在7月10日发表了《帕多瓦公告》，邀请诸王和他一起，重新恢复法国王室的自由。但只有普鲁士国王积极响应，响应的结果无非是这两个国王8月27日在皮尔尼茨会见并进一步呼吁要协调行动。

《皮尔尼茨宣言》表示，法国国王的处境关乎欧洲所有君主的利益。该宣言邀请其他各国一道采取“最有效的手段加强法国国王的力量，在最完美的自由状态下，君主政府的基础既是君主的权利也是全体法国国民的幸福安康”。这两位国王表示，如果其他国家同意，他们就将“迅速行动”。但至少奥地利的私下想法是，其他国家组成联合军队不会有太大的作用。此时此刻奥地利正在解散军团。对于他们来说，《皮尔尼茨宣言》仅仅是王政和家族荣誉的需要，这也许会促使法国国内局势稍有缓和，但难以构成真正的威胁。既然如此，那么宣称这份宣言是在流亡王公的请求下发布的，或者允许流亡者们联名写煽动信给国王，力劝其拒绝宪法，就都是毫无意义的刺激性做法。对于制宪议会而言，关于外国将支持流亡者反攻法国的流言结束了，而作为对国际意见的蔑视，议员们于9月14日投票决定合并阿维尼翁和孔塔。

王公们对他们兄弟的劝阻来得太迟了。9月3日宪法就已完成并呈给国王请求其接受，9月13日在一片欢欣鼓舞和天下大赦的氛围中，国王签名表示接受宪法。斐扬派坚信，现在革命结束了，正常的宪政可以开始了，他们期望法国能就此进入更稳定的时期。但是大多数人是为了制宪议会即将于9月30日结束而欢欣鼓舞。制宪议会的成就是巨大的，在26个月的时间内它瓦解了旧制度，后者是几个世纪以来缓慢演进形成的产物。与此同时，制宪议会确立了新制度的原则，建立了一套延续至今的结构的轮廓。在革命之后，甚至到了19世纪，当人们赞许地说起1789年原则，他们说的正是1791年革命还未走向极端时路易十六所接受的一切，但革命走向极端的种子已经埋下了，应该对其负责的同样是制宪议会。由于强迫教士在教会和国家之间进行选择，它分裂了国家，给予了反革命比自身利益更高的行动目标。在行将结束之时，制宪议会又单方面地攫取了罗马教廷的土地，这加重了它对自己的伤害。宗教分裂使数以百万计的人无法全心全意支持革命，国王自己就是如此。只有不敢面对其他事实的人才会相信他在1791年9月真诚地接受了宪法，在6月那场他自己称之为“旅行”的事件中，他的真实想法已经昭然于天下。这造成了进一步的分裂，立宪君主派和迅速升温的共和主义运动之间的分裂，而后者的中流砥柱是巴黎喧嚣的群众，这使得它更加令人恐惧。最开始发动革命的贵族们现在选择退出，隐居在偏僻的乡村，或者跨过莱茵河加入海外流亡王公的行列。这一切都难以保证斐扬派梦想的“后革命”生活。对于1791年10月来说，英国大使在4月作出的预言再正确不过了：“目前的宪法不得人心，不能持久。”

| 第七章 |

欧洲和大革命（1788—1791）

法国大革命让整个欧洲感到意外。诚然，在18世纪80年代，所有有文化的欧洲人都意识到自己生活在一个动荡的、藐视权威的时代。美国已经摆脱了英国的统治，爱尔兰也曾反抗英国人的权威。在荷兰共和国，自称为爱国党人的人正在为夺下奥兰治亲王手中的准君主权力而斗争。不过，如果说有哪个大君主国不久之后定会崩溃，那不会是法国的波旁王朝，而是哈布斯堡王朝。约瑟夫二世，这位躁动的、令人捉摸不定的皇帝，正在对他的德意志领地进行莽撞的大修，以创建一个合理高效的军事专制主义体制。到18世纪80年代中期，他把注意力转向更为外围的领地，即匈牙利和南尼德兰，但这两个地区很快就陷入动荡。

对于所有新出现的动向，法国的外交官们都予以积极的鼓动。没有法国的援助，美国的独立可能不会如此迅速地取得决定性的成功。荷兰的爱国党人运动同样给奥兰治家族与英国人重建长达一个世纪的联盟造成了障碍，而这个联盟已于1780年破裂，所以，爱国党人可以依靠凡尔赛的任何支持。而且，一切迫使约瑟夫二世关注国内事务的做法都会受到欢迎，只要这些做法能抑制他的国际冒险。但是，作为境外反叛者的朋友，韦尔热讷在国内却是个坚定的权威主义者。无论是他本人，还是满怀信心地看着他施展君主国际影响力的外国观察家，都没有发觉他足下的大地正在崩塌。然而，在他于1787年2月死后仅仅6个月，法国也陷入了动荡。

国内危机开始削弱法国的国际地位，第一个征兆出现在1787年9月，当时法国无力恪守对荷兰爱国党人的许诺，允许普鲁士人进入这个共和国粉碎爱国党人的运动。欧洲各国内阁都注意到了这突如其来的变化，而且产生了幸灾乐祸的自得感。英国驻海牙大使写道："如果上帝要'以其人之道还治其人之身'，惩罚他们的罪过，我该如何赞美神的正义呢！"[1]上帝显然这样做了。在随后的四年里，法国人越来越致力于国内事务，他们的国际影响力也随之衰退。许多世纪以来，外交关系的处理可以首次不必考虑法国的想法和做法。法国人无法恢复财政或实际事务的稳定，这种显而易见的无能让其他欧洲人感到震惊或高兴，至少到1789年夏天还是这样。直到那时，很少有旁观者理解整个事态的发展。但是，当巴士底狱被攻陷时，整个欧洲大陆似乎突然同时明白了法国局势发展的意义。巴士底狱是座国家监狱，它被攻占标志着臣民推翻了专制主义，而这些人直到此刻还不知道国王统治之下居然还有自由。

这个消息在被渲染之后造成巨大震荡。所有欧洲人都涌向书店和读书室，为得到最新的消息而吵嚷着。一位德国女士写道："我好想看到这些重大的好消息，但不知道去哪里找刊登这些消息的读物。"[2]德国文学界的领袖人物几乎一致欢呼法国的事件。康德和赫尔德等哲学家，克罗卜施托克、荷尔德林和维兰等诗人，得知消息后都欣喜若狂。即使那些更具怀疑精神的人，如歌德和席勒，一开始也是热情欢迎来自法国的消息。里歇尔和更喜欢冒险的德国人还前往巴黎，亲自考察那里的新自由。他们中间至少有一个人后来成了名人，他就是富裕的普鲁士贵族阿纳卡西斯·克鲁茨，他在1785年离开法国时发誓不再回来，除非巴士底狱陷落。巴士底

[1] A. Cobban, *Ambassadors and Secret Agents*, London, 1954, p. 212.

[2] G. P. Gooch, *Germany and the French Revolution*, London, 1920, pp. 39–40.

狱被攻陷时，他正在西西里，随后他急忙回到法国，投身他一直梦想着的民主政治。类似的反响也出现在意大利知识分子之间，他们很乐意看到一度被视为各国之中最牢靠的国家被群众起义粉碎，然后全心致力于民族革新。当然，这还不是梦想家期待的全面改革，或者如美国人那样，从一片处女地上重新开始。但这是发生在欧洲的中心，发生在大陆的思想首都，这就意味着，改革可以在任何地方进行。即使远在斯德哥尔摩的沙龙和咖啡馆里，人们也在议论来自法国的消息。年轻的瑞典诗人凯尔格伦在给兄弟的信中写道："告诉我，在历史上，哪怕是在罗马或希腊，还有比这更崇高的事情吗？听到这个伟大胜利的消息，我像个孩子、像个人那样哭泣。"[1]

在圣彼得堡，街道上举行了庆祝活动，消息传单被散发得到处都是。实际上，有俄国人目睹巴士底狱被攻陷。"自由的呼喊响彻我的耳畔，"其中斯特罗加诺夫伯爵激动不已地说，"如果有一天我能看到俄罗斯在这样一场革命中重生，那将是我人生最美好的一天。"[2]在欧洲，有一个国家觉得没有这种必要。1788年，大不列颠举行广泛的纪念活动，庆祝光荣革命一百周年，那场革命推翻了斯图亚特王朝的专制统治，最终确立了议会制政府和法治。英国人对自己的自由颇为自得，而且习惯于把法国人视为暴政、迷信和贫困之下的奴隶。现在他们正善意地注视着邻国的追赶。辉格党反对派领袖福克斯宣称，巴士底狱的陷落是历史上最重要的、最美好的事件。虽然不是所有的英国观察家都像福克斯这样，但一开始的确没有多少敌意。1789年7月28日，一位英国议员在给驻法国的一位通信者的信中写道："你也许感到意外，但这千真万确，革命……在这里引起了十分真诚且十分普遍的欢欣之情。所有谈话都在议论它，甚至所有报纸都无一例外地争相歌颂巴黎人，都为如此重大的人类事件而备感欣喜，尽管这

[1] C. Nordmann, *Grandeur et liberté de la Suède (1660–1792)*, Paris/Louvain, 1971, pp. 430–431.

[2] P. Dukes, "Russia and the Eighteenth Century Revolution", History, 1971, p. 380.

些报纸并不受最为自由、最为开明之人的引导。”[1]

与此同时，那些曾目睹最近的革命举动被镇压或流产的人则感到欣慰和鼓舞。很多人已经设法流亡到了法国。日内瓦的民主派曾试图扩大这个城邦的政治权力圈子，但他们的努力在1782年被邻国的一个武装同盟镇压，而同盟的领导者就是法国，现在这些民主派希望巴黎的新政权抛弃日内瓦的寡头傀儡们。1787年，法国的绝对君主制国家在援助荷兰爱国党人时遭受失败，对此有更为真切的耻辱感，但对于遭受奥兰治派和普鲁士报复的流亡者，至少还能善意地收留他们。到1788年底，大约1500个荷兰家庭获得了居留权，以及路易十六赠予的小额津贴。当法国的权力落入同样自称为爱国党的人们手中，而且这些人试图更为广泛地让人分享权力时，荷兰流亡者深感欣慰。这些流亡者大多聚居在法属佛兰德斯的少数城市中，到1790年，他们纷纷组建俱乐部，并成立国民卫队。国民议会在承认这些精神上的盟友的同时，也继续给予他们资助。当然，国民议会宣扬的是和平，它在军事上是虚弱的，因此荷兰人此时要想靠法国人的帮助来扭转1787年的失败是没有多大希望的。

不过，大部分荷兰流亡者并没有远走法国。因奥兰治反动而亡命的大约有4万人，他们中的绝大多数在较近的地方落足，如在奥属尼德兰或列日的教会领地。当荷兰的政治流亡者到来时，比利时国内抵制约瑟夫二世的教会和国家合理化政策的势力正在积聚力量。流亡者们发现，这里的反抗气氛以及语言上的亲和性让他们颇感惬意，但是，比利时的关键问题与荷兰爱国党人关心的问题大为不同。威廉五世的反对者们曾试图改变办事的方式。在比利时，试图进行变革的是个遥远的皇帝，但他的弗拉芒和瓦隆臣民只希望自行其是。1787—1788年，他们更亲近法国人而不是荷兰人。然而，到1789年，法国人已经开始行动，并准备创建以自由为基础的全新秩序，不过比利时反叛者大体上仍致力于维护现存的自由，即由习惯

[1] A. Cobban, *The Debate on the French Revolution 1789–1800*, London, 1950, pp. 39–40.

法和约定俗成的权利构成的庞杂体系，而法国的爱国者们已经谴责这是不公正的、无意义的特权。1789年上半年，上述两场冲突都到了紧要关头，然而，在斗争的喧嚣中，很少有人注意到，法国人的革命与他们所称的布拉班革命之间的分歧在逐步加深。就在第三等级在凡尔赛自称为国民议会并唯有它有权批准税收的第二天，约瑟夫二世要求布拉班的等级会议授予他无限的征税权和立法权（1789年6月18日）。他的要求遭到等级会议的拒绝，于是他解散了会议，并宣布放弃“快乐入城”协定，这是一份自由宪章，他像自己所有的前任君主一样，都曾在继位时宣誓遵守这一宪章。此刻法国正经历严重的粮食危机，这也影响到低地区域人口稠密的城市。像巴黎一样，这里饥饿的平民为当局的反对派平添了力量。实际上，“这里和巴黎一样”已成为布鲁塞尔的群众口号，一个秘密的革命协会就此诞生，以叩响反奥地利情绪。在18世纪80年代早期，爱尔兰和荷兰的准武装改革组织已经使用过“祭坛与家园”的口号，如今比利时的群众也以此自称，并得到教会的慷慨资助，因为这里的教会也像哈布斯堡帝国其他地方一样，是约瑟夫二世的改革中首当其冲的打击对象。不过，这里并没有发生群众起义，直到流亡者的武装部队于当年秋天介入其中。抵抗皇帝运动的公认领袖、阅历丰富的布鲁塞尔律师范德努特自从1788年秋流亡到荷兰后，一直希望外国当局关注其同胞的困境。由于各国君主都乐于看到约瑟夫二世深陷比利时的泥潭，范德努特受到鼓舞，最后他决心进行武装自救。他与“祭坛与家园”的创立者、律师同行冯克合作，于1789年10月组织了一次攻击行动，击溃了一支自负的奥地利小型卫戍部队，叛乱者不是穿越荷兰边界，而是从南边的列日发起进攻，当地主教的反对派已于8月中旬夺取权力，这显然是受了法国榜样作用的推动。到12月，得到起义群众支持的比利时反叛者已经控制了整个国家，在布鲁塞尔，人人都像法国人一样佩戴三色徽，不过这里的三色是黑、黄、红。1790年1月10日，应布拉班等级会议的邀请，各省代表聚集一堂，宣布成立独立的比利时合众国。来自法国的回响是一片赞同之声。但是，事态的发展很快表明，两场革命之间几乎没有共同之处。

比利时的“国家主权”政府只是希望延续过去，不要君主。权力仍然掌握在各省等级会议手中，后者实行传统的代表制，因而大贵族，首先是教会的大修道院院长占据支配地位。就任首相的范德努特对法国并无好感，因为那里的教会土地已被没收，修道院即将解散，贵族权力已被摧毁。不过冯克认为，建立新政治秩序的时刻也是改革的时机。他在1月底发出的宪法改革号召显然受到法国榜样的启发。他呼吁允许小贵族和教区神父进入等级会议，第三等级代表人数翻番，并设立第四等级作为小城镇的代表。从当时法国的情势来看，这些要求已经较为保守，但主权主义者和教会仍进行激烈谴责，认为它是法国式的均等化方案。当以冯克为首的“进步派”请求修改“快乐入城”协定时，布鲁塞尔人攻击了那些知名领袖的宅第。而当部分新联邦军士兵以兵变来支持冯克时，数千农民涌入布鲁塞尔以保护主权主义者。在怀有深刻的保守主义的乡民中间，冯克等人只是极少数派别，他们感到孤立并受到迫害，于是冯克和进步派的大多数主要首领逃亡法国，这就证实了其迫害者们最恶意的猜疑。

无论是法国还是法国的榜样作用，都未对比利时新政权构成真正的威胁。危险依然来自奥地利。在引发最初的骚乱之后，约瑟夫二世于1790年2月20日去世。继位者是他的兄弟利奥波德，此人一开始并无专制野心。利奥波德从1765年起担任托斯卡纳大公，他曾试图以臣民合作和参与的方式来治理佛罗伦萨。1789年春天，当法国的新闻刚刚传来时，他积极表示欢迎。“法国的再生，”他在6月14日写道，“将是欧洲所有君主和政府都必须效仿的榜样，不管是否愿意。无论在什么地方，这都将造就无限的幸福，不公正、战争、冲突和拘押都将终止，这就是法国带给欧洲的最有益的风尚之一。”[1]

到了1790年，利奥波德已不再那么乐观，不过他还不打算追随约瑟夫

[1] C. A. Macartney, *The Habsburg Empire 1790–1918*, London, 1969, p. 134.

对比利时的高压政策。实际上，在3月的时候，他准备完全承认国家主权体制，以换取对自己君权的认可，但他没有得到回应。随后他与流亡法国的冯克接触，并许诺支持进步派，如果后者能协助他恢复权威的话。进步派顾念他的自由主义声望，一度与他进行谈判，但是法国的气氛很快让他们走向激进，于是双方的接触中断。直到此时，利奥波德才下决心诉诸武力。首先，为了清除外交领域的障碍，他与普鲁士达成协定。之前约瑟夫去世时，双方的关系走到了战争边缘。普鲁士的军队被吁请为列日革命的调停者，此刻他们踏上了前往比利时的征程。不过，利奥波德向弗雷德里克·威廉二世保证，他的意图是在全欧洲维持和平，于是列日城撤防，两个德意志大国于1790年7月27日缔结《赖兴巴赫协定》。根据该协定，利奥波德同意终止约瑟夫对土耳其人的战争，这场始于1787年的战争并未获得可观的领土。普鲁士在得到保证之后，同意不再支持反对哈布斯堡的叛乱者。奥地利与土耳其人的和平于9月如期到来，于是奥地利军队得以从土耳其前线解放出来，转而开展对比利时的收复工作。这个新国家的军队被完全压制，在所谓“九月十字军”中起事的农民志愿者的非正规部队同样被镇压。到12月初，奥地利士兵已横扫整个国家，列日被迫议和，主教在奥军的护送下返回列日，范德努特再度亡命荷兰。比利时合众国存在的时间不到一年。

没有什么人来援助比利时合众国，英国原本是低地区域的传统保护者，但它积极协助达成《赖兴巴赫协定》。也没有人与法国人商量，后者只是若无其事的旁观者。法国人已经意识到，范德努特的革命与他们的革命几乎毫无共同之处。直到5月22日国民议会宣布法国放弃进攻战争时，法国才从外交上的无所作为提升为原则声明。但是，当西班牙请求提供外交支持时，问题出现了。一年前，在温哥华岛外侧的太平洋上，西班牙海岸卫队曾试图逮捕在努特卡海湾活动的英国商人，其理由是整个美洲西海岸都是西班牙的。消息传到欧洲，英国人拒绝承认西班牙的权利要求，双方开始进行战争动员。马德里援引家族条约，从1733年与法国缔结联盟关系以来，这个条约就不断续订。路易十六和他的大臣们都打算应西班牙的请求提供援助，即便要冒战争的风险，但是，首次面对外交难题的国民议会拒绝了西班牙人的请求。一个国民代表机构不能承认统治王朝的家族联系是国际协定的正当基础，更不用说国际行动了。这样一来，尽管努特卡海湾争端使得传统的反英情绪再度激化，而且派遣舰队的谈判也断断续续地进行，但西班牙人没有得到切实的援助，他们被迫退却。革命派为自己拒绝延续王朝外交的做法而自豪，两个月后，他们则为王朝外交的另一个样本而愤慨。当时利奥波德（名义上仍是法国的盟友）希望奥地利军队能获准穿越法国领土进入比利时，对一场进攻法国、摧毁革命的国际阴谋的恐惧之情渐渐弥漫开来。玛丽·安托瓦内特和她的近臣也许梦想着这种局面的出现，但这显然不切实际。当东方的土耳其战争结束后，大陆列强正虎视眈眈地盯着波兰。它们觉得法国已陷入无可救药的混乱，对它们而言，任凭法国自己在混乱中折腾可不是一件让人高兴的事情。

1772年，俄国人、普鲁士人和奥地利人勾结在一起，对波兰进行了第一次瓜分，掠夺了它三分之一的领土和人口，残留的部分几乎成了俄国的傀儡国。但很多波兰人在策划民族复兴运动，他们在等待时机。机会终于在1788年到来，当时俄国因同时与瑞典和土耳其开战而牵扯了精力。1788年10月到1789年1月间，波兰议会摆脱俄国的控制，开始大规模扩军，以保卫自己国家未来的独立。这个计划的倡导者自称是爱国党人，当时他们热烈欢迎来自法国的消息。受过教育的波兰人知道，法国是波兰的传统朋友，很多人讲法语并阅读法文著作，当他们看到华沙报刊充满了法国新闻时，感到自己已经被卷入一场反对专制主义的共同斗争。波兰的政治生活由贵族垄断，1789年11月，141个城市联名上书要求设立非贵族代表，此举让议会大为恼怒。自由在波兰意指“黄金自由”：根据无政府主义的古老宪法，选举产生的国王无实际权力，一张反对票即可让立法搁浅，而且不满者享有合法的反叛权。俄国人出于自身的考虑也支持这种安排，并把自己打扮成波兰宪法的担保人。然而，在1790年，爱国党人主张增强行政权、实行世袭君主制和议会多数表决制，并要求废除合法的反叛权。他们认为，只有进行这种现代化，未来的波兰才有可能获得抵抗俄国的力量。而当赖兴巴赫协定敲响土耳其战事结束的钟声时，事态变得更为紧迫了。直到1791年5月3日，国王和爱国党人的联盟才使议会通过新宪法，当时与会人员稀少，而且被军队包围。在5月3日宪法的措辞中，有很多是当时法国人的说法的回响，宪法的支持者组成的俱乐部也自称宪法之友。然而，这种相似性是表面的，作为旧宪法支柱的波兰贵族的认识也是表面的，更为重要的是，俄国的叶卡捷琳娜二世的看法同样是表面的。在她眼里，波兰的新宪法纯粹是雅各宾主义的产物。叶卡捷琳娜决心从失去对波兰的掌控的那一刻起恢复控制，她在波兰发现的法国回声更使她坚定了决心。令人困惑的是，促使她最终采取行动的却是1792年法国革命派的行动。

与此同时，西欧各国似乎正在适应法国的新体制。由于动乱局面在巴士底狱陷落之后一直在持续，人们当初的热情已渐渐冷却。10月的时局让很多偏向稳定和秩序的观察家感到惊愕，在法国以外的地方，几乎没有人认为巴士底陷落的第一个周年值得纪念。大部分欧洲人都是教会的信徒，对他们而言，直到1791年春，大革命与教会的争吵范围之广才全面显现出来。而在1790年，普遍的态度是遗憾和迷惑，而不是警觉。人们难以预料事态的发展。然而，在当年的11月，一个响亮而富说服力的声音开始引导人们，并取得了惊人的成功，埃德蒙·柏克在这个月里发表了他的《法国革命论》。

一开始，柏克并不比任何人更加确信法国事态的演变趋势，虽然他从未像自己的某些辉格党同僚那样被热情冲昏头脑。然而让他感到愤怒的是，大革命给英国的议会改革运动提供了显而易见的启迪。这场运动肇始于18世纪60年代末，目标是重新分配议席、缩短议会任期和扩大选举权，但是，在18世纪80年代中期，皮特提出的政府改革法案未获通过，此后这场运动走向了衰落。1788年的光荣革命百年庆典复活了改革的愿望，尤其是在因宗教原因而不能获得选举权的非国教徒之中。在旨在延续这些愿望而成立的“革命协会”中，非国教徒是支柱之一，而且促使柏克采取行动的正是著名的非国教牧师理查德·普赖斯博士。1789年11月4日（1688年的英雄威廉三世的生日），普赖斯在革命协会的支持下发表了一篇布道词。他指出，法国在追求自由方面已经超过英国，它的宗教法律更加自由，它的政府制度更具代表性。当时发生在10月的事情仍是人人议论的话题，对此普赖斯说，他感谢上帝，因为“我有幸在有生之年看到3000万愤怒而刚毅的人民，他们唾弃奴役，以无可抗拒的呼声要求自由。他们的国王加入胜利的队伍，一位专断君主向他的臣民投降了”[1]。

对于上述关于法国事件的解释，柏克的愤慨无法遏制。1790年2月，他在议会激烈谴责大革命，这让他的辉格党同僚们目瞪口呆。接着在11月，怒火又促使他撰写了一篇伟大的檄文。他争辩说，1688年的事件不是法国意义上的新型革命，而是保卫英国神圣的自由免受决意颠覆这一自由的君主的侵害。敬重古老的制度和既定的常规是真正的英国式道路，实际上这也是任何自尊的民族的唯一道路。但是法国人摈弃了这一原则。他们抛开祖先的智慧，亦不顾及给子孙造成的后果，走上了断绝全部遗产的不归路。他告诫法国人，“你们曾经拥有近乎完美的宪政要素……然而从你们的行动来看，似乎从未构建起公民社会。万事都要从头开始，你们一开始就错了，因为你们以蔑视你们的一切财富为开端”。最温和的君主以及最美丽的王后统率着生机勃勃、高尚而有教养的贵族，令人起敬的教士和独立的司法体制，这个君主制是“表面上而非实际中的专制主义”，只要进行些调整，三级会议就有可能成为像英国议会那样的真正代表国民利益的机构。但是，在1789年的选举中得势的不是“国家天然的土地利益的代表”，而是“乡村神父”和“无名的乡间讼师……地方小法庭的职员、乡村律师、公证人，市政诉讼机关的各色代理人，乡村怨气和争斗中的煽风

[1] A. Cobban, *The Debate*, p. 64.

点火之人和操纵者……这些人一直仰赖的生存手段就是千方百计使财产权变得可疑、模糊和不稳定，怎能指望他们关照财产的稳定呢？”当然不可能，实际上，由这样一批人主宰的议会已经开始了史无前例的财产没收行动。当柏克完成《法国革命论》时，法国教会的土地已经被国有化了，他从中看到了“无知、莽撞、专断和抢劫的冲动，任何东西都无法抵挡这一冲动”。剥夺来的财产用来发行毫无可靠前景的虚假纸币，此举亦使《教士公民组织法》势成必然，但任何有尊严的教士都不会屈从。“在我看来，”他总结道，“这个新的教会制度只能是暂时的打算，它是为最终废除基督教——不管采取何种形式——做准备。”

这些想法促使柏克考察大革命的起因。他深信，法国的旧秩序中没有任何根本性的错误，于是他把这一秩序的颠覆归因于阴谋。一方面是“财界人物”，这些渴望新利益的贪婪之辈因没有声望而心存怨恨；另一方面，也是更为重要的方面，是所谓的启蒙哲人，即志在以任何可能的手段摧毁基督教的“文人阴谋集团”。哲人阴谋论并不新鲜。它可追溯到唯一被确凿证明的密谋活动，这就是所谓的光照派试图破坏教会主宰的巴伐利亚政府的密谋。巴伐利亚政府公布了一大堆耸人听闻的文件以证明密谋的严重性，柏克就看到过这些文件。柏克不是第一个将法国的事件归咎于类似于在巴伐利亚被挫败的阴谋的作者，但是，他将这一说法融入了当时对大革命最全面的谴责之中，这就赋予阴谋论以前所未有的权威性。不过，基督教的毁灭和无神论的得胜并不是他预见的唯一灾难。外省将憎恶“巴黎共和国”及其“猪猡大众”胁迫政府的做法，它们最终会切断联系，法国将分崩离析。指券将驱逐健全的铸币，将加速而不是避免破产。对于法国自己导致的混乱，唯一可能的终结方式是出现“某个深孚众望的将军，他熟谙安抚军队的技巧，具有真正的统帅气质，将把所有人的目光都吸引到自己身上。军队也只服从他个人……当这一刻到来的时候，这个真正统帅军队的人也就是你们的主人”。

柏克的《法国革命论》的意图是要劝说他的同胞，法国的范例并不值得效仿。毫无疑问，他清晰地表达出了很多英国保守派对于海峡对岸事件的朦胧感知。不过，他言辞中的怨愤和怒火也是针对欣赏法国的英国人的，但出人意料的是，他的做法为英国的国内改革运动吹进了一缕清风，自从皮特在1790年的大选中再次获胜以后，这场运动也陷于停顿。对于柏克无节制的谩骂，改革派觉得必须作出回应，1791年的前几个月便有几份令人信服的答词面世。不过，所有这些答词与托马斯·潘恩的《人权论》比起来都黯然失色，这部著作发表于当年 2 月，立即被欢呼为权威性答复。潘恩是共和主义革命的倡导者，1776年，他首次鼓舞北美反叛者在这方面达成共识。1787年，潘恩返回欧洲，1789—1790年冬天他访问巴黎，此后便一直等候机会发表他对法国大革命的看法。柏克的爆发给了他机会。

潘恩首先嘲笑柏克对过去的敬重："每个时代、每一代人在所有情形下都必须像此前的时代和先辈一样自由自主地行动。原则的多样性和枯朽物还有统治力的论调是所有暴政中最可笑最蛮横的。"接着他详细反驳了柏克关于法国事态的描述，斥责柏克是权威的崇拜者而不是原则的拥护者，怜惜旧秩序的羽毛但忘了这只鸟行将就木。他详尽地叙述了巴士底狱的陷落（柏克很少提到此事）和十月的日子，试图以此来纠正有关群众暴行的恶劣说法。潘恩论证说，这些运动的首要目标是确立人权。他印制了公民权利和人权宣言的完整译本，并对它作了详细的注解，以此来驳斥柏克"毫无头绪的情感宣泄……一篇好似信口而成的政治评论"。法国人走上了一条创建合理、公正、明确的宪政的康庄大道，而柏克极力吹捧的英国宪政无非是一堆不公正的习惯法的随意而专横的集体名称，而这些习惯法的依据最多能追溯到某个诺曼冒险家的征服。现在该是所有人民学习法国人的榜样的时候了，应该废除贵族和爵位，取缔什一税，倡导人的再生。潘恩甚至鼓励英国人更进一步，即抛弃君主制。"就目前我们看到的情况来说，"他总结道，"政治世界中的任何改革都不应被视为不可能的。在这个革命的时代，一切都可以去追求。"

于是一场大论战开始了，这场论战将18世纪90年代余下岁月的英国公共生活推向极端。柏克的《法国革命论》是部畅销书（两年内售出3万册），但它轻而易举地被《人权论》超过，后者可能总共卖出了20万册，因为此前陷入沉寂的改革社团已振作精神，积极推动这部作品在伦敦、苏格兰和爱尔兰的传播。1791年10月，都柏林激进派青年律师沃尔夫·托恩在首次访问乌尔斯特时说，《人权论》是贝尔法斯特的圣经。巴士底狱陷落的第二个周年纪念与此前大不相同，英伦三岛各地的重镇都举办了宴会。在伦敦，人们为柏克而干杯，感谢他挑起了这场论战。潘恩当时在巴黎，帮助起草马尔斯校场的共和派请愿书。11月他回到伦敦，并把佩蒂翁作为嘉宾带到了革命协会。此时各个激进派俱乐部与雅各宾派互致兄弟问候已蔚然成风，有证据表明，到1790年底，辩论正在唤醒此前政治上一直沉睡的团体。12月，"五六个技工"成立谢菲尔德宪法协会，旨在推动成人普选和每年一届议会。到1792年3月，这个协会已有两千名成员。同年1月，苏格兰鞋匠托马斯·哈第成立具有相同宗旨的伦敦通讯协会。这一年春天，《人权论》第二卷面世，文中谈论普遍原则较少，更多是关于英国激进主义实践的讨论，大多数外地大城市在同年建立起通讯协会以促进该著作的传播。但并不是整个英格兰都走向了激进化。1791年7月，伯明翰的"巴士底狱晚宴"引发了一场针对非国教教徒的骚乱，而非国教教徒是这次聚会的主要参加者。为教会和国王欢呼的群众洗劫了礼拜堂、会堂和一神派科学家约瑟夫·普利斯特里的家，而当地官员心领神会地袖手旁观。当体面人开始反思瓦楞逃亡时，几十年来徒劳地确立"天佑国王"为国歌的努力终于收获了成功。1792年5月，政府发表反对煽动性作品的公告，并对潘恩提起诉讼。

柏克在英国开启的争论并非没有在别的地方引起关注。《法国革命论》刚一问世就被译成法文、意大利文、西班牙文和德文。法文版4个月内卖出了1.6万册，三个德文译本的销量远远超出这个数字。即使那些不赞同柏克的分析的人士，比如他的普鲁士译者弗里德里希·根茨，也深受其谴责言辞中思想理论的影响。潘恩激起的反响无法与之比拟。到1791年，大多数德国人，即使是那些两年前曾激动不已的人，都以日甚一日的忧惧注视着法国持续的混乱局面，而那位英国人对法国人所作所为的合理性深信不疑，这让他们难以理解。作为善意且不喜欢战争的诸侯——主教的臣民，有些德国人对法国教会遭受的掠夺深感震惊。对于大量在公法方面训练有素、维系着数百个德意志邦国的官员，大革命看来已经造成了混乱，这让他们反感。因此，柏克及其弟子和译者不用花多大力气就能让他们相信，抛弃自己的遗产和传统以便一切从头开始的人是不明智的。而德国统治者的态度则完全在情理之中。1789年8月，国民议会在对封建主义发起攻击的过程中曾作出决议，剥夺众多德国统治者从《威斯特伐利亚和约》中获得的某些颇有价值的永久权益，但对此没有任何赔偿。于是，当阿图瓦伯爵于1791年1月决定将自己的宫廷从都灵迁走时，德国成了法国流亡贵族们显而易见的聚集地。阿图瓦伯爵在一段漫游之后落足于科布伦茨，这个城市是他的姑父特里尔大主教的首府，这件事发生在瓦楞逃亡前几天。几周之后，他的哥哥普罗旺斯伯爵跟他会合，瓦楞事件之后数千名逃离法国的新流亡者也聚集到这里，如果他们不想继续顺着莱茵河上行，可以前往另一位教会诸侯——美因茨选帝侯的领地与孔代亲王会合。他们刚到德国便开始组织战争，为他们提供资助的有皇帝，有普鲁士、俄国和西班牙的统治者，还有许多德国小诸侯。备战引起的混乱以及流亡贵族行为方式中惯常的傲慢，使得莱茵地区的百姓对他们鲜有好感。但即便如此，德国人仍没有对这场流亡者所反对的革命产生多大的同情。流亡贵族的到来是另一个责怪大革命的理由。

不过，莱茵人所担心、流亡贵族期盼的战争来得很慢。在《皮尔尼茨宣言》之后，唯一一位渴望与他所称的“欧洲大猩猩”交战的君主是瑞典国王古斯塔夫三世，他曾授权自己的臣民菲尔森策划瓦楞逃亡，他自己则于1791年6月前往亚琛欢迎重获自由的路易十六。此事失败之后，他与交战三年的俄国议和，从而为发起攻击扫清了障碍。叶卡捷琳娜二世欣然接受和约，但不是因为有机会加入一场反法十字军。她也要镇压雅各宾主义，不过是波兰的雅各宾主义。她一边指令外交官持续催促皇帝和普鲁士国王对法国采取行动，一边与两个侧翼的对手缔结和约，10月与瑞典，12月底与土耳其。不过利奥波德二世觉得，既然路易十六接受了宪法，《皮尔尼茨宣言》的后续行动就没有必要了，因为国王和革命已经调和。所以叶卡捷琳娜还得等待时机，同时她还要集中精力镇压国内的骚乱。

来自法国的资讯具有颠覆性，但大多数政府对这一点迟钝得让人吃惊。只有在西班牙，法国的影响从一开始就受到抵制，因为那里的宗教裁判所严密控制着一切舆论表达。早在1789年5月，官方新闻机构就已停止报道法国的事件。9月，佛罗里达布兰卡授权宗教法庭取缔一切直接或间接鼓励不服从的作品，尽管这位大臣此前一直以其开明态度著称。1791年，军队封锁边境，所有外籍居民都必须到当地机关登记。这些措施十分成功，以至于一些法国流亡贵族发现，西班牙的一些村庄直到1792年甚至还没有听说过法国大革命。欧洲其他地方很少有采取这种隔绝政策的，但是，到1791年，大多数政府都开始后悔当初的开放。瑞典于1790年实行新闻审查，1792年，这一政策达到顶峰，禁止从法国输入任何文字材料，不准以任何形式涉及法国事务。1790年4月，俄国警察获准监视关于法国的宣传和看起来可疑的集会。两个月后，女沙皇因为看到亚历山大·拉季舍夫的《从圣彼得堡到莫斯科旅行记》而勃然大怒，她认为书中对农奴制的谴责和对自由的颂歌是受到了法国人的启发，是在号召推翻现存制度。拉季舍夫是个受过良好教育的文官，是一位梦想家而非革命者，但他的著作给他招来了死刑判决，不过后来减刑了。对他的审判给他的作品带来的名声很可能比作品本身赢得的名声还要大，尽管大部分抄本都被毁掉了，但是此后的出版审查日渐严厉（该著作通过了审查）。

人们之所以对法国大革命原则的潜在危险性越来越敏感，无疑与首先在英国爆发的思想辩论有部分关系。但在这一过程中，更为重要的是瓦楞逃亡和路易十六随后遭受的屈辱。所有君主都视之为可怕的，也许还是不祥的先例。君主们的恐惧肯定太夸张了，因为法国之外的革命者表现得很虚弱，哪怕是在一切都有利于他们的时候。但是君主们不了解这一点，他们只知道，欧洲最辉煌的君主已受尽他的臣民的凌辱。瓦楞之后巴黎日益高涨的反抗浪潮亦不能让他们安心。法国的革命者虽然发表了和平声明，但他们始终相信自己坚持的原则是普遍有效的。在1790年6月19日国民议会的一次著名会议上，阿纳卡西斯·克鲁茨被允许带领一个自封的国际代表团走上议会讲坛，宣称此刻在法国吹响的号角正在唤醒所有受奴役的人民。这些人中间还有奇装异服的演员，一些更为冷静的旁观者对此深感不屑。但是也有数千名副其实的政治流亡者的代表，他们来自日内瓦、荷兰和比利时，希望法国人能帮助他们重新掌权。瓦楞危机鼓舞了他们，他们极力推动法国人去挑战欧洲的暴君，后者的权力将在与武装的法国自由使徒的战斗中崩溃。但在即将终结的制宪会议中，没有人相信这一点，王室也不相信。因为军队显然已经瓦解，数千军官已逃离军营，加入流亡行列。幸运的是，军队没有被要求去兼并阿维尼翁，因而制宪会议最后的一个挑战举动代价很小。但是，欧洲可以超然地注视法国事态发展的日子已经结束了，革命者开始逐步以向邻国输出难题的方式来解决难题。

| 第八章 |

共和革命（1791.10—1793.1）

制宪议会宣布成立立法议会，1791年10月1日立法议会第一次开会。这两个议会的性质大不相同。教士和贵族离开了立法议会，而在1789年选出的代表中他们占了一半，参加1791年的选举或者被选上的只有少数教士和贵族，回来或继续参加1791年选举的人数也很少。新选出来的745名代表都相当富有，在他们参加选举的时候，银马克的标准还在起作用，但是几乎没有人是靠经商或是手工业致富的。大多数人是有产者，人数最多的是律师。制宪议会的代表们慎重地回避了新议会的选举。和这些即将离任的人相比，立法议会的代表都是些籍籍无名之辈，经验不足，多为涉世未深的年轻人。不过也有例外，像新闻记者布里索及数学家、政论家孔多塞即是名望很高的人，但可以肯定，这样的人并不多。这些新代表之所以能当选，是因为他们在地方上享有一定知名度，这是1789年之后在全新的革命环境中树立起来的。在国民卫队里，在雅各宾俱乐部和那些依据新宪法设立的司法机构及行政区中，那些不胜枚举的选举产生的职位让他们在改革中获得了充分的实践经验，这些改革方案后来被那些设计和颁布的人否决，这也使他们明白哪些人是革命的敌人。从1791年开始，雅各宾派、国民卫队以及当选的地方官员就已经开始应付未宣誓教士的问题了。整个夏天，有四分之一的外省呼吁制定新法令，以便让他们有权更密切监视那些已被剥夺了年俸的顽固派教士。在那些普遍拒绝宣誓的地方，比如布列塔尼和南部的中央高地，当地政府往往自行其是，驱逐或者监禁那些臭名昭著的顽固派教士。瓦楞事件之后这类措施愈发强硬，而立法议会的选举就是在这样的背景下举行的。所以10月1日参加立法议会的代表都认为那些拒绝宣誓的教士是迫切需要解决的头等大事。10月7日来自奥弗涅地区的跛足代表库东第一个在议会上提出了这个问题，两天后议会听取了关于旺代省大规模反对新颁布的教会法令的报告，在这个地区有九成教区的教士拒绝宣誓。

流亡者是困扰新一届国家代表的另一个问题。当立法议会召开时，人们对《皮尔尼茨宣言》仍记忆犹新，所以那些接受大赦[1]、迷途知返、回国宣扬宪政的流亡者几乎没有。恰恰相反，出逃的人似乎越来越多。一位英国访客说："和去年相比，今年路上的马车和穿着考究的人越来越少……通道大开，出逃的现象让人十分吃惊。"[2]

10月15日，国王正式签署了一项号召令，请求那些流亡者回国，协助宪政的实施，这一次他是真心诚意的。而王后对国王的诡计多端的表兄弟们怀恨在心。那些已表明反革命立场的人士就在边境另一边调兵遣将，他们宣称比国王本人更了解他的真正利益所在，而实际上，虽然国王竭力摆脱各种猜忌，但他们的作为有助于长期维持这些猜忌。路易十六下令将杜伊勒利宫装饰一新，张灯结彩，燃放烟火，庆贺宪政历史的开始，而他自己也获得了民众支持，刚开始时他和议会还有一些误解，但很快就冰释前嫌了。而国王在流亡者问题上的立场也是推动他们关系和解的动力，这让那些斐扬派的干将欣喜若狂，自从制宪议会闭会后他们就留在了巴黎，王室似乎有意听取他们的建议，促成和谈，这使他们喜出望外。斐扬派不

[1] 1791年9月30日制宪议会在闭幕前颁布的大赦令。——译者注

[2] J. M. Thompson, *English Witnesses of the French Revolution*, Oxford, 1938, p. 146.

能参加立法议会，作为先前的制宪议会代表，两年中他们一直无法进入内阁。但是巴纳夫和迪波尔尤其希望通过私人途径来影响时局，而国王和王后再次让他们看到了希望。此外，立法议会有345名新代表加入斐扬派俱乐部，而被雅各宾派拉拢的仅有135人，这对斐扬派来说是莫大的鼓舞。

但是斐扬派都是私人集会，不接受旁观者，在那里谁也不会赢得演说家的桂冠。甚至俱乐部的创办者也从不抛头露面，以免让人觉得太过公开地议论政治。所以心怀抱负的人自然更乐意参加雅各宾派，在那里可以听到掌声，能够锻炼如何去煽动人心，这对他们在立法议会中出人头地大有裨益。在雅各宾俱乐部里，他们还能接触到那些有威望的政治家，如罗伯斯庇尔、佩蒂翁和布里索，他们都没有参与这个夏天肮脏妥协的交易，也未因此而颜面尽失。所以雅各宾派越来越有名气。罗伯斯庇尔当选为巴黎刑事法庭的公诉人，布里索最后也成为官员。11月13日，佩蒂翁接替退休的巴伊，当上了巴黎市长，比起他最有力的竞选对手拉法耶特，佩蒂翁的选票多出了一倍。斐扬派似乎没有这样的明星人物，从12月初开始，他们的成员逐渐离去。最后斐扬派孤注一掷，想要赢回他们的支持度，于是也将会议向公众开放，却发现旁听席上频频传来的诘问远远盖过了他们自己的讨论。斐扬派俱乐部一片喧嚣声，结果隔壁立法议会中的激进派就抱怨他们国家的立法者的讨论。斐扬派俱乐部被驱逐出了这块地盘，数周后才寻觅到一块较为偏远的新集会地。到那时候，情况已经很明朗了，斐扬派已然决定不了什么重要事情。然而在雅各宾俱乐部里，全国的名人每夜都在讨论着那些对于法国大革命未来至关重要的事情。

这一步是由布里索迈出的，10月20日他在立法议会上的第一次讲话就是关于流亡者的。他提议没收那些领头的流亡者的财产，包括国王的弟弟。但是，如果这个措施不起作用的话，那么法国将会打击那些庇护藏匿流亡者的国家。关于解决流亡者问题的最终手段必然是战争。虽然许多代表觉得这个提议有些草率，但是他们也决心着手处理流亡者的问题。11月9日，代表全票通过了一项决议，这项决议基本参照了布里索的提议，决定没收那些没有合理的理由而逃到国外的亲王和其他公职人员的收入，宣布所有藏匿海外的法国公民都是阴谋破坏国家的嫌疑犯，那些截止到1792年1月1日仍没有回国的人都将被判处死刑。议会要求国王马上批准这项议案，但是国王在11月11日时拒绝了签字。

路易十六和立法议会之间的最初一段和谐期至此结束。代表认为根据宪法，国王理应有否决权。应该说直到那时，人们还是很尊重国王的想法的，在一份公告中路易十六将自己的想法展示给巴黎街头巷尾的民众。起草这份公告的是斐扬派，公告颂扬了彬彬有礼的美德，唤起流亡者的爱国情绪，劝说他们回国。国王对法案的否决也表明他并不像别人认为的那样是一个说话不算数的傀儡。但是对布里索和他的朋友来说，这个举动可不那么单纯。自从瓦楞事件后，社会上便谣言四起，一些人认为主导政局的乃是由王后操控的、秘密的“奥地利委员会”，他们和流亡者以及国外势力结成了联盟，想要武力推翻法国的新体制。而国王的否决便是明证。王后和她在维也纳的兄弟之间必然有不少秘密通信，但是她的目的是对峙而非妥协，想要让流亡者躲避报复性法令的惩处。那么为什么国王会保护革命公开宣称的敌人呢？这是萦绕在代表心头的疑问。当讨论到非宣誓教士问题的时候，国王的态度进一步加深了他们的疑虑。

讨论于10月21日开始，恰逢阿维尼翁屠杀的消息传到巴黎。反对阿维尼翁并入法国的人以私刑处死一名新上任的市府官员，10月16日支持兼并的人予以回击，他们屠杀了被监禁在教皇旧官邸里的那些支持教皇的人。据报告，60名犯人被杀。在立法议会的数场讨论中都能听到关于拒绝宣誓的教士在外省滋事挑衅的报告。11月14日普罗旺斯的代表伊斯纳尔宣称：“在顽固派教士这个问题上，我唯一坚持的办法就是把他们赶出这个国家……你们难道不认为应该把这些教士和那些受他们蛊惑而误入歧途的民众划清界限吗？”[1]

[1] De la Gorce, *Histoire religieuse*, ii. p. 30.

11月29日议会最后规定所有拒绝宣誓的教士都应作新一轮的公民宣誓，而那些拒绝宣誓的人将会失去抚恤金。虽然前几年中他们也拒绝宣誓，但是抚恤金还是照样发给他们。因此两次都拒绝宣誓的教士被认为是嫌疑犯，将会受到官方的严密监控。那些仍然居住在充满宗教争端地区的人也会被驱逐，而且现在也不再允许他们用多出来的教堂履行职务。巴黎省政府出人意料地希望路易十六投否决票，12月19日国王否决了未宣誓教士的议案。

选择这一天是有用意的，因为国王好像又暂时恢复了主动权，他不愿损害流亡者的利益。议会颇感意外，像是遭受了挫败，觉得国王至少应该打击那些庇护流亡者的人。11月29日一个代表团敦促国王呼吁特里尔和美因茨的选民立即将亲王的军队赶出他们的领地，“告诉他们……如果德意志亲王仍旧支持那些反对法国人的准备，我们带给他们的将不是大炮，也不是宝剑，而是自由。让他们自己去考虑吧，民族觉醒后将是什么结果，这个问题让他们自己想想吧”[1]。

实际上，这个计划对国王很有吸引力。一场针对德意志小国王们的战争可能会把别的帝国也牵扯进来，他们的那些久经沙场的部队势必能轻而易举地击退那些已经溃不成军的法国部队。革命事业就能得到拯救，而整个局面会彻底改变。军人也能从战争中获益，拉法耶特现在想要扮演新的角色，他认为一场战争会让军队重新焕发活力，这是恢复国内稳定需要依赖的力量。纳尔博纳将军也是这样想的，据称他是路易十五的私生子，12月初他受命担任军事部长一职。于是12月14日国王来到议会，宣布他已经向特里尔的选民签发了最后通牒。到1月15日为止，如果大主教在他的管辖区内还没能阻止所有怀有敌意的流亡者的活动，法国就会宣战。议会爆发出一阵欢呼，接连几分钟的掌声都是献给君主的。所有人都如释重负，现在能做的就是等待了，唯有势力日渐式微的斐扬派分子心头充满了

[1] J. M. Thompson, *French Revolution Documents*, Oxford, 1933, p. 161.

不好的预感。

在这样的情形下，国王对未宣誓教士支支吾吾的态度并未引起人们的重视。一旦战争爆发，这个问题无疑会自行消解，因为那时这些未宣誓的教士自然就会被当作叛国者。同时布里索和他的支持者，尤其是那些来自波尔多地区的能言善辩的代表（韦尼奥、让索纳、加代尤其爱出风头）一直想要通过战争使国家获得新生，恢复尊严，挫败阴谋分子，并向全欧洲展现一个自由的民族所能拥有的伟大力量。国王也被迫支持他们，向他们说明了自己真正的立场，正如12月16日布里索在雅各宾俱乐部发言所说的那样。同时纳尔博纳着手动员三支军队，达15万人之多，部署在东部边疆地区。在那些被驱逐出境来到法国的外国人中，有自称是“人类代言人”的克鲁茨，他招摇地游走在巴黎周围，头戴一顶猩红色的自由之帽。克鲁茨是一名狂热的好战分子，宣称解放全欧洲已经迫在眉睫。但是解放的时机要比任何人所能想到的更为遥远。接到法国的最后通牒后，特里尔的选民下令解散流亡者群体，并命令他们离开本地。美因茨的选民也同样行事。战争的理由因此不存在了，1792年临近时，法国似乎不得不靠自己来解决这些自愿承担的问题。

然而，法国公共生活中有不少人都觉得战争是一剂灵丹妙药。12月初，激烈的讨论渐渐在雅各宾俱乐部展开，罗伯斯庇尔指出了战争可能导致的所有危险和不确定性，他担心一旦法国军队获胜，会出现军事将领的独裁，尤其让他不安的就是那位寡廉鲜耻、一直都有野心的拉法耶特。但如果法国军队没有取胜，而按照当前军队的状况来说，很有可能宫廷会召集国外军队，推翻整个革命事业。不管怎么样，真正危险的反革命者不是那些荒唐可笑、装腔作势的流亡者，而是眼前就在法国国内的一些人，应该在国内把他们处理掉。但是，罗伯斯庇尔发现他的观点没人支持。布里索接连几个晚上都在反驳，他说为了巩固革命成果，战争是必要的，战争甚至能重振不断贬值的指券。一个被解放的民族毫不畏惧封建欧洲的专制君主和贵族，他们会被击败的，而受他们统治的那些叫苦连天的老百姓会受到鼓舞，肯定会追随法国，宣扬他们自己的自由。自然，在议会里并没有像罗伯斯庇尔那样的人来反驳布里索乐观的想法，不少人认为战争有重生的能力。另外，虽然莱茵河地区的诸位亲王也准备匆匆遵守路易十六发出的最后通牒，但彼时他们在维也纳的宗主国已经决定前来干涉，捍卫自己的利益。维也纳的外交官相信《皮尔尼茨宣言》已经缓解了去年春天的危机，他们建议利奥波德皇帝只要略加威胁，就会转危为安。于是12月21日，利奥波德皇帝宣布如果法国人继续对莱茵河的选民施加威胁的话，那么奥地利就会出兵。他补充说他毫不怀疑其他君王会成为他的同盟。当这一消息传到巴黎时，正是1791年的最后一天，这似乎证实了布里索和他的支持者一直鼓吹的关于专制君主的联盟要摧毁革命的决心。战争的鼓吹者们现在已经不把懦弱的莱茵河地区的选民放在心上了，法国应该向他们真正的敌人直接开战，向罗马皇帝宣战。罗伯斯庇尔和斐扬派的领导者们都认为这是迄今为止最危险的举措，虽然他们的立场截然不同。王后显然对巴纳夫的和解措施无动于衷，这令他很绝望，他于1792年1月回到家乡多菲内。议会里也洋溢着爱国热情，自1789年以来有增无减，代表们以及那些前来围观议会的人都宣誓要为国家献身，他们似乎有意识地要重演网球场宣言的那一幕。那些流亡的亲王也背上了叛国的罪名。1月25日议会宣布罗马皇帝因其与其他国王之间的阴谋已经破坏了1756年建立的同盟国关系，议会通告国王，要求他的姻亲兄弟们谴责所有反对法国的条约，并公开宣布他和平的意向。如果到3月1日国王还没有给议会一个满意的答复，他们就要宣战。实际上，国王给了答复，他已经表明了他的态度，因为外交政策是属于国王的宪政特权，议会没有权力。路易十六现在正等待着奥地利的答复。

实际上，维也纳得到的国王照会远比立法议会期望的专横。这只不过确认了奥地利的信念，使他们可以备战。2月7日与普鲁士达成正式防卫公约的消息更让他们不再顾忌，给出了一个十分蔑视的回答。巴黎在3月1日得到这些国际情报，当即便出现了骚乱。现在人们要求撤换外交大臣德莱萨尔，而且攻击的矛头很快转向了整个内阁政府，在背后唆使的便是时任内阁大臣的纳尔博纳。当议会投票弹劾德莱萨尔在王宫内搞阴谋并叛变国家时，王室却千方百计要顶住解职纳尔博纳的压力。甚至有人说要控告王后，停止国王的行政权力。正在这个时候，传来了一个完全出人预料的消息，3月1日罗马教皇去世，继位的是一名年仅24岁、毫无经验的年轻人，他会推行什么样的政策，没人能作出判断。在此等情况下，法国宫廷认为屈从于议会的喧闹讨论或许更为明智。3月10日国王遣散了整个内阁。新上台的人是一群彻底的好战分子，实际上都是布里索推荐的，其中包括被流放的瑞士银行家克拉维埃，他曾和米拉波交往甚密。罗兰担任内务部长，他经验丰富，是一名失业的工厂监工，他是被异常活跃、颇有野心的夫人拖进革命洪流中的。最重要的是迪穆里埃取代德莱萨尔负责外交事务。迪穆里埃是一名职业军人，从七年战争开始就憎恨奥地利，现在通往正式宣战的道路已经没有障碍了。迪穆里埃出现在雅各宾俱乐部，头戴红色的自由之帽，沸腾的爱国热情已发展至顶峰。罗伯斯庇尔和佩蒂翁谴责这种胆大妄为的举动，但是这种风气证明了获得解放的被压迫人民敢于挑战步步逼近的专制统治者。不过即便这种姿态也没有阻止迪穆里埃在最后时刻和普鲁士进行谈判的想法，他希望他们保持中立，然而这却再一次拖延了时间。4月中旬，奥地利开始动员军队，时机已经错过了。4月20日路易十六带着他的内阁群臣来到手忙脚乱的议会面前，宣布法国对匈牙利和波西米亚宣战，因为弗朗茨二世还没有当选为皇帝。只有七名代表投票反对这次宣战。

有人说，这将是一个自由民族反对一个侵略者国王的自卫战争。战争将不会有征服，法国的武装力量绝不会被用来侵犯任何民族的自由。唯有那些合谋反对法国的罪人会遭受惩罚。对于那些与法国人并无争吵的人，法国人将不会忽视任何减轻战争对其生命和财产造成损失的举措。然而，在一场注定只能与大革命本身一起终结、席卷西欧众多地区的战争进程中，所有这些誓言都一一破灭了。

现在发生的冲突有两个目的：第一，要教训奥地利，也要吓退那些想要干涉法国内政的外国人；第二，要击退流亡者，捣毁他们的大本营，让他们孤立无援，同时驱逐国内的叛国分子和反革命分子，让他们自己露出马脚。王室和军官也都想要通过战争达到他们自己秘而不宣且完全不同的目的。在那个冬天的争论中，时常能听到一种更深刻的观点，认为战争可以把法国公民的注意力集中到国外事务上，从而治愈国家内部的分歧，另外也能把对国内问题的关注点转移开去。自从1791年10月底这一问题浮出水面之后，它就必须得到解决，但是直到战争爆发，这些问题始终交织纠缠在一起。

这一步迈得太大了。革命并不必然预示着这样一场战争，这一点是肯定的，但是战争给革命带来了深远的影响。在1791年10月的第三个星期，关于圣多明各奴隶起义的报告传到了法国本土，11月，起义全面爆发，但是直到那时，人们才知道殖民地北部的蔗糖庄园早在8月14日就已经出现了奴隶起义，据估计有1000名白人被杀害，200座蔗糖庄园和1200座咖啡庄园被毁，1.5万名奴隶失踪，最终演变为世界历史上规模最大也是唯一一次取胜的奴隶起义。悲观的人早在几十年前就预见到了这样的事情，因为殖民地发展太快，人们对奴隶的要求贪得无厌。关于白种人和有色人种的政治权利问题在1789—1791年间非常突出，而论辩时双方都有奴隶随侍在他们左右，毫不在意这样的行为会带来什么影响。制宪议会未能就奴隶问题达成一致，奴隶贸易、自由的“有色人种”的权利以及殖民地的独立本身就让圣多明各以及法国在西印度群岛的其他殖民地陷入混乱。到1791年底，起义演变为复杂的内战的一部分，发展势头是如此迅猛，以至于巴黎作出的任何决定不出三个月就会过时，因为那时事态又有了变化。这些事情让布里索很为难，从18世纪80年代开始他就是法国反奴运动的创立者之一，而对于他那群来自波尔多的能言善辩的朋友来说，这座城市的繁荣与哥伦比亚的奴隶经济息息相关。但是，先撇开那些骇人听闻的掠夺和种族屠杀不说，奴隶起义带来的最初影响便是蔗糖的严重短缺，巴黎在1792年1月就感觉到了，因为蔗糖的价格涨了3倍。整整一个月，在首都东部的几个区都爆发了民众限价运动，大批妇女冲进仓库和杂货店，将在那里找到的蔗糖和咖啡按照原先的价格出售，这场风波一直持续到2月。

这一次民众担心的依旧不是谷物、面粉和面包。这是因为巴黎当局吸取了1789年的教训，早在秋初时分就陆续储备了充足的粮食，而这是从巴黎周围一大片地区搜刮来的，因此1791年的冬季在法国整个东北地区的集市小镇爆发了多起抢夺谷物的骚乱。2月，埃唐普市长被人用私刑处死，因为他拒绝降低谷物价格，最后动用数百名国民卫队士兵才恢复秩序。同月政府想要从敦刻尔克进口粮食，结果引发了持续三天的骚乱，许多港口的仓库被毁。比粮食价格更让人们担心的是法国的里弗和指券的贬值。从1791年6月到1792年3月间，里弗在外汇交易中贬值20%。1791年11月在巴黎的行市上指券尚能维持其票面价值的82%，但是仅仅两个月后就贬值了63%，1792年整个春天都在贬值。这两股趋势不可避免地推动物价上涨，尤其是那些进口商品。因此即使是在像马赛这样很容易从南部欧洲以及北部非洲地区得到谷物补给的港口，谷物价格也迅速攀升。市府暗地里威胁那些囤积居奇的商人："会有报复，这些报复不属于法律。"[1]

实际上，马赛已经成为政治动乱的代名词了。制宪议会最后决定将艾克斯定为罗讷河口省的省会，马赛人对此极为不满，他们想通过对其他市镇事务的干涉来树立自己地区的名望。1791年7月马赛的500名志愿者支援阿维尼翁那些支持并入法国的人，大获全胜。9月他们计划派出由本省各地的国民卫队士兵组成的小分队，前往阿尔勒游行示威，现在这个地方是由未宣誓教士派别，即褴褛派控制的反革命主要市镇。唯有来自巴黎的直接命令才能阻止住他们，然而没有什么能阻止得了他们接下来在2月向艾克斯进发的步伐，他们解除了艾克斯正规守军的武装，因为人们怀疑这

[1] Scott, *Terror and Repression in Revolutionary Marseilles*, p. 33.

些士兵支持薄纱派，随后他们再次折回到阿尔勒。巴黎的政治家满脑子想的都是迫在眉睫的战争，3月，一支6000多人的部队轻而易举地包围并攻下了这座城市，赶走了薄纱派的领头人。这些摩擦激化了矛盾，在整整两年间，该地区的内斗十分严重。3月25日，69名国民卫队士兵在罗讷河港口溺死，这触发了南部农村地区自1789年7月以来规模最大的骚乱。没有人相信，这些士兵的溺死是偶然事件。但是正如关于这件事情的谣传所显示的那样，那些听信了谣传的人认为士兵溺死是反革命阴谋的一部分，是要向那些驱散第二支雅赖斯军营行为的报复行为，报复阿维尼翁监狱的屠杀，报复其他所有"爱国者"的胜利，在这些胜利中，国民卫队的士兵都插了一手。加尔省各处的农民都在竭力把那些嫌疑分子和他们的财产一并清除，就包括那些未宣誓教士和贵族。据报道，仅在这一省，1792年4月就有101起攻击城堡、洗劫城堡里的东西、清除剩下的封建标记和档案的行为。骚乱不只发生在加尔省。在邻近的阿尔代什省，彻底被毁坏的有最臭名昭著的反革命计划的合作者——当特雷格伯爵的财产。到了6月，虽然骚乱渐渐缓和，但是波及的地区延伸到普罗旺斯，又向北蔓延至高地，向东远至上加龙省。这场骚乱引发的后果很难说，但是农民的主要目标是清除封建残余，这说明南部农民已经认为无论通过什么样的手段，都要保卫1789年的成果，实际上农民这样做风险很大，如果阿尔勒和阿维尼翁的反动分子取胜，他们的一切都将化为泡影。圣神港口的灾难说明一旦对抗阴谋的行动失败，阴谋者便可能获胜。中央政府要么无视分裂的南部地区，要么缺乏向那个地方下达命令的能力，屡受侵扰的农民只得自行决定，确保已经瓦解的旧体制再也无法重建，而即将爆发的战争最能让人相信旧社会一去不复返了。

在战争开始的数周内，立法议会中大多数人都信心满满、热情洋溢。奥地利的盟军总是不受欢迎，落败是他们必然的命运，革命马上就要正面遭遇它的敌人了。由鲁热·德·利勒于4月25日和26日为在斯特拉斯堡作战的莱茵河军队谱写的战斗歌曲中生动地传达了这种不屑的感觉，利勒是个诗人，时任步兵军官一职。高唱这首歌的法国征服军队将会踏着那些罪恶的鲜血前进。同月，边疆上被处刑的敌人见到了一台新的机器——断头台。1789年12月制宪议会提出设计这样一台机器，初衷是让脑袋“要在一眨眼的工夫掉下来”。但是在罗伯斯庇尔的提议下，一些代表一度投票要求限制死刑，因此以前的那种野蛮行为不能再用了，而需要一种更为可靠、更加人道的技术。1791年，有人设计出了一种砍头机械设备。用这种设备砍头更为迅捷，体现了平等主义，而且如专家所言，砍头变得毫无痛苦。虽然断头台不是吉约坦医生制造出来的，但最初的想法是他提出来的，所以这台新机器被冠以他的名字。第一个丧命于断头台的是一名强盗，他在4月21日被砍头。

仅仅数日后，战争就得到献祭品。不过，那个人不是受雇于匈牙利和波西米亚国王的军人，而是一名被自己手下杀害的法国军官。最靠近的敌国疆界是比利时，那里的人仇恨1790年前来占领此地的奥地利人，他们肯定会张开双臂欢迎高扬自由的法国军队。4月28日战争爆发，战火沿着东北疆界缓慢推进。但是法国军队的阵线一开始就被瓦解了，士兵溃不成军，纷纷逃离战场，反而向一名指挥官开枪，他们认为这名军官是叛徒。逃离阵线的部队不在少数，骑兵中的逃兵比例几乎是步兵的两倍，还能依靠的部队犹豫彷徨不敢出兵，他们对自己的侧翼部队心存疑惧。不过运气在法国军队一边，因为奥地利人并没有准备进军，他们在等待和普鲁士一起发起攻击。直到5月21日，普鲁士人才宣战，而到6月底他们终于有了一支能够组织进攻的军队。

同时，第一次失败引起了巴黎的震动，人们相互指责。布里索派（此时是议会和内阁中那些主战派的代名词）失去了理智，强词夺理，颠倒是非，到处寻找替罪羊，他们对这场失败毫无准备，只能怪罪到所有其他人头上。一名温和的雅各宾俱乐部成员说：“在所有地方你都能听到这样的说法，说国王背叛了我们，将军背叛了我们，没有人是可以信赖的。奥地利委员会被当场抓住，巴黎已经被奥地利人攻陷六周了……我们身处一座马上就要爆发的火山口。”[1]

现在只要有针对叛国行为的新举措，很快就能获得通过。5月18日，巴黎的所有外国人都被监视。5月27日，议会再次讨论未宣誓教士的问题，最后颁布法令，流放所有被20名积极公民谴责的未宣誓教士。5月29日，议会决定解散国王身边1800人的卫队，卫队本来是根据宪政而设立的，人们怀疑这支卫队过于效忠不再受人信任的君主制，取代它的是一支可靠而爱国的国民卫队。国王批准了解散自己的卫队，但是他行动迟缓，反倒让那些本来就对他没有好感的人更加心生疑虑，他们担心国王在酝酿军事政变，因为议会早就决定将驻扎巴黎及其周边地区的正规部队派往前线了。为了填补这个空缺，军事大臣塞尔旺提议设立两万多人的国民卫队组成军营，就设在巴黎周围，这次召集来的是一支外省国民卫队。恰逢一年一度的7月14日联盟节，这支外省国民卫队就被称为联盟军。6月8日，召集联盟军的法令获得通过。但是国王对此有更多盘算，两天后，他瞅准了一个意想不到的时机，意欲分化他的敌人。巴黎国民卫队的军官嫉妒联盟军在这座大都市里的政治地位，组织了所谓的“八千人请愿”活动，反对设立联盟军军营。国王立刻暗示他的大臣们他想要否决新的议案，也要否决关于未宣誓教士的法令。

内阁危机被公开化了。一方面有国王那位野心勃勃的年轻王后出谋划策，另一方面有塞尔旺和克拉维埃的支持。6月10日，罗兰给国王写了一封公开信，谴责他在批准那些得到议会大多数代表赞成的议案时过于拖沓，还责备国王的行为让整个国家都忐忑不安：“一个怨声载道的民族将会在他们的国王身上看到阴谋分子的同伙和共谋者。”[2]

任何一个国王都不会允许如此公开地责难自己的内阁，罗兰被革职了。6月13日，塞尔旺和克拉维埃也被罢官。迪穆里埃实际上并不同情被革职的这三位，但国王对他也没多少好感，于是6月15日迪穆里埃也下台

[1] Ruault, *Gazette*, 284 (24 May 1792).

[2] Thompson, *Documents*, p. 177.

了，担任北方军的指挥官。取代这届下台内阁的是来自斐扬派的无足轻重的人物，也有人说是拉法耶特在幕后操控。6月16日拉法耶特从前线给议会写了一封公开信，谴责雅各宾派是现在所有问题和灾祸的根由，对下台的内阁他鼓掌称快，他认为这届内阁导致了国家的内讧。这一做法导致人们更加相信拉法耶特在幕后操控的说法，使得人们的猜忌愈加显得有理有据，而当他受命担任指挥官时，人们的猜忌更深，认为他是要搞军事政变。那些支持下台内阁的巴黎民众觉得要先下手为强，他们开始计划一场截然不同的政变，这是自去年夭折的马尔斯校场请愿以来规模最大的民众干涉运动。

春季的经济危机再次使民众俱乐部复苏，自去年夏天以来这些俱乐部要么关门大吉，要么在暗地里活动。春天，巴黎的民众俱乐部的数量翻了一番，这些社团和正式的区议会的性质不同，后者只对积极公民开放，到6月，巴黎东部和中部人口密集地区的大部分区域都成立了民众俱乐部。4月15日民众政治起义的动力彻底爆发了，上千人参加庆典，为了那些在1790年南锡叛乱后被监禁的人，很多雅各宾派的首脑人物都到场参加集会。新的领袖也浮现出来，比如自称是“阿那克萨哥拉”的肖梅特，他曾领导科德利埃俱乐部中的激进派脱离该俱乐部。雅克·鲁是格拉维里耶区一教区的宣誓教士，他的名声建立在号召限价及处死那些囤积商人的煽动言辞上。战争开始的失利让一些区的爱国者十分诧异，他们提高了警觉，起初他们和雅各宾派一样都陶醉在自己的言辞中。整个5月，各区的爱国者都在抨击立法议会，要求获准各区议会的永久会期请求，但是最能让爱国者们团结在一起的就是清洗内阁的要求。为了展现对他们的支持，巴黎东郊各区和科德利埃俱乐部一起计划了一场大规模的游行示威，要求国王召回先前的内阁大臣。表面上，示威的时间正值在杜伊勒利宫的花园种植自由之树之际，次日便是网球场宣言的周年纪念日，但是所有人都知道，正如美国大使在他的日记里写的那样：“明天会有一场骚乱。”[1]

6月20日上午，有一两支起义队伍从巴黎的西边会聚到杜伊勒利宫门口，黑压压一片，令人恐惧。当起义者拖着大炮走上宏伟的楼梯，准备向国王的寝宫进发的时候，宫殿的守卫并没有阻止他们。起义者开始喊口号，称自己是“无套裤汉”，是没有好衣服穿的普通爱国者，来这儿的目的是为了吓退暴君。他们发现只有国王一人在那里，长达两小时的时间里，起义者都在威胁他，要国王召回内阁。可是路易十六第一次表现出惊人的勇气，这倒给他阴郁的生活和统治平添了一抹色彩。他拒不服从，宣称效忠宪政。国王甚至借来了一顶时下流行的新式自由之帽戴在头上，还为国家的长治久安干了一杯。最后佩蒂翁从市政厅赶来，劝说起义者赶紧解散，各自回家，但是毫无效果。

简单来说，6月20日的起义以失败告终。国王保住了他的内阁，而当进攻杜伊勒利宫的消息传到外地，人们纷纷对国王一家深表同情。很多外省提请国民议会处罚那些起义者，有些省的请愿书甚至征得了上千人的签名。国王公开责备佩蒂翁，说他没有履行市长的职责，没能阻止示威游行，巴黎抓住机会，将其革职。拉法耶特也瞅准了机会，加紧了攻击激进分子的势头，6月28日他来到巴黎，敦促国民卫队聚集在王宫周围。但是这些行动都没能吓退那些发起组织6月20日示威的人，反倒更坚定了他们再来一次的信念。实际上，6月23日他们就已经尝试过了，那天他们带着一份请愿书，要求国王退位。但是准备工作不够充分，未能在这么短的时间内第二次动员起民众力量，所以要求并未达成。然而，这足以让他们更加努力，而佩蒂翁的离职又给了爱国者们再次团结的新借口。此外，议会对拉法耶特的态度很冷淡，这让爱国者们更有信心了。拉法耶特不仅遭到民众的诟病，被认为在战时擅离职守，而且也遭到王室的指斥，他只得绝望地回到前线。杜伊勒利宫和内阁都在积极准备，蓄势待发。各种势力都

[1] Edited by B. C. Davenport, *A Diary of the French Revolution by Gouverneur Morris 1752–1816*, Volume 2, London, 1939, ii. p. 453.

有自己的想法，这是个关键的对峙时刻。6月20日的起义及其教训都预示着下一场起义的规模和形式。从这点来看，美国大使的说法是对的，他在日记里写道："在这一点上，我想宪政已然是在垂死挣扎了。"

各项周年纪念活动渐渐成了革命日程的主要内容，其中最重要的一项已经迫在眉睫，那就是7月14日纪念攻占巴士底狱。虽然国王否决了塞尔旺关于建立两万联盟军军营的提议，但是按照惯例，在马尔斯校场举行游行的计划仍在筹备中，全国各地的国民卫队陆续来到巴黎。闻听6月20日起义的消息，布雷斯特和马赛这些爱国者的地区就决定增派他们的部队，因此诸如军营这样的建制无论如何都是要设立的。7月5日立法议会在一系列讨论后，宣布国家处在危机中，这一做法无疑更加推动了整个爱国运动的大潮。一旦宣布国家处于危机中，那么所有的政府机构都将进入永久会期的状态，而且也有权从它们各自的国民卫队中调派志愿军，和陆军一起开赴前线作战。所以在7月5日之后不到一周的时间里，人们就要求立法议会颁布永久会期的法令，结果7月14日之后的很长一段时间里，联盟军都还在源源不断地涌入巴黎。马赛的志愿军直到7月30日才赶到巴黎，一路上都在高唱鲁热·德·利勒谱写的战斗歌曲，因此这首歌自诞生之日就有了《马赛曲》这个名字。整个7月，巴黎云集了来自各省的爱国者，他们高举长矛，雅各宾派和各民众社团千方百计地想要把他们拉入自己的阵营。早在7月11日联盟军的代表团已经在敦促议会控告拉法耶特，废除国王的否决票，召回佩蒂翁。两天后佩蒂翁复职，这是对14日所表达的一个善意的姿态。14日当天的节庆活动本身也比以往规模更大、更加壮观，国王不断强调自己要再做宣誓。但是，正如一名温和的雅各宾派所看到的"看上去很不错，但是他绝没有一颗爱国者的心"[1]，爱国者现在肆无忌惮地谈论着攻打杜伊勒利宫，就好像攻占巴士底狱一样，他们想要建立共和国。

[1] Ruault, *Gazette*, p. 295 (17 July 1792).

但是这一次，他们想要施加更大的压力，让宫廷再无还手余地。在某些场合下，爱国者劝阻新来的联盟军，不要对宫廷发动准备不充分的攻击。为了确保胜利，还必须依靠无套裤汉的力量，如果各区的区议会能够对所有公民平等开放的话，那就最好不过了。但是这是非法的。尽管如此，7月21日法兰西剧场区投票，还是决定不再理会积极公民和消极公民的区分，领导这次投票的是来自塞纳河南岸最足智多谋的政治领袖丹东。在两周时间里，另有六个区追随了法兰西剧场区，到8月初，参加区议会的人数陡然上升。7月25日区议会获准进入永久会期，从那时起他们开始同联盟军合作，并成立了中央委员会。雅各宾俱乐部现在也公开了他们要起义推翻君主制的计划。甚至连最谨慎的罗伯斯庇尔也在7月29日站出来，高呼采取直接行动，他放弃了宪政捍卫者的身份，而在此前捍卫宪政一直是他的口号。敌军跨过东北边界的消息传来，陡然增加了人们的危机感。7月25日反法联盟军指挥官布伦瑞克公爵签署了一份宣言，恫吓巴黎居民，说罗马皇帝和普鲁士君主的战争就是为了结束法国国内的骚乱，终结对君权和教权的攻击。他们想要解放王室一家，重建国王的“合法性”权威。他们会对那些不抵抗盟军的人给予保护。宣言明确警告巴黎人不要对杜伊勒利宫里的人采取任何行动，呼吁在首都的所有人都要对国王的安全负责，如果国王的安全受到侵害，那么这座城市将会受到惩戒性的且令人难忘的报复。这些威胁的消息在7月28日传到巴黎，反而助推了立法议会批准把武器分配给所有的公民，不论是积极公民还是其他公民，都要积极行动起来，保卫祖国。于是，所有人都可以加入国民卫队，这些人的数量远远超过至今还支配着巴黎各个组织机构的慎重的有产公民。巴黎各区纷纷请愿，要求国王马上退位。8月3日佩蒂翁代表48个区，也向议会提出了同样的要求，但是一些区旋即撤回了这份请愿。8月6日，聚集于马尔斯校场这个具有象征意义的地方的所有人又签署了一份请愿书，而在外省一些主要城市也出现了类似的请求。最后，8月9日立法议会在听取了关于拉法耶特决定放弃指挥官一职的报告后，同意讨论国王退位的问题。

但是，事态渐渐超出了代表们的控制，因为民众警告的就是那些想要从6月20日失败的起义中获益的人，即那些被解雇的大臣及其在布里索派中的支持者，还有来自吉伦特的能言善辩的代表。这伙人希望利用民众的不满，迫使国王让他们重新掌权。他们并不想要一场运动，彻底推翻国王。但是当波尔多的代表韦尼奥、加代和让索纳给国王施压，要求他在"革命的最坚定的支持者"中任命内阁的时候，却没有得到答复，他们的举动只能招致巴黎各区及其同伴雅各宾派的怀疑，所以行动一旦爆发，很快就变成了一场既反对立法议会，也反对王权的革命。

8月8日，立法议会的代表拒绝指控拉法耶特，这成为最后的导火索。8月9日，人们还没有明确表示要废黜国王，实际上他们也没有做这样的决定。这一天爱国者和王室都在为等待已久的角逐做准备，而立法议会只是绝望地在一旁观望。号召起义的警钟响起了，1789年以来的数次重大事件中，这种声音就一直回荡在人们的耳畔。8月10日凌晨，巴黎各区组成的中央委员会开始夺权。他们象征性地选中了佩蒂翁，宣称自己代表的是一个起义公社，下令联盟军和刚刚完成民主化的首都国民卫队进攻杜伊勒利宫。当这些力量在上午9点抵达目的地的时候，他们发现国王和他的家人已经穿过马路，逃往立法议会，他们觉得在那里更安全。大约900名装备精良的瑞士守军还驻守在杜伊勒利宫，此外有一两百名廷臣和官员，以及2000名国民卫队的士兵，但这些国民卫队的士兵马上倒戈，投靠了公社，而公社有两万多名士兵。先开枪的是瑞士士兵，一小时后公社力量占据上风。瑞士士兵的行为显然决定了他们的命运，等他们开始撤退的时候，立即遭到那些没有武器的旁观者的攻击和追捕，这些人手持尖刀长矛，举着小斧头，不顾一切地冲向瑞士士兵，将他们砍死，撕碎他们的制服，做成纪念品。大约有600名瑞士士兵丧命，另外一些士兵在围攻结束后被关押到安全地区。而进攻者牺牲人数不到300名，其中联盟军90人，其余则为小店主、小商人和技工，这些人多为1789年之后各类事件及6月20日起义中的名人。8月10日的行动是大革命爆发以来冲突最为严重的一天，也是最具决定性的一天。

虽然国王和他的家人没有受到伤害，但是他的权威和他的宫殿一样已不复存在。巴黎的民众疯狂地摧毁一切带有王权痕迹的符号和图像，也更换掉一切带有“王”字的诫命。立法议会宣布暂停君主政体，由国民公会来决定未来的政府形式。韦尼奥的几次努力只不过暂时阻止了废除君主制。在严密的监控下，国王被转移到唐普勒堡（这是一座位于巴黎东北郊区的中世纪城堡）关押起来，从那一刻开始就没有人相信他还能再坐上龙椅，除非有外国势力的介入。

权力并没有落在议会手中，掌权的是新成立的巴黎公社。议会好像已经听命于公社的摆布，比如在任命新一届内阁这件事上就是如此。6月13日下台的三人现在全部复职，尽管他们和现在立场不太明朗的布里索派有瓜葛，名声不好。最引人注目的就是任命丹东为新的司法大臣，从1789年以来他的名声全是靠在巴黎各区的活动建立起来的。参加投票任命丹东的议会代表不到300人。在前几周，立法议会的大部分代表都走掉了，而剩下的代表不仅人数少，且基本都是籍籍无名之辈，只能听从巴黎公社摆布，虽然想反抗，得到的却是不屑一顾。

公社最想要的就是报复，报复那些怂恿国王的人，那些在8月10日革命前后抵制民愿的人，以及一直受到国王庇护的未宣誓教士。他们还要报复拉法耶特，他是马尔斯校场的屠夫，以后也很有可能是个军事独裁者，但是拉法耶特逃脱了。8月17日他预谋带领军队向巴黎进军，那一天内阁决定解除其职位。后来拉法耶特跨过了普鲁士的国界，向敌军投降。即便如此，他在普鲁士的大牢里待了整整5年。8月17日当天，当局设立了特别法庭，审判政治犯，比如那些存活下来的杜伊勒利宫的守卫。这个法庭行动迟缓，8月21日，断头台得到了第一个牺牲品。从8月19日到8月26日，立法议会讨论针对未宣誓教士的解决办法，很多地方机构早已行动起来，方式各异。最后议会规定所有未宣誓的教士要在两周内离开法国，不然就要被流放到圭亚那。但是人们对神职人员没有丝毫的信任，所以那些本不需要宣誓的未领圣俸的教士也在6名公民的谴责下被流放。怀疑是这些日子的主调，8月11日以后，前往逮捕教士的是无套裤汉组成的监察委员会。如果没有通行证，谁也不能离开首都，而要得到通行证，必须得到由各区的监察委员会签发的爱国公民证书。当听说普鲁士的铁骑已经踏上法国领土的时候，这种偏执狂热的氛围变得更加强烈。隆维沦陷的消息于8月26日传到巴黎，这个地方几乎没有抵抗就沦陷了，这更让人觉得到处都有叛国者。在这几周里，丹东渐渐成了内阁里的主脑，他的办法就是要对巴黎的居民来一次大搜捕，搜捕藏匿的武器和嫌疑犯，这即是所谓的“挨家挨户搜查”，仅8月30日和31日两天就逮捕了3000多人。这让巴黎的各个监狱人满为患，人们当然相信被关押的犯人中有不少是叛国者。

8月10日以后，马拉这位自命为人民之友的人终于如愿以偿了。因为之前他的观念太极端、太血腥，很少有人支持他。他提出解决危机的办法就是屠杀，杀掉那些关在监狱里的嫌疑犯，还有一些大臣和代表。巴黎不少在公社的代表也有同样的想法，他们还对8月17日设立的法庭的拖拉作风表示不满。为了回应隆维沦陷，丹东呼吁从首都派出3万志愿军赶赴前线，很多无套裤汉似乎要准备动身，但是他们不愿离开家人，担心监狱里的反革命分子发生暴动。8月30日，议会想要动摇公社的控制，颁布法令准备开始巴黎的选举，无套裤汉们的心里更加不安了。布里索和他的同僚的意图昭然若揭，罗伯斯庇尔也开始称呼他们是“吉伦特派”，这让那些将公社视为国家救世主的人恼羞成怒。公社拒绝解散，听取了罗伯斯庇尔在雅各宾俱乐部里的提议，准备逮捕一大群敌对的代表和大臣。公社将马拉召入监察委员会，负责监狱事务，这一举动太有挑衅意味了。丹东出面干涉，才阻止了公社的逮捕行动，也拯救了一些人的性命，如果这些人在9月2日入狱的话，那么很有可能成为“九月屠杀”的牺牲者。

前线失利的消息成为进一步行动的助推器。继隆维之后，凡尔登也很快落入普鲁士军队之手。9月2日敌军越过凡尔登的消息传来，通往巴黎的道路已经敞开。丹东在他最著名的讲演中号召爱国者别再有所顾忌：“要拯救国家，我们就要大胆，再大胆，还要更大胆。”但是巴黎的主导情绪是恐慌。这天下午，一群狱犯从市政厅被送往阿贝义监狱，途中被无套裤汉劫持攻击，其中有17名狱犯被砍死。不久之后，设在老卡尔默修道院的临时监狱也遭到了攻击，那里的屠杀更为惨烈，大部分狱犯都被送到一个私设的模拟法庭。临近傍晚时分，公社插手了，但也只是配合屠杀者，并没有阻止他们。次日，公社往外省的主要中心城市送达了一份传单，暗示他们要以巴黎人为榜样。那时巴黎只有两座监狱没有遭到攻击。民众设立特别法庭，宣称要施行人民的正义，复仇的矛头指向所有那些背负反革命罪名的人。每一次宣判无罪，都会引来在场民众的欢呼雀跃，无罪释放的人不在少数。尽管如此，巴黎监狱里还是有大约一半的狱犯被屠杀。屠杀从9月2日开始一直持续到9月7日，被屠杀的狱犯大概在1100~1400人之间，大部分受害者根本不是什么危险的政治犯，其中包括存活下来的杜伊勒利宫的瑞士守军、200多名教士，还有不少是旧制度下的显贵人物，比如前任外交大臣蒙穆兰、臭名昭著的王后的爱慕者德·朗巴勒亲王。45名政治犯于9月9日在凡尔赛遭到屠杀，德莱萨尔也在其中。但是死掉的很多人只是普通的罪犯，如果说他们和颠覆性活动有关的话，也顶多是伪造指券者。然而猜忌滋生了亲信，伤风败俗的社会难道会和这些监狱里的阴谋分子没有一点瓜葛吗？执行屠杀的都是些普通的巴黎商人和群众，他们的确认为这样做很有必要，而且是有好处的。公社也是这样认为的，通过投票，还决定付给这些屠杀者报酬。但是一个月内接连发生两次大规模的流血事件足以让那些亲历者心惊胆寒，各种屠杀的可怕细节传遍了整个欧洲，立法议会和雅各宾俱乐部都没有人想要公开称颂发生的一切。但是以布里索为首的一派和罗伯斯庇尔为首的另一派，双方之间很快就开始相互指责，都将责任推卸到对方身上，或者指控对方和屠杀者串通一气，这样的指控及反击来回持续了一年多。“九月屠杀者”成了政治骂名的标准术语。而害怕重演同样惨剧的心态在此后数月间一直萦回在法国人的政治生活中。

但是这次清洗肯定让无套裤汉放心了，家人已经没有了威胁了，巴黎人开始报名参加志愿军，他们成群结队地出发，迎战普鲁士军队。9月之后的几周里，报名参军的人数超过两万。9月9日一名英国官员说："参军人数十分庞大，虽然他们还称不上是军队……报名还在继续……今天我听说还有很多人来报名，或者直接奔赴沙隆，难以置信。底层民众的积极性远远超出我的想象。"[1]这名英国官员很肯定地说"这些志愿者参军，只会给正规军带来麻烦"，但是"我也情不自禁地认为……布伦瑞克公爵应该尽快来巴黎看看"。在这段评述里，我们已发现对这样一个事实的朦胧觉醒，那就是18世纪战争的正规模式不是不可改变的。10天后正面的证据就出现了。9月20日在瓦尔密，就在沙隆西面，法国军队发起了最后的全力抵抗。克勒曼和迪穆里埃手下的士兵要多于普鲁士军队的人数。虽然他们的枪支很少，但却是优质的武器，而且手握枪支的都是大革命前就读于射击学校的优秀毕业生，所以在枪法方面，他们远胜于敌军，这一优势贯穿于整场战争。法国士兵高呼着国家万岁，向前冲锋。他们斗志高昂、意志坚决，几十年来在欧洲战场上从未见过，法国士兵就这样阻止了入侵者的铁骑。歌德目睹了这一切，他是被魏玛公爵带来的，想要活跃行军中的气氛。在一个阴雨绵绵的夜晚，在惊愕而沮丧的普鲁士军营里，歌德鼓励这些入侵的战士，说："此时此地，世界历史的新纪元开始了。新纪元诞生之初你便在场，值得夸耀。"但在听者耳里这更像是约伯的安慰之词。

实际上，普鲁士人很快开始了和谈。迪穆里埃从来不相信普鲁士人会忠于奥地利同盟，他提出条件，弗里德里克·威廉国王当时就答应了，大革命的战争很有可能在那个时候结束。但是就在瓦尔密战役的当天，在巴黎召开了国民公会，国民公会的第一个举动便是宣布成立共和国。消息传来，普鲁士人立马中断谈判。

召开国民公会的想法在8月10日革命前就出现了。巴黎各区以及雅各

[1] *Despatches of Gower*, p. 238.

宾俱乐部的激进分子在整个7月一直说需要一部新宪法，因此8月10日下午立法议会没有别的选择，只得“邀请”法国人民组建公会，“以确保人民主权以及自由和平等的统治”。第二天，立法议会颁布法令，规定新的议会的选举施行男性公民的普选，公民之间没有区别，只有仆人和失业的人没有投票权。但是至少立法议会抵制了各区的要求，后者呼吁直接选举，废除两级复选制度。罗伯斯庇尔再次提出执行自我否决的规定，立法议会觉得这样做会让罗伯斯庇尔当选，而所有的现任议会代表都将无法进入国民公会，因此否决了罗伯斯庇尔的提议。初级选举于8月27日开始，第二轮的选举于9月2日开始，这时国家正处于生死存亡的紧要关头。毫无疑问，这就是为什么在600万选民中，只有四分之一到五分之一的人参与了初级选举的投票。不少外省接收到的关于8月10日及此后巴黎发生的事情的信息都是不完整的，而且也是得不到证实的，所以在当选的749名代表中有不少于200人曾是立法议会的代表，对选民来说这些人的名字早已如雷贯耳了，其中就包括布里索和他的同僚以及来自吉伦特的最杰出的口才家。此外还有83人是前制宪议会代表，这是他们第二次登上国家舞台，包括奥尔良（他颇为骄傲地炫耀自己新取的一个共和国名字：菲利普·平等）、佩蒂翁和罗伯斯庇尔，这三位都是由巴黎选出的代表。丹东的当选是意料之中的，尽管他因此不能再担任司法大臣一职。在报界的名气同样会让马拉和克洛兹当选。托马斯·潘恩和约瑟夫·普利斯特利的当选说明法国已经接受了外国友人。从社会构成上说，与先前的立法议会一样，律师、自由职业者和有产者在国民公会中占有主导地位。虽然大商人、贵族和教士比以前少很多，但在国民代表中出现了不少各色各样的技工，这是前所未有的。这是一个年轻的议会，三分之二的代表年纪不到45岁。总之，因为国王的顽固且奸诈的行为，这些人会聚到国民公会里，自1791年初以来分散在全国各地的他们已经在国家以及地方的各个层面获得了丰富的政治经验。

毫无疑问，国民公会会废黜国王。8月10日以后，在杜伊勒利宫里发现的文件也只能加深人们对国王叛逆行为的怀疑。无论如何，巴黎明确提出要建立共和国，所以9月21日为新宪法打下了基石，法国的君主制被取缔了。一年以后颁布了新的革命历法后，1792年9月22日被看作共和元年的第一天。但是废黜君主制是一回事，而如何处置路易十六是另一回事。1792年秋天的大部分时间就在讨论如何处置国王。

什么也不做，这个想法对布里索和吉伦特派来说很有吸引力，把国王作为人质，以防今后有不测发生。布里索和吉伦特派因为在8月10日前两周内说的那些模棱两可的话而被怀疑这样做是在为将来复辟君主制作准备。巴黎公社以及巴黎的代表都坐在左侧较高的席位上，成为所谓山岳派的核心，他们决定扼杀这个计划。10月1日巴黎公社的监察委员会宣称他们掌握了证据，一些代表付给垮台的君主制的合作者钱财，他们决定将这些人送上审判庭。为了调查此事，专门任命了一个委员会。11月，他们在杜伊勒利宫发现一个铁柜，证据确凿，因为铁柜里存有更多的罪证。根据宪政，国王本不可侵犯，而现在却要有理有据地被审判，或者至少要接受某个法庭的判决，这成了一个两难的法律问题。为了解决这个难题，山岳派代表开始登台辩论，11月13日来自埃纳河省的年轻代表圣茹斯特第一次发言，虽然到目前为止他还只是无名之辈，但是他的发言成了山岳派的核心论点。这个观点认为暴君已经被审判过了，在8月10日那天就被人民判处有罪，现在需要的只是惩罚。已有人指控罗伯斯庇尔怀有独揽大权的野心，12月3日他登上讲台称：

> 路易不能被审判，因为他已经被判决过了。他是有罪的，除非共和国有罪。有人提议路易十六一定要审判，不用在乎手段。这是倒退，退回到立宪专制去了。这是反革命的想法，因为这就把革命推上了被告席。总之，如果路易还能被审判，就有可能无罪释放，他可能是无辜的。或者说在被判处有罪之前他都被看成是无罪的。但是如果路易被无罪释放，如果结果是

路易是无辜的，那革命又扮演了何种角色呢？[1]

然而大多数代表都接受过正式的法律训练，如果不进行审讯，他们是不愿意谴责任何人的。从这年春天开始，佩蒂翁和罗伯斯庇尔分道扬镳，罗伯斯庇尔建议在主权人民代表，即国民公会面前审判路易十六，得到了一致的赞成。12月11日路易十六被从唐普勒堡带出来，走过一条寂静而拥挤的街道，到处都是赶来旁听指控的民众。指控的罪名涉及从三级会议召开以来路易十六的全部行为。但是如果代表们想要胁迫他，他们会感到失望的。路易十六深思熟虑，举止落落大方，时而回避听到的指控，时而否认，有时干脆说这都是谎言，最后路易十六要求一名辩护律师。正像6月20日那样，国王面对逆境的坦然而坚决的态度给旁观者留下了深刻印象，这也让那些想要砍掉他脑袋的人有点恐慌，而让那些想要救他性命的人增加了勇气。

审判的那一天，代表们很不情愿地给“路易·卡佩”配了一名辩护律师。12月26日他们听取了雷蒙·德·塞兹的辩护陈词，这是另一名颇具口才的波尔多人，他是吉伦特派代表中的重要人物，名声不小。塞兹将他的委托人描述成环境的受害者，并非彻头彻尾的暴君。他说他的委托人是一名给予民众所要求的一切的君主，包括自由本身。最后国王再次重申他无意也无心让他的臣民流血伤亡。很多人似乎被打动了，但是即使国王也很清楚，罗伯斯庇尔有充分的理由宣称判决只可能有一个。真正的问题只能是适当的惩处，是否能复审、能够缓刑。当国王被护送离开议会厅之后，这个问题又引起了新一轮的争论。吉伦特派依然坚持不管通过什么样的判决，都应由全民公决来批准，即所谓“诉诸民众”。双方在这一问题上的交锋十分激烈。没有人怀疑吉伦特派想要外省来拒绝国王的死刑，而这一点正是巴黎人想要的，而且他们很可能会实现。但是如果那样的话，很难

[1] H. Morses Stephens, *The Principal Speeches of the Statesmen and Orators of the French Revolution*, Volume 2, Oxford, 1892, ii. p. 359.

想象如何避免内战。最后这些担心被证明毫无必要。唱票最后于1793年1月15日开始，在国王是否有罪这个问题上几乎没有异议，693名代表投票国王有罪，没有人投票支持无罪释放。在是否诉诸全民公决这个问题上，国民公会内部的政治分歧开始凸显：283名代表投票支持全民公决，而424名代表反对。也就是说在次日决定国王的生死问题上，代表们的判决将是最终判决。这一次唱票一直持续到午夜，因为代表们都要对自己的投票给出解释或理由。其间有可怕的谣言，如果作出的判决不是死刑，那么无套裤汉将会冲上街头，进攻唐普勒堡，屠杀关押的犯人，更不要提公会本身了。可能出于此种担心，某些投票者动摇了。即便如此，投票迟迟没有结果，这让人愈感不适。根据官方的统计，有288人投票反对死刑，支持某种形式的监禁；支持死刑的人中有72人赞成缓刑；但是多数代表，即有361人赞成执行死刑。1月17日他们向路易十六宣布了这一结果。

仍有一些代表想要拯救国王。当宣布死刑的时候，国王的辩护律师发布了一项通告全国的呼吁书，这份呼吁书瞬间让局面变得十分混乱。但是民众扮演着君王的角色，他们享有宽恕的特权，1月18日有人提出缓刑。又一场喧嚣的争论开始了，最后以全体唱票而达到高潮。这一次有310名代表投票反对死刑，但是依旧有380名代表支持死刑。在此之后就没有再拖延了。1793年1月21日是星期一，路易十六被送上断头台，执刑的地方就是今天的协和广场，就在他祖父凯旋的塑像脚下。他最后一次表达自己是无辜的，但是被隆隆的鼓声盖过。

共和革命从瓦楞事件就已经开始了，而自8月10日之后逐渐激进，最后的结果是自然而然的。旧制度的摧毁是彻底的、全面的、不可挽回的。弑君意味着没有妥协的余地，也没有回头路可以走。头脑清醒的只有少数人，他们明白当投票赞成处决国王的时候，战火已然平息，整个波旁王朝也早已土崩瓦解，因而处决路易十六并不意味着胜利，而是一种挑战。处决国王让无套裤汉们心满意足，但是就整个欧洲来说，却为革命带来了更多的敌人，盟友的阵营更加显得势单力薄，在法国本土可能也是同样的情况。处决国王的行为让那些已经成为革命敌人的人力量倍增，他们有了新的借口。路易十六是虔诚的基督徒，他的血让那些质疑法国大革命的成就和大革命方向的人也开始抗拒，所以各种力量在1793年开始挑战它的时候，这个背负了弑君罪名的共和国几乎是理屈词穷。

| 第九章 |

对欧洲宣战（1792—1797）

18世纪90年代，路易十六不是第一个被臣民砍头的国王。1792年3月，对法国王室遭遇的危机愤愤不平的瑞典古斯塔夫三世在斯德哥尔摩的一个化装舞会上被暗杀。凶手是几名贵族，他们对开明专制的议程很不满。在他们眼里，强制推行这种议程的是路易十六的秘密谏臣，其真正动机是要博取民心。古斯塔夫在最后的讲话中谴责了雅各宾派，于是暗杀他的阴谋者为了转嫁责任，把暗杀说成是受到雅各宾派的指使。所以，即便是在革命爆发前，法国人也有理由讨厌君王，后来他们处决路易十六的做法就是明证。8月10日之后，各君主国还没有做好战争准备，他们的驻法大使尚未被召回。美国大使也很焦虑，对于去留拿不定主意。而且，在瓦尔密大捷之后的欢欣中，法国人宣称他们酝酿的新的战争目标不仅仅是要离间警告那些君王，还有君王权力所依靠的整个社会等级制度。

在瓦尔密牵制了普军，迪穆里埃功不可没。他允许普军撤退，阻拦他们的只是糟糕的天气。而迪穆里埃自己则转道北上，进攻奥属尼德兰。这是最开始的前线，也是敌军最初的大本营；在尼德兰，迪穆里埃取得了决定性胜利，这让他在接下来的那个政局动荡的秋天成为发号施令的人。11月

3日迪穆里埃跨过了边界，三天后在热马普大败奥军。短短一周内，迪穆里埃又来到了布鲁塞尔，月底他已经席卷了整个奥属尼德兰以及列日主教辖区。与此同时，在南部瓦尔密战役后加入反法联盟的萨瓦地区，遭到了孟德斯鸠指挥的法国军队入侵，尼斯被攻占。在莱茵河地区，屈斯蒂纳侵入各教会公国，并于10月21日攻占了美因茨，10月23日攻占了法兰克福。

8月才刚刚打了败仗的法国军队，何以能在如此短的时间内彻底扭转败局？一个明显的优势就是数量。瓦尔密和热马普两场战役中，法军人数远远超过敌军。实际上，近十年来法国人口不断增长，当时已接近2900万，与任何一个敌国相比，法国能召集更多的士兵。战争第一年就出现了大量热血志愿军，1789年之后，有18万爱国新兵决心捍卫新制度。此外，虽然原来的王家军队因为士兵的叛逃、兵变和大批军官的出逃，人数大大减少，但是那些决定留下来与革命军一起作战的肯定是法国最尽忠职守、战斗水平最高的士兵，而且正规部队的空缺迅速由能力超拔的军士填补。还有，在瓦尔密和热马普两次战役中，炮兵成为决定性的因素，是最少受到革命剧变影响的部队兵种，即便是在征召爱国志愿军的高潮时期，炮兵也只会接受那些有作战经验的士兵。上述这些都意味着，法国的军队绝非像反法联盟想象的那样无能，那么不堪一击。

数量不足、过于自信、情报不充分、甚至异想天开……德意志军队的问题远不止这些，后方的俄国人也让他们分心。1792年4月，波兰贵族不满国王斯坦尼斯拉斯于1791年5月3日颁布的中央集权宪政改革条令，与圣彼得堡串通一气，在塔格维卡结成了同盟。一个月后，俄国军队侵入波兰。8月底，尽管在参加过美国独立战争的老兵塔德乌什·科希丘什科的领导下，波兰取得了一场精神胜利，但最终还是沦陷了，国王投降了。法国人视波兰的抵抗战与他们自己的抵抗战一样，于是8月26日立法议会赋予科希丘什科法国公民的头衔。

俄国的胜利导致普鲁士军队从法国的西部边界撤出，弗里德里克·威廉将部队集中在东部，为了得到他梦寐以求的胜利果实——第二次瓜分波兰。如果成功，他就可以得到格但斯克港口，那时不管叶卡捷琳娜二世给予什么，他都无所谓了。

所以整个秋天，法国军队持续向东推进，几乎没有遭遇任何有力抵抗，长驱直入敌国领土。发动这场战争的人宣称革命的原则将使他们无坚不摧，这样的说法依旧支配着国民公会里的法国公共生活，现在他们认为自己的预言是正义的，准备继续扩大他们的雄心。11月19日，在一份著名的法令中，国民公会宣布“以法国国家的名义，将为所有那些想要恢复自由的人民伸出兄弟般的援助之手”。一个月后，也就是12月15日，国民公会授权各军官在其攻占的领土上，推行法兰西共和国的所有社会措施，所有现行的税收、什一税、封建租税和奴役都被废除，也包括贵族制度及其各类特权。一些代表宣称法国的箴言就是向城堡宣战，把和平带到村舍！以和平、援助、兄弟之情、自由和平等的名义，他们将援助全人类建立“自由和人民的政府，各政府之间携手合作，同仇敌忾，夺走旧制度的权力，新机构的主要使命乃是负责为‘共和国的军队提供装备和补给’，为他们驻扎的部队担负所有的开销”。这意思很明确：被占领土，不管是否欢迎，是否同仇敌忾，都要为驻留的法国人承担开销，也就是说傀儡政府般的行政管理将渗透到每一个令人不快的细节中。12月15日，国民公会还宣布了指券也将在各个占领地区推行。1792年即将结束，这还不是由巴黎传来的唯一不祥之兆。在法国的保护下，一些领地甚至没有设立人民政府的自由，这些地区在两年前才放弃征服战争，逐渐想要并入法国。

的确，这种想法并不是法国最先提出的。当法国军队在9月跨越萨瓦边界时，当地民众就高呼着要并入法国，他们说要像阿维尼翁一样。秋天，一些德国人也提出莱茵河地区要并入法兰西共和国，因为莱茵河是法国的自然界河。持此观点的德国代表是自由派领袖格奥尔格·福斯特，他曾协助入侵美因茨。对于这种观点，国民公会的最初反应是慎重的。阿维尼翁是法国内陆深处的一块飞地，而且那位远在他方的统治者并没有军队，这与莱茵河地区的情况完全不同。法国军队占领的这片地区是战略要地，处于两国疆界之间，如果并入法国，可能会延长甚至扩大冲突，也会使后来的维和行动更加复杂。尤其是当这种措施运用到所有征服战争中最引人注目的一场，即攻占比利时的行动中时，就更为明显。1790年被奥地利攻占者驱逐的大约2500名流亡者跟随着迪穆里埃前往布鲁塞尔，他们希望法国人能帮助他们重新建立一个独立的国家，结束利奥波德二世的统治。迪穆里埃正盘算着要建立一个自己的公国，于是支持这些流亡者选举国民公会的计划，但是巴黎支持迪穆里埃这种自作主张的人并不多。11月27日布里索写信给迪穆里埃说："有一种观念正流行于此地，即法兰西共和国将要以莱茵河作为国界。"[1]当年12月和1793年1月，丹东作为特使两次出使比利时的军队。1月31日，他宣称"法国应以自然边界作为疆界。我们应该抵达自然界限的四个点：海洋、莱茵河、阿尔卑斯山和比利牛斯山"。丹东认为比利时是要并入法国的，但是莱茵河并不是比利时的边界，荷兰共和国一直延伸到莱茵河南部。法国军队哪怕在荷兰停留片刻，都会引起英国的反对。

皮特政府无疑很讨厌法国大革命及其所代表的一切，但是他们并不想与其开战。1792年2月，皮特在议会中宣布最多需要15年，和平就会降临。的确，他认为一旦大陆战争开始，反法联盟肯定会节节胜利，但是皮特拒绝英国卷入战事，即使是在8月10日以后也坚持这样的立场。英国并没有遭受任何严重的损失，而且法国的入侵似乎不会很快取得胜利。改变时局的正是入侵比利时的战争，因为英国在整个18世纪的政策就是要让这些低地国家免遭法国侵入。11月16日法国拉开了斯海尔德河战役的序幕，他们公然藐视荷兰共和国自建立以来的官方政策，打破了《威斯特伐利亚和约》维持的体系。这威胁是蓄谋已久的，也是精心设计的。法国的军官和巴黎的预谋者开始肆无忌惮地宣称要颠覆1788年由英国和普鲁士担保的荷兰协议，他们的压力其实来自那支"巴达维亚军团"，这是从夏天开始

[1] T. C. W. Blanning, *The Origins of the French Revolutionary War*, London, 1986, p. 137.

由那些流亡到法国的爱国分子组织起来的。11月底，胆战心惊的总督威廉五世正式向伦敦求助，英国开始动员它的海军。

审讯并处决路易十六预示着最后的破裂。8月10日之后，巴黎血腥的场景已经让那些旁观者疏远了，尽管出逃事件发生后是这些人的善意保住了早已蒙羞的王室。法国军队的胜利鼓舞了英国的通信委员会，这个委员会不断给国民公会发送各类庆贺祝词、训告，甚至捐来很多靴子（他们认为士兵的服装太单薄，还穿着木制的鞋子），它也将有产阶级送入政府支持的“捍卫自由和财产，反对共和派和平等派结社”。这个结社是由约翰·里弗斯在11月底建立的，一个月内就有了2000个分会，其成员远远超过通信委员会。所以当皮特向议会要钱，意欲组织一场战争来攻打一个谋杀了国王的国家的时候，他公开宣称议会有义务协助那些海外的同情者，无论何时，只要他们需要帮助。皮特很清楚，有大批民众支持他的观点，而且立法机构也会考虑这一点。他的敌对势力辉格党是分裂的，最终以失败告退。皮特和法国的秘密协商一直延续到1月。当路易十六被处死后，英国马上和法国断绝了关系。1793年2月1日，法国向英国宣战，就在同一场会议上，他们也向荷兰共和国宣战了。

法国人已被胜利冲昏了头脑，此时他们与整个欧洲对抗。丹东对国民公会大声叫嚷：“他们有国王，这就是威胁！”[1]一贯夸夸其谈的布里索说：“我们无法平静，除非欧洲——整个欧洲都陷入战火中。”[2]法国人大肆吹嘘兼并战争，表示他们对欧洲的蔑视。1792年11月27日国民公会收到一份自称是“阿洛布罗热主权国民议会”的文件，随后便兼并了萨瓦。1793年1月31日，尼斯也并入了法国。2月，选举在莱茵河南岸举行，虽然它遭到大多数居民的抵制，但最后还是产生了一个由被围困的合作者和入侵者组成的公会，他们在福斯特的领导下正式请愿，要求并入法国。同时比利时人也得到机会，提出了全民投票公决。在整个2月及

[1] Stephens, *Orators*, ii. p. 189.
[2] Blanning, *Origins*, p. 137.

3月初，荷兰绝大多数人要求并入法国，而少数攻占地区的反对者也渐渐被劝服，投了赞成票。3月，这几个地区一个接一个地相继并入法国。此时，迪穆里埃已经得到了荷兰共和国的南方诸省。法国人认为自己战无不胜，不可阻挡。

但是，实际情况并非尽如法国人所愿。他们渐渐觉得自己作出的承诺有些不切实际，而且还无端地招致了新的敌人。与此同时，原来的敌人正在重整旗鼓，准备反击。比如，路易十六头颅落地后的两天，波兰的问题就有了结果。俄国的叶卡捷琳娜二世提出再次瓜分波兰，她并不想与波兰打仗，她得到了最大的一份领土和人口，而普鲁士得到了格但斯克港口以及连接西里西亚和波罗的海诸省的一大片广袤的楔形领土。奥地利被排除在外，这令皇帝很不高兴，他赶走了主要的几名大臣。但是，普鲁士和奥地利结成的反法联盟稳固如初，而且他们开始关注西边的局势。的确，早在1792年12月2日，普鲁士就已经夺回了法兰克福；1793年3月初，奥地利军队再次进入荷兰南部地区。3月18日他们在内尔温登遭遇迪穆里埃，结果迪穆里埃一败涂地。对新生的共和国来说，这是充满灾难的一年的开始。

在法国人正式宣战前，英国人已经在策划一个庞大的反法联盟。1792年底，他们向西班牙发出照会，要求与之结盟，英国人知道在瓦尔密战役前，波旁家族地位较低的一支加入了普奥联盟，让路易十六重新登上王位，恢复他的特权。路易十六被砍头的消息引发了普遍的厌恶情绪，法国驻西班牙特使被赶出西班牙。3月7日，即西班牙同意与英国合作，封锁法国地中海海岸之后不久，法国作为报复宣战。3月25日，英国成功劝服叶卡捷琳娜二世加入反法战争。一个月后，撒丁王国得到了英国的一笔资助；7月，葡萄牙和那不勒斯也被英国用外交手段拉入战争。同时，德意志各小国比以前更积极地准备向伦敦派出雇佣军。这个联盟并没有一项相互绑定的基本条约，然而在路易十六被处决后的一个多月里，欧洲大多数国家公开和法国作战了。

胜利是显而易见的。内尔温登战役中，法国军队在战场上节节败退。这场战役证明法军在瓦尔密和热马普只是侥幸获胜。迪穆里埃也放弃了重整军队的努力，向奥地利请求停战，并承诺与盟军合作，将率领剩余部队向巴黎进发，释放囚禁在那里的王后和王子，并宣布王子为路易十七。但是当他下令向巴黎进发的时候，他的部下拒绝服从，4月5日迪穆里埃做了和拉法耶特一样的事情，投靠了奥地利。此时法国人也被赶出了莱茵河地区，美因茨地区只剩下两万孤立无援的士兵；而在法国本土旺代地区又爆发了武装骚乱。4月，丹东决定使用安抚手段，他在国民公会新成立的救国委员会中负责外务。但罗伯斯庇尔却提出要采取极端措施，凡是和敌人谈判的人都要被处决；他劝说国民公会放弃无限制的自由以及没有目标地帮助任何向法国求援的承诺。丹东暗中与反法联盟的各方势力秘密协商，这让人感到法国革命似乎到了穷途末路。

这个夏天的所有事情好像都在朝着一个方向发展。6月，法国大部分地区出现了“联邦党”叛乱，强烈反对国民公会顺从巴黎的意志。7月，法国军队完全被赶出了比利时，当地民众十分高兴，奥地利军官科堡再次踏上法国领土，并于7月20日攻下孔代的堡垒。数周后，瓦朗西安纳也遭遇了同样的境遇，一支盎格鲁–汉诺威军队攻下敦刻尔克。在德国边界，美因茨的戍卫部队一度抵抗，7000名士兵丧命，于7月23日投降。在南方，西班牙军队侵入鲁西永，5月18日大胜法国守军，随后又在马尔斯德乌打败守卫部队。最不光彩的是8月27日土伦叛乱，作为地中海沿岸最重要港口城市，土伦港及其军械、舰队统统归属了英国。

法国的命运被彻底改变。巴黎的疑心更重了，政治运动也频频发生。很多人认为这些政治骚乱的原因就是变节，和敌人串通一气，迪穆里埃的背叛不就是证据吗？在他叛变之后，最爱国的军官也不愿再冒险了，他们觉得如果失败，很有可能会在断头台上结束自己的生命。屈斯蒂纳和乌沙尔两位军官肯定就是这样想的。1793年数次败仗的原因可能正是1792年的胜利。法国人太自信了，他们亲眼见证了那些专制敌人的军队溃不成军的狼狈样子。实际上，1792年底，数千志愿军纷纷卸甲回家，他们入伍打战就是为了应付1792年的危机，而现在危机过去了，他们被允许回家。到了1793年2月，武装军人只剩下23万人。所以当共和国再次面对它的敌人时，军队人数已经大减，而敌方军队和物资却得到了大规模的扩充。1793年上半年，法国既要应对国外的敌人，还要处理国内的叛乱，局面变得十分糟糕。

但是法国的虚弱无力并没有让它的敌人占到多少便宜，这很让人感到奇怪。他们能侵入法国，却从未深入腹地，而且整个反法联盟没有统一的部署，同盟国之间也没有合作。此外，联盟中的国家其实并没有一致的目标，虽然他们都宣称要恢复法国的君主制，但要让此时落入共和国手里的那个体弱多病的孩子当国王，好像不大合适。虽然路易十六不是他们最中意的人选，但他的存在或许还能让他们觉得有些希望。趁着打仗，英国人很乐意出兵攻占法国多事的加勒比海诸岛，但他们的主要目的却是希望比利时重回奥地利的怀抱。奥地利当然也想要夺回比利时，不过他们另有盘算，且蓄谋已久，就是一旦得到比利时，就拿来换取巴伐利亚。从1786年开始，比利时带给他们的除了麻烦还是麻烦。当奥地利控制比利时后才发现这里的百姓还是和以前一样难对付，因此有点心灰意冷，不愿意再为反法联盟拼尽全力。此外，新上任的奥地利大臣图古特决定为入侵波兰保存实力，以免引起事端。如果还有瓜分波兰的机会，他可不想被落下。普鲁士和俄国都不确定下一次瓜分波兰会在何时，所以驻守在法国边界的普鲁士军队行军缓慢，也没有后援。俄国只不过是骚扰一下那些穿越波罗的海封锁线的法国商船。只要是和法国开战，英国采取的第一步往往就是骚扰商船。不久叶卡捷琳娜二世就不愿再为盟军提供援助，原因是英国拒绝给她提供补给。不少盟军的政治家都觉得他们用不着费太多力气，法国就会一败涂地。正如皮特在1793年7月19日说的那样："如果我们能在各个方面重创法国，而他们国内的危机也在持续，法国不大可能还会长久抵抗强有力的进攻。”[1]

但是法国人在抵抗，而且接连取得了数次胜利。9月6日到8日的翁斯科特混乱战役虽然不具有决定性的意义，但是敦刻尔克解围了，伟大的老约克公爵率领的英国围军败退。10月15日到17日的战役更惊心动魄，在这场持续三天的战役中，茹尔当领导的法军在瓦迪尼斯击退了边界的奥地利主力。这是一次以少胜多的战役，法军沿路追击奥军，一直把他们赶出了国界。茹尔当年仅31岁，却是参加过美国独立战争的老兵，他真诚的共和热情远远高于迪穆里埃和屈斯蒂纳。拉扎尔·卡诺亲眼见证了茹尔当指挥的胜仗。卡诺是救国委员会的成员，军务是这个委员会最关切的事务。凭借此后几年的努力，卡诺获得了胜利组织者的持久名声。

30万征兵法早在2月24日就通过了。这份法令引发了旺代叛乱，在法国的西部和北部也遭到强烈抵制。但是到了夏天，据官方统计，武装人数已达64.5万人。8月，国民公会接着宣布了一个全国动员计划，其规模前所未见，这就是全民征兵。首先，巴黎各区的无套裤汉组织起来，动员全国备战。这一请愿是在8月12日到16日之间提出来的。实际上，卡诺刚一加入救国委员会就起草了法令。法令规定以23岁为界，未达年纪的所有法国人都可以被征召入伍；18岁到25岁的未婚男子都需要服兵役；其他人要到制造工厂、粮食生产的地方以及运输部门服役；妇女需要赶制衣服，在医院当医生或护士，孩子要去制作绑带，甚至老人“也要去公共场所，在军营里鼓励士气，传播反国王、团结共和国的思想”。所有的马匹和公用房屋都要召为军用，很多地方要设立军械制造场，政府有权在战时做任何认为有必要的事情。到了1794年9月，这些措施催生了一支由116.9万人组成的军队。实际上，这其中全副武装、受过军事训练的不过75万人。但即便如此，这支共和国的军队也是欧洲历史上最庞大的军队。

前所未有的规模需要前所未有的组织和战略。在整个1792年，法国

[1] J. H. Rose, *William Pitt and the Great War*, London, 1914, p. 144.

的军队基本上是由旧制度下的陆军残余力量组成，而这些人越来越少。国王卫队往往充当先锋，有时也会和陆军及志愿军部队混在一起。部队之间总有龃龉，相互瞧不起。他们拿到的军饷有差别，而且组编方式与服饰装备都不一样。2月21日国民公会投票结束了这种情况，执行混编原则，把一支陆军和两支志愿军混编在一起，组成一个小型旅。这个办法早被迪穆里埃在战场上试验过，获得了成功。混编原则规定了统一的军饷、晋升制度、服饰和装备。这次改革进展缓慢，直到1794年1月颁布了一项新法令，混编才最终得以普及，此时已过去了两年时间。但混编最终还是提高了效率，也优化了共和国军队的组织，理顺了起初的混乱情况，并培养了军队焕然一新的自豪感。这是一支由公民组成的军队，与德意志的专制君主派来对付他们的军队完全不同。德意志的军队由雇佣军和强制入伍的农奴组成，武器装备和后备补给也远远不如共和国的军队。很多战争食物与军械补给都依靠野蛮征用或者把军队安置在老百姓家里，当共和国的军队在1794年下半年再次踏上外国疆土的时候，他们的补给是由法国边界地区供应的。1793年8月到1794年7月间新建的30座工厂为他们提供军械，金属原料靠熔化教堂扶梯的扶手、大钟及其他饰物得到。不少人被派去寻找硝酸钠，他们在地窖和酒窖中寻找，这样就不需要从东部进口。硝酸钠是火药的主要原料。从1793年到1794年，法国备战依靠的就是这种权宜之计保证了军队的需要。虽然手段十分粗暴，蛮不讲理，但这样的做法是不得已而为之，尽管多少带有偶然性，因为更正式和有组织的做法收效太慢。而那些专门针对这支由年轻共和国建立的庞大军队的策略为后世提供了更多的启示。要在短时间内训练这样一支军队，让他们掌握18世纪战场上那些准确正规的作战手段是不可能的，但是靠着人数的优势，以及高昂的爱国热情的驱使——这种热情首先见证于瓦尔密战役，随后是热马普战役——共和国的军队根本没有必要掌握那些战术。法国人打败他们的敌人，依靠的就是人海战术。指挥官看到这么多人吓坏了，更不用说这些法国士兵对生命毫不珍惜，不久他们就明白了这种力量的效果。民兵们更是觉得无所不能，因为他们是在捍卫自己的祖国，就像1793年那样。他们再次把暴行引入战争，至少在西欧的战场上，一个多世纪里再也见不到仁慈和怜悯。

即便如此，法国人也花去不少时间才见证了这些努力的全部成果。1793年秋天他们的大部分时间都用于压制和痛击国内不同的叛乱。在瓦蒂尼战役之后，唯一振奋人心的胜利部分源于这种手段的成功。12月19日土伦被重新夺回，英国舰队仓皇逃走。在这场驱逐战中，扮演关键角色的是25岁的炮兵指挥官拿破仑·波拿巴，他在土伦战役中声名鹊起，两个月内即晋升为将军。他计划侵入意大利，但是主要的对抗还是发生在佛兰德斯，反法联盟想要在1794年春天全线进军。弗朗茨二世从维也纳来到此地激励他的部队，他称赞讨好自己的比利时臣民，这些人还是第一次被他们的奥地利统治者接见，但是他并不想给民众留下深刻印象，他本人对那里的民众也没有什么好印象。弗朗茨皇帝从西部回来，波兰的消息让他担惊受怕，因为那里刚刚发生了一场大战。5月17日到18日，法国人在图尔宽阻挡了一支人数远远超过他们的反法联盟军队，而这些军队威胁到一些关键的堡垒。六周后，也就是6月26日，奥地利军队在弗勒吕斯经历了一场惨烈的遭遇战后撤退。即使在海上，法军也顶住了享有不可战胜之名的英军。过了冬天，卡诺在救国委员会里的同僚、前清教徒牧师让邦·圣-安德烈计划重整虚弱的、已经丧失士气的布雷斯特舰队。5月中旬，这支舰队就下海护送从美国运来的大批粮食入港。在英国人喜欢称之为“六月的第一次光辉胜利”的战役中，法国军队受到重创，损失了十三艘战舰，但是胜利者也精疲力竭，所以他们的舰队远远地躲开法国人，才没有遭受攻击。无论怎样，弗勒吕斯之战很关键，它是战争的转折点。从那一刻起，法国人转守为攻。

所以，经历了一年绝望而又狂躁的活动之后，法国开始收获成果了，但是与1792年一样，并不是所有的胜利都归结于他们自己的努力。波兰人再一次在关键时刻分散了敌人的注意力。法国人很同情1792年科希丘什科与俄国人的战斗，科希丘什科颇受鼓舞，1793年他来到巴黎，用六个月时间劝说刚刚成立的法兰西第一共和国支持波兰刚发生的起义。但他得到的只是些恭维，8月他重新与聚在里斯本的流亡同胞们碰头，密谋起义。即便如此，法国也没有提供实际的帮助，法国的敌人也一样。他们显然有能力激起巨大的热情，在传统的波兰政治修辞中，自由、民族权利和代议政府依旧是很有蛊惑力的言辞。但科希丘什科不想仓促起事，尽管他对俄国的占领深恶痛绝。在俄国占领期间，波兰左翼势力的发展十分迅速。1794年春天，部队内部发生了兵变，科希丘什科不得不采取行动。在4年的国会期间，波兰的部队人数已经增加到5万，而俄国人千方百计想要将其减少到1.5万。不能让俄国人借镇压兵变之机屠杀密谋者们寄望的武装力量，于是科希丘什科3月24日来到克拉科夫，宣布起义。两周后，也就是4月4日，他击退了前来对付他的俄国军队，这个消息引发了一连串的起义，反对盘踞在维鲁以及华沙的俄国军队。现在，各地都出现了三色帽徽，波兰人翻译了《马赛曲》，喊出了“Ca ira”（一切终将实现）的口号；“国家起义盟友协会”也成立了，被人们视为雅各宾俱乐部。俄国从波兰首都撤走时，民众的怒火吞噬了一半人数，这是1792年在巴黎的九月屠杀中被杀人数的两倍。那里也出现了民众报复行为，针对那些与在塔戈维查联盟国家变节者有勾搭的人。科希丘什科想要在波兰实行全民皆兵政策，以此来赶走外国入侵者，唯恐“人民的高贵热情冷却”。[1]5月7日他签发了一份声明，保证农民人身自由，减少他们交给地主的负担，并暗示未来会有更多的自由。

并不是所有的起义领导者都会作出这般明智的承诺，大多数起义领导人来自波兰富有的贵族阶层，他们其实表现出来的不过是对一个参与程度有限的君主制国家以及周围谏臣的那种最本能的偏见。很明显，波兰掌握在一个国际性的雅各宾主义者手里，弗里德里克·威廉二世的那种被称

[1] B. Lesnodorski, *Les Jacobins polonais*, Paris, 1965, p. 88.

为残暴派的影响不会被清除，除非整个波兰彻底被军队操控。普鲁士决定起带头作用，他们想讨价还价，得到更多好处，于是在叶卡捷琳娜二世的鼓动下，普鲁士军队于5月向波兰逼近。他们并不知道这个女人暗地里早已煽动奥地利入侵波兰南部，结果普鲁士军队在克拉科夫完胜奥军，并和俄国军队一起攻下了华沙。但是到了9月，普鲁士人不得不撤退，因为1793年他们从波兰吞并的那些地区发生了叛乱。这给奥地利提供了机会，他们可以夺取波兰南部更多的领土，而俄国人决心使华沙孤立无援，因此请来了亚历山大·苏沃洛夫。这是一名从惨烈的巴尔干战争中走出的军官，作战经验相当丰富。10月初，苏沃洛夫在马策约威策大胜科希丘什科之后，率领着具有数量优势的军队向首都进发。11月苏沃洛夫进攻了布拉格及其位于维斯杜拉之外的郊区，在那里，俄国人的军队以极其残忍的举动为六个月前自己的遭遇复仇。大约有一两万波兰人死于那场报复行动，而苏沃洛夫很骄傲地汇报："整个布拉格到处都是死尸，血流成河。"[1]在前后十年的时间里，这是最骇人听闻、最具毁灭性的一天，华沙居民意识到他们唯一的选择就是就投降事宜进行谈判。他们的投降很快被接受了，到1794年底，波兰的独立斗争基本结束，科希丘什科则成为圣彼得堡的阶下囚。波兰周边的列强早在战争结束之前就打定主意要将其瓜分，在1795年，他们花了大量时间在具体的分割份额问题上讨价还价，春季，普鲁士为了争得更多的割地，似乎还准备和另外两个国家开战。为做好准备，普鲁士和法国在1794年达成休战协议，并为促成最终的和平展开谈判。而实际上，普鲁士从西欧战场退出已经整整18个月了。

颇具讽刺意味的是，波兰的起义受到法国启发——它复制了法国的革命形式和语言风格，被它的敌人看作是明显的雅各宾式起义。当法国后院起火时，它分担了法国的压力——但直到起义结束，法国也未曾考虑过要去帮助它。不过，博爱和协助是吉伦特派的政策，在1793年至1794年间

[1] I. de Madariaga, *Russia in the Age of Catherine the Great*, London, 1981, p. 446.

掌权的山岳派更关心如何维持国内革命形势，而非输出革命。因此，直到1794年11月，即波兰彻底沦陷之后（尽管法国人尚不清楚战局），法国的执政者才开始考虑波兰人民，而且无论怎么说，法国军队的胜利的确是在输出革命。

弗勒吕斯一役之后，奥地利宣布放弃比利时，法国在夏季已经重新将其占领。图古特宣称法国为比利时付出了太多，太不值得。而法国再一次进入荷兰共和国的南部，重新唤起了1787年失败的爱国者们的希望——他们的希望曾在1793年被碾得粉碎。爱国者的俱乐部表面上以“读书会”作为掩护，在莱茵河口以北如雨后春笋般涌现出来，而随着普鲁士和法国开始谈判，总督威廉五世也意识到，他于1787年建立起来的保护屏障正在崩塌。他虽然有能力剿灭一场尚未成熟的亲法派密谋，但随着18世纪最寒冷冬天的到来，河流结冰了，荷兰也就丧失了最重要的防御。法国军队蜂拥过河，而在他们之前撤离的、来自约克的英军也蹂躏过此地，所以欢迎法国军队的不只是长期以来的爱国者们。1月18日，威廉五世乘船驶往英国，爱国者们正在多地逐一铲除他的部下。权力的转换非常和平，也许是因为这一切实际上早在法军到来之前就开始了。法国人在入境前曾许下诺言：一旦英国和普鲁士的傀儡威廉五世被赶下台，荷兰人就能自由地重组国家，并推行自己想推行的政策。荷兰的爱国者们相信法国的承诺，并且也劝其他人相信法国，但在这个问题上，他们自欺欺人了。法国的一位将军极为露骨地表达了法国的态度：

> 荷兰没有努力避免被我们划入一般被征服国家之列的命运。解放荷兰靠的是我们不屈不挠的军队和将军们的指挥才能，而非任何革命。因此，我们没有理由对荷兰区别对待，它和其他被征服的国家一样。除了极少数的爱国者之外，这个国家尽是软弱的冒险者，他们追随野心勃勃的阴谋家和贪婪的投

机分子，永远不敢为了帮助我们而拿起武器。[1]

整个18世纪，法国人一直认为荷兰富得流油，而为了法国利益，抢夺其财产的念头更是挥之不去。因此，双方5月在海牙签署的和平条约是惩罚性的，巴达维亚共和国（荷兰当时的官方名称）被要求支付1亿里弗的战争赔偿，并以极为优惠的利率再借给法国1亿里弗的资金。荷兰被迫割让多块南部领土，其中包括斯凯尔特河河口的控制权，并提供给法国占领部队共计2.5万人所需的供给。最终荷兰被迫与法国结盟。荷兰的海军很有实力，法国是想利用这支海军来对抗大不列颠的海军。这就是法国共和国的博爱与帮扶的真正含义：完全是为了满足法国的需要，实现法国的目标。对于欧洲其他同情法国的人而言，这是一个极为重要的警示信号，而另一方面也印证了他们的猜想，同情者的数量其实很少。荷兰一例的真正意义也许还没有完全彰显出来，1793年的联盟正在迅速瓦解，到了1795年5月，情况就十分明朗了。

在荷兰接受法国条件的前一个月，普鲁士终于撤军了。根据4月5日签订的《巴塞尔协约》，它将莱茵河左岸全部留给法国，让其自行处理，以此换取法国对普鲁士在德意志北部霸权和对该地区中立地位的承认。对普鲁士而言，这份协约来得太迟了，它本可以更早摆脱这一累赘，把所有力量集中到波兰，以达成自己的目的；而莱茵周边各省和当地选举人则要接受法兰西共和国的支配了。法国占领部队开始系统地搜寻这块尚且富庶的土地，用以支持法国的战争。7月，法国与西班牙签订了和约（同样是在巴塞尔），1794年底西班牙军队被赶出了鲁西永，法军则开始向加泰罗尼亚和巴斯克省区进发。他们在这些地区遭遇的抵抗比在其他阵线的抵抗要猛烈得多，这里的居民坚定地抵制无神论的法国军队，但马德里宫廷却担心会遭到亲法派的颠覆。一位马德里神父写道："在酒馆和时尚沙龙

[1] S. Schama, *Patriots and Liberators: Revolution in the Netherlands, 1780–1813*, London, 1977, p. 201.

里，打仗、革命、集会、国民代表、自由、平等一类的字眼儿不绝于耳。即使是妓女都会向你打听罗伯斯庇尔。”[1]1795年2月，当局破获了一起共和主义暴动阴谋。密谋者是一群教师和律师，领导人是一个名为比克内利的满腹经纶的理论家，他们本被判处了死刑，但由于法国在与西班牙签订和约时的坚持，他们得到缓刑。这次密谋和其他密谋的传闻足以把戈多伊吓出一身冷汗，他开始考虑讨价还价。戈多伊能力平庸，是西班牙王后的宠臣，也是政府要员。而法国其实并未真正受到西班牙的威胁，只不过它急于把部队向东调动，想要对抗奥地利，因此也表现得宽宏大量。在欧洲方面，法国只要求西班牙扮演调停人的角色，让它把葡萄牙和意大利小城邦劝回谈判桌。在海外，西班牙放弃了圣多明各东部的殖民地，但由于西部的法国殖民地一片混乱，加勒比海也在英国掌控之中，所以法国一时未能从新占领地中得到好处。法国与普鲁士和西班牙达成和约的真正意义在于，它终于能够放开手脚，对反法联盟中的剩余国家进行致命一击。在1795年8月，所谓的剩余国家包括葡萄牙、撒丁王国和一些意大利小国，还有最重要的——大不列颠和奥地利。

按照当时的情况，奥地利是最弱的国家。其东部国界很不安定，甚至连奥地利皇帝的兄弟托斯卡纳公爵都将之放弃了，其维持战争的唯一方法是向居心叵测的英国借钱。奥地利国内也存在分歧，不少国民对战争已经厌倦，并且越来越同情遭到围攻的波兰。尤其是在匈牙利，秘密警察发现了一个“雅各宾”团体，他们向法国发去求和信号，还定期集会讨论如何推翻现存政府。在1794年7月到9月之间，25名密谋者在维也纳被捕，在匈牙利也有34人被捕。对维也纳密谋者的审判揭示了他们的所谓叛逆行为：他们只是计划种植自由树，作一些激进的宣誓。而匈牙利密谋者的首领——前神父马丁诺维奇则准备建立共和国，并且攻击教会，推行与1794年5月科希丘什科宣称的类似对农奴让步的政策。正是这些信念使马丁

[1] R. Herr, *The Eighteenth Century Revoluton in Spain*, Princeton, 1958, p. 325.

诺维奇丢掉了性命，和他一道被判刑的还有另外6名密谋者，唯一的区别就是这6个人只是被判处终身监禁。这场公审大会的用意就是威慑民众，警告他们不要再尝试“雅各宾主义”的那套做法。对于改革皇帝约瑟夫和列奥波德而言，密谋者们带来的启示与其说是效仿法国的革命愿望，不如说是效仿法国的惨痛回忆。而密谋者最担心的事情——自1780年以来的改革措施被废止——现在也在加速降临，因为他们让弗朗茨皇帝感到了恐慌。尽管遭到国内敌手的阻挠，但因为意识到法国的威胁日趋严重，弗朗茨皇帝还是于1795年夏季签署了不引人注目的试探性议和书，但在10月1日，法国表现出对任何有缺陷的胜利的轻视——它再次宣布比利时被占领地区是法国的领土。比利时的前任统治者没有得到任何赔偿，于是决心继续抗争。而在英国方面也是一样——毫不妥协的领土兼并导致了持续不断的战争。

事实上，在反法联盟瓦解之后，皮特主动提出达成和平协议。直至1796年春天还抱着这样的希望——新建立且尚不稳定的法国政府也许会在比利时问题上让步。这样英国就能体面地退出战争——这场在任何意义上都消耗极大，远远超出他想象的战争。从1793年底，一切就开始对英国不利了。土伦失守，荷兰的约克部队表现糟糕，反法联盟也趋于瓦解。1795年6月，一场野心勃勃的海陆行动计划拉开了帷幕，目的是让3300人——大多数是流亡者——在基伯龙海湾的布列塔尼海岸登陆，以便和人数更多的舒安保王党游击队取得联系，但这次行动最终惨败。在皮特将英国注意力投向西印度群岛之后，圣多明各的法国殖民者就对英国保护反叛黑奴的行为极为头痛，一支小部队还在1793年被遣往该地。随着西班牙人将自己的一些岛屿割让给法国，英国越来越关注如何能实现本国殖民地的长治久安。1795年早期，类似的奴隶起义也席卷了英国的西印度殖民地，颇具共和主义色彩的武装民船在瓜德罗普兴风作浪。不过，如果能将加勒比海收归英国囊中，则会带来显而易见的商业利益。于是英国在1795年11月进行了大规模扩张，最终确保了现有殖民岛屿的安全，并占据了其他岛屿。但英国从未能征服瓜德罗普和圣多明各，而皮特在1795年只能以现有的成绩聊以自慰并自吹自擂——例如在荷兰反戈之后，英国拿下好望角的战绩。

英国国内也不太平。效忠派的浪潮曾经推动英国加入战争，但因为胜利的消息迟迟没有到来，这股势力也逐渐退去了。与效忠派针锋相对的团体曾因英法开战而陷入暂时的沉默，而到了1793年底，他们又恢复了活力，并掀起了反战运动，这再次推动了激进的议会改革。尽管苏格兰处于战争之中，改革团体还是组织召开了两次国民会议，而爱尔兰的多数天主教徒则史无前例地召开会议，要求取得和新教徒完全一样的民事和政治平等。鉴于爱尔兰天主教徒很清楚法国教会的遭遇，皮特认为有必要安抚他们，1793年早期，他要求极不情愿的爱尔兰议会对天主教徒的要求进行让步——除了给予他们议会席位。但在这之后，改革者再也没有得到任何让步。就像皮特所言，一个人不能在风暴中修理屋顶，议会中的绝大多数人同意他的看法。自从柏克在1790年抨击法国大革命，作为反对派的辉格党就四分五裂了。1794年夏，在柏克的极力主张下，很多辉格党领袖进入了政府。福克斯和其他的反战派成了孤立无援的少数，随着潘恩式的宣传被指控为扰乱治安，他们的抗议也变得徒劳。苏格兰的法官很快就把会议组织者发配到了博特尼湾，爱尔兰议会则彻底禁止了此类集会。“集会”一词此时带有了“叛国”之意，在1794年的英国，哈第和其他英国“雅各宾”领袖都被判处“叛国罪”，当时英国人发现，法国曾在春季派间谍经英格兰到爱尔兰，对当地发生亲法国起义的可能性进行评估汇报，于是英国采取了上述行动。该间谍在都柏林被捕，此前他曾经和“爱尔兰人联合会”的领导人取得了联系——该组织没有宗教教派，由议会中的改革派于1791年在贝尔法斯特建立，致力于削弱英国在爱尔兰的统治。另一方面（据该间谍汇报），英国发生亲法国叛乱的时机尚未成熟，但是皮特还有别的忧虑。因为1794年12月所有被指控叛国罪的人都被无罪释放，这完全依靠当时的陪审团体制。于是皮特直接诉诸修订法律的行为。早在1794年5月，人身保护权就已经被暂时取消，而在1795年11月臭名昭著的“双法令”中，叛国行为的认定范围被拓宽，与此同时，法官被赋予了取缔大型集会的权力——改革团体在整个夏天都非常热衷此类集会。10月，乔治三世前往议会，准备启动这些政策，他的马车在途中遭到了袭击。这些政策所带来的影响很快给皮特的统治贴上了“恐怖”的标签。在爱尔兰，爱尔兰人联合会被解散，领导人沃尔夫·托恩被怀疑推动法国干涉，遭到了流放，却没有受到指控。他来到法国，从1796年春季开始孤独却顽强地游说督政府：法国出兵爱尔兰将引发一场大规模的起义，大不列颠会失败并退出战争。

但是，督政府在1796年的首要目标是奥地利，后者正在欧洲大陆上孤立无援地面对着法国。法国的计划是，派出大规模部队，经由德国进攻奥地利的心脏地带，分散其注意力，同时以较小规模部队聚集意大利北部，攻其后方。波拿巴在最后时刻被任命为意大利陆军部队统帅——他是土伦一役的胜利者，在法国政界的地位正扶摇直上。波拿巴不得不在供给装备不足的情况下临时组建军队，但他的部队进军神速，简直出人预料，迫使奥地利军队撤离，在后者乱作一团的时候，拿破仑的部队通过一系列闪击战打败了撒丁公国，使其退出了战争。而此时拿破仑仅仅当了一个月的指挥官。在接下来的几周中，维克多·阿马迪厄斯三世接受了萨伏依和尼斯的沦陷（5月15日）。此时的波拿巴已经从阿尔卑斯山下来，进入了伦巴第平原，逼近米兰。与此同时，德国境内的法国部队却几乎毫无进展。意大利变成了主战场，有人开始谈论分割统帅权。在拿破仑眼里，这简直就是耻辱，他是不会容忍的。拿破仑的胜利之师对他忠心耿耿，督政府不会在这个问题上测试自己的权威。但他们未能为拿破仑军队提供增援，当时奥地利正出人意料地轻松镇守着自己的莱茵河地区，并能从后备军中调人更换他们的意大利部队。这就是为什么法国靠着威慑性的南进可以吓唬住那不勒斯和帕尔马，使它们放弃联合，却拿不下曼图亚的原因，拿破仑的部队此时太虚弱了。从1796年8月到1797年1月，奥地利至少派出4支部队，沿阿尔卑斯山而下，缓和曼图亚的情况，每次都被拿破仑出色的军事调遣所击退，但其策略越来越铤而走险。当最后一支奥地利部队在里沃利（1797年1月14日）被击退后，曼图亚还是投降了。很快，应许已久的增援部队也抵达了，而且后背无虞。拿破仑则挥师北上，朝着维也纳进军。

拿破仑的阵地并不像表面上那样坚固，他的通信线拉得太长，岌岌可危；他身后的威尼斯境内也暗流涌动，尽管该共和国处于中立地位，但仍有很多民间运动此起彼伏，而且法国军队正逐渐撤离该国——就像其他地方一样。无论如何，拿破仑现在离维也纳只有不到百公里之遥了，帝国首都一片恐慌。而拿破仑并不知道，此时德国方面的法国部队终于跨过了莱茵河，所以当他提出和谈的时候，奥地利已经准备好接受他可能提出的任何条件。但出乎奥方预料的是，在他们于1797年4月18日签订的《莱奥本初步协议》中，法方并没有提出他们揣测的要求，或者说，并未造成他们猜测的损害。他们被要求承认失去比利时，这毫无悬念。早在三年前，他们就已经在实际行动中把比利时丢掉了。他们也乐于承认共和国法律中所划定的法国疆界，因为其中并未就莱茵河左岸地区的归属作出明确说明。尽管波拿巴不愿意归还米兰，但他还是准备对奥地利的损失有所补偿，他提议，奥地利应该接受威尼斯作为赔偿条件。威尼斯境内的骚乱被证明是一个最理想不过的理由，现在这个古老的共和国像波兰一样被瓜分了。威尼斯市本身，以及阿迪杰河以东的威尼斯领土都归奥地利所有，奥地利因此拥有了漫长的亚得里亚海岸线。剩下的领土归法国，拿破仑在几个月之后将其并入了伦巴第的傀儡政权——内阿尔卑斯共和国。

这些条件中没有一条是得到巴黎的授意的。然而，对于督政府，还有那些终于在莱茵河有所收获的将军来说，现在这一切都成了既定事实。实际上，这些条件与拿破仑在意大利一役中最初得到的命令完全相违背，也与督政府所追求的战争结果背道而驰。拿破仑接到的命令是：攻克奥地利领土，把它作为最终和谈的谈判筹码。对于如何谈判，督政府内部存在分歧，大多数人倾向于使奥地利承认法国在莱茵河沿岸的疆界，尽管其他人——包括卡诺，认为这种划分在未来会造成不断的冲突。但没有人预料到，更无人授意瓜分中立国，或者从法国征服国中再真正创造一个新的“姊妹共和国”。这样的安排导致谈判筹码尽失，《莱奥本条约》中关于莱茵河边界的条款论述极为含糊，可想而知，莱茵河边的将军们和督政府大为恼火。但在拿破仑争取独立的几个月中，个人授权初步和约仅仅是其中的高潮而已。法国部队解放了摩纳德地区和教皇治下的多个城市，1796年12月，拿破仑推动这些城市中的亲法派建立了南波河共和国——该共和国在1797年6月并入了同样是人为创建的内阿尔卑斯共和国。1月，当地行政长官被置于战场指挥官的管理之下，以确保前者不再遵从政府政策，这也令拿破仑彻底放开了手脚。正像督政府长期以来希望的那样，在曼图亚沦陷之后，拿破仑侵入了教皇国，并从教皇那里取得了领土让步。共和国一直与庇护六世不共戴天，并试图废黜他，但在《托伦蒂诺条约》中，教皇签字同意南波河的城市从教宗属地分离，并向罗马主教们保证，法兰西共和国是世界上“罗马最忠诚的朋友”。自从德穆里埃开始，成功的将领们就想追求自己的目标，实现个人野心，而现在他们中有一个人赢得了整场战争，并感到自己完全有权决定和平的条件。

现在与法国交战的只剩下英国了。而在《莱奥本和约》签署之初，英国是有可能实现和平的。1796年，英国未获得任何胜利，随着战争税的增加和过度征兵，它的处境更加困难。10月，因为来自两方面长达数月的挑衅，西班牙加入了法国，向海上的暴君宣战。而东欧之外的坚定反雅各宾派——即便实际行动不多——俄国的叶卡捷琳娜也于11月去世了。现在连皮特和乔治三世都承认，奥地利的失败是早晚的事。一份官方和约被送到了巴黎。督政府本来对此期待已久，但现在的法国正在形成一个比突进意大利更大胆的计划。另一位军事奇才——拉扎尔·奥什曾平息旺代骚乱，摧毁基伯龙的入侵势力，他对拿破仑的迅速成功嫉妒不已，所以很想通过再次取得胜利，来维持自己的声望。因此，奥什非常轻易地相信了沃尔夫·托恩的话，因为托恩一再保证，如果法国以恰当规模的部队介入，爱尔兰将会发生起义，反抗英国的统治。而督政府——尤其是卡诺——也非常喜欢这个主意：就像英国在法国西部叛乱中所做的那样，法国也要在英伦诸岛煽动叛乱。于是，1796年12月法国断然拒绝了和平提议，一支由46艘军舰和1.5万人组成的远征军驶往爱尔兰。但是当奥什的部队快要抵达目的地时，他们的舰队却被远远地吹离了航线，进入了大西洋，他们连岸都没能靠近，就又颠簸着回到了法国。尽管地下组织爱尔兰人联合怀着极大的热情做了很多准备工作，但他们所期望的法国人一登陆就会发生大规模起义的可能性甚微。法国部队不仅来得太快了，而且在错误的位置登陆。作为盎格鲁-爱尔兰当权者的领主们吓坏了，伦敦的英国政府也是一样。1797年2月英国银行发生了严重挤兑，这反映了英国多年借债给失败的同盟国（例如奥地利）所造成的市场焦虑，但这场挤兑的导火线是一项旨在加强爱尔兰防御的都柏林紧急贷款。有着强大的西班牙海军和荷兰海军作后盾，法国似乎很快就会卷土重来。尽管银行迟迟未用黄金还款，但听闻西班牙舰队在圣文森特受损之后，公众的恐慌情绪渐渐平息下来。几周之后，英国发生了更为严重的灾难：皇家海军哗变。从3月到6月，水手们要求更高的薪水、更好的环境以及更充足的补给，斯彼得和诺尔的舰队陷入了瘫痪，诺尔的哗变士兵甚至封锁了泰晤士河口。不过他们保证，如果法国从海上来犯，他们愿意抛开自己的不满与之作战，而且在舰队中确实没有发生明显的颠覆性行为。在政府就海军的主要要求作出让步之后，哗变立即平息了，至少有24名带头的士兵被处以绞刑。很多士兵被怀疑受到法国间谍的唆使，或者更糟——受到爱尔兰人联合会的影响。海军保家卫国的决心和能力直到10月才完全恢复——当时荷兰舰队在坎伯当被击沉，英军主力正是哗变中的舰队和船员。

其实早在这之前，当年春季的挫折和侥幸就已经使皮特向法国再次提出和解。大不列颠也许能称霸海洋，但法兰西共和国——不论它多么渎神和多么“雅各宾”——才是毋庸置疑的欧陆之王。战争已陷入僵局。在英格兰，颠覆政府的行为尚能控制，而爱尔兰的情况大不一样，法国点燃了他们的希望，他们开始招兵买马；而且各地明显出现了厌战情绪。

于是，1797年6月，两国的全权大使在里尔展开和谈。法国对皮特提议的礼貌回应使后者又惊又喜。但要知道，法国的春季选举选出了很多保王党，他们希望能够和波旁王朝的海外支持者达成公平协议，以便能更平稳地复辟，他们鼓吹在和奥地利的最终谈判中也达成妥协条约。卡诺从不赞成过度掠夺，准备同意王党的意见，拿破仑则不然，他主动参与了清除统治议会（还有督政府）中的保王党和温和派的密谋。9月4日，在将卡诺和一批新任代表驱逐出公共生活的果月政变中，由拿破仑的全权代表奥热罗指挥的部队提供了军事支持。法国对奥、英两国的谈判立场立刻强硬起来。奥地利方面意识到，现在为取得更好的条件而拖延时间已经没有多大意义，因此，在《康波福米奥和约》中，这场始于1792年的战争终于结束了。和约条款与《莱奥本初步和约》基本相同，就像当时拿破仑所主导制定的那样。威尼斯不复存在，被奥地利和内阿尔卑斯共和国瓜分。法国得到爱奥尼亚的岛屿，这位将军已经开始梦想盘踞整个东地中海的帝国蓝图了。奥地利现在明确承认莱茵河作为法国的疆界，但指出这其中不能包括神圣罗马帝国，因为法国人已经占领了莱茵河太多地区。为了确保这些约定，奥地利必须得到大面积的领土赔偿，而这其中的复杂问题要等到之后的拉斯塔特会议才最后敲定。意大利的“姊妹共和国”得到了承认（以前属于热那亚的利古里亚现在并入了内阿尔卑斯共和国），比利时的归属也再次得到了认可。

最初把英国带入战争的是比利时问题，但现在欧洲大陆的情况是木已成舟，所以英国也准备承认比利时是法国的一部分。事实上，皮特已经准备好承认法国在欧洲征服的所有地区，而且为了确保和平，他甚至愿意出让英国曾从法国手中夺走的海外利益。但法国则要求归还其盟友西班牙和荷兰在海外输给英国的领土，包括去往印度的要冲——好望角，不过没有给出任何补偿条件。督政府官员们现在是欧陆霸主，他们想要的是完胜。而皮特虽然迫切希望和平，但还没迫切到如此程度。双方谈崩了，在接下来的几周中，未撤离的英军使坎伯当显得很扎眼。实际上，还没等《康波福米奥和约》上的墨迹晾干，图古特就已经开始考虑建立以奥英同盟为基础的第二次反法联盟了。但在当时，欧洲大陆获得了五年来的第一次和平，只剩下大不列颠孤军作战。

法国主政者在1792年发起战争的主要目的是强迫他们的同胞表明态度：支持革命还是反对革命。在这一点上，他们获得了自己都不曾料到的彻底成功。但是战争也逼迫欧洲其他国家作出选择：战或不战，尤其是在法国取得胜利之后。共和国曾提出过开放性的承诺——博爱团结，并帮助赞成法国的人。仅在四个月之后共和国就收回了这项提议，但国外对此毫不知情，或者说即便知道了，也不相信。法国似乎想要把整个欧洲都纳入革命，纳入共和事业中，如有必要还会采取武力。不论政府是何态度，除了流亡者，所有身在海外的法国人都鼓励当地政府效仿法国。例如，在整个1792年，西班牙的法国人对教会和国王表现出了极端轻蔑的态度，这在很大程度上把马德里政府推进了第二年早期爆发的战争中。而直到1793年早期一支法国舰队靠岸检修的时候，那不勒斯的雅各宾分子才浮出水面。他们通过建立俱乐部来标榜自己对法国的支持，就像福斯特身边的少数美因茨人一样——后者在几周后热烈欢迎入侵莱茵河附近的法国军队，同样的还有在华沙和维鲁的波兰人，他们在1794年藐视了俄国，在接下来的冬天热切组织起来欢迎解放者的荷兰“读书会”。事实上，在柏克逝世的那一年，也就是1797年，当他仍在竭力防范“弑君者的和平”的危险时，俱乐部已经成为人们指控革命的新的关键词，而正如柏克在1790年所写的书中所言，这场革命的影响越来越大。在前耶稣会士奥古斯丁·德·巴吕埃尔的《雅各宾主义史备忘录》中，俱乐部的问题得到了具体表达。早在1789年之前，巴吕埃尔就是反教会的启蒙运动的敌手。他争论道，整场革命都是一个反基督、反王室、反社会的共济会阴谋，它决心要让文明重回世界。巴伐利亚光明会不过是一个更大阴谋的序曲。共济会沙龙不是一直在宣扬“自由”和“平等”吗？现在风靡全欧洲的俱乐部显然是共济会分会，他们终于公开宣布自己的目标了。通过这种方式，柏克关于哲学阴谋的提示不仅仅可以用来解释革命起源，还能扩展到整个革命，截至巴吕埃尔著作出版时所发生的更加激进的进程都能解释。于是，迄今为止很多人对1789年以来的混乱事态还是一头雾水，现在他们深深地感到了安慰，因为这一切得到了合理的解释。巴吕埃尔的观点流行起来，这给共济会带来了灾难。自从革命开始，他们就在各地备受怀疑，而在法国的革命领袖中，以及海外为法国革命欢呼的俱乐部成员中，确实有共济会会员，现在看来，这一切不仅仅是巧合。巴吕埃尔的主张在共济会的发源地英国从未得到广泛的认可，但在其他地方导致了对共济会活动的坚决镇压，那些受人尊敬且富有教养的社会成员在旧制度的平静时期成批加入共济会，现在却惊恐地抛弃了它。

如果说共济会是法国大革命的起因，已经足够糟糕了；如果它还要对革命进程负责，那就更糟糕了。因为革命者不仅对邻国发动了战争和毁灭，他们之间还存在险恶野蛮的斗争和控诉，让巴黎的暴徒控制了国家的其他人，并利用冰冷的断头台处决任何挡道的人。这一切的前景尤其让国王们和王后们感到不安，玛丽·安托瓦内特的姐姐、那不勒斯的玛利亚·卡罗琳娜怒骂道：“我真希望这个臭名昭著的国家被分裂、被消灭，颜面扫地，彻底湮灭至少五十年。我希望神罚能显而易见地降临法兰西。”[1]有些人认为神罚已经到来了。但震惊欧洲其他国家的1793年和1794年景象并不是共济会阴谋的结果，也不是任何其他阴谋的后果。很大程度上，这是1792年鲁莽发动战争的后果，而在当时人们根本无法预料1797年的胜利。

[1] H. Acton, *The Bourbons of Naples (1734–1825)*, London, 1956, p. 254.

| 第十章 |

外省叛乱

尽管不少外省的联盟军参与了攻占杜伊勒利宫的行动，但是法国君主制的衰落主要还是巴黎公社起义的功劳。召开国民公会，为法国制定一部共和宪法，这一观念也在巴黎各区萌生。因此可以理解，无套裤汉自视为新生共和国的保护者和守卫者，也觉得有权判断什么才是共和国应有的价值。因此他们有充分的理由发号施令，这也就很自然了。国民公会坐落在巴黎，它没有任何可以捍卫自己、对抗民众压力的武装力量。1792年至1793年所有的军队都驻扎在边境，而巴黎的国民卫队已经不再是那支枪杀马尔斯校场共和请愿者的武装力量了。从7月底开始所有公民都可以应招加入国民卫队，这样一来它差不多成了由无套裤汉组成的民兵队伍。8月10日以后指挥巴黎国民卫队的是酿酒工人桑泰尔，他在巴黎东部地区一直很活跃。在立法议会闭会前的几周里，面对巴黎方面咄咄逼人的态势，孤立无援的立法议会只得忍气吞声。8月30日它下令解散公社，宣布开始选举，这是它企图重整权威的唯一一次尝试，但是很显然没有人理睬，议会的命令很快就被废止了。在9月初的几周里，自称代表国家良知的无套裤汉屠杀了首都近一半的监狱犯人，议会代表只能坐视观望，无可奈何。国家代表非常了解这群性情反复的嗜血暴民，而国民公会也不见得比立法议会更有安全感。沙博以前是名僧侣，他告诫他的代表同僚：“不要忘记，是无套裤汉推选你们当上代表的。”[1]有谁会忘掉呢！但那是否就意味着应该听命于巴黎呢？代表们的意见分歧很大。在国民公会召开后历时九个月的讨论中，关于巴黎在国家事务中的地位一直是热门话题。

带头诋毁巴黎的是那些曾试图避免8月10日起义的人，还有那些在监狱屠杀开始的时候罗伯斯庇尔希望公社逮捕的人，比如布里索、韦尼奥，还有“吉伦特派”。吉伦特派曾是立法议会的代表，但是在国民公会中也有不少新代表支持他们。实际上，吉伦特派不是一个党派，也从来不是一个党派，只有他们的敌人才会有意识地这样看待他们；但是吉伦特派代表着外省的选民，在立法议会期间，最主要的几个吉伦特派成员彼此之间形成了一种非正式的合作。和以前一样，他们在罗兰家中聚会，罗兰依旧是内务部长。他的那位漂亮的夫人很有野心，尽管罗兰夫人也是巴黎人，但在聚会上时常会严厉责骂马拉、丹东、罗伯斯庇尔和公会里所有的巴黎代表。在吉伦特派眼里，这些人与九月屠杀脱不开干系，是有阴谋的，他们靠着巴黎人的支持，想要夺取国家权力。公会召开伊始，这些人的阴谋就被粉碎了。因为比佐提议建立一支“外省护卫队”，从巴黎以外的地区招兵，来保护国民公会。比佐是前制宪议会的代表，后来成了罗兰夫人的情人。他问：“你们不觉得我们已被一些巴黎代表软禁了吗？”[2]山岳派谴责比佐的想法是“联邦主义”，也就是说是破坏国家统一的。结果国民公会通过了山岳派的倡议：共和国统一而不可分割。不少代表都为比佐和山岳派的两个议案投了票，他们这样做也是出于不得已，因为他们不愿意卷入派系斗争。这两派的对峙既是人与人之间的，也是原则上的。“平原派”因其总是坐在议会大厅的中央而得名，他们不受坐在左边的山岳派和坐在右边的吉伦特派的派系斗争的约束。不久，平原派便发现这两派在任何一个议题讨论中都会争执不休。10月的大部分时间吉伦特派都在攻击马

[1] J. Hardman, *French Revolution Document*, Oxford, 1973, ii. p. 23.

[2] M. J. Sydenham, *The Girondins*, London, 1961, p. 126.

拉，巴黎选出了这样一位支持屠杀的代表，也有点颜面无光。马拉反复提到独裁者，吉伦特派很清楚，马拉心中所指的人就是罗伯斯庇尔。10月29日，卢韦公开谴责这位意欲独裁的“粗野无礼的蛊惑民心的政客”。12月4日，比佐提议任何主张恢复君主制的人都将被判处死刑，攻击的矛头便转向了菲利普。比佐提议的弦外之音是一旦路易十六死了，山岳派就想推举这位臭名昭著而且颇有野心的亲王登上王位。事实上与路易十六命运相关的任何事情都会激化两派的分歧。山岳派怀疑8月10日之前他们的对手其实想和国王重归于好。这一猜忌是有道理的，但是他们没有证据。罗兰声称发现了铁柜，山岳派便指控罗兰偷走了与他朋友有关的文件，这类似于几年前揭发米拉波不忠的事情。1月3日投票审判国王，山岳派再一次要求议会讨论关于1792年7月间波尔多代表和杜伊勒利宫秘密通信的谣传。此举的目的就是要让吉伦特派曾提出的死刑问题需交人民批准的建议一文不值。巴黎及其各区断然决定国王应立即受刑，绝不缓期，吉伦特派的做法就是要挫败这一决定。山岳派认为全民公决的做法无异于唤起内战；而吉伦特派则回应如不让所有外省一道来决定国王的命运，这本身就会导致战火。代表也在讨论吉伦特派姑息仁慈的那些想法。在这争执不休的两派之间，投票的行为会给一名代表贴上永远的政治标签，这不仅会影响他在此后法国革命时期的各类事态中的命运，而且也会成为后世的大革命史学家分析的出发点。

战事告捷，所有的冲突都是在这一背景下展开的，但即便是外交政策也会受其影响。迪穆里埃和现在的所谓吉伦特派一直有瓜葛，他打了胜仗，吉伦特派也很高兴。正是吉伦特派提出对那些同情法国革命事业的人表达兄弟友情，提供援助，但罗伯斯庇尔警告众人通过暴力在国外建立自由体制，到头来必然是一场空。然而布里索出人意料地变得谨慎起来，他提出国王的死刑要缓期执行，这样就不会和更多国外势力结下梁子，但山岳派嘲笑布里索胆小怯懦，他们自己抢先提出要对英国、荷兰和西班牙宣战。处决了国王，也就等于向大半个欧洲的国家下了生死挑战书，在此之后，吉伦特派和山岳派又展开了殊死斗争。现在山岳派有了一名为了他们的事业殉道的人：1月20日，前贵族、巴黎高等法院的法官勒佩蒂埃·德·圣法戈因为投票赞成处决国王而被一名贵族谋杀。他的遗体被安置在万神庙，这里是供奉国家英雄的陵墓，是1791年在原有的杰尼耶夫教堂的基础上改建而成的。安置圣法戈遗体的时候，人们正在讨论是否要把米拉波的遗体搬出来，毕竟他是继伏尔泰之后第一个安葬于万神庙的人。现在雅各宾俱乐部已为山岳派掌控，早在10月布里索就被从这个曾让自己辉煌一时的地方赶了出去，那些投票赞成全民公决审判国王的代表在3月1日也被赶出了雅各宾俱乐部。1月22日，罗兰厌倦了无休止的对他的攻击，提交辞呈，而山岳派却没能把握机会，内务大臣一职从他们手里溜走；但是山岳派挫败了建立外省卫队的提议，也彻底否决了2月25日孔多塞提出的宪法草案，因为这个草案代表着联邦主义，也会使行政权力陷入瘫痪。

总之，山岳派觉得巴黎民众会一直给他们撑腰；但实际上在审判和处决国王的闹剧过后，首都民众关心的是一日三餐问题。2月12日，公会听取了巴黎各区派来的代表团的报告，他们要求对基本生活品实行普遍限价。请愿者用“最高限价”来指称他们的提议。公会的代表极为难得地取得了一致，全体否决了这项请愿。他们认为干涉商品的自由流通交换只会扰乱市场，并不能保证货物的充足，而且1792年12月他们已经谴责过所有经济控制的手段。即使是马拉也宣称最高限价的请愿是一种危险的误导，虽然他相信解决食物匮乏的唯一办法就是把那些囤积居奇的人以及投机商人送上断头台。然而国民公会的代表必须想办法应对首都日益恶化的经济形势。

在1792年整整一年的骚乱中，指券一直在贬值。到了1793年1月，指券只保有其票面价值的51%，尽管如此，指券被强行规定为法国占领地区的法定货币。而另一方面硬币越来越稀少。1792年整个秋季，军方的征用和大宗采购扰乱了许多基本物资的供给，与海上诸强国的战事又导致了海路进口渠道的封锁。西印度公司的产品遭受的打击更为惨重，所有稳定的货源都落入了英国之手。商品的价格能够清楚地反映出破坏程度。到了2月，与1790年同期相比，糖的价格已经达到原来的两倍甚至三倍，肥皂价格也翻了一倍多。其他物品像咖啡和蜡烛的价格也在不断飙升。正是因为物价的上涨，人们才会提出最高限价，2月22日与24日公会和雅各宾俱乐部再次收到了最高限价的请愿。巴黎的民众没有得到答复，于是在2月25日一哄而起，打劫了杂货店和仓库。领头的大多是妇女，民众像以前一样，按照他们认为的合理价格给商品定了价，卖掉了那些他们抢来的东西，最后把卖得的钱悉数还给了那些倒霉的店铺老板。但是明目张胆的打劫和偷窃行为要比去年更普遍。很明显，去年夏天的流血事件让暴力变得平常。2月26日桑泰尔指挥的国民卫队奉命维护巴黎秩序，但是街头的骚乱显然让公会心惊胆寒。吉伦特派谴责马拉在背后煽风点火，这也是预料之中的事。山岳派则怀疑是鲁策划的阴谋，自去年秋季以来，鲁一直在叫嚣要像对待最后的国王路易一样处置囤积商人和投机分子。让·瓦尔莱是鲁的朋友，每天站在公会院墙外的一个临时演讲台上对过路人发表演讲，嗓门很大，他们被称为“忿激派”。2月25日的事件可能没有什么阴谋，但是冲突爆发的确滋生了阴谋论，在3月新生的危机中，这种阴谋论的声音被迅速扩大。

国民公会决定在去年秋天大捷的基础上再接再厉，那些服役期满的志愿兵需要替换，而此后的战争规模可能更大，需要更多的志愿军。2月24日公会下令尽可能通过自愿报名的方式，征召30万士兵，但必要时也可以动用强制手段，各省定额分配。地方当局如果觉得合适，就用抓阄的办法，招募那些在革命前就已受过良好训练、等待征召的男性青年。这种让人生厌的办法已经禁行四年了，因此公会这样的决定必然招致民怨，实际上它只招募到一半的兵力。在某些地区，民众的反对怨恨情绪更加强烈，3月初旺代省的征兵就引发了民众的暴力抵制，此后的几个星期里，这又演变为公开叛乱，民众开始反对整个革命进程。旺代的农民更是不满，因为当地身强力壮的年轻人都被政府抓了壮丁，派去了战场。农民和当局之间的冲突不断，其实这些战争与他们毫不相干。征兵的命令是由当地市镇的资产阶级官员颁布实施的，这些人因为公职在身，可以免除兵役。民众对这一点也很不满。国民卫队就是一伙身穿制服的资产阶级，他们在驻扎的地方就地入伍，可以不用去前线作战，但同时他们却是强行拉壮丁的主要力量。农村年轻人和国民卫队之间的冲突中也夹杂着骚乱。这些身穿统一制服、自诩为爱国者的人，强迫别人为他们打仗，这到底是些什么人？就是他们，在1791年的时候，赶走了未宣誓的教士，强行安插新人；就是他们，在市场上买到了上等的教会土地；损人利己的城里人总能从革命中得到好处，而周遭的农村和教会总在受罪。和平安详的过去好像很遥远了，那时候国王还有着至高无上的权威，那时候教会还凝聚着人们的忠诚。在过去整整一年里，法国西部地区到处都能听到这种抱怨，无论是招兵，还是关于未宣誓教士的问题，农民和地方当局总是冲突不断。8月10日革命后，双方的情绪更稳定，共和国宣告成立后，国王成了那些爱国者反对派的新的焦点。1792年8月底，旺代聚集了成千上万的反对者，他们高呼“打倒国会，国王万岁，贵族万岁”。在这些骚乱中，贵族其实没有起到什么作用，到了1793年，叛乱分子才明确提出贵族做他们的领导，于是贵族们参加了西部的叛乱，但是在爱国者看来，所有的叛乱都是贵族领导的。

1793年3月在布列塔尼农村的很多地方也出现了暴乱，这些暴乱不仅仅是针对征兵。一名布列塔尼的煽动分子叫嚣：“我们不交税了，因为国王没了，法律也没了……让国家见鬼去吧。”[1]但是与卢瓦尔河南部地区相比，布列塔尼有装备更精良的卫戍部队。只用了一个月时间，暴动就被镇压下去了。按照2月颁布的法令，各区按照分配的定额，征召军队。所以反叛没有终止，叛乱者反而更坚决，他们用游击战的策略继续斗争，这

[1] D. Sutherland, *The Chouans: The Social Origins of Popular Counter-Revolution in Upper Brittany 1770–1796*, Oxford, 1982, p. 260.

就是朱安党叛乱，波及濒临英吉利海峡的数省，延续了十多年。而且在旺代地区，大批农民为爱国势力集中的小市镇提供补给，但当地的市镇机关早已没人办公了。虽然上层不断派来增援部队，但是面对迷宫一样的农村地形，他们显得束手无策。到了3月13日，叛乱者中渐渐出现了一些公认的领袖，其中有退伍军人斯托夫莱。他指挥着一支万人左右的部队，击退了前来镇压的有着绝对数量优势的正规部队。而且不久之后叛乱者就佩戴了圣心、十字架，还举起保王党的白色旗帜，他们的口号是："国王万岁！我们的好神父万岁！我们要国王，我们要教士，我们要旧制度。"一名看到此幕被吓得心惊胆寒的共和党人说道："他们就是要把爱国者赶尽杀绝。"[1]

到了3月的第二周，关于革命政府所面临的前所未有的抵抗的报告陆续传到巴黎。恰逢此时，国外也传来了坏消息，奥地利率先在比利时发动反攻，迪穆里埃向荷兰进发的部队被奥军从侧翼包抄。迪穆里埃坚持除非接到明确的指令，否则绝不撤退，但是一些代表从中嗅出了叛变的味道。因为迪穆里埃战功显赫，吉伦特派一度很看好他。但是此时他的变节也结束了自己和吉伦特派的合作。3月8日有人在公会中宣布法军部队仓皇败退，惊恐弥漫了整个巴黎。丹东得到了比利时战况的直接情报，他呼吁巴黎的志愿军赶赴北方前线，扭转战局，但巴黎并未因此恢复平静，任何人都清楚记得去年九月志愿军赶赴前线引发的监狱屠杀。巴黎的某些情况让人相信是时候清剿这座城市里那些潜伏在公会中的奸细了。一些区开始呼吁建立革命审判法庭，审理叛国贼，雅各宾俱乐部接受了这一提议。3月9日公会也接受了这一提议，并在同一次会议上规定选派代表赶赴各省，解释并加速推行战时的临时措施，这些人便是"特派员"。当夜，一股武装分子冲进一家发行吉伦特派报纸的印刷店，砸碎了印刷机，烧毁了副本。乔装打扮的武装分子好像是受到一个自称是统一而不可分割的共和国

[1] C. Tilly, *The Vendée*, Cambridge, Mass., and London, 1964, p. 317.

的捍卫者指使的，他也是一名记者，名叫雅克–勒内·埃贝尔，他主编的《杜歇老爹报》在老百姓中很受欢迎。次日，这些人想要组织一场全面的起义，希望国民公会逮捕所有有嫌疑的军官、大臣和几名主要的吉伦特派代表。瓦尔莱等忿激派也参与了这一活动。警钟响起，城门关闭。但是公社拒绝参与，桑泰尔召集了9000名国民卫队士兵来维持秩序。叛乱分子渐渐散去，但是所有人都清楚：这样的情况不是没有出现过，他们可以利用民众的力量清除国民公会中那些不得人心的代表。到目前为止，山岳派还不想通过这样的方式来对付国民选出来的代表；而吉伦特派却相信巴黎那些讨人厌的代表已经再次卷入到一场要屠杀他们的阴谋中，而且这些代表也是这样说的。吉伦特派担心巴黎的威胁，这渐渐演变成一种十分强烈的信念。这本来可以理解，但结果却是不幸的。

此后数周，吉伦特派一直都在痛骂这次夭折的起义，不放过其中每一个可耻的细节，而与此同时旺代和比利时的局势日趋恶化。3月12日迪穆里埃公开谴责法国对比利时的政策失误，这引起了人们对他的怀疑。一周后，迪穆里埃在内尔温登吃了败仗，人们更加怀疑他。战役失败的原因不是迪穆里埃叛变，他却因为这次失败而叛变。他想要向巴黎进军，重建1791年宪法，把年幼的路易十七扶上王位，但是他的部下不愿和他一起行动。4月6日迪穆里埃仓皇逃入奥军阵营，而在此前两周，他的不忠行为已是众人皆知了。没有人能够置身事外，不受这次危机的影响。吉伦特派因与这位叛国者牵连甚多，也遭到了人们的怀疑；像丹东这样的山岳派的主要代表还是不愿意放弃最后一线希望，他力劝迪穆里埃回心转意，但徒劳无功，自己反倒受到了牵连。但是应付危机的建设性意见还是由山岳派提出的，虽然国民公会里不少山岳派的支持者已经作为特派员去了外省，仍有很多代表投票支持山岳派的举措。新举措包括3月21日在全国设立监察委员会，监控外国人和嫌疑犯的活动；新成立协调委员会，对备战实行更有效的立法控制。

君主制瓦解后，行政权力归属到一个由各部长组成的委员会名下，但是每一名大臣与公会里的某一专门的委员会之间又有点权限不明。1月1日治安委员会开始负责协调这些问题，但这个委员会庞杂臃肿，缺乏效率，同时3月的危机让人们觉得有必要寻找一个更强有力的组织。于是25日在代表贝特朗·巴雷尔的建议下，由25名代表组成的救国委员会成立，取代了治安委员会的位置。巴雷尔总能天才般地设计出折中办法，因此而声名鹊起。4月7日救国委员会开始工作，成员减为9人，每月改选一次。巴雷尔被选入救国委员会，成为任职时间最长的委员，而罗伯斯庇尔怀疑委员会的价值，拒绝参选。在起初的两个月里，丹东作为委员会的智囊，力图团结各方面的力量，协调周旋，以期共渡国家危难，但他的苦口婆心没有人愿意接受。

山岳派希望设立革命法庭，用于对付他们眼中一直在阻挠备战的巴黎的宿敌。然而吉伦特派却认为革命法庭是一把双刃剑，正是他们在4月1日建议取消代表的逮捕豁免权。做到这一点以后，对于他们来说攻击那位最有影响的雅各宾派成员的道路就畅通无阻了，而一些山岳派的同僚在较为冷静的时候也觉得他是个负担。此人就是马拉。

4月5日，作为雅各宾俱乐部的主席，马拉签署了一份公文，向外省求援，保护巴黎，抵御公会中“该受天谴的阴谋集团”，试图策反那些被吉伦特派视为自己拥护者的人。吉伦特派指控马拉的行为是在侮辱公会，4月12日他们将马拉告上了法庭；山岳派的代表因为出巡外省，支持马拉的人很少，因此吉伦特派的控诉压倒性地获得通过。看到自己的英雄受到了攻击，巴黎有33个区作出回应，他们号召将包括布里索、所有波尔多人和佩蒂翁——自从君主制垮台他就不再是激进分子了——在内的22名代表赶出公会。雅各宾俱乐部和公社都签署批准了这个号召，旋即又收回，因为这项号召受到了罗伯斯庇尔的谴责，他不愿看到国家代表受到威胁。无论如何，4月24日革命法庭宣告马拉无罪，当他走出法庭的时候，便被欣喜若狂的无套裤汉扛在肩上，抬回了公会。此举意在标榜他们的胜利，他们已经报仇雪恨了。

在针对马拉的指控中，有一条罪证是2月杂货店遭劫的次日，马拉在他主编的报纸上煽动民众自行去惩罚那些囤积者和投机倒把分子。从去年9月之后，马拉的报纸就改名为《法兰西共和国报》。现在马拉无罪释放了，巴黎各区更是信心倍增，他们再次对政府施压，以求解决经济问题。其实在马拉受审之前，他们已再次呼吁控制面包和谷物价格，而吉伦特派谴责民众不懂经济学。2月份山岳派还在捍卫自由市场，现在他们却沉默了，这是个不祥的预兆。实际上，山岳派在2月底就已经彻底改变了方针，支持限价要求，当时就引来国民公会的公共走廊里的一片欢呼声。4月30日吉伦特派宣称议会驻扎在巴黎已经很不安全，需要将会址迁往凡尔赛。他们觉得如果强制推行限价，必将爆发经济危机。这样的事情在5月1日果真发生了。圣安托万郊区8000名示威者围攻议会，宣称除非面包的价格得到控制，否则他们就不离开。那天双方僵持不下，谁也不肯让步，由于政府害怕局面变得不可控制，便于次日通过一项法令，为面包和谷物限定了最高价格，而且规定地方当局在搜寻和征购粮食方面拥有很大的权力，这项法令在第三天便颁布实施。山岳派公开支持这项措施，这成为一个转折点。他们认识到即便是在反对吉伦特派这一件事情上，要得到巴黎人的支持也是有条件的。一名政治间谍在给内务部长的报告里这样写道："需要民众，就不能和他们对着干，雅各宾派很清楚这一点。"[1]

任何人都很担心，即便在巴黎，征兵也很不顺利，更不用说外省的情况，由此引发的骚乱范围肯定不只限于西部地区。弗朗什孔泰、朗多格西部和诺曼底这些偏远地区也传来了因抵制30万征兵令而爆发骚乱的报告。更令人担心的是春天一些主要的外省市镇渐渐脱离了中央的控制。

在这其中，首先动摇的是马赛，这是所有人都没有想到的。因为自1789年以来，这座地中海重要的港口城市一直是激进主义的代名词。无套裤汉依然满怀敬意地记得1792年英勇好战的马赛联盟军挺进巴黎的情景。

[1] A. Schmidt, *Tableaux de la Révolution Française* (3 vols., Leipzig, 1867), I, p. 174.

但是从很多方面而言，马赛的激进主义只是少数生活在保守内陆腹地、精力充沛的活跃分子的作为，而他们的周围都是一些不愿将精力和财富浪费在爱国事业上的商人。这种孤立的境地使得当地雅各宾俱乐部的激进分子控制了马赛的政治权力，1792年8月他们更是违抗立法议会，擅自将本省行政中心迁出艾克斯。就这一立场而言，他们一贯对富人嗤之以鼻，即使在西印度公司的骚乱以及与海洋诸国关系恶化威胁到城市商业基础时，他们依旧如此。很多坚定的革命支持者都入伍参军，离开了马赛，这让马赛的雅各宾派更为焦虑，而保王派的阴谋又如漫天乌云一般久久不散。巴黎成立革命法庭的消息传来后，马赛的雅各宾派认为这是他们成立自己的革命法庭的信号，他们也下达了全面解除武装的命令。因为各项革命监察活动的开展急需资金，他们便强制对富人征税，而且将这一措施推广到周围的农村地区，并向内陆小城镇中那些受困的俱乐部提供援助。马赛雅各宾派的一名代表说："资产阶级就是继贵族之后，最无情盘剥压榨民众的阶级。"[1]但实际上局势不久就明朗了，民众想要团结在那些被雅各宾派激进分子认定为压迫者的周围，来反对雅各宾派。马赛的32个区出现了联合抵制运动。曾经作为雅各宾派阵营的各区议会，到了1792年冬天有不少码头工人加入，他们的生计问题受到经济危机的威胁。在这一点上，批发商人情况一样。所有民众和商人有一致的目标，在他们看来这个城市遭受的磨难都是因为雅各宾派，这不仅是地方性的问题，更是全国性的问题。3月公会派来的山岳派特派员抵达马赛，认可了当地雅各宾派做的所有事情，结果激起了各区肆无忌惮的抗议。他们依照去年8月巴黎的模式，成立了一个核心委员会，防止武斗进一步恶化。他们取得了成功。4月27日，在"一小撮纨绔子弟无法无天的日子该结束了"的呼声中，[2]特派员代表只身逃离马赛，也顾不上雅各宾俱乐部里的拥护者，只能让他们听天由命。考虑到蒙特利马尔的安全，特派员宣告马赛已是反革命的城市。实际上这

[1] Scott, *Terror and Repression in Revolutionary Marseilles*, p. 55.

[2] Ibid., p. 84.

只是派系之间的混战，核心委员会用了三个多礼拜才将雅各宾俱乐部的成员全部逮捕。但是在巴黎眼里，马赛已经叛变了，已经支持联邦主义，反对这个统一而不可分割的共和国。

的确，马赛雅各宾派的倒台加剧了南部地区局势的动荡。激进派从去年夏天以来就一直控制着这片地区，但现在却遭到了民众的抵抗。而且同样的情况也在艾克斯、阿尔勒和阿维尼翁等地方复苏。在尼姆，两个俱乐部一直都有摩擦，结果较为温和的一派开始向本市各区寻求援助，以此来抵抗另一个渐渐向巴黎激进派靠拢的对手，5月20日尼姆市的12个区自行宣布进入永久会期。实际上，面对从春天开始的这场全国性危机，整个南部地区的雅各宾俱乐部的极端作风在早已接受了共和国成立和处决国王的人中也激起了强烈的抗议。年轻的共和国经受着来自法国第二大城市里昂声势最大、最具威胁的抵抗。

丝织业是里昂手工业的基础，革命爆发后，这一行业便陷入了危机，而1789年以后发生的各类事件更使其进一步恶化。丝织品本是奢侈品，但是那些革命前的老主顾很快就认识到炫耀在这个新时代是很危险的，因此丝织品的需求大幅缩减。战争也削减了海外市场的需求，同时萨沃伊供应的原材料也受到了影响。1792年控制巴黎的那些提倡艰苦朴素的共和派对奢侈品行业的困境深表同情。罗兰遭到了山岳派的指摘，1784年到1791年之间他生活在里昂，也一直是这座城市的捍卫者，但即便如此，巴黎的激进分子也没有多少人对这地方抱有好感。正如马赛的局势一样，里昂的地方显贵都不愿卷入政治混乱的新世界中，1792年9月的抢粮骚乱以及民众的限价运动持续了一周未能平息，里昂的市府官员信誉扫地，到了11月，约瑟夫·沙利耶领导的雅各宾派的积极分子趁机接管了地方政府。他本是一名手工业者，神志有些错乱。实际上，沙利耶领导的这伙人只不过是照搬巴黎雅各宾俱乐部的那一套做法，想方设法要保证足够的廉价面包，但面临着缺钱与距离城市较远的供给网络破坏这些困境，此外还总有人说要为东南边陲的驻军提供充足的补给，所以他们的尝试都失败了。5月，巴黎颁布了最高限价令，但很明显这份最高价目表无法在里昂实行，因为这里的面包价格要比巴黎高出三分之一多，所以在整个5月，里昂人都为基本物资的供给问题担忧。5月21日局势再度恶化，民众洗劫了仓库，一群妇女将军需品抢出，按照她们觉得合理的价格抛售。于是，国民公会将派往阿尔卑斯山前线的军队调至里昂，消息传来，里昂各区和市府马上开始对峙。各区都很清楚，最后肯定由当地的雅各宾派控制军队，而到目前为止，他们还不能动用强制武装力量。各区都害怕屠杀，如果屠杀发生，他们只能调动归他们控制的国民卫队。5月28日罗讷-卢瓦尔省省府不顾里昂市府的反对，对国民卫队下达了战斗号令。第二天，国民卫队袭击了里昂市政厅，推翻了雅各宾派主掌的市府。现在，里昂也公开反对国民公会了。

与此同时，西部农村的骚乱也愈演愈烈。3月19日国民公会颁布法令，凡是持有武器的叛乱者一经捕获，即判死刑。但叛乱者还是无所顾忌，他们接连攻下旺代省高地地区的数个市镇，而且借每一次胜仗为他们的队伍补充新鲜血液。1793年整个春天，大概有4.5万人加入天主教和保王党的军队，他们此时就是这样公开称呼自己的。而共和国眼下只能征到1.5万到1.6万人的部队来对付他们，而且其中有作战经验的成员很少，对于即将面对的那种类型的战争毫无经验。旺代军能从本地获得补给，而且一旦被发现，他们能马上消失得无影无踪，对“蓝军”（现在共和国的军队就叫这个名字）来说，唯一保险的办法就是聚在一起，大部队作战。当叛军来袭的时候，“蓝军”根本没有办法守住那些重要据点。5月25日丰特奈扬言要打通通往海洋的道路，因为从那里他们能得到英国的援助。6月7日叛军攻下了杜埃，向北一直推进到卢瓦尔河地区；6月9日他们抵达了卢瓦尔河，攻下了索米尔，赶走了巴黎国民卫队的指挥官桑特尔，而桑特尔带领一营的爱国志愿兵，在三周前才抵达旺代。

所以在1793年3月爆发的共和国的新危机，到了5月已经是十万火急。各条边界上的军队纷纷内撤，形成了一片新的内战区域，这就是后来所谓的“叛乱旺代”，公会渐渐失去了对主要外省市镇的控制。巴黎政治家的对策无异于负薪救火，局势继续恶化。

在最高限价投票之后，巴黎马上出现了一种支持吉伦特派的迹象，这出人预料。5月1日公社规定了一项特别的额外征兵令，招募士兵赶赴旺代参战。这个命令吓坏了那些有钱人，因为之前专门向他们征收的战争税已经威胁到了他们的财产，更不用说那些包括最高限价在内的控制物价的措施了。这项税是3月9日颁布的，但还没有实施，由于得到国民公会里佩蒂翁的支持，年轻的纨绔子弟控制了几个区的议会，谴责公社的“群众专制”。这群涂脂抹粉的纨绔子弟很讨厌蓬头垢面的无套裤汉的政治作风，他们在香榭丽舍大街游行示威，要求把马拉送上断头台。在国民公会里，吉伦特派发言人吵闹着要谴责那些用来对付这些纨绔子弟的措施。山岳派本来有能力赢得公会的一致投票，击败吉伦特派的辩才，但是越来越多的山岳派，以及本来支持他们的代表都作为特派员出巡外省，也就无力还击吉伦特派。正是在这样的背景下，山岳派最终改变了想法，打定主意要清洗公会。

这至少要从3月10日那次失败的事件说起。3月29日来自27个区的代表在原大主教的官邸集会，讨论一致行动来“拯救国家和自由”；4月15日33个区签署了一份列举最先要被清洗的人名名单。但是直到一个月后，他们才开始落实明确的行动计划，而吉伦特派在几个小时内便已经获知了所有内情。5月16日他们在公会中谴责这些想要清洗公会的人。两天后，人们呼吁如果国民公会在巴黎已经失去了自由，那么有必要设立一个履行实权的“非正式的公会”，并迁往布尔日。最后公会同意设立一个十二人委员会，调查巴黎公社起义的活动。提出这个建议的是巴雷尔，而不是吉伦特派，但是5月20日出席公会的代表不多，选出的十二人委员会中有几人是吉伦特派的，而山岳派却一个也没有。委员会审讯市长帕什，调查各区的登记簿，四天后，终于找到了想要的证据。十二人委员会建议在国民公会四周增派驻防的国民卫队，并在晚上十点关闭各区议会，另外下令逮捕那些被认为谋划起义的人，其中包括瓦尔莱和埃贝尔。因为在一期《杜歇老爹报》上，埃贝尔用激烈的言辞煽动无套裤汉消灭吉伦特派“这群阴谋推翻公会的叛国贼”，公社派出代表提出抗议。伊斯纳尔时任国民公会的主席，他言辞激烈，态度坚定，毫不理睬公会的抗议。伊斯纳尔说：“如果这样的起义一再爆发，那么国家代表就会深受其害，我代表法国人，告诉你们，巴黎也会荡然无存。”[1]马拉抗辩说伊斯纳尔简直让议会丢尽了脸，但是伊斯纳尔毫不顾忌这份指控，继续说道：“不久以后，人们就只能沿着塞纳河畔寻找巴黎的遗迹。”

这只不过是危言耸听，并没有实际效果，但是这让人想起了去年8月布伦瑞克的可怕威胁，巴黎人被激怒了。几周来，吉伦特派都在暗示要动用外省的力量，报复巴黎对国民公会的攻击。就在伊斯纳尔慷慨陈词之前，来自马赛的一名代表就已经因为谴责山岳派而被审讯。来自其他外省城市，诸如吉伦特派的大本营波尔多，以及里昂等的不祥谣传也开始传到巴黎人的耳朵里。这些抗议并不是由吉伦特派煽动的，但是这些冲突在巴黎某些区蔓延开来，另外起义者也相信他们的时间不多了。罗伯斯庇尔虽然很清楚威胁这些国家代表的危险，但他也认识到国民公会的僵局必须依靠外在的力量才能打破。5月26日，在雅各宾俱乐部，罗伯斯庇尔“邀请人民”来反对公会里的“腐坏代表”，他明确宣称要用起义来对付这些人。所以他们首先要摆脱十二人委员会，紧接着在5月26日深夜，起事各区的代表在一场闹闹哄哄的会议之后，冲进了国民公会的会议厅，打成一片，没有回家的少数几名代表只得投票解散了十二人委员会，他们也已经精疲力竭了。之前被逮捕的瓦尔莱、埃贝尔等人获释。两天后，十二人委员会又复职了，但是当委员会无法审讯委员会主席的时候，马上又被解散了。是否应保留十二人委员会的讨论还在继续中。如果继续保留委员会的话，那么其职责是什么？当最后一场可怕的暴动降临到他们头上时，代表

[1] Scott, *Terror and Repression in Revolutionary Marseilles*, p. 84.

们还在讨论这些问题。

暴动发生于5月31日的凌晨，瓦尔莱以坐镇大主教官邸的起义委员会的名义敲响了警钟。天刚破晓，起义者就已经解散了公社，又自行下令重建公社，关闭城门，搜捕嫌疑犯。前一天晚上，因为桑特尔不在，所以昂立奥担任了国民卫队指挥官一职。昂立奥先前是名文书，后来却投笔从戎。在起义的这一天，无套裤汉没有马上响应战斗号令。不久后问题就清楚了，不管起义委员会和公社先前如何商量，他们在后续问题上的分歧都很大。瓦尔莱想要解散整个公会，而一些人只是想要逮捕4月15日那份名单上的22名代表。还有一些人，包括公社的检察官肖梅特在内，希望谨慎行事，他们只是想要解散十二人委员会，恐吓吉伦特派采取更温和的措施。但是面对聚集在公会外面的民众，受到恐吓的代表的反应却让起义者失望了。他们开始调查这次起义，毫不费力就得到了一张诉状，这样就绕过了救国委员会，自己下达逮捕令。很明显，他们感觉到了对立双方内部的分歧，因此拒绝投降，还扬言威胁要外省来复仇。到了这个时候，罗伯斯庇尔才提出要弹劾那份名单上的人。起义者最后只是解散了十二人委员会。

面对挫折，起义委员会的决心更加坚定，他们要永远赶走公会中的敌人。6月1日里昂的雅各宾俱乐部被推翻，而洛泽尔省又发生了叛乱，旺代战事失利。这些消息传来，让他们更加坚定不移。吉伦特派长期以来挑唆的外省复仇看似到来了。山岳派觉得若要避免内战，必须立即把那些煽动内战的人赶出国家代表的队伍。所以人们一致认为，要在第二天，也就是周日，再次对公会施压，而那天正好是无套裤汉的休息日。周日清晨，公社派出代表，再次要求逮捕30名代表。当这份请愿递交到救国委员会时，又响起了一片欢呼声，要求签署关于请愿的报告。这一次起义者部署了周密的计划，争取做到万无一失。前一天晚上，昂立奥派了他的人，进驻公会周围的几个重要据点。国民卫队大约有7.5万到10万人，另有数千名旁观者也加入了守卫的行列。代表没有任何机会逃出议会大厅，一些代表想要逃走，马上被昂立奥和手持马刀的卫兵拦住，只得返回；巴雷尔拒绝以救国委员会的名义交出榜上有名的代表。但到此时，局势已经很清楚了，除非公会投降，否则包围公会的武装力量是不会散去的，公会别无选择。因此，当天晚上，公会下令逮捕29名代表——除两名代表之外，剩下的都是4月15日名单上的人，而其中大部分是十二人委员会的成员。在同一份逮捕令上，还有两名大臣的名字，此外罗兰和他的夫人也是公社的目标。很多代表并没有参与关于这份逮捕令的投票，显然他们不愿意被迫去威胁国家代表。像以往一样，山岳派更为现实，他们知道自己别无选择，便投票赞成逮捕代表，希望能让公会避免陷入更加糟糕的局面。山岳派清楚，从此以后，他们便是国民公会中无可争辩的主宰者了。

赶走吉伦特派，既不意味着一派政党的瓦解，也不是推翻政府的行动。但是旁观者却这样看待问题，那时如此，后来也是。当他们试图透过这番迷惑人的花言巧语和指摘非难来理解这些事情的时候，也就不会将清剿吉伦特派看成是瓦解政党或是推翻政府的行为。政党这个观念和这一代人的思想格格不入，他们深受卢梭的影响，寻找代表尽善尽美的公共意志。在皮特统治的英格兰，虽然议会制传统悠久，但是福克斯仍发现让英国语文学会的大部分会员相信政党值得尊敬，完全不同于钩心斗角、争权夺势的朋党，并不是件容易的事情。吉伦特派和山岳派都说对方是政党，但这也只是比较随意的说法。尽管如此，两派都会竭力否认对方的指控。在所谓的吉伦特派中，布利索、罗兰和其他波尔多代表的朋友圈之间肯定有重叠，这毫不奇怪，但是他们之间却从未有过一以贯之的合作关系，而且投票上也鲜有一致。只有当吉伦特派中的22名代表上了清剿名单的时候，他们的反应才像是事先计划好的一样统一。吉伦特派的形成靠的是不妥协的革命精神：不管发生什么，绝不损害1789年的各项原则，这才是他们的态度。正是出于这种精神，他们毫不在乎与整个欧洲为敌，而当战火蔓延开来的时候，抵制限价的要求也是基于这种精神，因为所有受过教育的人都明白限价必然导致经济灾难。同样他们坚持认为重大问题，诸如决定国王生死，必须征求全法国人的意见，这也是在坚持捍卫1789年的原则。总之，这种精神抵制了一个由九月屠杀的共谋者掌控的首都的独裁统治。国家主权的代表们绝对不能受制于无套裤汉那种反复无常、凶残暴虐的念头，也绝不能听命于像马拉和埃贝尔这些总在迎合无套裤汉的嗜血成性、毫无责任的煽动者。

国民公会中不少代表也有同样的观点。局势较为缓和的时候，这些观点一般不会遭人谴责，但是现在不太平，而且肯定有很多实际情况是吉伦特派不愿意面对的。没有了巴黎，共和国也就失去了根基，而国民公会本身也就不复存在。虽然掌控首都巴黎的那些力量令人讨厌，但是议会只有安安稳稳坐镇巴黎，并和这些势力携手共事，才是明智之举。对议会来说，还有什么地方能比巴黎更可靠吗？这就是山岳派的立场。吉伦特派脑筋死板，不愿妥协让步，也不愿审时度势，从实际出发。山岳派的核心力量是24名巴黎本市的代表，他们一直都比吉伦特派更像个政党，而且在处决国王、颁布3月紧急措施、颁布最高限价，甚至减缓先前为了寻求自由而无限制向别国人民输出援助的措施的这些重大问题上，他们常能争取到国民公会中的多数票，这是很值得注意的。而吉伦特派唯有在大部分代表缺席的情况下才能取胜，故而这种胜利并不长久。虽然他们的口才远胜山岳派，但是很明显吉伦特派没有能力控制国民公会。

因此吉伦特派也不是一个政府，从1792年8月到1793年6月间法国并没有一个通常意义上的政府。行政活动靠的是内阁和国民公会几个委员会之间的协作，而这些组织都不受吉伦特派或山岳派的控制。但是就在同一时期，尤其是在1793年3月以后，政府的权力有了实质性的拓展，至少表面如此。颁布征兵令、设立革命法庭、颁布最高限价法令、按照救国委员会的形式设立的战时内阁雏形，这些都可以看成是政府权力的拓展。尤其是特派员体制，从1792年秋天开始，政府不定期地向发生骚乱的地区派遣专员，1793年的春天，在41组外省中，这些专员成为常设机构，他们是由议会其他代表任命的中央权力的全权代表，负责法令的落实以及处理战时的紧急事务。国民公会曾一次派出多达130名该类身份的专员代表。在这几个月里，这些人实际上是法国的治理者，他们由国民公会赋予全权，可任意使用。也正是因为这一点，回到巴黎时，他们会和山岳派站在一条阵线上，外管省的经历自然会强化这种倾向，因此到了1793年初春的时候，共和国倒有点像是山岳派主导的政府。而只有当这批代表出巡外省的时候，国民公会里的吉伦特派才有点声势。吉伦特派的主要发言人被赶走并不意味着山岳派就掌控了国民公会，只是在审判国王以后，国民公会的控制权才有了明确的归属。

为什么要将吉伦特派全部赶出国民公会呢？所有参与5月31日和6月2日事件的人并没有一致的目的。无套裤汉的想法是不惜一切代价让敌人闭嘴。在他们眼里，这些吉伦特派将爱国的巴黎人说成是无政府主义者、嗜血狂、九月屠杀者，还三番五次地怂恿外省进军首都，摧毁巴黎，自己绝不能向这些人妥协让步。山岳派则害怕如果巴黎再这样内斗不休，国民公会便会遭殃。瓦尔莱、鲁以及忿激派并不信任代议制的政府，他们不断地重复这种观点。因此，直到最后一刻，丹东等主要的山岳派还在恳请吉伦特派停止攻击巴黎，也不要煽动他们背后的势力。此外战争还在继续，而且不太顺利。此时并不是煽动外省复仇、挑起内战的有利时机。如果吉伦特派愿意解散十二人委员会，那么起义可能就失去了借口，不少人的确是这样想的，而且也产生了这样的期望。但是吉伦特派不愿妥协，虽然他们和巴黎的矛盾还没有危及公会的存在，但已经使所有的公共事务都陷入了瘫痪。公会里大多数人是实事求是、经验丰富的，面对这样的威胁，虽然勉强，但也决定牺牲一些同伴。这样的选择到底利大还是弊大，这是另外一个问题。

清剿吉伦特派的消息对波尔多的打击好像最大。深受加勒比海动乱和英国封锁的双重困扰，数年前还是欧洲第二大繁忙港口的波尔多已经没有理由再接受革命的进程了。然而，1791年吉伦特省已经派出了一批颇有口才的激进分子前往立法议会，像韦尼奥、让索纳、加代，两年后这些人又当选为国民公会的代表。波尔多也不乏支持山岳派的人，他们的据点就是与巴黎的雅各宾派有密切联系的国民俱乐部。但是控制波尔多政治生活的却是与雅各宾派作对的自由之友俱乐部，在这里吉伦特派的代表掌控了政治先机，他们的原则是“坚持和强化宪政与自由，讨论所有与公共福祉和社会安定相关的问题”。[1]波尔多有28个区，其中大部分为自由之友俱乐部所控制。1792年的整个冬天，自由之友与他们在巴黎的代表来往密切。1793年3月他们甚至成功关闭了国民俱乐部，早在1月份时，他们就在商量要往巴黎派驻外省联军，以确保公会不受侵害。5月5日，韦尼奥万不得已，才接受最高限价，他认为是时候采取正面行动了。他写道：“吉伦特的居民们，站起来吧！国民公会势单力薄，就是因为没有人支持它。支援它吧，抵制所有威胁它的复仇怒火吧……机不可失。拿出你们的力量吧，平息内战，让和平重新降临。你们伟大的榜样必为后人敬仰，美德必将取得最后的胜利。”[2]波尔多各区作出回应，准备将国民公会从那令人恐惧的威胁中解救出来。但是与马赛和里昂的情况有所不同，直到6月2日清剿吉伦特派的消息传来，波尔多才采取行动。在清剿的名单中，有5名是波尔多的代表。即便到了那个时候，仍需来自别处的报告和采取集体行动的催促，他们的作为才不仅限于口头抗议。6月7日当地成立了“救国民众委员会”，宣告波尔多背叛了那个内讧纷争的国民公会，直到所有被清剿的代表复职。委员会反复在市民中散布反山岳派的宣传，同时也向那些他们认为已经做好反抗准备的城市派驻代表，这其中包括那些因反对巴黎统治而成名的城市。他们带去的信息具有两面性：一方面，他们敦促外省应该联合推选布尔日作为非正式国民公会驻地，这个建议是吉伦特派代表在被压制前提出来的；另一方面，他们强迫所有不承认被清剿的国民公会权威的地区征召志愿者，进军巴黎，恢复宪政政府。因为得到密报会得到军队支持，他们很乐观，以为能召集8万人。6月14日当地宣告成立外省联军，

[1] A. Forrest, *Society and Politics in Revolutionary Bordeaux*, Oxford, 1975, p. 67.

[2] Ibid., p. 99.

其中有来自吉伦特的1200人。

马赛和里昂早已起义叛变，此时因为波尔多的局势而更受鼓舞。马赛和里昂的反雅各宾派情绪由来已久，而且两地早有合作：里昂起义军首先往罗讷省派出代表，与马赛人合作，他们抵达之时恰好听到来自巴黎的消息。马赛重新成立了民众法庭，在5月15日违抗国民公会的法令。这一法令压制了先前的一个民众法庭，而这个法庭是迫害整个罗讷河口省的山岳派同情者的。6月12日马赛正式宣布自己"以合法的身份反抗压迫"，并宣告成立"外省联军"。外省联军高呼"统一而不可分割共和国，尊重人身及财产"的口号，向巴黎开进。7月初部队抵达阿维尼翁，并占领了这座城市。7月24日，在罗讷省的另一端，里昂也紧随波尔多设立了民众法庭。该法庭下令征召约1万人的外省联军，最终却只有4000人。7月中旬，公会宣布里昂叛变，并建议所有忠诚的市民离开这里，于是新成立的里昂当局处决了沙利耶，断头台的铡刀很钝，落下四次后，沙利耶才身首异处。

其他南部城市此时也被卷进来了。6月11日蒙彼利埃所在的埃罗省省议会下达征兵令，进军巴黎。虽然图卢兹和格勒诺布尔两个城市都靠近敌军袭来的边界，但忧心忡忡的地方市府最后都拒绝了成立布尔日公会以及外省联军的提议。土伦在听到6月2日的消息之初还是很平静的，但是到了7月中旬就爆发了针对国民公会权威最危险、也可能是最持久的挑战。马赛也一样，1792年夏天以后土伦也由亲山岳派分子控制，7月他们屠杀了一批地方官员，控制了这个地方。这些人上台并不是各区的功劳，因为自1792年秋天各区就已经不再集会了。但是临近马赛的几个区在1793年春天成了推翻雅各宾派的排头兵，土伦的反雅各宾派也组织了要求重开区议会的运动。与大英帝国及西班牙的战事让土伦的港口工人苦不堪言，他们和来这儿务工的外地人已经没什么两样，而且他们的工资是用指券支付的。此时指券一再贬值，所以他们普遍对国民公会失去了信心。和马赛的码头工人一样，在当地显贵与雅各宾平等派的冲突中，他们就是现成的后备力量。如果雅各宾派想要动用武力，阻止重新召开区议会，只会让人们把他们视为去年夏天的暴徒。所以不管用什么办法，雅各宾派总归要倒台。7月13日土伦各区重新开始集会，7月14日选出了一个全体会议，协调各区的行动。三天后，总委会关闭了雅各宾俱乐部，逮捕了主要成员，随后解散了市议会。土伦像马赛一样建立了人民法庭，一个夏天就判了30多人死刑，其中大多数是有名的雅各宾派的支持者和活跃分子。7月15日总委会甚至逮捕关押了两名特派员。与其他南部叛乱城市不同，土伦的宗教活动有了复兴，而且背后有市府当局的支持，但是叛乱的社会原因和其他地方没有区别。8月恢复的各区宣布："我们想要享受我们的财产，我们的自由，以及我们在和平时期辛苦劳作的果实，但是那些一无所有的人让这一切都成了泡影。"[1]不是所有反对雅各宾派的叛乱都发生在卢瓦尔河以南，地处边远、靠近瑞士的汝拉省也是成立外省联军的地区之一。临近的几个省纷纷效仿，尽管他们酝酿向远方的巴黎进军的计划根本没有实行。布列塔尼和诺曼底违抗中央行动的爆发更有威胁，因为这两个地方离巴黎更近，离旺代保王党的叛乱地区也更近。直到5月25日，在雷恩开会的伊勒-维莱讷省省总委会宣布它希望存在的是一个统一的共和国，"而不是罗伯斯庇尔，也非葛瓦代，不是丹东，也不是让索内；不是山岳派，也不是平原派；不是诋毁神圣的人民代表的任何派系朋党"。[2]

但是，那些一周前被赶出国民公会的人，其中有伊勒-维莱讷省的代表朗瑞奈，一周后他们就决定成立外省联军，进军巴黎，解救朗瑞奈和他的同僚。布列塔尼半岛的其他外省也起而叛变，支援他们。菲尼斯泰尔省的坎佩尔市查禁革命法庭，各区协调行动，要求建立布尔日临时公会。此外，所有人一开始都想与诺曼底的卡尔瓦多斯省的叛乱者联合。在5月31日

[1] M. H. Crook, "Federalism and the French Revolution: The Revolt of Toulon in 1793". *History*, 65(1980), p. 393.

[2] D. Stone, "La Révolte Fédéraliste à Rennes" *Annales historiques de la Révolution française*, 43 (1971), pp. 368–369.

听闻十二人委员会遭解散的消息后，卡昂市府谴责国民公会。6月9日，本地宣告叛变，他们抵抗前来镇压的部队，并逮捕了两名在本省监控沿海防务的特派员。叛乱分子向地方军事指挥官温普芬求援。温普芬态度很积极，但是他并不出名，是个保王党，也很可能是个英国间谍。6月30日卡昂成了“抵抗镇压中心委员会”的总部，宣称既代表布列塔尼半岛的六个省，也代表卡尔瓦多斯省。此时温普芬接受了武装指挥官的任命，这支武装力量已超过3000人。此外，叛乱的各股势力也因为6月9日被大批放逐的吉伦特派代表的到来而士气大振。6月2日针对这些代表下达的软禁令形同虚设，比佐、卢韦以及佩蒂翁等人相继出逃。起初，一些富有的卡昂人把这些人当作偶像。但好景不长，这些人发现，虽然自己好吃好喝地供养着这些吉伦特派，但是他们并没有变成保王党，因此这些卡昂人很快就冷淡下来。佩蒂翁说得不错：“他们打心眼里都讨厌山岳派，但他们对共和派也没有好感。”[1]这就是困扰巴黎人的所谓联邦党叛乱的内讧，这场叛乱必将走向覆灭。但是这些问题起初并不明显，至少从巴黎人的角度来看是这样的。他们认为1793年6月法国大部分地区都叛变了国民公会，人人都说83个外省中有六七十个都在反对中央权威，历史学家也常常不加批判地接受这种说法。虽然各个叛乱中心的主张都类似，但是他们的利益有所不同。只要稍微清醒一点，就不会人云亦云，听信这种谣言。7月31日，对最细微的反抗活动都十分敏感的国有财产管理处官员认为负隅顽抗的只有8个外省。然而这个国家的第二大、第三大和第四大城市都坐落于反抗地区，所以很难使人不理会联邦党叛乱的威胁，因此也容易使人对局势产生误解。

然而，虽然联邦党人看起来是要瓦解这个统一而不可分割的共和国，但是实际情况并非如此。不论是哪里的叛乱者都认为巴黎贿赂拉拢其他地区当选的代表，分裂共和国。1789年的革命曾经是反对集权的，而集权

[1] Hardman, *Documents*, ii. p. 102.

是波旁王朝的手段。1791年宪法未能扫荡专制，国民公会便由此而生，宗旨是要强化，而不是放弃1789年的原则，尤其是应赋予地方更多的自治权力。但实际上被派往外省的特派员尽管代表着体现国家主权的国民公会，但其权力很大，成了新的督办。而国民公会也只不过是巴黎各区大批“嗜血者”“无政府主义者”的人质。如果“联邦党”愿意分离共和派，保王党是很乐意助他们一臂之力的，但“联邦党”并不是这样想的。正如西南地区的一名指挥官在6月5日报告波尔多局势时说的：“我觉得这些人好像不想卷入巴黎人的事情，他们更像要捍卫自己的自由，捍卫他们的财产，他们的富裕……他们不想要国王，他们想要共和国，但那是一个富足而安详的共和国。”[1]然而，这并不意味着共和国就能免于战火，联邦党人不只是对在无套裤汉掌控下当选的代表不满，他们更不满于政府在那年春天财政匮乏时期采取的措施，尽管任何政府都可能这样做。征召并强化警力、控制市场、强行借贷等措施，不管是已然落实的还是政府扬言要采取的，在多年的动荡之后接踵而至，而这些动荡之所以被容忍，仅仅是因为人们对安宁的幻想。各个边关要塞则屡遭敌军骚扰。不管会遭受什么损失，和一无所有的人比起来，有钱人总能熬过这些劫难；但是1792年夏天之后，积极公民和其他公民之间已经没有区别了，这似乎把在紧急情况下强化的权力交到了那些最没有财产可以失去的人手中。马赛、里昂和土伦被围困的雅各宾派都相信只要威胁有产者，就可以维持君主制垮台后得来的权力，这实在很草率。同样，他们也希望得到山岳派的支持，并且相信这一定能实现。但同样肯定的是，那些反对派的人必然转而反对另一派。虽然富人用行动作出了表率，但这并不是他们的专利。没有普通老百姓的支持，“联邦党”根本不可能掌控局势，只不过是昙花一现。对老百姓来说，雅各宾派带来的就是动荡不安，通货膨胀，以及物资短缺。对于这些，百姓当然心怀不满，怨声载道，实际上巴黎的无套裤汉也是一样，这

[1] Forrest, *Bordeaux*, iii.

实在很具讽刺意味。与旺代和布列塔尼的农民比起来，他们也不见得就愿意披甲上阵，去和那些毫不相干的敌人作战。更有意思的是对于他们支持的抵抗运动来说，这种消极态度是致命性的。“联邦党”最惨痛的失败是外省联军的悲惨经历。如果说在马赛能召集到一支3500人的队伍的话，那么波尔多顶多能征到1200人。第一批布列塔尼志愿军在抵达卡昂，于村庄行进时，本想吸收一支诺曼底的队伍。结果愿意继续前进的只有17人，而菲尼斯泰尔省的部队干脆就打道回府。而且那些志愿入伍的人也基本不愿意离家很远。马赛军队从来没有走出过阿维尼翁，波尔多军队也不是向巴黎进军，反倒向南挺进，最后在加龙河以北20里的葡萄园扎下营寨。布列塔尼和诺曼底的联军情况稍好，7月8日部队离开卡昂，7月12日途经埃夫勒时还有2000人准备向塞纳河进发，但是第二天他们在布雷库尔一听到国民公会军队的枪声，就夹着尾巴逃走了。他们一路溃逃，直到卡尔瓦多斯省才停住脚步。

旺代的天主教和保王军也是万般无奈才离开家园，但在1793年6月他们不断击退共和国军队的时候，这种情绪还没有成为问题。6月10日在夺回被“蓝军”占据了两个多月的马什库勒之前，夏莱特只是个不起眼的贵族，没有什么作战经验。6月19日叛军渡过了卢瓦尔河，进入昂热，这个地方的共和国军队已经撤走。6月29日叛军来到了最大的战利品的跟前——大西洋港口南特。1793年春天以来，南特已经成为支持吉伦特派、反对巴黎和山岳派极端分子的最主要的中心据点之一。但是随着反革命军的逼近，当地市府马上转变态度，认为不应该再谴责国民公会。所以他们拒绝了布列塔尼半岛其他城市的请求，没有派出部队加入本省联军。此外，他们也不愿和旺代军队一道起事叛变。进攻各方没有很好的合作，也远未想到南特的抵抗是如此顽强。于是经过两天激战，叛军撤退了。无论多么勉强，两面作战的南特还是得到了雅各宾共和国的援助。对于控制法国的山岳派而言，最困难的时期已经过去了。

叛军内部不和，而且没有统一调度，对于山岳派来说是很幸运的，因为即便是在巴黎本地，6月2日政变后的数周也非常混乱。几乎所有人都决定清洗国民公会才妥当，不少代表尽管与这一事件没有关系，但还是在与其选民的通信中对此加以谴责。6月6日和7日两天，曾有75名代表签署了一份秘密抗议书，而这份抗议书此时又成了指控他们是吉伦特派的罪证。其中有29人被捕，但是对他们的看管并不严，与此同时国民公会正在决定该如何处置这些人。这两点都说明公会的代表其实不愿意把这些人当成罪犯，只是在一些人逃走后，才加紧了看押。但在发动5月31日起义的激进派看来，公会这种纵容姑息的态度可能是种阴谋。而一旦摘得胜利果实，山岳派马上要和之前的战友划清界限。但是如果没有这些，山岳派又怎么可能成功呢？所以起义的激进派更是觉得其中另有蹊跷。6月3日开始，救国委员会一步步无情地削弱起义各区组建的中央委员会的独立性，6月8日后者被并入一个由指派的省级当局牢牢控制的机构，变成了一个为各省合法当局牢牢控制的组织。同时，山岳派准备根除那些还想再来一次激进革命的派系力量，比如忿激派。就在6月2日，赶走吉伦特派的前一天，国民公会投票通过建立“革命军”的若干规定。这不是军事手段，早在4月份的时候就有人提出来过，而此后巴黎各区也就这个问题进行过几周讨论。这种性质的军队本应该是爱国者——也就是无套裤汉——用来维持治安的队伍。他们被派往乡下，以及其他需要他们的地方，搜捕叛徒、囤积商人、温和派、对革命不关心的人以及其他各类疑犯，并加以惩治。在6月1日，国民公会还投票通过了另一项规定，即在每天下午讨论宪法，直到宪法草案获得通过。代表们态度坚决，进展顺利。因此6月10日他们便通过了一份想要赢得巴黎以及农村地区支持的草案。这份草案废除了孔多塞在2月份的时候提出的旨在平衡制约选举的各项限制，其实这些限制一经提出就引发了激烈的讨论。1789年体制的基本特点是分权以及极端地去中心化，现在这些也被抛弃了。1793年宪法确保的是一院制的立法机构，该机构每年由具备投票资格的成年男子直接选出，然后它再选出行政机构。1793年宪法以一部权利宣言作为导言，其长度是1789年权利宣言的两倍。

除了保障所有公民享有他们的权利以外，宣言还言明只要需要，公民便可获得政府的援助、国家提供的义务教育以及通过起义抵抗压迫的权利。6月24日这份草案得到了批准，副本被送往所有的初选议会。在此之前就是由这些议会选出了国民公会，因为草案需要以某种全民公投的方式获得人民的批准。此外国民公会还希望利用庆祝8月10日革命推翻君主制一周年的时机通过这项草案，而且他们也想取悦农民。6月3日国民公会下令将流亡者的财产分成可以支付得起的小份额出售。6月10日颁布法令，各公社的公民可以重新划分本地所有公共用地。7月17日所有名义上还残存的封建权利马上被废除，没有任何补偿。政府搜集所有与之相关的文献资料，并将其公开焚毁。

但是这些措施都与无套裤汉的利益无关，在他们的敌人吉伦特派被赶走后，无套裤汉关心的只有一日三餐问题。在6月的第二周，巴黎各处都可以听到人们指责屠夫，抱怨面包价格太贵的声音。到了第三周，面包供应已经成了问题。此时，从诺曼底传来谣言，卡尔瓦多斯省叛军企图封锁塞纳河。鲁与瓦尔莱本想在6月2日进行更彻底的清洗，但计划落空，所以现在民众的不满对他们来说是不可放过的机会。在科德利埃俱乐部里，鲁提议新宪法对那些放高利贷的人以及投机商人都强制处以死刑。他说：“如果你的同胞们都在挨饿受冻，那么自由就毫无意义。”6月21日鲁带领一群来自更激进区的代表前往国民议会，在那里，他谴责公会的代表对那些囤积者和投机商人的无动于衷与姑息纵容。鲁说在这些问题上，即使是山岳派也并未比以前的专制统治者好多少。代表们被激怒了，他们把鲁扔出大厅。就在同一天，巴黎的妇女攻击了肥皂商人，并按照自己定下的价格卖掉抢来的肥皂。这足以表明鲁深得民心。山岳派决定孤注一掷，一举击垮鲁，瓦解他的势力。他们要夺去鲁作为公社小报编辑的职位，并预谋将其排挤出他的权力基础所在的科德利埃俱乐部。作为人民勤勤恳恳的朋友，马拉现在正因皮肤病变得虚弱，只有靠不断的药浴才能缓解病症。马拉已经被人说服，也开始谴责忿激派及其一切主张。但是到了7月中旬，6月2日的胜利者的内讧陡然终结，因为联邦党第一次发动了对巴黎的攻击，这也是唯一一次攻击。谣传成千上万的马赛人、里昂人和波尔多人正向巴黎进发，但在谣言风传的数周里，实际上只有一人来到巴黎。此人是卡昂人，意志坚定，却不代表任何派别。她要找到吉伦特派最凶残的敌人，为他们报仇。7月13日，夏洛蒂·科黛刺死了浴缸里的马拉。

现在山岳派又添了一名殉道者，而且要比勒佩蒂埃和沙利耶影响更大。从去年夏天开始，马拉因他的凶残而出名，但因疾病缠身，并未造成太长时间的影响。但失去这位对手打破了平衡，这似乎很严重。即便刺杀马拉的初衷是为了打击无套裤汉。愤怒的山岳派决定采取行动，他们当然不会放过一切能够利用马拉这个殉道者的可能性。8月8日山岳派甚至当着国民公会的面夸耀他的遗孀，并谴责忿激派是奥地利和英国的走狗。局势日渐明朗，前线以及叛乱各省传来的除了噩耗还是噩耗。共和国要渡过这个危急关头，必须采取最无情、最坚决的手段。政府的问题越来越棘手。丹东现在成了累赘，在7月10日投票后，他被赶出了救国委员会。和丹东一起下台的还有他的同党德拉克鲁瓦。两周后，也就是7月26日，人们终于承认了罗伯斯庇尔的价值，将其选入救国委员会。他很清楚，当下的首要问题就是“确保粮食供给，制定人民法律”。就在罗伯斯庇尔当选的同一天，公会通过了一份打击囤积的法令，规定囤积者要被送上断头台。这正是根据局势的需要，新宪法也好似终有所成。初选议会通过正式投票，以1 801 918票赞成，11 610票反对，通过了宪法。实际上，赞成票将近有200万，相当可观，尤其在当时内战尚未平息的情况下，这可能也是国民公会实行和解政策的功劳。因此8月10日庆祝宪法颁布的仪式如期举行。庞大的游行队伍穿过整个巴黎。巴黎还竖立着一根由83柄长矛捆起来的巨大束棒。这些长矛都是由各省的成年爱国男子带来，象征着共和国的统一。宪法文本存放在一个雪松木盒里，悬挂在公会的会议大厅中。

按理说，现在国民公会的任务已经完成了。与之前的制宪会议一样，它应当自行解散，让位于一个常规的立宪政府。在8月11日那天，德拉克鲁瓦就提出了这个问题，但是当天晚上，罗伯斯庇尔否决了这一提议。他认为这样一来只会让“皮特和科堡的特使”掌权。现在是共和国生死存亡的关键时刻，形势如此危急，绝不允许有任何政治波动。战乱之时并不适宜颁布宪法，无论如何，只要危机尚在，宪法就不能生效。

第十一章

恐怖政府（1793—1794）

1793年7月，雅各宾共和国与敌人的战斗陷入了低谷，军事噩耗频频传来：联军的铁骑已经踏入佛兰德斯以及比利牛斯山沿线的领土；在美因茨沦陷后，数千法国军队投降；英国军舰驶来，马赛希望联合其他的联邦党发动叛乱。国内的消息也不尽如人意。旺代叛军从南特撤退后，似乎对叛乱核心地带的掌控更加牢固。在与旺代叛军作战中唯一取胜的比龙再次夺回了索米尔。但是7月12日比龙竟被免职，理由是他以前是个公爵。继任的罗西涅尔是名无套裤汉，虽然颇有政治声望，却是个无能的酒鬼。在布雷库尔战役后，诺曼底的联邦党叛乱很快就瓦解了，但是因沙利耶的被处决，里昂还在继续抵抗；土伦先前一直忠于国民公会，现在也加入了叛变的行列。人们谴责夏洛蒂·科黛被无处不在的吉伦特派阴谋分子指使，7月17日她被处决后，科黛便成了包括温和派和保王派在内的整个反对雅各宾派阵营的殉道者。人们担心在巴黎各处活动的并不止她一人，政治冲突引发的怀疑满布各个街区。并不是每个区都是由坚定的无套裤汉控制的，巴黎西部的几个区政局变化莫测。选举巴黎国民卫队指挥官的时候，选区划分很不公平，而且候选人受到众人的攻击，因为他们曾经开枪射击马尔斯校场共和请愿者。最后昂立约当选为卫队指挥官。

8月1日让邦·圣-安德烈说："困扰我们的罪恶就是没有一个政府。"[1]作为救国委员会的成员，他本该认识到这一点。就在同一次会议上，丹东建议应正式将救国委员会当作法国的临时政府，却没有得到国民公会的同意。救国委员会似乎不需要吸收新的力量就能够达到目的，8月11日救国委员会又接纳了两位极具军事经验的专家卡诺和科多尔的普里厄，普里厄刚刚从卡昂联邦党的控制下逃脱出来。此时救国委员会想要赢得公会的信任，它从来没有变成过政府，而且其行政权也并不是很稳固。但是在此后的12个月里，法国的领导权落在了救国委员会身上，它充分利用国家的各种资源，断然遏制了1793年的危机。

第一步便是打败联邦党，或者说那些还没有准备好还击的联邦党。在布雷库尔战役之后，他们已经没必要在卡尔瓦多斯省采取进一步的军事措施了。7月25日，厌倦了的布列塔尼人和那些出逃在外的吉伦特派都撤出了卡昂。现在，这个城市的生死存亡只能听天由命。到了8月3日，特派员和救国委员会的成员林代再次控制了卡昂。布列塔尼军队也没有坚持太久。8月中旬，他们签发了一份公开宣言，表示收回先前违抗的言论。出逃在外的代表继续寻找隐藏点。他们向南部潜逃，认为波尔多可能比较安全，但是等待他们的却是伤痛和失望。吉伦特省的抵抗运动也被瓦解了。在7月的最后一周里，吉伦特省的人民委员会似乎仍旧大权在握，控制着地方铸币厂的造币，用来支付其迅速增长的开销。随后，8月2日，因为担心巴黎会进行军事报复，而且面临愈加棘手的粮食供给问题，人民委员会突然自己解散了，并召回了派出的部队。如果它想要抵挡山岳派的报复，结果注定失败。尽管缺钱，人民委员会还是没有胆子抢劫造币厂，因为这会被视为偷窃国家的重罪。自建立之初开始，人民委员会一直是那些反对巴黎的流言蜚语的策源地，同时它也往法国南部和西部的各个地方派出专

[1] Hardman, *Documents*, ii. 149.

员，煽动联邦党叛乱。实际上，就国内危机而言，吉伦特省的人民委员会发挥的作用远比卡昂和雷恩的委员会更大，最后受到的惩罚也更为严重。8月6日，吉伦特省人民委员会的所有成员都被宣判为叛国者和不法之徒。8月19日特派员来到吉伦特，恢复了市府的合法权力，不过他们却失望地发现这并不是一个充满畏惧、心怀忏悔的城市。由于当地纨绔子弟的捣乱和威胁，国民公会的专员只能于次日撤到沿河而上30公里的拉雷勒中由共和国控制的安全地带，在那里，他们向国民公会报告了自己在吉伦特省的经历，要求派兵支援，以便再次入城。直到10月17日，他们才放心大胆地向吉伦特省进发，但那时波尔多早已做了好几个星期的准备。8月27日波尔多的国民俱乐部重新集会，用三周时间选出了由雅各宾派控制的新一届市府。波尔多还举行了纪念马拉的活动。塔里安从旺代赶来接手波尔多事务，他的话一针见血："（波尔多这样做）纯粹是为了保存面子。哪怕只有一小会儿，能团结28个区的肯定是饥饿和恐慌。"[1]

在同样的压力下，马赛也很快举起了白旗。接到命令后，阿尔卑斯地区的军队开赴对付马赛和里昂。8月初，里昂被包围了，但还在负隅顽抗。由于已经和罗讷河内的同盟失去联系，马赛人开始担心。从阿维尼翁撤出的外省联军驻在罗讷河河口，遭遇卡尔图指挥的正规军。港口被封锁了，而地里的庄稼还没有成熟，因此在8月初马赛爆发了面包骚乱。人民法庭开始处决领头的雅各宾派分子，还把那些执意要在公共场合为叛匪祈祷的教士送上了断头台。最后，当卡尔图带着部队步步逼近时，叛军干脆向英国海军上将胡德求援，希望他放行，以便从意大利运来的粮食能够进港。这是叛变，马赛一些区也开始效仿，情况十分危险。8月23日支持卡尔图的人员和要求与英国合作的人员发生了冲突，两天后，卡尔图抵达马赛，能逃的人员都逃去了土伦，此后这些人的所作所为彻底改变了土伦的局势。土伦的联邦党人之前没有想和敌军合作，即使他们清楚卡尔图攻下

[1] Forrest, *Bordeaux*, p. 226.

马赛之时便是他们的末日。其实马赛人前来求援着实让胡德吃惊不小，这让他觉得或许可以与土伦和谈。于是在8月23日，胡德正式宣布只要土伦承认路易十七，就对他们进行军事保护。不少人极其愤怒，但是另一些人被马赛难民散布的骇人听闻的故事吓坏了。经过激烈的争论，土伦各区决定接受胡德的条件，之后他们又花了3天时间让地中海舰队相信再抵抗也于事无补。8月27日英国舰队驶入法国地中海海军基地，反法联盟占领了土伦，没有遇到任何抵抗。

英国攻占了土伦，这意味着巴黎将面对新的危机。自从马拉遇刺后，各派势力都争相继承他的遗产。山岳派对忿激派的仇恨和攻击丝毫没有减弱。鲁在公社的势力刚刚被清除，其他人马上宣布继承他的遗志。此时新的民粹势力早已是山岳派政策在公社和陆军部里的代言人，以公社的公诉人肖梅特及其副手埃贝尔为代表。民粹派也把持了科德利埃俱乐部。埃贝尔的《杜歇老爹报》满篇都是骂人的文字，马拉死后，《杜歇老爹报》稳居销量排行榜第一的位置。不久以后，人们开始要求制定更严苛的打击囤积者和投机商人的法令，将所有的生活必需品都列入最高限价的范围，加大执行力度。同时，他们还要求加快组建6月2日法令设立的革命军队，加大力度调动人民的革命热情。这些要求和早先由鲁及其记者朋友勒克莱尔提出的要求没有什么区别，勒克莱尔甚至用马拉的“人民之友”来命名他自己的报纸。两派人都相信只有靠残酷无情和断头台才能清除叛徒、死性难改的人以及“自我主义者”。解决国家的危机，办法就是采取恐怖措施。

即使在国民公会，这样的呼声也越来越高，像比约-瓦伦及其亲密合作者科洛·戴布瓦那般残忍的代表提出要对囤积者处以死刑。科洛本是演员，因其出巡外省时出色且无情的表现而成名。比约-瓦伦和科洛·戴布瓦靠着他们绝不宽容、绝不妥协的风格，渐渐从山岳派中脱颖而出。救国委员会批准了一些民粹派的举措，如8月23日应各区请愿者的要求，通过了全民征兵法。尽管这项法令的措辞犹如卡诺的散文一样振奋人心，从签署通过到部署执行都十分迅速，但远未达到全国性的效果。勒克莱尔宣称国家的决定都被国民公会中“姑息纵容的态度”腐蚀削弱了，需要清洗，因此也不排除重新发动一场类似6月2日那样的民众运动。埃贝尔一心想成为内政部长，结果8月20日落选告败，在失望惊讶之余，埃贝尔想利用勒克莱尔的那套计策，动员雅各宾派接受。经济情况对他非常有利。整个夏天，指券都在贬值，8月时降到其面值的22%，极为显著的是自从清剿吉伦特派以后降了14%。几周来，虽然收成不错，但天气炎热，河道干枯，很多水力磨坊无法工作，面粉依旧供应不足。所以6月以来，基本商品的价格不断上涨，有些商品的价格飙升得十分离谱，肥皂价格翻了三倍。国民公会里的所有的温和派和打瞌睡的人都受到了谴责。9月2日土伦沦陷的消息传到巴黎，民众的怒怨自然都落在了这些代表的头上。比约-瓦伦已经准备好了，他将指责救国委员会的无能，要成立新的委员会监督阁僚。

9月4日的行动本是一场体力工人要求涨工资以及更多面包的自发示威行动，但埃贝尔和他在公社及各俱乐部的朋友很快利用了这场运动。他们劝说在格列夫广场聚集的民众，让他们在15日重新聚集，到国民公会游行。9月5日埃贝尔一伙人擅用职权，关闭了所有的工厂。那天晚上，他们也想说服雅各宾派支持他们的提议，清除见风使舵的罗伯斯庇尔这个障碍。作为当时国民公会的主席，罗伯斯庇尔理应面对第二天早晨的示威游行。抵制示威已经没有任何希望。作为数千无套裤汉的领头人，肖梅特也在谴责物资短缺，谴责无法落实处理物资短缺的办法，以及导致这些问题的罪魁祸首。肖梅特说：“立法委员们，昨天和今天，公民们聚集于此，只有一个愿望：我们将派出一个代表团，把这个愿望告诉你们——这就是我们的生存。为了生存，我们要求法律。”[1]这就是说他们首先要组织革命军，打击囤积者，对付那些贪婪的、没有丝毫爱国心的农民。国民公会马上投票通过了这个提议，但是没有批准肖梅特认为有必要的外派军队使

[1] Hardman, *Documents*, ii. p. 357.

用车载断头台的举措。正是比约-瓦伦提出了这一建议，而且得到了丹东的支持。另外，丹东提议加快军需品生产，使每一名爱国者都有火枪。此外，他还建议革命法庭应该进一步分化，以便处理更多事务。而且正如丹东自己说的，他们要允许那些“埋头苦干的、靠汗水挣钱、不辞辛劳苦干的人”进入区议会。这些议会应该每周开会两次，每次出席会议的人应该得到40苏。在国民公会里，这些提议赢得了阵阵呼声，用巴雷尔的话说，在场者听得都发疯了。

巴雷尔提出，此时应实行恐怖统治。在三个月里，无套裤汉已经第二次挟持国民公会，而后者只能唯命是听，毫无反抗能力。在此后的数周里，立法委员也认可了激进和积极的行动方案，其规模从3月的危机以后尚属罕见。尽管丹东反对，但是比约-瓦伦和科洛·戴布瓦还是进入了救国委员会。9月17日他们通过了一项全面嫌疑犯法令，这项法令授权去年3月设立的监视委员会逮捕那些“暴徒、联邦党人和所有支持自由敌人的人，证据可以是行动、通信、言论以及出版物”。此外，嫌疑犯还包括了不少特定的范畴，比如前贵族，“（因为）这些人不会一直都认同革命”[1]。实际上，在这样笼统空泛的规定下，任何人都有可能成为疑犯。在嫌疑犯法令颁布的几周里，几乎每一天的公共言论都带有无套裤汉的风格。那些拒绝用“公民”而用恭顺的“先生”称呼对方、拒绝用“你”称呼对方的人，肯定会受到怀疑。此后，9月29日国民公会通过了全面限价法，强制对包括粮食、酒、柴火、衣物甚至是烟草在内的一大批基本生活品进行限价。商品出售价格高于最高限价的人将被处以罚款，并出现在嫌疑犯名单上。最后，革命军整装待发，但指挥官不是救国委员会的人选昂立约，而是龙森。龙森是一名可怕的埃贝尔派。6月以来，很多区要求审判被监禁的吉伦特派以及玛丽·安托瓦内特，因为这些人不可能无罪释放，所以这些要求极为血腥，而且毫无意义，这一点罗伯斯庇尔早就看到

[1] Thompson, *Documents*, pp. 258–259.

了。他一直在与这些做法斗争，尽力制止。但是9月9日有消息称有人密谋要将前朝王后从现在单独监禁的地方解救出来，到这个时候，玛丽·安托瓦内特的命运就基本决定了。10月3日王后接受了审讯，这一天也是审讯吉伦特派的日子。罗伯斯庇尔能做的就是劝阻国民公会不要采纳比约-瓦伦提出的唱名做法，而比约-瓦伦想以此甄别出那些对叛国者仁慈宽大的人。

然而恐怖统治的第一批著名的牺牲者是另一批人。激进分子想要乘胜追击，一举歼灭政敌，但是他们的做法与后者并无二致。9月，忿激派陆续被捕。早在8月22日，鲁就已经进了监狱，但是不久以后就被释放，9月5日他再次被捕。瓦尔莱很有先见之明，他谴责丹东不该定期支付报酬给那些每周都参加区议会的人。9月18日瓦尔莱步了鲁的后尘，也进了大牢。勒克莱尔不敢再刊印出版物，销声匿迹。之前，忿激派时不时要求强制执行法令。他们不断呼吁更民主的手段，甚至要求改换国家代表。现在，这些声音都已经平息，变化简直翻天覆地。10月10日，国民公会觉得不能再任其发展。在这种紧急情况下，它之前依赖的那套程序太过笨拙，效率太低。圣茹斯特以救国委员会的名义宣布“如果政府本身不符合革命的要求，那么革命的法令也不可能得到执行”[1]。所以，他建议救国委员会要在整个国家中承担核心调派的角色，只需服从国民公会的监督。这样的“革命政府”应该是临时的，也就是说法国将一直维持革命政府的状态，直到和平来临。

这样，法国大革命最著名的篇章开始了。在此后的九个月里，大约1.6万人死于断头台的锋利铡刀之下。这部冰冷的机器效率之高，让整个欧洲都见证了这段令人魂飞魄散的恐怖时期。恐怖统治直到1794年才宣告结束，而在开始之初铡刀就砍下了一位名人的脑袋。10月17日玛丽·安托瓦内特上了断头台，她在囚车里誓死不从的表现留在了大卫的画里。这批

[1] Hardman, *Documents*, ii, p. 157.

被告的口才让法庭的辩论无休止地进行下去，因此审讯不得不戛然而止。这21名吉伦特派者高唱着《马赛曲》慷慨就义。先前那些签署了秘密抗议书谴责6月清剿行为的代表也被当作吉伦特派关押了起来。但是罗伯斯庇尔总在阻挠这些行动，他不愿意这些人也接受审判，而那些在6月逃出巴黎的人，有4人死在波尔多的断头台上。佩蒂翁和比佐自杀了，两人的尸体被发现时，已经被狼咬得不成人形。11月，罗兰听说他的夫人已被处决，于是他也自杀了。11月菲利普·平等也上了断头台，虽然他不是吉伦特派，但他原来是亲王，而且儿子是流亡者。另外一些疑犯，像巴纳夫和巴伊也被砍了脑袋。一年前，巴纳夫和王后因密谋暴露入狱，而巴伊则是因为发生在马尔斯校场的枪杀入狱，无套裤汉对他一直深恶痛绝。行刑之日，人们专门为巴伊竖起一架特制的断头台。成为刀下鬼的远不止这些人，自此以后，断头台就一直竖立在离路易十六掉脑袋的地方不远的革命广场。

其实，从1793年10月到1793年底，只有177人在巴黎处死。这些人都是昔日的名人显贵，自然能引起民众关心。而在外省的恐怖统治下牺牲的成千上万的人基本都是些无名小卒，没有人关心。就在巴黎进行审讯的同时，里昂最终向包围的军队举起了白旗。里昂基本上依靠潜逃回国的流亡者指挥的保王党军抵抗了两个月的轰炸。这座饥饿的城市极为艰辛地熬过了夏天，希望来自皮尔蒙的援军解围，但在10月初的几天，援军就已遭受阻击。到了这个时候，失败已是必然的命运，里昂向特派员库东宣告投降。库东本想采取在卡昂很有成效的和解宽容的政策，但是里昂的情况有所不同。作为法国第二大城市，它已有四个多月反抗公会的历史，那时共和国正处于生死存亡的危急关头。里昂处决了沙利耶，也毫不犹豫地加入叛乱阵营，因此它与保王党分子和国外敌军合谋也就丝毫不奇怪了。与其他“联邦党”中心相比，里昂在巴黎受到更多的辱骂，而救国委员会也决心拿里昂来做典型，以儆效尤。10月12日，在听到里昂沦陷的消息后，国民公会下令必须摧毁里昂。里昂这个名字必须消失，只留下废墟上的一座碑，上刻“里昂向自由开战，里昂已不复存在”。在之后的法令中，毁城实际上只是摧毁富人的宅邸，这座“断垣颓壁”的城市被重新命名为自由之城。库东不能忍受这种全面性的复仇，他设立了几个专门法庭，推倒里昂几名首富的房子，并要求这些人迁往别处。11月初，科洛·戴布瓦和之前出巡过讷韦尔的富歇取代了库东。二人强求巴黎下达儆戒性的报复命令，也希望巴黎进行协助，派来一支革命军。此时革命军完全听命于救国委员会的调派，无套裤汉横扫了整座城市，“挨家挨户搜查”，关押了数千名嫌疑犯。但是到11月底，这些专门法庭审判的联邦党人还不到200名，科洛认为只处死这些远远不够。为了加快审判速度，他们在11月27日专门设立了一座“七人法庭”，数日内处决了300名叛乱疑犯。如果仅靠设立在地方的断头台，他们无法完成如此庞大的处决。12月2日至8日，他们将有罪的人扔进挖好的大坑，用加农炮和手榴弹进行轰击。这样的处决一直持续到春天。到了1794年4月，共有1880名里昂人被判有罪。1月22日巴黎的革命军抵达，一名加入革命军队伍的德国冒险家目睹了这幕惨剧：

> 整片整片的房屋都燃起大火，尤其是那些最好的建筑。教堂、修道院，所有贵族住过的地方都已是一片废墟。我走到断头台前，数小时前被处决的那些人的血还在街面上淌着……我向一伙无套裤汉说……不冲洗掉这些血，实在是太难看了。其中一人说为什么要洗掉？这是贵族和叛乱党的血，狗会来舔干净的。[1]

军队攻占里昂后，便向南方行军，加入包围土伦的队伍。攻占港口的反法联军没有后援，他们的桥头堡也没能进一步扩张。但是只要联军还占据着海港的制高点，他们就能从海上得到补给。因此土伦被占了三个

[1] W. Bauer. *Un Allemand en France sous la terreur: Souvenir de Frédéric-Christian Laukhard*, Paris, 1915, pp. 272–273.

半月。但是12月17日少校波拿巴的炮手将英国和西班牙舰队从这些制高点的关键要塞中赶走。此时海军上将胡德认为他们必须马上从要塞撤走，否则舰队将会全军覆没。大概有7000名难民挤上战舰，其中包括土伦最初叛乱的大多数领导者。此后三天内，这些战舰顶着共和国军队的炮火仓皇逃走。监狱里的雅各宾派被释放，他们指认了许多叛乱分子。在武装叛军抓获的法国公民中，有800人未经审判就被枪决。在此后的一个月里，特派员巴拉斯（先前是个贵族）以及弗雷隆设立的革命委员会，以拥戴路易十七以及延误战机、串通敌军、导致法国地中海舰队遭受重创为名，审判了282多名疑犯，并将他们送上了断头台。土伦改名为“山岳派港口”。在恐怖统治一连清洗的数个“联邦党”叛乱中，土伦的地位仅次于里昂，因此它付出了沉重的代价。但因为这座港口的战略意义，它才免遭进一步的打击。

相比之下，政府对马赛和波尔多的镇压要温和一些。1793年8月至1794年4月间设立的马赛革命法庭秩序不错，审判时也小心谨慎，总共审判了975人，其中有467人被无罪释放。尽管很多罪大恶极的人在卡尔图的部队抵达时已经逃到了土伦，但被判有罪的人中仍有289人被处决。将马赛命名为“无名之城”也是无奈之举。波尔多没有被改名，尽管其所在的吉伦特省也被易名为贝克德阿姆比斯省，这原是加龙河与多尔多涅河交汇的地区的名字。虽然塔里安和伊萨博都是血腥之徒，但是他们两人所设立的军事委员会中审判的疑犯大部分都被无罪释放，在1793年10月到1794年6月间，它仅仅处决了104人。如此温和的镇压让特派员本身遭人怀疑。伊萨博似乎对富人有好感，而塔里安也听命于他的那位贪图享乐的漂亮情人泰雷扎·卡巴吕。卡巴吕之前嫁给一位贵族，父亲是一名信誉不佳的西班牙金融家。1794年，罗伯斯庇尔的助手、年轻又生活俭朴的朱利安取代了塔里安和伊萨博，在他管理的两个月中，有198人掉了脑袋。在那个时候，除了巴黎以外，各地的恐怖政策都已经减缓了。

随后朱利安又被派到波尔多，因为他曾成功地检举了1793年10月卡里埃在南特实行恐怖统治时滥用职权的行为。那时，南特是对付旺代的指挥中心。镇压叛乱刚开始，监狱暴动突然爆发了。7月初，“白军”没能夺取主要港口就撤到了农村，共和国军队的反击战开始了。先锋部队是美因茨投降的正规部队，但为了保存实力，不久就被撤。这支部队以及一个团的巴黎无套裤汉志愿军都受罗西涅尔指挥。罗西涅尔决定在旺代的腹地实施一套周密的恐怖破坏手段。叛军首领因职权问题争执不休，很快就放弃了索米尔和昂热两地。此时，伦敦传来消息，英国人声称如果他们能夺取港口，便会给予援助，这让叛军士气大振。重整一番后，9月18日叛军在科隆大胜巴黎军队，次日又于托尔富大胜那支久经沙场的美因茨部队。但是在这之后，大部分叛军并没有乘胜追击，反倒是高唱着感恩赞美诗打道回府，各自回家去了。这并非罕见的现象。10月初，救国委员会希望重振军威，号令摧毁“神秘的旺代”，这是巴雷尔的措辞。各支共和国军队的指挥权重新整编统一，10月中旬，四支纵队分头进驻叛乱地区的总指挥部——绍莱附近的博卡日地带。10月17日，他们给叛军致命一击，并击毙了数名叛军首领。直到此时，由于连连告捷的共和国军队穷追猛打，叛军才不顾一切地从他们的农村据点向外突袭。他们孤注一掷，想要与英国人会合。在斯托夫莱的指挥下，叛军渡过卢瓦尔河，向北挺进，向港口城市格朗维尔挺进。地处科唐坦半岛的格朗维尔距离英国最近，正对着泽西岛。一路上不断有来自上布列塔尼叛乱农村地区的朱安党人加入。当他们在11月14日抵达格朗维尔的时候，部队已扩充至6万人，但是英国人并没有如期抵达。泽西岛的确有不少部队和补给，但其指挥官一直到11月26日才通过伦敦得知叛军抵达的消息，直到那时，他还不知道格朗维尔就是碰头的地方。格朗维尔守备严密。而旺代部队似乎没有攻城的经验。英国的舰队直到12月2日才来到格朗维尔，叛军早已大败而归，逃到了南部地区。12月4日他们又折回昂热，但这一次，共和国的守卫部队奋力坚守，叛军无法掉头渡过卢瓦尔河，只得向北逃窜，于12月12日在勒芒被共和国部队追上。这是一个冬雨倾盆的夜晚，经过一整晚的斗争，叛军一败涂地，溃不成军。威斯台尔曼指挥蓝军，将叛军一直向西赶到布列塔尼，并下令格杀勿论。他手下一名士兵说："在去往拉瓦勒的路上，尸横遍野。女人、教士、僧侣、孩子，所有人都死了。我一个也没饶过。"[1]在这次撤退中，大约有1万人丧生。12月23日，天主教和保王党军队的残余力量最终在萨沃奈遭遇了追捕他们的共和国军队。负隅顽抗的只有死亡，人数达千人，近1万人逃进了附近的村庄。战场上丧命的叛军约有两千人，投降的俘虏又丧命于乱枪扫射中。"旺代大战"结束了，但是共和国的报复还在继续。这个地方现在被称为"复仇之城"，语义双关，意义可怕，很难翻译。1794年的春天，将军图罗派出了蓝军中的"地狱部队"，交相袭击叛军的核心地区，对途经之地烧杀抢掠。图罗的部下对士兵说："我们正在进入叛乱农村地区。我命令你们，把能烧的都烧掉，凡是当地人，只要看到，就都杀掉。我当然清楚，这个村庄是有一些爱国者的。不用担心，我们必须让他们全部牺牲。"[2]强奸、杀婴，如此的暴行也让共和国的军队作呕，但是他们不敢违抗军令。在旺代这场叛乱中到底死了多少人，历史学家至今也没能达成共识，基本上叛军一方有25万人丧命，这个估计应该不会过高。这个地区的人口直到19世纪20年代才恢复到1790年的标准，这是个不争的事实。

与这场浩劫比起来，在南特恐怖统治审判下丧命的人员数字显得不那么夸张。然而这个地方的惨烈程度也极为罕见。在整个恐怖时期，有三个省的死刑人数占据了整个恐怖统治的42%，这三个省都受到旺代叛乱的影响。南特所在的下卢瓦尔省设有多所专门法庭，这些法庭将3548人送上了断头台。卡里埃之前出巡雷恩，他认为可以劝联邦党改邪归正，却相信狂热的保王党反革命分子理应严惩。和里昂一样，这里的断头台几乎没有沾染血迹。但是监狱人满为患，传染病肆虐，无辜的市民面临断炊的危险，阴谋叛乱分子的情况更糟。面对这些情况，卡里埃采

[1] De la Gorce, *Histoire religieuse*, iii. p. 24.

[2] R. Sécher, *Le Génocide franco-français: La Vendée-Vengé*, Paris, 1986, p. 159.

取了恐怖时期最臭名昭著的办法：溺刑。11月19日，他将约90名教士和猪绑在一起，送上一艘凿了洞的船，使其沉溺于卢瓦尔河。在此后的六周里，他以同样的方式处死了另外六批疑犯。这些未宣誓教士并非都曾煽动民众叛乱。在南特的溺刑中，大约1800名教士被处死，他们的尸首一连数周都漂浮在卢瓦尔河口。南特的市民总被叛军骚扰，这些叛军毫不留情，所以他们并不反对溺刑这样的做法。当卡里埃下令射杀手持武器的叛军俘虏时，当地居民也认为这是他们应得的下场。南特人相信一旦白军获胜，遭屠杀的就是他们自己，殊不知旺代叛军已经屠杀了共和国公民。卡里埃几乎没有杀害任何南特人。他下台并于1794年2月8日被召回巴黎——这并不出人预料——的原因是那些对他在南特的酷刑的夸大其词的谣言，而正巧救国委员会也担心——尽管很快这样的焦虑就打消了——这样的暴行会不会适得其反，给共和国树起更多的敌人。因此，卡里埃的手下也在担心他们的顶头上司是否会因为行为过激而引火上身。虽然很少有人信任罗伯斯庇尔，但朱利安却是他的信徒，他自愿接受众人的指责。朱利安是卡里埃的手下，他向上层汇报：卡里埃处决犯人往往不加甄别，也常常不管法律条文的规定。现在中央颁布了法令，严格限定了特派员的职权，严禁他们自作主张。在这种氛围的变化下，卡里埃是第一个受惩的人，也是最著名的人。

然而，在整个1793年的秋天，特派员的行动依然很自由，他们可以按照自己的想法行事。在这个阶段，恐怖是混乱的、无政府的、缺乏协调的，也是不受中央调控的。恐怖最具代表性的武器就是革命军队。外省也在模仿巴黎，纷纷建立革命军，其总人数达40万之巨。执行恐怖任务的革命军无所不为，但其主要任务是威胁、惩罚、逮捕和镇压，任何人的活动都有可能被当作反革命行为。特派员如果怀疑地方有二心，也常常会将设立革命军提上工作日程。革命军成了那些积极可靠的爱国者的据点，他们多数是已婚的技工，来自市镇，基本在当地活动。巴黎派去里昂的部队是个例外。实际上，对这些部队来说，地方性知识极为关键，他们知道谁是疑犯，在哪里能逮住他们。正因为如此，革命军的大部分时间都在农村着力搜寻粮食，追捕囤积商和投机分子。在他们看来，这些人贪婪成性，无视最高限价法，所以市镇里的爱国者才会挨饿。1794年春，法国很多地方都设立了警备委员会，这个组织的运作也依靠地方性知识。除了贯彻执行9月通过的嫌疑犯法以外，他们还肩负许多其他责任，比如审批爱国公民证书。这种证书既是一种身份证明，也是一个人可靠的公共凭证。起初只有外国人需要携带这些文件，但是嫌疑犯法将此普遍化。那些没有爱国公民证书的人会被逮捕和监禁。实际上，在恐怖统治中因各种嫌疑罪名而被监禁的人多达50万。监狱无法容纳这么多罪犯，临时囚禁的地方条件又很差，所以有1万多人死在牢里。虽然他们还没来得及被审判，但他们也应算是恐怖的受害者。在混乱且充满暴力的1793年秋天，未经审讯或未见于官方记录就被杀害的人成千上万。救国是至高原则，那套过时且繁缛的程序可暂且抛在一边。死于恐怖统治时期（除去旺代）的总人数可能是官方数据的两倍，仅在一年中就死了3万余人。即便如此，在18世纪的最后十年里，法国的恐怖统治仍算不上欧洲最血腥的。1798年，仅仅数周内，爱尔兰死掉的人数就和法国差不多，而这个国家的总人口仅有法国的六分之一。1794年11月4日，在华沙，仅一天就有两万人被屠杀。不管大革命陈述的是一套怎样的反贵族修辞，恐怖屠杀的牺牲品根本不是先前的“特权等级”。根据官方材料，被判死刑的人中，贵族人数的比例少于9%，教士还不到7%。民众占的比例很高，最多为中产阶级，占四分之一。在1793年到1794年的惩处中丧生的大多是普通百姓，其中经正式定罪的有三分之二，未登记在案的肯定更多。这个悲剧的时代夺取了这些人的生命，而他们并不是元凶祸首，只不过是做错了选择。在这个时候，漠不关心就是犯罪。联邦党或保王党叛乱地区以及边境各区都是判处死刑比例最高的地方，这绝不是偶然。因为在这些地方，络绎不绝的各类反对派军队往往让当地人莫衷一是，无所适从。

同时另一些区，尤其是法国中部，基本没有受到恐怖的影响。和那些骚乱地区有所不同，这些地方的恐怖往往是由于某人的一时冲动，或者是特派员本身所导致。有时候，这种恐怖也常常会被周围一大片地区效仿。例如，地处法国腹地的涅夫勒省没有理由让国民公会担心。但是1793年9月富歇的到来却让涅夫勒省燃起了宗教恐怖的星星之火。富歇原是教士，来自旺代。在那里，他对教士疯狂煽动民众，抵制共和国权威的能力有切身的体会。因此，富歇认为基督教和共和国绝不能共存，必须彻底清除“立宪”教会的遗迹。富歇倡导市民宗教，他还计划在9月22日那天举行“布鲁斯特盛宴”，谴责“宗教的诡辩”。富歇特别痛恨教士独居的生活习惯，他觉得这让教士离群索居，丝毫无助于社会繁衍，因此应该命令那些不愿结婚的教士收养孤儿或赡养年迈的公民。10月10日富歇发表了一份宣言，宣称法国人只能崇拜普遍德行；当然可以自由且平等地传播各种教义，但是公共场合严禁这类行为。而且墓地也不能有任何宗教标志，每个墓地的每扇大门上都要铭刻“死亡乃是永恒的睡眠”。由此，著名的废除基督教运动开始了。不久之后富歇去了里昂。肖梅特一直很留意富歇的活动，他从巴黎赶来，探访自己故乡的涅夫勒省，也把废除基督教运动的想法带回了巴黎。在巴黎公社同僚的支持下，这一运动在首都迅速开展起来。

与此同时，另一些特派员也在打击天主教。在阿布维尔，教士控制着佛兰德斯的边界地区。杜蒙强制执行公开弃教宣誓的命令，对那些立宪教士而言，现在只有公开进行弃教宣誓，才能证明他们效忠大革命。10月7日吕尔亲自监督捣毁兰斯地区那些装有克洛维神油的小药瓶。原先这些神油涂在法国国王身上，起到神化作用。但是杜蒙和吕尔的这些做法都没有得到国民公会的许可。另外10月5日公会颁布实施了新的共和历，这是法国与各种形式的宗教进一步决裂的标志。纪年不再从耶稣诞生算起，而是从1792年9月22日法兰西共和国创立算起，所以1794年是共和二年。每年12个月，每月30天，每个月的名称都与节气有关。每月三周，每周十日，以一个休息日结束。因此周日消失了，除非和不太频繁的休息日吻合才会出现。这套历法体系在此时设立，结果就是推动强化特派员的领导地位。而在先前的叛乱中心乖乖就范之后，废除基督教的活动便成了恐怖措施的重要组成部分。一旦活动开展起来，马上就变成了大规模的民众运动。他们撕毁画像，捣毁教堂，偷走圣衣，套在做仪式的僧侣身上，以示亵渎。他们扬言为了国家的需要，肆无忌惮地熔化教堂大钟，拿走各种金银餐具，用来铸枪、铸币。革命军很支持这样的行动，因此在巴黎革命军离开里昂之后，剩下的只有被洗劫一空的教堂。部队所到之处，留下的尽是被烧毁的饰物、圣衣和圣像。有些革命军比较有组织和纪律，雅各宾俱乐部民众社团——更不用提地方当局——都十分积极地组织崇拜理性、和谐和智慧，崇拜之前教会享有的其他有价值的特质。他们会把教士叫来，在这类节庆达到高潮的时候，让这些教士放弃自己的誓言，宣布自己会结婚，如果他们能和修女结婚，那是最好的结局。

肖梅特从涅夫勒省回来后，巴黎公社就将废除基督教纳入正式工作日程。10月23日，巴黎圣母院前门上的国王肖像被揭下。早在8月，国民公会就已经下令亵渎圣但尼的王室陵寝，此时它已被掏空。街名里也不再出现“圣”这个词，马拉的半身像取代了原来的宗教塑像。此外国民公会还想进一步推动这一趋势发展，在10月20日下令：任何教士，包括立宪教士和未宣誓教士在内的所有教士，如果被6个公民揭发没有公民精神，那么就要被流放，而任何先前被判处流放仍逗留境内的人，一经发现，就要受到惩处。他们在巴黎禁止穿戴传教士服饰。11月7日民选的立宪主教古贝尔先前批准其管辖的教区教士举行教士婚礼。他携本教区11名教士来到国民公会，正式辞退主教职位，在递交了主教徽章后，古贝尔戴上了自由和平等之帽。此后数日内，选择古贝尔这种做法的教士并不少。不久，公会里就剩下布卢瓦主教格雷古瓦一人还坚持穿戴教士服饰。巴黎各区一致通过了反对教士的提案，11月12日，一直推崇雅克·鲁的格拉维里耶区代表团派成员去国民公会。这群人佩戴着“他们自己区的教堂中的装饰物，这是自由人民的理性从先祖的迷信般的信仰中夺来的战利品”[1]，他们要求关闭各区的所有教堂。代表团退去后，随之而来的是一场浩大的公共典礼，地点就在圣母院，当时被人们改称为“理性殿”。在11月10日举行的这场典礼上，爱国少女身披白纱，在招理殿堂前列队行进，这座殿堂位于祭坛曾高耸的地方。庆典进入高潮，一座象征自由的头戴红帽的女性雕像耸立起来。对于这一幕，官方的叙述充满了敬意——“此乃大自然之杰作”。自由女神是日常生活中的一个角色，但从象征意义来讲，自由女神引领着公社的官员前往公会。在国民公会中，她受到了主席与各位秘书的热情拥戴。

尽管经过刻意的掩饰，但是他们的所作所为还是让人觉得不齿，攻击教区的教堂和那些由民众选出的神职人员为革命树立了更多的敌人。小市镇里反宗教的雅各宾派往往会激起一些小规模的反叛，12月第二周发生在布里的事件就是典型。高唱着“天主教永存，把教士还给我们，把弥撒和瞻礼日还给我们”，成群的农民侵袭了地方俱乐部。数以千计的民众拿起了武器，加入他们的行列。最后当地政府靠着国民卫队和革命军无套裤汉的力量，才平定了骚乱。布里的安定至关重要，因为这是从南部香槟地区向首都运粮的咽喉要地。在废除基督教运动带来的一系列事与愿违的后果还未令救国委员会头疼之前，罗伯斯庇尔就已经提出了警告，他相信宗教信仰是有序的文明社会不可或缺的重要部分。11月21日他在雅各宾俱乐部指责这种反宗教的行动太过极端，而且于事无补，只能激起宗教狂热。他提醒俱乐部成员，人民是相信最高存在的，只有贵族才是无神论者。同时罗伯斯庇尔说服了救国委员会，通知各民众组织，提醒他们宗教迫害只会煽动迷信和狂热。最后，12月6日，国民公会同意重申宗教信仰自由的原则。在这份法令里，他们正式禁止对“崇拜自由”的暴力或迫害行为，但为时已晚，巴黎的所作所为点燃了法国各地的雅各宾派的狂热激情，旺

[1] W. Markov and A. Soboul, *Die Sansculotten von Paris*, Berlin, 1957, p. 206.

代地区对教士全面彻底的镇压似乎也成为典范，宗教围捕的魅力依然难以抵御。11月23日巴黎公社对罗伯斯庇尔进行回复，下令关闭首都所有的教堂，不久全国各地的地方政府也都如法炮制。到了1794年春天，只有像汝拉山区那样的偏远地带还有接待信徒的教堂。威胁之下，离职的教士大概有两万余人，而接受教士婚姻的有6000人。在一些地区，比如普罗旺斯，废除基督教运动一直到1794年3月至4月才达到高潮。而且，废除基督教运动不会无休止地发展下去。大部分教堂都关闭了，饰品圣物也不知所终，没有了神职人员，之后还能做什么呢？唯一能做的或许就是时刻警惕那些秘密的宗教活动。救国委员会很反对这样的骚乱，12月6日的信仰自由法令里已经说得很明白了。从1793年底开始，委员会的立场越来越明确，也越来越坚定。

废除基督教是一场危险的运动，也引发了不小的骚乱。但这只不过是导致救国委员会控制政府的原因之一。的确，正当这场突如其来的反宗教运动在巴黎达到高潮的同时，10月份宣布成立的“革命政府”也有了权限。1793年11月18日第一次提出的“革命政府法令”在12月4日通过。按照共和历，12月4日是霜月14日，所以这部法令称为“霜月十四法令”。革命政府的原则是高度集权。之前国民公会的权威高于一切，现在公会手里的行政权移交救国委员会，由它来处理国内行政和治安的一切事务。虽然比约-瓦伦在讨论中一直坚持要按丹东之前的提议废除行政内阁各部长，它们却被保留下来。但是现在这个内阁只不过扮演着两个委员会[1]命令的收发室的角色。他们严禁各级下属机构擅自更改曲解法令或是敷衍行事，这样的规定很明显就是针对特派员的。1793年的大半年里，特派员分辖各地，反倒使得中央权力受到极大限制。实际上，第一批执行霜月十四法令的就是这些专员，不过这也是他们最后一次的重要任务。此后，负责地方革命法令执行的是区和公社议会，他们每隔十天就要向管辖法国的两

[1] 指救国委员会和治安委员会。——译者注

大委员会直接报告。1793年春天以降，在许多地方的联邦党叛乱中，各省府机构总是扮演保守者的角色。现在这类省级部门都已经被抛在了一边，无权插手诸如收税和公共工程一类的常规行政管理。为了确保区和公社尽心尽职地担负新派并且宽泛的责任，每个部门都有中央的救国委员会和治安委员会委派的一名“国家专员”，需要独立向委员会报告。此外，3月之后为了应付紧急危机而设立的所有非官方的地方组织，包括所有的地方革命军，全部被废除，因为这些组织“削弱了政府统一管理，有联邦党的倾向”。3月时各地统一设立的警备委员会被保留下来，但现在也需要向治安委员会汇报工作，它无疑担负着执行嫌疑犯法令的职责。显然，警备委员会已经被驯服，服从统一的调配，对中央的指令作出最快的回复，而且它们也不能再从根本上抵制或擅自更改政府政策。霜月十四法令的核心和1791年立宪者的期望背道而驰，甚至和国民公会宣布暂不执行的那部宪法也大不一样。权力下放、分权这些理念只适用于和平时期，这一点在罗伯斯庇尔12月25日重组革命法庭时提出的补充条款中都极为清楚。他说“立宪政府是为了捍卫共和国，而建立共和国是革命政府的任务。革命是自由与其敌人的战争，自由大获全胜，便诞生和平的宪政体制。革命政府需要特别活动，正是因为现在在打仗，所以革命政府是一种特别的需要”。[1]

所以霜月十四法令宣布无政府恐怖时期的终结，同时也宣告了革命军到处掠夺破坏的终结。法令颁布后，革命军成为受中央监控的武装力量之一，也就宣告了废除基督教运动的终结。此外霜月十四法令也标志着特派员享有的独立总督的职权结束。这是自1787年以来，法国第一次建立一个强大的中央政府。尽管想设计一套直接服从的体制，但很明显，新法令没能马上收效。实际上，在法令颁布数月后，最后一支外省革命军宣告解散，废除基督教运动才真正销声匿迹。这主要因为很多特派员很难接受自

[1] *Robespierre: Textes choisis*, ed., J. Poperen (3 vols., Paris, 1958. iii), p. 99.

己的权力被修正。若沃格是被派往新设的卢瓦尔省——设立这个省是为了瓦解之前里昂独大的索恩-卢瓦尔省——专员，他说："救国委员会里肯定有反革命阴谋。不管在哪里，我都能感觉到。这些反革命分子派来的人就是要结束这些强有力的措施，他们想要倒转革命的方向。"[1]若沃格觉得在像卢瓦尔省这样的地方，霜月十四法令是不适用的。对峙了两个月后，若沃格才被召回。而到那个时候，谴责特派员专权、违抗中央命令，已经成了丹东一伙人提出放弃恐怖统治的主要措施。正是面对着这样的局面，罗伯斯庇尔批准了朱利安前往南特和波尔多，召回卡里埃和塔里安。最后丹东领导的"宽容派"斗争告败，专员保持的大权也被瓦解。

然而，霜月十四法令并不是在这个四面受困的共和国建立统一性的第一次尝试。从理论上讲，从1793年9月29日之后，全面限价法令也是在朝着这个方向努力，但它一开始就遇到了困难。大多数商品的最高价格为1790年当地的售价再加三分之一。但是在不少地方，这个价格已经高于当时的行市价格，而且在实施全面限价法令之前，也出现了不少抢劫商货的情况。因为地方价格差异不小，很多商人自然愿意把东西拿到价格高的地方出售。因此手忙脚乱的地方当局实际上花了不少时间才拿出一份全面价目，这比颁布推行全面限价晚了数周。各地差不多花了一个月时间才在1790年的物价基础上提高三分之一，制定了一份价目表。这个价格包括运输成本和商家应得的合理利润，也对工资作了限定。但是最高限价法没有得到普遍的推行，因为这样的法令需要另外设立一套实施调查和控制的机构。公会很清楚，在像巴黎这样的地方，其权力依靠工资收入者的支持。作为无套裤汉的主要力量，他们的工资已经超出了最高限价的规定。然而到了11月份，各区级机构已经开始着手控制物价，在法国大部分地方都是这样。10月27日全法国的食物供给都由"供给委员会"负责，它直接受救国委员会领导，尤其是供职最久的成员罗伯特·兰戴。兰戴很快成了卡

[1] C. Lucas, *The Structure of the Terror: The Example of Javogues and the Loire,* Oxford, 1973, p. 357.

诺经济组织计划的一分子，他大宗购买、分发粮食，管理进出口事务。这个委员会的任务就是制定一份生活必需品的全国最高物价价目表，预计于1794年1月21日颁布。尽管早有严苛法令惩治囤积，而且最高限价规定的惩罚条例也十分严厉，此外1793年秋天革命军也对农民施行了非正式的恐怖打击，但是在表面的经济控制之下，黑市的活动还是很猖獗。另外大规模军需物资的购买也让市场无法正规运作，因为这类买卖需用现金支付，如果必要的话，也往往会超出最高限价的规定。到了1794年春天，法国极为明显地朝着管制经济方向发展，最鲜明的例子便是指券的价值，指券在1793年4月之后渐渐变成了合法货币。控制物价减少了流通指券的需求量，所以指券越印越少。1793年8月指券的价值只有其券面价格的22%，11月升到33%，12月升到48%。尽管自那以后，指券一直在贬值，但是和1793年春天比已经慢了许多。可是1794年放弃经济管制后，指券又开始加速贬值。

强制对富人征税也是加速指券贬值的因素之一。1793年5月20日，政府在无套裤汉的压力下第一次采用这套手段，虽然忿激派一再强烈要求，但该项措施的真正落实是在九月危机的时候。9月3日，规定的征税对象包括收入超过6000里弗的未婚者以及收入超过10 000里弗的已婚者，根据收入高低逐级征收。这种征税是惩戒性的，但是那些需要交税的人是可以用贬值的指券交付的。这类税收算下来能达百万之巨，然而地方政府并不愿意接受，尽管在那些“联邦党叛乱”的商业中心，恐怖手段一直就是针对那些现在已经藏匿起来的发薪水的人，后果自然很糟。在法国的富人眼里，这种强制征税无异于一种令人发指的手段，在恐怖统治时期是一种报复性的阶级立法。1794年春天颁布的关于处理从革命敌人那里没收来的财产也是一例，这就是著名的“风月法令”。2月26日（风月8日），圣茹斯特以救国委员会的名义提出“被定为革命敌人的”财产应该“没收”。3月3日（风月13日）他又提出各地警备委员会应起草一份1789年5月1日以来所有革命敌人的名单，这些人的财产应该分给“贫穷的爱国者”。10天以后他又制定了一份法令，设立了“民众委员会”。这些委员会决定什么人应该被宣布为革命的敌人，决定哪些人的财产应被没收并重新分配。实际上，这些法令没有得到全面实施，而且零星执行的情况也十分混乱。圣茹斯特本人好像也未想过要如何贯彻执行，他在救国委员会和治安委员会里的同僚都不太积极，他们支持这种民粹措施，只不过是为了不输给新政治危机下的巴黎激进分子，这场危机已然在风月时达到了高潮。

后来一名代表回忆说：“恐怖体制的建立不是刻意所求，而是因为环境所迫自然而然形成的。”[1]但是这也意味着没有人能控制得了这个恐怖体制，即便是那些有利可图的人也是如此。而且更重要的是，没有人能结束恐怖，即便是在恐怖体制已经慢慢地派不上用场的情况下。任何人对恐怖指指点点都会被认为是在同情受害者，因此他也会成为受害者之一。但是从恐怖作为政府体制被提出的时候，很多代表——可能也是大多数——就深感不安，不过紧急情况一旦解除——10月与奥地利战役大捷，数周后又控制了几个“联邦党”叛乱中心，大胜旺代军——恐怖作为一种治理国家的野蛮方式所承受的压力就越来越大了。

很多人都认识到这一点，罗伯斯庇尔就是其中之一。他很清楚没有必要的过激行为会让国内很多人对革命失去信心，也会引来更顽固的国外敌人。基于上述考虑，罗伯斯庇尔想要营救王后和吉伦特派，谴责废除基督教运动，在霜月十四法令中也极力要拓展中央政府的权力。因此当11月22日丹东号召不要再流血并在设计霜月十四法令时也起到了建设性作用的情况下，罗伯斯庇尔毫不掩饰对他的支持。后来丹东批评雅各宾派而呼吁温和，罗伯斯庇尔也毫无保留地支持他。两天后，两人的朋友、新闻界老手德慕兰在罗伯斯庇尔的推动下出版了《老科德利埃报》。这份报纸的题目就说明了它的立场，即批评现在科德利埃俱乐部的主要人物，批评提倡继续恐怖、支持废除基督教的那些人。现在，罗伯斯庇尔已经怀疑大部分

[1] H. Hampson, *A Concise History of the French Revolution*, London, 1975, p. 139.

埃贝尔的盟友可能已经成了皮特的走狗，在臭名昭著的保王党阴谋分子巴兹男爵煽动下，投靠了反革命。1793年夏天以后这些人一直在攻击丹东。11月中旬，沙博告诉罗伯斯庇尔，此时隐藏着一个巨大的阴谋想要诋毁革命，想要扼杀革命的支持者，现在一切都已经明了。沙博以前是个僧侣，当过特派员，也曾加入过治安委员会，但在9月底因投票被迫退出。一伙腐化的代表，想要趁着前印度公司清算账务之际发一笔横财，他们把别人也卷了进来，其中包括像沙博这样的爱国者，所以就给了埃贝尔派揭发他们的机会。

对于像罗伯斯庇尔一样很警觉的人，这样的事情的确不可能发生。但是巴兹男爵确有其人，而且他的那些颠覆性的活动也不是什么秘密，此外指控印度公司的不可告人的交易证据确凿。治安委员会怀疑沙博只想挽救自己的声望，于是将他投入大牢，等着他指控别人。与此同时，罗伯斯庇尔也还在鼓励德慕兰继续攻击那些恐怖分子和废除基督教运动。12月12日他想要重组救国委员会，把比约和科洛这些极端分子赶走，召入丹东。虽然这个尝试失败了，但是战斗还在继续。12月15日《老科德利埃报》将法国的局势比作罗马帝制那个血腥时代，影射里昂屠杀。12月20日，罗伯斯庇尔建议国民公会设立“司法委员会”，来调查各类冤假错案。那时，在德慕兰和他的朋友看来，逮捕龙森和文森是合理的。龙森是巴黎革命的指挥官，刚从里昂回到巴黎；文森是陆军部的秘书长，之前暗示要对所谓的“宽容派”施行清剿。12月17日领导攻击的是丹东的朋友、诗人法布尔·戴格朗蒂纳。

首先被打垮的就是所谓的“埃贝尔派”，而那些侥幸逃脱的人也只能胡言乱语地说自己是无辜的，但是12月21日科洛·戴布瓦突然回到巴黎，使他们有了一线生机。科洛匆匆赶回巴黎是因为听说了龙森被捕，之前他曾和龙森一起出巡里昂。科洛想要为他们在里昂的所作所为辩解，以免自己引火上身。科洛径直去了雅各宾俱乐部为那些被捕的人辩解，十分振奋人心。因为有埃贝尔的推动，雅各宾俱乐部决定和科洛联手，要求指控者提供更充分的证据。科洛的干涉让恐怖再次成为统治手段，结果自清剿吉伦特派以来的政见分歧再次复燃。这次分歧一开始就波及救国委员会，比约和科洛在12月26日成功取缔了罗伯斯庇尔提议建立的“司法委员会”。1794年1月，法布尔·戴格朗蒂纳也被卷入了印度公司丑闻，所以分歧还在持续。罗伯斯庇尔忍无可忍了。德慕兰在第五期的《老科德利埃报》上指控埃贝尔贪污，而国民公会中宽容派的主要发言人也蒙受了投机和诈骗的罪名。1月8日法布尔在雅各宾俱乐部进行恶毒指控，罗伯斯庇尔和宽容派之间的“短暂蜜月”终结。1月12日法布尔被捕，唯一站出来替他辩解的是其私交丹东，截至那时他基本游离于各党派斗争之外。

在一个半月的争执吵闹后，一段令人不安的宁静降临。德慕兰放弃了《老科德利埃报》，外省的镇压高峰过去了，霜月十四法令也让那些叛变的特派员就范。朱利安代表罗伯斯庇尔调查这些人备受质疑的活动。一些关键人物也纷纷指责宽容派和埃贝尔派之间的派系斗争，他们认为这是共和国面临的最严重的问题。2月1日治安委员会释放了文森和龙森两人，原因是证据不足。丹东很支持委员会的这个举动，同时也要求释放法布尔，结果自己因此遭人怀疑。文森与龙森两人肯定不会因此对治安委员会感恩戴德。他们从牢里出来，马上决定报复那些把他们关入大牢的人，所以再度掀起派系斗争。治安委员会和救国委员会竭尽所能，想要平息战火，德慕兰宣称他不想再出版《老科德利埃报》。但是他们平息党争的努力适得其反，埃贝尔派不单指控宽容派，此时也针对这些人，认为他们在为宽容派开脱。外省恐怖分子卡里埃和若沃格相继回到巴黎，更助长了这样的势头。在这些人看来，国民公会就是一个“派系”，必须进行清洗，所以必须来一场起义。科德利埃俱乐部是他们的大本营，现在他们也去煽动无套裤汉。2月底支持他们的各区俱乐部纷纷递交陈情书，谴责“不忠的”代表。3月4日科德利埃俱乐部决定创办一个民众刊物，名字就用马拉的“人民之友”，同时俱乐部决定在悬挂于俱乐部会议厅的《人权宣言》上蒙上黑布，直到“派系”被清洗。埃贝尔谴责德慕兰是敌人的间谍，谴责他在误导罗伯斯庇尔本人。他也在呼吁一场民众运动，一次“新的5月31日运动”。3月6日，科德利埃俱乐部所在的马拉区宣布自己随时准备起义，直到彻底清洗那些人民的屠杀者，他们冲进了市政厅，要求起事。没有其他区跟着马拉区行动，而且肖梅特也被起事者监控起来，没有人想要重演九月屠杀的惨剧。

治安委员会和救国委员会本该在下周改选，此时已惊恐万分了。不合时宜的最高限价早让巴黎陷入一片骚乱，在每一个集市日上，售卖基本生活品的摊位前的恶斗已是司空见惯的现象，黑市则更为猖獗。一名在3月19日因对杂货商叫嚣而被捕的失业工人说：“有自由，但那是富人的自由。他们全力以赴，就是为了打击穷人。”[1]在这样的背景下，起义不乏支持者丝毫不难理解。治安委员会和救国委员会决定携手合作。即便是科洛·戴布瓦，他为了保住自己的位子，也劝雅各宾俱乐部维持稳定才是上策，并试图劝服科德利埃俱乐部与其合作。这是一种十分古怪的兄弟合作情谊，在最为紧张的时刻可能会卷走一些革命俱乐部。科德利埃俱乐部同意了，他们揭下了《人权宣言》上的黑布，以示诚意。但是龙森和文森两人对这样的举动很不满，他们继续要求清洗。支持他们的是埃贝尔，有时候埃贝尔比他们两人叫嚣得更起劲。救国委员会一直没有行动，它在3月11日和平地完成了自己的改选。罗伯斯庇尔休完一个月病假回来，委员会的势力才有所强化，它开始还击。3月13日圣茹斯特代表救国委员会谴责“外国阴谋集团”到处散播的阴谋，目的就是要行贿并最终诋毁代议制政府，饿死所有的巴黎人。圣茹斯特的发言刊印了数千份，在首都传阅。发言的语词十分夸张，指责各派系分裂了国民意志，指控起事行为实际是对抗人民自己，因为权力在人民手里。圣茹斯特的发言并不是针对某个人，但是却把埃贝尔、文森、龙森还有他们的追随者以及一切可能的支持者都包括进来。这些人大概有20多位，在随后的两天内都被捕了，被送交到革

[1] Rudé, *The Crowd in the French Revolution*, p. 133.

命法庭。公诉人弗基耶-坦维尔受救国委员会之令，不管付出什么代价都要给这些人定罪，所以这是一次彻头彻尾的政治审判。这20人的罪名包括煽动叛变、企图人为制造饥荒、蓄意破坏粮食供给以及阴谋制造监狱屠杀，在3月21日到24日这四天内行刑。结果早在预料之中。24日下午与"杜歇老爹"一起上断头台的有文森、龙森和马拉区的领导者莫姆洛。因外国阴谋集团一案获罪的还有众多外国人，包括克洛兹，面对着断头台前一如既往拥挤的人群，他告别了他深爱的人们。[1]

但断头台前的人群也颇有敌意。最终无套裤汉放弃了那些宣称为他们而战的人，那些最忠诚的代言者。警察报告很清楚地证明了巴黎百姓动不动就完全相信弗基耶-坦维尔那套胡编乱造的指控。救国委员会也必须指控有人阴谋制造饥荒，同时又颁布了风月法令。3月13日圣茹斯特的发言广为传播，救国委员会所做的这一切都说明它是多么想要赢得民众的支持，供给委员会为了稳定首都面包价格给出的特别承诺也说明了这一点，但过犹不及。3月6日巴黎其他47个区并没有跟着莫姆洛领导的马拉区准备起义，已经说明那些激情澎湃宣布起事的人在两天前几乎毫不费力地动员周边各区的民众力量只不过是偶然的成功，和去年9月差不多。即便他们鼓动成功，也丝毫没有理由相信他们的呼吁会赢得别人的支持。革命的警觉和紧张局势已经维持了两年之久，无套裤汉有点筋疲力尽了。他们的很多目的都已经实现，打击囤积的要求写入了法律中，在全民征兵、最高限价、全面逮捕疑犯这些方面也都颁布了法令，而且以恐怖手段执行这些法令的政府也已组建完成。去年夏天以来，为了这些目的而战的爱国者也觉得理应支持一个推行这些法令的政府，打击各类派系。之前的"嗜血者"现在也通过各种方式，成了政府的雇员：要么是警备委员会的成员，负责颁布逮捕疑犯，签发爱国公民证书，按照霜月十四的法令，向国民公会下属的两个委员会负责；要么是各区议会

[1] 克洛兹自称"人类演说家"（l'orateur du genre humain）。——译者注

里拿薪水的议员。这是丹东在1793年9月4日提出的一箭双雕的办法。1793年9月5日，面对围攻的无套裤汉，国民公会通过了丹东的提议，一方面出席区议会的人领取40苏的津贴；另一方面废除区议会的常设性，以后每周只开两次会。此举引发了各区无套裤汉内部的分裂，尤其是领导者和追随者之间的矛盾。前者往往来自无套裤汉的上层，所以他们千方百计地阻碍津贴法贯彻执行。[1]正统派可能会嘲笑这些“40苏的爱国者”，因为后者放弃了常设议会这项重要权利，为的就是拿这点薪水，所以这年秋天很多区纷纷建立非官方的议会，或是“区社团”。但是最活跃、最讲求实际、经验最丰富的无套裤汉已经被挑选出来进入国家各级机构。从这一点来看，埃贝尔派就是有政治野心的可疑捣乱分子，他们就在这样一个已经赢得国内外战争的政府之下暗地捣鬼。

但作为一种政治力量，无套裤汉也走到了终点。尽管肖梅特没有和埃贝尔一起被捕，但也仅多活了几天。4月13日肖梅特和那些被认为是他的支持者的人一起上了断头台，其中有前巴黎大主教戈培尔。作为巴黎公社独立的喉舌，肖梅特的死也代表了巴黎公社命运的终结。巴黎公社花了一周时间，才对国民公会推翻所谓埃贝尔派阴谋表明立场，所以认定他们和埃贝尔派有所牵连。也是依靠这个借口，国民公会在4月底下达了全面清洗巴黎公社的法令，之后公社完全慑服于救国委员会的控制。同样的罪名也落到了早已丧失主意的革命军头上，之前有人认为龙森可能会带领他们叛变。3月27日革命军解散。深为革命军恐怖所害的农民、教士，还有那些生活还算宽裕的公民到现在真的可以松一口气了。巴黎那些嗜血成性的民众强加于这个国家头上的恐怖统治好像很快就要结束了。几乎没有人能预见恐怖还会延续多久，因为此时牢牢掌控恐怖的不是无套裤汉，而是政府，结果可能比先前更糟糕。

---

[1] Albert Soboul, *Les Sans-culottes Parisiens en l' An II: Mouvement Populaire et Governement Révolution 2 Juin 1793-9 Thermidor Ann II*. La Roche-sur-Yon H. Potier, 1958. pp. 592–595. ——译者注

| 第十二章 |

热月（1794—1795）

只有当恐怖的缔造者和最初的拥护者在恐怖中毁灭或被置于沉默与无能为力的境地时，人们才会自然而然地开始思考：恐怖究竟为了什么，大革命又该走向何方？1794年3月底，一个警察暗探听到有人说："我不知道这一切最终会有什么结果。人们斥责两个革命委员会，于是我们觉得这些委员会很可疑。人们斥责革命军队，如今它也解散了。革命这一名称的意思好像是某种反对一切事物的事物。"[1]但是，有一个人会用雄辩有力的声音反对这个说法：他就是罗伯斯庇尔。整个秋天和初冬，他也在为革命的方向和意义苦恼，与宽容派的逢场作戏和他的政策便能证明这一点。但到2月，他的想法逐步清晰起来。2月5日，他在国民公会发表了一个革命的信仰表白。他说："我们正在追求的目标是什么？是和平地享有自由和平等，是永恒正义的统治。而永恒正义的法则不是镌刻在大理石或石头上，而是在所有人的心中……何种政府能实现这些奇迹？唯有民主制或共和制政府，这两个词是同义词。"[2]但罗伯斯庇尔指出，民主制并不等同

[1] R. Cobb, *Les Armées révolutionnaires* (2 vols., Paris, 1963), ii. p. 856.

[2] *Robespierre: Textes choisis*, iii. pp. 112–115.

于始终处于行动之中的主权人民（这就含蓄地拒绝了无套裤汉介入政府的要求）。

> 民主制是这样一种状态：主权人民在自己创制的法律指导下从事一切自己能胜任的工作，不能胜任的工作则由其代表来完成。所以他们应在民主制政府的原则中寻找政治行为的方针……那么民主制或民众制政府的根本原则是什么呢？或者说，维持它并使它运转的根本支柱是什么呢？是美德……这只能是对养育你们的故土及其法律的热爱……这种崇高的情感意味着把公共利益置于一切个人利益之上……你们的政治行为的首要方针必然是将你们的一切行为与维持平等、发展美德联系起来……在法国大革命的体系中，不道德的即为非政治的，腐败者亦即反革命。缺陷、堕落和偏见是通往君主制的捷径。

如果这些观念是别人提出的，那可能只是法国大革命中层出不穷、乏味浮夸的言辞的又一范例。然而，罗伯斯庇尔是个强有力的权威人物，他对自己的观点十分认真。在1794年的整个春季和夏初，为了清除共和国的腐败，剔除不能达到其严厉的道德标准的人，他越来越心神不宁。

他的这种不安心绪的第一个牺牲品是法布尔·戴格朗蒂纳，罗伯斯庇尔于1月8日在雅各宾俱乐部对他进行了措辞严厉的指责。但在罗伯斯庇尔眼里，法布尔的贪婪、奸诈和腐败给他那些知名的伙伴蒙上了嫌疑，包括像德慕兰这样的宽容派首领。至于丹东这样夸夸其谈的墙头草，他们坚定地维护法布尔，表明他们把朋友置于爱国原则之上。在勾勒出美德理想国的蓝图后不久，罗伯斯庇尔病倒了，几乎一个月的时间没有公开露面。在这段时间里，政治日程受埃贝尔派左右。治安委员会的成员阿马尔负责对印度公司的丑闻提出报告，以便对被告进行审判，但他在汇报自己的结论时令人困惑地拖拉。可能他也卷入了丑闻之中。由于同事不断施加压力，他终于在3月16日的报告中对法布尔、夏波和很多人提出指控。罗伯斯庇尔和比约-瓦伦公开在国民公会指责他的报告过分集中于财政细节，也就排除了这场阴谋的所谓政治性枝蔓。3月19日，阿马尔再度作报告，这次他拓宽了范围，法布尔和他的伙伴被送上了法庭。在埃贝尔派刚被清洗之后，这次审判的时间和筹备工作成为两个革命委员会的中心议题。

双方似乎已经决裂。比约-瓦伦等人觉得宽容派在怂恿埃贝尔派走向自我毁灭之后也自取灭亡，治安委员会的瓦迪埃也持这种看法。法布尔的案件提供了一个方便的借口，因为他被逮捕前是继续执行恐怖政策的主要反对者。这样就可以清除德慕兰和丹东等人，虽然丹东在宽容派运动中没有起什么作用。丹东那臭名昭著的机会主义使他处于十分危险的境地，当他的朋友受审时，他很难不受牵连。“治安委员会”其他成员认为，将一桩腐败案审判扩大为政治表演太过危险。天平在罗伯斯庇尔的掌握之中，审判丹东的想法是对他日益严厉的政治原则的一次检验。逮捕丹东和宽容派的提议最早出现在埃贝尔派受审之时，但罗伯斯庇尔又犹豫了一个星期。直到3月30日，在与丹东举行两次神秘的会谈之后，罗伯斯庇尔似乎才决心抛弃丹东，但在采取行动时，他表现得十分果决。就在逮捕证发出的当天，他便开始搜集指控丹东的材料。他的便函构成圣茹斯特31日在国民公会发言的基础，后者以两个委员会的名义宣布逮捕“最后的保王党分子，五年来他们结党营私，他们追随自由仅仅因为老虎须跟踪自己的猎物”。[1]他提议对这些人进行审判。也许是因为圣茹斯特强调这可能是最后一次政治清洗，这项动议毫无阻碍地获得通过。

圣茹斯特控词的含糊也反映在4月2日到5日的审判中。当时东印度公司的密谋者德慕兰和丹东站在了被告席上，受审者总共16人，其中有9名议员。丹东甚至没有受到腐败的指控，虽然这一指控再容易不过。他的罪名全都是笼统的，依据的是他自1789年以来的政治记录。但他雄辩滔滔，

[1] Stephens, *Orators*, ii. p. 508.

很快便成了法庭的主宰，这让弗基耶–坦维尔惶恐不安。直到国民公会根据一项蓄意歪曲的报告——说这些囚犯反抗革命法庭——下令进行缺席审判时，对他的有罪判决才得以通过。囚犯们的“反抗”无非是嚷着传唤证人，不过现在这一点已是多余的了。4月5日，丹东、德慕兰、法布尔、夏波和其他人被送上了断头台。

在法国大革命中，像丹东和德慕兰的覆灭这样难以解释的故事实在少见，因为几乎完全没有关于涉案人物的可靠证据。埃贝尔和他的同伴至少是因叛乱而被公开传唤。德慕兰只是主张（而且这时他已不再坚持）少一点血腥味的体制；丹东受审时并无任何始终如一的激烈指控。他们之所以被清洗，似乎是因为他们可能而非实际的作为。实际上，对他们的处决标志着恐怖进入了一个新阶段，从此潜在的罪行也像确切的罪行一样成为处决的理由，有时候，未能达到理想的道德标准的人亦可以被处死。“美德一词让丹东发笑，”罗伯斯庇尔曾阴森地说，“一个对所有道德观念都视若无物的人怎能是自由的捍卫者呢？”[1]丹东的死标志着美德理想国的奠基。

这个理想国的另一个特征是持续的权力集中化。4月1日，部长理事会最终被废除。政府各部由委员会掌管，每个部由革命委员会的一个成员监督。两周后（4月16日）的命令规定，所有密谋案件都将由巴黎的革命法庭审理。在随后的几周，外省大部分曾执行过恐怖政策的特别法庭被关闭，这就使得首都的监狱塞满了嫌疑犯。为应对这种局面，审判程序大大简化并加速。根据牧月22日（6月10日）法令，法官和陪审员的数目增加了，证人实际上被废除，被告也没有辩护律师。法庭的目的被定义为惩罚人民公敌，唯一允许的判决便是死刑。但是，人民公敌的定义十分宽泛，因为根据惩治嫌疑犯条例，任何人都可能受到这样的指控。此举对恐怖的性质立刻产生了影响。在1月到3月之间，处决的人数曾迅速下降，但4月

[1] Stephens, *Orators*, ii. p. 563.

份又有所上升，原因是对旺代的镇压再次强化。5月人数有所回落，但从6月初开始，处决人数再次大幅攀升。新的恐怖高潮中的受难者主要是在巴黎被处决的。从1793年3月到1794年8月，共有2639人被送上革命广场的断头台，其中一半以上——共1515人——是在1794年6月至7月被处死的。在这些受难者当中，社会上层成员的比例也远高于整个恐怖时期的总比例：38%的贵族和26%的教士受难者是在这两个月被处决的，此外还有将近一半的富裕资产阶级。相对于其他时期，这两个月的恐怖更像是社会歧视的工具，而非惩罚具体的反革命行动的工具。当然，大部分死者也像其他受难者一样，的确有颠覆或叛国行动的嫌疑。但是恐怖形态的急剧转变意味着，在被处决的人当中，至少有一部分人既是因为他们的实际行动，也是因为他们的身份（或者1789年前的身份）才会如此。

被处决的埃贝尔派也许会赞同这样的政策。但是，两个革命委员会在其被清洗后采取的其他措施，很少能让他们满意。例如，在肖梅特被处决后，巴黎公社被置于治安委员会的直接领导之下，其成员资格也被修改，以便构成一个可以从上层、而非从下面接受命令的多数派。于是公社立刻将注意力转向最高限价令——不过是转向埃贝尔派曾有意忽视的方面：限制工资。公社花了好几个月的时间来搜集资料、编订埃贝尔派一直拒绝认真对待的工资表。与此同时，工资劳动者已经对即将到来的境况有了充分的警觉。4月，人们援引列沙普利耶法镇压要求提高工资的烟草工人首领。另一些工人团体也遇到威胁：如果他们胆敢提出类似要求的话，那他们将被征召为服从军事纪律的战时工人。但是，这些事件的发生恰好表明通货膨胀的压力远未得到遏制。然而，根据7月23日最终公布的新工资表，大多数工人的工资都被大幅度削减。1790年初，当指券价值暴跌时，很多人的工资涨了一倍或两倍。根据最高限价令，工资水平可以比1790年高50%，但也远远不能反映工人的劳动价值。此外，工人此时已没有任何有效的抗议渠道。各区已被纳入政府机器，整个4、5月间，巴黎公社都急于让人们忘却群众社团。到6月初，大部分社团都宣布解散了。

去基督教化的运动也开始逆转。两个革命委员会似乎也有一致的看法：废除基督教化是一场灾难。4月7日，库东宣布，新的提议将把国民的精神情感引向更具爱国主义的方向。这就是罗伯斯庇尔于5月7日在国民公会的演讲中提出的最高主宰崇拜。这种崇拜是在每个旬日举行的一系列共和节目中的第一个，它宣告了法国人民承认最高主宰的存在和灵魂的不朽。罗伯斯庇尔在掌声中宣布：这些准则是正义的永恒召唤者，因而也是社会的、共和的。在谴责僧侣势力的同时，他再次提到自己热衷的论点：共和国的目标是提升美德。他还为非基督教化中的极端行为叹息（虽然言语不多），并向卢梭这位公民宗教的缔造者唱起了赞歌。6月8日（牧月20日），他提议全民向最高主宰致敬。每个地方都有一个月的时间准备节日活动。6月8日也是圣灵降临节，这或许是个意外的巧合，或许不是。如果不是的话，最高主宰崇拜可能被设想为对基督教的挑战，或对它的友好表示。在这一事件中，各地没有接到关于如何组织这次节日活动的指令。一些地方采用刚刚过去的理性节日中的纪念物，只是将旧标语涂成新的。其他地方利用这次机会举行公开的弥撒，几个月来这还是第一次。在巴黎，这次节日的组织被委托给经验丰富的画家大卫，他自己也是治安委员会的一员。大卫在马尔斯校场建起一座假山，山顶栽上一株自由树，来自杜伊勒利宫的群众游行队伍朝这里会聚。国民公会的主席带领议员们走在队伍的前面，恰巧那一周是罗伯斯庇尔担任主席。他利用这个机会又发表了两篇关于美德与共和宗教的颂辞，但他显然忽视了某些议员对这个伪教皇的体态的嘲笑，尽管他曾注意到这一点。另一些人觉得这不是什么好笑的事。“瞧瞧这个鸡奸鬼，”丹东过去的一个伙伴图里奥喃喃地说，“当主子他还嫌不够，还要当上帝。”[1]

越来越多的议员持有与图里奥类似的看法，两个革命委员会的成员也是如此。从1792年秋天以来，罗伯斯庇尔时常被人指控想建立个人独

[1] De la Groce, *Histoire religieuse*, iii. p. 503.

裁，此时这一指控较以往更可靠。他代表救国委员会发言的次数似乎越来越多，而且他在全国肯定比在同事之中更为知名。在奥尔良和巴黎，最高主宰节上出现了“罗伯斯庇尔万岁”的呼声。两周前，两个自称为刺客的人还想刺杀他。其中的一个刺客实际上攻击的是科洛·戴布瓦，另一个人只走到了她认为的暴君住所的门口。两人都被处决，还有52个涉嫌卷入巴兹密谋的人，他们都穿象征弑亲的红色衣服。依据牧月22日法令，他们被处死。法令中的大部分条款是罗伯斯庇尔起草的，并由库东通报救国委员会，但事先并未征求后者的意见。虽然救国委员会仍然值得信赖，但他们行事的方式表明他们并不确信自己能赢得委员会的支持。确实，从4月以来，救国委员会逐渐成为罗伯斯庇尔、圣茹斯特（还有库东）与其他成员激烈争论的场所。他们一度威胁卡诺，因为后者驳斥他们是“荒谬的独裁者”。4月16日，救国委员会内部成立了一个专门的“总监查局”，负责监控公共官员的行为，上述三人被任命为其中的成员。但此举也许是为了让他们淡出。然而，他们以特有的热情投身新的工作，结果引起治安委员会的警觉，后者认为总监查局侵犯了它的领域，何况春天的公开审判已经表明它的权力范围被严重侵蚀了。所有这些都让罗伯斯庇尔四面树敌，牧月22日的法令更是变本加厉。法令中的笼统言辞让国民公会的很多议员——更不要说两个委员会的委员——提高了警惕性。他们不知道该在什么时候对该法令进行辩论，罗伯斯庇尔则谴责这些试图散播分裂种子的人。他们都记得，丹东派被捕时并无国民公会事先发出的命令，因此他们特别担心一个凌驾于一切与之对立的法律之上的条款。也就是说，他们担心这个条款会摧毁他们正常的逮捕豁免权。于是，在牧月23日，一些嘲弄罗伯斯庇尔在最高主宰节上的显赫地位的人提出了一个动议，要求新法令特别保护议员的豁免权。从动议通过的那一刻起，反罗伯斯庇尔的力量走向联合。

罗伯斯庇尔清楚地意识到事态的发展，虽然他对此缺乏正确的认识。“为什么给我？”他对这些天来一直守候在他门口的一个请愿者说，“为什么不交给委员会？每个人都交给我，好像我有无限权力似的。”[1]作为卢梭忠实的学生，他坚信自己纯洁而正直的意图正在被不爱国的阴谋家们蓄意诽谤和阻挠。这些阴谋家当中有一些因行为过激而被从外省召回的议员，如富歇和塔里安，也有图里奥这样的丹东分子，还有从前的屠夫莱让德尔。但6月12日，当救国委员会拒绝采取严厉措施并将“九个人头”——他认为他们是反对自己的阴谋集团的核心人物——交给他时，他便不再参加委员会的会议，而是日益频繁地在一个他知道能够获得支持的讲坛上公开露面，该讲坛就是雅各宾俱乐部。然而俱乐部的成员已不再有往日的权威了。在俱乐部而非国民公会表明立场，只能引起关于图谋暴动的猜疑。在那可怕的几周内，每天都有20至30人被处决，因而整个公共生活之中都弥漫着猜疑情绪。据说有60名议员晚上不敢睡在自己的床上。然而，另一个日益明显的局面是：恐怖已不再是取得战争胜利的必要条件。6月1日，英国人未能阻止来自美洲的庞大运粮船队，船队中“复仇”号的沉没在巴雷尔给国民公会的报告中被渲染成共和国英雄主义和无畏精神的史诗。更为重要的是，6月26日军队取得了弗勒吕斯大捷，入侵比利时、根除奥地利人最后的威胁的道路再次打通。此后人人都盼望能松一口气。然而，两个委员会被各种猜忌撕扯着，各方都在含沙射影地威胁对手，没有人知道如何终结屠杀，除非在自己毁灭前消灭对方。

7月中旬出现了最后一次恢复统一——如果不是严格意义上的团结的话——的努力。作为自始至终的协调者，巴雷尔在22日举行了一次两个委员会的联席会议，会上同意加快实施风月法令。此后，国民公会和雅各宾俱乐部都相信，虽然此前有过一些分裂的迹象，但法国仍然有个统一的政府。但在第二天的联席会议上，罗伯斯庇尔在近一个月之后首次露面，并对比约、科洛、阿马尔和瓦迪尔做了一番充满敌意的人身攻击。他本人赞同新的联合政策，但由于他过早地发起攻击，任何停战都难以维系长久

[1] Thompson, *English Witnesses*, p. 254.

了。另外，两个委员会之外的议员担心最近鼓吹的团结成为现实，使得罗伯斯庇尔能够清洗那些他试图驱逐的议员。于是富歇和塔里安开始在两个委员会之外的议员中进行狂热的游说活动，通报最新得知的消息。为了区别于山岳派，这些议员被称为平原派。不过随着恐怖措施再度被强化，平原派的消极态度给他们招来了一个不太动听的称号："沼泽派"。罗伯斯庇尔认为自己能够把握国民公会的大方向，7月26日，他再次在那里发表了一篇冗长凌乱的演讲，演讲中提到的人名不多，但通篇的威胁言辞似乎针对每一个人。他以当时风靡一时的方式称颂自己的廉洁和对美德的热爱，然后宣布社会上存在一个"危害公共自由的阴谋"，卷入阴谋的有议员和治安委员会的成员，甚至有救国委员会的委员，但他并未具体指明。这些"叛徒"必须被惩罚，他们的"小集团"必须被摧毁。两个委员会都应该清洗，因为"只要权力还与一伙无赖牵扯在一起，自由的卫士就会被永远放逐"。

这是一份宣战书。罗伯斯庇尔的敌人已经意识到，他们的生死将系于快速反击行动的成败，于是他们决心应战。起初一场嘈杂的争论发生，焦点是罗伯斯庇尔的演讲是否应该付印、印多少份。受到攻击的议员们再次指控他的独裁图谋，对此全体议员表现出明显的同情态度。当晚，罗伯斯庇尔向雅各宾俱乐部的成员再次宣读了他的演讲，这些吵吵嚷嚷的成员拒绝对比约和科洛作出回应。根据库东的提议，他们表决赞成驱逐所有反对印刷讲稿的议员，于是人们七嘴八舌地议论国民公会的新的清洗行动。比约和科洛怒不可遏，他们径直前往两个委员会，几乎整晚都在筹备次日上午不可避免的对峙。在两个委员会之外的议员中，塔里安也在积极备战，他知道当时的国民公会主席科洛会安排谁在何时发言。7月27日（即热月9日）上午，当圣茹斯特——他并未涉足前几周的派系活动——出人意料地代表罗伯斯庇尔发言时，情绪的力量表现得一目了然。比约代表治安委员会、塔里安代表救国委员会及其他与会者谴责罗伯斯庇尔。他们的发言赢得欢呼，但当罗伯斯庇尔要求发言时，他被"打倒暴君"的呼声淹没了。科洛一直拒绝他发言，而轮番的攻击让议员们陷入狂热。最后有人提议逮捕罗伯斯庇尔，国民公会接受了这一提议。还有人提议逮捕圣茹斯特和同样支持罗伯斯庇尔的库东。相关的指令随即发出，巴黎国民卫队司令昂里奥同样被下令逮捕。

这是一场议会骚乱。罗伯斯庇尔前几个月几乎完全幽闭在圣奥诺雷街的住所中，他高估了议员们对他的支持，这是致命的。在7月27日[1]的演讲中，他直接或间接地攻击了许多议员，以致没有人觉得有完全的安全保障。不过，在国民公会遭受的挫折并不意味着罗伯斯庇尔已经穷途末路。26日夜间的情形表明，他依然能得到雅各宾俱乐部及公共走廊上听众的支持。另外，巴黎公社在埃贝尔派被清洗后进行了改组，那里也有他任命的大批成员。因此他在巴黎仍有机会，从1791年春天以来，他在群众当中一直有很高的威望，这会给他积聚力量。而且巴黎公社一开始也没有抛弃他。28日下午，公社命令首都的所有监狱看守拒绝接收囚犯，昂里奥也得以逃脱。在昂里奥试图集结自己的国民卫队准备起义的同时，逮捕的议员被带到市政厅，置于公社的保护之下。但是，48个区中只有17个区的国民卫队响应昂里奥的号召并在格雷勿广场集合，另一些区的卫队摇摆不定，直到国民公会采取决定性行动时，他们才迅速服从。根据巴雷尔的提议，逃跑的囚犯将失去法律保护。根据最初由圣茹斯特——真是具有反讽意味——提出的法律条款，这意味着逃犯未经审判即可处决。忠于国民公会的武装交由在土伦之围中崭露头角的巴拉斯指挥。面对这样的决定，再加上无力让大多数区走出敌意和冷漠，公社开始踟蹰不前。夜间，集合起来的部队逐渐散去。因此，当巴拉斯带领部队于7月29日凌晨两点到达市政厅时，市政厅已无人防守。罗伯斯庇尔企图自杀，但子弹仅仅击穿了颌部。次日下午，身受重伤的罗伯斯庇尔被送上断头台。

在随后的24小时，他的兄弟、库东、圣茹斯特以及其他80名来自巴

[1] 从上文看，应为7月26日。——译者注

黎公社的“罗伯斯庇尔派”被处死。目睹过行刑场景的爱尔兰政治流亡者汉密尔顿·罗万记载说：“不到一个半小时之内，大约六十人在革命广场被处决。我站在离行刑地一百余步远的地方，但死者的鲜血还是从我的脚下流过。让我感到惊奇的是，每当人头落到筐子里，人群中就爆发出千篇一律的欢呼声：‘打倒最高限价令！’”[1]这个星期前几天公布的工资表当然不是各区没有响应公社起义号召的唯一原因。危机来得太快，事先不可能有应对计划。而且，国民公会告知群众，罗伯斯庇尔图谋专制独裁，群众在此前就曾驯服地接受关于埃贝尔派和丹东派密谋的说法，这一次他们也不会劳神去拯救另一个同样被证明是泥足巨人的偶像。尽管如此，罗伯斯庇尔派的公社在危机爆发前几天颁布工资限制令的关键时刻疏远了普通巴黎群众，因为后者有个人尽皆知的癖好，那就是寻找替罪羊，而罗伯斯庇尔及其市内党羽的覆灭满足了这种癖好。至于罗伯斯庇尔本人，他从来就不是独裁者，也没有可靠的证据表明他有这个目标。但他生性多疑，持续了一个春天的政治压力让他走到了妄想的边缘。有关阴谋的谣言围绕着他，更不要说刺杀行动了。由于对自己的操守坚定不移，他很容易把矛盾看成用心不良，把行事独立看作机会主义。后来，他认为公共生活中几乎无人可以信赖，由于他把这个想法说得如此明白，也的确没有人可以信赖了。又由于暗示那些跟他不一致或他不赞同的人都应被处死，他迫使这些人在被他毁灭之前先毁灭掉他。人们之所以称他为独裁者，是因为他们害怕一个掌权者在道德上的不妥协立场，在处死罗伯斯庇尔之后，他们用这一指控来证明自己行动的合理性。这就让他们把自己曾协同参与的行为过错归咎于罗伯斯庇尔。但在恐怖退潮后的几个月和刚刚开始的无情体制中，这种做法日益成为耻辱、指控和报复的对象。

热月9日的标志性意义主要不在于推翻某个人或某个集团，而在于否定一种政府形式。对此有不同想法的人很快就失望了。7月29日，巴雷尔

[1] Thompson, *English witnesses*, p. 248.

轻描淡写地称这段插曲为“一次对政府毫无影响的纷乱”，并提名候选人以取代三位被处决的救国委员会成员，但他的提议未获通过。相反，国民公会接受塔里安的建议，规定救国委员会每个月应有四分之一的委员退出，退出者不享有接下来的补缺选举资格。废除革命法庭的动议暂时被否决，但有人竟敢提出这样的建议，这本身就表明当时政治气候的变化是何等剧烈。不久，国民公会所有的下设委员会均需按同样的程序进行改组，而救国委员会的新成员中就有塔里安本人。丹东从前的朋友也进入了救国委员会和治安委员会。8月1日，改组后的两个委员会着手取消牧月22日法令。8月10日，它们对革命法庭的成员进行清洗，逮捕了弗基耶–坦维尔，终结了恐怖体制。8月，巴黎仅有6人被送上断头台，在这一年余下的几个月中被处死的人只有40多个。反革命图谋现在必须经过取证后才能定罪。由于取证定罪工作困难重重，各监视委员会的大部分职责和权威形同虚设。因此8月24日，巴黎的监视委员会从48个削减为12个，其他地方每区一个。所有这些举措都日益仰赖于国民公会议员的提议，与此相应的是，8月11日，救国委员会失去了作为政府当中的总管的角色，这有悖于巴雷尔代表该委员会提出的方案。除了军事和对外关系，救国委员会的其他职责都被分派给其他委员会。这样，在罗伯斯庇尔倒台之后的一个月内，恐怖和革命政府的中央机构已被国民公会瓦解，因为国民公会越来越确信这些机构已不再是必要的了。

这在全国率先开了放松神经的先河。8月10日的第二个周年纪念活动是在无拘无束的轻松气氛中进行的。不过，除了处决人数的下降外，时代变化的明显证据要算释放嫌疑犯了。一开始这就是人们的普遍期望，激动的人群每天都聚集在监狱门外和治安委员会门口。巴黎的释放工作开始于8月初，月底有3500名囚犯获得自由。这些走出监狱的幸运者对把他们送进去的人充满敌意和怨恨，后者大部分是监视委员会的公民同胞，如今被斥为恐怖分子，因此他们要报复。8月31日，西南郊的格伦内尔火药厂发生爆炸，死伤约400人，惶恐不安的“恐怖分子”认为这就是第一次报复行动，但实际上这可能是一个意外。并非意外的是大约在同一时间出现的针对无套裤汉的治安小分队，即所谓的“金色青年”。他们中间有些人是被释放的囚犯，有些人是逃避兵役者，还有很多人是文员和小官僚，所有这些人都想惹麻烦。他们炫耀昂贵的服饰和几个星期前人们才敢展示的发式。金色青年的总人数大约在2000到3000之间。他们专门骚扰知名的“恐怖分子”，扰乱后者的聚会，破坏他们不赞成的公共活动。反罗伯斯庇尔的主要密谋者、原土伦特派员弗雷隆在自己的报纸《人民代言人》上公开怂恿这些捣乱分子。这份报纸在9月初问世，很快就与这种街头私人武装的暴行遥相呼应。不过在当时，他的报纸远不是唯一斥责恐怖的过激行为及其始作俑者的喉舌。在8月至9月间，一系列右派报纸在巴黎遍地开花，以致有人在国民公会和雅各宾俱乐部呼吁遏制它们的煽动行径。塔里安、弗雷隆和其他在那个革命的月份得胜的人如今被称为“热月党人”，面对上述呼吁，他们以捍卫出版自由的嘹亮口号来应答。他们说，那些要限制出版自由的人是“罗伯斯庇尔的尾巴”（这也是8月底出版的一本小册子的标题），是企图借助恐怖手段重返政府的嗜血狂。8月29日，国民公会公开抨击那些在最后关头才反对罗伯斯庇尔的革命委员会的主要“恐怖分子”。有人提议弹劾巴雷尔、比约、科洛、瓦迪尔和大卫。这样做对国民公会而言仍然走得太远太快。它拒绝起诉这些人，而且，为了表明继续忠实于激进主义，国民公会下令将米拉波的遗骨从先贤祠中迁出，用马拉的遗骨替代。卢梭的遗体也被下令掘出，安放在先贤祠中。受到这些迹象的鼓舞，雅各宾俱乐部采取了攻势。9月4日，它驱逐了塔里安和弗雷隆。几天后，塔里安在街道上受到攻击。

所有这些，热月党人都声称是恐怖回潮的开端。格伦内尔的爆炸是雅各宾派所为，弗雷隆现在让他的队伍掉头来攻击雅各宾俱乐部。在法国，“雅各宾”这个词首次（在国外当然不是这样）成为一个具有普遍侮辱意味的术语，它与恐怖和那个曾长期支配俱乐部讲坛的“独裁者”之间有着无法割舍的牵连。衣着光鲜的流氓滋扰曾支持雅各宾路线的各区大会，殴打大会首领。如果说在当时还需要什么让人回味一下最初的恐怖，那么一批来自南特的所谓联邦主义者堪当此种角色，但他们在革命法庭前被宣告无罪。在对他们进行调查期间，关于卡里埃在南特溺水处决的一些骇人听闻的细节被披露出来。这足以对他的协同者，即南特革命委员会的成员提起诉讼，也足以促使国民公会对卡里埃本人立案调查。毕竟作为议员，除非国民公会有明确的指令，卡里埃本人可以免遭逮捕。对热月党人来说，这简直是天赐良机，他们正想加大反雅各宾派的力度。早在10月，塔里安就创办了一份自己的报纸《公民之友》，与此同时，莱让德尔在国民公会再次动议弹劾巴雷尔、比约和科洛。这一次拯救他们的是还没有人想攻击的原救国委员会成员，其中包括卡诺。他作证说，委员会的所有成员都曾赞成恐怖体制。但持续的压力使情况按施压者的愿望发展。10月16日，所有俱乐部和协会被责令公布其成员名单，成员之间的一切通信均被禁止。所有人都知道，这一措施旨在摧毁雅各宾俱乐部的全国性联系网，这个网络是其力量的源泉，而成员名单则等同于受打击者清单。11月初，在当初自己与罗伯斯庇尔经常发布全国性政策指令的讲坛上，比约对俱乐部敌人发表威胁言论，于是一群保守派纨绔子弟从他们平时的聚会地点平等宫（以前的罗亚尔宫）向俱乐部进发，石块如雨点般砸向俱乐部的每一扇窗户。两天后（11月12日），数百名纨绔子弟卷土重来，冲入俱乐部大厅，大厅里的所有人全部遭到殴打。刚刚下令逮捕卡里埃的国民公会也无意对俱乐部表示支持。它不但未惩处施暴者，反而以挑动公共骚乱为由，下令封闭雅各宾俱乐部这个潜在的竞争对手。但实际上，街头暴力成了胜利者。一个密探记载说，数天之内，“总是看到有人被称为雅各宾派，被凌辱，甚至被殴打”。[1]

在外省，革命政府倒台引起的反动发展较慢。当革命的司法权集中于巴黎时，特别法庭并未完全消失。此外当地还建立了一些最臭名昭著的法

[1] Schmidt, *Tableaux*, ii. p. 244.

庭，如奥朗日的民众调查团，它的规章以牧月22日法令为范本，在6月到8月间共处死了332人。它和其他法庭（特别是西部的法庭）在热月9日之后的五六周内继续运转，并下达了很多死刑判决。但不久新的特派员便前往各省监督撤销恐怖体制事宜，根据8月24日的法令，看守委员会削减为每区一个，数千名外省“恐怖分子”被清理出公共机关。不久以后，被其监禁的囚犯陆续被释放。很多获释的囚犯及其亲戚朋友，如今掌握了改组后的群众协会和市政委员会的权力，立即开始囚禁从前迫害他们的人。例如，到9月的第一周，奥朗日民众调查团的成员就已经站到了被告席上。在整个秋天，巴黎反对前“恐怖分子”的浪潮日益凸显，外省对这一迹象的领悟也足够迅速。12月初，一个被囚禁于布雷斯特的“马拉”号军舰上的英国人写道，水手们突然之间不再高呼“山岳派万岁”和“雅各宾派万岁”了。船舱里的伙计告诉他，这些口号现在被禁止了，人们要喊“山岳派见鬼去吧”和“打倒雅各宾派”。不过，无论是在首都还是在外省，反动的最终象征性信号并不是雅各宾俱乐部被封闭，而是外省超级“恐怖分子”卡里埃的命运。11月23日，卡里埃被送上革命法庭，他一直坚称自己在南特只是服从国民公会的命令，因此整个国民公会“乃至其主席的铃铛”都是有罪的。但这些辩词无济于事。12月16日，他被判处死刑并被送上断头台。他的辩词也许很公正，他当然不应对归咎于他的一切暴行负责。在牺牲卡里埃之后，国民公会便树立了一个不祥的样板。在卡里埃服刑前一周，罗伯斯庇尔于1793年10月从断头台边拯救的71名吉伦特派同情者（包括不幸的托马斯·潘恩）已完全恢复了国民公会代表的资格。政治转向已经完成，但吉伦特派的回归和清除最臭名昭著的“恐怖分子”并未预示着克制和共见的回归。1795年远非和解的一年，反而成为复仇的一年。

所有这些事态看来都深得人心。警察的报告表明，巴黎人普遍赞同关闭雅各宾俱乐部和处决卡里埃。1794年下半年，首都的不满情绪主要集中在经济方面。9月7日，当雅各宾运动开始出现短暂的复兴时，国民公会将最高限价令延长一年，以表明它将继续实行经济管制。但是，在夏季的危机中，指券再次加速贬值：从8月到12月，价值从票面值的34%跌为22%。因此，虽然罗伯斯庇尔之后的巴黎公社于8月9日放弃严厉的工资管制——这一措施曾让巴黎转而反对那个“暴君”——确定了一个更加慷慨的工资率，但要求提高工资的骚动在整个秋天从未停息过。政府的军需工厂率先发难，不过，国民公会并未让步，反而在1月关闭了这些工厂。更为严重的是商品的匮乏，即使有商品供应，价格也远高于最高限价令许可的水平。10月的一份警察报告写道：“市场上的所有东西售价都在最高限价令之上”；更让人吃惊的是，“人们都说这项法令没有强制性，无限制的贸易自由是根治其弊病的唯一良方。”[1]当然，国民公会的议员们始终持这种观点。他们只是在群众的压力下才接受最高限价令，但最高限价令在颁布后的一年中发挥了效力，这也是他们前所未有地不情愿承认的事实。当听说民众对限价令的支持也在减退时，他们再次根据自己的信念行事。他们认为，价格管制使本已很严重的稀缺局面继续恶化，加剧了他们本想抑制的囤积行为。唯有一个自由的市场能够恢复充足的供应，更不要说重新激活对外贸易了——外贸在经济管制之下已陷入衰退。于是他们责成当局就这一事务起草报告，结果12月初的报告建议取消最高限价令。12月24日，这个建议被采纳。

当天晚上天寒地冻。这预示着这个冬天比1788年还要寒冷，确实，这也是整个世纪最寒冷的冬季。气候条件使得共和国的大军可以横越封冻的莱茵河进入荷兰，但这种气候给国内民众造成严重困难。河流结冰之后，在秋季就已变得稀缺的煤和木材供应完全停滞。这种影响也波及全国。南方的橄榄树刚刚从1788年的灾难中恢复过来，现在再受冻害，连罗讷河也完全封冻。1794年的收成不够理想，又要优先满足军队的需求。法国从波罗的海和北非等遥远地区购买谷物。但是，由于冰冻和解冻之后的洪水影

[1] Schmidt, *Tableaux*, ii, p. 240.

响，到港的谷物无法转运和研磨。一些城市，包括里昂和巴黎，试图以大米为补充食粮，但经常缺少足够的燃料煮熟大米。因此到了春季，面包变成配给供应，地方政府因为面包价格补贴而背上了沉重的债务。在危机最严重的1795年2月到3月，巴黎人每天尚能得到一磅面包，而在外省，食物配给要少得多，供应也很不正常。最高限价令废除了，其他商品的价格也一路飙升。从12月到次年4月，巴黎的肉价上涨300%，黄油价格上涨的幅度超过一倍。1795年1月，街头出现冻死的饥民。另一些饥寒交迫之人选择提前结束生命，巴黎和鲁昂、勒阿弗尔等北方城市的自杀率显著上升。由于取消价格管制，政府自己也不得不为大笔采购支付高昂的市场价格，因为战争行动需要大量物资。税款入库进展迟缓，因为政治动荡使得相关政府机构陷于瘫痪，而歉收又削减了农民的收入。支付给农民的东西只有指券。为了偿付国家债务，唯一的办法是印制更多的指券，到1795年5月，指券流通量比一年前增长了近一倍。这时指券的价值跌至票面值的8%。

在这种背景下，巴黎继续着反雅各宾派的斗争。弗雷隆麾下的纨绔子弟控制了剧院，当剧院上演他们不喜欢的节目时，他们就齐声高呼新的战斗口号“人民在觉醒”来破坏演出。他们还试图淹没“马赛曲”的歌声，称那只是雅各宾派的圣歌。戴红帽的人受到攻击，自由树被砍倒，恐怖时期的墙上标语被涂掉。1795年的前几周出现了持续的反马拉崇拜运动。1793至1794年曾大量制作的这位“人民之友”的石膏胸像如今已遭到系统的追查和粉碎。人们想尽办法拆除国民公会大厅外的马拉纪念碑，右派的报刊则呼吁将他的遗骨从先贤祠中迁出。无套裤汉运动的余党十分仇视这类攻击圣徒的行为，因为尊奉这个圣徒的人远不止付费的雅各宾会员。在巴黎的某些区，群众协会纷纷表示抗议，这些区大多位于东部街区，仍受恐怖时期的老兵的支配。他们的努力得到一份新报纸的支持，这就是此前一直默默无闻的极端民主派、前封建法学家巴贝夫出版的《人民保民官》。1月底，他号召举行新的人民起义，实行仍被搁置的1793年宪法中的所有民主制度。这个重整旗鼓的口号带来的效果适得其反。一周后，警察进行密集搜捕，巴贝夫最后被逮捕，国民公会下令关闭群众俱乐部。1月8日，在马拉的遗骨仅在先贤祠安放了五个月之后，国民公会就对纨绔子弟的攻势让步，下令将马拉从先贤祠中迁出。国民公会宣布，任何人死后十年方可进入先贤祠。因为这个借口，共和二年的很多其他殉道者的遗骨亦被拒绝。

截至此时，反动浪潮已强大到让国民公会不能再佯装抵挡的程度。12月和次年1月，针对流亡者的法律开始放松，水手、手工工人和工匠在满足某些附带条件的前提下可以回国。4月11日，被宣布为非法的联邦主义者也被允许返回。与此同时，一个专门的委员会建立，负责调查两个革命委员会的前成员所遭受的指控，3月2日的报告对这些被控者非常不利。巴雷尔、比约和科洛被软禁在家中等候受审。同样受指控的瓦迪尔则已藏匿起来。一周之后发生的事件也许可以突出地表明他们对共和二年的雅各宾体制的反动发展到何种程度。教堂重新开放，供群众进行宗教活动。在最后一次短暂地遵循雅各宾主义路线期间，1794年9月18日，国民公会最终宣布放弃宣誓派教会，从而将1790年以来大革命的路线引向了一个合乎逻辑的结局。它颁布法令声称：共和国不再为任何宗教崇拜支付费用和工资——但这并不是说它曾在相当长的时间里支付过。这也意味着国家不再认可最高主宰，这种崇拜与罗伯斯庇尔的联系太紧密了。但这一措施意味着放弃大革命自己创建的建制教会。教会与国家正式分离，这在法国尚属首次。在某些人看来，这一法令是向废除基督教运动的回归，外省的一些地方也确实再度爆发迫害抗拒派教士的事件。但大多数人的理解是正确的：这是在转移依然忠实于教会之人对共和国的敌意。这样一来，1795年2月21日的法令便水到渠成了。这条法令宣布任何宗教都可以按其意愿自由进行宗教活动。法令的语气有点勉强，引言中还有很多诋毁教士和迷信的言辞。宗教被确认为私人事务，地方当局不得给予任何形式的认可或支持。宗教信仰的任何外在表现形式，如僧侣的服饰、礼仪和教堂的钟，仍然被严格禁止。信徒应购买或租赁宗教活动场所，并向自己的教士或神父付费。但是法令通过之后，教士神父们发现信徒都很愿意。一个巴黎人在日记中写道：“今天，1795年3月8日，他们开始在巴黎到处公开做弥撒，在房间里、公寓里、大厅里，还有一些修道院的小礼拜堂。所有人都去听弥撒……有些地方的弥撒从早上六点持续到中午，很多人还领了圣餐……从1793年10月13日星期日以来还没有举行过弥撒。”[1]一个星期之前，在信仰笃诚的布列塔尼，一个英国囚犯被管风琴声吸引，声音是从被摧毁和劫掠的坎培尔大教堂发出的，他在那里面发现“成排的人跪着”，“一个灰白头发、令人起敬的体面教士身穿祭服，正在祭坛上布道”。[2]教堂里的会众大多是“来自乡间的贫苦人，另有几个地位较高的人。我敢肯定，如果人们认为这种做法不会受责备的话，本来会有更多的人在那里的”。

新宗教政策的动力很大程度上来自议员们的这样一种意识：旺代必须获得持久的和平，那里的宗教不满情绪曾将革命的反对者推向保王党。虽然1793年叛乱者在萨维奈的战败终结了旺代的“大战”，但杜罗在次年春天进行的恶劣报复并不利于旺代居民与共和国的和解。报复的后果是激怒了整个地区的民众，而不是平息他们的不满。与此同时，在布列塔尼的北方，严苛的征兵政策使得投靠朱安党人的年轻人较以前有所增长。在地方首领们的协调下，具有一定规模的、有组织的武装团伙开始出现。到了5月，整个布列塔尼大约有22 000名朱安党人在活动。夏季结束之前，他们的谋杀、威胁、扰乱交通、攻击宣誓派教士和国有土地购买者的行动让当地陷入一片混乱，只有较大的城镇尚在政府控制之下。1794年7月，一支新的布列塔尼天主教保王党军队宣告成立。这次行动虽然只是其始作俑者、保王党冒险家比萨伊的一次意愿表达，但仍引起国民公会的警觉。农村的叛乱已经使得西部的大片地区脱离了共和国的控制，只有那些设防坚

[1] *Journal de Célestin Guittard de Floriban, bourgeois de Paris sous la Révolution*, ed. R. Aubert, Paris, 1974, p. 495.

[2] Thompson, *English Witnesses*, pp. 257–258.

固的港口才能防止英国人前来援助叛乱者。因此在罗伯斯庇尔倒台之后，更具和解色彩的新政策浮出水面。杜罗已于热月之前被召回，并在1794年9月被逮捕，不过后来被判定不必对当年春天的暴行负个人责任。共和国军队奉命停止挑衅行动，并从各驻扎地撤回军营，与此同时，和平的触角伸向知名的游击战首领——旺代的斯托弗莱和夏莱特以及布列塔尼的比萨伊。奥什将军已从德国前线被调回，全面指挥卢瓦尔河以北的部队，他宣布对所有放下武器的叛乱者实行大赦并发放奖金。审判卡里埃的消息传来后，叛乱者确信共和国已放弃恐怖政策，12月1月，国民公会也宣布对一个月内投降的叛乱者实行大赦。很多人放下了武器，到1795年1月，关于全面停火的正式谈判已在进行中。2月初，率部控制旺代低洼地区的夏莱特签署了拉若尼和平协议。根据该协议，叛乱者将停止行动，条件是保障其宗教信仰自由，不得进行报复，并且该地区免于兵役法。共和国将归还所有被没收的私人财产，对造成的损失作出赔偿，并允许叛乱者继续持有武器以共和国的名义维持当地的法律和秩序。共和国不会向叛乱者作出的让步，就是在一个已经认可的国中之国中恢复君主制。“蓝党”可能认为，这样慷慨的条款是以前一直强硬的斯托弗莱能在5月初为旺代林区接受此类条件的原因，而4月20日的马比莱条约将此类条款扩展至布列塔尼的朱安党人，原因也是因为条件很慷慨。如果他们真的这样认为，那就大错特错了。夏莱特之所以签字，仅仅是因为他觉得自己已陷入危险的孤立中。另两个停战协定仅仅是叛乱者的缓兵之计，因为当时他们暗中得到确切的信息：比萨伊已经说服英国人对布列塔尼海岸发动一场大规模远征。夏莱特得知此事后也保证配合这次行动。

不过在这场危机爆发之前，国民公会必须克服发生在自己门口的一次严峻挑战——巴黎人民最后一次尝试以如今已成传说的1793年方式迫使代表就范。普通巴黎市民认为，1795年的可怕冬天之所以能够熬过去，完全是依靠当时国民公会坚决维持的面包定期配给制。但到3月初，公会维持配给制的能力也出现了动摇。议员们在冬季饥荒最严重时尚能维系的群众信任也随之动摇。面包店前面的队伍开始变长，配给份额被削减，在某些日子里，一些街区甚至完全没有面包供应。保王党人自1792年以来首次公开声称，供应短缺表明共和国已经失败。最先感觉到食品告罄的是妇女们，不过她们的第一直觉并不是把病恹恹的路易十七从坦普尔凄凉的囚牢里请出来扶上王位，她们想到的是恐怖时期的经济管制。一个警察密探在3月16日写道："人们在谈论热月9日之前的体制，那时物价不像现在这样贵，钱和指券价值相等。"[1]与此同时人们也开始听到新暴动的传言，尤其是在巴黎的东边。然而就在此刻，国民公会重新接纳了走出躲藏地的幸存的吉伦特派，如朗居奈、伊斯纳尔和卢韦，这些人都以谴责无套裤汉而闻名。对幸存的恐怖体制的主要领导人的审判也在进行中——对巴雷尔、比约、科洛和瓦迪尔的检举弹劾于3月22日开始。当成批的妇女为改善供应而向国民公会请愿时，她们不得不在充满敌意、扬扬自得并且嘲笑她们装束的纨绔子弟丛中被推来搡去。但议员们对此无动于衷。他们通过决议，从供应正常的地区征调三分之二的可动用粮，作为强制性借用，并决定将面包配额分发到各家门口以根除排队现象。同时议员们也采取了自我保护措施，他们颁布法令，严惩对国民公会的攻击行为。弗雷隆将手下的金色青年改组成非正式的立法机构卫队。但他很快就变得无足轻重了。3月27日和28日，经历了几天的面包骚乱之后，向国民公会进军的企图出现了，而骚乱就发生在以前的激进街区，如雅克·鲁原来的行动中心格拉维里埃区。骚乱者现在拾起巴贝夫的口号，要求实行1793年宪法，而不管它还有哪些其他后果，任何一种后果都将意味着国民公会的终结。但1792年或1793年那种典型的无套裤汉行动组织已经没有了。这种行动所必需的机构已在12个月前灰飞烟灭，而没有这样的机构，如今积聚起来的力量最终要走向失败。但到4月1日（芽月12日），骚乱在几天之后达到高潮，大约一万人（主要来自巴黎东区）向国民公会进军，这让聚集起来阻止他们的

[1] Schmidt, *Tableaux*, ii. p. 302.

纨绔子弟们忙得不可开交。他们冲进大厅，要求面包和1793年宪法，并且来回盘桓，使得议会长达四小时无法进行任何辩论。但他们没有更清晰的请愿方案，相互之间也没有协调。他们本来指望一些山岳派的残留议员能够支持他们，但这些如今被称为“山顶派”的议员却带头催促他们离开。傍晚时分，得到纨绔子弟支援的国民卫队从西边开了过来，于是群众两手空空地散去了。国民公会任命刚刚从荷兰胜利归来的皮什格吕将军统筹首都的所有武装和治安秩序。接着，为了突出它的蔑视态度，也许还为了发泄备受压抑的紧张情绪，国民公会发布了对四个被弹劾的“恐怖分子”的裁决令。在一片欢呼声中，巴雷尔、比约和科洛（瓦迪尔缺席）被判决流放。他们至少逃脱了卡里埃的厄运，但他们的同事认为，这种幸运不会持续太久。他们的流放地是圭亚那，后来人称魔鬼岛，不过在1795年，它更为人熟知（也许不太确切）的名字是“不流血的断头台”。

在当时的巴黎，这样的举动简直就是挑衅。在随后的几天里，这座城市动荡不安，传言有新的进军和示威活动。皮什格吕的对策是驱散大型集会，下令逮捕任何有可疑记录之人。4月10日，为了支持他的行动，国民公会授权他解除恐怖期间各个街区的“知名”活动分子的武装。这一措施使得整整1600名巴黎人被官方剥夺防卫能力，无法应对任何形式的报复行为。此时16名原山岳派议员也被软禁。在这些措施之下，共和二年曾在革命政府中任职或与之合作的人实际上被认定为公共敌人，虽然他们大部分已不担任任何公职。新举措的影响不仅限于巴黎。在外省，随着冰封的河道在春季里解冻，这些举措便成为厉行反恐怖政策的信号。

这场反动被称为“白色的”，意思是说它的精神源泉是保王主义的。有些情况的确是这样：在巴黎以外，由于国民公会在1795年上半年无力应对饥荒局面，由此造成的幻灭感催生了一股怀旧浪潮，人们怀念国王照料臣民的基本生计的日子。在加尔省，当初的反革命中心尼姆周围出现了一些“太阳连队”，他们恐吓原来的“恐怖分子”，其领导人都是彻头彻尾的保王党人，并与阿图瓦伯爵的代理人有接触。里昂地区的耶稣连队与此类似。但是，白色恐怖的主要推动力无非是对暴行和悲剧的报复，它的受害者正是一年前掌权的那些人。白色恐怖更接近于1793年的那种无序的恐怖，而不是次年春天那种组织良好的体制性的恐怖。同样，断头台也不是它的特色，因为这是它所憎恶的恐怖时期的象征物。白色恐怖的执行者是行私刑的暴徒、谋杀团伙、搞诱骗和伏击的人。它最早出现在芽月起义及随之而来的镇压之前。例如在尼姆，第一批受害者死于2月底，这些原来的恐怖官员正是被声称护送他们去监狱的国民卫队所屠杀。基本在同一时期，原奥朗日群众调查委员会的法官也在沙维尼翁被私刑处决。但是，大规模反恐怖运动的真正发动器是4月10日的法令，根据这项法令，一些较为狂热的地方官员——他们通常也是坚定的热月党人特派员任命的——不仅解除了嫌疑犯的武装，还把他们投入监狱。在1795年夏天，多达8万到9万人度过了几周或数月的牢狱生活。在大部分地区，囚犯在秋天都已出狱，并未经受多大折磨。但罗讷河谷、普罗旺斯和朗格多克东部的情况不同，这些地区在恐怖时期曾十分血腥，血仇报复传统亦很强固，因此监禁前“恐怖分子”就成了屠杀他们的良机。例如，5月4日里昂发生严重流血事件，大批群众有计划地攻击监狱，100名到120名囚犯被砍死。一周以后，埃克斯发生类似惨案，60名囚犯罹难；5月25日，塔拉斯孔有24人死亡；6月5日，马赛又有100人被处死，此举得到特派员的公开纵容。土伦从英国人手中收复之后，海军很快就恢复了那里的爱国热情。当混乱无序的反动行为的消息从西边传来时，军工厂的工人组织了一次亲雅各宾派的进军马赛行动，他们高呼“山岳派万岁”。5月17日出发时有数千人，但一周之后，他们被正规军和国民卫队组成的联合部队驱散了。此外还有40到50人被杀，另有52人被一个为审理涉案者而设立的特别军事委员会送上断头台。这些只是最触目惊心的个案。1795年夏天，孤立的谋杀事件、殴打和其他暴行在整个东南部地区司空见惯。施暴者大多是一些青年团伙，他们夸张炫耀的服饰、一应俱全的攻击武器和逃避兵役的坚定意愿与巴黎的金色青年十分接近。1795年，他们在整个东南部地区可能造成了2000人死亡。在5月的第一次暴行大爆发之后，他们的行为并没有停止，实际上，6月从巴黎传来的新动乱的消息进一步刺激了他们。

芽月的大示威让国民公会深感震骇，它下令：当巴黎的面包配给量不足时，可以用大米和饼干来补足。不过，长期的燃料短缺意味着大米无法煮食，同时面包的短缺又进一步恶化。法国已没有任何尚可动用的粮食储备，而英国对海洋的控制使得海外供应变得极不可靠。因此，巴黎的配给量在4月和5月持续减少，唯一令人宽慰的是天气在好转。4月22日，有人在日记中写道："今天，所有巴黎人每天都只有四分之一磅面包。巴黎从未陷入这样的窘困中。"[1]但是到5月初，配给量削减到两盎司。5月7日处决福基耶–坦维尔和革命法庭其他成员的民众主义举措，并未转移饥饿的民众的注意力。当与荷兰、普鲁士和西班牙签署胜利和约的消息传来时，所有人都在问：一个可以支配欧洲的民族为何无力给自己的公民提供食品？失去理智的妇女斥责男人胆小懦弱，不敢冲进国民公会要求不惜代价地获得更多的面包，而保王党分子则继续浑水摸鱼，他们暗示说，只有国王能够恢复充足的供应。不过，正如以前的芽月示威一样，人们最愿意听的还是无套裤汉残余分子的言论，这时他们开始组织另一次"革命日"，这次行动将会取得成功。各区大会开始定期召开，就像过去那样，有的大会还宣布永不休会。5月15日，即将发生新暴动的传言已经传得满城风雨。19日，一本题为《人民为获得面包和恢复权利而起义》的匿名小册子的出版成了信号，次日早上，巴黎东边工人街区那熟悉的警钟声响彻塞纳河两岸。在革命日历上，那天是牧月1日。

在狂热的妇女的催促下，男人们离开作坊，开始向国民公会进军。上文中的那个日记作者写道："每个人都杀气腾腾。"[2]当第一批来人被侍者用鞭子赶出公共走廊时，情况仍然没有改观。中午刚过，国民公会就被来自圣安托万区和圣马塞尔区的武装国民卫队团团围住。当议员费罗和一

[1] *Journal de Guittard*, p. 506.

[2] Ibid., p. 514.

批同事试图阻止他们进入大厅时，他被射杀了。群众砍下他的头颅挑在长矛上，这时大门也被冲开，密集的枪声中夹杂着“面包和1793年宪法”的呼声。暴动者进入大厅后立刻提出了更多的要求：释放被监禁的爱国者，各区设立永久性会议，重组独立的巴黎公社，强制性食品搜查，逮捕回国的流亡者和迫害过雅各宾派的议员。他们高喊“山岳派万岁”，这一次，他们的力量看来占压倒优势，所以“山顶派”议员不敢让他们离去，只能公开接受他们的要求。但是当天的早些时候，两个委员会发出了一份总呼吁书，要求部队和武装公民前来救援国民公会。当山岳派正在大厅里折中妥协时，忠实于国民公会的部队正在外面集结。当改组或解散两个委员会的动议提出时，这些部队被召进来。午夜时分，他们终于将无套裤汉从大厅中赶了出去，虽然使用了暴力，但没有开枪。危机还远未结束。就在这短短几个小时内，暴动者发出了增援圣安托万区无套裤汉的呼吁，东部各区的国民卫队搬出大炮作为回应。5月21日下午，大炮被挪到国民公会外面，随之而来的还有两万名群众。虽然与之对垒的人马大概要多一倍，但他们并不可靠，一些炮手一度跑到了另一边。没有人急于开火。虽然国民公会一边有很多正规军，但也有数以千计的普通公民，他们与对手几乎没有分别，也像对手一样饥饿。所以当国民公会宣布愿意接受一份请愿书时，暴动者轻松地把握了这个机会。请愿书再次要求面包和1793年宪法，前面的要求得到了庄重的许诺，暴动者于是散去。

就这样，暴动者失去了主动权，从此再也没有获得主动。在几个小时前，当大厅里的暴动者被肃清后，国民公会就以自己的行动表明了它对无套裤汉的要求的真实看法：它烧毁所有在群众压力下作出的投票记录，并下令逮捕11名提议进行这类投票的山岳派议员。很多人认为（而且一些历史学家至今也认为），两个委员会采取了欲擒故纵的手腕，在对山岳派发动攻击前让后者也受到牵连。不过，当两个委员会真的发起攻击后，山岳派的命运就已注定了。他们不仅被指控利用已出现的暴动，而且（相当不合理地）被指控策划暴动。6月12日，他们被送交一个专门委员会受审。

审判前已有一人自杀，当必然会到来的审判结果于6月17日宣布时，另一些人也效仿了他。6人被判死刑，但4人没有上断头台，而是在被带出法庭时自杀，可能他们事先就已计划以这一最后举动来树立爱国主义的反抗榜样。这时他们已得知那些试图领导牧月1日暴动的人已经遭到报复。5月21日的交锋发生过后，国民公会下令包围整个圣安托万地区。由于正规军行动缓慢，一些区对是否让自己的国民卫队参与单纯的惩罚行动感到犹豫，更何况是和那些兴高采烈的纨绔子弟一起行动，这些人正在圣安托万居民筑起的街垒外集合。纨绔子弟入侵该区的第一次企图被挫败。但是包围圈越来越近，外面的各区已经站在国民公会一边，要求交出杀害费罗的凶手及所有武器。第二天上午，被包围的三个区认识到抵抗不可能有成功的希望。于是他们投降了，几天之后，杀死费罗的人被送上断头台。但镇压并未就此结束。曾审判山岳派议员的委员会又处决了36人，其中有些人是5月21日那天跑到暴动者一边的炮手。约有3000嫌疑犯被国民公会下令逮捕。所有区都顺从地解除了武装，并逮捕了一些上层要求它们清查的可疑分子，其总人数也将近3000。在随后的几年中，每当政治钟摆摆向右边时，这些人又会被当作潜在的危险分子再次被捕。他们中的大多数人只在有组织的群众运动中面临危险，但是，群众运动在1794年已被严重削弱，而1795年最后一次无套裤汉暴动的失败标志着它最终被摧毁。

现在当然没有实行1793年宪法的问题了，如果这样的问题过去真的存在的话。早在2月，一些主要议员已一致认为这部宪法完全不具备可行性，需要做彻底修改，更何况它已经成为叛乱的旗帜。但国民公会和以前的制宪议会一样，意识到自己存在的基本理由是要给法国提供一部可以持久而稳定地表达大革命理想的宪法。但这种理想排除君主制吗？君主主义情感已经十分清晰地在春天的经济困境中萌生出来，一些较为保守的议员也许希望，由坚定的宪政主义者培养起来的路易十七有可能成为一个可以为人接受的君主。但是6月8日，这个10岁的孤儿死于瘰疬病，在1775年，很多人还认为他父亲用手一摸就能治愈这种疾病。普罗旺斯伯爵在路易十六被处死之后就自封为法国摄政，闻知此事后他立即宣布自己为路易十八。6月25日，他从自己的流亡地维罗纳发出一则宣言，但这一宣言完全摧毁了自己与被他认可享有统治权的王国当权者达成协议的希望。他在宣言中称，他一旦复辟就将恢复三个社会等级、天主教会以及实际上的整个旧制度，只有某些未指明的“流弊”除外。他承认没有三级会议的同意不得课税，但他没有指出三级会议召集的间隔时间长度。另外，他也没有提及关键的国有土地问题。他表示将大赦那些犯错的臣民，但不包括弑君的议员。总之，对于有利于复辟成功的那些人，他没有提出有保障意义的东西。他甚至断绝了立宪君主派的希望，这些人还曾指望回归某种类似于1791年宪法的体制。他堵死了通过协商复辟波旁王朝的路径。不过在1795年6月，这似乎无关紧要，信心满满的反革命准备用武力为复辟开道。

| 第十三章 |

反革命（1789—1795）

《维罗纳宣言》对政治现实的态度一贯是顽固而盲目的，不分青红皂白。这份宣言是反革命的整部历史的典型体现。作为一场运动，反革命就在它有了一场革命可以反对的时候开始了。诚然，一旦爆发，反革命运动便在1789年之前的保守思潮的广阔范围内为自己寻找理论依据。但是反革命运动也参与新体制的创建工作，而其本身也诉求了新的理论依据，着眼于将这些张力融入反革命的视野当中。因此，直到1789年6月的第三周，即第三等级和一些来自外省的教士开始以国家的名义宣称主权的时候，一种配得上反革命名头的东西才真正出现。6月23日的御前会议，内克设计的一份向民众妥协的改革方案在他不知情的情况下被王后、阿图瓦以及那些有同感的大臣们加以修改。御前会议是第一次企图阻止革命，并扭转其成就的重要尝试。那时，路易十六宣布的计划并非没有对革命精神作出让步。他保证如没能取得共识，便不能征税，三级会议要定期召开，取消强制委托权，确保个人和出版的自由，也保证了一系列关于财政、行政和司法的改革。但是贵族代表听到这些时笑了，这说明在三个等级分离的背景下，他们要维持自己那种引以为豪的特权和封建权力，并拒绝那些重大的改革要求。这些要求是前一周由第三等级代表就国家主权提出的，这些都表明他们认为革命的航标必须扭转回来。在革命年代此后的岁月里，6月23日的计划其实也是那些领导反革命军队的亲王认为他们掌权后也会接受的方案。这些亲王的很多追随者并不愿采取这样的过激行为，他们想要彻底复辟旧制度。此外，他们也很不喜欢那些事后叛变反革命阵营的人，讨厌那些一旦落败便会倒戈投降、从内部瓦解的人。从一开始，反革命就不见得比它所反对的大革命更加团结。

虽然第三等级对他们不信任，国王在御前会议之后的立场也更加不坚定，但是王后和阿图瓦这一派从没有放弃过重掌大局的希望。但是7月14日以后局势就不同了。的确，正是这些人阴谋赶走了内克，而内克的下台又激发了民众的暴动，巴士底狱的陷落便是这一过程发展的顶点。但是一旦木已成舟，他们也只想在法国国内实现他们的目的。7月17日夜晚，阿图瓦和他的一帮朋友逃出了凡尔赛，靠着一张皇家通行证径直逃到了奥属尼德兰。他们本来没想走这么远，但是哪里能容得下他们？要是现在打道回府，之后会怎么样？他们一概不清楚。这样的疑惑很普遍。到了8月初，不少之前的廷臣显宦也都离开了法国。和他们一起逃亡的还有不少低级贵族，这些人因为城堡被烧毁和人身受到威胁（这些都是农村地区在这几个惊慌失措的星期里的典型现象）而吓坏了。王政派没有能够确立一种英国式的制衡的宪政体制，这也让更多人离开了法国。十月催驾事件中民众暴力的再次出现也产生了一次大规模申请通行证的浪潮，那时候法国流亡者的几个委员会已经在法国广袤的疆域各处建立，布鲁塞尔、特里尔、美因茨、巴塞尔、日内瓦和尼斯。阿图瓦发现奥属尼德兰也不见得比法国清净，而且他的妹夫约瑟夫二世态度颇为冷淡，于是9月阿图瓦转道去了都灵，那里是他岳父统治的。在都灵，阿图瓦为大地主和其他贵族建立了一个委员会，协调反革命活动。起初，这个委员会仅仅是向那些君王求援，但是都被婉言拒绝。委员会的这些人其实没有处理公务和国际事务的能力，但不久，阿图瓦就找到了一个有这种能力的人——卡隆。1787年卡隆为了躲避巴黎高等法院的起诉，潜逃到了英国。之后他娶了一个富有的女继承人，准备把他的家产和专门技能知识都用于效忠君主制上。他想把君主制从现存的危机中拯救出来，结果却是徒劳的。一开始他也被维托里奥阿三世拒绝，这位萨迪尼亚国王担心法国会像攻占萨瓦和尼斯那样报复自己。最后在1790年11月，卡隆被邀请到都灵，他已经和各流亡的亲王通过气，而且在1790年的大部分时间里，他都是这些亲王在伦敦的全权代表。

至此，反革命的第一个信号开始出现在法国。1789年12月，马夫拉斯侯爵被捕。他计划靠军队把路易十六从巴黎营救出来，再秘密护送出国。1790年2月马夫拉斯侯爵因叛国罪被绞死。他原本是军人，和国王的弟弟普罗旺斯公爵有些关系。但是马夫拉斯侯爵和都灵那帮人没有联系，而且普罗旺斯公爵本人也还没有出逃。其实马夫拉斯侯爵是第一位被平民砍头的贵族。审判他之后，在议会面前，路易十六公开宣称这次审判是真正神圣的举动，他本人是效忠宪政的。当那些流亡者听到这样的宣言后，必然恼羞成怒。

> （孔代亲王写信给卡隆说）虽然早有心理准备，但是我们还是觉得这简直就是奇耻大辱，我想您大概也是这样想的吧。这样的做法，不管怎么费力去披上那种实际上不存在的自由的名头，到头来也就是枷锁，毫无意义。我们的爱国之心，我们和国王的关系，都让我们不能有丝毫放松。只能更加努力，把国家从毁灭君王和君主制的深渊中拯救出来……[1]

有这样雄心壮志的不仅仅是他们。在巴黎，在其议案被拒后，米拉波被任命为国王和王后的秘密顾问。之前他提议代表可以同时担任行政职

[1] Lacour-Gayet, *Calonne*, pp. 283–284.

务，这显然是为了满足自己的利益。国王和王后对这位有点糊涂的政治冒险家的猜忌和厌恶渐渐退去，从1790年3月开始他们付钱给米拉波，想让他一直做自己的顾问，并借由他的关系，获得议会的支持。米拉波并不反对革命，他和流亡者也没有联系，也不认同那些人的做法。他相信的是一个强大的立宪君主制，他觉得这是最符合1789年原则的。但是他密谋着让国王逃出巴黎，要求国王任命专门的卫队，他也在外省为王政大肆宣传。米拉波的这些举动实际上和那些在都灵搞阴谋的人没有区别。不过，国王对这些都视而不见。其实面对臣民，只要路易十六还是这样的迟钝且毫无作为，那么要为他的事业赢得国外人的支持，无异于天方夜谭。正如1790年一名西班牙大臣在马德里告诉普鲁士大使："法国国王首先要证明他值得被支持。让他当国王，真是毫无意义，也是不可能的。"[1]

然而，在整个1790年，对革命动向的普遍不满与日俱增，越来越多的人选择出逃流亡。对很多人来说，废除贵族毫无实际意义。1790年军队的叛变导致成批已经厌倦军官的人也离开了法国。高等法院的废除让不少法官失去了职位，他们也加入了出逃的队伍，不少人说要重建一个流亡高等法院。同时，议会制定的激进宗教措施也吓坏了那些高级教士和神父，他们开始投靠法国周边那些更虔诚的天主教国家。这在国界两边的国家都产生了同样的情绪。1789年最激进的穆尼耶在3月的时候跨过边界进入瑞士，在法国和瑞士都引起了轰动。这种觉醒不只限于社会的上层。对革命不满的趋势越来越明朗。1790年全年都有民众骚乱，如果说这些骚乱还算不上是反革命的话，至少也是反对革命的。毫无疑问，最引人注目的无疑是6月发生在尼姆的斗殴，尼姆支持革命的清教徒挫败了那些天主教国民卫队企图控制本市的屠杀阴谋。两派势力的冲突源于传统教派之间的对峙，而大革命的改革更是火上浇油。但是天主教这一派的领导者弗洛芒和都灵有联系，而且他本人就是积极的反革命分子，所以直接听命于阿图

[1] Lacour-Gayet, *Calonne*, p. 283.

瓦。死心塌地追随弗洛芒的人公开夸耀波旁王朝那白色的徽章，而且毫不掩饰他们对国民议会的轻视和不屑。对他们来说，这场斗殴就是一种失败，但是从长期的观点来看，这场屠杀制造了殉道者，更是强化了南部地区的天主教的情绪。2万名武装者在两个月后组编为第一支雅赖斯军，这证明了支持他们的潜在力量的雄厚，而且也给那些保王党分子的谣言提供了支持，谣言说保王党将要在远至图卢兹和里昂这样的地区收获胜利的果实。他们听说一旦起事，都灵的那些亲王马上带来国外援助，给他们资金和军事上的支持。但这只不过是他们一厢情愿的想法，实际上7月反革命暴乱真的发生时，他们什么也没得到。里昂的反革命者并不气馁，他们承诺要为这个城市带来一支从瑞士召集而来的游击队。而过了秋天，他们想出一个野心勃勃的计划，想要把国王诱拐来，把他带到这座法国的第二大城市，而且他们相信这会得到整个南部地区的支持。他们把这个计划告诉了路易十六。起事时间定在12月。但是国王拒绝合作，他甚至要求维托里奥阿三世不要让他的弟弟和堂兄弟离开都灵，并阻止里昂计划。路易十六觉得风险太大。实际上，这个计划在12月已经暴露了，里昂地区逮捕处决了一大批人。诸位亲王大发雷霆，他们将这次挫折怪罪到路易十六头上，言语中充满了指责。1791年1月他们离开都灵，继续北行，寻找更意气相投，也更愿意提供援助的人。

然而，路易十六没有放弃逃跑的希望。就在这一刻，实际上他已经在考虑新的计划了，这个计划是米拉波和议会的一个保王党集团设计的，一个秘密官员和干事的网络遍布全国，一旦时机成熟，王室马上就逃往东部边陲。但是4月初，米拉波去世了，这个计划于是被搁置，然而新的时机又出现了。与此同时，反革命开始影响到议会本身。一些贵族代表已然出逃，包括主要的王政派成员，米拉波的弟弟（即肥胖的“米拉波–托诺”），还有当特雷格伯爵。1788年的时候当特雷格伯爵还是绝对君主制的死敌，但是很快就成了保王派秘密干将的主要协调人。还有些贵族选择留在国内，想通过一些极端行为制造混乱，让议会颜面扫地。卡扎莱斯就是这样想的。他是一名新贵，曾任法官，相信从三个等级合并以后革命的每一步都在倒退。还有莫里，他是白手起家的教士。议会制定的教士法令尤其令他恼怒，这样政策的可怕后果在1791年春天就已经一目了然了。这些人在1791年春天的时候还很支持那些激进做法，甚至投了赞成票，但是现在他们的心灵受到了严重的创伤，开始相信灾难即将来临，而新的体制也很快会崩溃。在1月的一场激烈辩论中，莫里告诉卡扎莱斯说："让这个法令通过吧，我们需要它。再通过两三条这样的法令，那么一切就都结束了。"[1]

所以没有人会奇怪路易十六本人最后还是加入了流亡者的行列，出逃瓦楞。关于此事的谣言已经风传数月了，而且国王的姑妈早在2月的时候就逃去了罗马。人们认为这只是开始，随后国王本人也会跟着出逃。流亡者们一开始就在劝说国王出逃。但是王室出逃的计划是他们自己独立决定的，阿图瓦事先没有警告他们，而且利奥波德皇帝也只是在事情发生一周前才得知风声。他想要在边疆集结军队作接应。但是瓦楞出逃改变了反革命全部前途，虽然最后告以失败。这首先表明他们已不再可能相信法国的国王是心甘情愿地做囚徒，被关在巴黎。尽管制宪议会的代表拼命赞成所谓挟持拐带的说法，但是很明显路易十六已经拒绝承认大革命，拒绝接受大革命的所有成就，而且实际上他也已经谴责了这场革命及其成就。此外一个很明显的事实是，巴黎爆发了声势浩大的共和运动，这场运动由于马尔斯校场的屠杀很快被镇压，共和派似乎销声匿迹。所有这些都意味着当务之急就是要营救国王。同时瓦楞事件也大大推动了出逃的风潮，其中有很多是军官，他们觉得效忠国王的誓言已然因为国王自由的丧失而结束。

第一批流亡者根本没有想到最后要采取军事行动。阿图瓦在逗留都灵期间，也只是通过军事来援助法国国内出现的叛乱起义，通过别国势力来干涉法国国内的事务。但到了1791年春天，某些流亡者团体开始把自己组

[1] N. Hampson, in F. Lebren and R. Dupuy (eds.), *Les Résistance à la Révolution*, Paris, 1987, p. 446.

编成一种军事组织。米拉波–托诺在瑞士建立了一支由旧军官组成的“黑色军团”，而其他一些组织在阿登高原的密林里操练。瓦楞事件后，随着法国大批现役军官的到来，反革命开始了真正自我军事化的过程。6月中旬，阿图瓦在科布伦茨正式建立了自己的朝廷，数月后这个地方成了流亡军官的军事总部，他们把自己组编为团，开始采取行动。秋天，流亡者组织的军队达到了顶点，约有2万人。即便如此，他们也不过是作为普奥联军的援军。瓦楞危机导致的另一个结果就是催生了一种权力，这种权力首次严肃认真地想要干涉法国内务。7月10日他们向各君王递交了《帕多瓦公告》，两周后赖兴巴赫会议召开，这都表明利奥波德二世已经被他的妹妹和妹夫的遭遇激怒。一开始他的情绪很激动，但是否要采取正面行动还不一定。然而流亡者很高兴，因为阿图瓦的长兄普罗旺斯公爵也加入到他们的阵营。普罗旺斯公爵和路易十六一起出逃，他们躲过了追捕，各国纷纷表示要采取行动，这让他们很受鼓舞。当阿图瓦听说普鲁士国王和利奥波德二世将于8月底在皮尔尼茨会晤，他也吵闹着要参见。虽然最后没有得到邀请，阿图瓦和卡隆还是出席了会议。这次会晤发表了《皮尔尼茨宣言》，而且明确表示这份宣言已经征得了流亡的各亲王的同意。随后，两位君王还将宣言交给了阿图瓦，让他见机行事。阿图瓦和普罗旺斯公爵将这份宣言附于一份很长的公开信的后面，他们准备在9月10日一并递交路易十六，敦促他不要再接受新宪政。

路易十六并未听从他们的建议，这个结果也在他们的意料之中。王后早就告诉过他们，她的丈夫尽管讨厌这部宪政，但是还是会接受。亲王的这封信很有趣，因为这是那些流亡国外的反革命者的第一次明确的阐述。他们认为宪政缺乏合法性，因为这不是由三级议会制定的。而国王赋予的任何认可也都是无效的，因为这都是被逼的。议会忙于制定的那些蛮横无理的条令都是应该受到责备的，都是可怕的，只会让法国蒙羞，也都是非法的。社会失去了秩序，教会受到了攻击，军队出现了骚乱，经济被彻底破坏，财产受到了侵害。从加冕那天开始，国王就已经宣誓要捍卫“国家的基本原则”。这封公开信说：“先生们，这部所谓的宪政的罪恶擢发难数，你们又如何能真心诚意、有理有据地支持这样一部宪法呢？国王是世袭的，你们可不能背离最初的原则，也不能侵蚀宪政立足的根基……”[1]如果国王真的接受了宪政，亲王们也会觉得这不是他的本意，因为他失去了自由。此外他们相信这样的理解，而且也会对整个欧洲君主国公布。所以这一点很清楚，和7月13日的议程比起来，现在亲王们的目的也不见得更开明。他们实际上承认三级会议的合法性，似乎也承认旧制度的某些弊端需要改革，他们强烈反对的是国民议会超出了陈情书的要求。但他们还是想看到一个自由的且有合法权力的国王，有归他调配的、效忠且听命于他的军队，有属于他的实际权力。很明显，由这样一个国王统治的这个社会就是旧制度的彻底的复辟。

这就是流亡者的梦想，他们的流亡生活也能反映这一点。1789年前贵族生活的大量细微差别和琐碎的势利行为在都灵及随后的克布伦茨两处的王宫生活里不仅得到了再现，而且有过之而无不及。他们会为优先权和等级秩序争吵不休。在开始武装自己的时候，一些军团不愿接受新贵族，一旦有新人加入，他们也会不厌其烦地仔细检查其贵族身份，这些人在填写18世纪80年代之前的政治履历时会被询问为什么到现在才出逃。一位老军官说：“我累了。问题太愚蠢了，简直就是在审讯……我坦白，这样的开场让人很不愉快，我不该跑这么老远过来。”[2]瓦楞事件后，卡扎莱斯来到了克布伦茨，但又愤愤不平地回去了。记者弗朗索瓦·旭罗也是一样，他是彻头彻尾的右派。在意大利和德国那些接待他们的人面前，流亡者也是态度傲慢，目空一切，身无分文的时候，就会留下一张张空头支票。败仗和军事操练也让他们的日常生活变得很混乱。但是，他们不都是性情暴躁、装腔作势、自私自利的人，而且也不是所有的流亡者都只眷恋着旁落的权力和失去的特权。不少人承担的风险很大，他们离家弃子，放弃了自

[1] Legg, *Select Documents*, ii. p. 135.

[2] J. Vidalenc, *Les Émigrés français 1789–1825*, Caen, 1963, p. 77.

己的财产，加入到亲王们的阵营。这些晚来的人大多遭到态度强硬的流亡者冷眼相待，他们觉得这和第一批宦官显贵那种半游玩般的经历比起来，要危险得多。很多人真的为瓦楞事件后国王的命运打动，他们的历程被一种带有浪漫色彩的、非理性的忠诚驱使。夏多布里昂回忆说："没有必要因为一个乳臭未干的英国王储，波旁家族就得漂洋过海，一表决心。"但是身处美国的他闻听瓦楞事件后，马上坐船回到了欧洲，途遇一个法国人，得知他所担心的最糟糕的事情果然发生了，于是加入了流亡者的军队。夏多布里昂与很多人一样，先前都是军官，很乐意在流亡者的军队里服役，因为在这里至少没有平头百姓，而出逃的平民也不会跟着他们前往美因茨或是克布伦茨。

流亡者们有各自的想法，但是绝大多数人对他们选择的这种流亡生活许下的承诺其实就是颁布宪政。1791年秋天制宪议会反对流亡者的强硬立场，一个主要原因就是亲王们这种颇具威胁且带挑衅的态度。但是亲王及其随从相信时机已经成熟，他们不仅拿到了皮尔尼茨宣言，而且还从德国、西班牙和俄国那些更强大的统治者那里得到了不少补给。他们一共拿到了650万里弗，他们用这些钱买了武器和装备，还请了雇佣军，增强自己的实力。巴黎对流亡者的一举一动都十分敏感，这反过来让后者更觉得自己很重要，更觉得自己的军事行动是有价值的。但是秋天一过，他们又泄气了。钱已经花光，且各国也没有采取什么行动。法国威胁莱茵地区主教诸侯，如果不把流亡者全部赶走的话，就要采取军事行动，于是莱茵地区主教诸侯马上下令解散流亡者的部队。其实这些部队早已因为武器、装备、庇护所甚至食物短缺而不成气候了。一些部队已经堕落为盗匪，靠着掠夺农民粮食作物过日子。这些情况更让流亡者气馁，他们觉得议会接连不断的激进举措会让更多法国人疏远革命。他们也认为如果保王党军队侵入，国内必然会有自发的起义支持他们。

不幸的是，这两个假设之间没有必然联系。毫无疑问，在国内越来越多的人对革命不再抱有幻想，这种情绪在国民中日渐高涨。制宪议会在革命最初两年彻底改变了法国的行政、制度、财政和职业结构，而且1790年11月颁布的《教士公民组织法》更是平添了宗教分裂，反对新设立的教会政策的那些人也不得不加入反对革命的队伍中。后来教皇也谴责了《教士公民组织法》，使得罗马教廷正式和革命站在了对立面，流亡者于是宣称上帝站在了他们一边。但是迄今为止，由反对革命变为反革命也仅仅发生在教派分裂严重的南部地区。而且在那里，也产生了一种悖谬的结果，爱国热情更为高涨。因此1790年底，艾克斯的市长帕斯卡利想要抵制，想要保留地方高等法院和普罗旺斯地区传统宪政体制，结果被一群爱国民众以私刑处死。而无处不在的福尔芒于1792年在克布伦茨旅游的时候，慷慨地资助一支“南部天主教军队”，这支部队就集合在新近成立的雅赖斯营地里。7月初，一场仓促的叛乱也仅仅招募到数百人，其中很多人为加尔省当局派去的驱散他们的国民卫队和正规军所杀。的确，到这个时候，亲王们也和其他地区有了很有前途的合作联系。拉·鲁埃里侯爵是布列塔尼的贵族，一开始他就很不甘心自己的故土无法再独立自治，1791年5月他来到克布伦茨，宣传他代表反革命的“布列塔尼联盟”。他建议这个联盟在布列塔尼沿海所有市镇设立分会，或者至少安插线人。在布列塔尼，拒绝宣誓的教士非常多，而普通百姓也很支持他们。流亡者对这一切了如指掌，这让拉·鲁埃里侯爵大受鼓舞。从1791年秋天一直到来年春天，他定期汇报情况。拉·鲁埃里侯爵总是声称他的“布列塔尼联盟”有很多人支持，但最大的问题是如何劝服他最可靠的线人留在布列塔尼，而不是踏上“荣耀之路”，出逃法国。到1792年初，他的拥护者已存下了大量的武器，虽然他们还不清楚这些武器能派什么用场。但是在几个月里，包括“布列塔尼联盟”在内的所有的反革命计划都发生了转变，原因是法国和德意志各诸侯国之间开战了。这本是流亡者一开始的梦想，但这和他们的努力毫无关系。

一时间，他们好像有了盼头。法国军队连连败北，士气低落，组织涣散。靠他们去抵抗一支经验老到的普鲁士君王和新皇帝指挥的装备精良的军队，好像有点不可思议。有些人的确是这么想的，虽然他们手下那些由旧军官组编起来的军队依旧自信满满。现在这些部队在莱茵河两岸迅速重组。在马上要动身赶赴军营时，一位流亡的贵族告诉他的妻子："这肯定是一场轻而易举就能取胜的战争。"阿图瓦甚至怀疑是否需要普鲁士军队的帮忙。但是，他们的所有希望很快就化为了泡影。不少流亡者的军队跟随着普鲁士人，但普鲁士军队行军很慢，而且坚持要流亡者的部队殿后，还拿走他们的补给和装备，甚至还说抵达巴黎后，要和斐扬派达成政治妥协。流亡者很讨厌斐扬派，还有之前的王政派，他们觉得这些人甚至比雅各宾派和煽动民众的政客更可恶。而且最令他们心寒的是，一路上老百姓好像不是很欢迎他们。有人说："敌人的大炮太可怕了，我们都不敢想象。没有人投奔到我们这边来，真令人失望。我们并没有想到，我们所在的这片土地上，舆论风气已是今非昔比了。"在这样的气氛中，《布伦瑞克宣言》的凶残的威胁性口吻也必然会适得其反。但是流亡者很欢迎这个宣言，因为这是吓住巴黎人，让他们不再攻击王室的最好办法。最终，这份宣言反倒加快了巴黎民众攻击王室的行动。8月10日推翻君主制的做法并没有让流亡者的圈子受到损害。在他们看来，君主制早就被推翻了，当务之急是拯救国王，不管他是不是坐在王位上。攻打杜伊勒利宫以及一个月后九月屠杀的血腥场面，在一些人看来肯定是个机会，可以实现酝酿已久的计划，他们强调他们想要推翻的正是这种邪恶的运动。因此，真正对流亡者的使命构成威胁的是瓦尔密战役。他们本人都没有参与这场著名的炮战，但是战后他们的主力部队肯定在败退的路上被抓获。那天大雨倾盆，疾病又把他们折磨得狼狈不堪。在普鲁士入侵期间，孔代亲王部队的一支留在巴登，所以完好无损。而其他流亡者的部队已是七零八落，被共和国的部队追杀得四散逃窜，现在他们只能躲进比利时和莱茵河选侯的旧避难所里。11月23日普罗旺斯公爵和阿图瓦正式解散了他们的部队，大逃亡开始了。法国的流亡者逃向除了普鲁士以外的欧洲每一个未被攻占的角落。普鲁士不太欢迎普罗旺斯公爵和阿图瓦，他们两人在哈姆小镇遭到冷遇，而他们的部队根本不被允许进入。在1793年最初的几周里，流亡者的队伍人员流散，士气低落。而正在此时，遥远的祖国向他们发来了最后的蔑视通牒，路易十六上了断头台，这说明他们三年半的努力功败垂成。

反革命活动落入了低谷。流亡者发起的战争不但未能拯救复辟波旁王朝的权力，反倒埋葬了它。现在，流亡者自己的队伍已经四分五裂，他们的保护者德意志国也乱成一片，而且和法国国内那些想要反革命的人也失去了联系。到现在为止，大约有4万法国公民在流亡中转而支持革命。孔代亲王的5500人的部队被收编加入利奥波德皇帝的部队。除此之外，流亡者的军队已经七零八落，相互之间也失去了协作。普罗旺斯公爵在听说路易十六被砍头以后，马上宣布他死去的弟弟的儿子为路易十七，宣布自己是摄政王。同时，虽然普罗旺斯公爵不喜欢阿图瓦，也不信任他，但还是任命他为国家的中将，阿图瓦接受了这个授封。普罗旺斯公爵又签署了一份抗议宣言，重申1791年9月写给路易十六那封信的内容。宣言称摄政王将会竭尽全力，营救王室的其他成员，重建法国君主制，在一个永固的宪政基础上恢复法国的君主制。宣言没有特别指明的那些“弊端”必将得到修正，在重建君主制后，主要的事情便是重建教会、等级和原来的司法体系，还有被没收的全部财产。可见他承诺会兑现有利于保住他位子的一切，但是没有人还会相信这些誓言有实现的可能。流亡者已经是无足轻重的人了，所有欧洲君主都拒绝承认普罗旺斯亲王摄政王的身份，只有俄国除外。在得知这一消息后，普罗旺斯亲王马上差遣他的弟弟阿图瓦前往圣彼得堡，看看叶卡捷琳娜二世能提供什么样的协助。在说了一个月好话后，1793年4月阿图瓦离开了圣彼得堡，得到一把镶有宝石的宝剑，上刻：天佑吾君。除此之外，根本没有什么实质性的援助。法国波旁王朝的命运已然不值得欧洲宫廷关心，它已经没有未来了。

然而就在这个时候，反革命运动有了新的起色，而且这不在流亡者预期之内。大不列颠加入战争，这是亲王们一直想要拉拢的同盟，而且这个同盟国的海上力量可以让保王党分子从法国海岸线的各处侵入。最后，英国是反革命的一个最坚定的国外靠山。但是1793年春天，英国人对关涉法国政治前途的任何计划都有所警惕。英国主要还是想限制法国的力量，而由谁来控制是次要的，而且他们也想借此壮大自己的势力。无论如何，他们肯定不相信，共和国能永远和整个欧洲的联盟对抗。所以培育他们的法国敌人，同时又要作出承诺，可能会什么也捞不到，因为一旦共和国陷落，先前作出的承诺完全有可能不合时宜。这种漠不关心的态度让亲王们很恼怒。1793年3月初，一场声势浩大的反革命运动最终在共和国的西部诸省爆发，至少有14名流亡者突然加入了这场声势浩大的抵制征兵运动。

当然，征兵仅仅是个诱因，在农民中深埋的那种怨恨才是根源。西部地区的农民从大革命中得到的好处远比其他地区来得少。即便是1789年8月4日废除封建制度时，他们也几乎没有受益。废除领主捐税在这个地区没有什么影响，因为在这里的捐税本来就很轻，而且本地的地主往往住在外省，如旺代或萨尔特省。废除什一税的主要受益者也是有产者，而在西部，布列塔尼地区大部分农民都是佃农，1790年农民发现他们的地主其实是按照之前支付的什一税总额来向他们收租。布列塔尼地区对抗整个革命事业，此地教士群体大规模地拒绝宣誓效忠宪政这一现象就很清楚地说明了这一点。的确，不少教士这样做是迫于教区居民的压力，老百姓想以此警告巴黎，还有那些外省机构中代表新政府的官员。但是巴黎却丝毫没有反应，而且想要把这些未宣誓教士当作反革命分子来对待，最后在8月10日革命大潮中，巴黎真的这样做了，而且手段十分严厉，颁布了流放法令。君主制的瓦解只不过是让法国西部那些反对巴黎的人有了另一个目标，他们要向大革命表达自己的敌对情绪。以前，在有国王的时候，民众还能做他们自己的事情，生活也算富足。但现在革命政府以一种前所未有的方式和程度介入日常生活，导致灾难性的后果，地主和收租者纷纷提出了更高的要求。而与此相比，旧制度那些让人不满的税收简直是小巫见大巫了。在某些地区，出走的人高达40%。征兵在这样的情势下其实已经毫无意义。但是战时，民众更抵制当局的所作所为，尤其当政府正努力筹措军需的时候，他们这样的行为和背叛没什么两样，会遭到一样的严厉制裁。所以他们还用担心会失去更多吗？于是他们所在的地方更是无所顾忌，也一直会叫嚣要恢复君主制。在开始几次骚乱延续的数周里，旺代的叛乱者便称他们自己是天主教军队，是保王党军队，他们也打白色的旗帜，佩戴白色的腰带和圣心徽章，到处寻觅贵族来做他们的领袖，这些都是旧制度下司空见惯的情况。布列塔尼地区朱安党的游击队也毫不掩饰他们效忠教会和国王，为了让他们能变得像旺代军那样团结，许多保王党分子用了几年的精力。

但是，1793年的春夏，不少重要的外省地区都起来反对巴黎。在这场“联邦党”叛乱中，西部地区的这些保王党派发现他们的声音几乎没有引起联邦党的重视。反革命者觉得那些拒绝接受国民公会权威的人肯定会接受保王的主张，但是这样想实在太过仓促了。“联邦党”叛乱中，保王党肯定是参与了的，而且也在尽力表现自己。比如，温普芬于7月中旬从卡昂开始进军，但是进展不太顺利，而为国王打响第一枪的是皮萨伊。9月，在最后的殊死抵抗中，里昂也越来越依靠保王派的军队。而在8月底，土伦实际上已经召来了英国舰队，叫嚣要恢复君主制。他们向普罗旺斯公爵发出了请求，但是直到11月，他才离开哈姆，打算动身前往土伦。普罗旺斯公爵的这个决定也受到了西班牙人的鼓舞，他们和英国打着一样的算盘，但是来到维罗纳之后，普罗旺斯公爵就听说土伦沦陷了。他并没有要掩饰自己的痛苦，这样做是有理由的。土伦只不过是因为担心国民公会的报复，才会把英国人召来，这样做他们自己也有些后怕。为了让老百姓安心，胡德将军宣布恢复1791年宪法，这根本不是亲王们的想法。然而，在联邦党叛乱中，这就是保王派的极限了。几乎没有人想要复辟一个有国王的旧制度。土伦仍被占领着，在那里，未宣誓的教士又出现在大街小巷里，贵族也开始要求人们像以前那样尊重他们，民众怨声载道。土伦是唯一一个宣称要恢复国王的城市，而这样的局面对他们是再清楚不过的警告了。

因此，真正且决然的反革命者正是这些西部的叛乱农民。最后到了夏末时节，他们开始依赖于共和国的海外敌人。直到8月，英国好像才开始认真考虑他们是否应协助法国西部的农民叛乱，而且即便到了那个时候，要真正搞清楚这些农民叛乱的实力，搞清楚谁是他们的代表，都不是简单的事情。武器和弹药都存放在泽西岛，英国人也往各地派出了密探，来试探叛乱分子，并鼓动流亡者聚集在海峡群岛，希望能在保王党占据的地方登陆。他们甚至还任命了莫伊拉勋爵为远征军的指挥官。当旺代军队跨过卢瓦尔河，史诗般地向格朗维尔进军的时候，就遇到了这支远征军。但是这支远征军接到命令要他们和天主教以及保王党军会合，这支军队吃了败仗。12月初，莫伊拉的舰队在近海区巡逻，发出信号，却没有收到任何答复。但是一种合作模式已经确立了，莫伊阿拉的军队还是停留了数个月，以待时机。而旺代军在勒芒和萨维内解散后，再次沦为盗匪和机会主义者，不过他们还是希望得到英国的帮助。可是从1794年春天以后，英国越来越觉得它援助的不应该是卢瓦尔河南岸地区，而是布列塔尼的朱安党。皮赛极力游说，终于成了朱安党的领袖，这件事具有决定性的意义。

所有这些行动都和普罗旺斯公爵及阿图瓦无关。英国和西班牙人不一样，很反对这位自封的摄政王想要前往土伦的计划。路易十六的这两位兄弟在1793年11月签署的声明内容让英国很不满，因为他们宣称“认可一个世袭的君主制，认可路易十六是合法的统治者，这两点是在法国重建一个正常政府的唯一可能的基础”，宣称复辟的君主制无疑会进行各类“调整改革”，而具体怎么做，宣言没有明说。通过这份宣言，普罗旺斯公爵和阿图瓦只不过表明他们就是完全认可君主制，而就君主制明确的宪政方面，他们自己也是稀里糊涂。但那时，这样的问题在反革命两个阵营中都没有共识。亲王们觉得和那些“纯粹派”（很早就出逃法国）很投缘，而且他们的复辟计划就是路易十六在1789年6月23日提出的那些议程；1792年以后流亡者的阵营里越来越多的人都想要复辟1791年宪政，他们仍旧相信1791年宪政是可行的，只需做某些修改。这些“宪政派”本身和先前的“王政派”（如穆尼耶和拉利-托伦达尔）、斐扬派（如拉梅特兄弟和迪波尔）以及更顽固的右派前代表（蒙洛西耶和马卢埃）关系都不太好。这些人都拥护君主制，但是一些人仍旧相信1791年宪法规定的一院制和分权体制，而另一些人（自然是那些选择流亡英国的人）更看好两院制和行政立法一体的制度。1789年11月7日制宪议会最后投票否决了米拉波的提议，立法机构的成员不能同时兼任行政职务。但是他们有一个共同的信念，那就是法国绝对不能倒退到那个已有明文的代议宪政时代之前。瑞士记者马莱·杜庞认为这样一个结盟想要像流亡者一直鼓吹的那样，颠覆大革命，是没有前途的。直到1792年出逃前，杜庞一直给《法国信使》[1]供稿，他坚持右派立场，尖锐地批评法国。1793年8月杜庞《论法国大革命的本质以及拖延革命的原因》问世，那时候他还在怀疑战争本身能否终结革命。他认为所需要的是密集的宣传，让法国人相信，镇压那些席卷他们的骚乱和暴民统治，反法联盟的胜利将会取代革命承诺给予的基本所得。英国人对杜庞的分析印象很深。他们把他留在了法国，用来搜集关于法国事务的情报，从1793年到1797年情报搜集的基地就设在伯恩。可以想见，那些“纯粹的”流亡者对此很不满意，因为杜庞的观点，也因为各国对杜庞的信任。他们甚至对他掌握的情报毫无兴趣。他们宁愿依靠当特雷格在1793年底设立的情报网络。当特雷格定居于威尼斯，离普罗旺斯公爵设立于维罗纳的新基地不远，直到1797年，他一直都在从遍布法国各地的可靠的线人那里获得情报，再转手卖给那些感兴趣的盟国。当特雷格和线人之间的通信常常用密码或者某种隐形的墨水，所有的通信都涉及他们自己的政治观点，这也就是为什么当特雷格会用这些人。1792年他出版的《不妥协》的小册子，就很能说明他自己的立场。他把这些线人的来信大加修改或者添油加醋，为的是更有说服力，让收信人相信复辟旧制度不

[1]《法国信使》兼具报纸和文学杂志的性质。由维泽于1672年创办于里昂，起初名为《文雅信使》，内容庞杂，销量很好。1724年改为《法国信使》，成为由政府资助的半官方报纸，1811年拿破仑下令查封此报。《法国信使》最后一次出版是1825年。——译者注

仅需要，而且可行。但如果他分析的问题和杜庞一样的话，盟国也不会听信他的一面之词。而且当特雷格和杜庞相互诋毁，暗暗较劲，都想和法国的当权者取得更直接的联系，尤其是看谁能获取西部乱党的一手情报。英国人觉得这些西部乱党就是那位不知疲倦的皮赛创立的。

1794年，反革命派愈加把他们的希望寄托在英国身上，因为法国再次占据了陆战的上风，奥军也再一次从荷兰南部撤走，普军也开始袖手旁观。罗伯斯庇尔倒台了，上台的是右派，而且法国国内布列塔尼和旺代的保王党军还在坚持作战，所以尽管英国人在比利时遭受重创，还是觉得希望很大。但是到底是要插手法国西印度群岛的事情，还是援助西部的保王党叛乱，英国政府有点举棋不定。1794年9月皮赛来到伦敦，宣称自己领导着3万人的朱安党军队，而且很有组织，另外靠着英国提供的钱、武器和弹药资助，他还能招募来4万人。实际上，朱安党顶多有2.2万人，而且皮赛的代表性也不具有任何实际意义，自发形成的朱安党军队实际上没有什么组织，彼此之间的行动也缺乏协调。皮赛的确和某些人数较多的部队指挥官有一些联系，1794年7月他开始以“布列塔尼天主教和保王党军”代表自居，这只不过是他自己的念头。朱安党军队根本没有什么军纪组织，和其他任何游击部队一样，他们几乎洗劫了布列塔尼农村所有的地方，地方官员被杀，民众拒交捐税，抵制征兵，抢劫国家和爱国者财产，在这样的情况下，地方政府也纷纷倒台。但是朱安党的这些战绩都没有任何军事意义，而且他们也从来没有表现出能占据某处港口的能力，这样的情况从格朗维尔惨败就开始了，尽管英国人一直认为这场战争是大革命军事行动的先决条件。但是，皮赛舌战群儒，他的一番劝说打动了皮特。1794年冬天到来年的春天，节节胜利的共和国军队有计划地摧毁了每一处可能的叛军据点。到这个时候，英国政府越来越觉得应该在布列塔尼发动一场大规模的行动。阿图瓦听说皮赛取得了巨大的进步，尽管他对这个反革命中的后起之辈的真正面目还有疑虑，但最后还是代表王室给了他祝福，并任命他为中将。

他们计划等到6月开始落实，但距离那天还很远的时候，时局就出现了逆转。1795年春天，法国国内右派得势，最终结束了恐怖统治，并开始在全国和地方各个层面上逮捕主要的行凶者。尤其是在西部，公开的宗教活动得到恢复，于是朱安党运动以及旺代各处的游击队（得到农民支持的民众反抗最持久的代表之一）开始退出了舞台。他们的补给本来就不足，而且也没法依靠海运，因为现在英国已经认定这些叛乱没有前途了，再帮助他们就是白费力气。奥什将军的镇压反革命的新策略粉碎了各处的游击部队。很多朱安党的头面人物被杀，其他人也投靠了“蓝军”……把保王党首领带到谈判桌前的就是绝望。但是在他们给伦敦的密信中他们矢口否认，称共和国和谈绝不是真心诚意的。

（夏莱特告诉使节）告诉英国人和各位亲王，我签署和平条约，只是担心我的部队会全军覆没，他们已经弹尽粮绝了，又怎么和那些装备精良的军队对抗呢。但是告诉英国人还有各位亲王，我向他们保证，我绝对不是要和那伙杀了我的国王、屠害我的国家的人真心诚意地和解……我已经完全做好准备，再次拿起武器。我的士兵都是久经沙场的，他们很想痛痛快快打一仗；我阻止他们这样做，现在还不是时候，不要做无谓的牺牲。[1]

布列塔尼的朱安党也是这么想的，实际上，他们的首领没有一个签署《拉马比莱条约》，这份条约表面上结束了布列塔尼半岛的敌对行动。

鉴于这样的保障，一支远征军终于出发了，目的地选在布列塔尼南部狭窄而岩石遍布的基贝隆半岛。英国人甚至不再坚持据守一个港口，这时他们完全相信，当地的朱安党人能轻易占领和守卫堪称天然良港的地方。

[1] M. G. Hutt, *Chouannerie and Counter-Revolution: Puisaye, the Princes and the British Government in the 1790s*. Volume 2, Cambridge, 1983, ii, p. 227.

于是，到6月底时，已有3000人上船准备前往基贝隆，船上还载有供7万人使用的武器和物资。英军至少在坚固的桥头堡建立之前不会登陆，不过，受皮特庇护的那些反革命分子欣然接受了这一点。有太多的流亡者渴望在英国南部各地采取行动，无论从哪方面看，由忠诚的法国人来恢复法国国王的王位会更好。因此，这支部队的先锋是由流亡者和招募来的法国囚犯组成的。当他们登陆时，1万名朱安党人会聚到基贝隆，当地的蓝党忙得不可开交。但是，朱安党人纪律涣散，欢欣鼓舞的流亡者也好不到哪儿去，指挥程序很不清晰，入侵者没能从桥头堡向前推进。奥什很快赶来，他打算在进攻之前组建起强大的部队。当他于7月3日发起攻击时，他麾下已有1万名正规军，一周之后，奥什攻下基贝隆半岛，俘虏6000人。战俘之中有一千多名流亡者，根据新延长的处理被俘武装流亡者法案（最初于战争开始时通过），他们受到严厉惩处，640人被枪决，随他们一起殒命的还有108名朱安党人。当最初的乐观报告传到伦敦时，英国人急忙把阿图瓦从不来梅接了过来，当时他在不来梅为了前往英国而进行了好几个月的交涉，但他担心自己因为没有偿付在英国的债务而被逮捕，这些债务是之前他的前景似乎还很光明的时候欠下的。英国人现在的计划是要派他担任布列塔尼的指挥官。但当他于8月初抵达朴次茅斯时，全世界都是知道基贝隆远征悲惨地失败了，而且那些最勇敢、最忠诚的反革命战士已经战死，或被奥什的行刑队枪决了。

英国人让流亡者在西部登陆，以期与那里的游击队建立联系的企图并未就此终结。现在，他们将努力的方向转向南方，转向旺代，那里的夏莱特按先前的许诺再度开始战斗，并表示他将在那里迎接登陆的同盟军。实际上，当他得知基贝隆战役后的报复时，他枪杀了数百名共和派战俘。夏莱特刚到朴次茅斯，阿图瓦就要求他加入那位王兄的追随者的队伍，9月初，夏莱特如期带领一支远征军起航，部队中有一部分是上次远征的残余。13日，他们在旺代对面的尤岛登陆。但这个时候，由于同西班牙签署了和约，奥什可以从比利牛斯前线调集新的部队。他将兵力部署在沿海一线，夏莱特无法突破。11月中，英国人召回远征军，阿图瓦也跟着返回，从此再没有踏上法国的土地，直到1814年。

1795年夏天的诸多事件让反革命派深受创伤。就在基贝隆远征军即将启程时，路易十七于6月8日去世。他的叔叔从维罗纳发出的毫不妥协的宣言宣布自己为路易十八，但这份宣言不仅断绝了他同法国国内势力强大的右翼分子合作的希望，还冷落了那些温和的立宪派流亡者，曾参与起草宣言的当特雷格等人就是这样认为的。参加基贝隆和尤岛远征的流亡者大部分也是“纯粹派”。这些人遭遇的厄运使得幸存者开始寻找替罪羊，很快他们就把矛头指向任何人，除了他们自己。皮萨伊是个显而易见的靶子。一些对他批判最严厉的人辩称，皮萨伊并非能力不够。远征的本来目的就是要使其失败，因为失败会剔除最精粹的强硬派反革命分子，从而为“立宪派”的得势铺平道路。鉴于这样的传言，皮萨伊明智地没有返回英国，虽然他从这场大溃败中逃生了。9月初，他带着自己宠爱的朱安党人返回布列塔尼，但是，他发现他的声望和权威在这里已遭受无可挽回的损害。如果说朱安党人之中还有谁堪称领袖，那应该是违抗《拉马比莱条约》的一位首领，他曾徒劳地等待阿图瓦带领援军抵达基贝隆，此人就是可怕而顽固的乔治·卡杜达尔。形形色色的法国反革命分子都能达成一个共识，即英国人应受谴责。对背信弃义的英国人的猜疑由来已久，无论是保王派还是共和派，这种猜疑都一样根深蒂固，虽然双方的怨愤之情有所不同。英国参战很晚，还拒绝承认普罗旺斯伯爵为摄政王，占领土伦仅仅是为了抢劫。接着，英国又以战争为借口占领法国在科西嘉和西印度的土地，并没有扶持那里的合法政府。最后，英国对基贝隆远征军装备不足，随后干脆放弃远征军及其“纯粹派”参加者。因此，当皮特于1796年再次开始将军事行动集中到加勒比海时，没有人感到奇怪。然而，当反法同盟分崩离析时，反革命派比任何时候都更需要大不列颠。越来越多的流亡者发现，这个岛国是唯一安全的避难所，纵然阿图瓦本人只能稽留苏格兰以逃避那些仍然紧抓不放的英格兰债权人。而且，朱安党人和旺代叛乱者还能指望从别的地方得到补给吗？

然而，当冬天渐渐来临时，送来的补给却少得可怜。与此同时，奥什的“海岸军”得到来自各条战线的正规军的增援，于是他对卢瓦尔河两岸的天主教保王党地区进行反复的搜寻和破坏行动。1796年2月，奥什抓获并处决了斯托弗莱。一个月后，夏莱特也落得同样下场。这两次行动，再加上宗教宽容和对蓝军部队劫掠行为的严格控制，终于给旺代带来了脆弱的和平局面。盛夏时分，奥什可以宣告叛乱终于结束了，感激不尽的督政府则宣布这位将军为“旺代的绥靖者”。这个时候，还有大批部队被调往布列塔尼，以致朱安党人难以采取任何行动，皮萨伊只得躲藏到地下掩体中，像只被猎逐的狐狸。

的确，到这个时候，路易十八本人也已迅速离开那些被他视为自己臣民的人。当波拿巴的意大利军团跨过阿尔卑斯山时，惊恐的威尼斯当局下令这位倒霉的王位觊觎者离开维罗纳。他未经许可便横穿瑞士，前往莱茵河沿岸与为奥地利效劳的孔代亲王的部队会合。上一年春天，人们曾对孔代麾下的一千多名流亡者寄予很高的期望。当白色恐怖席卷罗讷河两岸，里昂的数十名雅各宾党人被杀时，有些人曾谋划，由孔代手下的流亡者充当先锋的奥地利军队向弗朗什孔泰地区发动一场闪击战，然后南进，与里昂的保王党分子建立联系。英国人提供金钱，以便在整个地区扶植自己的代理人，而且，英国人和奥地利人听到以下的消息时都着了迷，据说莱茵地区的法军司令、荷兰的征服者和巴黎牧月起义的报复者皮什格吕对保王党的进展颇为动心，他最终改换了阵营，但在1795年夏天，策反他的各种努力使得所有进一步的行动都停滞了。年底时，莱茵河方面签署了正式的停战协定，但这对里昂的密谋者毫无帮助。1796年春天，当战事重开时，孔代希望再次实施这一计划，而国王本人的到来（他身披戎装检阅部队）也受到热烈的欢迎。但维也纳并不欢迎他，因为这位觊觎者的到来被视为法国人进攻的口实。弗朗茨皇帝像大多数其他统治者一样，也没有承认他是路易十八，于是他下令让后者离开。不久之后，有个身份不明的人还试图枪杀他。再无安身之所吗？此时他能找到的唯一的收留者是那位并不情愿的布伦瑞克公爵，后者的军队在1792年营救他哥哥即路易十六的行动中遭受失败。于是，他只能从布兰肯堡，从“一个肮脏的小城，一个住所邋遢、装饰破烂（如果谈得上装饰的话）的小蜗居中”[1]注视法兰西共和国的军队在随后几个月中横扫大陆上最后的对手。

因此，如果说反革命意味着武装推翻法兰西共和国以及共和国主张的众多新生事物，那么，当欧陆战事于1797年4月终结于莱奥本时，这场运动已经失败了。《莱奥本预备和约》签字三天之后，法军逮捕了逃离威尼斯的当特雷格。经审讯（波拿巴本人亦在场），他披露了很多关于其间谍网的信息，包括给皮什格吕带来灭顶之灾的信息。随后他被容许逃走，然而，这段极为见不得人的经历造成的影响摧毁了他与路易十八及流亡同党的信任感，而在这么多次争吵之后，再多一次又算得了什么呢？反革命自始至终都备受恶毒的仇怨和各集团之间的宗派主义的困扰，这些集团彼此仇视、互不信任，这种情形看来更甚于大革命本身。吵嚷不休的流亡者靠自己的努力绝不可能遏制或减缓，更不消说扭转法国事态演变的进程。他们的滑稽举动有时也能成功，但这统统都只能把事态进一步推向极端。在他们当中，唯有那些更愚蠢的人才指望极端化能够推进自己的事业。他们需要帮助，但是，在他们希冀的两大力量源之中，谁也不是一定愿意他们取得成功。

各大国首先只想削弱法国，当法国自身并未走向虚弱成为明显的事实时，它们才投入战争。然而，大多数流亡者却梦想着恢复对一个强大的、资源未遭损害的王国的控制权。在他们看来，唯有大革命本身才导致法国的衰弱，当他们听说各战胜国正在像瓜分波兰一样瓜分法国（且不提英国人利用海上霸权抢夺法国的海外利益）时，他们对此类流言甚为反感。后来，列强得出了这样一个结论：一个稳定的法国比一个虚弱的法国更可

[1] P. Mansel, *Louis XVIII*, London, 1981, p. 79.

取。但即便到这个时候，它们仍然准备接受某种最能恢复和稳定秩序的政权。它们对君主制（不管是何种君主制）的信念从来都是有条件的，直到1797年，承认路易十八的只有俄国和瑞典。各大国始终都在追求自己的利益，它们只是偶尔才认为法国的反革命者不只是个麻烦和困扰，最好的情形下这些人也只是一颗棋子。

至于国内的反革命者，他们大部分无非是想我行我素。他们之所以抱怨，是因为大革命扰乱了自己的社区和宗教与社会稳定，革命从外部带来的干涉波及他们生活的方方面面，同时又没有产生足够的利益补偿。巴黎的当权者以及试图在地方执行他们命令的人，都过于轻率地把任何形式的抵制称作反革命。然而，很多抵制行为，如1793年南方的联邦主义叛乱，仅仅是为了制止革命的继续发展。只有在加尔、旺代和布列塔尼农村地区，群众运动才发展起来，并公开为记忆中1789年之前的教会和国王而战。即便到此时，抵制也没有波及全国。必须指出的是，触发西部地区叛乱的是征兵，此举将把年轻人带到遥远的前线，同未知的敌人作战。普通的反革命群众更情愿与自己门口的爱国党人、宣誓派教士和新教徒作战。他们有一次曾离开故土，这就是旺代人的格兰维尔进军，但此举是在形势对他们不利之时为寻求外援而做的一次孤注一掷的尝试。如果1794年春天共和派能够收敛报复行为，抵抗运动在萨维奈之后很可能就此停止。撇开各种愚行、误解，也不谈1795年夏天让流亡者、外国列强、保王党叛乱分子的重大协同行动遭受失败的坏运气，就算阿图瓦如群众领袖们不断催促的那样返回大陆、竖起大旗，西部的反革命农民（虽然在当地人数众多）是否愿意向巴黎那样远的地方发起远征，也仍然是很可疑的。即便他们这样做，也肯定会在半道上被欧洲最有经验、战果最辉煌的军队拦截住去路。

就算他们真的发起这样的行动，他们也不能规劝多少人信奉自己恢复黄金时代的怀旧信仰。正如马莱·杜庞这位目光敏锐的保王派在《维罗纳宣言》后给路易十八的信中写到的："绝大多数法国人不愿意接受从前的权威、屈从于曾行使这一权威的人。”[1]这并不是说有限的立宪君主制没有支持者，不过这位新国王和他的近臣可能觉得这一体制很可憎。《维罗纳宣言》可能断绝了国民公会议员们的期望，但就整个国家而言，在芽月和牧月的无套裤汉最后的骚动之后，君主制似乎越来越能为稳定局势带来美妙的希望。随着国民公会到期的日子日益临近，君主制甚至可以期待胜利，不过不是依靠外部入侵和内部叛乱，而是通过选举这一正常的政治程序。

[1] W. R. Fryer, *Republic or Restoration in France? 1794–1797*, Manchester, 1965, p. 36.

| 第十四章 |

督政府（1795—1799）

1795年夏天，摆在国民公会面前的问题仍不十分清晰。在击溃恐怖主义和王党主义两派势力之后，它必须为这个国家设计一部能够防止两派势力复活的宪法。所有议员都同意，法国最需要的是稳定。但是他们也相信，国家可以也应该在不放弃1789年的原则、不牺牲同胞历经多年磨难和动荡而确立和维护的理想的前提下实现稳定。1789年的原则不能混同于1793年的原则。6月23日，布瓦西·邓格拉在给宪法起草委员会报告的引言中宣称，1793年的宪法“是由阴谋家起草、受暴政指使、靠恐怖手段通过的……除了造成无政府状态外别无他用”。总之它一无是处。他接着说：

> 公民平等才是一个理智之人可以要求的全部。绝对平等是妄想，如果要实现这种平等，所有人在智力、德行、力量、教育和财富方面都必须是绝对平等的……我们必须由最优秀的人来统治，最优秀的人是那些受过最佳教育、最关心法律维持的人。然而，除了个别例外，你只能在以下人士中发现这样的

> 人：他们有一份财产，忠诚于财产所在的国家、保护财产的法律和维系财产的和平局面；财产和经济安全使他拥有教育机会，而教会则使他可以明智而准确地探讨决定国家命运之法律的利弊。而另一方面，没有财产的人必须凭借坚定的美德才能关心那种不能为他维护任何东西的社会秩序，才能抵制各种向他展现希望的行动和运动……由没有财产的人统治的国家存在于自然状态之下。

国民公会于8月22日通过的新宪法正是以这些原则为基础。像此前的宪法一样，它以《人权宣言》为序言，但没有提到出身平等和享受社会服务的资格，并以9项义务来平衡其列举的22项权利。所有21岁以上的男性纳税人都享有投票权。但议员应由选举大会产生，参加选举大会的公民须拥有或出租价值相当于100至200天（具体依选区大小而定）劳动的财产。这就意味着要从大约100万人（相当于1789年选民的三分之一）中选出大约3万人的选举团成员。选举每年一次，每次改选三分之一的议员，但立法机构首次改为两院制。1789年以来的经验已经证明了君主派关于一院制危险的所有警告，不过此前这些警告都被草率地忽略了。一部设计精密、相互制衡的宪法成为当时的目标。应该设立两个“委员会”：下院，即500人委员会，享有所有法律的创议权；上院，即元老院，由250名40岁以上的已婚或鳏居代表构成，其权力仅限于批准或驳回500人委员会的立法案。由于复辟君主制已无可能，执行权被授予元老院遴选的5位督政官，但其候选名单是由500人委员会提出的。5名督政官中每年有一人退出，退出者由抽签决定。无论是他们还是由他们任命的部长，都不得成为立法机构的成员。这是1789年的原则，共和二年的经验似乎更突出了它的明智。最后一点，共和三年的宪法修改起来十分困难。这是有意设计的。规定的修宪程序不得短于9年，此举的目的仍然是为了稳定新体制，并使两个极端方向上的任何修宪行为成为非法的。但即使这样，国民公会的成员仍不能确信他们的意愿能得到完全尊重。向新制度的过渡也需要某种连续性。他们回想起1791年的自我回避条例（当然是罗伯斯庇尔提出的），认为这是制宪议会犯下的最严重错误之一。因此他们在宪法中附带这样的条款：第一届议会的两院成员，三分之二应从国民公会议员中选出。

但三分之二条款在公共舆论中引起轩然大波，这时人们已普遍对国民公会及其姿态感到厌倦。基本商品的匮乏和指券的贬值贯穿整个夏季，人们在责怪议员们（这并非没有理由）。8月10日举行推翻君主制三周年纪念庆典时，气氛十分冷清。一个暗探记载道："市场上的妇女说，在降低物价上有所行动要比举行无用而费钱的庆典好得多。"[1]制定宪法至少意味着这个国家不久将甩掉国民公会，但三分之二条款又让希望化为泡影。君主派本来希望在选举中展现一下自己的力量，但这一条款同样让他们失去了在不久的将来获胜的希望。9月初，当新宪法和三分之二条款呈交初级选举大会批准时，民众的失望情绪之深已表露无遗。按官方的说法，宪法以105.7万票对4.9万票获通过，但实际参加投票的可能要多出20万人。选民人数少于1793年，但已足够。不过三分之二条款造成巨大骚动。当选举大会考虑这项法律时，它遭到了广泛反对，根据毫无意义的官方结果，在总数为31.4万的登记选票中，赞成票仅略高于20万。几乎四分之一的省反对该条款，在巴黎的48个区中只有一个区表示赞成。巴黎的敌意反映了牧月以来各区遭受彻底清洗后的局面：所有"恐怖"嫌疑犯都在清洗过程中被逮捕，保守派掌握了无可争辩的控制权。在投票反对该法律以后，右派报纸发动了一场声势浩大的攻击，这让国民公会意识到了危险的存在。9月初，它开始采取对抗措施，释放雅各宾嫌疑犯，召集部队前往巴黎。这些举动被视为以武力，甚至以恐怖为支持强行通过宪法的证据，因此只能助长喧闹的抗议声。9月23日（葡月1日），投票结果公布时，一些全票当选的巴黎议员受到质疑，原因是当局没有公布准确的选举数字。于是巴

[1] Schmidt, *Tableaux*, ii. p. 338.

黎西部的几个区开始组织暴动，当地的初选大会拒绝国民公会要求它们解散的指令，并一致谴责国民公会操纵选举。

10月3日，巴黎以西40英里的德勒发生保王派骚乱，随后被武力驱散。次日，骚乱的消息传到首都，有人呼吁所有区的代表聚会商讨协同行动。但后来到会的只有15个区的代表，这本已是不利的兆头，而且会上没有商定任何行动。国民公会迅速宣布这类集会非法，并在全城各要害之处部署配备大炮的部队。即便如此，10月4日（葡月12日）上午，七个区宣布起义并动员它们的国民卫队。当天傍晚，正规军被派往反抗运动的中心勒佩勒蒂埃区，随后双方达成了解除武装和撤退的协定。但协定并未被遵守。次日上午，2.5万叛乱者（大部分来自塞纳河南岸）向国民公会会聚，但被驻扎在各主要桥梁上的部队阻截。这个命令来自议员巴拉斯，这也是26岁的炮兵将领波拿巴的建议。双方的对垒持续了一下午，国民公会的大炮在4点30分开火了。叛乱者没有大炮，因为牧月之后解除巴黎武装的工作十分有效，即使有人拥有枪支也因缺少火药而不能射击。不过，国民公会只有6000名士兵，战斗刚一打响，塞纳河北岸的各叛乱区也出动了部队，双方势均力敌，战斗持续了六个半小时，零星的冲突持续到6日上午。对国民公会来说，它只花了波拿巴所吹嘘的“几颗炮弹”就掌控了当天的局面，但死者超过百人。

这是巴黎最后一次尝试将自己的意志强加给各民族的代表们。虽然部队在牧月之后的绥靖工作中表现出色，但自1789年4月的雷维永骚乱以来，这是军队首次出动镇压骚乱。因此，葡月起义比国民公会的终结和10月27日生效的共和三年宪法更具转折意义。叛乱者的一个明显目的是在预定于10月第二周举行的选举中阻止三分之二条款通过，而叛乱的失败意味着国民公会的500名议员如期在新议会中获得议席（虽然他们当中只有394人是选举出来的）。在新议会中，他们可以延续热月国民公会的精神和政策，直到在1797年春天的选举中变成少数派。第一批督政官也从他们当中平稳选出。由于巴拉斯在葡月的表现，这个油滑的前贵族成为必然的选择。西耶斯在多年谨慎的沉默之后再次出山，但他拒绝主持一个并非自己设计的体制。主席的角色由卡诺担任，他作为军事组织者的声望超越了他的恐怖记录。拉·雷维列尔–乐博、勒贝尔和勒图奈尔仍是难以预测的人物，他们之所以入选是因为其共和主义立场，而他们在这方面的表现远甚于能力的展现。督政官们追随的依然是1795年夏天浮出水面的政策。当雅各宾主义构成威胁时，俱乐部应被关闭，恐怖嫌疑分子应被逮捕，就像牧月之后那样。当保王党分子成为危险因素时，政府就应对资金雄厚的右翼报刊实施监控，而雅各宾派报刊则会得到资助，拘押中的无套裤汉也会被释放，并被鼓励重开俱乐部。对前不久曾遭诅咒的恐怖分子的宽容堪称国民公会对葡月危机的回应，无论是在暴动策划期间还是在暴动之后。实际上，雅各宾派重获好感的流言大大加速了暴动的到来，而且一些新近释放的牧月老兵在巴拉斯的正规军中担任志愿兵。不过葡月之后的镇压还是无法与牧月后的镇压相提并论。当局没有采取措施阻止知名的暴动首领逃离巴黎，被捕者中只有两人被处决。尽管国民公会在宣传中声称大部分暴动参与者就是保王党分子，但事实并非如此。不过有一个事实很明确：暴动者中有很多财产殷实之人，如果新宪法能提供其渴望的安全，他们是能够被争取过来的。因此，葡月之后政府采取的最坚决的步骤不是打击叛乱者，而是打击他们和此前的无套裤汉都曾利用的机构，而后者自1792年以来一直是暴动的发动器。10月10日，各区议会被废除，随之而去的还有它们控制的国民卫队组织。一个新的、受中央控制的巴黎卫队取而代之，该卫队旨在成为政府的工具而非被统治者的工具。不过截至此时，一个具有重要意义的现实已十分清晰：无论是在国内还是在国外，军队成了政府最重要的工具。诚然，宪法规定以首都为中心方圆60公里范围内不得驻扎正规军。但是，由于督政府的领导人没有军事支持便无法使其意旨得以实行，于是他们很快认识到，这个政权的生存同样需要军队的帮助。

11月1日，当督政官们在阴冷而破败失修的卢森堡宫安顿下来时，他们面临的最紧迫难题是经济问题。1795年的收成并没有缓解春天的饥荒局面。冬天的严寒本已让谷物播种推迟，夏季的反常干旱又使庄稼长势不佳。英国的封锁扰乱了海外进口，而国内的优质粮食仍被军队征用。所有的基本食物、蜡烛以及木柴都实行严格的配给制（但黑市交易很繁荣），而11月初出现的霜冻预示着另一个极端寒冷的冬天已经提早来临。除了上述困难，更为严重的是指券走向了灾难性的崩溃。它的价值在督政府初期跌至票面值的1%。一个月后，巴黎的面包为每磅50里弗，黄油为100里弗，咖啡250里弗，肥皂170里弗。一个巴黎人在日记中写道："任何东西都贵得要命。现在没有了秩序，没有了监管，人人都可以出售自己的财物以换取所需的东西……什么东西都缺，冻饿而死的时刻好像真的要来了。主啊，这是个什么样的共和国！最糟糕的是，没有人知道它什么时候告终、如何告终。所有人都饿得要死。"[1]

10月19日，印制指券的印刷所的地板由于业务过于繁忙而坍塌，那里每个月都要印出价值20亿的纸币。硬币已经完全消失。1796年2月，当爱尔兰革命者沃尔夫·托恩到达诺曼底时，他发现铸币竟被拒收，因为人们想当然地认为那不是真的。自夏季以后，地主终于被允许将一半的地租改为实物形式，而宪法中规定的督政官和其他公职人员的工资不是以货币而是以谷物数量为标准。债务人很好地利用了这种局势，因为他们支付给债权人的通货的实际价值要低于票面价值。最大的债务人就是政府自己，需要偿付多少债务它就印多少货币。但政府也是债权人，它征收到的税款都是自己发行的废纸，尽管它试图让纳税人以铸币或实物缴纳半数税额。10月25日的"战争费用"要求纳税人在支付纸币时缴纳核定税额的20倍，此举旨在收回多余的指券，但实际上却于事无补。于是六周后（12月6日）政府发出了强制借用硬币的法令，以便贮藏的铸币重新流通。政府估计可征用6亿里弗，但四个月后仅有1.16亿里弗面世，很多投入流通的硬币最后被兑换成当时重新发行的已贬值的指券。当1796年2月政府最终决定不再印制指券时，仍在流通的指券价值已超过34亿里弗。当月19日，旺多姆

[1] *Journal de Guittard*, p. 575.

广场举行了一次隆重的公共篝火活动，印制指券的印版被砸碎。

不过，就算这次行动取得了成功，回归铸币尚需时日。为了弥补亏空，曾有人提议设立一家土地银行，以仍未出售的国有土地为抵押发行纸币。新任财政部长拉梅尔在1789年之前就与银行界联系紧密，现在他试图组建一个金融家财团，以发起新的举措。但是，自1720年大破产以来，（由于公众的不信任，法国没有国家银行，这种猜忌仍很强烈）尤其是雅各宾派始终对投机行为心存敌意。兰戴领导的一场猛烈的报刊攻击运动使得议会拒绝了拉梅尔的计划，而兰戴本人曾参与共和二年的经济管制工作，如今他掌管着一家报纸——《法律之友》。议会通过的替代方案实际上是更换了名称的指券，即可兑换为国有土地或尚在流通的指券（兑换率为30：1）的“土地券”。它与土地的比值以1790年的水平为准，由于此间几年中投入市场的地产空前庞大，因而土地价值也已大打折扣。另外，土地券的发行量相当于当时尚在流通的指券总面值的3倍。因此，在土地券发行的当天，它的价值就已跌至面值的18%；到盛夏时分，它已经和指券一样成为废纸。当它于7月17日停止作为法定通货时，它仅用4个月的时间就走完了指券5年的历程。不过这几个月是投机者炒作国有地产的好时机，他们买入废纸，在卖出或出租时收取铸币。议员们固然不支持银行，但他们更加不能容忍的是投机倒把者的天堂。按契约于1796—1797年冬天回收尚在流通的纸币的私人公司也获得丰厚利润大财。1797年2月4日，当债券作为通货被正式停止使用时，纸币在大革命中的实验也走到了终点。

投机者利用混乱局面大发横财，而普通百姓只能在第二个罕见的歉收年份忍受困乏之苦，这大大加深了人们的怨恨情绪。群众的不满又成为雅各宾派发展的沃土，他们的影响力在葡月的噩梦之后迅速恢复。8月22日，68名有极左嫌疑的“恐怖”议员被宣布没有资格入选督政府的议会，但他们并没有被排斥在其他政治活动之外。督政府刚一成立就宣布大赦，很多牧月之后被捕的残留人员被释放，他们与这些前议员联合起来，举行经常性的聚会。雅各宾派记者，如兰戴和《自由人报》的出版者迪瓦尔，发现可以利用政府并不轻易发放的资助。他们甚至可以成立一家俱乐部，于是先贤祠俱乐部于11月16日成立，很快便拥有千余名成员。

第二天，上一年最雄辩的报界鼓动家巴贝夫再次出版他的《人民保民官》。尽管很多雅各宾派愿意接受一个至少看来是坚定的共和派政府的好意，但巴贝夫从大赦被释放的那一刻起就毫不妥协。他问道："法国大革命究竟是什么？是一场贵族和平民、富人和穷人之间的公开战争。"[1]在罗伯斯庇尔倒台前，穷人的斗争取得了重大进展，此后就是漫长的退却，现在巴贝夫要更进一步。在被囚的那几个月中，他得出了这样的结论：除非财产被废除，否则人与人之间就没有真正的平等。公有制和财产的平等分配应成为国家的真正目标，为了建立这种国家，必要时刻应采取法国从未见过的激烈的恐怖手段。在此过程中，实行1793年宪法将成为第一步。最直接地拨动巴贝夫及其同代人心弦的，正是这一如今已成为经典的要求，而非正统的共产主义诉求，虽然他是共产主义在现代史上的第一个积极倡导者。《人民保民官》在几周内就卖出了2000份，读者不仅限于巴黎的俱乐部和咖啡馆，还有整个法国北部，乃至更远的外省城镇的前恐怖分子们组成的圈子。报纸发行两期之后，政府试图逮捕它的作者，但同情巴贝夫的无套裤汉将他秘密隐藏了起来，使他能继续出报。巴贝夫的怒火既针对督政府，也针对其雅各宾盟友的反复无常，这就使他一度和先贤祠俱乐部及其他愿意与新政权共存的集团割断了联系。但是，当他的妻子因分发报纸而被逮捕时，雅各宾派的舆论普遍支持他，三周后他的妻子被释放，此事弥合了双方的分歧。1796年2月中旬，在朗读巴贝夫谴责督政官为暴君的报纸时，先贤祠俱乐部的成员报以雷鸣般的掌声。在各个剧院，昂扬的爱国节目也在维系着这种情绪。刚到巴黎的沃尔夫·托恩激动地哭了，他记载道："我以前从来不知道什么叫热情。"[2]由于不懂法语，他

[1] A. Soboul, *Le Directoire et le Consulat*, Paris, 1967, p. 25.

[2] Edited by W. T. W. Tone, *Memoirs of Theobald Wolfe Tone*, Volume 2, London, 1827, i, p. 214, p. 216.

不知道自己参加的那些芭蕾表演实际上是雅各宾派的聚会。兰戴对银行计划的反对，群众对面包和肉类配额持续下降的愤怒抗议，看起来都是对政府的联合挑战。2月10日，在葡萄酒店外排队的妇女嚷道："这个强盗共和国真是下贱透顶，开始它用断头台对付我们，现在它又想饿死我们。但罗伯斯庇尔不会让我们这样受罪的，他只处死富人。这年头，每天都要老百姓的命！"[1]

实际上，与雅各宾派和解以牵制君主派的政策似乎正失去控制。2月27日，局势陡然逆转。当天，5个俱乐部和一家剧院被封闭，其中的先贤祠俱乐部遭到波拿巴指挥的士兵清场。几天之后，各公共职位开始清洗雅各宾嫌疑分子。4月16日，鼓吹1793年宪法的人被判死罪。雅各宾派本来抱有某种与督政府共存的希望，但面对这个新政权的迫害，他们本能地转向了反抗。但典型的无套裤汉"革命日"已经不可能了。过去曾整合群众运动的机构现在已经不存在了，48个区也被12个没有组织的新区取代。巴贝夫在狱中就主张靠政变而非群众抵抗夺取政权。3、4月间，他和一批共和二年的受害者（包括邦纳罗蒂，此人原是恐怖时期的一名中级官员，后因撰写此次密谋的历史而成名）建立了一个起义委员会。委员会的目标是协调首都的"民主派"力量，以图秘密颠覆治安军团。治安军团此时已取代国民卫队，成为维持巴黎法律和秩序的主要力量。联络军事单位的方案也已拟订。按照计划，起义的信号一旦发出便不会面对任何抵抗，因为维持秩序的部队将加入起义。一份"起义法令"已经草拟出来，甚至被印刷出版。它以平等、自由和共同幸福的名义声称：主权已经被一小撮阴谋家（即依然控制督政府议会的前国民公会成员）篡夺，法国的民主派现在要推翻他们并"审判"他们。"平等派"一旦掌权就会推行1793年宪法，安排免费的面包供应，并将执行共和二年的风月法令，将国有土地分配给贫苦爱国者。他们对篡权者也将毫不留情。恐怖时期的一个老手幸灾乐祸地

[1] Schmidt, *Tableaux*, iii. p. 95.

说，人头“就像牛羊下水一样扔到人行道上”。[1]但在这些复仇狂想实现之前，密谋行动被一个成员出卖，巴贝夫和其他平等派首领的藏身之所也被泄露。而且他们失去了行动的最佳时机。4月28日，当治安军团的一些部队发动兵变时，他们还坚持“人民之日”应在5月19日，于是兵变被镇压（最终有17人被处决）。5月10日，巴贝夫和邦纳罗蒂被逮捕，其他平等派也在随后几天被拘禁。被捕者总共128人，其中外省有48人。首领人物被囚禁在坦普尔，就像当初——他们曾大力诅咒关于其记忆的那位“暴君”。

1797年春，在对这些人进行审判前，负责粉碎密谋的督政官卡诺决心不惜一切代价给他们定罪。密谋者中有一人是议员（即在瓦楞认出路易十六的德鲁埃），基于这一理由，这批人被送上一个专门组建的高级法庭。德鲁埃于8月逃脱，但审判工作仍在进行。因为法庭坐落在远离巴黎平民的旺多姆，因而密谋者无法驱使民众采取行动。与此同时，此次密谋的揭发也导致政府对雅各宾派的进一步镇压。在巴贝夫的文件中发现的《人民保民官》订户名单显然为侦讯嫌疑犯提供了一个按图索骥的依据，这些人受到充分关照，并且被清除出所有重要的位置，前提是如果他们占据这种位置。涉嫌此次密谋的治安军团被解散，这是表明政府将完全依靠军队的另一个标志性步骤。但军队可靠吗？巴贝夫和他的同谋者一直相信，军队是可以被颠覆的。在密谋失败后，这种认识仍在雅各宾派的圈子里流传。一万名百无聊赖、军饷低微的士兵就驻扎在马尔斯校场附近的格伦内尔，他们本来就羡慕在意大利取得辉煌胜利的战友们，更何况将军向他们支付的是抢来的硬通货。整个夏天，格伦内尔的士兵中一直都有兵变的流言，而且部队也在定期遣送可疑分子。9月9日，几百名雅各宾派向格伦内尔进军，希望一个龙骑兵团能向他们投诚，但是，他们当中的告密者已经提醒当局，于是士兵拔剑冲向游行队伍。20人被砍成碎片，另外30名

[1] R. B. Rose, *Gracchus Babeuf: The First Revolutionary Communist*, London, 1978, p. 239.

当时或随后被逮捕的游行者在军事审判之后被枪杀。此时巴贝夫和他的同谋被装上铁笼车转移到旺多姆，等待他们的审判虽然不急促，但如督政官们希望的那样面临必然的结果。

雅各宾派的大溃败并没有鼓舞各色保王党人。他们在另外一边的战线也告急。外国朋友要么抛弃了他们，如英国人正在发出和平的试探信号，要么在战场上溃败，如在意大利的奥地利人。在旺代和布列塔尼，奥什对保王党叛乱的镇压已进入最后阶段。白色恐怖仍然笼罩着整个东南部地区，那些过去与雅各宾派有牵连的人仍有性命之忧。在瑞士的英国间谍头目维克汉姆和在意大利的当特雷格仍然抱有这样的希望：在一个家族仇杀早已成为生活习惯的地区，过去一直在进行的无序仇杀将会聚成一场运动。引人注目的是，马莱·杜庞看得更为清楚。他写道："南方处于躁动之中，但这是一种盲目的骚动，它没有目标和手段。"[1]1796年1月，阿尔勒当地的一位评论者说，这里的人民"完全是我行我素，很少关心公共利益，他们染上了一个坏毛病：把重大的民族关怀简化为个人的激情和感受。对他们而言，革命危机并不是有利于或有害于自由的某个事件，而是让一派压倒另一派的手段"。[2]

在这种情况下，君主派把重掌国家的希望寄托在选举胜利上。接下来的选举计划于1797年春天举行，一些非前国民公会成员的议员已经在讨论这样的问题：前国民公会成员数量的减少如何才能有利于君主派。他们定期在城郊繁华的克里希聚会。这个"克里希俱乐部"最初出现于热月时期，在葡月事件过后一度陷入沉寂，这一点可以理解。现在它又重现生机。资金雄厚、直言不讳的右派媒体利用新改组政府的殷勤来强调机会即将到来，这些媒体的某些编辑便是克里希的常客。不过，右派内部并不存在真正的统一，甚至克里希俱乐部也是这样。绝对君主派痛恨立宪派，他们之所以与后者合作仅仅是为了利用后者。而在立宪派内部，有些人希望

[1] M. Lyons, *France under the Directory*, Cambridge, 1975, p. 47.

[2] C. Lucas, in G. Lewis and C. Lucas (eds.), *Beyond the Terror*, Cambridge, 1983, p. 183.

路易十八能作出让步，而奥尔良派则把更多的希望寄托在王室的幼枝上，其代表就是平等的菲利普的流亡儿子路易–菲利普。正统派担心，一个作为弑君者之子的国王对那些依然控制政坛的弑君者而言是颇为诱人的前景，如果他们的共和国倒台的话。尽管如此，到1796年秋天，所有保王党人都相信，事态正朝着有利于他们的方向发展，大多数人都愿为赢得选举而合作，而具体的决策留待以后。报纸和小册子的作者竭力指责共和国如何不济，因为它蔑视法律，但更重要的是它在经济和财政上的无能。同时某种类似于党派的组织也出现了，一些自称为“博爱社”的半秘密的保王党俱乐部成立。博爱社最初出现在波尔多，很快就遍及南方，鼎盛时期在70个省的范围内活动，其中一些博爱社还接受英国的秘密资助。它们的成员自称“秩序之友”，在1797年4月的选举中，这些人竭力挑动和利用即将投票的富人的恐惧情绪。不过他们的努力被一个内部小集团破坏，这批称为“正统之子”的人仍然在玩弄更为暴力的手段。但后者的图谋徒劳无功，这明显体现在年初的一次保王党版的格伦内尔密谋中，当时策反巴黎附近驻军的阴谋被人揭发了。1月底，当特雷格在巴黎联络网的主要代理人布罗迪埃被逮捕，随之入狱的还有组织中的几个关键人物。这些人立刻被送去公审，与此同时进行的还有2月20日在旺多姆开始的对巴贝夫的审判。

共和国面临的双重危险就这样生动地展现出来。此外，政府首次在大革命期间为自己组织了竞选造势活动。根据宪法，每个省都由选举产生的5人行政官管理，他们需接受中央任命的“督政特派员”监督，而后者是以共和二年革命政府的特派员为范本的。西部及罗讷河谷地各省局势动荡，这些地方的省级行政机构从一开始就不是选举产生，而是随巴黎政治天平的摇摆做相应的调整。在1796年的前三个月，11个省进行了完全或部分的人事改组，目的在于清除雅各宾派的影响。次年春天，各地官员接到这样的指示：他们应利用自己的影响力确保选举大会成为坚定的、中间道路的共和派的大会。根据2月25日的法令，流亡者只有被从官方流亡名单上除名才能投票，这就排除了大量流亡者返回参加投票的预谋。而在3月，所有选举大会的全体成员都被要求宣誓保卫宪法，反对君主派和无政府主义者。督政府的这些策略让右派警惕起来。它在报刊上猛烈抨击这些做法，同时右派首领恳求路易十八作出某种姿态，以便在选举大会举行之前争取摇摆不定的有产者的信任。3月18日，路易十八终于从布兰肯堡发出了一份颇为勉强、暧昧不清的宣言，他敦促法国人在投票中坚决反对雅各宾主义。宣言还给人一种模糊不清的希望：《维罗纳宣言》并不是他最终的决定。

共和五年的选举于3月21日到4月9日举行，虽然有些前所未有的举措，但选举还是在公众的冷漠中进行。这是1791年以来历次选举的共同特征。鉴于约234名原国民公会的成员将根据抽签退出议会，这次选举就是要补选这些议席，但大部分有选举资格的选民并没有劳神参加投票。不过选举大会的意见还是很明确的。它们大力反对国民公会及其遗产，因此只有11名即将退出的议员重新当选。它们也反对雅各宾主义，任何具有明确的左派身份的候选人都未重新当选。但它们的投票首先反对的是督政府。在当选的议员中，228人此前毫无政治经验，人们仍倾向于这些人，而不是当局竭力支持的那些心腹老手。182名当选者是保王党人，但这并不意味着他们构成一个统一的党派。他们当中既有人坚定地主张渐进的、立宪主义的复辟，也有像皮什格吕将军一样的人。近两年来，他与路易十八的代理人不时接触，指望通过军事政变来复辟君主制。但是，由于保王党人的到来，督政官们自宪法施行以来一直仰赖的较稳定的多数便不复存在了。面对这种局面，只有吕贝尔提议立即宣布这次选举作废。不过他的同事们觉得，新的多数派的思想立场并不清晰，而且第一次意见测试便证明了它的不稳定性。当轮到勒图奈尔退出时，新议会选举巴特莱米为督政官。此人是位职业外交官，最著名的业绩是1795年的《巴塞尔和约》谈判。他的立宪主义信念并不明确，国民公会之所以会选择他，主要是希望他能帮助结束战争。

当然，所有国内局势的演变都是以波拿巴在意大利的胜利以及（至少是）在德国前线的进展为背景的。《莱奥本预备条约》于4月18日签订。5月20日，新的议会就在条约的影子中开会，它必须为和约的性质确立论调，这个问题立刻成为政治生活的一个中心议题。在与全欧洲作战5年之后，人们普遍渴望和平。当英国人于7月提出谈判时，签订一个全面协定的前景看起来充满光明。保王党人认为，和平将为复辟扫清道路，并会加速复辟的到来，因此他们支持与奥地利和英国的和解路线。务实的卡诺和巴特莱米也认识到：如果不作出明显的让步，和平注定不会长久。他们认为，无论如何都应与新的议会多数建立有效的联系。但另3位督政官（巴拉斯一开始曾表现出他一贯特有的摇摆）认为这种合作只能带来君主派的胜利。皮什格吕已经当选为500人议院的主席，与此同时，督政官们（如果不是议员们）收到了关于波拿巴叛国的致命证据。共和国的一些成功将领不愿亲眼看着他们的战果最终换来的是个国王。这其中不仅有波拿巴，还有驻荷兰的司令官奥什，他希望恢复自己在上个冬天的爱尔兰溃败中被削弱了的声望。在巴拉斯的怂恿下，奥什于7月将军队调入首都周围的宪法区域。在军队的关照下，督政府于14日投票否决了卡尔诺和巴特莱米的意见，决定对政府进行改组，清除了一些最突出的右派分子，此举是在有意挑战议会。右翼媒体开始称呼巴拉斯、吕贝尔和拉·雷维列尔为“三巨头”，而三巨头还开始向雅各宾派示好。巴贝夫最终在旺多姆审判中被定罪，5月27日，他和另一位密谋者被送上断头台。他们将作为雅各宾殉道者而为人铭记（像葡月后的受审者一样，他们在判决宣布时试图自杀），不过其他被告大多被判无罪，于是结束这个事件并为不太极端的雅各宾主义不动声色地恢复声誉便有了可能。但是任何诸如此类的姿态都自然会刺激议会，当时它正忙于辩论如何限制督政府的财政权以及一些有利于抗拒派教士的措施。因此，行政机构与立法机构的紧张关系在整个夏天不断加剧。与此同时，明显已经分裂的督政府内部的多数派正在把越来越多的部队调往巴黎地区。实际上，宣布忠于共和国的军队中出现了一股爱国主义演讲浪潮，但无论是督政府还是将领们都没有采取任何举动阻止这一公开的党派性活动。波拿巴甚至告诉他的部下，如果共和国受到威胁，他们要以“鹰的迅捷”穿越阿尔卑斯山。同时他派遣自己的一位助手奥格罗前去指挥三巨头调遣来的军队。整个8月保王党的首领都在拼命组织抵抗力量。就在议会辩论重建国民卫队的措施时，街道上的非正规武装团伙已经被招募起来，并与奥格罗的部队发生冲突。

三巨头决定迎接挑战。9月3日到4日（共和五年果月17日至18日）夜间，他们命令手下的部队占领巴黎的所有据点并包围立法机构的大厅。接着他们对卡诺、巴特莱米、53名议员（包括皮什格吕）和其他几个著名的右派发出逮捕令，还封闭了大约30家报纸。在军队的监视下，一个从两院精心挑选的符合法定人数的议员开会认可了上述做法。与此同时，巴黎到处张贴揭发保王党阴谋及首次披露皮什格吕叛国行径的告示。但抵抗并没有发生，这次政变实际上没有流血。政变刚结束，被清洗过的议会宣布49个省在该年春天的选举无效，这便造成177个空缺议席。督政府内部的空缺由弗朗索瓦·德·内夫夏托和杜埃的梅尔兰填补，前者是著名的反教权人士，后者是实际上已被果月政变摧毁的宪法的主要设计者。

政变是否已使法国免于复辟？这一点看来还不明确。当然，政变挫败了某些由英国支持的保王党代理人的“宏大计划”，前法官和议员当德烈就是代表，按他的设想，过去几次选举中建立起的立法多数派和不断壮大的温和派舆论将以和平方式召回那位王位觊觎者，但是政变中罹难的确切人数足以表明根本就不存在王党主义的多数派。正如卡诺曾希望的那样，督政府和一个温和的共和派多数建立合作关系是非常有可能的。但三巨头担心密谋活动，将领们担心并蔑视所有温和派，于是他们便走到了一起，在宪法还没有经历第一次真正的考验之前就摧毁了宪法。从此以后，尽管法律仍被遵守，但“第二届督政府”将毫不犹豫地操纵结果或将不合适的结果弃之不顾。这就等于宣布，他们对自己赖以进行统治的制度没有信心。可能他们也很难相信自己的同胞会信任这个制度，或在受到督政府之外的武力威胁时会去保卫这个制度，而这样的威胁两年后真的到来了。

不过，果月事件同时也使政府进入了一个关键性阶段。共和五年（1796年10月到1797年9月）是瘫痪的一年，各种行动都悬而未决。在前半年，即将到来的选举吸引了所有人的注意力，而第二个半年则因为选举的结果而陷入僵局。不过既然此时督政官之间实现了统一，立法机构也毕恭毕敬，政府可以转向在过去的12个月被搁置的各种难题了。

首先，国际局势已经明朗化。奥地利人和英国人都乐于进行旷日持久的和谈，他们认为这样可以从一个分裂的法国那里捞取好处。但现在已经没有这样的前景了。六周之后奥地利人就签订了《康博福米奥和约》，其条款与上年春天在莱奥本达成的条款大体类似。与此同时，英国人收到的和谈条款无异于彻底投降，于是英国在果月政变一周之后中断了谈判。法国全部的战争努力都指向了这个岛国，波拿巴也被从意大利召回，指挥正在海峡边集结的入侵大军。奥什一直把不列颠诸岛视为自己志在必得的猎物，但他于9月底暴死，于是科西嘉人的最后一位真正对手也随之而去。不过，1796年北海的失利几乎让奥什陷于毁灭，而意大利的胜利者可不希望用自己的声誉冒险。荷兰人的舰队是不可或缺的助手，但它于10月在坎培顿被摧毁。在巡视北方各港口之后，波拿巴很快就确信，法国在1798年底之前不可能对英国发动有把握的远征。但是打击英国真的需要正面交锋吗？早在1797年夏天，波拿马还在意大利的时候，他便梦想通过埃及打击英国财富的重要来源——印度。9月，仍在意大利的波拿巴正式提出了这个想法，并转达给塔列朗，后者在移居国外一段时间后于7月再次露面，担任外交部长。1798年3月5日，这位将军和外交部长正式向督政官们提出了远征埃及的想法。自从回国以后，除了在诺曼底巡视部队时，波拿巴表现得很低调，他不愿意摆军人的架子。但是，这样一位战功卓著的将军、一个不止一次迫使共和国的政策朝与督政官们的指令相反的方向迈进的人，他的存在仍让督政官们感到不安。如果他远在埃及，他们会舒服很多，更何况他提议的远征，其规模要小于全面登陆英国的行动，也不会花那么多钱。如果他能成功，英国肯定会从战争中出局。因为它似乎依赖印度的财富，而法国控制苏伊士地峡将会使英国对绕行开普敦的航道的控制从优势变成负担。如果波拿巴失败了，他们就可以除掉他。因此督政府热烈欢迎埃及计划。1798年春天，一支舰队在土伦装备成型，5月19日，舰队载着3.5万人的部队起航。

果月政变也为解决共和国的财政窘境扫清了道路。财政部长拉梅尔历经共和五年的政治风云而继续留任，但纸币崩溃给他带来的问题，其难度并不亚于造成纸币崩溃的问题。贬值纸币的消失引发严重的通货紧缩，因为再次成为唯一法定通货的铸币依然很稀缺。债务人现在无法用纸币来清偿债务，他们无法招架价格猛跌、利率暴涨的局面。在很多地方，以物易物的自然经济看来是唯一可行的贸易方式。税收已改为现款支付，但是，当政府不得不直面因维持战争而欠下的庞大债务时，税款收入却一度枯竭了。1797年前几个月政府采取了各种应急措施，以求从任何可能的渠道增加铸币供应。未来的收入已经以高利贷般的利率抵押预支，国有资产被草草售空，被卖掉的不仅包括刚被兼并的比利时地区的原教会地产，甚至还有前国王王冠上的珠宝。意外横财竟成了主要的收入来源，如来自巴达维亚共和国支付的战争赔款，或从其他被占地区抢来的战利品。德国提供了1600万，意大利总共约有2亿。所有这些再次表明，共和国现在是多么依赖它的将军们。但即使这样依然不够。在通往果月政变的过程中，拉梅尔的工作以及其荒谬的财政应急举措所仰赖的投机者，都曾受到议会的猛烈抨击。主要的批评者被列入清洗名单。在清洗他们一周之后，拉梅尔提出了根本的、决定性的药方，并被督政府采纳。9月30日，国家以一次性支付国有土地购买券的方式削减了三分之二的债务，余下的三分之一被“担保”。自从1770年以来，法国政府还没有宣布过破产（除了1788年8月曾短暂为之）。有一个罕见的共识在经历大革命之后依然延续下来：国家债务是神圣的。如果没有这个共识，大革命本身可能不会发生，这一共识也是对新制度信任的一个象征。果月政变中，抛弃大革命中持续最久的原则看起来像是再次承认原则的失败。痛苦的债权持有人在随后几个月中发现，支付给他们的票据的票面价值一年内贬值60%。不久之后，不再接受这些票据购买国有土地的决定则让它们完全失去了价值。然而，“三分之二破产”每年为国家减少了1.6亿的债务开支，并为持久的财政重建铺平了道路。但这一过程直到几周后（11月12日）才随着“直接税管理局”的设立而开始，此举旨在通过督政府特派员来恢复地方层次的直接税征收。这是旧制度以来的第一个集中化税收机构，并配备了很多经历过业务培训的官员。他们的工作方法是派军队进驻拖欠税款的纳税人家中。1798年还抛弃了另一个大革命的原则，这就是重新开征陈情书中普遍诅咒的间接税。过去，直接税之所以遭人痛恨是因为它效率很高，而现在这种效率成为求助的对象。间接税的课税对象包括烟草、道路交通、法律文件以及门窗。不过议会在盐税面前知难而退，因为盐税是大革命之前最受痛恨的税收，对它的谴责之声犹在耳畔。但这些措施没有一项取得立竿见影的效果。尽管18世纪的最后几年收成不错，商业信心也在慢慢恢复，但要让铸币的流通量恢复到1789年的水平还需要多年时间。国家破产及对公民征税能力的恢复，直接导致有产者集团对国家的不满情绪增长，而国家恰恰希望这些集团成为其主要依靠。

果月之后督政府的政策也不能让这些集团安心。对议会的清洗和宣布选举无效只是意味着持续数月的“督政府恐怖”（按某些人的说法）的开始。针对流亡者的法律再次生效，春季里带着王党主义希望回国的人们要在两周中离开这个国家，违者将被处死。根据这项法律和未曾取消的旧法律，160人在随后的几个月里被处决。当时还有一项谴责全体贵族的法律，根据该法律，贵族仅因为其贵族身份而被剥夺法国公民的资格，这在整个大革命期间还是第一次。不过这项严厉的措施几乎没有被执行过，因为不用说其他人，就连巴拉斯和波拿巴也会因此而成为外国人的。果月政变前，针对抗拒派教士的法律即将被废除，但在政变后重新开始执行。果月政变后的第二天政府即要求教士进行新的宣誓，以表明他们对君主制的仇恨，任何拒绝宣誓的教士都可能被立刻流放到圭亚那。自从1795年春天出现松动以来，有组织的宗教生活在稳步恢复，即使在葡月之后政治向左转的情况下，中央政府在地方也没有足够的权威去阻止宗教生活的恢复。随着共和五年保王党势力的复兴，很多流亡的教士回到法国，很多宗教会众欢迎他们回归并为他们提供生计。但果月政变对他们是个沉重打击，很多没有离开这个国家的教士再遭逮捕，不过被捕者中只有很少的人宣誓仇恨君主制。一万名教士拒绝宣誓，于是他们面临被流放的结局，五分之四的人流放到了比利时各省。在这些刚被兼并的省份，人们很快就发现这种做法太危险，因为大量流放者的到来很容易激怒闷闷不乐的当地人。尽管如此，还是有1400名拒绝宣誓的教士在前往圭亚那之前被送到雷岛和奥莱隆岛。一些教士在前往流放殖民地的路上被英国船只救走，因此最终到达圭亚那的只有230人。在被监禁的人中，很多是年老多病、无法逃脱逮捕的教士，他们死在了雷岛和奥莱隆岛。与此同时，督政官们试图鼓励一些颠覆性较少的宗教活动。当不幸的宣誓派教会的残骸烟消云散时（不过该教会拒绝这样的命运，这主要得益于格雷古瓦的组织能力），反教权主义者拉·雷维列尔转而支持神爱运动。这场运动起源于1796年末，是一种理智化的共和派自然神论，它在非基督教化曾深得人心的那些城镇很兴盛。果月之后，从前的教堂拨给它进行活动，在拉·雷维列尔的关照下，巴黎最好最重要的教堂（一度包括巴黎圣母院）也从事神爱运动。但它从未得到广泛的群众支持，也没有抑制礼拜日活动来支持共和历的旬日。

不过，重新开始的官方反天主教运动受到雅各宾派的热烈欢迎。在18个月的迷惘过后，他们突然再次发现自己受到了温和的眷顾。果月18日，一个来自巴黎东部的自称为无套裤汉的小武装团伙曾自告奋勇地支持政变，不久即被无情地责令解散。不过，当三巨头意识到君主主义已成为主要威胁时，他们又必然向左边寻找支持。毕竟新的选举预计于1798年4月举行，到时国民公会的最后一批“常任议员”将退出议会。如果要避免保王党再次获胜，那些经受过考验的反王党分子应被动员起来。因此，在果月政变后不久，俱乐部再次被允许举行聚会，数周之内，大部分省都成立了“宪法社团”。并不是此间的任何方式都是雅各宾主义的，因为督政官们只是把这些手段看作团结一切可靠的共和派的聚合点。不过一个不可避免的事实是：由于对君主主义的强烈猜忌，大多数准备公开自己立场的人，其履历都与恐怖主义、废除基督教运动或民主制有牵连。同样不可避免的是，由于1794年以来对这些人的不断清洗，如今他们需要在工人中寻找新的信徒。例如，尽管1798年2月成立的埃弗勒宪法社团仅仅致力于“展现自由的民众政府的优点……阐发明智而确定的宪法原则，仅推举品行高尚的、谦逊而正直的开明爱国者担任公共职务”，[1]但当地官员在给内政部长的报告中说：“我承认他们当中有诚实的共和派，但我也听说有些人曾当着100多人的面宣称巴贝夫在旺多姆是被谋杀的。”在新的气氛下，民主派媒体得以复活，它们本能地使用充满社会怨恨情绪的语言，不过这类说法受到严格监控。随着选举的临近，更为直言不讳的宪法社团和新雅各宾派报刊开始被查封，巴黎被查封的社团包括左岸的巴克街俱乐部，这家俱乐部在当时呼吁进行选举改革，以大幅度拓展1795年确定的选举权。

但第二届督政府没有兴趣扩大选举权，它依然试图以体面人和殷实的有产者作为自己的权力基础。问题是，有太多这样的人仍然受君主主义的诱惑。如今需要补选的议席（包括果月政变后空出来的议席）不少于437个，情况比1797年更加危急，因此最无耻的办法是操纵每个环节的结果。当官方的候选人名单拟定后，任期即将届满的议会宣布它有意“核查”选举结果。政府为监控每个省的政治格局采取了细致的步骤，如果选举大会意向不明朗的话，政府支持者和地方官员则被鼓励在会上制造平局，这样议会就可以在各竞争派别和候选人之间进行裁决。1789年以来，这样的竞选平局总会出现在个别地方，但在1798年，四分之一以上（总计27个）的省级选举大会出现了平局，而初选大会上的平局更多。选举结果

[1] I. Woloch, *Jacobin Legacy: The Democratic Movement under the Directory*, Princeton, 1970, p. 197.

表明，压制雅各宾复兴的措施来得太迟了。在很多选区，宪法社团成员大量涌入初选大会，这就注定了督政府候选人的失败，尤其是在巴黎和很多大城市。这样一来，原国民公会成员的表现远好于上一年就毫不奇怪了，他们共有162人当选，其中71名为弑君者。“戴红帽的君主主义”——督政府关于两个政治极端派的邪恶联盟的说法并没有吓倒选举人。但君主派表现不佳，政府的支持者在43个省获胜。选举结果被认可后，核查程序立刻启动，选举平局的裁决工作也已展开。但是复杂的案例实在太多，以至于详尽的核查工作可能要持续到新的立法机构开会之后，而会议的预定日期是5月20日（即共和六年牧月1日）。因此花月22日（5月11日）法令强行作出决定，将127名议员从立法机构中剔除，其中有的人甚至还没有来得及坐上议会的席位。8个省的选举结果被完全撤销，只有47个省（总共为96省）的结果原封未动。19个分离主义少数派的候选人被确认当选，另有一些得票多的人被宣布当选。86名身份明确的雅各宾派当选者和一些新当选的地方官员被称作“花月派”。这就使得督政府能够维持对议会的稳定控制，而且运气也有利于稳固它的权威，最没有能力的督政官弗朗索瓦·德·内夫夏托因抽签退出督政府。代替的特雷拉尔是个著名的反教权主义者，他的到来增强了其他四人的团结。

花月政变不像果月政变那样引人注目，也不如后者那样具有决定意义，大量被认为很可靠的议员一年后开始反对督政官。但在当时，花月政变延续了果月当中确立的行政机构对立法机构的控制，但这一结果的代价是在一年之内第二次否认选民选择自己代表的权利。一些历史学家认为，如果1798年至1799年的议会没有遭受清洗，一个有效的议会反对派便可以发展起来，因为他们觉得，没有明显的证据表明雅各宾派依然以推翻宪法本身为目标（这与一年前的保王党分子不同）。但是，雅各宾派是带有血腥记录的人，这让如今被其斥为寡头的当权者们难以信任他们，让他们在中央权力机构中立足，看来会危及共和派的中间道路，而督政官们认为自己的首要责任就是坚持这一道路。

督政官们要做到这一点并没有多大的困难，两次政变没有遇到抵抗就是很好的说明。首先，当选举结果被否决时，大多数并不情愿投票的选民是不会提出抗议的。1794年至1798年，中央对地方控制的放松使得地方自治得到了某种程度的恢复，而在共和二年，地方自治的丧失曾造成极大的憎恶情绪。其次，胜利之后到来的和平满足了民众的殷切期待。因此在花月政变之后，胜利的督政府可以带着几分信心迎接未来。但实际上，它的信心过分膨胀，不出一年便被成功冲昏了头脑，明知故犯地抛弃了大多数有利因素。

最致命的错误出现在外交事务上。在这个领域，督政府的傲慢表现得无以复加。在击败大陆上的所有敌人之后，法国人逐渐自称为“伟大民族”，本质上优于其他所有民族，因此他们有权按自己的法则行动。波拿巴在向督政府通报《康博福米奥条约》的条款时用布道者的口吻谴责意大利人：“一钱不值的卑劣人民，对自由也谈不上热爱，他们的传统、性格和宗教都使得他们对我们抱有深刻的仇恨。”[1]他后来对督政官们宣称：“你们已经成功地组织起了这个伟大民族，它的辽阔领土之所以界限分明，仅仅是因为大自然本身已经给出了界限。”督政官们也这样认为。在战斗结束之后，他们在别人的催促下行使自己意志的方式只能证实他们的傲慢。在为拟定法国与神圣罗马帝国的和约而召开的赖斯塔德和会上，由于帝国局势错综复杂，各项问题进展缓慢。不过到1798年4月，德国人在法国的恫吓下同意将莱茵河左岸地区并入法国自称的“自然”疆界内，并同意对教会邦国进行世俗化以便对这一过程中的受损方提供补偿。1798年1月，一场由法国支持的政变推翻了瑞士联邦的古老政府，取而代之的是一个“姊妹共和国”：海尔维蒂。8月的一项条约使得法国可以永远自由地使用阿尔卑斯山各隘口。法国在意大利也取得了进展，波拿巴已经证明在那里能够赢得荣誉，因此留在那里的不够知名的将领们急于赶超他们的

[1] *Letters and Documents of Napoleon*, ed. J. E. Howard, London, 1961, p. 205, p. 210.

榜样。果月之后，在督政府重新开始的反天主教运动的鼓舞下，他们对教皇大肆威逼，并将意大利北方的雅各宾分子派遣到教皇的领地上。1797年12月28日，罗马发生骚乱，造成一名法国将军意外身亡。这就成了2月15日法国入侵教皇国的借口，圣城被法军占领，一群雅各宾派宣布成立罗马共和国并立刻得到承认。教皇庇护六世成为囚徒，正是这位教皇对教士公民组织法的谴责加剧了法国的宗教纷争。在随后的8个月中，教皇仓促奔波于各个囚禁地，他的健康状况不断恶化，最终于1799年8月客死在法国境内的瓦朗斯。

这样炫耀权势只会让欧洲，特别是奥地利感到震惊，因为法国在亚平宁半岛的持续扩张看来已经威胁到它在《康博福米奥条约》中得到的意大利领土。但远征埃及比任何其他事件都更为强烈地把震惊转向抵抗。这次行动被设想为无需成本的方案，它最初的军事表现的确令人惊讶。波拿巴于5月17日起航，6月12日占领马耳他，解散圣约翰骑士团，并派法军驻防该地。7月2日，波拿巴抵达埃及，猛攻之后控制亚历山大。21日的金字塔战役中，他击溃马木路克军队，几天之后到达开罗，成了埃及的主人。这是又一个辉煌的战役，但是到8月1日，这一辉煌化为乌有：当天，运载远征军的舰队被纳尔逊粉碎。在英国人的记忆里，这次行动被称为尼罗河战役。英国人本已在1797年撤出地中海，再次向那里派遣舰队无异于赌博。纳尔逊用了数个星期才发现法国人，但是当他找到对手后，他便向世人证明即使是法国最伟大的统帅也并非不可战胜。他将数以千计的法军精锐部队阻隔在东方，并为组建新的欧洲反法大同盟提供了关键的推动力。

土耳其人对这次无缘无故的入侵感到愤怒，这片土地毕竟在名义上还是奥斯曼的领土，于是土耳其在听到纳尔逊胜利的消息后立刻向法国宣战。这个举动在军事上毫无意义，但君士坦丁堡怒不可遏，以致此前不可想象的事情都成为可能。一支俄国舰队通过博斯普鲁斯海峡，前去攻击法国自《康博福米奥条约》后占领的科孚岛。不过，虽然叶卡捷琳娜二世作出了各种姿态，俄国还从未跟革命的法国直接交锋。在她1796年去世后，那位摇摆不定的儿子保罗一世在寻找机会表明自己的反革命立场。保罗曾因为对赖斯塔德和会毫不知情而感到恼怒，这次会议重绘了德国的地图却没有征询他的意见，这就违反了1779年确认的权益。在得知马耳他被攻占后，他更是暴跳如雷，因为他在1797年曾自称为马耳他的保护者。他还对法国人正在波兰制造麻烦的报告感到烦心。于是，当纳尔逊获胜的消息传开后，他急切地宣布参战。那不勒斯人同样如此，法国人占领教皇国及随后的一系列威胁让那不勒斯的波旁统治者深感恐慌，9月，胜利的纳尔逊的到来让他们兴高采烈，纳尔逊催促他们加入正在迅速成形的新同盟。那不勒斯人注意到法国在罗马驻防薄弱，于是他们急切地希望赶在法军增援到来之前发动进攻。11月，那不勒斯军队向北方的新姊妹共和国进军，他们在一名奥地利将军的率领下占领罗马。紧接着他们与俄国人签订进攻同盟条约。但是，在与法军的首次交锋中，他们便掉头逃跑了。法军指挥官尚皮奥内觉得波拿巴式的机会就在眼前，于是一路追击到那不勒斯。12月23日，王室逃离该城，随纳尔逊乘船前往西西里。1799年1月26日，尚皮奥内宣布成立那不勒斯共和国[1]。但他不是波拿巴，而且他面对的也不是1796年那个分裂的督政府。督政府不想建立另一个动荡不安、毫无根基的傀儡国家，因此他被解除指挥权，但麻烦已经铸成。此时俄国向奥地利要求过境权并得到了许可，于是俄军可以前去支持它的南方盟友。当年底，有1.1万俄军进入奥地利。法国人自然把俄国人的到来视为敌对信号，1799年1月2日，他们发出最后通牒，要求俄军撤走。但奥地利人没有答复，战争于3月正式开始。在此前的几个月中，一个庞大的条约网已经把欧洲大多数的独立国家拉入第二次反法大同盟中，弗朗茨皇帝也加入了这个条约网。在赖斯塔德，商讨《康博福米奥和约》最后细节的谈判仍在拖沓徘徊，4月22日，两个法国代表被奥地利士兵砍死。扑灭法国大革命的新战争俨然已经拉开序幕。

[1] 这个共和国的名字来自古希腊时代的一个殖民城邦Parthenope，那不勒斯即由此发展而来——译者注

法国人并不欢迎在一年的短暂喘息之后重启大陆战事。战争的全面展开以海战的大溃败揭幕，这预示着毫不费力便可赢得胜利的时代已经结束了。1798年9月5日，在国际局势风云突变时，《茹尔当征兵法》中的一个说法便可看出新开始的斗争所要求的付出，因为征兵一词预示着某种长期的政策。共和二年以来，兵员数量持续下降。到1798年，在军中服役的法国人只有27万，而为了抵挡上一个反法同盟而动员的兵力超过百万。新征兵法是由瓦迪尼斯和弗勒吕斯的胜利者起草的，它重申了“总动员”的原则，即所有公民在危急时刻都应服从共和国的征召。兵员数量首先按志愿兵计算，如果兵员不足，将征召20~25岁的男青年来补足。根据地方当局拟定的登记表，每年都有“一级”新兵应征入伍。

上一次实行兵役制曾触发旺代的叛乱和内战，而现在实行兵役制的政府持有激烈的反教权主义立场并嘲笑民众的宗教情感。上次应付抵制和战败的一个手段是恐怖。督政府似乎正把大革命拉回到原点，近十年来撕裂了法国，也撕裂了大部分欧洲地区的那些难题，仍然没有获得持久而稳定的解决的前景。在随后的一年中，甚至此前一直支撑和保卫督政府的军队也得出了这个令人沮丧的结论。这时终于可以看到大革命的终结了。

| 第十五章 |

占领下的欧洲（1794—1799）

皮特在1798年春向地中海派遣分舰队的决定是一次大胆的赌博。这需要抽调八艘大型战舰，也会削弱海峡舰队，使其不能对法国西部各港口的已知海军力量形成压倒性优势。当命令于4月29日发出时，英国内阁已经在六周前得知爱尔兰即将发生起义，起义领导人还希望得到法国的援助。法国人在1796年12月证明他们可以避开英国的舰队并对爱尔兰发动一场大规模远征，只是因为坏运气他们才没有登陆。三个月后，一支由被释囚犯和亡命之徒组成的小部队在彭布罗克郡沿海登陆，他们的任务是发动一场英国的朱安党运动。虽然登陆者很快就被围捕，但英国对海洋控制的脆弱暴露无遗。

所有这些都极大地鼓舞了爱尔兰革命者。从1795年以来，爱尔兰人联合会试图建立一个全国性的组织，为此它与前几十年中发展壮大的秘密农业社团网——保卫者联合起来。但保卫者并不关心政治，这些社团起源于乌尔斯特地区争夺土地的宗派斗争，它们一般是农村不满情绪的校正者，所关心的完全是地方事务，但也继承了仰仗法国支持的古老传统。由于人口激增、收成欠佳以及战争造成的经济紊乱，爱尔兰农村生计日蹙，它们觉得加入爱尔兰城市激进派起义计划的时机已经成熟，而后者现在正梦想着民族独立。虽然奥什远征的失败让人失望，但这次行动还是点燃了它们对未来的希望。1797年，宣誓参加爱尔兰人联合会的人数急剧增加。当英国的舰队发生兵变时，他们迫不及待地盼望法国人新的登陆行动。但实际上，这种希望十分渺茫，尤其是在奥什于9月死去之后。不过，当法国远征军出现在班特里湾时，爱尔兰还是没有积极响应。考虑到这一点，就算法国的战略家真的准备作进一步的尝试，他们会希望事先获得关于暴动的切实可靠的证据，而不是口头承诺。就在相互之间的不信任感消磨着爱尔兰革命的希望时，都柏林政府采取了先发制人的严厉措施——解除最危险地区的武装以杜绝任何起义。1797年春，政府开始在乌尔斯特地区行动，它纵容一些军纪散漫的兵痞横行乡间，以鞭笞、纵火和拷打来恐吓百姓。由于搜出的私藏武器十分可观，这些恐怖手法便向南继续推广。爱尔兰人联合会的领导们担心自己的组织在展开行动前就遭破坏，但听到法国人准备在1798年卷土重来这一模糊的消息后，他们还是决心暴动。然而知情者已将他们的计划泄露给政府，3月12日，他们在都柏林的领导人被逮捕。当次级梯队的领导人于5月在莱茵斯特仓促起事时，他们的行动很快就被粉碎了。几周后乌尔斯特的另一次暴动同样被镇压。此时，派系冲突的恐怖气氛已经向南蔓延到威克斯福德，这里本来很平静，谁也没想到会出问题。该地的天主教武装团伙很快便达2万之众，他们屠杀新教徒，而前来镇压的部队甚为不堪，也被他们赶跑。一支衣衫褴褛的暴动部队向北进军，但他们的行动没有突破地域局限，只是在醋山扎营。在猛烈的炮击之下，起义者部队瞬间土崩瓦解，此时距离威克斯福德暴动仅三周。到6月底，暴动基本结束，大势已去。但是，暴动成功的消息此时才传到巴黎，为了调动力量支援暴动者，各种孤注一掷的尝试都提了出来。8月22日，一支刚刚超过千人的小部队终于在遥远的梅约郡的基拉拉地方登陆。随后数百名爱尔兰人加入队伍，虽然不信神的法国人对自己被爱尔兰人当作圣母玛利亚的士兵这一现象深感困惑。当这支部队向内地深入并接近据称爱尔兰人联合会成员众多之地（康诺特地区成员稀少）时，它还在一些小冲突中取得了胜利。到了9月，驻爱尔兰的政府军已达3万，其中三分之一的部队于9月8日在巴里纳马克与安贝尔将军对垒。后者在抵抗之后投降了。与此同时，从法国出发的另一些规模更小的远征军进展也并不乐观。这其中包括沃尔夫·托恩的行动，他被俘后戴上镣铐押往都柏林，他后来引颈自刎，逃脱了被处决的命运。

1798年的爱尔兰起义没有任何真正的成功机会。爱尔兰大部分地区没有受到影响，而涉足其中的大部分人对其法国盟友的事业的认识极为模糊。后者在1798年既没有资源也没有信心去支持爱尔兰，尽管它希望爱尔兰能同英国分离，或如很多人梦想的那样，至少成为英国的旺代。在这革命的十年中，爱尔兰暴动算是规模最大的亲法起义了（如果不算1794年波兰反对列强瓜分的斗争的话）。这既让统治爱尔兰的新教势力感到恐惧，也让他们在伦敦的支持者十分担心，后者一直没有什么可兴奋的事情，直到10月初传来纳尔逊胜利的消息。另外，爱尔兰暴动中的死难者虽然不能与1794年11月4日华沙密集的大屠杀暴行相比，但它在三个半月的时间里仍造成3万人罹难。这与法国恐怖时期的数字相当，而且历时较短，更何况爱尔兰的人口仅为法国的六分之一。即使暴动以这样的或更小的代价获得成功，起义农民、受教育的城市领导者及其法国盟友的目标也并不清晰明确，或者说，他们彼此之间很难兼容。爱尔兰人联合会的密谋者喜欢作这样的设想：一旦法国的解放者帮助他们获得自由，就会任由他们主宰自己的命运。1796年7月，沃尔夫·托恩告诉一位法国将军："如果我们成功的话，法国人毫无疑问将对我们政府的措施有十分巨大的影响，不过，如果……他们明智的话，他们就不会打算进行任何直接的干预。"[1]托恩至死仍抱有这种乐观看法，但他没有考虑到将军那并不乐观的答复："情况可能必须如此，像现在的荷兰就是这样。不过即使在荷兰，如果没有法国

[1] *Memoirs*, ii. pp. 25–26.

持续的监护，荷兰人可能又被执政者扭断脖子了。”

在法军到过的地方里，荷兰是个独一无二的地区，当地同情法国、支持革命事业的人众多。1787年以后，爱国党人被赶入地下，普通百姓则对前来支持威廉五世的英国和普鲁士士兵无法无天的行径感到愤慨，于是大家都欢迎最初作为解放者到来的法军。1795年的惩罚性和约是一个很大的冲击，如今在荷兰掌权的那些人曾寄望于该条约发生影响力。当自由、平等、博爱的标语被从整个法国的墙壁上刷去时，第一个姊妹共和国仍在使用它们。它正着手制定一部比古老的乌德勒支联盟更合理、更民主的宪法，但决定制定宪法的方式就花了一年时间。在法国不断施压之下，他们最终达成的意见是，制定宪法的应是国民公会，而不是传统的等级会议。因此这个制宪机构于1796年选举产生，但很快就因单一制国家的支持者与联邦主义者之间的争吵而陷入僵局。更为激进的派别支持单一制，但思想更传统的议员反对，于是辩论僵持不下。这时各爱国俱乐部试图以颇为奏效的巴黎方式来向国民公会施压。这类做法中有一些引人注目，其中一次是5月阿姆斯特丹的国民卫队的兵变，它针对保守的市政当局。这次行动被成功制止，没有酿成死亡事件，但此时巴贝夫密谋恰好在法国暴露，这让占领军对荷兰激进主义提高了警惕。正如几周后沃尔夫·托恩被告知的那样，法国对巴达维亚加强控制显然很有必要。从那以后，法国便持续向荷兰施加压力以支持单一制方案，法军也日益明显地在各大城市的街头出现。所以，在1797年5月提出的宪法草案没有体现联邦主义的要求。在8月的全民公决中，这部宪法没有取悦任何人，而法国大使的公开赞同则注定了它的命运。宪法最后以108 761票反对、27 955票赞成而被否决。于是政府只得再次选举国民公会，让其重新开始工作，但它很快又陷入僵局。不过此时法国的果月政变已经排除了督政府和议会中的谨慎派，因此伟大民族更想在被保护者面前展现自己的权威。荷兰舰队在坎培顿被摧毁之后，巴黎对于无能的巴达维亚人的蔑视之情只会进一步加剧。果月政变本身就是走出政治僵局的优秀样本，最终也被效仿。1798年1月22日，在法国人的策划下，被军队包围的国民公会驱逐了22名联邦主义者，其他人除了抗议，无能为力。一个临时督政府宣布成立，以处理宪法生效前共和国的事务。这样一部宪法的草案实际上已经准备就绪，接下来的几周只是对草案做了一些细微的修改。4月，新宪法再次进行全民公投，这一次它以153 913票对11 587票获得通过。

这样，在法国征服两年之后，荷兰的旧制度终于被肃清了。等级会议及其代表的各省，都与执政制度一起告终。随之覆灭的还有一度很强势的行会、永久性的寡头市政议会以及建制教会。如今的巴达维亚共和国由八个大致相等的省构成，是一个统一且不可分割的国家。国家的立法机构采取两院制，由全体生活自立的男子选举产生。立法机构可以挑选5人督政官的行政机构。这部宪法比18世纪90年代法国的任何一部宪法都更民主。不过荷兰人在1789年之前实行某种代议制已达数世纪之久，因此宪法起草者很有信心超越新手，虽然是新手给他们发展自己传统的机会，他们不确定的是如何获得同胞的长期支持。1月时，被清洗的人还在监狱里，他们在全国各地的支持者被系统地排除出任何有影响力的岗位。5月，在法国的支持下，宪法制定者们决心用巴黎的国民公会在推行共和三年宪法时采用的办法来保障他们的宪法，即由他们继续担任议员。他们下令，第一次选举只能改选三分之一的议员，其他的议员由他们组成，即被视为已经当选，结果引发骚乱。在荷兰，出版自由是早已确立的传统，如今报刊开始抨击新督政府的无耻行径。在巴黎看来，荷兰人似乎再一次在建立革命政权的稳定性上遭遇失败。法国政府刚刚在国内的花月政变中处置了雅各宾主义的复兴，它当然也急于遏制国外的激进主义行为。法国政府抛弃了一年来在海牙为法国策划阴谋的大使德拉克鲁瓦，在野心勃勃的荷兰将军邓戴斯发动反对巴达维亚督政府的政变时，亦未表示反对。5月16日，邓戴斯公开与他的政治导师们争吵，随后就大肆招摇地前往巴黎游说更高的权威当局。当他于6月1日返回时，已经是万众爱戴的英雄，新政权的各色反对派都为他欢呼，新任法军司令茹贝尔也知趣地为他让道。6月12日，邓戴斯及其手下清洗督政府，逮捕了立法机构中最爱说话的成员。出人意料的是，邓戴斯自己并未掌权，而是立刻把权力交给1月被监禁的议员。这些议员也否认自己有长期连任的意愿，只是号召举行选举。到7月底，新的立法机构已经开会。巴达维亚共和国的宪政生活终于开始正常运转了，定期选举一直延续到1800年春巴黎的另一个新政权对这种状况不满意之时。

如果不是法国因为战事再起在别处碰到麻烦，这种宪政生活是否能在这段时间内延续很值得怀疑。荷兰的政治生活仍然动荡多变，这个共和国始终没有达到伟大民族在各个小姊妹共和国那里期待的支持和恭顺的标准。就荷兰的情况而言，人们越来越不认为能从国家与法国的关系中获得很大好处。一份创办于1798年夏的温和派爱国党人报纸质问："时至今日，人们从1795年冬栽种的自由树上采撷了多少果实呢？说实话，没有多少。"这些年来税收加重了，陆战溃败之外又有海上的失败。1799年8月，当哗变的荷兰海军残部向威廉五世之子所在的一支英国舰队投降后，英俄联军在荷兰北部登陆了。虽然荷兰仍按1795年的条约支付2.5万军队的军饷，当时驻扎在这个共和国的法军只有1万人。尽管如此，法荷联军还是击退了入侵者，迫使后者撤退。他们为此进行了两个月的战斗，而且英国人的表现无愧于无情掠夺者的称号。然而，同英国的战争也摧毁了荷兰的贸易，海外殖民地被无情地毁灭，共和国的各个港口也被封锁。两个世纪以来，这个国家建立起的许多工业都依赖殖民地产品，如今这些产品的供应要么完全断绝，要么代价高昂。造船业和所有与之相关的部门都潦倒不堪。这就是与一个决意进行战争的大国结盟、与英国断绝关系的代价。另外，法国也没有为他们带来任何补偿性的优惠。占领军经常目无法纪，其要求总是让人难以接受，直到1797年，它一直用毫无价值的指券来支付征用的财物。从商业方面来说，这个姊妹共和国除了兄弟般的情谊没有得到任何好处。高关税壁垒将荷兰的工场排除在欧洲最大的自由贸易区之外，也割断了1795年失去的荷兰领土与其古老的经济伙伴之间的联系。这些混乱造成的失业让一度令全欧洲艳羡的济贫体制不堪重负。被解散的教会申请资金维持运转，而此前它的开支是有一部分用于慈善事业的，牧师也不再是理所当然的救济协调人了。在较大的城市，四分之一到一半的居民需要申请救济，市政当局为此债台高筑。即便如此，民众的需要也未得到满足。一位英国旅行者在一个以前很繁盛的渔港看到的只有“贫困和衰败。港口里挤满了无人使用的渔船……码头上野草蔓生，无论我们走到哪里，都有成群凄惨的乞丐纠缠着要我们接济”。[1]

18世纪至19世纪之交，种种不幸已经使人们对法国的友谊和保护产生了普遍的幻灭感，但还没有出现要求断绝关系的重大举动。纵然有可能拒绝对一个不可一世的伙伴所负的条约义务，但实际上他们不可能有这样的选择。如果没有一支规模大得不可想象的忠诚可靠的军队，中立也是无法维系的。当共和主义失败后，召回奥兰治亲王是个很自然的解决办法，但这意味着屈从于英国，而且威廉五世从英国发出的宣言比路易十八还要强硬。1799年入侵荷兰的英军指挥官在报告中称，没有任何确切的理由让其认为荷兰人会热切地盼望奥兰治亲王，他比海牙的督政官更像他人的傀儡。这或许是因为，虽然巴黎的政局变动每每会引起新一轮的干涉，但大多数时间内，荷兰人可以按自己的方式处理内部事务。不过很难说在法国人占领的其他地方，情况也是如此。

法国革命军最早征服的是比利时，在1792年至1793年第一次占领期间，杜穆里埃的部队把比利时当作敌人的土地，极尽盘剥利用之能事。1793年春法国兼并比利时的法令来得太迟了，不久奥地利重新占领该地，因此法令没有产生任何影响。当法军于1794年6月返回时，比利时的待遇仍然像是敌对地区而非被收复的共和国土地。对于重新兼并的利弊，巴黎当然是有争论的，但与此同时，比利时再次遭受残酷的剥夺。当地人必须缴纳战争税，必须向占领军提供食品等物资，而给他们的补偿（如果有的话）像往常一样，仍然是指券。7月11日，卡诺在比利时宣布，法国人

[1] Schama, *Patriots and Liberators*, p. 370.

必须“竭尽所能占有物资……剥夺这里……因为这是一个效忠于皇帝的国家，它有很多东西可以用来补偿法国”。[1]任何对法国人战争有用的东西都要征走，军用征收的总额定为10 900万，不过这个目标远未完成。为协调劫掠行为而设立的“贸易与索取局”的名称便能说明问题，这个机构的贪婪甚至让特派员都感到难堪。众口一词的抗议（用的是法国人也能懂的语言）成了耳旁风。到1794年底，巴黎的决策者开始意识到，这种政策带来的长期后果可能远远大于短期效益。1795年2月，贸易局被解散。8月设立了九个省作为政府行为的渠道，不断尝试改革（无论是奥地利还是“爱国党人”的）的10年中留存下来的区划和司法版图最终趋于合理。在新的区划边界和司法管区公布时，抱怨之声不绝于耳，不过相对上一年的混乱和敲诈，情况有所好转，因此新的组织措施很快得到广泛认可。但是，在引入法国式的行政管理制度之后，所有人都知道下一步是什么。法国已经获得莱茵河口以南的一小块荷兰土地，并强迫巴达维亚共和国同意重新开放斯凯尔特河。封闭斯凯尔特河是1648年的《威斯特伐利亚和约》中的一个条款，此举旨在打击尼德兰南部（即比利时，当时的西属尼德兰），特别是安特卫普的出海贸易。虽然卡诺等重要人物曾警告说，1793年宣布的自然疆界等于无休止的战争，但让这片无人地带留在新获得的土地之外仍不能接受。于是，国民公会在1795年10月1日下令将比利时并入法兰西共和国，这是它最后的法令之一。

物资征调和苛重的捐税此时已停止。比利时人成了自由国度的公民，并可享有一切好处。爱国党人很快就克服了不许重建独立而带来的失望感，并投身新秩序的运转工作。但是，随着一些更具争议性的法国法律的逐步引入，他们觉得自己日益成为一个孤立的工具，而他们服务的这个国家不仅仅是要进行行政重组。首先，比利时的行政官员有责任推行法国的宗教政策。法国人在征服期间并非没有注意到比利时百姓那举世闻名的虔

[1] J. Godechot, *La Grande Nation* (2 Vols., Paris, 1956), ii. p. 541.

诚，虽然在剥夺教堂（特别是修道院教堂）中的奢华装饰时难免发生渎神的暴行，但官方政策还是克制的。当共和国正式放弃非基督教化政策和做作的自然神崇拜，并宣布自己保持宗教中立时，比利时人觉得安心了。然而，由于以教会地产为抵押的纸币一路狂跌、无法控制，法国的统治者贪婪地盯上了尚未触动的比利时教会地产。于是，1796年9月，大部分修道院被解散，其地产被投放到市场上。修道院里的上万居留者被扫地出门。与此同时，教区神父失去了登记出生、结婚和死亡的职责。但是，被没收的土地却不容易找到买家。1797年，当新的省份第一次参加法国的选举时，比利时的右派候选人得势，这反映了人们对于上述政策的敌意。果月政变使得选举结果无效，接着比利时教士又因为被要求宣誓仇恨君主制而感到深受屈辱，很多人拒绝宣誓，尤其是在弗拉芒语地区。果月之后的督政府对这些抵制很不耐烦，于是它采取特别措施清洗这场运动中推定的领袖人物。近600名比利时抗拒派教士被判流放，他们的圣俸当然也没了。旺代的错误正在重现，因为这里的教区神父的权威和声望同样很强。1798年9月的《茹尔当征兵法》为旺代画面的再现添上了最后一笔。在征兵法开始实施并将体格强健的弗拉芒农民征入法军部队时，骚乱于10月初爆发了，截至月底，骚乱发展成全面的叛乱。

由于北方存在着驯服的姊妹共和国，比利时各省的驻军都很虚弱，而且也没有想到要去维持内部秩序。因此当最初的骚乱于10月底被遏制时，西部又出现了新的叛乱。当时英国人就在附近的海岸外巡航，形势显得非常危险。内地则聚集了一支农民军，最多时兵力达到1万人，他们在绘有红十字架的白旗的指引下进军。虽然英国人通过走私向他们提供装备，农民军的装备仍然很差，也没有从社会上层吸引什么领袖人物，加入他们中间的城镇居民也不多。在占领城镇后，他们会在军队到来与自己匆忙撤退之前烧毁档案，砍倒自由树，洗劫官员的寓所。他们相当自觉地以旺代叛乱者为榜样，但也和后者一样缺乏长远目标。虽然有人高呼“皇帝万岁”，但大多数人用的标语是“为了土地和宗教”。他们只希望能与自己熟悉的神父继续平静地生活，自己的儿子不要在遥远的战场上为了一个再次沉浸在渎神狂热中的共和国送死。不过他们没有旺代人那样凶狠，造成的流血情况非常少。当时在南边的卢森堡发生的另一场起义也是如此。但是法国人的回应并不是那么绅士。法军机动部队对叛乱地区的袭扰坚持到11月底，12月5日，农民武装的残部在哈赛特被包围。由于农民军没有骑兵，被法军骑兵砍死的人数超过700人，其他人则像朱安党人那样四处躲藏。1799年7月底，最后一批叛乱者被抓获，公开的反抗结束了。紧接着是严厉的镇压，手执武器的叛乱者被枪杀。这场叛乱共造成约5600人死亡，比利时的教士（总共7500名）被大批流放。被捕者总计不超过500人，但威逼措施根本不利于同叛乱者的和解。民众对征兵的消极抵抗仍在继续。比利时各省的征兵计划原为2.2万人，但到1799年底仅完成了5千多，而且兵员主要来自城镇。

因此比利时的农村仍没有屈从于法国的统治，城市的回应方式则更注重实效。虽然税收比奥地利统治时期提高了50%，而且经济出现了相当大的混乱，但自由进入法国国内市场还是让人看到了形势趋稳时恢复元气的机会。一年后这些机会成为现实。直到1814年之前，比利时的工业都没有受到战火的影响，而且可以从战争中获利。比利时的市民可不像农民那样不愿意购买国有化的教会地产。在弗拉芒语地区，他们前所未有地接受了法语。但他们对公共事务不感兴趣，仅仅满足于由法国官员管理，就像约瑟夫二世改革之前由帝国官员管理一样。他们对法国人的感受并不比从前的奥地利人坏，如果在1799年之前没有法军六年的抢劫和掠夺，巴黎统治下的和平岁月可能是另一番景象。

1795年10月1日，在兼并比利时的法令发出时，提案人杜埃的梅尔兰还建议兼并整个莱茵河左岸地区。这个地区毕竟还在自然疆界之内，而且也被法军占领。很多地方在1793年就被兼并，正如比利时一样。但是，有人曾以兼并比利时会无限延长战争为由表示不满，现在他们认为兼并莱茵地区将更为不利。奥地利人已经放弃比利时，因此只有英国反对这次兼并，但由于英国在大陆没有立足点，它的意见可以被忽略。但是，在莱茵地区有领土利益和要求的国家不可胜数，抹平这一地区将在较长时间内树敌无数。利用这块被占土地作为换取持久和平的筹码要好得多。另外，法国在当地的代理人也不能确信兼并真的能带来好处。驻桑布尔-默兹地区的占领军的文职官员写道："所有人打心底里厌恶我们，他们只热爱自己的神父、诸侯和皇帝。我们跟他们打交道就像是对付被征服的敌人……此外，将这一地区并入法国究竟为了什么呢？"这样的看法在1795年占据主流，因此莱茵地区仍处在共和国的边境之外。1797年春，曾有人建议成立"莱茵河内"姊妹共和国。这个主意来自奥什，当时他控制着莱茵河，正在寻找机会平衡波拿巴日益增长的个人领地，于是便想到创建一个自己的傀儡国家同阿尔卑斯山南共和国竞争。这个想法因奥什于1797年9月死去而告终，同月，自然疆界论的主要反对者卡诺也被排除出督政府。在剩下的督政官中，来自阿尔萨斯的吕贝尔一直主张兼并莱茵地区，但他的要求也没有立刻得到满足。虽然奥地利在10月的康博福米奥条约中承认左岸地区属于法国，但神圣罗马帝国（包括在左岸地区拥有领地的普鲁士）的认可要留待赖斯塔德会议解决。直到1798年12月，法国才靠威胁获得这一认可。但直到法国于1801年战胜第二次反法同盟，认可仍然是临时的。实际的兼并工作在这之前很久就开始了。1798年1月，被占地区分为四个省，此后这里几乎完全被视为法国的一部分。

但莱茵地区与比利时不一样。在法国人到来之前，它并没有抵抗现存权威的历史。这里也几乎没有地方雅各宾派或同情大革命的自封爱国党人，因此难以依赖这些人的合作。这里没有以法语为母语的居民，懂法语的人也很少。尤为重要的是，莱茵地区作为战争前线的时间长短与敌对行动持续的时间等同。当比利时的驻军缩减到几千人之后，这里还要长期负担庞大的法国军队。比利时经受的军事剥削持续了三年时间，但在德国，这种不幸的日子至少要长一倍。18世纪90年代以前，莱茵地区繁荣富庶，但遭受了反复的、有步骤的财富掠夺之后，它已变成一具虚弱不堪的空壳。因为法国政府无法为驻军买单，于是它积极怂恿当地驻军就地谋生。

一名在莱茵地区作战的老兵回忆说："我们没有任何财政来源……我们没有任何行政组织来应对军事征调工作。我们不得不为生活而竭尽全力，不得不依靠我们能在当地找到的资源。但这些资源很快就耗尽，特别是在军队来回穿越该地好几次之后……部队的困境可以想见，它只有靠打家劫舍才能生存下来。"[1]

对一支机动部队有用的所有东西都被拿走：马匹、草料、马车、粮食、牲畜。部队驻扎在居民家中，并毫无愧疚地抢劫虐待自己的房东。体格强健的男子和男童被调去强迫参加劳动，如挖掘防御工事、构筑营房。更有秩序的局面的到来仅仅意味着剥削变得更为体系化。强制性借款和军事税收就在此时实施，军事征调现在有了付款，不过支付的是指券。当然，用指券缴纳新税是不受欢迎的。莱茵地区通往被兼并的道路（即比利时的解决方案的道路），只是加剧了法国的德意志臣民的困难。1798年7月，法国在莱茵河沿岸设立关税所。这一举措无异于将一条连接两岸的商业大动脉变成一条分隔线，就像在尼德兰南部一样。莱茵当地的评论者指出，此举比任何其他措施都更有效地疏远了莱茵人与法国统治者，唯有走私者能获得些许好处。不过沿河两岸的居民很多成了走私者，与海关官员的持续冲突使得他们对新秩序的敌意制度化了。

在革命之前，莱茵地区的经济生活很大程度上以服务于教会诸侯的奢华宫廷为中心，如特里尔和科隆大主教及其所在的"驻跸城市"。法国的入侵永久性地摧毁了这种模式。主教诸侯、宫廷及主教堂教士都逃亡向莱茵河另一边，他们的财产和土地则被入侵者没收。数以千计的人在一夜之间失去了工作，因为奢侈业和服务业是这些小都城的经济命脉。即便是希望从众多教会地产的世俗化中牟利的人也失望了。法国人将付给前领主的封建捐税一直维持到1798年春天，因为这项收入实在太丰厚了，政府无

[1] T. C. W. Blanning, *The French Revolution in Germany*, Oxford, 1983, p. 87.

法为了普遍原则而牺牲它。什一税同样如此，不过其征收不再是为了供养教士，而是为了养法军。正如在法国一样，当什一税于1798年3月被废除时，一笔与此相等的款项被加在了地租上。因此，教会及其建筑和习俗遭受的亵渎没有得到任何补偿，而作为亵渎者的侵略军总是非基督化的最后堡垒，尽管这场运动在法国已经结束。1797年以后，当地的法律逐步与法国的法律一致化，但是，当时督政府推行激烈的反教权政策，因而莱茵天主教信仰特有的宗教游行活动被禁止。这些政策首先打击的当然是教士，而法国人对他们是抵抗运动的主要头目的猜疑也完全被证实。在整个占领时期，德国神父被驱逐、流放和逮捕。尽管规模比不上比利时，但足以长期维持信众的怨恨之情。

不过，莱茵地区没有发生类似于比利时和卢森堡的群众起义。关于这些起义的传言很快就于1798年秋天传到德国，不过引发的结果是出现大量违反和无视法国权威的行动。自由树被砍倒，官员受到恫吓，鼓舞善良的德国人挺身反抗压迫者的煽动性传单四处流播。当局的确很惶恐，但当地没有出现全面的反叛。这里有太多的法国士兵，而且比利时事件中最后的败笔——征兵——并没有被引入这块还不完全属于法国的土地。德国人的方式是消极抵抗，这种方式足以让法国官员将莱茵的某些地区比作旺代。1792年来到这里的一位法国将军报告说："我还没有发现某个地区确实是希望自由的。"[1]五年后局面没有丝毫转变。一位民事官员警告说："绝不要期待得到一个渴望奴役的人民的好感。"显然，大革命甚至对语言作了篡改，如果法国人在德国的统治经历是自由的话，语言也就失去了普遍接受的意义。

在一次又一次针对立法机构的政变之后，步履蹒跚的伟大民族仍然认为，自由只能属于法国人。不过，当它面对拥有自己独特传统和自由话语的人民时，一些特别的问题出现了。荷兰人就是一个例子，瑞士人是另

[1] T. C. W. Blanning, *The French Revolution in Germany*, Oxford, 1983, p. 304.

一个例子。瑞士联邦是一些主权邦国的松散联盟，各邦国在所有方面都是不相等的。它的复杂程度非笔墨所能形容，而且也没有一个中央权威来赋予它条理性。因为任何这样的权威都会给每个邦国那种自负的自由设置难以忍受的限制。在瑞士人的鲜活记忆中，没有任何外部威胁致使他们产生这样的想法：这种权威因为某些其他原因可以设立。直到1796年，欧洲各大国中没有谁垂涎这一重峦叠嶂的欧洲心脏，而且它也没有重大的战略意义。法国人对意大利北部的征服使局面发生了转变。瑞士雄踞阿尔卑斯山各隘口，而这些隘口如今已成为连接法国与其附庸国及波河平原最方便的通道，当时波河平原已是法国重要的外国战利品来源地。较为敏锐的瑞士人立刻意识到，这意味着法国对其事务的干预将日益加深。为了不致受人支配，巴塞尔市政贵族的一位领导人彼得·奥克斯提议，联邦应改组为单一制国家。这就不可避免地采用很多法国式的制度和原则，放弃很多神圣的传统和自由。但是，如果瑞士不在某种程度上模仿法国，它可能会任人宰割而无能为力，宰割者不仅仅是法国，同样也可能是它的竞争对手奥地利。实际上，康博福米奥条约墨迹未干，督政府就把注意力转向了瑞士。流亡巴黎的拉哈尔普一直赞成法国的干预，为的是解放受讲德语的伯尔尼监护的法语区沃州。于是他敦促吕贝尔邀请奥克斯前往巴黎商讨瑞士的改革事宜，当时的督政府已经把瑞士的体制视为“各种没有任何联系的政府的胡乱拼凑，有的是寡头制，有的是民主制，但所有政府都是专制的，是法兰西共和国的敌人”。[1]当奥克斯于1797年12月抵达巴黎时，他发现波拿巴也是会谈的参加者。人们请奥克斯为“统一而不可分割的”瑞士共和国起草一部宪法，而这个共和国将在瑞士人听到来自法国的信号后发动起义推翻旧体制时诞生。这个信号就是法国兼并瑞士北部和西部的偏远地带、牟罗兹和日内瓦城。

1798年1月28日，牟罗兹城被如期兼并。3月26日，日内瓦紧随其后。

[1] R. R. Palmer, *The Age of the Democratic Revolution, ii: The Struggle*, Princeton, 1964, p. 413.

在巴塞尔和苏黎世的内地发生反抗城市统治的农村起义的同时，沃州爱国党人宣布不再受伯尔尼支配。但是，除了巴塞尔之外，这些事件都与建立单一制共和国无甚关系，它们主要涉及一些很古老的矛盾。沃州的起义者宣布成立袖珍的“莱芒共和国”，但对更大范围的忠诚他们毫不在意。另外，除了巴塞尔之外，城市贵族对于镇压叛乱者都表现出始料未及的劲头。法国人不得不直接介入。2月份，布吕恩将军接到了占领伯尔尼的命令，混乱随之而来。最初给布吕恩下达的命令是建立至少三个单独的姊妹共和国，国家的划分应大致符合语言区分。在天主教山区，农民在神父的带领下反抗法国侵略者，数百人被杀。在巴黎，惊恐的瑞士爱国党人抗议说，只有一个单一的、中央集权的姊妹共和国才有望长期遏制此类暴动，督政府对他们的呼吁作出了让步。3月22日，布吕恩宣布成立海尔维蒂共和国，并宣布奥克斯及其法国合作者起草的宪法为该共和国的宪法。他没有召集会议来批准该宪法，而荷兰的例子表明，这种做法很危险。23个大小相等的州、两院制立法机构和5名督政官组成的立法机构就这样确定下来。一个月后立法机构开会时，奥克斯成为了参议院主席，但只有10个州派出了代表，其他的州拒绝接受一个未与它们商讨的制度。法军再度介入，强迫它们就范。这个新国家的第一次国际行动是于8月2日同法国签署一项条约，条约同意法国永久使用阿尔卑斯山各隘口，并确保法军在可预见的未来留驻瑞士。

海尔维蒂共和国不是一个被征服的敌人（如荷兰），而是一个无法根治法国占领军造成的持久破坏的国家。在奥克斯和拉哈尔普的压力下，督政府承诺不强行征调。但是，瑞士各大城市丰厚的公共金库却被没收，用以支付驻意大利军队的开销，并装备正在土伦筹备的埃及远征军。战争税还是开征了，而且像别的地方一样，抢劫只是间或得到控制。早在1798年6月，在法国人的坚持下，两名督政官被撤换，原因是他们对其保护者采取了不合作的态度。但到1798年底，法国人甚至无法担负起保护者的责任——11月，奥地利军队占领东部各州。几个世纪以来，瑞士首次成为战场。很快俄国人也在瑞士的土地上作战。法国人要求瑞士征召1.8万民兵作为法军的辅助部队，然而，尽管奥克斯和新共和国其他缔造者表示支持，立法机构却拒绝了这一要求。议会只同意成立一支志愿军，而且人数绝不可达到要求人数的四分之一。瑞士人依然记得在法国服役的最后几个瑞士军团的悲惨命运，1792年8月，它们在杜伊勒利宫惨遭屠戮。不过在别的方面，新的权威机构很愿意听从法国的指导。共和国宣布了大规模的合理化方案，包括废除内部通行税和关税壁垒、行会和职业团体、什一税以及封建捐税。教会地产交由国家控制，修道院禁止招募新的见习修士。在新教地区，这些措施深受赞许但影响甚微。但在天主教地区，这则引起很深的怨怼情绪，这样的地方包括一些最遥远的山谷地带，那里的自治传统在欧洲最具民主色彩。有个山区神父宣称："新宪法试图抢走我们的神圣宗教、我们平静地享受了数百年的自由，还有我们远在天国的祖先留下的民主宪政。"[1]1798年5月，瓦莱州的农民组织了一支小起义军，虽然很快就被法军肃清，但游击战仍在继续，而且很不好对付，特别是当战斗深入乡间并不引起法国人优先考虑时。在游击战地区，最初禁止征调的法令很快就被破坏，于是前来保卫共和国的法军与敌军几乎没有分别。而敌军就是1799年从东部穿越蒂罗尔边境的奥地利军队以及从意大利经阿尔卑斯山口源源不断地涌入的俄国军队。

决定瑞士命运的是波拿巴对意大利的征服。瑞士改组的模式同样来自意大利。然而，当1796年春天法军穿越阿尔卑斯山时，虽然已经有了第一个姊妹共和国——巴达维亚共和国，但似乎没有人（甚至包括波拿巴在内）想在别的征服土地上建立类似的附庸国。在首次横越阿尔卑斯山的征途中，波拿巴横扫皮埃蒙特的维克多·阿玛多斯三世的军队，这位国王的一小批赞同法国理想的臣民在阿尔巴宣布成立共和国。但他们被忽视了，波拿巴只关心从军事博弈中排除皮埃蒙特军队，于是他与战败的国王签订

[1] R. R. Palmer, *The Age of the Democratic Revolution, ii: The Struggle*, Princeton, 1964, p. 417.

了停战协定，后者则可以腾出手来对付那些反对自己权威的叛乱者。的确，在1795—1976年冬天，在邦纳罗蒂的协调下，流亡法国的各色意大利人都齐声歌颂“解放的”意大利的前景。他们试图让督政府相信，自己可以在皮埃蒙特组织一次起义，以推动法军的进展。但是，1796年5月，邦纳罗蒂涉足巴贝夫密谋一事被揭穿，这使督政府对他和他的朋友失去了信任。无论是在被占地区还是在法国，他那激进的社会和政治观念都会带来危险。督政府不无根据地担心，意大利亲法派真正同情的是雅各宾主义和共和二年的理想，而不是督政府的温和取向，这种情况将妨碍法国在第一次占领的三年期间的规划。法国人同样有充分根据地认为，意大利雅各宾派得到的群众支持微乎其微。一位领事在波拿巴胜利的前夜报告说：“共和派的意大利根本就是不可能的。人民完全没有接受自由的意向，他们也无法享有自由的福祉。鉴于他们的堕落，我们所能指望的唯有源于胆怯的沉默和源于恐惧的尊重；他们咒骂我们的原则，因为这有悖于他们的激情和偏见。”[1]不管怎样，督政府入侵意大利的战略仅仅是占领它、剥削它，并利用它在最后的和约中交换莱茵地区。

不过，在伦巴第，欢迎法国人的群众比法军侵略过的任何地方都更多，除了荷兰共和国。在各城市中，中产阶级知识分子热烈欢迎外来干涉，他们认为这是打破最近教会和贵族对意大利生活的强力遏制的工具。自1748年以来，意大利经历了前所未有的半个世纪的和平与相对繁荣。意大利北部的思想生活也兴盛起来，改革派君主，如托斯卡纳的利奥波德和他的长兄约瑟夫二世皇帝（统治米兰公国）的举措使得很多有思想的意大利人深信：启蒙运动很快就会在整个半岛取得胜利。但在18世纪90年代早期，这些希望已经破灭。约瑟夫已经死去，利奥波德返回维也纳继承帝位，不久也撒手人寰。而且，随着可怕的消息从法国汹涌而至，改革终于被抛弃，政府对独立的精神生活严加控制。帕尔马和那不勒斯的波旁君主

[1] Blanning, *The French Revolution in Germany*, p. 330.

国已陷入歇斯底里的境地，教皇则诅咒改革是对信仰的威胁。对资产阶级激进派来说，更为不祥的是，这场反动浪潮显然得到了某些群众支持。当利奥波德二世离开托斯卡纳时，兴高采烈的骚动者高呼“玛利亚万岁”！他们驱逐利奥波德安排在教会中的詹森派教士，并重新请回改革派试图禁止的神像、圣骨和宗教装饰品。

但在1796年，当法军源源不断地进入伦巴第平原并粉碎所有前来阻止他们的奥地利军队时，垂头丧气的意大利知识分子兴奋不已。他们深信入侵者将会支持他们。在逃脱皮埃蒙特的迫害之后，阿尔巴共和国的流亡者便尾随波拿巴踏上了胜利的征途。与此同时，追随波拿巴的雅各宾派粗暴地废黜了当地的统治者，并宣布了自由平等的法则。波拿巴到达米兰时，发现一个俱乐部正在等待迎接他。这个俱乐部拥有800名成员，其中大部分是律师和商人。不到一周，这个“自由平等之友社”就开始出版自己的报纸了。又过了几个星期，它开始倡导一个当时大部分人都认为是乌托邦的理想：意大利的统一。波拿巴知道如何利用这些情感和表达情感的工具。在5月1日发出的一项声明中，他谴责了国王、富人和特权者，并含糊其辞地提到了实现“伦巴第的独立，此举将给它带来幸福”。[1]但是他补充说，如果法国军队不能获得它已无法取得的供应，它便不可能实现这些崇高的目标。因此这些原属奥地利的省份被要求为法军的开支提供“微不足道的捐助”，米兰的新当权者们则被委以收取此项捐助的任务。

对意大利及法国的意大利友人的不可避免的剥夺就这样开始了。当这支破衣烂衫的军队攻入世界上最富饶的平原时，它的将军曾以无数的战利品为许诺，如今他打算信守诺言，至少对自己的部下要这样。波拿巴在声明中提到的“微不足道的捐助”是指2000万的战争税。与此同时，军队所到之处，食品征用也无情地展开。他们为储存抢劫来的粮食和葡萄酒而专门设立了物资仓库，此外还计划建立容纳4000头牲口的围栏。各地

[1] *Letters and Documents of Napoleon*, p. 122.

市政府的金库被没收，意大利各城市中别具一格的公共当铺中的货物也遭到搜刮。法军还满心欢喜地破坏托斯卡纳的中立，借口是莱霍恩贮存着大批英国货物。英国人事先得到警报，并以惊人的速度从水陆两栖撤走了大部分货物，但这个城市的其他物资被洗劫一空。艺术品被成批从教堂和宫殿中搬出，然后整车装船运往法国。此外还有金银，仅1796年一年，波拿巴上缴给巴黎的金银价值大约4500万里弗。米兰当局每月靠非常规征收获得100万里弗，有了这笔钱，波拿巴才能以硬通货为士兵支付薪饷，而在当时的法国，硬通货已经完全绝迹。至于征调的物资，如需有偿付款也是用信誉扫地的土地券来支付。不消说，这位司令和他的主要副手也发了大财，但抢劫行动很快就遭到抵抗。5月25日，愤怒的农民推翻了帕维亚的雅各宾行政当局，这个机构本是法军如成群的蝗虫过境时建立起来的。在战斗前线发生变化时，被过分的反宗教暴行激怒的起义农民便开始行动了。波拿巴不得不转而对付起义，他下令对该城进行24小时无限制的抢劫。其他的抵抗不那么引人注目，但更难对付，因为它们大多发生在农村。大多数城镇都有雅各宾派的活动中心，这些人在开始时是打算欢迎法国人的，他们还与法国人合作，组织对同胞的掠夺活动。但在农村，法国人完全被视为目无神明的外国强盗，乡民一有机会就对其进行抵抗、伏击和骚扰。1796年夏天，整个伦巴第平原到处是农民暴动，有的还曾歼灭零星的法军部队。不过这些行动基本是地方性的，从未汇聚在一起，而战线的来回推移使得交战各方的士兵都成了农民的敌人。

即使在城市中，雅各宾派与法军的蜜月也未能长久延续。在6月被法军占领的教皇领地博洛尼亚和费拉拉，两年来镇压颠覆分子留下了深刻的反教会情绪。在博洛尼亚，最后一次处决就发生在法军到来前两个月。因此博洛尼亚的雅各宾派受到鼓舞，他们决心为自己的邦国起草一部独立的宪法，在当年余下的日子里，他们满心感激地为此忙碌着。最终的草案严格地以共和三年宪法为基础，这并不奇怪。但在米兰，躁动不安的激进派并没有获得这样的自由。5月底，他们成立仅两个星期的俱乐部被解散，只能在两个月后出现的“爱国社”中再次举行谨慎的聚会。9月，俱乐部经波拿巴批准后重建，不过名称被改为“文学与公共教育科学院”。但是，当它为召开志在使整个意大利获得新生的国民大会而展开活动，并采用有别于法国的红白绿三色徽时，法国再次进行抵制。无论是巴黎的督政府还是波拿巴本人，都对意大利的统一不感兴趣。11月，奥地利的新攻势可能会赶走法国人。在这种情形下，这家俱乐部准备在法军撤走时接管政权。有人组织了在市中心栽种自由树的集会，并以法律形式宣布伦巴第国家的独立。但奥地利人再度败北，法军的控制较以前有所加强，它粉碎了这场运动及发起该运动的俱乐部。

这时波拿巴意识到，漠视意大利人的这种理想就是背弃法国最可靠的给养源，如果可能的话，意大利爱国党人的能量应被利用而非排斥。基于这种考虑，当年秋天，他鼓励在博洛尼亚、费拉拉和摩德纳（这个公国也被法军攻占）被法国当局扶上台的人采取共同行动，以对抗地方保守势力的抵制。12月底，这些人的代表在雷焦举行会议，并宣布成立一个统一且不可分割的波河以南共和国（奇斯帕达纳共和国），对此波拿巴并未提出异议。实际上，为了加快新国家的宪法起草，他还亲自参与。这部宪法最终于1797年3月27日公布。就这样，第一个意大利姊妹共和国诞生了，并得到了教皇的承认。根据2月的托伦蒂诺条约，这个国家很大程度上正是依靠教皇的让步才得以建立的。

看到这些进展，伦巴第的激进派的热情日甚一日，尽管波拿巴拒绝他们派代表参加雷焦会议。波河以南的人们采用的新三色徽以去年冬天米兰的三色徽为榜样，他们还建立国民卫队或“意大利军团”，为新的国家提供武装支持。在伦巴第人看来，所有这些都清晰地表达着同样的理想。根据新宪法于1797年4月举行的首次选举严格参照法国的模式，但选举结果也同样令人吃惊。由于教会的巨大影响，大量保守派当选。对此波拿巴也颇感意外。从2月以来，他一直忙于从阿尔卑斯山谷地向维也纳方向对奥地利人做最后的追击，所以无法控制意大利人第一次自由的意见表达。

他抱怨说："像伦巴第一样，波河以南共和国三四年内还需要一个临时政府，以便用这段时间削弱教士的影响力。否则，赋予自由就等于一事无成……不过……我的第一个步骤是合并伦巴第及波河以南共和国，建立一个单独的临时政府。"[1]这番话是5月1日写下的。几周之后（6月29日），阿尔卑斯山南共和国建立，短命的波河以南共和国被并入其中。

在巴黎看来，此举就像是蓄意制造一个附属于个人的被保护国。这个将军以专横跋扈的姿态给这个国家制定宪法，整个夏天他都在显贵簇拥的蒙贝罗宫中颁布各种政令。所有这些都表明，他为这个目标早有预谋。但实际上，波拿巴的上述想法可能更多是无计划的，在他行动的每个阶段，战略上的考虑压倒一切。波河以南共和国是抵挡来自南方的攻击的缓冲带，它有可资利用的自然边界。在伦巴第还没有类似的战略行动，直到奥地利人被驱逐出曼图亚。这次行动之所以意义重大，是因为与威尼斯领地接壤的法国占领区的东部和北部边界纯粹是管区界限而没有任何战略价值。威尼斯在这场冲突中保持中立，但是，由于它横跨奥地利与意大利的主要联系通道，因此在整个战争期间，它的领地都是重要的战场。当波拿巴前往北方的莱奥本时，他在贯穿整个陆地的交通线沿线留驻了守军，但不久后方爆发了针对这些守军的激烈行动。4月17日，暴动达到高潮，维罗纳有400名法军被屠杀。作为回应，波拿巴向威尼斯总督和元老院发出令人毛骨悚然的威胁。不过，当奥地利人在莱奥本谈判中要求法国对他们在比利时和伦巴第的损失作出补偿时，这些骇人听闻的暴行成了绝佳的外交筹码。威尼斯将被交给哈布斯堡家族，但其边缘地带的一些土地应割让出来，以巩固法军在西部的征服成果。因此，当阿尔卑斯山南共和国于两个月后诞生时，它至少在东部已有一条连续的边界，即阿迪杰河一线。对此奥地利人表示接受，他们在10月的《康博福米奥条约》中获得了威尼斯的剩余土地。

[1] *Letters and Documents of Napoleon*, p. 186.

在这种条件下，建立统一的意大利姊妹共和国便顺理成章了。另一种选择，即把被占领土并入法国，但这可能很难行得通，而且会激怒法国的意大利友人，看情形他们已经足够愤怒。意大利人希望按波河以南共和国的方式起草自己的宪法，但宪法是波拿巴给他们指定的。除了那些最温和的人士，所有人都被排除在新国家的权力部门之外。7月9日颁布的新宪法尽管规定的是选举制，但波拿巴下令，为使军事体制向宪政体制的过渡“免于混乱及震荡”，他将在宪法实施的第一年中任命所有的行政及立法机构成员。该宪法只维持了14个月，共和国的寿命仅比它长7个月。在存在的那段岁月里，共和国成了一个笑柄，原因既在于法国人对其盟友的剥削（当法国人的征调开始时，一个瑞士官员抱怨说：“我们可不愿意变成山南人。”）[1]，也在于当时激进派的骚动。来自威尼斯、皮埃蒙特、教皇国和那不勒斯的雅各宾流亡者很快会聚到了米兰，他们一直为意大利共和国、出版自由、反教会和反贵族的立法躁动不安。在意大利时，波拿巴尚能果断处置这类行动。宪法没有关于俱乐部的明确条款。1797年11月，人们仿照果月之后的法国成立宪政协会，于是数天之后，俱乐部就被当作“无政府主义者”的温床封闭了。一个月后，当波拿巴离开时，俱乐部重新开放，但这时它已成为波拿巴所担心的各种观点和言论的宣传工具。米兰的雅各宾派梦想着意大利的共和二年以扫除一切障碍，这一点再清楚不过了。一个热心的妇女甚至声称，谁要能提着教皇的头自己就嫁给谁。法国强加给这个最年轻的姊妹共和国的条款步步都在为自己盘算。1798年2月，双方签署同盟条约。条约规定2.5万法军将驻扎在这个共和国，并由共和国承担费用。条约还规定，共和国自身应征召并维持一支2.2万人的部队，而这除非采用必定会招致民怨的征兵制，否则根本不可能实现。法国货物享受优惠关税，而英国货物则被完全禁止。如果考虑到这个共和国是法国的创造品，并且它的生存完全仰赖于法国，这

[1] Godechot, *La Grande Nation*, ii. p. 563.

样的条款也许不是那么不堪忍受，但在很多人的意识中，这样的条款让人难以接受。米兰和其他城市的俱乐部谴责这一条约，而立法机构则拒绝批准。最终它们还是让步了，不过让步并非发生在巴黎的命令发出之前，当时阿尔卑斯山南共和国的大使曾在巴黎暗示“山南的果月”。于是，在1798年4月，这个共和国的议会和行政机构被清洗，大部分波拿巴任命的保守派被排除（这让他大为光火），得势的是那些更同情俱乐部中的激进派人士。

统一意大利的呼声再度高涨。由于各个孤立的姊妹共和国散布在整个半岛，统一的问题便更加紧迫了。古老的城市共和国热那亚难以抵挡法国的势力。1797年6月，在热那亚爱国党人和他们的法国伙伴的起义被镇压之后，这个国家被改为利古里亚共和国。新共和国的宪法就地起草，并在12月的全民公决中通过，这与阿尔卑斯山南共和国的经历恰成对比。同月月底，罗马的一场骚乱造成一个法国将军意外死亡。惊恐万状的法国大使、波拿巴的哥哥约瑟夫逃往佛罗伦萨。果月政变以后，法国的督政府再次涌起反教权主义情绪，下令入侵托伦蒂诺条约留给教皇国的那点残山剩水。因为教皇没有军队，1798年2月10日，法军未经抵抗即占领罗马。5天之后，一小批雅各宾派宣布成立罗马共和国，但这些人并非罗马本地人，而是来自北方各姊妹共和国的冒险家。法军指挥官当即承认这个共和国，教皇被流放。但是，直到一场群众起义，即所谓“罗马晚祷起义”于2月25日被镇压之后，这个新国家才算稳定下来。在这里当然不可能由当地意大利人起草自己的宪法，巴黎派来了一个法学家委员会。他们设计了一个充斥着罗马术语的结构，如执政官、元老院和保民官，但其体制是现代的、巴黎式的。像山南的宪法一样，宪法实施的第一年也是任命而非选举官员。没有法国司令官的许可，任何事情都不能通过。此外，这位司令官还有权制定任何他认为合适的法律。这一规定最为露骨地表明，意大利各新生共和国的存在首先是为了伟大的法兰西民族的方便。

这一点突出体现在姊妹共和国星群中的迟来者的待遇方面。热那亚人是传统的国际银行家，利古里亚共和国被视为这一角色的继承人，于是法国对它的第一个要求是贷款80万法郎。当议会拒绝这个要求后，法国大使策划了一次政变（1798年8月31日），清除了主要的反对者。当米兰的骚动仍在持续，而且受到4月清洗之后掌权的激进派的鼓励时，巴黎再次向其代理人施加压力，要求他们维护自己的权威。1798年6月，一位新大使被告知，阿尔卑斯山南共和国的目的是“完全服务于法兰西共和国的利益，帮助它成为整个半岛的所有政治纷争的仲裁者。阿尔卑斯山南共和国必须强大到对我们有用，但绝不可强大到对我们有害”。[1]因此，一些更为保守的、敌视意大利统一观念的人士应该上台。于是有人提出了一部以罗马共和国宪法为范本的新宪法，它将选举权严格局限在纳税最高者的范围之内。布吕恩将军被责令以武力确保宪法的实行，但这违背了他的意愿，于是他事先透露了宪法的内容，米兰和巴黎顿时开了锅，在巴黎，重新抬头的雅各宾派担心这部宪法是在为法国的宪政改革做实验。尽管如此，宪法还是于8月30日通过，布吕恩被责令确保这一变更在初选大会中获得批准。但是，他获得认可的行动是从政府中大量驱逐温和派。这是在蓄意违抗巴黎的命令，实际上也是阿尔卑斯山南共和国在一年之内的第三次政变。他被召回在所难免，而第四次政变也接踵而至，8月30日的宪法最终确立下来，12月，雅各宾派再次被驱逐。这一次的反响变弱了，因为第二次反法联盟战争已经开始，它的结局左右着所有姊妹共和国的命运。

实际上，最初的枪声在意大利响起。11月12日，那不勒斯军队入侵罗马共和国，两周之内占领它的都城，并受到激动的群众的欢迎，因为共和国十个月来的反宗教暴行让他们深感憎恶。在这段时间里，教堂被洗劫，宗教兄弟会被解散，新的修道立誓被禁止，很多宗教机构被关闭。在一个以宗教和旅游为唯一资源、成群的穷人依赖教士施舍的国家，这些改革无疑是灾难性的。新政府的纸币几乎刚一发行就开始暴跌，于是困难进一步

[1] Godechot, *La Grande Nation*, ii. p. 465.

加剧。几周之后，重整旗鼓的法军发动反攻，将入侵者赶回那不勒斯，更糟糕的情况发生了。再次露面的罗马雅各宾派比以前更为好战，他们禁止任何公开的宗教活动，限制宗教圣职的授任，并进行强制借款。法国人的敲诈也加强了，其总价值可能达7000万。

这种统治模式已经没有时间推广到最后也是最短命的姊妹共和国，即尚皮奥内于1799年1月26日在那不勒斯宣布成立的那不勒斯共和国。这时法国的督政官们已不再需要这样的卫星国了。由于奥地利人和俄国人准备进军瑞士和意大利，法军的战线已经拉得很长，风险很大，因此贫穷而遥远的那不勒斯王国的战略价值很有限。尚皮奥内了解这一点，在费迪南德四世的军队逃跑之后，他很满足于签订停战协定，该协定规定他占领北方各省，但不包括那不勒斯城——这个意大利首屈一指的最大城市。他的全部要求是应防止纳尔逊及其英国的分舰队登陆。但是惊慌失措的国王和王后放弃了那不勒斯，与纳尔逊一起渡海前往西西里。这时那不勒斯激动暴躁的穷人，即臭名昭著的拉扎罗尼，拿起武器开始对抗法国人。整个城市陷入混乱，最后贵族被私刑处死，王宫也被洗劫一空。自从俱乐部于1795年瓦解，这个城市的雅各宾派经历了三年谨慎而默默无闻的蛰伏期，如今他们再度兴起，并呼吁尚皮奥内介入那不勒斯的局势。尚皮奥内无法抗拒这一赶超波拿巴的良机，但是，当那不勒斯共和国的蓝、红、黄三色旗终于在该城上空飘扬时，1000名法军和3000名拉扎罗尼人为此送命或受伤。雅各宾派临时政府着手起草宪法，但一个致力于“公共教育”的俱乐部拟订了一系列乌托邦改革方案。然而，当尚皮奥内以十足的波拿巴风格驱逐一名批评他的文职特派员之后，他失去了信任并被召回。他的离职是督政府时期文官对武官的最后一次胜利，但这次胜利未能坚持到底，因为军事法庭在6月宣布尚皮奥内无罪。然而，他在南意大利创立的共和国此时已经消失，俄国人到达了伦巴第。为了防止被分割包围，那不勒斯的新任法军司令麦克唐纳放弃该城向北急行军。他的合作者唯一可以依靠的兵力是驻守在各要塞中的100名法军。这支力量足够控制拉扎罗尼，但它肯定不能与正在向那不勒斯进发的南方保王党部队匹敌，这支“基督教神圣信仰军”的领导人是好战的教会王公卢佛枢机主教。

卢佛是卡拉布里亚人，曾服务于教廷，但在那不勒斯宫廷更受优待。在与王室一起逃往西西里的船上，他主动请缨，要赶在法国人到达之前让自己的家乡举起义旗。费迪南德四世觉得自己已没有可失去的东西，于是答应了他的请求。2月7日，卢佛和他的少数随从举着绘有十字架和王室徽章的旗帜在卡拉布里亚登陆。数周之内，他的追随者发展成为一支总数1.7万人的军队，并控制了整个意大利西南角。不久，邻近的阿普亚和巴西利卡塔省也落入他们手中。卢佛的策略是有针对性地利用社会对抗情绪，因为这个地区刚刚遭受自然灾害，人口过剩、贫困现象十分严重，而且不堪间接税和封建捐税的重压。他宣布废除间接税和封建捐税，而那不勒斯的雅各宾派只是在玩弄观念，于是人们得出这样的推论：法国人和他们的朋友代表的是富人及有权势者。他还激发农民对城市根深蒂固的反感，因为他知道，虽然不是所有城里人都是雅各宾派，但所有雅各宾派都是城里人。像所有地方一样，政治标签与当地长期存在的数不清的对抗和旧仇宿怨紧密相连，并为继续这些对抗和仇怨提供了依据。“神圣信仰”军的行动是一场农民的反叛，如果在其他情况下，它很容易成为反对波旁政府的斗争。像其他叛乱一样，它也是混乱无序的，其动机和影响主要局限于当地。卡拉布里亚的法律和秩序数十年未能恢复。尽管如此，还是有很多叛乱者准备和卢佛一起向防御空虚的那不勒斯进军。6月13日他们到达那里，同日英国舰队从海上威胁该城。随后的一个星期是混乱的围城战和无政府状态。失控的暴行让卢佛深感恐惧，他记载说：“老百姓，以及前来为国王作战的很多非法之徒……肆无忌惮地抢劫。所有体面人都逃离了这个国家。我们老实一点的士兵会站在门口制止抢劫，但起不到作用。抢劫往往以雅各宾为借口——但这是抢劫者的说法，实际上，他们常常为了打劫而称呼有钱人是雅各宾派。我发现小地方也是这样。他们一边高喊

‘国王万岁’，一边啥都敢做，不用担心惩罚。”[1]

他可能没有想到之后的残酷报复，但他的国王、他那胆小的哈布斯堡王后以及王室的英国顾问们则不同。他们要求有人为与法国合作付出代价，王室回到那不勒斯后，公审就开始了。结果120名雅各宾派被绞死，1100多人被监禁。

现在，整个意大利都在反抗法国及其被保护者。当反法联盟开始调集军队时，法国入侵者试图控制整个半岛。在此前的战争中，皮埃蒙特已经被法国或法国控制的土地包围，并于1797年10月被迫同法国签订同盟条约。次年6月，法军进驻都灵的内城要塞，并在那里怂恿当地支持者从事反对这个君主国的活动。在阿尔卑斯山南共和国的修道院被解散后，法国人要求出售它们在皮埃蒙特的地产，于是事情演变成了危机。国王查理·埃曼纽尔四世拒绝这一要求，除非他能收回都灵的内城要塞。法国人的回答是要求更多的军事方便。当国王坚持立场时，法军便占领了整个国家（1798年12月），并迫使国王逊位。他规劝自己的臣民服从法国人，然后前往岛国撒丁，因为这个地方仍属于他。皮埃蒙特的爱国党人欢欣鼓舞，但为时不长。1798年2月，一次精心操纵的全民公决同意法国兼并皮埃蒙特。对于南方的托斯卡纳，当时他们还没有考虑使用这种解决方法。但是，随着战事在春天重新开始，法国人觉得他们必须占领这个地区并攫取其尚未动用的资源。1799年3月，法军开进托斯卡纳，大公费迪南德匆忙逃往维也纳投靠自己的兄弟。然而，法国人刚刚控制该地就面临挑战：外部有奥地利–俄国军队的进攻，内部有当地民众的反抗。

反法起义席卷整个半岛，尤其是在法军过于分散的兵力集中收缩到北部时。总的说来，在这动荡不安的十年中，这些起义很可能是对法国大革命及其原则的最重要、最引人注目的批判和否定。对于作为起义主力军的意大利农民而言，法国人意味着军事掠夺、抢劫以及沉重的课税。一个十

[1] Acton, *Bourbons of Naples*, p. 389.

分常见的情况是，虽然法国人在谴责封建主义时口若悬河，但他们还会继续征收地主的各种捐税，因为这是很方便的收入来源。更糟糕的是，法国人还亵渎宗教，因为他们抢劫教堂、蔑视宗教习俗和信仰。波拿巴曾意识到这些做法可能带来的危险，而且像他这样的将军不止一个。对于为数众多的高级教士和愿意与他们建立有效关系的教士，他们殷切地寻求这些人的支持，并且分发宣扬自由、平等以及和基督教完全相容的布道的传单。但是他们无法控制士兵的日常行为，后者从自己在国内外数年的历练中得知，教士是大革命最顽固、最善于潜伏的敌人，士兵时而出现的渎神冒犯行径就是这种意识的表露。最后，法国人还代表着雅各宾派的统治。在农民眼里，这些富有的念过书的城里人更关心的是为自己揽权，通常还显摆一下无端而过火的反宗教情绪，他们并不关心乡下人认为重要的问题。农民知道，这些人掌权要归因于法国人，他们为了保持权力而对侵略者俯首帖耳，并且会利用权力来发财，如剥夺教会与独占收益。法国人通常把意大利的农村叛乱比作旺代，或称呼叛乱者为朱安党人。宗教和物质利益方面的双重怨愤，乡村与城市的对抗，使得意大利的起义者与法国国内的那种反革命典型确实有很多相同之处。

但是，并非所有反对法国统治的人都是农民。法国的占领、抢劫和敲诈也为城市生活带来严重混乱。在1798年的罗马和1799年的佛罗伦萨，“玛利亚万岁”的反法口号响彻城市上空。不过，在城市中，地方性冲突通常也构成抵抗运动的基础。在托斯卡纳，攻击教会引发的怨气可追溯到18世纪60年代。由于法国人及其仆从没有取消自由贸易政策，在人口激增的城市，生活品价格一路走高，民怨沸腾，这种情形同样可以追溯到60年代。至于犹太人，所有雅各宾派都曾保证改善他们的尴尬地位，但在法国人撤走后，他们也受到群众的攻击。实际上，到1799年，越来越多的意大利雅各宾派也在背弃自己的恩人。雅各宾派从来就不是团结的。各地的温和派只希望重新开始18世纪80年代的稳定而有序的改革，在半岛的各个邦国，他们同急于谋求统一（必要时可使用恐怖手段）的激进派展开了斗争。在法国人掌握了控制权之后，一直受挫的激进派于1798年开始制定雄心勃勃的密谋计划，有时他们还与法国的反督政府雅各宾派协调步骤。1798年10月，督政府的一个消息灵通的代理人写道："毫无疑问，此刻正在酝酿一个刺杀法国人的庞大阴谋……一些恶棍正在策划一起反对意大利各政府的新的西西里晚祷起义。很多人都听说过这些阴谋，但这些可怕计划的某些内容仍不为人知。它涉及的是如何对这个深受憎恶的民族发动更为致命的战争，如果斗争再次开始的话。"[1]在皮埃蒙特，密谋者甚至已经着手争取农民的同情。1799年2月，虽然密谋者的动作被发觉，但朗格地区的农民还是在法国人即将兼并之前发难。不过极具反讽意味的是，他们不是以宗教物品为标识和象征，而是举起了雅各宾派殉道者勒·佩勒蒂埃和马拉的小像章。

因此，当共和七年于1798年9月开始时，在法国人及法国大革命渗透的大部分地区，如比利时、卢森堡、瑞士和意大利，都发生了对法国人及其革命的群众起义。1796—1798年，一场新的骚动席卷遥远的俄罗斯大草原，这也许与关于遥远西边骚乱的谣言有关。但是，唯一重大的亲法起义发生在一个法国人还未到来起义就已结束的地方，而且，即便是在这里，爱尔兰的农民也对法国人的主张没有任何认识。安贝尔的一个军官评论说："上帝才帮助这些笨蛋，如果他们知道我们多么不在乎教皇和他的宗教，他们肯定不会这么热心地指望我们的帮助。"[2]到18世纪90年代末，虽然革命的法国在境外仍有数以千计的朋友，但他们的数量在急剧下降；它的敌人则数以百万计，而且与日俱增。第二次反法同盟在纸面上承诺至少集结40余万人的大军，这支有组织的武装力量，再加上敌视法国的群众，使得这个革命共和国面临着共和二年以来从未遇到过的致命威胁。1799年春天，当军事行动正式开始时，各地的抵抗运动大多被遏制或被压制到尚能承受的层次，不过在意大利，法军已经完全不能应付那里的

[1] S. J. Woolf, *A History of Italy 1700–1860*, London, 1979, p. 186.

[2] T. Pakenham, *The Year of Liberty*, London, 1969, p. 351.

抵抗了。

但是，四年来接踵而至的成功所催生的傲慢并不是那么容易被克服的。法国人率先向奥地利宣战，并在所有战线发起进攻。在德国，茹尔当渡过莱茵河，进军维也纳。虽然对方的兵力三倍于己，但他还是于3月25日在斯托卡赫向查理大公发起攻击，结果遭受失败，部队陷于瘫痪。从瑞士发起进攻的军队也被迫退却，奥地利和俄国部队尾随而至。在意大利，法军在人数上同样处于劣势，而且面对的是可怕的苏沃洛夫，只能打一场血腥的防卫战。6月底，法军被逼退到热那亚周围的海岸地带。各姊妹共和国纷纷在复仇与报复的大混乱中崩溃，苏沃洛夫在都灵宣布查理·埃曼纽尔四世复辟。只有在遥远的埃及，那个比其他任何人都加速了这场新危机到来的将领还能连战连捷。但是欧洲不知道这些，波拿巴也不知道法国在这场新战争中的灾难性处境。6月底，他向巴黎写信要求增派部队。直到8月初，他才蒙一位英国海军将领的好意，从一张两个月前的报纸上得知法国累战皆败的消息。他已经对在埃及的事业不抱希望，此时他已经预见到，在这里除了投降别无他途。督政府也是这个看法。实际上，早在5月25日，它就已经下令波拿巴撤出埃及。但是，8月24日，当波拿巴自行决定秘密返回法国时，这些命令还没有到达。被他带到东方的部队只得自生自灭。两年以后，这支减员三分之二、伤病满营、士气低落的部队向英国人投降。英国人最终将他们送回了法国，而统治法国的正是那位曾抛弃他们的将军。

| 第十六章 |

革命的终结（1799—1802）

唯有稳定能使大革命的成就维系持久。但当时间步入1799年时，在重启的对外战争和持续的政治争吵之中，这种稳定看来比任何时候都遥不可及。然而，大量潜在的支持力量在等待着那个能实现这种稳定和持久的体制。一位督政府的特派员写道：

> （巴黎西边的塞纳-瓦兹地区的农民）根本不是君主制的支持者，什一税和租税的记忆让他们非常反感。狩猎权被废除后，他们十分满意，觉得收成可以翻番，他们也承认并十分重视权利平等。很多人购买了国有土地，所有人的处境都有所改善，当他们对旧制度与新制度作比较时，他们更喜欢后者。但是旧制度的罪恶已经远去，他们唯一还记得的罪恶是革命动荡带来的。法国的胜利受到部分农民的欢迎，但它没有打动大部分农民，因为胜利是用他们儿子的鲜血换来的，而农民不是完全能接受这样的牺牲。他们不太注意运用公民权利，因为运用这些权利会让他们身心疲惫。他们仍然信赖神父，不过这主要

> 是因为固执，而不是其他的什么情感。这种情形表明，只要恢复和平、安宁和一段时间的平静，农民就会再次热爱大革命。[1]

但是大革命，也就是督政府体制，能够实现这种和平、宁静和平静吗？对此抱有信心的人看来越来越少了。

由于战事重启，督政府显然需要依靠征兵制来组建作战部队，此举已经在比利时各省引发叛乱。除此之外，另一个显而易见的事实是，督政府还试图操纵每年一度的选举。虽然内政部习惯性地颁布谴责王党主义和无政府主义的双重罪恶的告示，但选举大会因暗中操控而再次出现僵局，个别督政官则在他们认为自己有影响力的地区支持那些可以接受的候选人。一个省级选举官员声称："不管人民作出怎样的选择，政府都只接受它已经委派好的人。"[2]虽然这次选举的投票人数创历史新低（的确受保王党人的抵制的影响），但选举大会还是拒绝督政府的指导。推举的187名候选人中只有66人当选，27个选举大会出现选举平局，于是便产生了类似于1798年的竞争者名单。但这一次轮到即将卸任的议会踢开行政机构了。花月当选的那些可靠议员现在看起来已是严格的立宪主义者，在出现平局的选举大会中，他们认可的是较大的派别获胜，只有两个大会除外。这就导致大约50名雅各宾派及其同路人（包括花月中被清洗的一些人）进入了议会。没有别的议员的支持，他们无法形成多数，但是，有很多温和派议员因为各种原因也对督政府心怀不满。当新的议会于5月20日召开时，军事溃败的消息从各条战线雪片似的飞来。上届议会在结束之前作出了一个令人毫无信任感的姿态。当再次需要抽签决定谁退出督政府时，最自信的督政官吕贝尔被抽中了。5月16日增选替代的是一直批评宪法的驻柏林大使西耶斯，与1795年不同的是，他没有拒绝这个职务。从很久以前他就一直

[1] C. H. Church, "In Search of the Directory", in Bosher, *French Government and Society*, p. 286.

[2] M. Crook, *Elections in the French Revolution: An Apprenticeship in Democracy*, Cambridge, 1996, p. 154.

认为必须作出某种变革，现在他显然认为时机成熟了。

新议会的开幕加剧了政治危机，因为行政机构是分裂的，立法机关是反复无常的，军事危局可能像1793年一样严峻。督政府立刻遭到猛烈抨击，不过新上任的西耶斯引人注目地袖手旁观。6月6日，五百人委员会就军事失败问题质询行政机构。雅各宾派议员断言，是腐败和投机倒把的供应商使得共和国的军队供应不足，同样腐败的督政官们则纵容这些“破坏分子”的贪污行径。已经丧失统一的督政府在面对这样的攻击时完全乱了阵脚，没有作出任何答复。一周之后，五百人委员会决定将会期一直延续下去，直到督政府作出答复为止，随后元老院也如法炮制。这时有人宣布特雷拉尔上一年担任督政官是非法的，因为他卸任议员还不足12个月。这个问题在特雷拉尔当选为督政官的时候就有过充分讨论，而此时，这一规则将可能排除西耶斯，不过特雷拉尔选择的是辞职而非战斗。当选的继任者是戈伊埃，一个毫无影响力的左倾官僚，他站在了西耶斯一边。总是见风使舵的巴拉斯也投靠了西耶斯。因此，当议会将炮口转向拉·雷维列尔和梅尔兰，并控告他们组织花月清洗属违宪行为时，这两个人已成为行政机构中的少数派。这时他们的三位同事催促他们辞职以避免被弹劾，因为除非事先采取军事干预，弹劾看来已不可避免。西耶斯宠幸的茹贝尔将军也适时地大声鼓噪。经过几小时的挣扎之后，他们同意辞职，6月18日，更缺乏影响力的两个角色取代了他们：一个是弑君者狄柯，另一个是涉世不深的穆兰将军。这就是牧月政变——第一次也是唯一一次由议会对督政府而非相反方向的清洗。意大利征服者的幼弟、新当选的左翼议员吕西安·波拿巴兴奋地说，立法机构终于再次确立了自己在宪政中应有的领导地位。一年前改变选区的欺骗手法曾在民意中激起广泛的愤怒，这无疑为议会的进攻提供了火力。但这次事件使西耶斯成为协调者，行政权力实际上已掌握在他的手中，这种权力的集中自罗伯斯庇尔以来尚属首次。而西耶斯的目标是削弱立法机构的权威，而非增加它的权力。

率先意识到自己如何被误导的是雅各宾派。作为花月的主要牺牲品，他们认为自己已经成为这次报复行为的主要受益者。他们的报纸在取缔一年多之后再次出版，8月1日还宣布了出版自由。7月6日，一个新的俱乐部——骑术俱乐部宣布成立，聚会地点就设在杜伊勒利宫中那富有历史意义和英雄色彩的老国民公会大厅的周围，主持者则是幸存的雅各宾老卫士，以德鲁埃为代表，此时他主要作为巴贝夫的前合作者为人熟知。雅各宾派也重新担任公职，兰戴取代拉梅尔出任财政部长。更为重要的是，当来自前线的消息持续恶化时，议会通过了一系列具有雅各宾色彩的立法。6月28日，《茹尔当征兵法》以其最充分的形态实行，宣布立即征召所有20~25岁的符合兵役条件的公民，任何人都不可找人替代。作为议员的茹尔当亲自动议这一措施，并大费口舌来描述这次新的“总动员”。同时他还提议对富人强制借款1亿里弗以支持战争。到这个时候，军队占领的外国土地已不多，无法像1794年以后那样借地为生，因此共和国不得不依靠自己的资源。对最富有的公民来说，借款的利率十分严苛。这两项措施都让人想起共和二年那些挥之不去的记忆。更严重的是7月12日通过的人质法。根据这项法律，某个省或某个区如对新措施及其他措施抵制，将导致其被宣布为“骚乱”状态。在这样的地方，当局有权逮捕流亡者或贵族的亲戚，监禁他们并让被监禁者承担费用，对他们罚款、没收财产以支付骚乱造成的任何损失。与相关责任人的牵连不需要任何证明。总而言之，这些法律看起来意味着无套裤汉恐怖的回归，它首先威胁到富人和有产者，1793年和1796年的强制借款的确是以他们为目标，但人质法让人想起了惩治嫌犯条例，而且该法的实施者享有更宽泛的权力。这些法律的通过让雅各宾派胆子逐渐变大，他们继续动议弹劾已下野的督政官和他们的军事部长谢雷尔将军，这些人被指控大量贪污。但是根据宪法，这样的控告需历时三十天并经三读之后方能通过，这就给了西耶斯时间，他可以协调各项措施以遏制雅各宾派的冲动。作为督政府的主席，他利用革命重要时刻的周年纪念——7月14日、7月27日（热月9日）和8月10日，公开对极端主义的血腥危险发出警告。此外还有针对骑术俱乐部的宣传攻势，因为这家俱乐部被指控试图引入1793年宪法。这个俱乐部大约有3000名成员，其中包括250名议员，其会议自然能让人回想起过去那些振奋人心的岁月。不过，它也遭遇了保王党分子的讥讽和骚扰，而这又让人想起热月后的冲突。因此很容易将这家俱乐部描绘成公共秩序的威胁。7月26日，有人根据这些理由劝说元老院将其驱逐出立法机构附近地带，正如1791年的斐扬派做法一样。骑术俱乐部于是前往河对岸的另一个具有历史意义的地点：巴克街，由此导致的憎恨情绪使得俱乐部成员的抗议声音更加强烈。8月13日，新任警察部长富歇最终关闭了俱乐部，此人对雅各宾主义再熟悉不过。这正是议会需要的指导方向。大部分议员都没有雅各宾派的经历，他们此时关心的是不要在极端主义的道路上继续滑行。5天后，五百人委员会经过三轮投票推翻了对梅尔兰、拉·雷维列尔和谢雷尔的指控。

但这还远不是雅各宾复苏的终点。因为，作为雅各宾复苏的重要诱导因素的紧急局面还远未结束。实际上，局势连续几周持续恶化。8月15日，被派往意大利并试图确立共和国首席将领地位的茹贝尔战死，他的军队在诺维遭受灾难性失败。这个噩耗刚传到巴黎，英国人和俄国人在荷兰登陆、荷兰舰队投靠英俄的消息接踵而至。国内同样爆发起义，自1797年以来这还是第一次。国际反法联盟的形成及其最初的成功鼓舞了君主派组织，这些组织在整个1798年都很沉寂，如今它们赶忙拼凑各种起事方案以配合预期中的入侵。在西南部，它们计划以一支农民军攻占雅各宾的据点图卢兹，这支军队主要由为了逃避新征兵法的难民构成。在整个春天，图卢兹周围因政治问题导致的非法行为与日俱增。7月，当地的督政府代表报告说："几个共和派被刺杀，大量财物被烧毁或损坏，40多个村镇中的自由树被砍倒或被连根拔起。"[1]三周之后的8月5日，农村发生起义。1万多人会聚到波旁家族的白旗下，虽然他们大部分并没有武装。一个月的内战蹂躏了加龙河上游两岸，伤亡超过4000人。不过，虽然政府的正规

[1] J. Godechot, *The Counter-Revolution: Doctrine and Action 1789–1804*, London, 1971, p. 334.

军并未参战，但叛乱者还是没能占领图卢兹，因为临近各省的国民卫队源源不断地赶来增援这座城市。为支援这次起义，波尔多、达克斯和阿让等临近城市也纷纷举事，但全都是零星的厮打。在督政府的动荡岁月里，图卢兹是雅各宾派始终掌握的唯一一座大城市，但这次起义的失败让西耶斯很尴尬，因为此刻他正想压制巴黎的左翼报刊。他在议会中的对手看到了重整旗鼓的机会。9月13日，茹尔当在五百人委员会上提议宣布国家处于危急之中，而根据1792年7月5日的法律，这种状态下所有权力机构都具有应急权威。这个提议引发了激烈的争论：雅各宾派催促说，如果共和国要生存下去，就必须重新点燃过去的革命激情；他们的对手则辩称，宣布国家处于危急状态是一种权宜之计，但它已不适合于一个较有组织的国家；另一些人则警告说，搁置正常的法律程序将敞开通往1793年的大门，此前的经历已经证明了这一点。有说服力的正是这个论据。茹尔当的提案在投票中以245票对171票被否决，这清楚地表明了议员们对新督政府及其反雅各宾政策的信任。

几天之后，这种信任就被证明是有根据存在的。军队突然开始取胜。9月19日，布吕恩和邓戴斯击退入侵荷兰的英俄军队。一个月之后，入侵者被迫撤离这个国家。在瑞士，由于图古特调离奥军主力以确保在莱茵地区的目标，俄军陷入孤立并被分割，伤亡惨重，9月底俄国人撤离海尔维蒂共和国。鉴于军队再度告捷，议会也陷于混乱，西耶斯认为作出改变的时机已然成熟，此时应永久增强行政权力了。但这不能依靠宪政方式，因为其程序太漫长烦琐，必须通过政变来实现这一目标，而且转变应十分深刻，军事支持也十分必要，问题在于寻找一位可靠的将领。他最初青睐的茹贝尔已经死了，茹尔当是个雅各宾派，而他于10月初开始接触的莫罗显然很不情愿。就在此刻，波拿巴回来了。“这是你要找的人。”莫罗说。他说对了，不过只在短期内是对的。

波拿巴于10月1日回到法国，六天后到达巴黎。他北上巴黎的旅途堪称一场漫长的凯旋仪式，沿途有各种代表团和演讲会，兴高采烈的群众也聚集起来，以欢迎这位1797年和平的缔造者以及共和国的常胜将军。在首都他也是人人追捧的对象，因为他的光辉记录让整个政坛燃起了希望。像1797—1798年的那个冬天一样，他仍然表现得很低调，因为他需要时间来评估1798年5月以来发生重大变化的时局。但没有人经得起长久的等待，共和国面临的危机远未结束。奥地利人依然控制着意大利，威胁阿尔卑斯山前线。在法国西部，10月下半月再次爆发朱安党人叛乱。由于感受到新征兵法全面的威胁，各个朱安党团伙的首领于9月中旬商定再次发动支持国王的行动。10月14日，3000名叛乱者占领勒芒，并对该城进行了整整四天的抢劫，以补充军械和给养。南特等其他主要城市也被短暂占领过。因此到了1799年秋天，威胁共和国的已不只是雅各宾主义。督政府曾不断在两个极端派别之间摇摆，如今这两个极端派别依旧活跃，这无疑更加凸显了它的脆弱。西耶斯立刻与波拿巴展开接触，从间接接触发展到面对面。这位将军并不喜欢他，但觉得可以利用他。就西耶斯而言，他低估了这个未曾涉足巴黎诡谲政坛的军人，因为他给人的印象总是直接坦率的。不过，两人出于各自的理由都赞同为实行宪政改革而合作。波拿巴的兄弟时任五百人会议的主席，他也卷入了这一行动。富歇和塔列朗也涉足极深，他们在去职之后正试图卷土重来。

这次政变看起来像是对雅各宾主义的最后一击。11月9日，吕西安·波拿巴声称有人在策划阴谋，诱使议会同意将会议地点改为从前的圣克鲁王宫。因为它位于郊区，远离巴黎民众的影响，但民众自1795年以后就再没有染指过政治。波拿巴曾在1795年将立法机构从武装群众手中挽救出来，现在他被任命为首都地区的所有部队的指挥官。与此同时，督政府全体辞职，包括西耶斯在内，虽然戈伊埃和穆兰只是出于压力才这么做，于是法国没有了行政机构。此举旨在引诱议会于次日（即共和八年雾月十八日）在圣克鲁设立一个临时政府，但事情的进展不太顺利。虽然波拿巴在军事方面表现卓越，但当他要求进行宪法改革时，元老院反应冷淡。五百人委员会一直是雅各宾派的据点，波拿巴在那里被包围，议员们动了粗，有人还高喊“他不受法律保护”！他在厮打中受伤出血，被人带出了议会大厅。他的弟弟随后赶到，向大厅外的士兵宣称雅各宾派试图刺杀波拿巴。在高度紧张的气氛中，这个说法足以劝诱士兵执行清理议会大厅的命令。几小时后，一批符合法定人数的议员重新开会，投票赞同立法机构休会六周，此间一个由50名议员组成的联合委员会将负责对宪法做彻底修改。而此前元老院已经作出了这样的决议。在休会期间，行政权力授予三位执政组成临时政府，他们是狄柯、西耶斯和波拿巴。督政府就此结束。

督政府为什么会垮台？雾月政变的密谋者们责怪宪法结构难以维系，它使立法机构过于强大，而行政机构过于虚弱。但实际上，在施行共和三年宪法的大部分时间内，督政府控制并支配着议会，不过它依靠的仅仅是操纵选举和清洗的手段。“对一个拥有3000万人口的民族而言，”波拿巴在果月政变后对塔列朗说，“在18世纪还要靠刺刀去拯救国家，这真是莫大的悲剧。”[1]但他认为，仅靠技术上的平衡和调整无法解决问题，因此希望进行彻底的改造。他在同一封信中说道：“我所赋予的各级政府的权威，应被视为民族的真正代表。”立法机构应是政府的一部分，它享有制定普遍的或（说得好听一点）“结构性的”法律的权力，而“具体的”法律工作应是行政机构的职权。西耶斯这位自封的政治天才并不赞成这种无止境的行政权，他仍然带有启蒙时代对专制主义的恐惧，并梦想着高明的制衡体系，以便将行政权力置于法律的约束之下。在他看来，真正的难题是选举。人民当然是主权者，正如他自己在1789年大革命那个遥远明媚的春天曾宣告的那样，但是督政府的选举形式未必是这一主权的最佳表达方式。各级当权者当然应该是堪当此任的人，是富有责任感的公民，但他们不应该依从那些受他们统治的人。“信任自下而上，”他声称，“而权威自上而下。”[2]

这是些极端的解决方案，而它们所要解决的难题主要是政治性的，而

[1] *Letters and Documents of Napoleon*, p. 203.

[2] J. Godechot, *Les Institutions de la France sous la Révolution et l' Empire*, Paris, 1968, p. 555.

非宪法造成的。实际上，共和三年宪法从未有过认真履行的机会。第一次选举由于三分之二条款而毫无意义，随后的历次选举都先后被打折扣。难怪越来越多的公民对投票感到厌烦，因为他们担心，在这种空洞的仪式过后，督政府总是会排斥那些它不喜欢的人。从1792年以后，虽然法国的统治者们总是把民族主权或人民主权挂在嘴边，但他们从未接受过选民的裁决。他们也没有接受所有代议制政体迟早都会出现的局面——不可避免的党派政治。他们仍然沉浸在卢梭的公意学说中，以为所有诚实的公民都会分享公意，因而他们把政治组织看作小宗派，看作针对宪政的非法密谋，其目的是制造分裂而不是促进共识。因此，无论是新雅各宾派俱乐部还是君主派的博爱社，都没有时间发展成为党派组织，尽管它们本来有这样的可能。它们都在容忍，但仅仅是为了排挤对方。另外，督政官们也没有认真尝试组建一个中间温和派以支持自己的权威，当然，在1799年的选举中他们曾批准可以接受的候选人当选，这也许表明他们在朝着这个方向摸索。他们似乎曾想到热月党人的共和国对所有思想右倾的人具有不言而喻的优点，这些人可能继续支持他们而又不必加强组织活动。他们的确有过这方面的努力，但缺乏信念。11月10日，当波拿巴在元老院声称不再有任何人尊重宪法时，他的说法是正确的。因为即便是宪法指定的监护人也从来不相信宪法能顺利运转下去。

不过，这种立场并非没有理由。1796—1797年，保王党分子可能打算作为一个宪政体制内的政治党派来活动，但他们的长远目标无疑是推翻宪政并请回国王。那位国王也明确承诺要倒转1789年6月以来的一切事情。至于雅各宾派，他们在1799年日益频繁地表态，说他们是一个真正的民主派，是按宪法手段合法组织起来的当局反对派。这些表白也许是真诚的，尽管如此，他们仍然急切地向共和二年的言论回归，总是对巴贝夫记忆犹新，并始终对各姊妹共和国的激进分子给予口头上的支持。所有这些都让人们有理由担心，雅各宾派所忠诚的实际上仍然是1793年的平等主义宪法。无论是他们的态度还是保王党分子的态度，没有丝毫迹象表明一旦他们当权就会比督政府更容忍反对派。双方都没有任何妥协或调和的意思，也都不愿意承认对手的良好意愿和合理的利益。

因此，困扰督政府的难题远不止宪法问题。而迫于波拿巴的无情压力，在一个月内草拟出的共和八年宪法，实际上也没有解决这些难题。它所做的是授予行政机构全权，这样一来就使当局没有理由不面对大革命造成的尚未解决的深刻难题。在政治体制的基层，所有公民都可以投票选举“他们中间被认为最适合于履行公共职务之人”，但这一规定仅仅是为了遴选十分之一的选民组成“社区选民”，后者再从自己的成员当中选出十分之一组成省选民，省选民中再选出十分之一，列入“适合担任国家职务”的全国名单。这个名单包括立法机构的成员，而成员的选择现在由一个新机构——上议院来决定，这部简明宪法给它规定的权力就是这个。西耶斯期望有一个“保守权威”来长期检审国家行为的合法性，1795年，他曾提议设立“宪法评委会”以履行这一职能，但没有成功。现在，由于设立了上议院，这个想法实现了，他也成为这个机构的首任主席。立法机构本身仍然是两院制：由100名保民官组成的下议院可以审议所有法律草案，但无权表决；由300名议员组成的上议院有权表决法律，但无权审议；两个议院都无权提出法律议案。起草法律的权力完全归于政府，具体法律条文由国务会议拟定，这个会议堪称旧君主制的核心机构的复制品。上述条款大多出自西耶斯，但他关于行政机构的设想却没有被采纳。在这个问题上，波拿巴将军终于亮出了自己的底牌。西耶斯最初提议的行政机构由两名执政官组成，一名主管内政，一名负责外交。执政官和国家机构的其他官员由一名最高官员任命，这位“大选举官”的职务是终身的，但他不行使其他权力，因此他实际上是某种立宪君主。波拿巴曾是这个角色的候选人，但一开始他就明确表态说，自己无意充任他所称的“肥猪”。他想要实际权力，最终他成功了。于是执政官将有三名，11月10日以后正是这样，但首席执政官将享有最高权威。没有人怀疑谁会担任这一职务。

12月15日，新宪法的起草宣告完成。正如事先承诺的那样，从前的立法委员会将不会重现。宪法将通过全民公决认可，在革命历的雪月（1799年12月21日到1800年1月20日）里，每个社区都将开放登记处以登记他们的赞成或反对意见。根据2月初宣布的结果，共有3 011 007票赞成，1562票反对。大约有600万选民没有投票，虽然当局采用了各种天才手腕以放大赞同宪法的人数，但这些都无关紧要。早在12月25日，即在人民认可之前，宪法就已生效。它的起草者宣称，宪法是“建立在真正的代议制政府原则与神圣的财产、平等和自由权利之上。它所确立的权威将是强大而稳固的，因为这些权威必定是为了保障公民的权利和国家利益的。公民们，革命已经奠基于其最初的原则之上。革命结束了”。[1]

在随后波拿巴统治法国的15年间，这篇告示中的厚颜无耻将变成家常便饭。在执政府宪法的那些简明而模棱两可的条款中，1789年原则只剩下一点残缺不全的痕迹。第一执政肯定不是第一个宣布大革命结束的人，而一旦稳定局势的承诺变成现实，情况就会是这样。这取决于十年来撕裂法国的难题能否得到满意的解决。在两年内这些难题解决了。此后几年中，大多数法国公民觉得这种解决方式有点无耻，而牺牲1789年的大部分原则只是付出的一个小小的代价。

革命的法国面临的最严峻的难题，很多是因为18世纪90年代的法国大部分时间处于战争状态。1797年的和约并不包括英国这个最顽强的对手，而且有经验的政治家中没有多少人认为大陆和平能维系长久。最终，战争的重启让一个军人走上了政坛，他面临的最重要的任务是结束战争，而且要以胜利的方式结束。如果法国战败，他很难指望另作他图的机会。

1799年底，事态已经朝有利于他的方向演变。奥地利人的贪婪和两面三刀使得各同盟国倍感苦恼，如果按照合理的计划，盟国的军队早已深入法国境内了。但是，图古特未去支援在瑞士的俄国盟友，而是将查理大公麾下的奥地利精锐部队调往北边的莱茵河沿线。在意大利，他的目标是

[1] *Letters and Documents of Napoleon*, p. 323.

要在苏沃洛夫占领的土地上确立奥地利的控制权，而不是把法军残部赶到阿尔卑斯山另一边。1799年秋天，苏沃洛夫完成了从瑞士撤军的壮举。但这次撤退损失惨重，再加上英俄联军入侵巴达维亚共和国的行动失败，反复无常的保罗一世认为两个主要盟友已经背叛了他。1800年初，他决心退出战争，并下令部队回国。第一执政利用这个机会向弗朗茨皇帝和乔治三世提出议和，不过只能在《康博福米奥条约》那次辉煌但不稳定的胜利的基础上议和。他知道这肯定会遭到拒绝，于是准备再次对奥地利发起打击，就像1796年一样，从莱茵河和意大利北部同时向维也纳进军。这一次他掌握了全局，像此前的督政官一样，他也意识到意大利战场是次要的。但是，莱茵河方面的司令莫罗认为进攻维也纳太冒险，而波拿巴的权威尚不够稳固，无法驾驭这位将军。于是波拿巴将一切都押在复制自己1796—1797年在意大利的胜利之上。他在法国东部极为隐秘地集中部队和给养，并于1800年4月底从瑞士穿越阿尔卑斯山。6月2日，他进入米兰，而就在前几天，自去年夏天被围困在热那亚的法军刚刚投降。这就意味着，当他于6月14日在马伦戈与奥地利人对阵时，后者已无后顾之忧，而且在兵力和武器上占据了优势。因此他差点输掉这次战役，只是最后一刻后备军新生力量的到来才挽救了他。但他的对手并没有重整队伍次日再战，而是急于寻求停战协定。根据这个协定，奥地利人要撤离整个伦巴第和利古里亚地区。于是第一执政可以宣称再次获胜，很快莱茵河方面也签署了停战协定。法国再次提出议和，但条件还是一样的，奥地利人则相信自己有力量取得更好的议和条件。11月，战事再起，这时第一执政地位已经足够稳固，可以坚持发动一次横贯德国的致命攻击。12月3日，莫罗在慕尼黑外围的霍恩林登取得决定性胜利。圣诞节时，战斗停止，谈判正式开始。

谈判的结果是《吕内维尔条约》。由于图古特在夏季的失败后倒台，缔约速度加快，条约于1801年2月9日签字。它不仅进一步确认了《康博福米奥条约》的条款，如承认比利时和莱茵河左岸是法国领土，承认法国在意大利北部的各姊妹共和国，而且认可奥地利人对威尼斯的控制，从而将哈布斯堡家族逐出托斯卡纳。这个大公国再次被法军占领，并改名为伊特鲁利亚王国，其君主是波旁家族的路易一世，即帕尔马公爵的儿子、西班牙国王的女婿。当这个胜利的共和国开始为波旁家族及所有人缔造王国时，革命的终结已是指日可待了。南方的那不勒斯共和国并未复活，根据那不勒斯的波旁王室于1801年3月同法国缔结的和约，它丧失了一些边缘领地，并允许法军在重要港口驻防，但法国人承认它的合法地位。在1801年，法国人从长期盟友那里得到的东西比从敌人那里得到的更多。1796年后成为法国保护国的西班牙就将辽阔而荒芜的路易斯安那让给了法国。西班牙的大臣们认为，转让的价格足以支付他们在意大利恢复影响力（如他们希望的那样）的费用。

这些协议再次将英国置于孤立境地。在海上，英国仍然处于无法撼动的支配地位。在地中海，英国舰队挫败了所有解救或增援留在埃及的法军的尝试。1800年1月，法军司令克莱贝尔同意撤离。法国一直没有采取行动，但当年春天从欧洲传来的好消息却鼓舞守军坚持下去。第一执政从未真正放弃曾驱使他前往埃及的梦想，即使是英国远征军登陆埃及并于1801年3月迫使法军最后的残部投降之后。1800年9月，英军驱逐了马耳他的法国人。占领马耳他，彻底疏远了保罗一世和前盟友的关系。作为圣约翰骑士团的大头领，保罗一世仍然认为这个岛屿理所当然地归他所有。于是他提议与波拿巴进行全面合作，并开始与波罗的海各国组织“武装中立”，以对抗控制着北欧各港口通道的海上暴君。但是，当控制波罗的海通道（英国海军供应的生命线）的丹麦加入这个中立同盟时，纳尔逊于1801年4月2日率舰队袭击哥本哈根，摧毁了丹麦的舰队。而就在一周之前，保罗一世在圣彼得堡被刺杀，几天之后英俄重新开始接触。直到那时，伦敦还没有人谋求组建另一次反法大联盟。当波拿巴于1799年12月提出议和时，英国人傲慢地答复说应先让波旁王朝复辟。一年以后他们不能再这样轻慢了，因为法国再次完全掌控大陆，而强烈的厌战情绪及经济困难使得国内出现了新的不满浪潮。1801年，爱尔兰在法律上与英格兰实现了统一，但局势仍不稳定。皮特认为最有可能尽快恢复平静的措施是允许天主教徒进入议会，但乔治三世坚决反对。由于这一原因，1801年2月，皮特这位法国大革命的最顽强的对手辞职了。几天之后，他的继任者阿丁顿就向巴黎伸出了橄榄枝，波拿巴立刻作出回应。经过一个夏天的谈判，预备条约终于在10月签字。

对法国而言，最终使大革命战争走向终点的条件绝对是一场大捷。共和国根本没有作出任何重大让步。英国虽然依靠海洋控制权有所收获，但仅仅获得了锡兰和特立尼达，前者损害的是荷兰，后者损害了西班牙。开普被交还给巴达维亚共和国，英国人也承诺撤离马耳他。法国人确实同意撤出埃及，但英国要为此提供船只。英国人试图搞一个附带的商业条约，或者为被废黜的荷兰执政及皮埃蒙特国王谋求一点赔偿，但这些努力都被置之不理。英国没有公开承认瑞士和意大利等姊妹共和国，以及法国对比利时的兼并，因为最初它进行战争就是为了防止这一兼并，但谈判行动本身就是一种默许式的承认。当预备条约公布时，整个英国爆发出的欢腾淹没了对这些屈辱条款的多数批评声。1802年3月25日在亚眠签署的正式和约认可了这些条款。

再过一个月，革命的法国将战争作为政策工具就整整十年了。十年跌宕起伏的战争对法国的改造，远比1789年原则曾期许的改造更为深刻，战争也大大改造了西欧的许多地区。在1792年4月，几乎没有法国人会想到，十年的战争过后，法国的疆界会推进到莱茵河和阿尔卑斯山山脊，并且它会控制从北海到亚得里亚海的所有附庸领地。不管战争努力是否值得，甚至是否必要，其结果无疑是辉煌的，波拿巴确保了自己的声望臻于顶峰。1800年7月，他对一位普鲁士外交官说："大家还没有充分意识到，只要战争的祸害还在继续，法国大革命就没有完结……大革命在自己的进程中将继续扰乱、颠覆和推翻很多国家。我想要和平，我同样也需要稳定当前法国的政府，并将世界从混乱中拯救出来。”[1]这次和平并未能维系长久，混乱不久便波及18世纪90年代几乎没有被波及的欧洲其他地区，但这主要是皇帝拿破仑的业绩，而不是他借以上台的大革命的业绩。

在大革命卷入战争旋涡之前，法国舆论就已经在国王的问题上呈现出对立状态。战争的首要结果是建立了共和国，但共和国看来就像路易十六的统治一样惹人争议。在国王被处决几周之后，保王党叛乱分子就在西部发动内战，这场内战没能被彻底平息，1799年似乎有再次爆发之势。当法国公民有自由表达的机会时，许多人更愿意要国王而不是共和国，正如1797年选举中表现的那样。如果复辟能恢复过去的平静岁月，或者国王能承认和担保大革命的某些早期成果，可能更多的人愿意接受复辟。因此在1799年底的法国，很多人希望并期待第一执政能成为波旁王朝的蒙克将军[2]，而且他的军事权威的确曾稳定合法统治者的政府。这位野心勃勃的觊觎者也注意维护这些希望。1800年2月20日，路易十八以奉承的口气致信“洛迪、卡斯蒂廖内、阿尔科里的胜利者，意大利和埃及的征服者”，敦促他恢复波旁王朝以摘取至上荣誉，因为唯有复辟能确保法国的安宁。波拿巴并不急于答复。在以军事胜利巩固自己的权威之前，他的一切利益都要求他维持君主派的希望以便君主派舆论不致产生危害，但与此同时，他坚定地切断了君主主义的力量来源。

最直接的威胁来自朱安党人，就在波拿巴掌权前几个星期，他们再次行动。但波拿巴的上台让反叛者乱了阵脚，一些朱安党领袖纷纷开始议和。波拿巴则准备采取慷慨姿态，12月28日，他在一份声明中称，新宪法将保障西部各省的信仰自由。去年夏天臭名昭著的人质法也被取消，他还与某些最重要的朱安党首领进行会晤，敦促他们效忠他。“波旁家族没有机会了”，他对这些人说，“你们已经为他们做了该做的一切，你们是

[1] A. Fugier, *Histoire des relations internationals, iv: La Révolution française et l' empire Napoléonien*, Paris, 1954, p. 153.

[2] 英国革命期间的革命军将领，但对1660年斯图亚特王朝复辟起过重大作用。——译者注

正派人，请站到光荣的一边。”[1]有些首领未被说服，这其中包括卡杜达尔，他仍在与英国人合作。但到1800年春，大多数人已经与拿破仑达成协议，而且没有遭到严厉追究。如果不是抽调了4万部队，马伦戈战役几乎不可能打响，而这些部队在几个月前还奉命驻扎在西部的骚乱省份。这次战役的胜利也巩固了第一执政在国内的地位。9月8日，他觉得可以答复路易十八的提议了。对于这位圣路易的后代，他仅仅称之为“殿下”，并直截了当地告诉后者：“您不必指望回法国了，否则将有10万人的尸骨为您做铺路石。请致力于法国的和平和幸福吧……我很愿意为您退隐后的安宁和愉快效劳。”[2]

同时拿破仑还与流亡者和解。虽然新宪法禁止他们在任何情形下回国，但最后一项条款揭示了这一规定的意义所在：“流亡者的财产归于共和国，不可更改。”于是这些财产的获得者的权利有了保障，而路易十八从未作出这样的承诺。只要流亡者接受这一点，他们很快就会发现，回国是受欢迎的。1800年3月，流亡者名单正式封存。10月的大赦令赦免了所有曾拿起武器反对共和国的人。这时很多反叛者已经回国，并未出现针对他们的行动。同时，对于君主派或倾向于君主制的人，他们最担心的人已经被系统镇压，这些人就是雅各宾派。“雾月政变”的借口就是防止雅各宾阴谋，政变还驱逐了62名左翼议员。对于雅各宾派，拿破仑没有任何和解的姿态，新宪法使得这些人不可能再现1799年选举中的胜利。幸存的雅各宾派被第一执政谴责为“始终反叛任何政府的卑鄙的恐怖分子……9月3日的谋杀者、5月31日的肇事者、牧月的密谋者”。[3]到1800年夏天，他们只能在咖啡馆进行密谋，而且富歇那些无所不在的密探随时都在偷听他们的谈话。他们的谈话杀气十足，而且总是以如何刺杀法国的新统治者为

[1] Godechot, *Counter-Revolution*, pp. 365–366.

[2] Ibid., p. 364.

[3] M. J. Sydenham, “The Crime of 3 Nivôse (24 December, 1800)”, in Bosher, *French Government and Society*, p. 300.

中心。1800年12月24日，在第一执政的马车刚刚经过巴黎市中心后，一台巨大的“地狱装置”被引爆，多人死伤。这并没有让政府感到意外，波拿巴深信雅各宾密谋者应对此负责。但事实恰恰相反，富歇很快就查明，炸弹是卡杜达尔派往巴黎的朱安党人的作品。富歇的主子对此不感兴趣，因为这是打击雅各宾派的天赐良机，必须有血的教训。于是教训来了，富歇抛开法律程序，逮捕了130名雅各宾派分子。警察多年前就得知这些人的大名，从1795年以来，每当督政府的钟摆摆向右边时，他们总会进监狱，对此他们已经习惯了。但这一次的结果是：4人上了断头台，5人被枪决，其余大部分人被判流放，或者去圭亚那，或者去新流放地塞舌尔。在这次事件中，真正的罪犯一个也没有受到处罚，除了在爆炸中殒命的人。

波拿巴在对他痛恨的人和痛恨他的人实施报复时，还有更精明的盘算。“这是一次机会，”他在国务会议上宣布，“政府应该利用……要实现中产阶级与共和国的和解，就必须有一个重要的实例。”[1]

当然，他指的共和国是自己领导的共和国，而且他也知道，挫败王党主义的最有效方式就是使得自己的统治看起来比国王更能保障稳定和财产安全。因此他无情地打击巴贝夫的平等主义信徒，而此前通过的危险立法已经被清除，该立法的通过也是平等派影响力的最后表现。人质法在雾月政变的4天后被废除，强制借款在9天之后停止，取而代之的是一小笔比例制附加税。国家的债权人也放心了，因为1800年2月设立了一家国家银行——法兰西银行，80年的疑虑和偏见终于被抛弃了。政府于次年8月宣布，此后所有国家债务将按时以现款支付。当年夏天，1797年拉梅尔改革后的“三分之一担保债券”升值一倍。在正常的税收征收体制建立之后（其中复活了很多革命前很有效的做法），税款收入大为改善。1802年没有战争，这一年第一执政终于可以宣布预算平衡了。这些成就的基础还不牢靠，但它们在不断稳固。国家财政的监管日益严格，并具有责任感。

[1] Ibid., p. 306.

在法律和秩序方面，出现了同样的局面。中央政府在各地的权威得以强化，因为每个省都设立了省长，这让人想起在1789年被废黜的督办们，而且省长的权力也远比督政府的特派员广泛，后者是1795—1799年中央与地方当局的联络人。省长们面对的局势颇为混乱，自从《茹尔当征兵法》颁布以来，数以千计逃避兵役的强健青年干起了抢劫犯罪的营生。在南方，他们不可避免地加入保王党人的行列，骚扰地方官、收税员、国有土地购买者、离职的国民卫队成员、从前的雅各宾派积极分子以及其他被他们仇视的对象。在别的地方，他们混入流窜犯团伙中。由于他们为迫使富人屈服，采用了一系列酷刑手段，因此他们被称为烧火者。在执政后的第一年，所有部队都被调往莱茵河和意大利迎击外敌，因此犯罪浪潮无法遏制。在和平恢复后，不仅征兵的压力减轻了，而且回国的兵士可以执行中央任命的新地方当局的意志并镇压犯罪分子。1801年2月设立了一个权力广泛的特别法庭，以处理盗匪犯罪行为，混乱局面开始好转。虽然第一执政在高层政治行为中根本不理睬法律程序，但在日常政治生活中，他仍小心翼翼地表现得像个法治原则的使徒。赋予法国一部统一的、广泛的法典，这种说法至少从18世纪70年代以来就在流传。历届革命议会都为展开这项计划设立了委员会，但都没有实现。波拿巴决心继续这项工作。他在1800年也设立了一个委员会，此前各委员会的文件和方案全都交给了该委员会，他还不断催促其尽快拿出成果。在委员会的102次会议中，他亲自出席了其中的57次。这些会议完成了委员会的第一项成果——民法典。虽然法典直到1804年才正式公布，但预备草案从1801年底就开始流传。在这些立法活动中，法国公民可能会赞赏委员会的活力和干劲，这为他们带来了一整套清晰的财产持有和转让规则，这也是法典的主旨所在。无论是国王还是代表制议会，都无法迅速地完成如此庞杂的工作。当法典公布时，有关大革命期间获取的土地的合法性和有效期的最后疑虑被打消了，这归功于同大革命最长久、最难以和解的对手——教会的协定。

国民议会曾试图彻底改造民族的宗教生活和宗教组织，这一不恰当的举动比任何其他政策都更伤害了早期的革命共识。革命岁月中没有哪种创伤比这更深，而且这也是各派最经常揭开的伤疤。1795年以后，法国各地群众性的日常宗教活动迅速复兴，但是，在督政府的最后阶段，官方的反教权政策再次加强。1799年8月29日，被囚禁于法国的庇护六世死去，而此刻他的故都已经陷落，成为法国人的姊妹共和国，巴黎人普遍认为教皇不会有继任者了。天主教会曾挑战过伟大民族，但它失败了。虽然无知民众仍然深陷轻信和盲从的泥潭中，教会作为一个机构却在迅速瓦解，这有利于人类的整体利益。

然而，波拿巴从来没有低估宗教的力量和教会的韧劲。1796年春天，当他奉命向罗马进军以报复罗马人杀害法国使节时，他碰到了教宗派来的西班牙使者。西班牙人记载说："我告诉他，在教义或涉及教义的问题上，如果你们想让教皇有半点造次的表态，那你们就错了，因为他绝不会这样做的。你们可以报复，可以洗劫、焚烧、摧毁罗马以及圣彼得的教堂，但不管你们如何攻击，宗教将依然屹立。如果你们希望教宗促进普遍的和平以及对合法权威的服从，他将很愿意去做。我觉得他完全沉浸在这个想法中……"[1]

当然，波拿巴在意大利的时候，他对教皇的态度要比督政府给他的命令更为克制。次年初，波河以南共和国成立，它的土地大部分取自圣座的领地，当时他告诫共和国的建立者："任何事情都要循序渐进、手段温和。对待宗教应像对待财产一样。"波拿巴本人没有任何宗教信仰，在埃及的时候，他甚至冒充信奉伊斯兰教，因为他觉得这样可以加强法国的统治。当他回到欧洲时，情况已经很明朗：庇护六世不会是最后一位教皇。分散在各地的枢机主教聚集起来召开选举教皇的会议，奥地利人答应他们可以在其新领地威尼斯开会。在1800年3月的会议上，一个出人意料的候选人脱颖而出，他就是伊莫拉的主教查拉蒙蒂，新教皇称庇护七世，他的

[1] A. Latreille, *L'Église catholique et la Révolution française*, Volume 2, Paris, 1946, i. p. 229.

声望主要来自1797年的圣诞节布道词，法国入侵者后来还印制并传播这篇布道词。他们的做法可以理解，因为主教宣称，基督教并不一定与民主平等不相容，他在论证中甚至引用卢梭的观点。因此，这位教皇的实用主义可能与法国新统治者的实用主义颇为契合，而后者正忙于为大革命造成的所有难题中最棘手的难题寻求解决办法。

在教皇选举会议投票之前，第一执政就发出了和解的信号。督政府坚持革命历中的旬日，而不是礼拜日，但这一立场在不知不觉中被放弃了。1799年12月，波拿巴下令为庇护六世举行隆重葬礼。次年1月，他向朱安党代表暗示，他们的宗教诉求很快将得到满足。在查拉蒙蒂当选之后，他立刻表达了自己的想法。1800年6月再次进入米兰之后，他在大教堂召集该城教士——当时马伦戈战役还没有打响——并宣告说："基督的、正统的、罗马的宗教将完好无损地保留，并可以公开信奉，此乃本人的坚定意愿……没有道德就不存在社会，而没有宗教就没有良好的道德。因此，唯有宗教可以给予国家坚定而持久的依靠……一俟本人可与新教皇商谈，我很愿意清除妨碍法国与教会首脑实现完全和解的任何障碍。"[1]

马伦戈战役刚一结束，他就与庇护七世接触，提议就新的教务专约展开谈判，以便在法国重建教会。

此举事关重大。如果法国的宗教祭坛能够恢复，民众对新制度不满的主要根源将被清除。另外，如果巴黎和罗马能够结束敌对状态，宗教和反革命之间的联盟就会被拆散，而这个联盟曾经让双方各不相让。各姊妹共和国的居民也将被安抚，而比利时和莱茵地区的新法国公民将会以宽慰之情接受这一转变。但另一方面，这一政策的全面实施困难重重。应该恢复哪个教会？因为现在有两个同时声称具有合法性的教会，而且双方都有教皇认可的主教团。以后主教该如何任命？恢复的教会是高卢派享有16世纪以来累积的全部自由和传统的教会，并附带有各种办公署、教士大会、

[1] F. M. H. Markham, *Napoleon*, London, 1963, pp. 92–93.

主教座堂、修道院和慈善堂等机构吗？还是类似于1790年国民议会打算设立的那种简约的实用机构呢？而首要的问题是，谁来支付教会的费用。在谈判开始前，第一执政就以排除一种可能的解决方案为前提条件，他们不可能归还1790年被没收又被出售的任何教会地产。教皇对这一点有充分的准备，尽管他从未承认没收的合法性，正如他不承认兼并阿维尼翁的合法性。在这一点上达成谅解之后，谈判于1800年11月正式开始。

成果绝不稳固，直到1801年7月双方才最终达成协议。谈判曾数次走到破裂的边缘，第一执政几次发出愤怒的最后通牒，而法国的一些部长也拖累了谈判，其中包括著名的背教者和前主教塔列朗、从教士转变为狂热的反基督教分子的富歇。枢机主教中也存在严重的不安。不过，最终达成的教务专约与波拿巴当年强加给法国的世俗对手的和平大不相同。它首先面对的是事实。天主教是大多数法国人的宗教，教皇的谈判代表希望它成为占主导地位的国家宗教。不过，在随后的几年中，在有关法国在意大利的各卫星国的平行协议达成后，关于天主教地位的协议终于达成。法国有几十万新教徒，而谁又知道伏尔泰的怀疑主义门徒到底有多少呢？对于这些人，大革命宣布的信仰自由和宗教自由十分关键，第一执政也这样认为。教务专约的第一条重申了这一原则。尽管如此，某种国家教会还是建立了起来，天主教教士由公共财政供养，并由政府通过主教来任命。像旧制度时代一样，主教由国家首脑指定，教皇仅授予他们精神权威，主教和教士应宣誓服从政府。就这样，通过与教皇的协议，执政府完成了国民议会以单方面的、非协商的方式未能实现的目标——按国家的组织原则来重组教会。1790年，教士像世俗官员一样由选举产生。1801年，主教成为教士们的省长。在两种体制中，民事和宗教的地理区划十分接近（尽管不是完全一致）。

对于梦想全面恢复旧制度教会的保王党人来说，这是一次失败，但这同样是主张政教彻底分离的雅各宾信念的失败。备受指责的宣誓派教会的幸存者如今以高卢派自称，1801年6月，其中的40位主教得以在圣母院聚会以显示其力量，也许他们觉得自己已经名正言顺了。在拒绝宣誓的流亡高级教士中，只有一小部分人还活着，虽然波拿巴恢复了教会，但他们担心波拿巴会把他们交给一个从未放弃革命的教士群体。实际上，第一执政在拒绝讨论变更地产现状的同时，还对教皇提出了另一个前提条件：现有的主教，无论是宣誓派还是抗拒派，全都要免职，全面整顿必须有一个全新的开端。教皇没有反对，但这样的要求意味着承认教皇拥有一些世俗统治者从未认可的权威，在协议达成后，教皇就可以援引这些权威。他颁布了“如数奉还”诏书，呼吁所有抗拒派主教将权力交还与他。在93名幸存的抗拒派主教中，55人服从，正如他们当初服从前任教皇关于否认教士公民组织法的指令那样。拒绝交还权力的主教被教皇剥夺职务。由于罗马从未承认组织法时期任命的圣职的合法性，因此对宣誓派教会而言，这样的措施就不必要了。波拿巴做了必须做的一切工作，他下令教务会议驱逐未获认可的成员。不过，当他打算任命12名（其中只有两人愿意撤销1790年的宣誓）宣誓派成员时，教皇感到大为震惊。而更大的震惊此时还没有到来。就在教务专约于1802年4月颁布前，法国单方面附加了77项“组织条款”，这些条款对教皇与法国教士之间联系的限制比1789年之前的高卢主义时期还要严厉。1682年路易十四的四条反教皇的“高卢条款”再次在所有学校和神学院被讲授。不过到这个时候，庇护七世认为，不管这些问题有多么重要，以抗议来威胁整个协定已经太晚了。这正是第一执政精心策划的局面。当然，很多问题可以留待未来澄清，何况其他条款还是值得欢迎的，如最终放弃旬日以恢复礼拜日。不管怎样，法国终于恢复了宗教活动的自由，教阶制度也重新建立起来，这些不敬神明的革命的后继人对教皇权威的认可，甚至比旧制度时代至诚的基督教国王还要谦恭。与这些事实比起来，上述不满意之处根本无关紧要。

在第一执政的所有作为中，这件事是最受争议的。在很多人看来，教会的重建是放弃大革命曾主张的一切，或者像一位愤怒的将军指控的那样，是背弃十万人曾为之牺牲的事业。然而，在共和十年芽月18日的宗教法（包括教务专约和组织条款）通过之前，另一项革命遗产也被扔到了一边。1801年1月，在保民院和立法机构遭受清洗之后，议会生活中的最后一点自由也被剥夺了。这些机构的成员是1799年12月由西耶斯和参议院挑选的一些较为驯服的人，但他们并非可有可无，在400名成员中只有47人从未担任过历届革命议会的议员，因此他们熟悉辩论程序和立法方式，而现在他们唯一的职责是认可第一执政的决定，这让他们难以接受，而且这也不是西耶斯在起草宪法时的意图。事态的演变让西耶斯颇感不悦，他怂恿自己在保民院的朋友公开抨击法律提案，对此波拿巴越来越恼火。第一执政宣称，他在保民院的批评者是一些抽象派的“玄学术士”，他们应该被溺死。他警告说，他不会像路易十六那样任人藐视，这个比较意味深长。马伦戈战役后，他的地位得以巩固。当他逃脱“地狱装置”的谋杀后，公众明显表现出欣慰之情，但即便如此，批评之声还是没有停止。到1801年春天，只有6项法案被否决，另6项法案被撤回，但是政府担心共和十年会议期间（1801—1802）的反对将会激烈得多，因为教务专约必须通过立法程序而成为国家法律。当议会于11月开会后，议员们甚至对胜利的和平条约也吹毛求疵。对于加速起草民法典的措施，第一执政则认为它受到了恶意阻挠。当保民院任命道努为参议员时，他认为这是一个蓄意的挑战，何况这位宪法专家还曾带头反对设立审理农村盗匪的特别法庭的法案。他觉得应该在辩论教务专约之前采取行动，宪法中特意设置的含混之处现在可以为他所用。宪法规定，两个议院的成员应在共和十年改选，但是没有明确规定改选的方式和时间。于是政府宣布现在是改选的好时机，参议院被责令着手提名可以留任议员的人选。就这样，60人从立法机构中被清洗，20人被逐出保民院。这次行动没有遇到抵制，几个月后，很多被清理的议员担任了别的公职。公众对雾月政变以来的首次清洗的反应难以捉摸。此时独立的媒体大多已经消失，不过警察的报告显示，在巴黎的咖啡馆里，所有的谈话都支持第一执政，蔑视那些不代表任何人而且忘恩负义的公职人员。据报道，公众现在关心的主要问题是第一执政的人身安全。作为稳定和秩序的保障者，他远比那些滑稽笨拙的政客可靠，十多年来的不安和动荡活生生地证实了这些人的无能。

在这种气氛中，教务专约终于在4月5日至8日呈给立法机构，而此刻《亚眠和约》的消息传来，吹鼓声响遍全国。这项条约遭遇的反对并非微不足道，但仍以压倒性胜利通过了。在随后两个月中，另一些新举措也提了出来：重组教育，设立荣军团，延长第一执政的任期。1802年底，波拿巴成为终身执政，法国几乎再次拥有了一位国王。

不过与此同时，1802年4月也是个庆典的月份。庆典在18日复活节那一天达到高潮。当天的一次庄严的弥撒标志着天主教在法国的复活。弥撒在圣母院举行，第一执政、政府全体要员和外交使团出席。布道者是70岁的布瓦日兰，曾经的埃克斯大主教，如今的图尔大主教。这位古老世家出身的贵族曾在路易十六的加冕礼上发表布道词，此刻他歌颂新的开端。那一天，巴黎挤满了兴高采烈的群众，1793年后陷入沉寂的钟声再次响起，与隆隆的炮声一起为人们助兴。夜晚降临时，殷实人家的窗户亮起了灯，但此刻所有人都没有考虑未来会给他们带来什么。战争结束了，政治纷争停止了，宗教自由恢复了，他们在为大革命举行葬礼。

| 第十七章 |

法国大革命的历史透视

《吕内维尔和约》以及《亚眠条约》结束了革命战争，这场战争的总体特征远甚于此前的任何冲突。比如，有教养的旅行者颇感震惊地发现，他们已经无法在与自己国家交战的国家自由行走。对于这种变化，英国人的感受最为强烈，在18世纪90年代的大部分时间里，法国的势力割断了他们与西欧大部分地区的联系。和约缔结后，大陆重新向他们开放。1802年，数以千计的英国人渡过海峡，前去参观大革命的现场，想亲眼看看乔治三世和他的大臣们曾与之战斗的事物。“我对这个国家的民众曾有十分可怕的看法，”4月抵达加莱的法妮·伯尼写道（她嫁给了一位流亡者），“觉得他们全都成了嗜血的魔鬼。”[1]但她发现法国人根本不是这样。当时加莱的经济因为多佛海峡的渡船中断而遭受严重打击，当地人很高兴看到富裕的英国游客再次路过此地。这些赶往巴黎的游客希望一睹终结大革命的英雄的风采，而当时这位英雄还没有被英国人妖魔化为“科西嘉怪物”。不过他们首先注意到的是道路。1787年曾让阿瑟·杨肃然起敬的大道如今已是坑坑洼洼、无人料理。到处都是废墟和封闭的建筑：废弃

[1] *The Diary of Fanny Burney: A Selection*, ed. L. Gibbs, London, 1940, pp. 347–348.

的修道院和修女院，荒芜的贵族城堡。不过，在途经信仰虔诚的佛兰德斯和皮卡迪时，旅行者注意到，礼拜日有大批身穿最好的亚麻衣衫的信众聚集在一起望弥撒，但较大的教堂大多被洗劫和破坏。一个从勒阿弗尔来的绅士记载道，鲁昂大教堂由于被改造成火药工厂而被弄得“漆黑而肮脏”。到处都是三色旗，路遇之人很少有不戴帽徽的。不过从公共建筑还是能看出信条的转变，虽然上面刻着“自由、平等、人道、博爱，抑或死亡”的标语，但“抑或死亡”被轻轻地涂抹掉了。不用说，君主的徽章和标志到处都被擦去或掩盖，凡尔赛的宫殿也已人去楼空。有个参观者写道：“窗户残破不堪，或已堵塞封闭，大门铰链脱落，此前那些一根莠草也见不到、只有欢笑和光彩的庭院，如今已是荒草蔓生。目睹这一切怎能不让人动容呢？”[1]不过，当他到达巴黎后，他发现大革命前的那些故交的变化并没有人们认为的那么大。巴士底狱已经没有了，原址被用作堆木场。杜伊勒利宫的参观者希望能见到住在里面的第一执政，也可以请向导给他们指点1792年屠杀时瑞士禁卫军留下的血污。街道上富人的私人马车少多了，街头小贩在出售各种家具构件以及贵族或教会生活用品的残骸。但是这个大城市像往常一样充满生气，罗亚尔宫甚至比阿瑟·杨在沸腾的1789年到访时还要拥挤。当然，那里没有人谈论政治，它已经成为一个十分热闹的游乐场所，而且这样的场所还有好几个。富裕而时髦的上流社会又开始像君主制时代一样自我炫耀，街头的警力也使得治安有了很大的改善。军事游行和检阅几乎是每天的例行表演，这在一个由将军统治的国家并不奇怪。

这些就是动荡13年之后的直观结果，其中有些是当代剧变的表现，另一些是持久的、无可挽回的变迁的征兆。不过，当改革者们在1789年那个令人心醉的春天准备实现民族的再生时，几乎没有人思考过他们的目标和梦想到底是什么。因此法国大革命最初的动力主要是思想方面的，

[1] C. Maxwell, *The English Traveller in France, 1698–1815*, London, 1932, p. 219.

而不是社会经济方面的。连续三代的经济繁荣使得法国的有闲阶级财富增加，他们的人数也有了很大增长。他们把经济收益投资在文化方面，而文化首先意味着教育。他们都曾聆听过教士的教诲，后者努力想让他们养成虔诚和服从的习惯。他们谴责这种教育，并以促进宗教改革以来独立思考已取得的进步为己任。到18世纪中叶，一种受过教育的、批判性的公共舆论开始形成。在一个不断扩大的思想舞台，具有各种思想色彩的作家都想涉足其中，而政府也越来越想迎合这场思想运动。公众信任的丧失是财政和政治危机的根源，这场危机加速了政府体制的崩溃，尽管这个体制的习性及轻重考量自路易十四时代以来几乎没有改变过。一个抱负有余而手段不足的国家的迅速垮台总会造成普遍的意外。但没有人预料到这一点，也没有人想推动这一天的到来，虽然人们对现存的制度和手段极为失望。但是，在1788年，在旧式绝对君主制的瓦解无可挽回时，人们开始思考用什么替代旧制度的问题。由于三级会议的召集以及此前陈情书的起草，整个法国（远不止是受过教育的精英）都在考虑这个问题。一时间一切都成为可能，一切弊政都可救治，一切不满都可以匡正。总之，所有的旧账都可以算清。福音就是变革，远在法国之外的受教育阶层也为之欢呼雀跃。对开明人士而言，这是为人类事务构建更为合理、正义和人道的组织的大好时机，他们抓住了这个机会。发动大革命的国民议会吸纳了这个国家知识分子中的精华，后者也自以为是启蒙的产品、工具和胜利象征。在整个法国，与他们背景相似的人在同样理想的鼓舞下纷纷拥护他们。雅各宾俱乐部的自发性激增，还有它那关于人权和公民权利的崇高愿景，都是这种理想的反映。在某些俱乐部中，这种理想从未熄灭过，虽然它们随着革命的变化而日益成为少数。

从很多方面看，法国的革命者的确在一个持久的基础上赋予国家事务以更大的合理性和逻辑性。在行政重组方面，新建立的省一直沿用至今而少有变化，它扫除了千余年来生成的叠床架屋的司法区划体系。米制和十进制经过5年的精心制定，终于在1795年4月开始采用，这个体制终结了另一种产生于习惯的可怕混乱，此后它们还走向了全世界。民法典几乎同样成功，1789年前的几代人一直在梦想和探讨这种明晰而简约的法律汇编。虽然是第一执政的权威和意志使其最终成形，但起草工作早在1790年革命的第一波浪潮中就已开始。过去刑法中的野蛮和极不公正现象被永远根除。断头台则不那么成功，如果不是已经成为恐怖的主要大众化工具的话，也许它会赢得人们更多的认可，即一种人道的改良举措，这也是最初设计它的目的：更快、更可靠，而且绝不会有痛苦。不过在某些方面，它竟奇特地满足了设计者的初衷。对于断头台上草草处死的大部分人，人们以为他们是在反抗另一些同样由逻辑、平等和人道精神指引的变革，不过任何有理智的人大概都不会接受这种指责的根据。

正是因为有抵制，大革命才变得激烈。1789年的人们天真地认为，他们使民族再生的努力不会遇到任何反对，他们觉得，自己意图的真诚和善良对于别人就像对于自己一样一目了然。但是，启蒙运动总是毫无顾忌地把无知、迷信和自私归咎于它的对手，而它的门徒也完全继承了这种思想。有些评论家把恐怖精神追溯到1789年，因为那时的爱国者已经毫不犹豫地使用恫吓手段来追求自己的目标。这种看法并非完全错误。1789年6月15日，当马卢埃批评宣布成立国民议会的提议时，一名听众从走廊里向他猛扑过去，嘴里高喊："住口！你这邪恶的公民！"[1]一个月后，巴纳夫公开为私刑处死富隆和贝尔蒂埃的行为辩护。在1789年，如果没有流血的威胁，国王对成立国民议会的抵制确实可能无法克服，但爱国党人对抗的成功恰恰为应对未来的挑战树立了榜样。在这个民族已经对公开的屠戮感到厌恶时，政治活动者仍然无法接受其对手的合法性和良好意愿。最终，一位公开蔑视知识分子的将军走上了前台，他以稳定的名义压制了知识分子的所有纷争。

最初抵制变革的是贵族，召集三级会议的决定使他们的权力和特权岌

[1] *Mémoires de Malouet* (2 vols., Paris, 1874), ii. 10.

岌可危。作为三级会议中一个单独的等级，他们在1788年底发现自己已经被孤立并受到攻击。这场攻击是由一个知识分子集团发起的，这就是三十人委员会，它处心积虑地利用受教育精英阶层中的社会紧张，发动了一场要求立法机构不可分割的强大群众运动。很多惊恐的贵族向自己的特权寻求庇护，结果加剧了对抗情绪以及当时正在资产阶级中蔓延的不信任感。在三级会议开幕时，最初的问题仍未解决，而当问题终于有了结论时，几个月的反贵族宣传已经使得这一社会阶层整体成为民族再生的顽固反对者。即使到这个时候，贵族肯定不会全部如此。他们的陈情书表明，他们对改革有非常深入的思考，并且愿意放弃很多最有价值的特权。但此时，除非贵族彻底投降，任何做法都不能让爱国党人满意。贵族成为大革命中最有效的否定性和辱骂性术语，它被用来描述一切反对大革命的事物。平等成为大革命最强有力的感召口号之一，在平等的状态下，任何人均不得享有基于血统或家族等不公正标准之上的特权。甚至拿破仑也总是把平等挂在口头上，尽管他自己出身贵族并在一个专为穷苦贵族子弟开设的军事学校里接受教育，但他总是鼓吹，大革命为才能之士敞开了康庄大道，而他正是因此而成功。

因此，贵族是大革命中的首个也是最大的失败者。在革命开始前，他们就已同意放弃免税和税收特权，从革命一开始就失去了习以为常的尊重和优先权。多年以后，这种尊重和优先权还会慢慢重现，一直不肯散去。但在1789年之后，这一切饱受质疑。当年6月，贵族们失去了单独的政治代表权和团体权力。实际上这种有利条件的存在非常短暂，因为除了在某些三级会议地区，它只出现于三级会议时期。8月，随着封建制的废除，他们的物质受到了损失。虽然他们并不是封建权益、捐税、荣誉和特权的唯一享有者，但毫无疑问，这个制度对他们的影响最大。在一些偏远地区，封建捐税的残留一直保留到19世纪。但从根本上说，到1794年，封建制度及领主从中获取的利益已经被彻底消除。8月4日之夜还改变了法国贵族的性质。此前，新兴有钱人可以通过投资被封授贵族的官职，从而成为精英中的一个开放精英阶层，但官职买卖制度的废除使得贵族第一次成了种姓，贵族的封授告终。一年后贵族身份不被认可，纹章等标识也被禁止。

但无论怎样，贵族现象不可能被废除。高贵被视为一种世袭品质，它存在于血统之中，至少在那些拥有这种血统的人看来是这样。不过在启蒙人士眼里，这是人类无知和迷信的又一例证。大革命的政策迫使很多贵族离开了这个不再被他们视为祖国的国家。至少有16 500人在革命期间流亡国外，很可能还有数千人由于各种意外情况未被统计。拒绝回国或被处决的贵族，其财产被没收，大约12 500个家庭丧失了全部或部分地产。不过很多人设法直接购回或逐步购回财产，而且早在1799年之前，流亡贵族就已开始谨慎地回国。皇帝拿破仑很快又建立起一种新贵族，并给这一新贵族定调子，这正是为了尽可能多地改变前贵族的性质。此外，他对贵族的全部要求就是拥有可观的地产，贵族要证明这一点并不难。在帝国时代的大多数省份，纳税最多的阶层由贵族占据主导地位。

因此，贵族的物质损失并不像想象中的那么庞大，也并非不可挽回，但是这次创痛让他们久久不能忘怀，而且他们经历的波折着实令人心有余悸。由于反革命始终不曾取得成功，流亡生涯也是失望、苦涩和困苦的。“也许我永远要和家人分离了，”法莱索侯爵夫人在1793年初哀叹说，“我是一个被自己国家放逐的流亡者，没有法律保护，身上已是一文不名，我儿时了解和热爱的东西以及我的幸福时光已经远去，除了凄惨，除了对未来的彻底绝望，我在四周看不到任何东西。”[1]当流亡者试图在基贝隆湾强行登陆，或通过别的战斗回国时，数百名这样的流亡妇女殒命，没有流亡的贵族则始终是嫌疑犯。虽然恐怖期间处决的贵族只有1200多人，但被当作嫌疑犯关押数月的贵族则要多得多。1797年，当局势看来已经缓和时，他们被剥夺了公民权，理由仅仅是他们是贵族，而且很多人正

[1] M. Wiener, *The French Exiles*, London, 1960, pp. 44–45.

是因为同样的原因被大批流放。由于这些磨难，贵族圈里滋生出对大革命及其拥护的一切事物的强烈仇恨和蔑视。在大革命的每一个阶段，法国公共生活的活跃分子中都有前贵族，但他们并未像1789年以前那样占据垄断地位，至于重现从前的日子就更不可能了。很多贵族此时故意远离公共生活，认为这是有失尊严之事。换句话说，无论是贵族还是非贵族，心理冲击远比物质损失严重。“服从的纽带到处都已松懈”，未来复辟王朝时期的大臣（1826年）维勒尔伯爵抱怨道，“……罪恶在我们的举止当中，我们的举止至今还受大革命的强烈影响。”[1]

大革命最初对教会的攻击几乎未受阻碍就通过了。8月4日那个欢欣亢奋的夜晚之后是更为冷静的辩论，教会在辩论中表达了自己的失望，因为国民议会拒绝对什一税的损失作出补偿。不过，在各等级合并为国民议会的过程中，教士的善意起到了重要作用，而且大多数教士都难以相信，大革命在革新其他一切的同时却不能让民族的精神生活获得再生。然而，教士经受的磨难比贵族更具灾难性。8月4日的损失远远不止什一税，很多宗教机构失去了广泛的封建权益，但几个月后它们地产的彻底丧失则让这点损失显得微不足道。另外，大革命中获利最多的人，即国有地产的获得者，主要是从教会的损失中受益的。

在1790年宣誓之前，教会再次遭受无法弥补的损失，这些损失并非全是物质方面的。实际上，过去高卢教会那种自行管理、自行课税的团体组织早在教士公民组织法之前就已经消失了，后者只相当于一份死刑执行令。教务专约所恢复的根本不是从前的教会，修道制度也在1790年走向覆灭。虽然很多男修士看来很愿意解除修道起誓，但法国的4.5万修女几乎一致反对解散她们的修道院。巴黎主教区的伽尔默罗会修女抱怨说：“在这个世界上，总有人喜欢说修道院里满是受难者，他们因懊悔而慢慢憔悴枯死，但是我们在神面前抗议：如果世上存在真正的幸福，那么我们就是

[1] R. Forster, The Survival of the Nobility during the French Revolution, *Past and Present*, 37 (1967), 83.

在圣堂的庇护下享有这种幸福。”[1]教务专约没有对恢复修道生活作出规定，虽然修道团体再次出现，但从未像旧制度时代那样普遍。教士宣誓以及随后类似的做法分裂了教会。拒绝宣誓并因而抵制大革命的人，命运最为悲惨。在爱国者眼里，这些被剥夺圣俸的抗拒派很快就成为贱民，他们在任何地方的行动都被视为颠覆活动，战争爆发后他们又成了叛国者。在1792年9月的屠杀中，教士是最先罹难的人，当时共有223名教士被杀。此外，恐怖时期被判刑的教士近千人，而流亡或被流放的教士则将近2.5万，几乎占全体教士的六分之一。由于90%的流亡教士为在俗教士，因而教区神父损失了一半。到1794年，宣誓派教士也被视为嫌疑犯，他们面临被罗马和大多数法国人抛弃的厄运，虽然后者并没有任何理由这样做。有些教士在教务专约颁布后做了迟来的辩白，但对其他人来说，宣誓意味着同罗马决裂，这一创伤不可能治愈，他们一心要组成一个“小教会”，不过这个教会在19世纪逐渐走向衰亡。大革命逼迫法国教会陷入一场痛苦的、悲剧性的分裂，而非基督教化中的过激行为只能加剧这种痛楚。当枢机主教团在讨论教务专约的最后细节时，一位意大利枢机主教的谈话鲜明地表达出个中创痛之深：“哦，上帝啊……一个政府在禁止正教、在以最令人愤慨的法律迫害正教、在沾满如此众多的殉道者的鲜血之后，今天它竟要再次向正教敞开大门。但不是作为最有威望的宗教，而是作为大多数人的宗教见解；不是出于热爱，而是出于恐惧；不是从敬畏出发，而是从策略出发。这样的政府还能干出什么事呢？它还想把教会剥得精光，仅给它配少许教士，由它付钱的教士，政府自己任命的教士。过去的教士坦然走向火刑柱，而这种冒充正教徒的教士实则是教会分裂的肇事者。他们既没有悔过，也没有与人和解。相反，我们看到，那些正派的牧者，那些耶稣基督的坚定信徒，却被迫从自己的国家流亡……与自己的教众分离……修士已经从整个大帝国被驱逐，圣洁的修女无处安身，主教座堂和神学院无以为

[1] J. McManners, *The French Revolution and the Church*, London, 1969, p. 33.

生，神殿在遭亵渎之后已是肮脏破败，善款机构、虔诚的善举、权益和豁免都已被废除或摧毁。总之，教会只剩下一具无血无肉、灵魂和权威尽失的空壳。法国重建的就是这样一副宗教的空架子，那些想出这个悲哀计划的人还自鸣得意，还想篡夺祭坛修复者的头衔。”[1]

不过这位安托内里枢机主教还是对教务专约投了赞成票。毕竟它有拯救的善意，因为它在法国恢复了宗教自由，重建起一个组织良好的教士团体以及教宗的权威。教宗制度虽然遭受严重的物质损失，但它也是在大革命的影响中获益最多的一方。在18世纪80年代，教宗似乎已是一种快要寿终正寝的制度，世俗化的君主鄙视它，德国和意大利的詹森派主教违抗它。表面看来，教宗制度毫无用处，而这大大误导了教士公民组织法的起草者们。然而，在18世纪90年代末，像受那个不敬神的共和国及其外国支持者迫害的教士一样，教宗本人也分享着殉道者的荣耀。与此同时，在整个法国和法国控制的欧洲各地，广大人民对根据教宗指令反对大革命的教士表现出了忠诚。对于这些事实，法国的第一执政都已意识到并且有勇气承认，虽然这违背大多数努力整顿18世纪90年代的法国事务的人们的建议和意愿。和谐并没有马上到来。数年之内，他也像雅各宾派，对教士的奸计恼怒之极，但他从未尝试废除1801年的基本纲领。这时教会已经恢复，并去除了各种无处辩解的赘疣和弊端，于是，在罗马不可挑战的教义和精神权威之下，它首次将其几乎全部的精力投入到教化灵魂的工作中去。不过它要感谢大革命的远不止这些。像贵族一样，教会被大革命唤起的经历完全是痛苦的。在整个19世纪，罗马天主教会都把法国大革命及其所作所为诅咒为无神论者的轻狂暴行，其煽动者是邪恶的哲人和诡计多端的共济会会员。教会还赋予巴吕埃尔那些语无伦次的历史谎言以完全的权威性。另外，共和派的信念植根于大革命中，他们把教会视为最可怕的敌人，并加入共济会以示对抗。只有教会和国家的彻底分离，如在1794—1802年那

[1] Latreille, *L'Église catholique et la Révolution*, ii. pp. 38–39.

样，才能缓解他们的猜疑。1905年这个目标终于实现，而在此前的几十年中，双方都不断走向极端主义，一切最终都可追溯到1790年。

在整个旧制度时代，教会控制着两项社会工作——教育和济贫，这种控制权的中断同样要追溯到那次致命的分裂。1789年的人们认为，教育是另一个有待以理性原则实现再生的领域。整个18世纪90年代，各种宏大的方案纷纷出现，包括最后一位哲人孔多塞于1792年草拟的计划，不过另一些更为紧迫的事务总是推迟教育实践行动。但旧的教育体制已经瓦解。尽管教育机构拥有的地产起初并未国有化，但其他的资助，如移交的什一税收入、主教座堂和修道院通常的捐赠，早已经干涸了。拒绝宣誓的教会教士被辞退，接过教职的教士经常被召去担任教区神父。教育性修会（如奥拉托里修会）最初逃过了大革命对修道院的攻击，但到1792年8月，所有具有影响力的教士都受到怀疑，以至于这样的修会最终也解散了。最后，1793年3月，因财源告罄而走投无路的共和国将学校和学院所有的地产收归国有。直到1802年，政府才采取措施填补由此造成的亏欠，尽管1793年宪法宣布教育是基本的人权。1795年的宪法没有作出这样轻率的承诺。督政府在每个省设立一所中心学校，并在巴黎建立一些高等学校，以取代被国民公会当作团体主义堡垒而废除的大学。但初等教育被留给地方兴办，公共财政对此不予支持。由于缺乏训练有素的教师（教士太危险，无法把教育共和国青年的任务交给他们），各级学校不堪其苦。大革命自身就是前所未有的教育发展的产物，但现在它给教育制造了大混乱，在校人数明显下降。1789年中学生人数为5万，10年之后，中心学校的学生只有1.2万至1.4万。基础识字率从1789年的37%跌至1815年的30%左右。

济贫领域的情形更加凄惨。18世纪80年代以来，人人都能看到贫困问题的恶化。对于这个难题，同样不缺少改革的意愿和大胆的行动方案。制宪议会曾设立一个乞讨问题委员会，该委员会搜集了大量关于贫困问题的资料。立法议会也设立了自己的委员会，它存在的时间很短，但在济贫问题上通过的法令不下56条。1793年宪法宣布，任何困境中的公民都有权获得公共救济，1794年5月设立的“国民福利大典”将登记任何应该救济的案例。两个月前政府还颁布了一项全面的济贫法，禁止私人救济行为，理由是救济目前是国家事务。10月又有了另一项与此相关的法令：禁止乞讨。即使在最有利的条件下，上述措施中有些也显得抱负过大。而在一个为战争倾尽全力并将所有能调动的资源都用于战场的国家，这些措施实际上毫无意义。在某些地区，地方当局为制定国民福利大典而付出了令人赞叹的努力，但在督政府时期，这项工作被放弃了。到这个时候，贫困问题比1789年严重得多。6年的动荡造成经济混乱，穷人更多，而且此前的救济机构已明显不足，对教会的攻击又摧毁了这些机构。当教会地产国有化以及修道院解散之后，修道院的慈善事业也就终止了。以教区为单位的救济主要依靠捐献和宗教赠予，但教区神父因宣誓问题发生分裂，济贫工作陷于停顿，想捐钱的人也停止捐赠，怕引起别人的嫉妒。作为穷人最后依靠的收容院和济贫所，其资源也早已不堪重负，更何况每次革命立法运动几乎都会无情地分割这点资源。像学校和中学一样，很多类似机构也在1789年8月4日的改革中失去了重要的收入来源。废除市政税收的税制改革则夺走了另一些济贫机构的收入来源。济贫投资因为1792年就已失控的通货膨胀而大幅缩水，一些依靠王室直接赠予的济贫机构则发现国民议会不愿意继续赠予。像教育修会一样，作为收容院中主要护理者的各慈善修会最初也没有解散，没有受到宣誓风波的影响，但是与教育修会一样，这种局面未能持续下去。到1792年，修女照顾穷人时的虔诚之心引起爱国者的猜疑，她们不得招募新修女。1793年10月，她们也要进行宗教宣誓，拒绝宣誓者会被逮捕监禁，尽管显然找不到有效的替代者。最后一击发生在1794年7月，收容院的财产被收归国有。

就这样，过去的慈善救济体制瓦解了，但没有任何具有建设性的措施取而代之，尽管这方面有过各种高调设想。在督政府时期，一切全国性举措的设想都被抛弃了，不过1794年之后开始了某些恢复工作。收容院地产停止出售，没有售出的土地返还，被监禁的修女获释，并继续从事护理工作。1789年之前，俗界的富人是善款募集和管理中的关键角色，如今他们又开始战战兢兢地担当从前那样的协调角色。一些地方税收和对戏票等征收的奢侈附加税再度设立，以便为收容院提供资金。在拿破仑时代的法国，该类趋势都受到官方的鼓励，慈善捐赠也重新活跃起来，但是没有达到革命前的水平。截至1847年，法国收容院的数目要比1789年少42%，而当时的人口却多了700万。因此，由于盲目地废除现成的救济机构而又没有设立和资助有效的替代机构，穷人和病人在数代人的时间里遭遇的不幸无法言说。在这个领域里，法国革命者口惠而实不至的行为所造成的人道悲剧比其他领域都更加严重。

革命者的确有这样或那样的困难，严重的经济问题也的确加剧了这些困难，实际上，大革命对法国而言是一场经济灾难，不过这场灾难很大程度上也是革命者自己的作为。

大革命爆发于一场罕见的经济危机之际，这一局面将影响大革命的整个特征。1789年春天，所有阶层都对三级会议寄予不切实际的希望，这的确有利于第三等级的成功。但是，很多希望实际上源于1788年的歉收、严冬、物价飞涨、工场产品需求下降引发的焦虑感。在7月的巴黎，民众之所以支持爱国党人的事业，是因为他们认为新体制将会保障廉价面包的供应。在无套裤汉看来，不能做到这一点就意味着背叛革命，他们维护这种供应的决心将限制历届革命议会的经济政策，直到1795年。即使在无套裤汉的权力被粉碎后，也没有哪个政府会如此不讲实际，以致要将巴黎的粮食供应交给自由市场，虽然几乎所有受过教育的人在原则上都信任市场力量。最后，1789年8月4日，为了平复总是担心收成安全的农民的偏执心理，国民议会作出了让步。虽然一开始它很担心，但这种让步也正切中大革命的反封建意识形态。经济问题暂可放到一边，一旦1789年有个好收成，经济形势也许能有好转。但是，经济演变开始受革命立法的影响。

贵族和教士遭受的损失造成了最初的经济混乱。摧毁一个极为重视服务业的特权社会，难免造成严重的冲击波，波及的范围也远不止直接的受害者。由于丧失封建收入，这在某些地方可能占到领主收入的20%，领主的直接反应是提高地租。1790年12月，地主获得特别授权，可以在他们征收的租金之上附加相当于被废除的什一税的金额。到1791年，这类地产上征收的名义租金上升了四分之一。农民抵制大革命最顽强的地区往往是租赁制占支配地位的地区，这种现象绝非巧合。贵族生活方式的消失也造成严重后果。对于凡尔赛这样的城市，冲击是剧烈且不可挽回的。1802年，在凡尔赛凭吊寥落残破的昔日辉煌的英国游客看到的正是这样。巴黎从前的时尚街区命运同样如此。“圣日耳曼区永远不会恢复原貌了”，一位过分悲观的外交官访客在1796年这样写道，它“人迹相当稀少；公馆都已被政府占据，邻近林荫大道的小街长满野草”。[1]每个设有高等法院的城市或经常召集省三级会议的城市，在这些机构消失、富有的贵族成员流亡之后，其经济都受到严重打击，衰退成气派全无的无名城镇。对教会的劫掠使这类问题更为严重。修道院、主教座堂和大教堂为俗人提供了众多直接或间接的工作机会，从建筑工、画匠一直到清洗教士服饰的洗衣妇，不一而足。当这些宗教机构丧失财产、收入甚至机构本身时，所有工作岗位都没有了，佣人被成批辞退。以巴约为例，贵族和教士在1787年雇佣了467名佣人，9年后这个数字仅仅为76人。由于主要顾客消失以及随之而来的简朴之风的推广，奢侈品行业也遭受毁灭性打击。丝绸业之都里昂在大革命前就已陷入困境，18世纪90年代又经历了经济上的大动荡以及政治上的大混乱，1790年到1806年，里昂的人口几乎下降了三分之一，从14.6万缩减到10万。1789年至1799年，丝绸工场数量减少了一半以上。

在这类震荡中，很多归根结底是大规模土地转移造成的后果，而这种转移是大革命最持久的成就之一。但是，国有财产的利用方式却造成了一系列的难题，这表现在指券的通胀上。由于深信土地是财富的唯一真正源泉的重农主义秘方，国民议会的议员完全愿意相信，以土地为抵押的纸

[1] Swinburne, *Courts of Europe*, ii. pp. 114–115.

币要比约翰·劳1720年发行的纸币更为可靠，而人们对那场货币灾难仍然记忆犹新。如果指券没有过分地超量发行，如果它们能按当初设想的那样有步骤地回收，也许这个目标可以实现。但是，革命者一方面坚决反对强制削减旧君主制留下来的债务；另一方面又没有力量和意志去提高税收、强化征税工作，因此印制纸币的诱惑实在难以抗拒。到1792年1月，指券的超量发行已使其贬值28%。从战争开始直到1794年，法国主要靠自身资源支付战争费用，除了继续发行指券外别无他途。1790年到1797年发行的纸币票面价值总额为450亿里弗，但其实际价值（以1790年价值）还不到名义价值的七分之一。在这段时间内，四分之三的贬值幅度可以不容置疑地归因于指券的超量发行。其后果波及整个经济领域。国有土地的出售本来被视为整个经济政策的基石，由于通胀效应，出售额仅仅收回了这些土地真实价值的四分之一。在1798年通货紧缩之前，革命的法国一直是债务人的天堂，因为指券是按票面价值使用的法定通货。指券最早的一位反对者曾预言："在法国，一无所有者和无所不有者都将因纸币而破产。"[1]债务人的天堂就是债权人的地狱。商业信心无法建立，除了黑市和强制开展的军工生产，正常的生产和交换在18世纪90年代的大部分时间里陷于停顿。银根紧缩，利率高得如同高利贷。铸币被囤积起来，好不容易搜刮来的铸币还须用来同外国人做交易，因为后者拒绝接受法国的纸币。工资劳动者及所有靠固定收入生活的人发现他们的资源急剧缩减，工资后来也上涨了，但面对呈四位数增长的生活成本，工资很难跟上步伐。1790—1797年，政府雇员的工资增幅达3000%，但其他人很难达到这个水平。在整个大革命时期，劳力需求不断增长，唯一的雇主就是政府。面对市场萎缩和不断攀升的价格，其他雇主只能裁减和解雇工人。到1798年，巴黎的失业者达6万人，相当于城市人口的十分之一，显然，这种失业率与督政府时期人人都在议论的犯罪率上升有直接联系，更不用说城市自杀率的显著上升

[1] F. Aftalion, *L'Économie de la Révolution française*, Paris, 1987, p. 247.

了。从前失业人群还可以依靠慈善机构，现在连这个也没有了。

当然，是战争最终让指券绑架了这个国家，尽管布里索在1791年的最后一天还宣称，战争将根治已经出现的通货紧缩。战争也是大革命期间一场影响最为深远的经济灾难的根源，这就是海外贸易的毁灭。1789年之前，海外贸易曾是成就最为夺目的领域，与其他领域不同的是，其在大革命的早期受到的冲击不大。1791年，波尔多和马赛的贸易达到顶峰。但是就在这一年，圣多明各爆发了规模浩大的奴隶暴动，而地位日益增长的殖民地贸易正是以圣多明各为中心的，至少波尔多是这样。奴隶暴动发展成为一场全面的内战，它打乱了法国与加勒比地区的几乎所有贸易。接着，1793年，法国与欧洲大部分地区处于战争状态，而最为不幸的是同英国的战争。这时法国海岸被封锁，更糟糕的是，国民公会在8月禁止出口一切必需物资，并对所有中立国船只实行禁运。一年后这些禁令解除，但英国人已经加强了控制，他们在18世纪90年代余下的时间里控制了大西洋航道。港口贸易没有完全停滞，私掠船成为它们新的贸易渠道，但是它们的殖民地贸易大多已经被摧毁，1789年之前的繁荣景象一去不复返。外贸在这个国家经济活动中所占的比重从25%跌至7年后的9%。马赛的人口从1790年的12万降至1806年的9.9万，波尔多从11万降至9.2万，南特从9万左右减至7.7万。

外贸是旧制度时代无可争辩的经济引擎，它的崩溃表明了某种持久的结构性转变。现在法国注重的是其在18世纪90年代后期征服的大陆市场，这个市场以各种伪装形式一直保持到1814年。国际贸易从海上转向大陆市场，在大陆，法国的势力逐渐成功地排斥了英国人的势力。对于那些善于利用这一局势变化的人来说，革命年代并非没有机会。军事工业当然表现突出，如军火、冶金，甚至毛纺织业也因为前所未有的军服需求而繁荣起来。比利时从1795年并入法国的国内市场后，其采矿和毛纺织业城镇发展很快，而法国本土的旧工业中心反而衰退了。法国棉纺织业的复兴几乎堪称完美。1786年，根据一项设想欠妥的商业条约，技术更加先进的兰开夏的优质廉价产品大量涌入法国，法国棉纺织业面临生死攸关的挑战，但是英法冲突的重启使它摆脱了消亡的厄运。棉纺织业中心鲁昂的人口有了增长，尽管高等法院的撤销、重要宗教机构的解散和海外贸易的断绝一度使其人口下降。1796年以后，鲁昂引进了很多新机器，不过这些机器在海峡对岸已经使用了几十年，而且在那里行将淘汰。总之，在19世纪的第一个十年中，法国棉纺织业由于奢侈之风复苏和对英国的持续排斥而走向繁荣。

事实上，18世纪90年代的法国经济动荡大多时间短暂，虽然经历过这场动荡的人深受其苦。当丝绸再度走俏时，里昂走向了复苏，海外贸易也爬升到1789年的规模。但是直到19世纪30年代，丝绸和海外贸易这两个领域才恢复到大革命前的水平，这一点很具典型意义。大革命时代至少让法国的经济发展停滞了一代人的时间，而且没有构建一个更具活力的经济结构。革命时代的确为后来的发展奠定了某些前提条件。国内关税壁垒被撤销，度量衡实现了标准化，行会的限制性规章被废除，劳工组织受到《列夏白里埃法》的约束。但所有这些都没有解放企业家精神。18世纪90年代的极端不稳定起到了适得其反的作用。精明的投机者和军队供应商积攒了巨额财富，特别是在督政府时期，但是，大部分有钱人都急忙把钱转为没有风险的投资形态——土地。这在很大程度上仍是革命前的模式，大革命则强化了这种模式，因为它废除了革命前法国独一无二的投资形式——官职买卖。与此同时，它又将空前数量的新土地投放到市场上，出售教会和流亡者的地产，跟买主讨价还价。因此，法国资产阶级长期以来回避商业投资，以及尽快从商业投资中抽身的倾向被强化了，这种倾向在19世纪也将长期持续下去。

在土地耕作方面，大革命也没有带来任何显著变化。废除封建负担带来的积极效果大部分被高额的租金和税收抵消。革命立法强化而不是禁止遗产分割继承，这就使得大部分土地经营单位仍然较小。通货膨胀助长了早已确立的分成制的推行。军事征调一直是牲畜的沉重负担，而且浪费了宝贵的粪肥，而征兵（或逃兵，后果是一样的）则使得最精干的劳动力大量减少。到1802年，法国的农业多养活了100万人，这的确是个可观的成就，尤其是考虑到交通网的恶化。但是，除了马铃薯的加速传播之外，农业生产能力的扩张并无其他创新可依托，正在发展中的农业市场的信心也许受到了风险性实验的打击。直到19世纪40年代，法国农业的模式和基本生产效率与一个世纪前并无太大不同，直到铁路时代到来，根本性的转变才开始，法国经济的其他领域也大多如此。

那么从物质方面来说，大革命的价值又体现在哪里呢？对大多数从臣民变为公民的普通法国人而言，它可能没有价值。大革命极大地加剧了他们生活的不稳定性，这与他们的期待恰恰相反。大革命还一度要摧毁他们生活的宗教、文化和道德根基。1789年的陈情书再清楚不过地表明，大部分法国人希望国家尽量少干预他们的生活，但国家后来的干涉要多得多，也粗暴得多。恐怖统治在共和二年之后几乎就结束了，但这样的统治此前闻所未闻。恐怖虽然退潮了，国家权力依然如故，而且不断增长，它拥有的强制力量是旧君主制国家做梦都不曾想过的。因此也就不难理解，大革命遭遇的最持久、规模最大的抵制不是来自从前所谓的“特权等级”，而是来自普通百姓，他们只希望革命停下来。在疏远这么多公民同胞之后，革命者还给反革命者提供了从未中断的希望和鼓舞。但是，大多数民众的抵抗是在抵制大革命而不是对抗大革命。革命的抵制者虽然口头上喊着恢复教会和国王的口号，但在多年的动荡和外来干涉之后，绝大多数人要求的是稳定和自治。然而，他们的抵制经常使得法国的新政权采取进一步的极端镇压手段，于是创伤越发深重。

民众对大革命实际举措的抵制不仅限于旺代的公开反叛，也不仅限于布列塔尼、曼恩和诺曼底西部周期性的朱安党叛乱。在上述地区，农村社区的联系因为新宗教政策的影响而被割断，就连废除封建制也未能给这里的农民带来多少利益，因为他们主要是佃农。在整个南方，叛乱已成痼疾，那里的人们认为大革命是在为富有的新教徒牟利。在很多其他地区，一些地方性事务时常引发骚乱。关于流亡和恐怖的数字也能说明问题。近3.2万农民或工匠离开了这个自由的国度，他们占登记在册的流亡者总数的三分之一。恐怖期间官方的死难者数字为8350人，其中近六成的人来自同样的社会阶层，他们因为抵制革命而被处死。开小差的、当逃兵的数字是另一个尺度，这类人被生动地称为“不服从者”。1789年，旧制度时代最受痛恨的制度之一——抽签服役制被废除，但1793年它又恢复了，1798年征兵制的系统化特征更加显著。在督政府时期，逃避兵役被普遍视为农村犯罪浪潮的主要因素。“很多逃兵潜伏在树林里，”1796年经过尚蒂伊的一位英国旅行者写道，“抢劫和谋杀接连不断。我们不敢在夜里行走半小时。”[1]后来他称这些人为盗匪，一些社会科学学者认为这是反抗现存秩序的经典形态。换言之，抵制大革命是一场群众运动，这远比无套裤汉的运动更具群众色彩，虽然这个说法通常只用在后者身上。不过，若说无套裤汉也抵制革命，那倒有几分道理。无套裤汉根本不信奉1789年革命者的经济自由主义，也没有后者那种极端的财产权信仰。他们信奉的是道义经济而不是市场经济，而且他们准备用武力抵制那些公开反对道义经济理念的人，比如吉伦特派。他们主张大众民主制，对富有的、受过太高教育的人并不信任，这与农民对富有的城市爱国者的反抗情绪颇为相近，因为这些闯入高度自治的农村社区的市民不仅购买国有土地，还带来了宣誓派教士。无套裤汉之所以欢迎革命，是因为他们有这样的认识：君主制在最后的岁月中开始背弃它对臣民的历史悠久的道义承诺。只要他们的力量能得到有效利用，当权者就会接受他们的支持，并在口头上奉承一下。但是，对于无套裤汉控制国家决策进程的要求，大部分议员从来不接受其合法性。而对于恐怖和非基督教化期间的群众暴行，他们的认可带有难以遮掩的不情愿。一旦他们可以摆脱群众的支配性影响，他们便在1795年公开处置巴黎残留的激进分子，就像对待革命的抵制者一样。到这个时候，

[1] Swinburne, *Courts of Europe*, ii. pp. 105–106.

后者与其他地方的反革命还有一个共同点，即经过了这么多的动荡和混乱，他们都没有获得可观的利益。

当然，有些人毫无疑问地获得了好处。在任何与其有关的名单上，显赫的位置总是留给地产所有者的。1789年8月，这些人摆脱了封建捐税和什一税的负担，声称财产是至高无上的社会和政治用品。民法典的完成巩固并明晰了他们的权益以及权益转让的方式。各部宪法都以这样或那样的方式将政治权力的实际行使依附于财产权之上。财产将确定名流阶层的身份，他们作为选举人统治法国，一直到19世纪末。大革命几乎没有改变有产者的社会轮廓。贵族占有的土地数量不可避免地下降了，虽然在19世纪他们仍然是最大、最富有的有产者阶层的主力。在社会层级结构的另一端，国有土地的出售，特别是18世纪90年代中期的小块土地出售，使得小农数量上升，他们占有的土地总份额略有增加。在教会和贵族地产的重新分配中，最大的得益者是资产阶级。他们对所得利益的安全性十分担忧，与所有其他情形相比，这一点最能推动大革命落入一位独裁者之手，因为这位独裁者确保了稳定，并无条件承认一切有产者的权益。当他倒台时，资产阶级对所得利益的把持无法撼动，复辟的波旁君主虽然将未出售的土地交还给流亡者，并且组织了一个基金以赔偿财产受损者，但他们从未认真想过废除大革命留下来的土地分配格局。

最后，作为自由职业者来源的资产阶级同样在大革命中获利。1789年的革命者宣称职业向才能开放，并认为无论是凭借出身还是金钱，任何人都不能享有获得任何职务的优先权。这种原则最初的实践看起来会演变成自由职业界的大灾难。在官职买卖被废除后，法令宣布的产权赔偿也就取消了。不过当时的赔偿额是根据1771年税收申报时的官职价值（因而大大低估了）计算的，而旧制度最后20年中官职价格的大暴涨在当时还没有开始，而且这笔赔偿主要是用不断贬值的指券支付的。失去官职的人觉得受了骗，这当然是可以理解的。同样令人担心的是，大革命初期人们对自由职业组织普遍怀有敌意。他们认为，自由职业者坚持自身标准的信念就是已然被抛弃的团体主义和特权世界的阴魂。一位著名律师回忆说："认为任何人不经审查和学习就享有从事自由职业的权利，这是对自由的最早滥用之一。"[1]医生、律师以及整个司法行业都被投入市场，而对从业者的资质要求极低。此外，从前的认证团体，如各大学，都已经被废除了。因此革命的法国成了一个各色庸医和江湖骗子逐猎的好去处。当然，他们大多数人也是资产阶级的成员。直到拿破仑时代，国家才控制局面，并重新启用严格的许可制度，以恢复职业标准。这个解决办法比1789年之前更具官僚气，但当时整个法国就是这样。

虽然对王家行政官的权力的敌视是1789年的陈情书中最为普遍的怨言之一，而且1791年的宪法也几乎把所有权责都交给了选举产生的官员，并免除了督办及其专业班子，但当法国进入战争状态后，这一趋势便产生了逆转。18世纪80年代，中央行政机构的雇员不到700人，1794年则为6000人，行政官员总人数增长了5倍，总共约为25万人，占整个资产阶级的十分之一左右。在督政府的混乱日子里，这些数字有所下降。当时官僚机构受到例行清洗，不过在帝国那个无与伦比的行政体制中，这些数字稳定下来，并没有比18世纪90年代的峰值低多少。此时这台行政机器已经有了更为明确的资格要求和准入规则，以及一个牢固的专业结构，甚至还有草创的纳税养老金制度这一种像地产投资一样安全可靠的生计来源。

另一个从大革命中获得好处的群体是士兵。没有哪个领域比这个领域更向才能开放，士兵中那位最成功的野心家总愿意证明这一点。在19世纪，军事职业依然吸引大量的贵族成员，但贵族垄断军官团的日子已经永远过去了。1789年军队宣布机会平等，这个原则很快成为现实，而且比人们通常的期待更为突然。因为当时军纪松弛，大量军官在随后的两年中流亡国外，留下来的低级贵族军官发现他们有了更多的晋升机会。此后的20多年里，先是伟大民族，随后是拿破仑帝国大幅扩军，这为参军和继续

[1] M. P. Fitzsimmons, *The Parisian Order of Barristers and the French Revolution*, Cambridge, Mass., 1987, p. 65.

在军中服役的人提供了光荣而美好的前景。到1802年，40万法国人死在战场上；在滑铁卢战役落幕前，又有大约100万人步他们的后尘。每次征召令发出，总会有数以千计的逃兵和开小差者，这清楚地表明军队远非对所有人都有吸引力。不过共和国军队的热情、献身精神和革命的傲慢是不容置疑的。士兵从一开始就是最狂热、最极端的革命者，他们鄙视那些依然保持贵族做派的军官，私自处死有叛国嫌疑的将领，欢呼非基督教运动，并且乐于让战败者品尝他们无拘无束的军纪。在1795年和1796年，抢劫掠夺的机会极多，有幸在意大利军团服役的士兵则享有领取铸币薪饷这一独一无二的特权。到1797年，军队自认为披上了从前无套裤汉的外衣，是大革命的纯洁卫士。他们时刻准备在某个胜利的将军的指挥下介入国内政治，只要这位将军声称要将共和国从一无用处的唠叨鬼手中拯救出来。当那些将军中的最幸运者掌权后，军事作风弥漫整个国家。1801年，英国和谈代表康华里爵士列席立法机构的会议，虽然他本人也是位经历丰富的战士，但在入场和退场都有鼓声开道的情况下，他还是觉得很尴尬。在整个拿破仑统治时期，只要是荣军团或帝国贵族的士兵，都位列执政府和帝国的头等阶层。1815年，回国的皇帝极为容易就组建起一支新军队，这表明士兵对新秩序是多么感恩戴德。

地主、资产阶级、官员和士兵，所有这些群体都从大革命中获益，都利用了大革命造成的有利局势。其他一些人也受惠于审慎而有意识的解放法令，他们当中最突出的是新教徒。虽然君主制国家对新教徒采取了更为宽容的政策，并于1787年授予其民事地位，但法国新教徒几乎一致欢呼大革命是他们真正的恩人，宣称大革命带来了思想自由、宗教自由以及法国公民之间公民权利的完全平等。他们很快就提出了这些权利要求，在南方各城市引起剧烈反响，使那些地方的旧天主教精英失去了权力。因此，新教徒的成功仅仅证实了他们在天主教徒眼中那种由来已久的名声——颠覆者和麻烦制造者。但是，早期的忠诚并不能让他们免于恐怖和非基督教运动的摧残，很多新教徒卷入了加尔省的联邦主义叛乱，46人在随后的报复中被判刑。在城市里，教堂只在革命前两年开放（通常在前天主教堂的地点），后来就被关闭，或被改造成理性神殿。在加尔文主义的农村心脏地带塞汶山区，牧师人数因为宗教社团的废弃而大量减少，但新教徒中没有死难者。在督政府时期，新教徒宗教活动的复兴比天主教徒还要慢。果月后针对公共宗教活动的法律对新教徒的打击也比天主教徒严重，因为这些法律禁止他们“在荒野中”的传统露天宗教仪式。与此同时，神爱运动的苍白理性也诱使大批新教徒脱离了原来的信仰。然而，1798年兼并日内瓦使得这个最著名的加尔文主义中心完全成为法国领土，执政府的现实主义原则拒绝支持恢复天主教的法律支配地位。实际上，在波拿巴时代，新教教会是建立在与天主教会平行的基础之上，也带有领取薪水的牧师。在这一过程中，新教失去了很多较为民主的传统，一些孤立的社区则已无人过问。1815年波旁家族的复辟触发了新的白色恐怖，在加尔省，志在必胜的天主教徒因1790年以来的不幸而报复新教徒。不过此时已无人提及大革命开始时授予新教徒的权利和地位。当波拿巴结束这场混乱时，他重申了过去的规定。

大革命还解放了法国的3.9万犹太人。在这个问题上，1789年之前同样出现了变革的信号。格雷古瓦的名字之所以引起公众的关注，是因为他在1784年梅茨科学院的征文中折桂，征文的主题是如何改善犹太人的命运。同年，阿尔萨斯的犹太人承受的一些法律歧视被取消。大革命开始时，政府正准备做进一步的妥协，官方和犹太人领袖都认为，这种妥协是针对新教徒的善意政策的自然推论。然而，国民议会在授予犹太人完全的法国公民权的问题上要迟疑得多。当这个问题进入辩论时（迟至1789年最后几天才开始），很多人认为犹太人根本不是法国人，至少尚未同化的、说意第绪语的阿尔萨斯德系犹太人不是，尽管他们占犹太总人口的九成。这些人并没有从1790年1月的首个解放法令中受益，直到制宪议会快要告终时，他们才于1791年9月27日被授予完全的公民权，而未来的督政官、来自阿尔萨斯的吕贝尔对此仍表示反对。严格说来，非基督教化不适用于犹太人。但在1793—1794年，他们的宗教活动仍然受到阿尔萨斯的山岳派狂热分子的迫害，这些人还记得，伏尔泰和其他进步的先知对犹太盲信主义和迷信的谴责，就像经久不衰的民间偏见对犹太人的谴责一样严厉。恐怖结束而偏见犹在。实际上，在18世纪90年代末，由于再次出现来自德国的德系犹太人移民潮，偏见加剧，吸引这些移民的是他们在法国的同胞如今享有更高地位的现实。然而，政府直到1805年才再次介入犹太人事务，当时拿破仑的主要目的是要巩固他们的公民地位，只要这能强化国家对他们活动的控制。他们已不可能恢复18世纪80年代之前的边缘人身份，这让整个法国社会中依然存在的反犹主义者深感不满。

最后，法国大革命还废除了奴隶制，尽管不太情愿，而且措施也施行较晚。这个问题与新教徒和犹太人的问题不同，它在1789年之前没有变革的希望。虽然大多数哲人都曾谴责奴隶制及维持奴隶制的贸易活动，但法国的第一个废奴协会直到1788年才成立，这就是布里索建立的“黑人之友”社。只有少许陈情书提到这个问题，而奴隶制的捍卫者组织严密而且有殖民地贸易的财富为资助，他们控制了国民议会的殖民地委员会。但是，在议会于1789年7月表决接纳圣多明各代表（并非正式召集的代表）之前，他们在究竟代表谁的问题上曾进行过漫长而又激烈的争论。这就提出了人数众多并且组织日益严密的自由混血人的政治权利问题，暂且不涉及黑人奴隶的权利。议会在作出表决后转向了紧迫的国内事务，但这个决定对殖民地的冲击是爆炸性的，殖民地的白人和自由混血人之间爆发了争夺政治控制权的斗争，1790年10月的起义标志着斗争的高潮。但起义受到白人极端残酷的镇压，其领导人奥热被处以车裂。这些冲突的消息在巴黎激起新的辩论。1791年5月，在格雷古瓦和罗伯斯庇尔等代表的敦促下，议会授予父母皆为自由人的混血人以公民权，这是大革命首次作出种族平等的姿态。但是，当议会的消息传到圣多明各之前，奴隶因为周围残酷的政治冲突而躁动起来，于1791年8月发起大暴动，暴动要求政府在种族问题上采取步骤。1792年4月的立法议会，布里索在其中赫赫有名，授予所有自由混血人以完全的公民权而不考虑其父母身份。但是，当奉命前去执行新法律的特派员抵达这个殖民地时，他们发现局势已经十分严峻，以致这项法律无法起到任何作用。他们到达几个月后，法国和英国交战，同宗主国的联系很不安全，于是，为了应付复杂多变的局势，无可奈何的特派员只能相机行事。他们刚到的时候还坚定地重申新成立的法兰西共和国将维持奴隶制，但到1793年2月初，特派员松托纳克斯已经开始谴责“肤色的贵族”了。后者则试图以武力将特派员驱逐出殖民地，只有非白人保卫松托纳克斯。后者也认识到了这一点，并于1793年6月赋予所有为共和国战斗的黑人自由。他宣告说：“只有依靠本地人，也就是非洲人，我们才能为法国留住圣多明各。”[1]两个月后，岛屿另一边的西班牙人入侵这个动荡的殖民地，他决定采取最后的步骤。8月29日，北方省废除了奴隶制；10月，法令宣布整个圣多明各全部实现自由。上述法令都没有得到国民公会的批准。实际上，当吉伦特派于7月被清洗后，布里索已经名誉扫地，被视为其朋友的特派员已被召回。不过，当解放的消息于1794年1月传到巴黎时，国民公会热烈欢呼，虽说议员们只是像松托纳克斯一样，把这一措施视为打败共和国在加勒比的英国和西班牙对手的方式。因此，国民公会于2月4日颁布了自己的法令：法国所有殖民地的黑人奴隶制均将废除，所有当地居民均获得完全的权益。

这一法令影响巨大。消息于4月底抵达圣多明各时，黑人叛乱首领开始向共和国投诚，曾加入西班牙侵略军的自由黑人杜桑·卢维杜尔也前来投靠。黑人武装赶走了西班牙人，并屠杀那些曾经迎接入侵者的白人。根据1795年的和约，西班牙将整个伊斯帕尼奥拉岛让与法国。惊恐的白人转而向英国人求助，此时奴隶骚乱已经蔓延到英属各岛屿，英国人急于扑灭骚乱的源头。英军1793年就出现在圣多明各，此时又加强了兵力，但是，大部分刚刚从欧洲征募来的英军就像苍蝇一样死于瘴疠。1798年，英国人

[1] R. L. Stein, *Léger Félicité Sonthonax: The Lost Sentinel of the Republic*, London, 1985, p. 76.

撤军，留下1.3万具尸体。与此同时，很多从前的奴隶已在杜桑的指挥下成为军人，利用武力迫害和恐吓混血人。杜桑仍然忠于法国，但他脱离了法国的控制，直到与英国约定重开海上航道之时。海上通道一旦打开，波拿巴就采取特有的强力步骤来重振宗主国的权威，他派遣的军队抓捕了杜桑，将他当作囚徒送往欧洲。但是，法军很快就像此前的英军一样受到疾病的摧残。1802年，当第一执政下令恢复奴隶制的消息传来时，一度非常愿意出卖杜桑的黑人领袖们再次发起抵抗，而英法战事重启又一次切断了海上联系。法属殖民地重建奴隶制，并一直维持到1848年。但圣多明各的奴隶制再也没有恢复，这个殖民地于1804年1月1日宣布成立海地共和国。

这个新国家将面临多年的血腥动乱。1803年，杜桑死在汝拉山区的一个监狱里。18个月后，他从前的一位副官德萨林自封为皇帝，并下令再次屠杀白人。但是，法国再也没有恢复对这个从前最富饶的殖民地的控制。因此，海地是法国大革命造就的唯一真正独立的国家。当然，几年之后，拉美很多地区也宣布从西班牙手中获得独立，当时后者因遭受法国的入侵而无能为力。但是，推动这场独立运动的是大革命的继承人，而不是大革命本身，因为是拿破仑废黜了马德里的正统王朝。

尽管如此，拉美独立的奠基人使用的意象和语言很多源自大革命，如他们的权利宣言、宪法和三色旗。有一位独立运动的领导人曾担任过法兰西共和国的将军，并且从18世纪80年代起就梦想在自己的大陆发起革命，他就是米兰达。当这些领导人走入公众的视野时，他们宣扬的民族自由和独立理念已经在法国的邻国中深入人心。到19世纪前10年中期，大革命在法国之外的欧洲的冲击和影响还远未结束，不过昔日的景观已经很难辨别了。

整个国家被永远扫除了。法国的势力已经消灭了一些著名的城市共和国，如日内瓦、热那亚以及最为辉煌的威尼斯。当大革命使法国孤立无助时，它的老盟友波兰被那些掠夺成性的邻居瓜分了。其他国家（如荷兰共和国和瑞士）的根基发生了根本变化，而当皇帝拿破仑想建立一批卫星王国时，它们再度发生重大变化。在法国势力影响的外围，1798年的爱尔兰亲法起义也加速了爱尔兰独立于英国的法律地位的终结。神圣罗马帝国苟延至1806年，奥地利人在法军面前的再次溃败终于毁灭了这个帝国。然而，从1797年起，当《康博福米奥和约》将莱茵河左岸地区让与法国后，帝国的传统构成已无法维系。莱茵地区失去产业的诸侯应到别的地方寻求领土补偿，即从教会统治者那里剥夺的德国土地。《康博福米奥条约》的安排在《吕内维尔和约》之后得以确认，赔偿工作也完成了。在帝国最终解体三年之前，德意志各邦国全部实现了世俗化。

这些变化都是法国强加给欧洲的，不过它们延续的时间比法国的霸权要长。在拿破仑战败之后，法国失去了自己所得的大部分利益，甚至在它自称的“自然疆界”之内亦有损失。比利时成为新尼德兰王国的一部分，1831年又成为一个独立的王国，卢森堡成为独立的大公国。奥地利并不希望收回上述两个地区，因为它更满足于自己在意大利的收获。普鲁士继承了莱茵河左岸的大部分地区，没有人想重建这里的教会诸侯国，甚至复辟后的萨伏伊也重组为撒丁皮埃蒙特王国。在上述损失中，法国仅仅在1860年收回了萨伏伊。实际上，从长远来看，在法国革命者对欧洲发起的战争中获益的是他们的敌人，尽管他们曾自信地要摧毁这些敌人。表面上看，奥地利人一再遭受决定性惨败，但他们展现出几近神奇的恢复能力，其领土大为扩张，并支配中欧达半个世纪。普鲁士人在瓦尔密首次与法军直接交锋，于1806年遭受毁灭性失败。但是战争结束时，他们大大巩固了腓特烈大帝率先缔造的北德霸权，而且领土也远比原来广阔。俄国和西班牙则证明，法国的军事实力实际上是有限的，拿破仑入侵这两个国家的失败标志着法兰西帝国开始走向没落。更为重要的是，海峡那边的英国仍然不可撼动，即便它的商品面临被排除出欧洲的危险。督政府最先尝试这个策略，拿破仑则将它发展成一种全面的体制。与此同时，英国人还资助法国在大陆上的对手，并且利用海上霸权增强与世界其他地区已经很强大的贸易联系，并有步骤地摧毁或占据其对手的资源。法国的占领注定了荷兰的经济衰落。在18世纪80年代，荷兰虽然已经远远被英国超越，但它在贸易、殖民地、金融和银行业方面依然很有实力。在阿姆斯特丹受巴黎统治时，这种实力大部分被伦敦抽走。但在整个18世纪，英国最大的经济竞争对手是法国。即便大革命没有爆发，法国也不可能在经济上追赶英国。从18世纪80年代初开始，英国人就在贸易额和工业生产方面显示出决定性的领先势头。但是大革命将两国差距拉大到不可弥补的程度，同时英国还控制了法国人失去的海外市场和资源。在军事方面，当法国在伊比利亚半岛泥足深陷时，英国的海上霸权终于找到一条直接影响大陆战争的通道。它将军队运往大陆，指挥这支军队的将领最终让拿破仑遭受决定性的军事溃败。威灵顿的胜利是在比利时取得的，英国最初正是为了这个地区而介入战争。1914年，英国基于同样的原因再次介入，这场战争标志着英国的世界霸权世纪的终结，法国的战败曾标志着这个世纪的开端。

1815年战败的法兰西帝国不再是那个曾发动战争的国家，此时的战胜国也发生了重大变化，每一个在与革命法国的交锋中幸存下来的国家都被深深地打上了战争的烙印。1793年以后，共和国便竭力动员这个欧洲人口最多的国家（俄国除外）的全部资源。对于这一战争努力针对的各君主国而言，只有采取同样的措施才有望取胜。大众战争出现了，参战的军队十分庞大，全面的军事需求造成的冲击已经波及全体人民，而在此前的一个半世纪，战争是有克制的，目标也有限，人民与战争处于绝缘状态。正如克劳塞维茨（他伟大的战争理论全都建立在对1792—1815年的冲突的分析之上）指出的：

> 在1793年，没有人想到建立这样的武装力量。战争突然之间再次成为人民的事务，为数达三千万的人民的事务，他们每个人都认为自己是国家的公民……由于人民参与战争……整个民族的自身力量起了决定作用。从此以后，可资利用的手段——即可以产生的力量——将不再有明确的限制……战争要素

> 摆脱了所有陈规的限定，它可以利用一切自然力量。其中的原因是人民介入了这一重大的国家事务，这种介入部分原因是法国大革命对各国内部事务的影响，部分原因是法国人对所有民族的威胁态度。[1]

但这些变革必须被组织起来，而政府若不掌握广泛的新权威就一事无成。例如，某种形式的兵役制在所有地方都成为通例。在玛丽亚·特丽莎时代，奥地利的世袭领地开始实行兵役制，1802年扩展到匈牙利。1806年，半职业半雇佣的旧式普鲁士军队战败，此后开始组建新的国民军，这种军队首次以本国公民为基础，而群众性抵抗力量“后备军”的创建则体现了“总动员”的精神。在英国，民兵和其他辅助性部队扩大了抽签服役制。1793年首次引入民兵制时，整个爱尔兰发生了骚乱，1797年的苏格兰同样如此。而在不列颠诸岛的各港口，强征入伍始终是造成紧张的根源。这些政府很少犯法国人的错误，将对征兵的抵制等同于叛国和同情敌人。但是，由于担心真正的雅各宾分子会利用征兵造成的怨愤及其他群众的不满情绪，各国普遍加强了警察的活动和数量，暗探和情报人员激增。税收负担当然大大加重，为了寻找新的课税资源，各地的新花样可谓五花八门。1799年，英国首次征收主动申报的收入税，不久奥地利也开征同样的税收。指券不是唯一发行和贬值的纸币，1800年，奥地利有2亿银行券在流通，到1804年，银行券贬值35%。

不过，对与法国作战的各国政府而言，税负增加引起的抵制从未达到1798年爱尔兰起义那样的规模和持久性。其原因在于，对欧洲那些陷入困境的国王和皇帝的臣民而言，法国人在实质上比他们的统治者的作为还要可憎和可怕。当他们了解法国人在被占土地上的所作所为之后，他们根本无法消除恐惧。18世纪90年代法国的革命扩张导致了一场如火如荼、毫不

[1] *Clausewitz: On War*, ed. A. Rapoport, London, 1968, pp. 384–386.

妥协的民族主义运动。不过在这个武装民族对邻国发起最初的冲击过后，法国人发现邻居们作出的是以牙还牙的反应。法国人发现，他们在1789年革命开始时宣布的民族主权原则，如今可以被其他追求民族主权的人民用来反对自己。在很早就实现风俗和语言统一的国家，如荷兰共和国，法国的所有榜样实际上都强化了已经很强烈的爱国情感。有些国家在此前从未有过统一的地方，如意大利，法国的榜样向人们表明，陈旧的隔阂和分裂完全可以消除，首次缔造出一种强大的民族情感。意大利最早的民族主义者把实现目标的希望寄托在法国的势力之上，但后者的态度从一开始就模棱两可。1796年，米兰的法国新政权曾赞助过一次征文，主题是论述何谓意大利的最佳政府，征文比赛的引言中有这样引人入胜的话："意大利几乎一直是外国人的家产，外国人总是以保护我们为借口而侵犯我们的权益，在赋予我们旗帜和动听的名称时总是控制我们的家园。法国、德国和西班牙曾先后统治过我们……因此最好赋予……某种能够最有力地抵抗侵略的政府。"[1]意大利民族主义雅各宾派的悲剧在于，当人民对法国侵略者的憎恶于1798—1799年席卷整个半岛时，他们却与可憎的外国人被视为一路货色。在其他地方，民众与知识界的民族主义者也不完全一致。法国最顽强的对手、最有效的抵抗者是志愿军，其中的重要原因正在于此，1809年，奥地利征召抗法志愿军，有15万人响应。3年后，俄国人可以给正规军补充42万兵员，这些人都愿意参军驱逐外来入侵者。唯有民族主义才能有效地反对民族主义，正如克劳塞维茨再次指出的，这样的战争一旦发生就是生死搏斗。人民战争不承认油头粉面的旧君主们那些古老而狭隘的、讨价还价得来的条款。这是未来的战争，法国大革命为这种战争开了头。

具有反讽意味的是，这样一种激烈而残酷的民族对抗竟是以普世人权的名义发起的。更让人惊奇的是，当革命的法国自身在很大程度上背离这

[1] D. Mack Smith (ed.), *The Making of Italy, 1796–1870*, New York, 1968, p. 15.

些价值时，这些价值本应与法国人的原则联系在一起，但是，除了法国的傀儡国，欧洲其他国家都没有想去拥护法国的意识形态。当法国的势力威胁它们的生存时，它们也知道，法国的原则对它们的合法性构成挑战。不过，尽管它们竭力反对，甚至拿破仑同样如此，但这种意识形态要确立起来，只是时间早晚的问题。

法国大革命的主旨是人民主权，自这个原则宣布的两个世纪以来，它已经征服了世界。对于这个原则在实践中到底意味着什么，人们一直存在争议，而且一开始就有争议。按正当程序选举产生的代议制政府是一回事，但是，1789年6月15日，当那位指着公共走廊里尖叫的群众中的一员高声宣称“要知道……我们是在我们主人的面前辩论，我们的意见应对他们负责”[1]时，其实他是在招惹麻烦。1792年，在进攻杜伊勒利宫的流血行动和九月的屠杀中，狂暴的民主制占据了上风，虽然秩序派人士从一开始就提出过这种警告。自古代以来，人民首次掌握了权力，或者如无套裤汉及其山岳派盟友宣称的那样。后来的民主派认为这几个月是他们信仰的首次胜利，但当时大多数有产者和受教育者都因此而受到惊吓，而且这几个月还一直萦绕在历代人的记忆中。归根结底，无套裤汉的行动很可能是延宕而不是推动了大众民主的事业。尽管如此，成规和世袭性权利不再是合法政治权威的不容置疑的共识基础，即使是最富于绝对主义色彩的君主或独裁者，也迟早会觉得必须搞一个人民认可的仪式，以便确认其权威的正当性。选举或全民公决或许多半都被做了手脚，但法国大革命同样是这一手法的开创者。不过，1789年以后，那些认为最好不要从被统治者那里获取任何形式的同意的政权越来越少了。

如果要让1789年的革命者——可能还有1802年之前他们的大部分同胞——用一个词总结一下他们的事业，他们可能会回答：“自由。”在革命的法国以及被法国征服的国家，自由的意象到处都是：弗里吉亚帽，寓

[1] Malouet, *Memoires*, ii.

意雕塑以及首先由胜利的雅各宾派栽种、后来又经常被反革命者砍倒的自由树，这种树到1792年共栽种了6万株。1792年以后，罗马共和主义的装束风行一时，束棒和斧子也是如此。所有文化人都熟知的那些严肃朴素的古代爱国者，如布鲁托斯、斯凯沃拉和加图，被普遍视为模仿的榜样。但是“自由”到底意味着什么？在日常实践中，它的意思是由当权者的需要决定的。在他们看来，卢梭关于合法权威可以强迫人自由的说法最合时宜，在共和二年，罗伯斯庇尔和圣茹斯特等更喜欢推理的演说家的言辞中充斥着诸如此类的诡辩。在国外，自由仅仅意味着法国人的统治。不过，一些较为明确的定义还是有的，而且从一开始就有革命者提出过。在公民权利和人权宣言中，自由被定义为做任何不损害他人的事情的权利，它的限制仅仅是别人也享有同样的权利。最后它还意味着思考、写作和选择自己信仰的自由。虽然大革命很快就在实践中限制这些自由，但它从未停止过对这些价值的冗长而空洞的礼赞。后来这些价值还与这样一种信条粘连在一起，它们全都受到法国大革命神话的启发。

人权的第二个关键词——平等同样如此。即使我们对法国大革命的其他情况一无所知，我们至少知道它提出了著名的箴言：自由、平等、博爱。第三共和国把它作为国家的座右铭，而且此后就没有抛弃过，除了维希政府时期。就历史事实而言，博爱来得较晚，直到1793年才出现。1794年底，这个口号很快又被废弃，因为它只是给无套裤汉的小恩惠，何况无套裤汉此时已属多余。然而，平等从革命一开始就有。人权宣言说，所有人在权利上生来而且始终是自由和平等的，社会区分只应建立在公共效用之上，法律对所有人都是平等的。根据这些说法，一个建立在特权、世袭性优越和封建权益之上的社会被抛弃了，而且法国的革命者为所有希望这样做的其他社会提供了完整的纲领。然而，1789年的革命者要实现的平等具有十分明显的局限性。机会平等，即为才能敞开前程是一回事，财富或财产的平等则是很不相同的另一回事，唯有财富和财产能赋予机会平等以真实的内容。但在18世纪90年代，拥护这种平等的政治活动家向来都只有一小批。的确，财产（及随之而来的安全）被宣布为一项自然的、不可让渡的人权。1793年3月，国民公会在一片欢腾中颁布法令：任何提出农业法的人都将被判死刑。这里的农业法指的是以强制措施重新分配地产，所有议员都在某种程度上了解这种做法，因为上学时都读过罗马共和时期不幸的格拉古兄弟的故事。政治权利平等为其赢得了更多的支持者，尤其是在1793—1794年。但是，当时的民主言论主要是为了打动无套裤汉，还是出于真诚的信念，这一点很难判断。可以肯定的是，18世纪90年代只有一部宪法规定任何层次的选举权和被选举权都不需要财产资格，这就是1793年宪法，但它从来没有实施过。因为一旦国民公会承受的群众压力减轻后，宪法就会被当作不切实际的东西抛弃。1795年的宪法制定者没有复活1790年提出的积极公民概念，但他们将实际投票权，即二级选举大会的投票权，公然交到了殷实的有产者手中。执政府的选举人名单遵循同样的原则，它确定的政治民族实际上是名流们。直到1848年，这种原则才再次受到挑战。

同样，男女之间的平等也被当作不值得考虑的问题而丢到一边，虽然妇女在1789年及其随后的公共事务中扮演了前所未有的角色。从1789年10月迫使王室返回巴黎的凡尔赛进军，到1795年牧月里催促男子在随后的革命日子里采取更果敢的行动；从构成最坚定的抗拒派教士群体（如修女们），到18世纪90年代后期稳步引导宗教信仰活动的回归，妇女在大革命的关键时刻发挥了决定性作用，她们的介入总是将事态推向极端。格雷古瓦对群众拒绝支持他那残缺的宣誓派教会感到绝望，但他大概不是唯一哀叹“狂暴而爱煽动的妇女”[1]的影响的人。另外，尽管像罗兰夫人、塔里安夫人和内克那位好事的女儿斯塔尔夫人这样的政治女性在最高层有隐蔽的影响力，旧制度时代由来已久的传统仍在延续。不过革命初期巴黎那种前所未有的气氛却造就了一些非同凡响的新人物。特罗瓦涅·德·梅丽

[1] O. H. Hufton, “The Reconstruction of a Church 1796-1801”, in Lewis and Lucas, *Beyond the Terror*, p. 48.

古尔身穿国民卫队的制服坐在雅各宾俱乐部的男子们中间，她在8月10日曾号召胆小鬼们进攻杜伊勒利宫，她还做过皇帝的间谍，最后被她的（女性）政治对手殴打致疯。女演员和愤激派克莱尔·拉孔波组织了一个“革命共和国女公民”俱乐部，这个俱乐部同市场上拒绝佩戴革命帽徽的妇女展开了激烈斗争。妇女是如此不安分守己，以致国民公会在1793年10月30日正式禁止妇女组织。还有一位剧作家和小册子作者奥兰普·德·古日，她曾抨击罗伯斯庇尔，并自告奋勇保卫国王，后因要求对政府进行全民公决而被逮捕。她假装怀孕（已45岁），但还是被送上了断头台。1791年，她写了一本题为《妇女和公民权利》的小册子，在文中提出了男女政治权利平等的要求，这个要求根本没有兑现的希望。法国大革命中的男子对宫廷情妇以及自以为是的沙龙女主人的恶劣影响记忆犹新，更不用说旧制度时代那个轻浮的王后了。一切都表明，公共生活中的妇女是危险的，无论是在最高层还是在街头（正如1789年后的经历表明的那样）。他们觉得，妇女的角色只能是妻子和母亲，她们为祖国生养孩子，政治则留给男人。在这一点上，拿破仑是个完美的典型，在起草民法典期间，很多时候他的插手都是为了限制妇女的财产权。也许他不会反对1793年雅各宾派记者普鲁东给妇女的忠告：“成为诚实勤勉的姑娘、温柔谦和的妻子、贤良的母亲，如此你们便是优良的爱国者。真正的爱国主义在于履行个人的义务，在于仅仅看重与性别和年龄相适应的权利，而不是穿戴‘自由’帽裤，不是手拿矛和枪。请把这些东西留给生来就是为了保护你们、让你们幸福的男人吧。”[1]

因此，法国大革命的平等主义实践相当狭隘，虽然如此，大革命也产生了有史以来最激进、最富想象力的实现平等的尝试，这就是巴贝夫的平等派密谋。这次密谋旨在实现一项基本人权，而密谋的精神源泉来自另一个基本权利，这就是1789年和1793年宣言中都认可的抵抗压迫的权利。革

[1] H. B. Applewhite and D. G. Levy, “Women, Democracy and Revolution in Paris, 1789–1794”, in S. A. Spencer (ed.), *French Women and the Age of Enlightenment* (Bloomington, 1984), 75.

命者绝不会做的一件事就是宣布革命本身非法。直到1814年之前，所有政府在追溯自己的正当性时，都不会上溯到1789年6月人民代表掌握主权以及7月中旬群众运动认可这一行动之前。1793年的人权宣言宣称："当政府侵犯人民的权利时，对人民和人民的每个组成部分而言，起义是最神圣的权利，也是最必要的责任。"1792年8月，大革命中的第二次革命就是为行使这一权利而推翻君主制的。在法兰西第一共和国存在期间，心怀不满的人总是把起义视为反抗他们认为违反了人权的政府的合法手段。这种思维定势将长期植根于法国历史中，而且很快就植根于整个世界的历史中。现代革命的观念不会上溯到1789年之前，但它一旦在法国出现，这样一种观念就形成了，即依据普遍原则而不是现存法律、以武力推翻现存秩序的做法不仅是可行的，而且是正当的。与此同时，一个新的形象出现在历史舞台上，这就是革命者。1789年之前没有革命者，没有人期待、预见或策划过当时开始的灾难。大革命创造了法国的革命者，但这种情况再也没有重现过。从此以后，革命都是有意识地筹划过的，甚至当革命的形态和时机出乎意料时（如在1917年），也总是有革命者以确定的计划去把握机会。此后人们认识到，革命不只是上层突然而剧烈的变动，它可以被策划出来，而且可以成功。对这种新型革命而言，法国大革命是经典的政治和社会历练。它提供了启示，证明革命能够发生。它提供了榜样，哪些策略可以运用，哪些错误应该避免，一目了然。它提供了一种风格和话语。自觉的革命者将采用三色旗作为自由的旗帜，将模仿法国人的制服（1792年，沃尔夫·托恩曾梦想为爱尔兰人联合会的"国民卫队"设计一种绿色剑条裤子，但没有套裤），将以革命事件的日子给街道命名，将设立公共节日和周年纪念。马克思、列宁和托洛茨基都曾将18世纪90年代视为革命的向导来研究它，而当时发生的事情（或被认为发生了的事情）则在以马克思主义为基础的历史学中占据了关键位置。

但是，大革命后来的政治影响波及的范围远不止革命者，一切政治语汇都被永远改变。左派、右派的概念可追溯到制宪议会，议会的激进派很快就习惯性地坐到了主席台的左边，他们的反对者则聚集到了右边。后来的社会主义者在展望更为极端的革命观念和前景时把激进派视为自己的先驱，从而用上了左翼的标签，而且（有时看来）还声称他们是革命遗产的唯一继承人。然而，他们这样做的根据恰恰是右派完全拒绝这笔遗产的原因。

在1789年之前，保守主义作为一种积极而自觉的政治见解还不存在，但一些天主教政论家已经开始谴责启蒙，认为它威胁到一切既定的价值观，不过，直到其最可怕的预言变成现实时，他们才引起广泛的注意。然而到1793年，自称为哲人弟子的人们已经提出一套革命的意识形态，对稳定的所有主要支柱都发起了攻击，这包括财产、社会等级结构、宗教、君主制度。所有这些支柱，还有为它们辩解的那些理所当然的理由，都已不再不容置疑。此时需要捍卫它们，无论是在理论上还是在实践中。从事理论工作的人有柏克、根茨以及逃避法国侵略的萨伏伊避难者约瑟夫·德·迈斯特，他从1797年撰写《论法国》起就开始控诉。他相信，大革命的历史已经表明，过分追求抽象的自由和理性导致了大混乱和无政府状态。实际上，像后来的马克思主义者一样，右派早期的全部政治见解都是以历史理论为基础的，虽然他们的理论更加狭隘地局限于大革命本身。迈斯特认为，要重建被大革命摧毁的秩序和稳定，关键是要恢复被大革命推翻的其他东西，诸如贵族制、王座，但首先是祭坛。不过这些制度一俟恢复之后，就要防止被自由思考和革命理想等腐蚀物再度颠覆。当旧制度伤痕累累的残余物从这场大灾变中恢复过来后，绝不妥协成为铭记最深的教训。如果说大革命是对旧制度纵容潜滋暗长的放纵和不信神而施加的惩罚，那么确保未来持久之稳定的最佳办法就是支持宗教、避免代议制度、控制舆论以及时刻警惕颠覆性阴谋。右翼的一整套政治见解已经诞生，而且像与之对立的革命理念一样跨越了边界，它将支配19世纪的许多政府，但最终他们发现，不妥协政策只能引发这一政策试图防止的东西。改革者被迫策划革命，因为已经没有希望通过别的道路实现变革，当革命终于再次爆发时，其对宗教和社会秩序的敌意更加强烈。

温和的保守派同样感到恐惧。每个国家都有这样的人，他们认为防止革命的最佳途径是改革而不是不妥协。他们并非总能成功，但至少愿意正视眼前的现实。不管是好是坏，大革命都发生了，它所唤起的理想、渴望和神话无法从人类的记忆中被抹去。大革命粉碎的那个只知道容忍和接受的世界，绝不可能被人为地重建起来。

因此，大革命的身影横亘在整个19世纪以及之后的岁月中。1917年之前，也许没有人质疑它是世界历史上最伟大的革命，甚至在这之后它依然有强有力的理由占据首席地位。它是第一场现代革命，原型性质的革命。大革命之后，欧洲世界的一切都不再是原来的样子，我们全都继承了它的影响。当然，人们可以认为，很多归功于大革命的原则很可能根本没有兑现。在1789年之前，很多迹象已经表明，法国的社会结构正向单一精英阶层支配的方向演变，不过在这个精英阶层中，重要的是财产而不是出身。这种趋势的根源在于资产阶级一个世纪的扩展，而且这种扩展看来已经无法逆转，正如持续不断的外省议会实践所表明的那样，有产者似乎注定要在政府事务中分享更大的权力。另外，大革命推行的许多改革在绝对君主制时代就曾被尝试或考虑过，如编订法典、税收体制的合理化、减少官职买卖、自由贸易和宗教宽容。有了这些已经展开或在思考中的变革，政府的权力看来也要稳步增长。但具有讽刺意味的是，这也是1789年受专制恐惧症影响的人们抱怨的一个对象。在教会方面，修道理念已经走向衰落，教区神父的处境越来越受到公众同情。经济方面，殖民地贸易已达到顶峰，而在工业方面无法与英国竞争已是日益明显的事实。在其他结构性领域，大动荡看来根本没有造成影响。保守的投资习惯仍然是19世纪初的特征，农业中的惰性和缺乏企业家精神的商业活动也在延续。在国际事务方面，如果法国大革命没有发生，人们很难相信英国不会建立贯穿整个19世纪的世界海洋霸权和贸易霸权，或者普奥竞争的进程与实际状况会有很大的不同，抑或拉丁美洲不会以这样或那样的方式赢得独立。在所有领域，大革命的影响是加速或延缓了某种趋势，但没有改变总体方向。

但另一方面，如果不是意外、失算和误解造成的混乱在法国独特的情境中聚合成一场革命的话，人们也很难相信会产生明确的反贵族、反封建的革命性人权意识形态。如果没有导致大革命与天主教会争吵的那次历史性误判，我们也很难相信会发生非基督教化这样的极端事件：而没有那场争吵，教皇权威的戏剧性复兴看来也难以想象。代议制政府可能很快就会成为现实，但如果没有无套裤汉运动为榜样，大众民主制理想还要花多长时间才能确立起来呢？在英国，这场运动肯定彻底改变和拓展了议会改革事业——尽管无套裤汉的血腥形象很可能加剧了来自保守派的抵制。尤其重要的是，革命者发动战争的决定——所有历史学家都认为这使大革命走向了革命化——摧毁了既定的战争模式，而旧制度的政府是不会采取大革命的战争方式的，武装人民也许是他们最不愿意去想的事情。另一方面，战时的紧急状况造成的景象给我们的大革命记忆留下了不可磨灭的印记，这就是恐怖。屠杀绝非新鲜事物，而且18世纪90年代最恶劣的大屠杀发生在法国之外的地方。但大革命的恐怖有一些令人恐惧的、难以想象的新要素，政府可以有步骤地成批处决自己的对手，屠杀可以连续数月，而且采用的是一种能让鲜血染红整个街道的装置，虽然这种装置是出于人道的目的而设计的。这样的事竟发生在人们心目中欧洲最文明的国家，那个国家的作家曾教导18世纪的人们为这个时代不断发展的温和、善良和人道而骄傲。这幕历史戏剧改变了政治变革的全部意义，如果它没有发生，当代世界也许难以想象。

换句话说，大革命是一场深刻的文化变革。创造大革命的知识分子十分敬重启蒙作家，后者一直相信，如果人们敢于将命运掌握在自己手里，目标就会实现。1789年的人们在一个罕见的大无畏的时刻实践着曾让受过教育的欧洲人激动不已的利他主义和理想主义，但他们没有注意到，而且他们的导师也没有预见到，理性和善良的意图本身并不足以改变人类的命运。当历代人累积的经验被视为陈规、偏见、盲从和迷信而被抛弃时，错误也就形成了。不得不经历随后26年的大动荡的那一代人为此付出了代价，到1802年，已经有100万法国公民付出了生命，拿破仑时代还将有100万人死去，外国的死难者更是不可胜数。还有多少万人失去了生命呢？法国大革命的愿景既是崇高而鼓舞人心的，也是悲怆和令人震骇的，无论在何种意义上都是一幕悲剧。

附录1 法国大革命大事年表

1756—1763年	七年战争。
1762年	卢梭的《爱弥尔》和《社会契约论》出版。
1764年	驱赶耶稣会士。
1768年	科西嘉并入法国。
1770年	王储（未来的路易十六）和玛丽·安托瓦内特的混乱。泰雷部分破产。
1771年	莫普对高等法院重组。
1774年	5月10日路易十六登基。
	8月24日莫普和泰雷免职。高等法院官员复职。
1775年	4—5月面粉之战。
	6月11日路易十六加冕。
1776年	7月4日美国宣告独立。
	10月22日内克上台。
1778年	法国和美国联盟，与英国作战。伏尔泰和卢梭去世。内克建立两个“外省行政机关”。
1781年	2月19日内克出版《上疏》。
	5月19日内克离职。

1783年	英、美签署《巴黎条约》。
	11月3日卡隆就任财政总监。
1784年	狄德罗去世。
1785年	内克出版《论财政管理》。
1786年	法国和英国签订商业条约。
	8月20日卡隆向路易十六递交改革议程。
1787年	2月22日显贵会议召开。
	4月8日卡隆辞职。4月30日布里耶纳上台。
	5月25日显贵会议解散。
	8月流放巴黎和波尔多高等法院法官。
	9月13日普鲁士入侵荷兰。
	11月19日巴黎高等法院的御前会议召开。
1788年	5月8日拉穆瓦尼翁重组高等法院。
	6—7月显贵叛乱。
	6月7日格勒诺布尔砖瓦日。
	7月21日维吉尔召开多菲内的三个等级的会议。
	8月8日决定1789年5月召开三级会议。8月16日停止国库支付。8月24—26日布里耶纳辞职；召回内克。
	9月恢复高等法院。9月25日巴黎的高等法院谴责“1614年形式”。
	10月5日—12月12日第二届显贵会议召开。
	12月27日第三等级代表人数加倍。

1789年	1月24日路易十六正式批准在凡尔赛召开三级会议。
	2—6月三级会议选举。
	2月西耶斯的《第三等级是什么》出版。
	4月27—28日勒维永骚乱。
	5月5日三级会议开幕。
	6月10日第三等级投票，要求三个等级一起验证代表资格。6月13日第一等级教士率先打破等级区分。6月17日宣布成立国民议会。6月20日网球场宣誓。6月23日御前会议。6月27日三个等级合并。
	7月11日内克辞职。7月14日攻陷巴士底狱。7月16日召回内克，撤走军队。7月22日富隆和贝蒂埃被杀。7月底大恐慌。
	8月4日废除封建制度和特权。8月11日主动放弃8月4日立法废除的特权。8月26日颁布《人权宣言》。
	9月10日否决两院制。9月11日规定国王拥有暂时的否决权。
	10月十月催驾事件。10月5—6日路易十六和国民议会移址巴黎。10月21日通过戒严令，防止骚乱。
	11月2日教会财产国有化。11月7日规定代表不能任职政府官员。
	12月12日发行指券。
1790年	2月13日禁止僧侣宣誓。2月19日处决马夫拉斯侯爵。
	4月12日热勒提议设立国教。
	5月21日巴黎分成48区。5月22日谴责对外攻占。
	6月13日尼姆骚乱。6月19日废除贵族头衔。
	7月12日颁布《教士公民组织法》。7月14日联盟节。
	8月司法系统改组。8月16日废除高等法院。8月31日南锡叛变。
	11月27日教士宣誓。

1791年	1月3日关于教士宣誓问题举行唱票。
	2月19日国王的两名伯母出逃。2月28日匕首日。
	3月2日解散行会。
	4月2日米拉波去世。4月13日教皇谴责《教士公民组织法》。4月18日禁止国王前往圣可罗度假复活节。
	5月7日—15日关于殖民地和有色人种的公民权讨论。5月16日自我否决法令。
	6月11日伏尔泰的遗体移入先贤祠。6月14日通过《列沙普利耶法》。6月10日瓦楞事件。
	7月10日利奥波德二世的帕多瓦照会。7月16日路易十六复职。7月17日马尔斯校场屠杀。
	8月14日圣多明各奴隶起义。8月27日《皮尔尼茨宣言》。
	9月阿维尼翁并入法国。9月14日路易十六接受宪法。9月30日制宪议会闭会。
	10月1日立法议会开幕。10月20日布里索首次呼唤战争。
	11月9日流亡者法令。11月12日路易十六投票否决流亡者法令。11月29日未宣誓教士法令。
1792年	1月25日法国向奥地利发出最后通牒。
	3月10日迪穆里埃入政。
	4月20日向奥地利宣战。4月25日断头台首次使用。
	5月27日颁布关于未宣誓教士的新法令。
	6月布里索内阁离职。6月13日普鲁士宣战。6月20日无套裤汉入侵杜伊勒利宫。6月29日拉法耶特谴责雅各宾派。
	7月1日两万人请愿。7月11日颁布《“祖国在危急中”法令》。7月22日宣布“祖国在危急中”。7月25日巴黎各区议会宣布永久会期。7月25日《布伦瑞克宣言》。7月30日马赛联盟军进驻巴黎。
	8月3日巴黎各区要求废黜国王。8月8日拉法耶特辩解。8月10日攻占杜伊勒利宫；推翻君主制。8月17日设立特别法庭。8月19日拉法耶特变节叛逃，普鲁士军队跨过国界。8月10日隆威沦陷。

1792年	9月2日凡尔登沦陷。9月2日—6日九月屠杀。9月20日瓦尔密战役。9月21日国民公会召开。9月22日宣布成立共和国。9月29日占领尼斯。
	10月10日布里索被赶出雅各宾派。
	11月6日热马普大捷。11月19日颁布《爱国法令》，援助国外受压迫的人民。11月20日发现铁柜。11月27日萨瓦并入法国。
	12月3日决定审判路易十六。12月11日审讯路易十六。12月15日颁布法令，在所有占领地区实施革命管理措施。12月26日路易十六辩护。
1793年	1月7日给路易十六定罪。1月16日判处路易十六死刑。1月18日投票反对缓刑。1月20日山岳派成员勒佩蒂埃被暗杀。1月21日处决路易十六。1月23日第二次瓜分波兰。
	2月1日向英国和荷兰宣战。2月21日志愿军和陆军混编法令。2月24日三十万征兵令。2月25日—27日巴黎食物骚乱。
	3月7日对西班牙宣战。3月10日设立革命法庭。3月11日旺代叛乱。3月18日尼温顿战役。3月21日设立革命军和革命委员会。
	4月5日迪穆里埃叛变。4月6日救国委员会成立。4月11日规定指券成为唯一的法定货币。4月13日马拉受审。4月24日马拉无罪释放。4月29日马赛出现“联邦党”之乱。
	5月4日颁布《第一次最高限价令》。5月9日强制对富人征税，任命十二人委员会。5月30日沙里埃在里昂被推翻。5月31日巴黎第一次出现反吉伦特派起义。
	6月2日清剿国民公会里的吉伦特派。6月7日“联邦党”之乱蔓延到波尔多和卡昂。6月9日旺代军攻占索米尔。6月24日通过1793年宪法。
	7月10日丹东离开救国委员会。7月13日马拉被刺杀。7月17日废除最后一部封建制度法令。7月23日美因茨沦陷。7月26日颁布法令，规定囤积者将处以死刑。7月27日罗伯斯庇尔加入救国委员会。
	8月23日《全民征兵法》。8月25日夺回马赛。8月27日土伦投降英国。

1793年	9月5日国民公会被迫接受恐怖的统治手段。9月8日翁斯科特战役。9月8日法军取得本年第一次大捷。9月17日颁布嫌疑犯法令。9月22日共和二年开始。9月29日颁布《全面限价法》。
	10月3日吉伦特派受审。10月5日颁布革命历。10月9日里昂沦陷。10月10日（葡月19日）宣布成立革命政府。10月16日瓦提尼战役；处决玛丽·安托瓦内特。10月12日在绍莱大败旺代军。10月24日—30日审判吉伦特派。10月31日处决吉伦特派。
	11月10日（雾月20日）在巴黎圣母院举行理性节。11月13日旺代军从格朗维尔撤走。11月22日关闭巴黎所有教堂。
	12月4日（霜月14日）《革命政府法令》。12月5日出版第一期《老科特利埃报》。12月12日大败旺代军于勒芒。12月19日英军撤走后，土伦沦陷。12月23日大败旺代军于萨维内。
1794年	1月12日（雪月23日）逮捕法布尔·戴格朗蒂纳。
	2月4日废除奴隶制。2月21日修正限价法令。2月26日（风月8日）《第一风月法令》。
	3月3日（风月13日）《第二风月法令》。3月13日逮捕埃贝尔派。3月24日处决埃贝尔。3月27日解散革命军。
	4月5日（芽月16日）处决丹东和德慕兰。4月14日卢梭遗体移入先贤祠。
	6月1日（牧月13日）英国海军大捷“光荣的6月1日”。6月8日（牧月20日）最高崇拜节。6月10日（牧月22日）牧月22日法令。6月26日弗勒吕斯战役。
	7月5日（获月17日）巴黎实行最高工资限制。7月27日—28日（热月9日—10日）罗伯斯庇尔倒台。
	8月1日（热月14日）牧月22日法令撤销。8月10日重组革命法庭。8月24日重组革命政府。
	9月8日审判南特的联邦党人。9月18日（余日2号）国家放弃对宗教的一切资助。9月22日共和三年开始。
	11月12日（雾月22日）关闭雅各宾派俱乐部。11月23日卡里耶受审。
	12月8日（霜月18日）活下来的吉伦特派复职。12月16日处决卡里耶。12月24日废除最高限价，入侵荷兰。

1795年	1月20日（雨月1日）占领阿姆斯特丹。
	2月17日（雨月29日）在旺代签署《拉若尼和平协议》。2月21日恢复宗教信仰的自由。
	3月2日（风月12日）逮捕巴雷尔、比约–瓦雷纳和科洛·戴布瓦。3月28日弗基耶–坦维尔受审。
	4月1—2日（芽月12—13日）芽月起义。4月5日和普鲁士签订《巴塞尔条约》。4月10日解除“恐怖分子”的武装。4月20日和拉普雷瓦莱的朱安党人达成和平协定。
	5月4日（花月15日）里昂监狱屠杀。5月6日处决弗基耶—坦维尔。5月16日和巴达维亚共和国签订《海牙条约》。5月20—23日（牧月1—4日）牧月起义。5月31日废除革命法庭。
	6月8日（牧月20日）路易十七去世。6月24日《维罗纳宣言》。6月27日保王党分子在基伯龙登陆。
	7月21日（热月3日）入侵基伯龙的保王党分子被击退。7月22日和西班牙签订《巴塞尔条约》。
	8月22日（果月5日）通过《共和三年宪法》和《三分之二议员法令》。
	9月23日（葡月1日）共和四年开始。颁布《共和三年宪法》和《三分之二议员法令》。
	10月1日（葡月9日）兼并比利时。10月5日葡月起义。10月26日国民公会闭会。
	11月2日（雾月11日）成立督政府。11月16日先贤祠俱乐部设立。
	12月10日（霜月19日）强制借贷。
1796年	2月19日（雨月30日）取消指券。2月25日处决斯托弗莱。2月27日关闭先贤祠俱乐部。
	3月2日（风月12日）波拿巴被任命为意大利军队指挥官。3月18日发行土地券。3月29日处决夏莱特。
	4月11日（芽月22日）入侵意大利。4月28日和皮埃蒙特休战。
	5月10日（花月21日）洛迪战役；逮捕巴贝夫。5月23日帕维亚反法起义。

1796年	6月12日（牧月24日）入侵教皇领地。
	8月5日（热月18日）卡斯蒂廖内战役；和西班牙结盟。
	9月9日（果月23日）格勒奈尔起义。9月22日共和五年开始。
	10月16日（葡月25日）英国破坏和平协定。波河以南共和国成立。
	11月15日—18日（雾月25日—28日）阿克莱战役。
	12月15日（霜月25日）爱尔兰远征军起航。
1797年	1月6日（雪月13日）爱尔兰远征军撤走。1月14日里沃利战役。
	2月2日（雨月14日）曼图亚沦陷。2月4日重新使用硬币。2月14日英国海军在圣樊尚获胜。2月19日和教皇签订《托伦蒂诺条约》；在旺多姆巴贝夫受审。
	4月18日（芽月29日）《莱奥本预备和约》。共和五年选举。
	5月15日（花月26日）占领威尼斯共和国。两院制议会开幕。5月20日巴泰勒米选入督政府。5月27日处决巴贝夫。
	6月29日（获月11日）阿尔卑斯山南共和国成立。
	7月16日（获月28日）内阁改选。7月25日政治俱乐部关闭。
	8月21日废除之前制定的针对教士的所有法令。
	9月4日（果月18日）果月政变。9月5日卡诺和巴泰勒米被赶出督政府。9月17日英国的和平提议被拒绝。9月22日共和六年开始。9月30日三分之二债务担保。
	10月11日（葡月20日）英国海军坎珀当大捷。10月18日（葡月27日）《康波福米奥和平条约》。
	11月28日（霜月8日）赖斯塔德和会召开。
	12月8日奥克斯会见波拿巴和勒贝尔。

1798年	1月22日（雨月3日）荷兰的公会被清洗。1月28日米卢斯并入法国。1月31日（雨月12日）选举法。
	2月15日（雨月27日）罗马共和国成立。2月21日与阿尔卑斯山南共和国联盟。
	3月5日获准批准远征埃及。3月22日海尔维蒂共和国成立；共和六年选举。
	5月11日（花月22日）花月政变。5月16日特雷拉尔进入督政府。5月19日埃及远征军离去。5月21日爱尔兰起义。
	6月10日（牧月22日）马耳他沦陷。
	7月1日（获月13日）波拿巴在埃及登陆。
	8月1日（热月14日）尼罗河口战役。8月22日安贝尔在爱尔兰登陆。
	9月15日（果月29日）颁布《茹尔当征兵法》。9月22日土耳其宣战；安贝尔在巴里纳马克投降。9月22日共和七年开始。
	10月12日（葡月21日）比利时农民战争开始。
	11月25日（霜月5日）那不勒斯占领罗马。
1799年	1月23日（雨月4日）法国攻占那不勒斯。1月26日那不勒斯共和国成立。
	3月12日（风月22日）奥地利宣战。3月25日斯多卡什战役。
	4月共和七年选举。4月10日教皇被带到法国。4月28日苏沃罗夫占领米兰。
	5月9日（花月20日）勒贝尔退出督政府。
	6月9日（牧月21日）西耶斯掌权，当选督政官员。6月18日牧月三十政变。6月27日强制借贷。
	7月6日（获月18日）骑术俱乐部成立。7月12日人质法令。
	8月5日（热月18日）图卢兹周边王党分子叛乱。8月13日骑术俱乐部关闭。8月15日茹贝尔在诺维被害。8月22日波拿巴离开埃及。8月27日英俄联军在荷兰登陆。

1799年	9月13日（果月27日）茹尔当“国家在危机中”的提议遭拒绝。9月23日共和八年开始。
	10月9日（葡月17日）波拿巴登陆法国。10月16日波拿巴抵达巴黎。10月18日英俄联军撤出荷兰。
	12月25日《共和三年宪法》生效。
1800年	1月13日（雪月23日）建立法兰西银行。
	2月7日（雨月18日）公布全民投票结果。2月17日设立省长。
	3月15日—23日（花月24日—芽月2日）拿破仑跨过阿尔卑斯山。
	6月14日（牧月25日）马伦戈之战。
	7月2日（获月13日）波拿巴回到巴黎。
	9月23日共和九年开始。
	12月3日（霜月12日）霍恩林登之战。12月24日（雪月3日）企图暗杀拿破仑。
1801年	1月15日（雪月25日）流放雅各宾派成员。
	2月9日（雨月20日）签订《吕内维尔和平条约》。2月21日英国提议和谈。
	3月23日暗杀保罗一世。
	4月2日哥本哈根战役。
	7月16日（获月27日）签署宗教事务协定。
	9月23日共和十年开始。
1802年	3月27日签订《亚眠和平条约》。
	4月1日（芽月10日）清洗保民官和立法机构。4月8日组织条款加入宗教事务协定中。4月18日宣布宗教事务协定。

附录2　革命历

革命历是在1793年10月颁布的，从每年9月22日算起，这一天是共和国成立的周年纪念日。革命历直到1806年还在使用。法布尔·戴格朗蒂纳设计了每个月的名称，本意是想要和每个节气配合，但不好翻译。然而，当时的英国人对此不屑一顾，将这些月份戏称为：滑月（Slippy）、寒月（Dippy）、伤月（Drippy）、冻月（Freezy）、喘月（Wheezy）、喷嚏月（Sneezy）、雨月（Showery）、花月（Flowery）、凉月（Bowery）、热月（Heaty）、麦月（Wheaty）、糖月（Sweety）。共12个月，每月30日，剩下5天，起初这5天称之为无套裤汉日，但是在督政府时期又命名为余日。革命历和格里高里历法之间的对应表格参见下表。

月份	革命年份		
	共和二年	共和三年	共和四年
葡月（Vendémiaire）	1793年9月22日	1794年9月22日	1795年9月23日
10	1793年10月1日	1794年10月1日	1795年10月2日
20	1793年10月11日	1794年10月11日	1795年10月12日
雾月（Brumaire）	1793年10月22日	1794年10月22日	1795年10月23日
10	1793年10月31日	1794年10月31日	1795年11月1日
20	1793年11月10日	1794年11月10日	1795年11月11日
霜月（Frimaire）	1793年11月21日	1794年11月21日	1795年11月22日
10	1793年11月30日	1794年11月30日	1795年12月1日
20	1793年12月10日	1794年12月10日	1795年12月11日
雪月（Nivôse）	1793年12月21日	1794年12月21日	1795年12月22日
10	1793年12月30日	1794年12月30日	1795年12月31日
20	1794年1月9日	1795年1月9日	1796年1月10日
雨月（Pluviôse）	1794年1月20日	1795年1月20日	1796年1月21日
10	1794年1月29日	1795年1月29日	1796年1月30日
20	1794年2月8日	1795年2月8日	1796年2月9日
风月（Ventôse）	1794年2月19日	1795年2月19日	1796年2月20日
10	1794年2月28日	1795年2月28日	1796年2月29日
20	1794年3月10日	1795年3月10日	1796年3月10日
芽月（Germinal）	1794年3月21日	1795年3月21日	1796年3月21日
10	1794年3月30日	1795年3月30日	1796年3月30日
20	1794年4月9日	1795年4月9日	1796年4月9日

革命年份				
共和五年	共和六年	共和七年	共和八年	共和九年
1796年9月22日	1797年9月22日	1798年9月22日	1799年9月23日	1800年9月23日
1796年10月1日	1797年10月1日	1798年10月1日	1799年10月2日	1800年10月2日
1796年10月11日	1797年10月11日	1798年10月11日	1799年10月12日	1800年10月12日
1796年10月22日	1797年10月22日	1798年10月22日	1799年10月23日	1800年10月23日
1796年10月31日	1797年10月31日	1798年10月31日	1799年11月1日	1800年11月1日
1796年11月10日	1797年11月10日	1798年11月10日	1799年11月11日	1800年11月11日
1796年11月21日	1797年11月21日	1798年11月21日	1799年11月22日	1800年11月22日
1796年11月30日	1797年11月30日	1798年11月30日	1799年12月1日	1800年12月1日
1796年12月10日	1797年12月10日	1798年12月10日	1799年12月11日	1800年12月11日
1796年12月21日	1797年12月21日	1798年12月21日	1799年12月22日	1800年12月22日
1796年12月30日	1797年12月30日	1798年12月30日	1799年12月31日	1800年12月31日
1797年1月9日	1798年1月9日	1799年1月9日	1800年1月10日	1801年1月10日
1797年1月20日	1798年1月20日	1799年1月20日	1800年1月21日	1801年1月21日
1797年1月29日	1798年1月29日	1799年1月29日	1800年1月30日	1801年1月30日
1797年2月8日	1798年2月8日	1799年2月8日	1800年2月9日	1801年2月9日
1797年2月19日	1798年2月19日	1799年2月19日	1800年2月20日	1801年2月20日
1797年2月28日	1798年2月28日	1799年2月28日	1800年3月1日	1801年3月1日
1797年3月10日	1798年3月10日	1799年3月10日	1800年3月11日	1801年3月11日
1797年3月21日	1798年3月21日	1799年3月21日	1800年3月22日	1801年3月22日
1797年3月30日	1798年3月30日	1799年3月30日	1800年3月31日	1801年3月31日
1797年4月9日	1798年4月9日	1799年4月9日	1800年4月10日	1801年4月10日

月份	革命年份		
	共和二年	共和三年	共和四年
花月（Floréal）	1794年4月20日	1795年4月20日	1796年4月20日
10	1794年4月29日	1795年4月29日	1796年4月29日
20	1794年5月9日	1795年5月9日	1796年5月9日
牧月（Prairial）	1794年5月20日	1795年5月20日	1796年5月20日
10	1794年5月29日	1795年5月29日	1796年5月29日
20	1794年6月8日	1795年6月8日	1796年6月8日
获月（Messidor）	1794年6月19日	1795年6月19日	1796年6月19日
10	1794年6月28日	1795年6月28日	1796年6月28日
20	1794年7月8日	1795年7月8日	1796年7月8日
热月（Thermidor）	1794年7月19日	1795年7月19日	1796年7月19日
10	1794年7月28日	1795年7月28日	1796年7月28日
20	1794年8月7日	1795年8月7日	1796年8月7日
果月（Fructidor）	1794年8月18日	1795年8月18日	1796年8月18日
10	1794年8月27日	1795年8月27日	1796年8月27日
20	1794年9月6日	1795年9月6日	1796年9月6日
余日1号	1794年9月17日	1795年9月17日	1796年9月17日
余日5号	1794年9月21日	1795年9月21日	1796年9月21日
余日6号		1795年9月22日	

革命年份				
共和五年	共和六年	共和七年	共和八年	共和九年
1797年4月20日	1798年4月20日	1799年4月20日	1800年4月21日	1801年4月21日
1797年4月29日	1798年4月29日	1799年4月29日	1800年4月30日	1801年4月30日
1797年5月9日	1798年5月9日	1799年5月9日	1800年5月10日	1801年5月10日
1797年5月20日	1798年5月20日	1799年5月20日	1800年5月21日	1801年5月21日
1797年5月29日	1798年5月29日	1799年5月29日	1800年5月30日	1801年5月30日
1797年6月8日	1798年6月8日	1799年6月8日	1800年6月9日	1801年6月9日
1797年6月19日	1798年6月19日	1799年6月19日	1800年6月20日	1801年6月20日
1797年6月28日	1798年6月28日	1799年6月28日	1800年6月29日	1801年6月29日
1797年7月8日	1798年7月8日	1799年7月8日	1800年7月9日	1801年7月9日
1797年7月19日	1798年7月19日	1799年7月19日	1800年7月20日	1801年7月20日
1797年7月28日	1798年7月28日	1799年7月28日	1800年7月29日	1801年7月29日
1797年8月7日	1798年8月7日	1799年8月7日	1800年8月8日	1801年8月8日
1797年8月18日	1798年8月18日	1799年8月18日	1800年8月19日	1801年8月19日
1797年8月27日	1798年8月27日	1799年8月27日	1800年8月28日	1801年8月28日
1797年9月6日	1798年9月6日	1799年9月6日	1800年9月7日	1801年9月7日
1797年9月17日	1798年9月17日	1799年9月17日	1800年9月18日	1801年9月22日
1797年9月21日	1798年9月21日	1799年9月21日	1800年9月22日	
		1799年9月22日		

附录3　大革命及其史学家

最初的两个世纪

从来不可能对大革命作出中立的评价，对当代人来说，个中原因再清楚不过了。雄心壮志都被释放了，利益受到了攻击或是威胁，毫无妥协可寻。因此早在1791年，对于这场要对整个国家、社会和文化作出突然的且是彻底的改革尝试的各种对立的立场和观点已经形成了，那时罗伯斯庇尔仅仅是一个唠叨鬼，断头台还是一个耸人听闻的玩笑，恐怖统治尚无从设想。但暴力推翻王权的经历，九月屠杀和共和二年的腥风血雨，让一切变得匪夷所思，并从此给革命贴上了恐惧的标签。以清洗屠杀为主的统治方式超出了革命敌人最坏的估计，也考验着革命同道的容忍限度。因此从1794年以来，存在着三种基本立场。第一种认为大屠杀是引发敌视革命的主要原因，现在看来这是意料之中的事情。但革命的支持者则分成了两类：一类认为，为了保住革命，认为恐怖是至关重要的，因此恐怖是必须而且应当捍卫的；另一类既不捍卫恐怖，也不承认其必要性，但认为恐怖是可以理解的。这三种态度的具体表达方式多种多样。用现代术语可以表达为“贵族”（或反革命）、“雅各宾派”和“温和派”三类，更近的术语则将其称作“反动派”“激进派”和“自由派”，或者简单地表述为“右派”“左派”和“中间派”。在两百年后，法国大革命的史学家依然可以如此划分。

右派解释的所有基本要点都可以回溯到伯克。这种解释认为旧制度依旧是稳固的，而且根本上是可行的，言外之意就是这一体制必然是从外部被摧毁的。罪魁祸首就是启蒙运动，启蒙运动持续且不负责任地批判、腐化了对宗教、君主制和既定社会秩序的信念。巴吕埃尔（Barruel）在恐怖结束后阐发了一种更为极端的观点，将启蒙运动看成是一种秘密且周密布局的阴谋，目的是要宣传无神论和无政府主义，主要就是那些共济会员。这伙人就是在搞破坏，他们宣扬暴力和屠杀深深根植在这场运动中，如此野心勃勃的企图，是不可能通过和平的方式实现的。

这些观点的早期史可以参考拜克（P. H. Beik）撰写的《右派眼中的法国大革命》[1]和麦克马洪（D. McMahon）撰写的《启蒙运动的敌人：法国的反启蒙者和现代性的形成》[2]。这种敌对的传统在19世纪最后四分之一时间里为一名不信教的一流作者十分合理地阐述，而且在19世纪的天主教圈子里流行，这也是理所当然的。他就是依波利特·泰纳（Hippolyte Taine）。他撰写的《现代法国的起源》[3]虽然没有天主教的痕迹，但同时却也充满了对血腥的民众激进的恐惧，这在1871年的巴黎公社时期反复出现，与先前的论辩相比，泰纳的观点有更多的受众。他的巨著影响深远，故而雅各宾传统中当代一流的史家阿尔丰斯·奥拉尔（Alphonse Aulard）用了整整一本书的篇幅从学术研究的标准来攻击泰纳著作，而泰纳已经去世。1909年奥拉尔遭到了一名年轻的信仰天主教的档案馆员的回击，他就是奥古斯都·科尚（Augustin Cochin），1916年被害。科尚几乎没有出版过其他著作，但是在一系列他死后才发表的论文中，科尚重建了革命前的思想社（包括共济会）和雅各宾主义之间的连续性。当时俄国革命的胜利和过激引发了一片恐慌的气氛，泰纳和科尚的分析被融进一种新的右派综

[1] *The French Revolution seen from the Right*，宾夕法尼亚，1956年出版，1970年再版。

[2] 纽约，2001年出版。

[3] *Les Origines de la France contemporaine*，六卷，巴黎，1876—1893年出版。

合观点中，他就是皮埃尔·加克索特（Pierre Gaxotte）[1]。加克索特是法国运动党（Action Française）的拥护者，这个党派梦想着复辟君主制。加克索特认为暴力和恐怖从一开始就内在于革命，而整个革命过程就是在革命前的思想社中已经酝酿好的。这种观点在1940年到1944年的维希时期成为正典，但是当这个可耻政权倒台以后的半个世纪里，这种观点再也没有追随者了。

反对革命的历史编纂学大多是从外部来分析革命进程的，这和最早的雅各宾派的取向不同，他们也在忙于撰写大革命史。这些人不少是大革命的幸存者，他们写下了自己的回忆录，试图为其卷入的恐怖行为辩解，他们常常将恐怖怪罪到别人头上，而罗伯斯庇尔总是替罪羊。最顽固的前雅各宾派可能就是邦纳罗蒂（Buonarroti），他撰写了《为平等而密谋》[2]，就将1796年巴贝夫的阴谋解释为一种试图恢复并超越已丧失的共和二年的平等期待的努力。但是左派历史编纂学的连续的传统得从1847年才开始，那时他们面对着另一场革命。这一年朱尔·米什莱（Jules Micheles）大革命史的第一卷以及路易·勃朗（Louis Blanc）的数卷《大革命》都出版了。这两个人都颂扬在推翻压迫性的旧制度、建设共和平等的新体制中的人民所扮演的英雄角色。在他们撰写的历史中看不到暴民：民众的干涉代表进步的力量，其动因还是对正义和团结博爱的渴望。而且恐怖无论如何也不是人民的罪责。米什莱将恐怖推到罗伯斯庇尔头上；而社会主义者勃朗认为这是自私自利的艾贝尔派造成的。在一定程度上，他们两人都认为恐怖源于环境，无人能预见，无人能控制，这绝非是革命本身所致，也与革命的进程无关。

共和二年那场人人向往的社会福利实验或者说“期待”却伴随着流血冲突，因此而困扰的历史学家一般都会像米什莱和勃朗那样思考。即便是保守而且不认同社会主义的共和主义者，也发现了杀戮是法兰西第一共和

[1] 《法国大革命》，1928年出版，1930年出版英译本。

[2] *Conspiracy for Equality*，布鲁塞尔，1847年出版，奥布赖恩（Bronterre O' Brien）于1836年译成英文出版，中译本由陈叔平翻译，上下卷，商务印书馆，1989年版。——译者注

国头两年的特点，这种杀戮实在很难与他们认为的共和主义所代表的进步协调起来。这就是奥拉尔的观点，他是索邦大学第一位大革命史的教授，那时第三共和国正通过召唤第一共和国，来寻找自身合法性的根基。《法国大革命：一部政治史》[1]就认为大革命的历史使命便是创建一个民主共和国。当欧洲的各个君主国家联合起来，阻止这一事业的时候，这个国家就被迫投入战争，而恐怖和革命政府也是国家自卫的手段。而当共和国的存活有了保障时，恐怖和革命政府也终止了。奥拉尔不喜欢罗伯斯庇尔，因为他认为在已经不需要这样做的时候，罗伯斯庇尔还想要延长恐怖和革命政府。奥拉尔眼中的英雄是丹东，丹东反对延长恐怖和革命政府，并为此付出了生命。

奥拉尔著作中最精彩的一章就是分析共和二年是否就预示着社会主义，他的结论是否定的。恰恰相反，这些看似带有社会主义痕迹的做法只不过是一种临时的权宜之计。同样在1901年问世的还有政治家尚·饶勒斯（Jean Jaurès）的《大革命社会主义史》第一卷[2]。到目前为止，社会主义和马克思主义的关系还很纠缠不清，即使马克思本人也并没有直接论述过大革命。饶勒斯想要将马克思的理解更完全地整合进大革命的历史当中，因此他宣称："大革命间接地为无产阶级的到来准备了条件。大革命为社会主义的诞生准备了两个必要条件：民主和资本主义。但是从根本上说，这就是资产阶级的政治到来。"因此，仅仅是像奥拉尔那样撰写一部政治史是不够的，大革命应该有更深入的经济和社会发展维度上的反思，这些反思到那时还没有得到应有的研究。现在饶勒斯发挥他在议会的影响，寻求公共资金的资助，出版涉及大革命经济和社会史的材料。虽然到了20世纪20年代，饶勒斯又投身政治活动（他开始研究历史的时候还没有获得立法议会的席位），但是他创立的研究取向已然在法国的大革命历史编纂学里占据了主导地位。大概在60年之后，阿尔贝·索布尔（Albert

[1] *The French Revolution: A Political History*，1901年出版，1910年英译本出版。

[2] 第一卷中译本由陈祚敏翻译，商务印书馆，1989年版。——译者注

Soboul）作为最后一名伟大的饶勒斯信徒，才将这种研究取向称之为“经典”解释。

1917年布尔什维克的革命在俄国取得了胜利，然而饶勒斯没有活到那一年，要是他活到了那一年，肯定是要后悔的。此外俄国革命的胜利也是“经典”解释取胜的原因之一。这场革命高举马克思主义的大旗，宣称自己是继承了罗伯斯庇尔和共和二年雅各宾派的遗产，激发了几代西方的同情者。在法国，所有那些想要继续1794年未竟事业的人，可能也都会认为这是一番光辉且可行的事业。在这些历史学家中，第一位表现出这种热情的就是阿贝尔·马蒂耶（Albert Mathiez）。马蒂耶的授业恩师是奥拉尔，但是更多地受到饶勒斯的启发。1908年他已经和自己的导师奥拉尔分道扬镳，自创一个更激进的大革命阐释学派，这就是“罗伯斯庇尔研究协会”。这些协会现在还存在，协会发行的刊物《法国大革命史年鉴》依旧是这个领域中主要的法文期刊。马蒂耶和奥拉尔的论战主要围绕着对丹东历史名声的评价展开。马蒂耶认为丹东是一个腐败的人，是个自私自利的人，甚至很可能是个叛徒，他想要恢复罗伯斯庇尔的名声。自邦纳罗蒂之后，没有人胆敢正面捍卫罗伯斯庇尔，尽管他是个理想主义者，一名不可腐蚀者，但却与恐怖有着不可脱离的干系。然而，俄国革命早期的经历说明如果要打压反动分子的话，恐怖是必要的。马蒂耶从这样的角度出发，毫不费力就论证了恐怖的合理性。“大革命中的法国会接受恐怖，是因为它认为如果不暂时停止自由，胜利就是毫无希望的”，此外“罗伯斯庇尔和他的党派就是因为想要借着恐怖，彻底改变财产关系，才会牺牲”。罗伯斯庇尔倒台了，这种社会和民主革命的希望也随之落空。马蒂耶的名著《法国大革命》[1]突然终结于热月9日，在此之后，仅仅就是“复辟”回潮。

---

[1] 1922—1927年出版，1928年出版英译本。有两个中译本。第一个中译本由唐虞世翻译（中华书局，1948年版）。第二个中译本由杨人楩翻译（兼注）（商务印书馆，1947年版；北京三联书店，1958年版；商务印书馆，1963年新版；1973年第二版）。杨译不仅附有详尽注释，矫正马蒂耶多处错误，而且用语典雅，堪为精品。此外1958年版后附有介绍马蒂耶生平、法国大革命研究及各国大革命研究论文三篇。——译者注

1932年马蒂耶辞世，享年58岁，他的论战好辩的风格没有继承者。之后，左派史学家开始关注更细致的经济和社会分析，最杰出的是乔治·勒费弗尔，他其实是和马蒂耶同一年出生，但活到了1959年。勒费弗尔因研究农民而声名鹊起。1939年恰逢大革命150周年纪念，勒费弗尔出版了一本言简意赅的作品，分析了大革命起源，这就是《八九年》[1]，本书的立论基础是当时的正统命题："经济权力、能力以及关于未来的感觉，现在都掌握在资产阶级的手里……：1789年的革命恢复了事实和法律之间的协调。"关于恐怖，勒费弗尔认为，"尽管很多因素扩大或玷污了恐怖政策，但它仍旧堪称是革命的胜利，这是为了抵制'贵族阴谋'而坚决采取的对策"[2]。

这种左派研究取向的学术血脉突然被维希政权阶段中断。但是在解放后，右派已经彻底遭人否弃，不少年轻的知识分子都加入了共产党，左派再次浮现，势头比以往更大，欧内斯特·拉布鲁斯（Ernest Labrousse）浩繁的研究《从旧制度末期到大革命初期法国的经济危机》就将大革命深深地扎根进经济背景中。阿贝尔·索布尔是新一代学者的代表，他在《共和二年巴黎的无套裤汉》[3]中集中对所谓的"民众运动"进行学术分析，这场民众运动一直都在推进革命的激进化，但是他的概论性的研究遵循正统解释。[4]他援引马克思和恩格斯的观点做支撑，认为"法国大革命代表了……漫长的经济和社会变迁的顶点，这让资产阶级成为世界的主宰。这个真理至今未变……"

然而将大革命看成是资产阶级的胜利并不只是马克思主义的观点。

---

[1] *Quatre Vingt Neuf*，1946年由普林斯顿出版英译本《法国大革命的降临》，中译本由洪庆明据英译本翻译，上海人民出版社，2010年版。——译者注

[2] 1930年出版一部通史（1962—1964年出版英译本两卷），中译本由顾良等翻译，商务印书馆，1989年版，2010年再版。——译者注

[3] *Les Sans-culottes Parisiens en l' An II*，巴黎，1958年；1964年出版英译本。

[4] 在1962年出版的《新概览》中索布尔的《法国大革命史》有两个中译本，节译本由端木正翻译，北京三联书店，1956年版；全译本由马胜利等翻译，中国社会科学出版社，1989年版。——译者注

实际上，马克思的这种观点可能就是从复辟时期的第一代大革命史家那里继承来的。这就是弗朗索瓦·米涅于1824年出版的以及阿道夫·梯也尔（Adolphe Thiers）于1823年到1827年出版的著作。他们出现的背景可以参考梅隆（S. Mellon）的《历史的政治用途：法国复辟时期的历史学家的研究》[1]。这些历史学家勾画了自由主义的大革命研究取向。在他们眼里，革命是正义的，因为被推翻的旧制度有诸多弊端，而且十分不平等。资产阶级的发财致富、队伍的拓展以及受教育，都使资产阶级队伍中的成员对绝对君主制的角色以及世袭贵族的社会支配地位不满意。他们想要建立能体现代议制、平等的立宪君主制，能保障政治和公民权利；但是1791年以后整个进程就脱离了这个轨道，这是因为民众势力的介入，他们对稳定和政治秩序没有兴趣。自由派史家崇拜也强调那些有勇气的人的重要性，这些人想要让大革命稳定下来，最后失败了，比如米拉波，甚至还有丹东。面对像马拉这样的嗜血民粹分子，像罗伯斯庇尔这样的无情的独裁者以及恐怖的捍卫者就开始退缩了，更不用说那个更令人恐怖的圣茹斯特了。从这一角度撰写大革命史的历史学家遇到的根本问题是：为何这场革命会“出错”，以及何时出错。

英语世界中，许多大革命史家也都遇到同样的问题。19世纪史家的论战在本-伊斯雷尔（H. Ben-Israle）的《英国史家和法国大革命》[2]中得到了充分的阐述。但那时，盎格鲁世界对大革命的主流解释可能是来自托马斯·卡莱尔（Thomas Carlyle）于1835年问世的著作，并通过仰慕他的查尔斯·狄更斯在其于1859年问世的《双城记》中获得。很奇怪，伯克对大革命的全面诋毁在这片他生于斯长于斯的土地上没有任何回声。在大多数英国人眼里，缺少代议制、没有自由言论，这就足以使推翻一个绝对君主制成为合理因素。虽然暴力是不合理的，但却是可以接受的，至少卡莱尔早就从革命前群众的苦难和社会的腐化中意识到了这一点。但是在

[1] *The Political Uses of History: A Study of Historians of the French Restoration.*

[2] *English Historians and the French Revolution*，剑桥，1968年。

20世纪中叶以前，英国和美国很少有历史学家长时间地待在法国，或是研读法语档案。他们的研究基本上是在阐释法国学者的观点，他们似乎对英国整体和平迈向自由很有好感。然而，最合英美学者品位的，就是亚力克西·德·托克维尔（Alexis de Tocqueville）。托克维尔的第一部著作是分析大西洋对岸的民主体制，从那时开始，他就已经不同于法国的自由主义主流思想。

托克维尔并没有按照计划写出专门分析法国大革命的论著，但是他做的初步研究《旧制度与大革命》[1]是迄今为止关于这一主题的最重要的研究。这不仅仅是一部史书，更是一种试图从长时段来分析大革命的尝试。从一种长时段的历史视角出发，托克维尔将大革命看成是不可逆转的自由民主化进程中的关键环节，但是这两股力量并不能共存。在彻底摧毁旧制度后，奠定大革命的民主和平等也粉碎了自由的保障，而这种保障曾阻碍了君主制威权化的倾向。结果这为拿破仑的上台铺平了道路，促使拿破仑一举推翻了大革命创立的更无根基的自由体制。从1789年开始，没有任何一种代议制能存活下来。托克维尔写下这些观点的时候，正值新的波拿巴摧毁了孕育其政治生涯的那个体制，因此这位自由主义者并不是将大革命看成一种解放的力量，大革命释放的民主完全有可能迈向独裁。托克维尔为此深感遗憾，因此他珍视自由观念，也发现自由在大西洋彼岸已经生根发芽，这真是对他们的恩宠。但是托克维尔的结论所依据的事实并不准确，而且误解也不少。尽管如此，在他去世（1859年）后的一个世纪里，他在英美都得到了广泛的研究。另外，托克维尔去世仅仅几年后，第三共和国便宣告了一个全面自由制度的诞生，而且直到1940年才告以终结。这与他的预测不太吻合，所以在自己的国家，托克维尔很快就被遗忘了。在法国，广域大革命研究的自由主义传统是被不信仰马克思主义的左派吸收的。

[1] *The Ancien Régime and the Revolution*，中译本由冯棠翻译，商务印书馆，1992年版。——译者注

奠定近代世界众多潮流与趋势基调的就是法国大革命，故而大革命的研究也从来不可能脱离当代政治。1945年以后，在这方面却出现了一些变化，围绕大革命的新一番论战就是在“冷战”的阴影里开始的，然而这难说是一种巧合。这些论战者就是后来所谓的修正派，这个称呼和那些共产党内部的不受欢迎的批判者是一样的。在英语世界里，这种批判开始于1954年阿尔弗雷德·科班（Alfred Cobban）在他就职伦敦大学的法国大革命教席的演讲。讲座的题目是“法国大革命的神话”（The Myth of the French Revolution），他认为大革命不是成长的代表资本主义的资产阶级的胜利，而是一种非资本主义的律师和持官者的胜利。十年后，科班在他的《法国大革命的社会阐释》[1]拓展了他的批评，矛头指向了他称之为以勒费弗尔、拉布鲁斯和索布尔为代表的正统学派。不仅大革命不是资产阶级资本主义的成就，而且大革命并没有摧毁所谓的封建制度，而且远没有实现所谓的开启自由职业、解放经济，相反大革命阻碍了经济扩张，代表了“保守的、有产的、地主阶级的胜利”。同时，在大西洋的另一端，乔治·泰勒（Georges V. Taylor）在1962年到1972年之间发表了一系列文章。他分析了大革命前的财产结构和商业活动，泰勒的结论是多数严格的资本主义模式都是在君主制国家下运作的，而不是反对君主制的国家。此外，法国国家财富中，资本主义所占的份额很少，因而不会对旧制度构成挑战。实际上，在位于社会顶层的贵族和资产阶级之间不存在经济上的竞争。从正面来看，他们同属一个精英群体。因此大革命不是阶级冲突的结果。这是一场带有社会影响的政治革命，而不是一场带有政治影响的社会革命。[2]

起初，法国学者是带着怀疑和鄙视的态度看待这些观点的。去世前，

[1] 剑桥，1964年，1999年重印，格温·刘易斯（Gwynne Lewis）写了一篇很有用的导言。——译者注

[2] 参见泰勒的论文“非资本主义财富和法国大革命的起源”（Noncapitalist wealth and the Origins of the French Revolution, *American Historical Review*），《美国历史评论》，第79卷，1967年，469-496。

勒费弗尔本人也不重视科班的观点，认为他只不过是一个没有安全感的西方资产阶级的代言人。但是在1956年苏联入侵匈牙利之后，团结的法国左派也出现了裂痕，并且开始批评斯大林主义在莫斯科的所作所为。1965年两名幻灭的年轻的前共产党员，弗朗索瓦·孚雷和德尼·里歇（Denis Richet）出版了一本大革命的新作《法国大革命》[1]，这本论著复兴了自由派的传统，认为1789年到1791年才代表真正的大革命，而此后便出现了“侧滑”，进入了恐怖时期，原因是王室的变节和民众想要控制巴黎。这两位新人立即遭到了谴责，说他们在学术上缺少说服力，这就像当年奥拉尔谴责泰纳一样。1971年孚雷回应了对他的批评，他猛烈地攻击被他称为“革命的教义问答”或是“雅各宾-马克思主义的圣经”的大革命史观。他说这种东西总在纪念大革命，而不是用一种学术超脱的态度分析它。这是第一次，一个法国人认识到英语世界的学者对这个问题所做的越来越多的贡献。孚雷认为法国学界的看门人总是念念不忘那种僵化的雅各宾正统，而这些英语世界的学者与他们截然不同。

这一切鼓励了其他法国学者，他们也开始关注别国研究，其中诺加莱（Guy Chaussinand-Nogaret）最为重要。1976年他出版了一部关于革命前贵族的研究[2]，认为革命前的贵族在很多方面和资产阶级类似，他们也接受大革命的很多观念。因此大革命与其说是资产阶级的胜利，不如说是一个新的有产精英群体的胜利。这个有产精英群体既包括贵族，也有资产阶级，他们必将在19世纪以显贵之名统治法国。由英国和美国学者发表的其他的关于贵族的研究也得出类似的结论，弱化了阶级冲突作为大革命起因的解释。我本人是从研究旧制度涉足大革命研究领域的，1980年我出版了《法国大革命的起源》[3]。在梳理了1939年之后的学术论战后，我提出革

[1] *French Revolution*, London, 1970.

[2] 英译本《十八世纪法国的贵族》，*The French Nobility in the Eighteenth Century*，剑桥，1984年。

[3] 第三版，牛津，1999年。第三版中译本由张弛翻译，上海人民出版社，2009年版。——译者注

命爆发更多地源于偶然性的和政治上的失策，而不是社会冲突。也就是说是大革命创造了革命者，而不是革命者发起了大革命。

实际上，修正派的研究慢慢地颠覆了大革命起因的“经典”解释，而且越来越让人觉得可信。苏联进入20世纪80年代以后举步维艰，这也同样损害了那种纪念式的历史书写传统。1917年以后，这种传统一直仰仗苏联的成就才得以维持下来。1982年索布尔去世后，左派阵营里就再也没有任何一名重要的人物能够重建一度占据支配地位的解释了。社会党的总统弗朗索瓦·密特朗宣布大革命两百周年纪念将在1989年举行，他选择的主题毫无疑问是代表自由派的——将大革命看成是宣扬人权的，与恐怖毫无关系，也不提及恐怖。

这就等于是接受了孚雷和里歇在1965年提出的观点。但是孚雷没有止步，1978年他重印了发表于1971年的那篇重要檄文，并出版了一本包含一系列论文的英译本《思考法国大革命》[1]。孚雷呼吁一套全新的解释模式，赶走社会分析，也包括他自己之前提出的革命侧滑的解释。孚雷说之前只有两位史家“提供严格的对大革命的概念化”，这就是托克维尔和科班。这两人都是一种挑战，但至少托克维尔还是英语世界比较熟悉的。科班是大革命遗产的公开的敌人，他从20世纪40年代早期开始就没有被严肃地对待过。孚雷在政治舞台上的历程让思想右派重新获得人们的尊重，20世纪80年代他们宣称恐怖从1789年那一天开始就是内在于革命的。这种分析方式在前一个世纪已然成熟了，但是他本人对宗教因素并不关心，这似乎让他和最古老的敌对传统有所区别。但是不久，宗教的维度也浮现出来了：旺代问题重新唤起了人们的兴趣。1964年美国社会学分析者查尔斯·梯利（Charles Tilly）出版了《旺代》（*The Vendée*），就是这一潮流的先驱。法国西部反革命的历史现在被放进更传统的议程加以分析。最极端的，也是最臭名远扬的例子就是雷纳尔多·塞克（Reynald

[1] *Interpreting the French Revolution*，剑桥，1981年。中译本由孟刚译出，2005年，北京，生活·读书·新知三联书店，第1版。——译者注

Secher）的《法国的种族灭绝：旺代复仇》[1]，此书谴责雅各宾派共和国，认为共和国是有计划地在灭绝其农民敌人，毫不避讳煽情地描绘种族屠杀的情景。大革命是否绘制了迈向20世纪大屠杀和古拉格的道路？另一位持有同样观点的是英国历史学家西蒙·莎玛（Simon Schama）。莎玛是犹太人，他撰写的《公民：法国大革命的编年史》（*Citizens: A Chronicle of the French Revolution*）是大革命两百周年之际最畅销的作品。他认为暴力一开始就是大革命的本质，而且"仅仅在1789年，恐怖就导致很多人死亡"。莎玛认为1794年罗伯斯庇尔的倒台便意味着大革命的结束，这和马蒂耶的叙述完全一样，而且很多左派叙述也持同样的观点：如果恐怖和大革命不能分开，那么恐怖结束了，大革命也就结束了。英语世界主要是通过《双城记》，甚至是《红花侠》（*The Scarlet Pimpernel*）来获取他们想要知道的知识，但是莎玛的书并没有译成法文，毕竟孚雷已经表达了同样的意思。

很难将大革命研究的社会取向从左派的经典解释中剥离开来，他们是最先严肃地阐发这种取向的人。所以当经典解释的完整性在修正派的研究冲击下崩溃的时候，科班从一开始就呼唤新的社会史，但一种不落窠臼的新的社会史的呼声似乎被人遗忘了。很多人抱怨说修正派只会破坏，毫无建树之功。社会史的解释力不再受人信任，这种心态不是孚雷独有的。早在1952年，塔尔蒙在《极权主义民主的起源》[2]（*The Origins of Totalitarian Democracy*）中就指出了能在启蒙运动的思想中找到现代暴政的根源，而这种暴政首次出现在恐怖时期。这种观点一部分是受到托克维尔的启发，但是更多地受到反革命传统的启发。塔尔蒙是生活在以色列的犹太史学家，他的观点与那种被维希政权摒弃的天主教右派传统没有关系，但是却受到了各派社会史家的嘲笑。这种情况直到诺曼·汉

[1] 英译本于2003年由圣母大学出版社（University of Notre Dame Press）出版，译者乔治·沃洛什（George Holoch）。——译者注

[2] 中译本由孙传钊译出，吉林人民出版社，2004年，第1版。——译者注

普森（Norman Hampson）的《意志与环境：孟德斯鸠、卢梭和法国大革命》[1]出版才告以终结。一名在社会史领域已经功成名就的人开始全面转向思想解释。汉普森的第一本专著是《法国大革命的社会史》[2]。不过到那时，新一代学者也朝着同样的方向迈进。从20世纪60年代开始，罗伯特·达恩顿（Robert Darnton）研究所谓在启蒙运动上层统治下的地下出版和色情文学，一直想要将革命前法国的社会史和思想史融合在一起，他的文章结集，名为《旧制度的地下文学》[3]。1978年凯斯·贝克（Keith Baker）也开始了一系列讨论，就革命前政治作者的思想模式和“话语”完成了一系列讨论文章，结集出版了《创造法国大革命》[4]。他们关注的都不是主流的历史人物。令他们更感兴趣的是贝克所谓的旧制度的“思想库”：它是如何为革命的意识形态打下基础的。他们更感兴趣的是文化，而不是观念本身，和晚年的孚雷有很多共同之处。到了20世纪80年代中叶，这一潮流已然蔚然成风。在一部影响很大的论文集里，这股风潮彰显无遗，就是林·亨特（Lynn Hunt）的《法国大革命期间的政治、文化与阶级》[5]。1986年贝克和孚雷主持的一组会议在芝加哥开幕，主题是“法国大革命和近代政治文化的诞生”[6]。现在，“后修正派”这一术语开始使用，称呼一种对语言和文化的研究取向。在这种研究取向中，大革命基本上被看成是一种更深层趋势的表征，比如某种公共舆论的浮现〔基于哈贝马斯（J. Habermas）1962年出版的《公共领域

[1] *Will and Circumstance: Montesquieu, Rousseau and the French Revolution*，伦敦，1982年。

[2] *Social History of the French Revolution*，伦敦，1963年。

[3] *The Literary Underground of the Old Regime*，剑桥，马萨诸塞，1982年。中译本由刘军翻译，中国人民大学2012年版。——译者注

[4] *Inventing the French Revolution*，剑桥，1989年。

[5] *Politics, Culture and Class in the French Revolution*，伯克利，1984年。中译本由汪珍珠译出，华东师范大学，2011年，第1版。——译者注

[6] *The French Revolution and the Creation of Modern Political Culture*，会议论文在同一主标题下分四卷出版，牛津，1987—1994年。

的结构转型：对于资产阶级社会范畴的研究》[1]〕的理论构设，以及君主制的“去神圣化”（desacralisation）〔梅里克（J. Merrick）的《十八世纪法国君主制的去神圣化》（*The Desacralisation of the French Monarchy in the Eighteenth Century*）〕，或者可以参看公共生活中的边缘群体研究，比如琼·兰德斯（Joan B. Landes）的《法国大革命时期的妇女和公共领域》[2]。

1989年的两百周年纪念之际也是这本《牛津法国大革命史》第一版问世之际，恰逢苏联解体。至此，活跃了大半个世纪的左派解释也寿终正寝。二百周年纪念的特点便是引发了全世界范围的论战，孚雷宣称自己是赢家。除了少数想要将雅各宾派和恐怖分离开的艰苦努力之外，比如伊格内（P. Higonnet）的《超越德行的善：法国大革命时期的雅各宾派》[3]，年轻一代的学者还没准备好要重振经典解释。在法国，大革命的研究在1997年孚雷去世后就一蹶不振。即便之前，法国的研究也更多追随的是大西洋彼岸的学术风气，比如沙尔捷（R. Chartier）的《法国大革命的文化起源》[4]。科班和泰勒开创的修正派解释逐渐被法国同行接手，不过只是被诡异地称为“盎格鲁–撒克逊人”。此外，后修正学派也在世纪之交树立了自己的霸权，这基本是一场北美的运动，发生在一个思想潮流激荡的世界里。而在那里，已经没人信奉马克思主义了。

当下的大革命研究

近期的论战，更详尽的指引，以及它们是如何演化、变化和进化的，可以参考两本简单但不乏分析力度的著作：刘易斯（G. Lewis）的《法国

[1] *The Structural Transformation of the Public Sphere: An Inquiry into a Category of Bourgeois Society*，英译本于1991年出版。中译本曹卫东翻译，学林出版社，1999年版。——译者注

[2] *Women and the Public Sphere in the Age of the French Revolution*，纽约，1988年。

[3] *Goodness beyond Virtue: Jacobins during the French Revolution*，布里奇，马萨诸塞，1998。

[4] *The Cultural Origins of the French Revolution*，达勒姆，1991年。

大革命：论战的反思》[1]和布兰宁（T. C. Blanning）的《法国大革命：阶级之战还是文化冲突》[2]。琼斯（P. Jones）主编的《社会和政治视野中的法国大革命》[3]集结了重要的论文并给予了颇有裨益的分析讨论，而且编者本人也是大革命的研究者。关于法国在大革命两百周年纪念之际的论战，最充分的导引是卡普兰（S. L. Kaplan）的《别了，大革命》[4]，虽然很长，但一点也不啰唆。大革命研究不乏优秀的导论，但是琼斯的《朗文大革命手册》[5]首屈一指，无可替代，内容丰富，必然会使初学者受益无穷。且按图索骥，读者很容易找到更详细的研究指引。最全面的英文工具书是斯科特（S. F. Scott）和罗萨（B. Rothaus）主编的《法国大革命历史辞典》[6]，虽然各词条的质量参差不齐，而且还存在一些奇怪的纰漏。而在法语辞典中，索布尔主编的《法国大革命历史辞典》[7]也有同样的问题，其编纂者大多是经典解释学派阵营里的学者。孚雷学派也有自己的辞典，这就是孚雷和奥祖夫（M. Ozouf）主编的《法国大革命批判辞典》[8]，其实这是一本反思论文集，而不是辞典。关于1789年各名代表的，有一本质量上乘的必备手册，即勒迈（E. H. Lemay）主编的《制宪议会辞典：1789—1791年》[9]。另外，还有蒂拉尔（J. Tulard）主编的《拿破仑辞典》[10]。

大革命的很多重要人物都有传记，尽管这种写传记的取向在专业史

[1] *The French Revolution: Rethinking the Debate*，伦敦，1993年。

[2] *The French Revolution: Class War or Culture Clash*，伦敦，1997年。

[3] *The French Revolution in Social and Political Perspective*，伦敦，1996年。

[4] *Farewell, Revolution*，两卷，伊萨卡，纽约，1995年。

[5] *The Longman Companion to the French Revolution*，伦敦，1988年。

[6] *Historical Dictionary of the French Revolution*，两卷，韦斯特波特，1985年。

[7] 巴黎，1989年。

[8] *A Critical Dictionary of the French Revolution*，纽约，1989年。

[9] *Dictionnaire des Constituants 1789–1791*，两卷，牛津，1991年。去世前，勒迈最后主编并出版了《立法议会辞典：1791—1792年》（*Dictionnaire des législateurs 1791–1792*）（牛津，2007年），由奥祖夫作序。——译者注

[10] *Dictionnaire Napoléon*，第二版，巴黎，1989年。

家中已经不流行了。路易十六最优秀的生平传记是哈德曼（J. Hardman）的《路易十六》[1]，但是相比之下，此书关于路易十六在1789年前的经历更为可靠，也不乏新意。关于路易十六最后的岁月，可靠的导论是乔丹（D. P. Jordan）的《国王受审：法国大革命和路易十六》[2]。关于大革命人物，近来最重要的传记出自戈特沙尔克（L. Gottschalk）多卷本的《拉法耶特》[3]。但是到了20世纪70年代中叶[4]，这套书还没完成，这么一位妄自尊大的人真的值得如此关注吗？关于米拉波的传记质量平平的倒是不少，至今还没有一部堪称优秀之作。布拉比（E. D. Bradby）的两卷研究是关于巴纳夫的唯一传记。此外除了贝克的《孔多塞》[5]和迈（G. May）的《罗兰夫人和革命年代》[6]之外，主要的吉伦特派成员也还缺少传记。作为一个群体的分析，可参看惠尔（L. Whaley）的《激进派》[7]。关于重要的山岳派成员的研究是帕尔默（R. R. Palmer）的《十二统治者》[8]以及诺曼·汉普森的《意志与环境》。关于马拉，有杰尔马尼（I. Germani）一部最新的传记[9]，但是关于那位想要成为马拉继承者的传记，我们还得去看沃尔特（G. Watler）的《埃贝尔和杜歇老爹报》[10]。诺曼·汉普森的《丹东》[11]综合了关于这位神秘人物的一些不太可信的材料。《圣茹斯特》[12]也是出自汉普森。关于卡诺，有雷纳尔（M. Reinhard）两卷的法文传记，这到现在也还是不可取代的。罗伯斯庇尔至少已经有了几部不错的

[1] *Louis XVI*，伦敦，1993年。
[2] *The King's Trial: The French Revolution vs. Louis XVI*，伯克利，1979年。
[3] *Lafayette*，芝加哥，1950—1973年。
[4] 原书作“18世纪90年代”，有误。——译者注
[5] *Condocret*，芝加哥，1975年。
[6] *Madame Roland and the Age of Revolution*，纽约，1970年。
[7] *Radicals*，格洛斯特，1999年。
[8] *Twelve who Ruled*，普林斯顿，1941年。
[9] 《兰彼得》，1992年。
[10] *Hébert et le Père Duchesne*，巴黎，1946年。
[11] *Danton*，伦敦，1978年。
[12] *Saint-Just*，牛津，1991年。

传记。最充分、也是最易读的传记依旧是汤普森（J. M. Thompson）的那本，但是近期的研究已经收入由海登（C. Haydon）和多伊尔主编的《罗伯斯庇尔》[1]论文集。革命景观最著名的记录者大卫的传记可参阅罗伯特（W. Roberts）《雅克–路易·大卫：革命艺术家》[2]，而社会和政治上最激进的参与者就是罗斯（R. B. Rose）《格拉胡斯·巴贝夫：第一位革命共产主义者》[3]一书的主人公。在两百周年纪念之际葬入万神庙的，也是大革命期间最能让人接受的就是格雷古瓦神父（Grégoire）。波普金父子（R. H. Popkin和J. Popkin）主编的《格雷古瓦神父和他的世界》[4]饶有趣味。任何时候都有关于拿破仑的书。蒂拉尔标准的法国式的传记英译本质量平平，副标题是《救世主的神话》（*The Myth of the Saviour*），是在1984年出版的。英语世界里最好的传记依旧是马卡姆（F. M. H. Markham）撰写的，尽管在很多方面这本书都为后来的研究所赶超。

大革命的起源是个独立的研究领域。勒费弗尔的《降临》依旧值得探讨，但是更晚近的研究是多伊尔（W. Doyle）的《法国大革命的起源》。[5]斯通（B. Stone）所著的《法国大革命的创生：全球史的阐释》[6]试图建立一幅更宏大的解释情景，而沙尔捷的《文化起源》则提供了一种十分有趣的解释。关于旧制度末年政治的最优秀的导论是哈德曼的《法国政治：1774—1789年》[7]，而关于1787—1788年更详尽的研究参见让·埃格雷（Jean Egret）的《革命前的法国：1787—1788年》[8]，其结论依旧可靠。塔克特（T. Tackett）的《革命者的诞生：法国国民议会代表和

[1] *Robespierre*，剑桥，1998年。

[2] *Jacques-Louis David, Revolutionary Communist*，伦敦，1978年；教堂山，北卡罗来纳，1989年。

[3] *Gracchus Babeuf: The First Revolutionary Communist*，伦敦，1978年。

[4] *The Abbé Grégoire and his World*，乌得勒支，2001年。

[5] *Origins of the French Revolution*，英文版第三版于199年出版。中译本《法国大革命的起源》，张弛译，上海人民出版社，2009年，附有关于历史编纂学的详尽导论。

[6] *The Genesis of the French Revolution: A Global Historical Interpretation*，剑桥，1994年。

[7] *French Politics 1774–1789*，伦敦，1995年。

[8] *The French Pre-Revolution, 1787–1788*，芝加哥，1977年。

革命文化的出现（1789—1790）》[1]对1788年到1789年的政治给了一个严肃且令人信服的重估。琼斯（P. M. Jones）的《法国的改革与革命：1774—1791年变迁的政治》[2]一书分析深入，引人入胜。他试图跨越1789年的断链，寻找连续性。

关于制宪议会的工作成就，汉普森的《恐怖序曲》[3]、费兹西蒙斯（M. P. Fitzsimmons）的《重建法国：1789—1791年》[4]和阿普尔怀特（H. B. Applewhite）的《法国国民议会中的朋党：1789—1791年》[5]都让人耳目一新。制宪议会的两项重要改革得到了细致且十分深入的研究，这就是马科夫（J. Markoff）的《废除封建制度》[6]和马哥丹特（T. W. Margadant）的《法国大革命中的市镇争斗》[7]，后者是关于重新划分行政版图的研究。安德烈斯（D. Andress）的《马尔斯校场屠杀》[8]重写了制宪议会期间的民众史。人们对立法议会少有同情，也就没什么学术研究的兴趣，但有米切尔（C. J. Mitchell）的《1791年的法国立法议会》[9]。

相反，国民公会这段时间引得了广泛的关注。政党——长期以来，好像是不言自明的党派之争，在西德纳姆（M. Sydenham）于1961年出版的《吉伦特派》[10]中得到了彻底的重估。帕特里克（A. Patrick）的《法兰西第一共和国的人：1792年国民公会里的朋党》[11]提供了更激进的观点，令人难以接受，不过总体上却是个可信的解释。那场决定吉伦特派命运的

[1] *Becoming a Revolutionary: The Deputies of the French National Assembly and the Emergence of a Revolutionary Culture (1789–1790).*

[2] *Reform and Revolution in France: The Politics of Transition.*

[3] *Prelude to Terror*，牛津，1988年。

[4] *The Remaking of France: The National Assembly and the Constitution of 1791*，剑桥，1994年。

[5] *Political Alignment in the French National Assembly, 1789–1791.*

[6] *The Abolition of Feudalism*，帕克大学，1996年。

[7] *Urban Rivalries in the French Revolution*，普林斯顿，1992年。

[8] *Massacre at the Champ de Mars*，伍德布里奇，2000年。

[9] *The French Legislative Assembly of 1791*，莱登，1988年。

[10] *The Girondins*，伦敦，1961年。

[11] *The Men of the First Republic: Political Alignments in the National Convention of 1792*，巴尔的摩，1972年。

政变在斯拉温（M. Slavin）的《政变的形成》[1]得到了细致的分析。高夫（H. Gough）的《法国大革命中的恐怖》[2]是一本简洁明了的导论。关于新近大革命研究不可替代的精彩论文集有贝克主编的《法国大革命和近代政治文化诞生》的第四卷。20世纪50年代对著名的无套裤汉有了细致的研究，此后人们对他们关注得越来越少了，概览性的研究有鲁德（G. Rudé）的《法国大革命中的群众》[3]和威廉姆斯（G. A. Williams）的《技工和无套裤汉》[4]，十分精彩地梳理了无套裤汉到底是些什么人。这些研究中，妇女是被忽视了，戈迪诺（D. Godineau）的《巴黎的妇女以及她们的法国大革命》[5]弥补了这一缺陷。民粹主义（political populism）在斯拉温的《从艾贝尔派到断头台》[6]中得到详尽的分析。而热月之后的历史，有腾内森（K. D. Tonnesson）的《无套裤汉的挫败》[7]。马蒂耶的《罗伯斯庇尔死后》[8]依旧是关于后热月时期最可读的叙述。西德纳姆的《法兰西第一共和国：1792—1804年》[9]虽然评价公允，但是在各处细节的处理上已经被后人所超越。对热月困境的审慎分析是巴奇科（B. Baczko）的《终结恐怖》[10]，此外卢卡斯（C. Lucas）主编的《超越恐怖：论法国的区域和社会史，1794—1815年》[11]也很出彩。关于颇有争议的阴谋者巴贝夫，伯查尔（I. H. Birchall）《巴贝夫的幽灵》[12]提供了

[1] *The Making of an Insurrection*，剑桥，马萨诸塞，1986年。
[2] *The Terror in the French Revolution*.
[3] *The Crowd in the French Revolution*，牛津，1958年。中译由何新译出，北京：三联书店第1版。
[4] *Artisans and Sans-culottes*，伦敦，1968年。
[5] *The Women of Paris and their French Revolution*，伯克利，1998年。
[6] *The Hébertists to the Guillotine*，巴吞鲁日，1994年。
[7] *La Défaite des Sans-culottes*，奥斯陆和巴黎，1959年。
[8] *After Robespierre.*
[9] *The First French Republic 1792–1804*，伦敦，1974年。
[10] *Ending the Terror*，剑桥，1994年。
[11] *Beyond the Terror: Essays in the French Regional and Social History, 1794–1815*，剑桥，1983年。
[12] *The Spectre of Babeuf*，贝辛斯托克，1997年。

一种感情丰富的观点。就后来的雅各宾派试图摆脱和恐怖的干系的这个问题，参见沃洛克（I. Woloch）《雅各宾派遗产》[1]和利夫西（J. Liversey）《在法国大革命中制造民主》[2]。近期，关于导致拿破仑上台的危机，最易读的分析参见克鲁克（M. H. Crook）《拿破仑掌权》[3]。

关于这一时期的宗教，最优秀的导论是麦克马纳斯（J. McManners）的《法国大革命和教会》。在细节的论述以及分析的范围上，阿斯顿（N. Aston）的《法国的宗教和革命：1780—1804年》[4]都超过了麦克马纳斯的书。关于宗教引发的巨大的分裂，杰出的讨论是塔克特《十八世纪法国的宗教、革命和区域文化：1791年的教士公民组织法》[5]。对宗教分离引发的更广泛的影响，参见查德威克（O. Chadwick）的《教皇和欧洲革命》[6]。梯利的《旺代》是一本关于宗教如何演化为反革命的经典分析，但是此书的某些观点遭到了萨瑟兰（D. M. G. Sutherland）就同一现象的论著《朱安党人》[7]的质疑。自塞克的《法国的种族灭绝》在1986年问世后，关于旺代镇压的规模一直都是争论不休。更公允的评述参见马丁（J. C. Martin）《旺代和法国》[8]和迪皮伊（R. Dupuy）的《从大革命到朱安党》[9]。关于反革命文学发展的简论参见罗伯特（J. Roberts）《法国的反革命：1787—1830年》[10]。法国流亡者重新引起了学者的关注，卡彭特（J. Carpenter）和曼塞尔（P. Mansel）主编的论文集《欧洲的法国流亡者和反对大革命

[1] *Jacobin Legacy*，普林斯顿，1970年。

[2] *Making Democracy in the French Revolution*，剑桥，马萨诸塞，2001年。

[3] *Napoleon Comes to Power*，加的夫，1998年。

[4] *Religion and Revolution in France 1780–1804*，贝辛斯托克，2000年。

[5] *Religion, Revolution and Regional Culture in Eighteenth Century France: The Ecclesiastical Oath of 1791*，普林斯顿，1986年。

[6] *The Popes and European Revolution*，牛津，1981年。

[7] *The Chouans*，牛津，1982年。

[8] *La Vendée et la France*，巴黎，1987年。

[9] *De la Révolution à la Chouannerie*，巴黎，1988年。

[10] *The Counter-Revolution in France, 1787–1830*，贝辛斯托克，1990年。

的冲突：1789—1814年》[1]便是引领这一研究的代表。流亡者在基伯龙（Quiberon）遭遇的严重危机在赫特（M. G. Hutt）的《朱安党和反革命》[2]中有十分详尽的叙述。哥德肖（J. Godechot）的《反革命：教义和行动1789—1804年》[3]已然为上述研究超越，但仍有参考价值。

如果宗教意味着大革命第一个重要转折点的话，那么战争就是第二个转折点，而对当时人来说，战争带来的转变更大。布兰宁的《法国大革命战争的起源》[4]证明这一系列巨大冲突开始的缘由并为何能在1798年又重新开始，令人信服。他此后在《法国大革命的战争：1787—1802年》[5]中，对冲突的过程和重要性给予了十分生动的叙述。斯科特（S. F. Scott）的《王家军队对大革命的反应：1789—1793年之间陆军的角色和发展》[6]以及科马克（W. J. Cormack）的《大革命和法国海军中的政治冲突：1789—1794年》[7]分析了革命对法国军队的影响。论述法国扩展的通论性作品，参见哥德肖的《伟大的国家：法国革命在世界的扩张》[8]，这本书依旧是不可替代的。关于法国是如何对待国内的外国人的，参见拉波特（M. Rapport）的《革命法国的国族性和公民权》[9]。尽管其倾向有些令人费解，但是帕尔默的《民主革命的年代》[10]依旧是这个时期的一种重要概览，他试图将法国放入更广阔的视野里。丹恩（O. Dann）和丁威迪

[1] *The French Emigrés in Europe and the Struggle against Revolution, 1789–1814*，贝辛斯托克，1999年。

[2] *Chouannerie and Counter-Revolution*，两卷，剑桥，1983年。

[3] *The Counter-Revolution: Doctrine and Action 1789–1804*，伦敦，1971年。

[4] *The Origins of the French Revolutionary Wars*，伦敦，1986年。

[5] *The French Revolutionary Wars 1787–1802*，伦敦，1996年。

[6] *The Response of the Royal Army to the French Revolution: The Role and Development of the Line Army during 1789–1793*，牛津，1978年。

[7] *Revolution and Political Conflict in the French Navy 1789–1794*，剑桥，1995年。

[8] *La Grande Nation: L' Expansion révolutionnaire de la France dans la monde*，第二版，巴黎，1983年。

[9] *Nationality and Citizenship in Revolutionary France*，牛津，2000年。

[10] *The Age of the Democratic Revolution*，两卷，普林斯顿，1959—1964年。

（J. Dinwiddy）主编的《法国革命时期的民族主义》[1]搜集了一系列关于当时人如何回应革命的个案研究。与之相关的还有布勒斯（M. Broers）的《拿破仑统治下的欧洲：1799—1815年》[2]，他的分析也很中肯。《爱国者和解放者：革命在荷兰1780—1813年》[3]史诗般地描绘了革命浪潮是如何吞没这个国家的，而布兰宁的《法国大革命在德国：莱茵河地区的占领和抵抗》[4]涵盖的不只是莱茵河地区，而且最后一章的总结价值很大。支持法国革命的两个国家的历史参见莱希诺多尔斯基（B. Lesnodorski）的《波兰的雅各宾派》[5]和埃利奥特（M. Elliott）的《革命战友：爱尔兰人联合会和法国》[6]。而对法国最顽固的反对者的分析，参见库克森（J. E. Cookson）《不列颠武装国家：1793—1815年》[7]和罗伊尔（E. Royle）《革命的大不列颠？》[8]。大革命也是布莱克本（R. Blackburn）所著的《推翻殖民地的奴隶制：1776—1848年》[9]的主题。关于加勒比海最详尽的研究，而且其影响远远超出其标题所展现的是盖格斯（D. P. Geggus）的《奴隶制，战争和革命：英国对圣多明各的占领》[10]。

从两百周年纪念以来，大革命的经济和社会史多少有点起色。至今仍旧没有合适人选来翻译这个领域中最伟大的作品，即拉布鲁斯的《法国的经济危机》，尽管此书在1983年已经重印了。而马蒂耶的《高物价和恐怖时期的社会运动》[11]依旧能让我们受益良多。关于指券及其影响的权威评

[1] *Nationalism in the Age of the French Revolution*，伦敦，1988年。

[2] *Europe under Napoleon 1799–1815*，伦敦，1996年。

[3] *Patriots and Liberators: Revolution in the Netherlands 1780–1813*.

[4] *The French Revolution in Germany: Occupation and Resistance in the Rhineland 1792–1802*，牛津，1983年。

[5] *Les Jacobins Polonais*，巴黎，1965年。

[6] *Partners in Revolution: The United Irishmen and France*，纽黑文，1982年。

[7] *The British Armed Nation 1793–1815*，牛津，1998年。

[8] *Revolutionary Britannia?*，曼彻斯特，2000年。

[9] *The Overthrow of the Colonial Slavery, 1776–1848*，伦敦，1988年。

[10] *Slavery, War and Revolution: the British Occupation of Saint-Domingue*，牛津，1982年。

[11] *La Vie chère et le movement social sous la Terreur*，巴黎，1927年。

论参见克鲁泽（F. Crouzet）的《通货膨胀：路易十六到拿破仑时期法国的纸币》[1]，而关于十分混乱的金融世界，参见布吕吉埃（M. Bruguière）的《大革命的管理者和不法牟利者》[2]。两百周年纪念时，法国学术界关于大革命的经济史的共识可参看论文集《法国大革命期间的国家、金融和经济》；发人深省的概览出自一位心存怀疑的外行之手，即塞迪约（R. Sédillot）的《法国大革命的成本》。在所有农民研究中，最杰出的是勒费弗尔的《法国大革命时期诺尔省的农民》，此书还没有英译本，但是勒费弗尔另一本杰出的论著《1789年的大恐慌：革命法国的农村恐慌》[3]已经有了英译本。琼斯的《法国大革命中的农民》[4]综述了在这一宏大领域中两代人的成果，尽管他的观点备受争议。福里斯特（A. Forrest）的《法国大革命和穷人》[5]重新开启了一个长久以来为天主教宣传者所占领的领域。博迪尼耶（B. Bodinier）和泰西耶（E. Teyssier）合著的《大革命最重要的事件：国有财产的售卖》[6]是一个鼓舞人心的信号，这标志着法国史学界重新对重大问题产生了兴趣。

与作为整体的大革命相关的一些重要问题还在不断修正中。克鲁克（M. Crook）的《法国大革命中的选举：民主的学徒期》[7]和格尼费（P. Gueniffey）的《数字和理性》[8]改变了人们关于大革命选举的理解。丘奇（C. Church）的《革命和官僚作风：法国部长科层制，1770—1850年》[9]和布朗（H. Brown）的《战争、革命和官僚国家：1791—

[1] *La Grande Inflation: La Monnaie en France de Louis XVI à Napoléon*，巴黎，1993年。

[2] *Gestionnaires et profiteurs de la Révolution*，巴黎，1986年。

[3] *The Great Fear of 1789: Rural Panic in the Revolutionary France*，伦敦，1973年。

[4] *The Peasantry in the French Revolution*，剑桥，1988年。

[5] *The French Revolution and the Poor*，牛津，1981年。

[6] *L'Evénement le plus important de la Révolution: La Vente des biens nationaux*，巴黎，2000年。

[7] *Elections in the French Revolution: An Apprenticeship in Democracy*，剑桥，1996年。

[8] *Le Nombre et la raison*，巴黎，1993年。

[9] *Revolution and Red Tape: The French Ministerial Bureaucracy, 1770–1850*，牛津，1981年。

1799年法国的政治和军队的行政管理》[1]对法国的官僚体系提供了更好的理解。旧制度核心体制的终结可参阅多伊尔的《卖官鬻爵：十八世纪法国的官职售卖》[2]第九章以及卡普兰的《团体终结》[3]，沃洛克在其《新制度：1789—1820年间法国市民秩序的转型》[4]富有启发的分析也填补了空白。大革命给拿破仑带来的教益在莱昂斯（M. Lyons）的《拿破仑·波拿巴和大革命的遗产》[5]得到了全面的总结。高夫在其《新闻报的出版和法国大革命》[6]提供了一个概览，而达恩顿和罗什（D. Roche）主编的《印刷中的大革命：1775—1800年法国的出版》[7]就将印刷和出版看作了一个整体。关于由后修正派引发的研究领域，参看肯尼迪（E. Kennedy）手册性的《法国大革命的文化史》[8]。最后一个主题是贝纳尔—格里菲特（S. Bernard-Griffiths）、舍曼（M. C. Chemin）和埃拉尔（J. Erhard）主编的《法国大革命和“革命者破坏文物行为”》，但是奥祖夫在其《节庆和法国大革命》[9]中研究了这个问题的积极影响。革命者关于其文化遗产的矛盾态度在普洛（D. Poulot）的《1789—1815年的博物馆、国家和遗产》[10]中得到了概述，然而他们未竟的建筑梦想在利思（J. A. Leith）的《空间和革命：1789—1799年法国的纪念建筑、广场和公共建筑计划》[11]得到了丰富的描述。革命服饰可参见里别罗（A. Ribiero）的《法国

[1] *War, Revolution and the Bureaucratic State: Politics and Army Administration in France 1791–1799*，牛津，1995年。

[2] *Venality: The Sale of Offices in Eighteenth Century France*，牛津，1996年。

[3] *La Fin des corporations*，巴黎，2001年。

[4] *The New Regime: Transformations of the French Civil Order, 1789–1820*，纽约，1994年。

[5] *Napoleon Bonaparte and the Legacy of the French Revolution*，贝辛斯托克，1994年。

[6] *The Newspaper Press and the French Revolution*，伦敦，1998年。

[7] *Revolution in Print: The Press in France 1775–1800*，伯克利，1989年。

[8] *A Cultural History of the French Revolution*，纽黑文，1989年。

[9] *Festivals and the French Revolution*，剑桥，马萨诸塞，1989年。

[10] *Musée, Nation, Patrimoine, 1789–1815*，巴黎，1997年。

[11] *Space and Revolution: Projects for Monuments, Squares and Public Buildings in France 1789–1799*，蒙特利尔和金斯顿，1991年。

大革命期间的流行时尚》[1]，大革命结社中最顽固的弊端在阿拉斯（D. Arasse）的《断头台和恐怖》[2]中有深入的分析。

法国大革命的每一个层面都激起论战，而大革命论著的数量惊人，在任何一方面想要提出观点都困难重重。有人说大革命主题的论著要比法国近代早期历史其他领域每年出版的著作总和还要多。本书推荐的阅读书目只不过是个线索，难免武断，但是这里指出的大部分研究本身都有重要的参考书目，或者也能在它们繁多的脚注里找到出处。

[1] *Fashion in the French Revolution*，伦敦，1983年。

[2] *The Guillotine and the Terror*，伦敦，1989年。

译后记

我于2010年7月赴英国参加大革命220周年学术会议时，在会场遇到多伊尔教授。他很高兴地送了我刚出版的《贵族的敌人》一书，而且兴奋地说他的《牛津法国大革命史》要在中国出版译本了。当时我对此事一无所知。回国后很巧的是，这本书的翻译任务落到了我身上。但如果没有刘景迪和黄艳红的大力协作，我一个人是无法完成这项工作的。其间还得到北京大学高毅教授和北京师范大学庞冠群副教授的协助，一并表示真挚的谢意。

本书是浙江大学中央高校基本科研业务费专项资金资助项目“法国启蒙运动和大革命研究青年创新团队”的阶段性成果。

张弛

于浙江大学西溪校区北苑

译者分工：

张　弛：第八至十一章、第十三章、附录、全书统校

黄艳红：第七章、第十二章、第十四至十七章

刘景迪：第一至六章

激发个人成长

多年以来，千千万万有经验的读者，都会定期查看熊猫君家的最新书目，挑选满足自己成长需求的新书。

读客图书以“激发个人成长”为使命，在以下三个方面为您精选优质图书：

1. 精神成长

熊猫君家精彩绝伦的小说文库和人文类图书，帮助你成为永远充满梦想、勇气和爱的人！

2. 知识结构成长

熊猫君家的历史类、社科类图书，帮助你了解从宇宙诞生、文明演变直至今日世界之形成的方方面面。

3. 工作技能成长

熊猫君家的经管类、家教类图书，指引你更好地工作、更有效率地生活，减少人生中的烦恼。

每一本读客图书都轻松好读，精彩绝伦，充满无穷阅读乐趣！

认准读客熊猫

读客所有图书，在书脊、腰封、封底和前后勒口都有“**读客熊猫**”标志。

两步帮你快速找到读客图书

1. 找读客熊猫

2. 找黑白格子